Property Valuation Tables

PROPERTY VALUATION TABLES

Philip Bowcock BSc ARICS ARVA

© Philip Bowcock 1978

All rights reserved. No part of this publication may be reproduced or transmitted, in any form or by any means, without permission.

First published 1978 by
THE MACMILLAN PRESS LTD
London and Basingstoke
Associated companies in Delhi Dublin
Hong Kong Johannesburg Lagos Melbourne
New York Singapore and Tokyo

British Library Cataloguing in Publication Data

Bowcock, Philip
   Property valuation tables.
   1. Real property – Valuation – Great Britain – Tables
   I. Title.
   333.3'32'0941   HD598

ISBN 978-0-333-23729-8   ISBN 978-1-349-15926-0 (eBook)
DOI 10.1007/978-1-349-15926-0

Disclaimer
   The tables in this volume were typeset by computer
   and although it is believed that a high level of
   accuracy has been achieved neither the Author nor
   the Publishers can guarantee that no error has
   occurred.

This book is sold subject to the standard conditions of the Net Book Agreement.

To

Sheila

David   John

Pauline   Sandy

Paul   Jonathan

CONTENTS

Introduction		1
Part I	Standard tables	
Table 1	Years' purchase, single rate	17
2	Years' purchase, dual rate	35
3	Years' purchase of a reversion to a perpetuity	133
4	Present value of £1	151
5	Annual sinking fund	167
6	Amount of £1	177
7	Amount of £1 per annum	191
8	Annuity £1 will purchase	201
9	Conversion factors: alternative income periods	211
10	Nominal and effective rates of interest	217
11	Gross and net income tax factors	221
Part II	Discounted cash flow and inflation	
Table 12	Rental equivalent on a lease	225
13	Rental equivalent on an annual tenancy	225
14	Years' purchase of an annual rising income	237
15	Rising annuity £1 will purchase	237
16	Capitalisation rates for perpetual incomes	249
17	Years' purchase for perpetual incomes: inflation risk-free yields	261
18	Amount of £1 (annual effective basis)	273
Part III	Life tables	
Table 19	Years' purchase for a single life	279
20	Years' purchase for the longer of two lives	289
21	Single premium to secure £1 at death	323
22	Annual premium to secure £1 at death	329
23	English Life Tables No. 12	335
Part IV	Miscellaneous information	
Table 24	Units of measurement	341
25	Calendars	343
26	Financial trends of recent years	358
Appendix — References to recent articles on valuation theory		359

PREFACE

Some justification is required for any addition to the many volumes of mathematical tables in existence, and in the more restricted field of landed property valuation work it is perhaps doubly necessary. Nevertheless the complexities of such work may require a variety of techniques and data, and the present volume is offered in an attempt to fill some gaps in existing material.

The principal difference between this volume and, so far as is known, any other lies in the consideration of the rate of interest. Hitherto in property valuation it has been customary to regard a rate as being quoted on an annual effective basis, whereas in practically all commercial activities the rate is quoted on the basis that interest is added half-yearly — in other words, the effective period is six months and the annual quotation is in fact a nominal rate. In order to provide for the first time a direct comparison between property valuation and commerce, all interest rates are quoted on an annual nominal basis assuming conversion half-yearly.

In these days of pocket electronic calculators it is relevant to consider the place of valuation tables in practice, since most valuers will already possess a machine with the ability to calculate factors (excluding life tables) at any desired rate of interest or tax and for any number of years. However the complexity of many of the formulae is such that many valuers will still wish to have a reference for checking their computations.

The tables were computed and printed directly on a Wang 600 computing system working to about 11 significant figures, and rounded to the nearest last significant figure, 0.5 being rounded upwards. The printed output was then photographed for the final production. As a check on accuracy numerous factors were also computed on a Sharp 365 calculator working to 16 significant figures, which confirmed the original calculations. The user may thus have reasonable confidence that the tables are an accurate production from the given formulae, though it will be appreciated that it is impossible to guarantee complete accuracy in a work of this nature.

Although the final decisions on material were entirely my own I am indebted to a number of people for their valuable suggestions and comments, and would particularly like to express my appreciation to the following:

- Professor M. J. A. Greaves BSc PhD FRICS, Department of Building and Estate Management, Singapore University
- Professor A. F. Millington BSc ARICS FRVA, Department of Land Economy, Paisley Polytechnic
- Professor J. N. Hunt BSc PhD DIC ARCS FRMetS FRAS FIMA, Department of Mathematics, Reading University
- Dr Ernest Wood BSc PhD FRICS, Department of Surveying, Liverpool Polytechnic
- Mr. J. F. W. Baines BSc FRICS FRVA, Messrs J. F. W. Baines and Associates, Chester
- Mr. D. L. Epstein MSc ARICS, The English Property Corporation
- Mr. W. A. C. A. Copp FIA, for advice on the life tables
- Mrs. M. A. Colborne BSc ARICS, and Messrs Roger Emeny ARICS, and G. R. C. Herd MSc ARICS FRVA, of my own Department
- Mr. E. Hoffmann BA, Carmel College, for advice on the Jewish calendar
- Mrs J. Orebi Gann of The Macmillan Press Ltd

I am also grateful to Her Majesty's Stationery Office for permission to reproduce the English Life Tables No. 12, and to Reading University for the use of computing equipment.

Finally I would like to thank my wife and family for their encouragement and particularly for help with checking and proof reading.

April 1978

P.B.
Department of Land Management and Development,
Reading University

INTRODUCTION

INTRODUCTION

The place of mathematical formulae in valuation
Possibly the one certain fact about valuation is that the future is uncertain and assumptions made at the time of valuation about future trends are most unlikely to materialise exactly as envisaged. Nevertheless some consideration of the future is inherent in any valuation, and in accepted valuation theory compound interest is invariably used as a basis for finding the present equivalent of future value. This can only be an approximation to the state of affairs existing in any particular case, but approximation will obviously be improved where the mathematical model corresponds as closely as possible with the facts of life.

Thus, as rents are almost invariably received quarterly in advance, it is appropriate to base the tables on this assumption, and those tables which are related to an annual payment (years' purchase, annuity, sinking fund and amount of £1 per annum) all follow this principle. Conversion factors are provided for use where rents are not received on this basis in order to make the tables as versatile as practicable. In practice it is thought that there will be comparatively few occasions on which a conversion will be required.

Selection of Tables
It would be quite impossible to include all conceivable tables in any single volume, and the choice has been made in relation to (a) the needs of the traditional approach to valuation; (b) the requirements of techniques which have come into prominence during the last few years: and (c) the demands of students and teachers. Some of these of course conflict, and the selection must be at best a compromise.

Rates of interest generally have small increments in those cases where computation from first principles is relatively tedious. Thus basic tables generally run from 1% to 15% at ¼% intervals, though with restrictions where the magnitude of the factors is too large or too small to be included within the format adopted. Where appropriate rules have been included to allow for the extension of periods of years if needed.

Other works have included a variety of tables which are not included here primarily because of the limitations of size. Some of these can be derived quite easily from the tables herein and the appropriate rules will be found in the introduction to each Part.

It is standard practice in mathematical tables to include the relevant formulae and these are given together with the underlying assumptions at the beginning of each section. Some examples are given in certain cases of the use to which a table may be put, but it is beyond the scope of this volume to consider whether any particular use is appropriate in a given market situation. Reference should be made to other texts and writings in current periodicals for opinions on particular methods of dealing with valuation in practice.

It has been assumed that valuers are likely to require about four significant figures of accuracy for most purposes. This inevitably means that some factors are given with more than this, for instance the Present Value of £1 has seven for a substantial part of the table. It is not envisaged that valuers are likely to require this degree of accuracy for most purposes. In some cases it is impractical to give even four figures, but such cases are generally confined to extreme values of years or interest rates, which are unlikely to be of great importance.

Notation
There is no standard system of notation within the discipline of property valuation though the actuarial profession has for many years used a system recognised internationally which is generally unfamiliar to British valuers. In order to make notation as comprehensive as possible, formulae are given in two forms in the preamble to each Part: first the actuarial style, and secondly that found in the majority of property valuation texts.

The following symbols are used in the second style of formula:
- j Nominal annual rate of interest
- r Effective annual rate of interest
- s Effective annual sinking fund rate
- t Income tax rate, expressed as a decimal
- g Effective annual growth rate
- f Effective annual inflation rate
- n Number of years
- m Number of payments or conversions per annum
- k Nominal capitalisation rate for incomes in perpetuity where growth and inflation are implicit in the choice of rate.

T_N $1 - t$, giving an income net of tax from gross income.

T_G $\dfrac{1}{1-t}$ giving gross income from income net of tax.

The effective rate of interest

It is customary to quote rates of interest 'per annum' since this is a convenient unit of time, and as a percentage of the capital value since this is again more convenient in use than a decimal fraction. (When dealing with formulae of course it is necessary to use the decimal fraction form.) Since interest rates for the majority of commercial purposes assume that interest is paid half-yearly however, it is necessary to consider precisely what is meant by 'per annum'.

Consider a bank loan starting on 1 January at a quoted rate of 10% per annum. It is the practice of banks to charge interest each half year, and the situation at the end of the first year will be as follows, assuming no payment is made to the bank at the end of the first six months:

Loan	£1000
Interest @ 5% for 1st half year	50
Outstanding loan, 1 July	1050
Interest for 2nd half year	50.50
Total outstanding at year end	1102.50

The total interest charge in relation to the original loan is $\dfrac{102.50}{1000}$ or 10.25%.

It can readily be seen that if interest were added more frequently than twice a year the effect would be to increase the annual rate still further. Thus it is important to quote the number of times per annum that interest is added to capital or 'converted'. In practice it is found that banks, stock exchange securities and most other forms of large-scale lending are quoted on the basis of an annual nominal rate (10% in the above example) with half-yearly payments of interest or income. The true annual effective rate for a half-yearly conversion is calculated from the formula

$$r = \left(1 + \frac{j}{2}\right)^2 - 1$$

This formula is discussed in several standard texts but rarely is it actually used for valuations. Nevertheless the investor will be concerned with comparisons between investments, and a true comparison can only be made if the same yardstick is being used. In order to make possible direct comparisons this formula is applied to all quoted rates of interest in this volume; hence the rate at the head of each column is the nominal annual rate, j, but the computation is based on the effective annual rate, r.

It must be emphasised that this is quite a different matter from the consideration of whether rent is received half-yearly or quarterly under a lease. The effective period is the yardstick for the calculation whereas the frequency of payment is a question of the facts to which that yardstick is applied.

Interpolation

It would clearly be impossible to include every conceivable combination of years, rates of interest, rates of anticipated growth, etc., and in those instances where a value intermediate between two given factors is required, linear interpolation will generally give a good approximation for most purposes.

By way of example the value of Years' Purchase dual rate for 64 years at 10 and 5% allowing for tax at 52% may be calculated as follows:

YP 60 years, 10 and 5%, tax 52% (p. 113)	9.8068	9.8068
YP 70 years, 10 and 5%, tax 52% (p. 113)	10.0273	
Difference (2nd − 1st)	.2205	
Proportion $\dfrac{64-60}{70-60}$	.4	.0882
Approximate value		9.8950

The true value is 9.9082, and the proportionate error is 0.13%.

PART I   STANDARD TABLES

This Part contains tables which will be familiar to all who have studied the principles of valuation, and which in general are in most common use. They provide for calculations which require account to be taken of the time value of money but make no provision for growth and inflation which are therefore implicit in the rate of interest chosen.

Table 1   Years' Purchase, single rate (The present value of £1 per annum)

$$a\underline{\overline{n|}}^{(4)} = \frac{1-(1+r)^{-n}}{4[1-(1+r)^{-\frac{1}{4}}]}$$

Assumptions: (a) Income is received quarterly in advance.
(b) If a sinking fund provision is made it will be at rate r by instalments paid quarterly in advance.

Table 2   Years' Purchase, dual rate

$$\frac{1}{\dfrac{r}{r^{(4)}} + \dfrac{\frac{1}{4}}{\ddot{a}\underline{\overline{n|}}^{(4)}(1-t)}} = \frac{1}{4[1-(1+r)^{-\frac{1}{4}}] + \dfrac{4[1-(1+s)^{-\frac{1}{4}}]}{[(1+s)^n - 1](1-t)}}$$

Assumptions: (a) Income is received quarterly in advance.
(b) Replacement of capital is by sinking fund instalments payable quarterly in advance.

(c) Income tax on sinking fund instalments is deducted at the time of receipt.
(d) The sinking fund accumulates at annual effective rate s.

Extension of Table 2 to other rates and years
Because of the bulk of this table and the fact that it is seldom used for periods over 50 years, longer periods have been restricted to 55, 60, 70, 80 and 100 years. Where sinking funds at other rates or for intermediate years are required the factor can be found from the general formula:

$$\frac{1}{r + SxT_G}$$

It is however necessary to find the effective rate corresponding to the nominal remunerative rate of j and to multiply this by the conversion factor to allow for the income being quarterly in advance. Column 4 of Table 9A is used for this latter purpose.

Example 1 Years' purchase at 7 and 3.5% (nominal) for 65 years, allowing for income tax at 47%.

Annual sinking fund, 65 years, 3.5% quarterly in advance (p. 171)		.0040461
Gross tax factor, 47% (p. 222)		X 1.88679
		.0076342
Add:		
r, 7% nominal (p. 218) annually in arrear	7.1227	
Convert to quarterly in advance (p. 212, col. 4)	X .9577326	
		.0682145
		.0758487

Divide the result into 1:

$$\frac{1}{.0758487} = 13.1841$$

Dual rate where income is received at intervals other than quarterly in advance
Since the dual rate formula is not linear it is not possible to give a single conversion factor as in the case of the single rate, and the required years' purchase must be calculated as follows, using the same approach as the previous example:

Example 2 Years' purchase dual rate annually in arrear for 21 years at 8 and 3% (nominal) allowing for income tax at 42%.

Annual sinking fund, 3% 21 years (p. 170)		.0341449
Conversion to annually in arrear (p. 214)		1.0188203
		.0347875
Gross up for income tax (p. 222)		1.72414
		.0599785
Effective remunerative rate 8% (p. 218)		.081600
(Note this is already annually in arrear)		
		.1415785

$$\frac{1}{.1415785} = 7.0632$$

Table 3 Years' purchase of a reversion to a perpetuity

$$\frac{(1+r)^{-n}}{4[1-(1+r)^{-¼}]}$$

Assumptions: (a) income is received quarterly in advance, the first instalment being due in exactly n years.
(b) interest is allowed at rate r during the period of deferment.
(c) no allowance is made for the non-payment of income tax during the waiting period nor for capital gains tax on sale at any time.

Table 4 Present Value of £1

$$v_r^n = (1+r)^{-n}$$

Extension of Table 4 to longer periods
Because of the small values which result from high interest rates and long periods of deferment, this table has been restricted to 50 years for values of j above 10.75%. Where longer periods of deferment are required the factor may be obtained by multiplying the present value of £1 for 50 years by the present value for the excess over 50 years.

Example 3 Present value of £1 in 65 years at 12%

Present value of £1 in 50 years, 12% (p. 162)	.0029472
Present value of £1 in 15 years, 12% (p. 162)	.1741101
Required present value for 65 years	.0005131

Present value of £1 allowing for the non-payment of income tax during the period of deferment

The effect of non-payment of income tax is to make the problem one of a net valuation expressed by the general formula:

$$(1 + r \times T_N)^{-n}$$

The required factor is found by multiplying the nominal rate of interest, j, by the net of tax factor, T_N to give a net nominal rate of interest. The present value may then be found in Table 4 at this net rate of interest.

Example 4 Present value of £1 at 10% in 10 years, allowing for income tax at 65%.

Nominal rate of interest	.1
Tax factor T_N (p. 222)	.35
	.035 or 3.5%

At 3.5% the present value of £1 in 10 years is .7068246. It is assumed in this method that liability to tax would have arisen at the six-monthly conversion intervals.

Table 5 Annual sinking fund to produce £1

$$\frac{1}{4\ddot{a}_{\overline{n}|}^{(4)}} = \frac{4[1-(1+s)^{-¼}]}{(1+s)^n - 1}$$

Assumptions: (a) Payments are made quarterly in advance.
(b) Payments are net of tax and interest will be earned at an annual effective rate net of income tax of s.

Table 6 Amount of £1

$$\frac{1}{v_r^n} = (1 + r)^n$$

Assumption: Interest is added to principal at rate $\frac{j}{2}$ each half year to give an annual effective increase of r or $(1 + \frac{j}{2})^2 - 1$

Extension of Table 6 to longer periods
The magnitude of the values in this Table restricts the number of years at higher rates of interest. For longer periods, multiply the amount of £1 for 50 years by the amount of £1 for the excess over 50 years.

Example 5   Amount of £1 in 70 years at 12%.

Amount of £1 in 50 years at 12% (p. 187)	339.3021
Amount of £1 in 20 years at 12% (p. 187)	10.2857
Required factor	3489.9596

Table 7 Amount of £1 per annum

$$4\ddot{a}_{\overline{n}|}^{(4)} = \frac{(1 + r)^n - 1}{4[1 - (1 + r)^{-\frac{1}{4}}]}$$

Assumption: £.25 is invested quarterly in advance and accumulated at rate r.

Extension of Table 7 to longer periods
The magnitude of the values in this Table greatly restricts the number of years which can be included at higher rates of interest. For longer periods multiply the amount of £1 per annum for 50 years by the amount of £1 for the excess and add the amount of £1 per annum for the excess.

Example 6   Amount of £1 per annum for 70 years at 12%.

Amount of £1 per annum, 50 years, 12% (p. 199)	2945.4313
Amount of £1, 20 years, 12% (p. 187)	10.2857
	30295.8227
Amount of £1 per annum, 20 years, 12% (p. 199)	80.8462
	30376.6689

Table 8 Annuity £1 will purchase

$$\frac{1}{a_{\overline{n}|}^{(4)}} = \frac{4[1 - (1 + r)^{-\frac{1}{4}}]}{1 - (1 + r)^{-n}}$$

Assumptions: (a) Income includes interest and replacement of capital.
(b) Replacement of capital includes interest at rate r if a sinking fund is set up.

Extension of Table 8 to other periods and rates of interest
Since the annuity is the reciprocal of the years' purchase, annuities for longer periods may be found by dividing the corresponding years' purchase into unity. Alternatively it may be found from the general expression:

Annuity = r + annual sinking fund.

In this form annuities may be calculated where it is desired to recoup capital by means of a sinking fund at a different rate of interest. The rule is to find r from Table 10, convert it to a quarterly in advance equivalent with the factor from Table 9A column 4, and add the sinking fund from Table 5.

Example 7 The annuity £1 will purchase at 10% for 7 years.

r, for j of 10% (p. 218)	10.2500
Convert to quarterly in advance (p. 212, col. 4)	.9404850
	.0963997
Annual sinking fund, 7 years, 10% (p. 176)	.0983739
Required factor	.1955936

Annuities may be calculated for other payment intervals provided that care is taken to convert both parts of the expression to the same time interval.

Example 8 The annuity £1 will purchase at 10 and 3% for 7 years annually in arrear.

r, for j of 10% (p. 218), annually in arrear		.1025000
Annual sinking fund, 7 years, 3% quarterly in advance (p. 170)	.1280083	
Convert to annually in arrear (p. 214)	1.0188203	
		.1304175
		.2329175

Table 9 Conversion factors for alternative income periods

This Table is in two parts. Part A is for conversion of the following tables:
   a. Years' purchase single rate
   b. Years' purchase of a reversion to a perpetuity
   c. Amount of £1 per annum
   d. Effective annual rate of interest
   e. Years' purchase of an annual rising income

Part B converts the following:
   f. Annual sinking fund
   g. Annuity £1 will purchase
   h. Rising annuity £1 will purchase

The formulae of Part A are:

$$\text{Payments in advance} \quad \frac{4[1-(1+r)^{-\frac{1}{4}}]}{m\left[1-(1+r)^{-\frac{1}{m}}\right]}$$

$$\text{Payments in arrear} \quad \frac{4[1-(1+r)^{-\frac{1}{4}}]}{m\left[(1+r)^{\frac{1}{m}}-1\right]}$$

The formulae of Part B are the reciprocals of these.

As stated earlier, all tables related to an annual income assume that the income is received quarterly in advance since this is the most common market situation. This Table may be used in conjunction with earlier tables, excluding Table 2 (Years' purchase, dual rate) should it be necessary to find any of the factors for a different income period, and either in advance or in arrear. It may also be used in similar circumstances with Tables 14 and 15 (Years' purchase of an annual rising income and Rising annuity £1 will purchase).

To use the Table, find the required factor quarterly in advance from the appropriate table, and the factor from this Table corresponding to the nominal rate of interest and payment intervals required, and multiply the two factors together.

The following further examples may be of assistance.

Example 9 Annual sinking fund for 7 years at 6% (nominal) half yearly in advance.

Annual sinking fund quarterly in advance, 6%, 7 years (p. 172)	.1144832
Conversion factor, 6% half yearly in advance (p. 214)	.9926646
Required factor	.1136434

Example 10 Years' purchase, single rate, annually in advance, at 10% for 7 years.

Years' purchase quarterly in advance (p. 26)	5.1342
Conversion factor, 10% annually in advance (p. 212)	1.0368847
Years' purchase annually in advance	5.3236

Example 11 Years' purchase of a reversion to a perpetuity 10% after 7 years, half yearly in arrear.

Years' purchase of reversion quarterly in advance, 10% 7 years (p. 142)	5.23931
Conversion factor, 10% half yearly in arrear (p. 212)	.9639971
Years' purchase of reversion to income receivable half yearly in arrear	5.05068

Table 10 Effective and Nominal Rates of Interest

Part A $\left(1 + \frac{i}{m}\right)^m - 1$

Part B $m\left[(1 + i)^{\frac{1}{m}} - 1\right]$

The effective rate of interest may be related to any time interval, though a nominal quotation can be in respect of any other time interval. Thus, as stated in the general introduction, it is usual in this country for the nominal annual rate to be quoted, but for the effective period to be six months. As a result the corresponding effective annual rate is higher than the nominal annual rate.

The first part of this Table gives the effective annual rate corresponding to a given annual nominal rate with conversion twice, four times and twelve times each year. It can be seen that the more frequently the conversion, the higher the effective annual rate.

The Table may be used in connection with the dual rate or annuity formulae where a factor is required which is not given in the dual rate table, and worked examples have been given in the sections relating to those tables.

The second part of this Table gives the nominal rate which would correspond to a given annual effective rate. Although not of immediate use in connection with the other tables, it may be used to make comparisons between the basis of this volume and traditional valuation practice, which has always assumed that the quoted rate is an annual effective rate. For example it may be seen that the assumption of an annual effective rate of 10% corresponds to a true annual effective rate of 9.762% where conversion is half-yearly.

Table 11 Income Tax Factors

$$T_N = 1 - t; \quad T_G = \frac{1}{1-t}$$

These factors may be used to find the net income from a given gross income or the gross income which would correspond to a given net income for a given rate of tax. The principal use is in connection with the dual rate years' purchase but their construction and use are sufficiently obvious to require little comment.

PART II DISCOUNTED CASH FLOW AND INFLATION

Economic developments since 1945, notably the potential for growth in annual value of many properties in real terms and the problem of inflation, have caused established techniques to be inadequate in some circumstances. Alternative approaches have included discounted cash flow and real value methods, and the tables of this Part are provided to assist with such calculations.

Tables 12 to 16 generally assume 'growth' in money terms, no distinction being made as to whether this is real growth or merely the result of inflation. In this respect they are related to the discounted cash flow method. The table of years' purchase of an income subject to inflation risk, on the other hand, does not take account of real growth, but assumes a rate of inflation in perpetuity and constant real value; it provides for the fall in real income during each lease period and subsequent restoration to full rental value at the following rent review. All tables assume that the valuation or analysis is taking place at the start of a lease or rent review period, and that in future rent reviews will be granted for a period of the same length. Income is assumed to be received quarterly in advance.

In Tables 12 to 15 the redemption yield, r, has been given at 1% intervals since there is comparatively little difference in successive values in each row. For instance, at 5% growth the annual equivalent of a lease rent over 7 years varies only from 1.15641 to 1.11252 (see p. 228). Growth and inflation rates have been restricted to 10% since beyond this point the problem becomes very ill-conditioned.

It should be noted that where a rate of growth or inflation is given it is considered as an annual effective rate, whereas rates of interest follow the principle of other tables and are quoted on a half-yearly (annual nominal) basis. In order to allow the effects of varying assumptions about the growth rate to be considered a table of the Amount of £1 (Table 18) is included which gives the Amount of £1 on an annual effective basis.

Table 12 Rental equivalent on a lease

$$\frac{r}{1-(1+r)^{-n}} \times \frac{1-\left(\frac{1+g}{1+r}\right)^n}{r-g}$$

Table 13 Rental equivalent on an annual tenancy

$$\frac{1-(1+r)^{-n}}{r} \times \frac{r-g}{1-\left(\frac{1+g}{1+r}\right)^n}$$

In certain situations the rental value for a particular lease period is known but it is required to establish the rental value for a different length of lease. Where it is expected that rental values will rise constantly throughout the term the rent in the early years is likely to be higher than that for a single year, with the annual value expected to rise above the lease rent in the latter part of the term.

The first of these tables gives, for an annual value of £1 payable quarterly in advance in the first year and rising constantly during the term of an expected lease, the corresponding fixed rent which the lessor would require in order to stand in an equivalent position.

Table 13 is the reciprocal of Table 12 and, for a given fixed rent of £1 per annum and anticipated growth rate, gives the annual rental value on a quarterly in advance basis.

The two tables may be used together where the rental value for a particular lease period is known but it is required to establish a rental value for a different length of lease.

Example 12 A property has a rental value of £1000 per annum on a 5 year lease, and it is required to establish the rental value for a term of 14 years without rent review. Rental values are expected to rise by 5% per annum throughout the term and the redemption yield may be taken as 10%.

Rental value on 5 year lease	£1000
Annual equivalent of lease for 5 years, 5 and 10% (p. 227)	.91351
Equivalent annual rental value in first year	913.51
Lease equivalent for 14 years of annual rent 5 and 10% (p. 230)	1.29720
Rental value on 14 year lease	1185.01

For a detailed consideration of lease rents and annual equivalents see the Estates Gazette, 25 August 1973, pp. 1271-1275.

Table 14 Years' purchase of an annually rising income

$$\frac{1 - \left(\frac{1+g}{1+r}\right)^n}{r-g} \times \frac{r}{4(1-(1+r)^{-\frac{1}{4}})}$$

Table 15 Rising annuity £1 will purchase

$$\frac{r-g}{1 - \left(\frac{1+g}{1+r}\right)^n} \times \frac{4(1-(1+r)^{-\frac{1}{4}})}{r}$$

As in the case of Tables 12 and 13, these tables are reciprocals of each other, and may be used where it is necessary to consider the capital value of an income which is expected to rise annually, and the annual value (in the first year) of a capital sum where provision is to be made for the annuity to rise annually. They allow consideration to be given to problems similar to the previous example but where the question of a premium or other single payment arises.

Table 16 Capitalisation Rates for Perpetual Incomes

$$2\left[\sqrt{1 + 4[1-(1+r)^{-\frac{1}{4}}]} \times \left[1 - \frac{(1+g)^n - 1}{(1+r)^n - 1}\right] - 1\right]$$

This Table gives the capitalisation rate for an income in perpetuity given a regular rent review pattern and the anticipated growth rate. In cases where the annual growth rate exceeds the redemption yield the capitalisation rate is negative and, although the formula is valid in mathematical terms, it is considered that a negative capitalisation rate is of no meaning for practical valuation purposes; negative and zero factors have therefore been omitted.

The formula has been published in a variety of shapes but the above version is a convenient form which allows for income to be received quarterly in advance.

Resulting capitalisation rates are given on an annual nominal basis to facilitate comparison with other tables.

Example 13 The capitalisation rate for an investment property where annual values are expected to rise by 3% per annum and there is a 5 yearly rent review pattern will be found on p. 251. If the redemption yield is 11.5% the appropriate capitalisation rate will be found as 8.5%. A valuation could then proceed as follows:

Income	£1000
YP perp 8.5% (p. 25)	12.1384
	12138.4

Table 17 Years' Purchase for Perpetual Incomes: Inflation Risk-Free Yields (Static Real Value)

$$\frac{1 - [(1 + r)(1 + f)]^{-p}}{4[1 - \{(1 + r)(1 + f)\}^{-\frac{1}{4}}]} \times \frac{1}{1 - (1 + r)^{-p}}$$

Other tables in this Part do not distinguish between growth in real terms, and increases in income which are the result of inflation. It is possible however to regard inflation and real growth as separate elements and, where the real value is assumed to be constant, this Table gives the years' purchase for an income which is prone to inflation during the period of a lease. A detailed consideration of this method by Wood will be found in the Estates Gazette, 12, 19 and 26 May 1973, pp. 923, 1115 and 1311.

The Table assumes that the real value of the property is constant but that during the term the real value of the income will decline, and will be restored at each rent review. In the above formula p is the number of years between rent reviews.

Table 18 Amount of £1

$(1 + g)^n$

The construction of this Table is similar to Table 6, the difference being that in this case the quoted rate of interest is an annual effective rate whereas Table 6 is based on a half-yearly effective rate. This Table is included to compare the effect of varying assumptions about future growth and inflation rates, since these rates have been quoted on an annual effective basis.

PART III   LIFE TABLES

English Life Table No. 12, which is used as a basis for estimating the probabilities required for the valuation of life interests, was prepared by the Registrar General and based on the Census of 1961 and the following 3 years' mortality experience. At the time of writing it is anticipated that English Life Table No. 13, based on the 1971 Census and mortality during the years 1972-1974, will be published within the next year. It should be remembered that these tables are primarily intended as historical material, though it has been customary for them to be used as a basis for other purposes, such as valuation. It should also be borne in mind that they are based on mortality experience of the country in general whereas in a given case it is necessary to consider the facts relating to the particular life or lives in question, including, for example, health.

The valuation of life interests requires that consideration be given both to the normal discounting requirement and to the probability that the life will survive until each payment falls due. The principal factors required for a valuation will be, as with most other valuations, the present value of £1 and the years' purchase. The first is found by multiplying the present value of £1 for the given period by the probability of the life surviving for that period, which is found from the mortality tables (Table 23).

Example 14   Present value of the right to receive £1 in 20 years if a female now aged 20 is still alive, at 10%.

Present value of £1 in 20 years, 10% (p. 160)	.1420457
Probability of survival: $\dfrac{\text{survivors at age 40}}{\text{survivors at age 20}} \dfrac{95724}{97336}$ (p. 337)	X .9834388
Present value of £1 subject to life surviving	.1396932

The probability could alternatively be found by multiplying together the probabilities of surviving one further year for each of the 20 years. This would clearly be far more tedious but at higher ages would be marginally more accurate.

Table 19   Years' Purchase for a Single Life

The years' purchase is the sum of the present values calculated as described above. Since the English Life Tables give only an estimate of the number of survivors at each exact age, intermediate survivorships must be estimated in order to find the years' purchase of an income receivable quarterly in advance. In the present tables the number of survivors at each exact age (l_x) was calculated from the English Life Table values of the probability of the life surviving one more year (p_x) rather than from the given values of l_x, and intermediate values of l_x were then found by Gregory-Newton third order interpolation. The products of probability and present value of £1 were then accumulated to give the years' purchase quarterly in advance.

Table 20   Years' Purchase for the Longer of Two Lives

Where an income is subject to survival of two lives the probability of both continuing must be taken into account. Interests may exist either for the joint continuation or for the longer of the lives but, as it is thought that the latter is likely to be encountered more frequently, this table is included. The years' purchase for the joint continuation of two lives can be calculated quite easily using the relation:

$$YP_{joint} = YP_{life\ 1} + YP_{life\ 2} - YP_{longer}$$

Example 15   Years' purchase for the joint continuation of two lives aged 40(M) and 35(F) at 10%.

YP single life 40(M) 10% (p. 282)	9.487
YP single life 35(F) 10% (p. 286)	9.949
	19.436
Less YP longer of two lives 40(M) and 35(F) 10% (p. 304)	10.163
YP for the joint continuation of two lives	9.273

Table 21 Single Premium to Secure £1 at Death
The foregoing tables assume that each increment of income includes an element of return of capital, and that the risks inherent in a life interest would be borne by the owner of the interest. An alternative is to make specific provision by an insurance policy for replacement of capital on the event of death, the single premium being deducted from the value of the interest ascertained without regard to the probability of death. This approach must be used with caution, however, since it may be adversely affected by taxation provisions.

Table 22 Annual Premium to Secure £1 at Death
The principle in this case is similar to that of the single premium method, save that the life risk is covered by an annual premium, which thus takes on a function analogous to that of the sinking fund of an ordinary terminable interest valuation. In some instances taxation may be less onerous than if a single premium policy were taken out.

It should be emphasised in relation to the two preceding tables that the question of the actual premium would normally be a matter for a quotation by a life office, and the Table herein would not necessarily be that used by a particular company. Available evidence at the time of writing suggests that quotations correspond to a rate of interest of about 4% rising somewhat for older lives.

Table 23 Mortality Tables
Extracts from English Life Table No. 12 are given in this Table. The full English Life Table also includes a factor d_x, the number of deaths occurring in each year out of the original 100,000, and a factor q_x which is the probability of dying during the next year. Both these factors may easily be calculated from the information included here.

PART IV   MISCELLANEOUS INFORMATION

The tables of this Part are included for general reference, and a full explanation will be found with each table.
Details of bank and public holidays were obtained from the Department of Employment and the various Embassies.

PART I
STANDARD TABLES

TABLE 1

YEARS' PURCHASE SINGLE RATE

The present value of £1 per annum receivable quarterly in advance and continuing for the given number of years

Rates of interest: 1 – 15% @ 0.25% steps
15 – 23% @ 0.5% steps
23 – 26% @ 1% steps
28%, 30%, 35%, 40%

YEARS' PURCHASE SINGLE RATE

Nominal rate per cent

Years	1	1.25	1.5	1.75	2	2.25	2.5	2.75	Years
1	0.9963	0.9953	0.9944	0.9935	0.9926	0.9917	0.9908	0.9898	1
2	1.9827	1.9784	1.9741	1.9698	1.9656	1.9614	1.9572	1.9530	2
3	2.9592	2.9492	2.9392	2.9293	2.9195	2.9097	2.8999	2.8902	3
4	3.9261	3.9080	3.8901	3.8722	3.8545	3.8369	3.8195	3.8022	4
5	4.8834	4.8550	4.8268	4.7988	4.7711	4.7437	4.7165	4.6896	5
6	5.8312	5.7902	5.7496	5.7094	5.6697	5.6304	5.5915	5.5531	6
7	6.7696	6.7138	6.6587	6.6043	6.5506	6.4975	6.4451	6.3933	7
8	7.6987	7.6260	7.5544	7.4837	7.4141	7.3454	7.2777	7.2109	8
9	8.6186	8.5269	8.4368	8.3480	8.2606	8.1745	8.0898	8.0064	9
10	9.5293	9.4167	9.3060	9.1973	9.0904	8.9853	8.8821	8.7806	10
11	10.4310	10.2954	10.1624	10.0319	9.9039	9.7782	9.6549	9.5338	11
12	11.3237	11.1633	11.0061	10.8521	10.7013	10.5535	10.4087	10.2668	12
13	12.2076	12.0204	11.8373	11.6582	11.4830	11.3117	11.1440	10.9800	13
14	13.0827	12.8669	12.6561	12.4503	12.2493	12.0530	11.8613	11.6740	14
15	13.9491	13.7029	13.4628	13.2288	13.0006	12.7780	12.5610	12.3493	15
16	14.8069	14.5285	14.2575	13.9938	13.7370	13.4870	13.2435	13.0064	16
17	15.6562	15.3439	15.0405	14.7455	14.4589	14.1802	13.9093	13.6458	17
18	16.4971	16.1493	15.8118	15.4843	15.1666	14.8581	14.5587	14.2680	18
19	17.3296	16.9446	16.5717	16.2104	15.8603	15.5210	15.1922	14.8734	19
20	18.1539	17.7301	17.3203	16.9239	16.5404	16.1693	15.8102	15.4625	20
21	18.9700	18.5059	18.0578	17.6250	17.2070	16.8032	16.4129	16.0358	21
22	19.7780	19.2721	18.7844	18.3141	17.8606	17.4231	17.0009	16.5936	22
23	20.5779	20.0288	19.5002	18.9913	18.5012	18.0292	17.5745	17.1363	23
24	21.3700	20.7761	20.2053	19.6567	19.1293	18.6220	18.1340	17.6644	24
25	22.1541	21.5141	20.9001	20.3107	19.7449	19.2016	18.6798	18.1784	25
26	22.9305	22.2430	21.5845	20.9534	20.3484	19.7684	19.2121	18.6784	26
27	23.6992	22.9629	22.2587	21.5849	20.9401	20.3227	19.7314	19.1650	27
28	24.4602	23.6739	22.9230	22.2056	21.5201	20.8647	20.2380	19.6385	28
29	25.2137	24.3761	23.5774	22.8156	22.0886	21.3947	20.7321	20.0992	29
30	25.9597	25.0696	24.2221	23.4150	22.6460	21.9130	21.2141	20.5475	30
31	26.6983	25.7544	24.8572	24.0040	23.1923	22.4198	21.6843	20.9837	31
32	27.4296	26.4309	25.4829	24.5829	23.7279	22.9154	22.1429	21.4082	32
33	28.1536	27.0989	26.0994	25.1518	24.2530	23.4001	22.5903	21.8212	33
34	28.8705	27.7586	26.7067	25.7108	24.7677	23.8740	23.0267	22.2231	34
35	29.5802	28.4102	27.3049	26.2602	25.2722	24.3374	23.4524	22.6142	35
36	30.2828	29.0537	27.8944	26.8001	25.7669	24.7906	23.8677	22.9948	36
37	30.9785	29.6893	28.4750	27.3307	26.2517	25.2337	24.2728	23.3651	37
38	31.6673	30.3170	29.0471	27.8521	26.7270	25.6671	24.6679	23.7254	38
39	32.3493	30.9369	29.6106	28.3645	27.1930	26.0908	25.0533	24.0760	39
40	33.0245	31.5491	30.1658	28.8681	27.6498	26.5052	25.4293	24.4171	40
41	33.6930	32.1538	30.7128	29.3630	28.0975	26.9104	25.7960	24.7491	41
42	34.3548	32.7509	31.2517	29.8493	28.5365	27.3067	26.1538	25.0721	42
43	35.0101	33.3407	31.7825	30.3272	28.9668	27.6942	26.5027	25.3864	43
44	35.6589	33.9231	32.3055	30.7968	29.3886	28.0731	26.8431	25.6923	44
45	36.3012	34.4984	32.8208	31.2584	29.8021	28.4436	27.1752	25.9899	45
46	36.9372	35.0665	33.3284	31.7120	30.2075	28.8059	27.4991	26.2795	46
47	37.5668	35.6276	33.8284	32.1577	30.6048	29.1602	27.8150	26.5613	47
48	38.1902	36.1817	34.3211	32.5957	30.9944	29.5067	28.1232	26.8355	48
49	38.8074	36.7290	34.8064	33.0262	31.3763	29.8455	28.4239	27.1023	49
50	39.4185	37.2695	35.2846	33.4493	31.7506	30.1768	28.7171	27.3619	50

YEARS' PURCHASE SINGLE RATE

Nominal rate per cent

Years	1	1.25	1.5	1.75	2	2.25	2.5	2.75	Years
51	40.0236	37.8033	35.7556	33.8650	32.1176	30.5008	29.0032	27.6145	51
52	40.6226	38.3305	36.2197	34.2735	32.4773	30.8176	29.2822	27.8604	52
53	41.2156	38.8512	36.6768	34.6750	32.8300	31.1274	29.5544	28.0996	53
54	41.8028	39.3654	37.1272	35.0696	33.1757	31.4303	29.8199	28.3323	54
55	42.3842	39.8733	37.5709	35.4573	33.5145	31.7265	30.0789	28.5588	55
56	42.9598	40.3748	38.0081	35.8384	33.8468	32.0162	30.3316	28.7792	56
57	43.5296	40.8702	38.4387	36.2128	34.1724	32.2995	30.5780	28.9936	57
58	44.0939	41.3594	38.8630	36.5808	34.4917	32.5765	30.8184	29.2023	58
59	44.6525	41.8425	39.2810	36.9425	34.8046	32.8474	31.0529	29.4053	59
60	45.2055	42.3197	39.6927	37.2979	35.1114	33.1123	31.2817	29.6029	60
61	45.7531	42.7910	40.0984	37.6471	35.4122	33.3713	31.5048	29.7951	61
62	46.2953	43.2564	40.4980	37.9904	35.7070	33.6246	31.7225	29.9822	62
63	46.8320	43.7161	40.8918	38.3276	35.9960	33.8723	31.9348	30.1642	63
64	47.3635	44.1701	41.2796	38.6591	36.2793	34.1145	32.1419	30.3413	64
65	47.8896	44.6184	41.6618	38.9849	36.5571	34.3513	32.3439	30.5137	65
66	48.4106	45.0612	42.0382	39.3050	36.8293	34.5829	32.5410	30.6814	66
67	48.9264	45.4985	42.4091	39.6196	37.0962	34.8094	32.7332	30.8446	67
68	49.4370	45.9304	42.7744	39.9287	37.3578	35.0309	32.9207	31.0034	68
69	49.9426	46.3570	43.1344	40.2325	37.6143	35.2475	33.1036	31.1579	69
70	50.4432	46.7782	43.4890	40.5311	37.8658	35.4593	33.2820	31.3083	70
71	50.9388	47.1943	43.8384	40.8245	38.1122	35.6664	33.4561	31.4545	71
72	51.4294	47.6052	44.1825	41.1128	38.3539	35.8689	33.6259	31.5969	72
73	51.9152	48.0110	44.5216	41.3962	38.5907	36.0669	33.7915	31.7354	73
74	52.3962	48.4118	44.8556	41.6747	38.8229	36.2605	33.9530	31.8702	74
75	52.8724	48.8076	45.1847	41.9483	39.0505	36.4499	34.1106	32.0014	75
76	53.3439	49.1985	45.5089	42.2172	39.2737	36.6351	34.2643	32.1290	76
77	53.8107	49.5846	45.8283	42.4815	39.4924	36.8162	34.4142	32.2532	77
78	54.2729	49.9659	46.1430	42.7412	39.7068	36.9932	34.5605	32.3740	78
79	54.7305	50.3425	46.4529	42.9965	39.9170	37.1664	34.7032	32.4916	79
80	55.1835	50.7144	46.7583	43.2473	40.1231	37.3357	34.8423	32.6060	80
81	55.6321	51.0817	47.0592	43.4938	40.3251	37.5013	34.9781	32.7174	81
82	56.0762	51.4445	47.3556	43.7360	40.5231	37.6632	35.1105	32.8257	82
83	56.5159	51.8027	47.6476	43.9741	40.7172	37.8215	35.2397	32.9311	83
84	56.9512	52.1566	47.9352	44.2080	40.9075	37.9764	35.3657	33.0337	84
85	57.3822	52.5060	48.2186	44.4379	41.0940	38.1278	35.4886	33.1335	85
86	57.8089	52.8511	48.4978	44.6638	41.2769	38.2758	35.6085	33.2306	86
87	58.2314	53.1920	48.7729	44.8858	41.4562	38.4206	35.7255	33.3251	87
88	58.6497	53.5286	49.0439	45.1040	41.6319	38.5622	35.8396	33.4171	88
89	59.0638	53.8611	49.3108	45.3184	41.8042	38.7006	35.9508	33.5066	89
90	59.4739	54.1894	49.5738	45.5292	41.9730	38.8360	36.0594	33.5936	90
91	59.8798	54.5137	49.8329	45.7362	42.1386	38.9684	36.1653	33.6784	91
92	60.2818	54.8339	50.0882	45.9397	42.3009	39.0978	36.2686	33.7608	92
93	60.6797	55.1502	50.3396	46.1397	42.4599	39.2244	36.3693	33.8410	93
94	61.0737	55.4626	50.5874	46.3362	42.6159	39.3482	36.4676	33.9191	94
95	61.4638	55.7711	50.8314	46.5294	42.7688	39.4692	36.5635	33.9950	95
96	61.8500	56.0758	51.0719	46.7192	42.9186	39.5876	36.6570	34.0689	96
97	62.2324	56.3767	51.3088	46.9057	43.0656	39.7034	36.7482	34.1409	97
98	62.6109	56.6739	51.5421	47.0890	43.2096	39.8166	36.8372	34.2108	98
99	62.9858	56.9674	51.7720	47.2691	43.3508	39.9272	36.9240	34.2789	99
100	63.3569	57.2573	51.9985	47.4462	43.4892	40.0355	37.0087	34.3452	100
Perp	100.3748	80.3748	67.0414	57.5176	50.3747	44.8191	40.3746	36.7382	Perp

YEARS' PURCHASE SINGLE RATE

Nominal rate per cent

Years	3	3.25	3.5	3.75	4	4.25	4.5	4.75	Years
1	0.9889	0.9880	0.9871	0.9862	0.9853	0.9844	0.9835	0.9826	1
2	1.9488	1.9447	1.9406	1.9365	1.9324	1.9283	1.9242	1.9202	2
3	2.8806	2.8710	2.8615	2.8521	2.8427	2.8333	2.8240	2.8148	3
4	3.7850	3.7680	3.7511	3.7343	3.7176	3.7010	3.6846	3.6683	4
5	4.6629	4.6365	4.6103	4.5843	4.5586	4.5330	4.5078	4.4827	5
6	5.5150	5.4774	5.4402	5.4033	5.3669	5.3308	5.2951	5.2598	6
7	6.3422	6.2916	6.2417	6.1925	6.1438	6.0957	6.0482	6.0012	7
8	7.1450	7.0801	7.0160	6.9528	6.8905	6.8291	6.7684	6.7086	8
9	7.9243	7.8435	7.7639	7.6855	7.6083	7.5322	7.4574	7.3836	9
10	8.6808	8.5827	8.4862	8.3914	8.2982	8.2065	8.1163	8.0276	10
11	9.4150	9.2984	9.1839	9.0716	8.9612	8.8529	8.7466	8.6421	11
12	10.1277	9.9914	9.8579	9.7269	9.5986	9.4728	9.3494	9.2284	12
13	10.8195	10.6625	10.5088	10.3584	10.2112	10.0671	9.9260	9.7878	13
14	11.4910	11.3123	11.1376	10.9668	10.8000	10.6369	10.4775	10.3216	14
15	12.1428	11.9414	11.7449	11.5531	11.3659	11.1833	11.0050	10.8309	15
16	12.7755	12.5506	12.3315	12.1179	11.9099	11.7071	11.5095	11.3168	16
17	13.3896	13.1404	12.8980	12.6622	12.4327	12.2094	11.9921	11.7805	17
18	13.9857	13.7116	13.4453	13.1866	12.9353	12.6910	12.4536	12.2229	18
19	14.5644	14.2646	13.9739	13.6919	13.4183	13.1528	12.8951	12.6450	19
20	15.1260	14.8001	14.4845	14.1788	13.8826	13.5955	13.3174	13.0477	20
21	15.6712	15.3186	14.9777	14.6479	14.3288	14.0201	13.7212	13.4320	21
22	16.2003	15.8206	15.4540	15.0999	14.7577	14.4271	14.1075	13.7986	22
23	16.7140	16.3068	15.9141	15.5354	15.1700	14.8174	14.4770	14.1484	23
24	17.2125	16.7775	16.3585	15.9550	15.5662	15.1916	14.8304	14.4822	24
25	17.6965	17.2332	16.7878	16.3593	15.9471	15.5504	15.1685	14.8007	25
26	18.1662	17.6745	17.2024	16.7489	16.3132	15.8944	15.4918	15.1046	26
27	18.6222	18.1018	17.6029	17.1243	16.6650	16.2242	15.8010	15.3945	27
28	19.0648	18.5156	17.9897	17.4859	17.0032	16.5405	16.0968	15.6712	28
29	19.4944	18.9162	18.3633	17.8344	17.3283	16.8437	16.3797	15.9351	29
30	19.9114	19.3041	18.7242	18.1702	17.6407	17.1345	16.6503	16.1870	30
31	20.3161	19.6797	19.0728	18.4937	17.9410	17.4133	16.9091	16.4273	31
32	20.7090	20.0434	19.4095	18.8055	18.2297	17.6806	17.1566	16.6566	32
33	21.0904	20.3956	19.7347	19.1058	18.5071	17.9368	17.3934	16.8753	33
34	21.4606	20.7366	20.0488	19.3952	18.7738	18.1826	17.6199	17.0841	34
35	21.8199	21.0667	20.3522	19.6741	19.0301	18.4182	17.8365	17.2832	35
36	22.1687	21.3864	20.6453	19.9428	19.2764	18.6441	18.0437	17.4733	36
37	22.5072	21.6960	20.9284	20.2017	19.5132	18.8607	18.2418	17.6546	37
38	22.8358	21.9957	21.2018	20.4511	19.7408	19.0684	18.4314	17.8276	38
39	23.1548	22.2859	21.4659	20.6914	19.9596	19.2675	18.6127	17.9926	39
40	23.4644	22.5669	21.7210	20.9230	20.1698	19.4585	18.7861	18.1501	40
41	23.7649	22.8390	21.9673	21.1461	20.3719	19.6415	18.9519	18.3004	41
42	24.0566	23.1025	22.2053	21.3611	20.5662	19.8171	19.1106	18.4438	42
43	24.3398	23.3576	22.4352	21.5683	20.7529	19.9854	19.2623	18.5806	43
44	24.6146	23.6046	22.6572	21.7679	20.9324	20.1467	19.4074	18.7111	44
45	24.8814	23.8438	22.8717	21.9602	21.1049	20.3015	19.5462	18.8357	45
46	25.1403	24.0754	23.0788	22.1455	21.2706	20.4498	19.6790	18.9545	46
47	25.3917	24.2996	23.2789	22.3241	21.4300	20.5921	19.8060	19.0679	47
48	25.6357	24.5167	23.4722	22.4961	21.5832	20.7284	19.9274	19.1761	48
49	25.8725	24.7270	23.6588	22.6619	21.7304	20.8592	20.0436	19.2793	49
50	26.1024	24.9305	23.8391	22.8216	21.8719	20.9846	20.1547	19.3778	50

YEARS' PURCHASE SINGLE RATE

Nominal rate per cent

Years	3	3.25	3.5	3.75	4	4.25	4.5	4.75	Years
51	26.3255	25.1276	24.0133	22.9755	22.0079	21.1048	20.2610	19.4717	51
52	26.5421	25.3185	24.1815	23.1237	22.1386	21.2201	20.3627	19.5614	52
53	26.7523	25.5033	24.3440	23.2666	22.2643	21.3306	20.4599	19.6470	53
54	26.9564	25.6822	24.5009	23.4043	22.3850	21.4366	20.5529	19.7286	54
55	27.1545	25.8555	24.6525	23.5369	22.5011	21.5382	20.6418	19.8065	55
56	27.3467	26.0233	24.7989	23.6647	22.6127	21.6356	20.7269	19.8808	56
57	27.5334	26.1857	24.9403	23.7879	22.7199	21.7290	20.8083	19.9517	57
58	27.7145	26.3430	25.0769	23.9065	22.8230	21.8186	20.8861	20.0193	58
59	27.8903	26.4953	25.2089	24.0208	22.9221	21.9044	20.9606	20.0839	59
60	28.0610	26.6428	25.3363	24.1310	23.0173	21.9868	21.0318	20.1455	60
61	28.2267	26.7856	25.4594	24.2371	23.1088	22.0657	21.0999	20.2042	61
62	28.3875	26.9238	25.5783	24.3394	23.1968	22.1414	21.1650	20.2603	62
63	28.5436	27.0577	25.6931	24.4379	23.2814	22.2140	21.2273	20.3138	63
64	28.6951	27.1873	25.8041	24.5328	23.3626	22.2836	21.2869	20.3649	64
65	28.8422	27.3129	25.9112	24.6243	23.4408	22.3503	21.3439	20.4136	65
66	28.9849	27.4344	26.0147	24.7125	23.5158	22.4143	21.3985	20.4600	66
67	29.1235	27.5521	26.1147	24.7974	23.5880	22.4756	21.4506	20.5044	67
68	29.2580	27.6660	26.2112	24.8792	23.6574	22.5344	21.5005	20.5467	68
69	29.3885	27.7763	26.3045	24.9581	23.7240	22.5908	21.5482	20.5871	69
70	29.5152	27.8832	26.3945	25.0340	23.7881	22.6449	21.5938	20.6256	70
71	29.6383	27.9866	26.4816	25.1072	23.8497	22.6967	21.6375	20.6623	71
72	29.7576	28.0868	26.5656	25.1778	23.9089	22.7464	21.6792	20.6974	72
73	29.8735	28.1837	26.6468	25.2457	23.9658	22.7941	21.7191	20.7308	73
74	29.9860	28.2776	26.7252	25.3112	24.0205	22.8398	21.7573	20.7628	74
75	30.0952	28.3686	26.8009	25.3743	24.0731	22.8836	21.7938	20.7932	75
76	30.2012	28.4566	26.8741	25.4351	24.1236	22.9256	21.8288	20.8223	76
77	30.3041	28.5419	26.9447	25.4937	24.1722	22.9659	21.8622	20.8500	77
78	30.4040	28.6244	27.0129	25.5501	24.2189	23.0045	21.8942	20.8765	78
79	30.5009	28.7043	27.0789	25.6045	24.2638	23.0416	21.9247	20.9017	79
80	30.5950	28.7817	27.1425	25.6569	24.3069	23.0771	21.9540	20.9258	80
81	30.6863	28.8567	27.2040	25.7074	24.3483	23.1111	21.9819	20.9488	81
82	30.7749	28.9292	27.2634	25.7560	24.3882	23.1438	22.0087	20.9707	82
83	30.8610	28.9995	27.3208	25.8029	24.4265	23.1751	22.0343	20.9916	83
84	30.9445	29.0675	27.3762	25.8480	24.4633	23.2051	22.0587	21.0116	84
85	31.0256	29.1334	27.4298	25.8915	24.4987	23.2338	22.0822	21.0306	85
86	31.1043	29.1971	27.4815	25.9335	24.5327	23.2614	22.1045	21.0488	86
87	31.1807	29.2589	27.5314	25.9739	24.5653	23.2879	22.1260	21.0661	87
88	31.2548	29.3187	27.5796	26.0128	24.5968	23.3133	22.1464	21.0827	88
89	31.3268	29.3766	27.6262	26.0503	24.6270	23.3376	22.1660	21.0985	89
90	31.3966	29.4326	27.6712	26.0864	24.6560	23.3609	22.1848	21.1135	90
91	31.4644	29.4869	27.7147	26.1212	24.6839	23.3832	22.2027	21.1279	91
92	31.5303	29.5395	27.7567	26.1548	24.7107	23.4047	22.2198	21.1416	92
93	31.5941	29.5904	27.7972	26.1871	24.7365	23.4252	22.2362	21.1547	93
94	31.6562	29.6397	27.8364	26.2183	24.7612	23.4449	22.2519	21.1672	94
95	31.7164	29.6874	27.8743	26.2483	24.7850	23.4638	22.2669	21.1791	95
96	31.7748	29.7336	27.9108	26.2772	24.8079	23.4820	22.2813	21.1905	96
97	31.8315	29.7783	27.9461	26.3050	24.8299	23.4993	22.2950	21.2013	97
98	31.8865	29.8216	27.9802	26.3319	24.8511	23.5160	22.3081	21.2116	98
99	31.9400	29.8636	28.0131	26.3577	24.8714	23.5319	22.3207	21.2215	99
100	31.9918	29.9042	28.0449	26.3827	24.8909	23.5473	22.3327	21.2309	100
Perp	33.7079	31.1437	28.9459	27.0411	25.3744	23.9038	22.5965	21.4269	Perp

YEARS' PURCHASE SINGLE RATE

Nominal rate per cent

Years	5	5.25	5.5	5.75	6	6.25	6.5	6.75	Years
1	0.9817	0.9809	0.9800	0.9791	0.9782	0.9773	0.9765	0.9756	1
2	1.9162	1.9122	1.9082	1.9042	1.9003	1.8963	1.8924	1.8885	2
3	2.8056	2.7965	2.7874	2.7784	2.7694	2.7605	2.7516	2.7428	3
4	3.6522	3.6361	3.6202	3.6043	3.5886	3.5730	3.5576	3.5422	4
5	4.4579	4.4333	4.4089	4.3848	4.3608	4.3371	4.3136	4.2903	5
6	5.2249	5.1903	5.1561	5.1222	5.0887	5.0556	5.0227	4.9903	6
7	5.9548	5.9090	5.8637	5.8190	5.7748	5.7311	5.6880	5.6453	7
8	6.6496	6.5914	6.5340	6.4774	6.4215	6.3664	6.3120	6.2583	8
9	7.3110	7.2394	7.1689	7.0995	7.0311	6.9637	6.8973	6.8319	9
10	7.9404	7.8547	7.7703	7.6873	7.6057	7.5254	7.4464	7.3687	10
11	8.5396	8.4388	8.3399	8.2427	8.1473	8.0536	7.9615	7.8710	11
12	9.1098	8.9935	8.8794	8.7676	8.6578	8.5502	8.4446	8.3410	12
13	9.6526	9.5202	9.3905	9.2635	9.1390	9.0172	8.8978	8.7808	13
14	10.1692	10.0202	9.8745	9.7320	9.5926	9.4563	9.3229	9.1924	14
15	10.6610	10.4950	10.3330	10.1748	10.0202	9.8692	9.7217	9.5776	15
16	11.1290	10.9459	10.7673	10.5931	10.4232	10.2575	10.0958	9.9380	16
17	11.5745	11.3739	11.1786	10.9884	10.8031	10.6225	10.4466	10.2752	17
18	11.9985	11.7804	11.5682	11.3619	11.1611	10.9658	10.7758	10.5908	18
19	12.4021	12.1663	11.9372	11.7148	11.4986	11.2886	11.0845	10.8862	19
20	12.7862	12.5327	12.2868	12.0482	11.8168	11.5922	11.3742	11.1625	20
21	13.1519	12.8806	12.6179	12.3633	12.1167	11.8776	11.6458	11.4211	21
22	13.4999	13.2110	12.9315	12.6610	12.3993	12.1460	11.9007	11.6631	22
23	13.8311	13.5246	13.2285	12.9424	12.6658	12.3983	12.1397	11.8896	23
24	14.1464	13.8225	13.5099	13.2082	12.9169	12.6356	12.3640	12.1015	24
25	14.4465	14.1052	13.7764	13.4593	13.1536	12.8588	12.5743	12.2998	25
26	14.7321	14.3737	14.0288	13.6966	13.3768	13.0686	12.7716	12.4853	26
27	15.0040	14.6287	14.2679	13.9209	13.5871	13.2659	12.9567	12.6590	27
28	15.2628	14.8708	14.4943	14.1328	13.7853	13.4514	13.1303	12.8215	28
29	15.5091	15.1006	14.7088	14.3330	13.9722	13.6259	13.2932	12.9735	29
30	15.7435	15.3188	14.9120	14.5221	14.1484	13.7899	13.4459	13.1158	30
31	15.9666	15.5260	15.1045	14.7009	14.3144	13.9441	13.5892	13.2490	31
32	16.1790	15.7228	15.2867	14.8698	14.4709	14.0892	13.7237	13.3736	32
33	16.3812	15.9096	15.4594	15.0294	14.6184	14.2255	13.8498	13.4901	33
34	16.5736	16.0870	15.6229	15.1801	14.7575	14.3538	13.9680	13.5993	34
35	16.7567	16.2554	15.7778	15.3226	14.8885	14.4744	14.0790	13.7013	35
36	16.9310	16.4153	15.9245	15.4573	15.0121	14.5878	14.1831	13.7969	36
37	17.0969	16.5671	16.0635	15.5845	15.1285	14.6944	14.2807	13.8863	37
38	17.2549	16.7113	16.1951	15.7047	15.2383	14.7946	14.3723	13.9699	38
39	17.4052	16.8482	16.3198	15.8182	15.3418	14.8889	14.4582	14.0482	39
40	17.5482	16.9782	16.4379	15.9255	15.4393	14.9775	14.5387	14.1215	40
41	17.6844	17.1016	16.5498	16.0269	15.5312	15.0609	14.6143	14.1900	41
42	17.8140	17.2188	16.6557	16.1228	15.6179	15.1393	14.6852	14.2542	42
43	17.9374	17.3300	16.7561	16.2133	15.6996	15.2130	14.7517	14.3142	43
44	18.0548	17.4357	16.8511	16.2988	15.7766	15.2823	14.8141	14.3704	44
45	18.1666	17.5360	16.9412	16.3797	15.8491	15.3474	14.8727	14.4230	45
46	18.2729	17.6312	17.0265	16.4560	15.9175	15.4087	14.9276	14.4721	46
47	18.3742	17.7216	17.1072	16.5282	15.9820	15.4663	14.9791	14.5182	47
48	18.4706	17.8075	17.1837	16.5964	16.0428	15.5205	15.0274	14.5613	48
49	18.5623	17.8890	17.2562	16.6608	16.1001	15.5715	15.0727	14.6016	49
50	18.6496	17.9664	17.3248	16.7217	16.1541	15.6194	15.1152	14.6393	50

YEARS' PURCHASE SINGLE RATE

Nominal rate per cent

Years	5	5.25	5.5	5.75	6	6.25	6.5	6.75	Years
51	18.7327	18.0399	17.3899	16.7792	16.2050	15.6644	15.1550	14.6746	51
52	18.8118	18.1097	17.4515	16.8336	16.2529	15.7068	15.1924	14.7076	52
53	18.8871	18.1760	17.5098	16.8849	16.2982	15.7466	15.2275	14.7385	53
54	18.9587	18.2389	17.5650	16.9334	16.3408	15.7840	15.2604	14.7674	54
55	19.0270	18.2987	17.6174	16.9793	16.3810	15.8193	15.2913	14.7945	55
56	19.0919	18.3554	17.6669	17.0226	16.4188	15.8524	15.3203	14.8198	56
57	19.1537	18.4092	17.7139	17.0636	16.4545	15.8835	15.3474	14.8435	57
58	19.2125	18.4604	17.7584	17.1022	16.4882	15.9128	15.3729	14.8657	58
59	19.2685	18.5089	17.8005	17.1388	16.5199	15.9403	15.3968	14.8864	59
60	19.3217	18.5550	17.8404	17.1733	16.5498	15.9662	15.4192	14.9059	60
61	19.3725	18.5988	17.8782	17.2060	16.5780	15.9905	15.4402	14.9240	61
62	19.4207	18.6404	17.9140	17.2368	16.6046	16.0134	15.4600	14.9410	62
63	19.4667	18.6798	17.9479	17.2659	16.6296	16.0350	15.4785	14.9569	63
64	19.5104	18.7173	17.9800	17.2934	16.6532	16.0552	15.4958	14.9718	64
65	19.5520	18.7529	18.0104	17.3195	16.6754	16.0742	15.5121	14.9858	65
66	19.5916	18.7867	18.0392	17.3440	16.6964	16.0921	15.5274	14.9988	66
67	19.6294	18.8187	18.0665	17.3673	16.7162	16.1090	15.5417	15.0110	67
68	19.6652	18.8492	18.0924	17.3892	16.7348	16.1248	15.5552	15.0224	68
69	19.6994	18.8781	18.1168	17.4099	16.7524	16.1397	15.5678	15.0331	69
70	19.7319	18.9056	18.1400	17.4295	16.7689	16.1536	15.5796	15.0431	70
71	19.7629	18.9316	18.1620	17.4480	16.7845	16.1668	15.5907	15.0525	71
72	19.7923	18.9564	18.1828	17.4655	16.7992	16.1792	15.6011	15.0612	72
73	19.8204	18.9799	18.2025	17.4821	16.8131	16.1908	15.6109	15.0694	73
74	19.8471	19.0022	18.2212	17.4977	16.8262	16.2017	15.6200	15.0771	74
75	19.8725	19.0234	18.2389	17.5124	16.8385	16.2120	15.6286	15.0843	75
76	19.8966	19.0435	18.2556	17.5264	16.8501	16.2217	15.6367	15.0910	76
77	19.9197	19.0626	18.2715	17.5395	16.8610	16.2308	15.6442	15.0973	77
78	19.9416	19.0808	18.2865	17.5520	16.8714	16.2393	15.6513	15.1031	78
79	19.9624	19.0980	18.3007	17.5638	16.8811	16.2474	15.6579	15.1086	79
80	19.9822	19.1144	18.3142	17.5749	16.8902	16.2549	15.6642	15.1138	80
81	20.0011	19.1299	18.3270	17.5854	16.8989	16.2620	15.6700	15.1186	81
82	20.0191	19.1446	18.3391	17.5953	16.9070	16.2687	15.6755	15.1231	82
83	20.0362	19.1586	18.3505	17.6047	16.9147	16.2750	15.6807	15.1273	83
84	20.0525	19.1719	18.3614	17.6135	16.9219	16.2809	15.6855	15.1313	84
85	20.0680	19.1845	18.3717	17.6219	16.9288	16.2865	15.6900	15.1350	85
86	20.0828	19.1965	18.3814	17.6298	16.9352	16.2917	15.6943	15.1384	86
87	20.0968	19.2079	18.3906	17.6373	16.9412	16.2966	15.6983	15.1417	87
88	20.1102	19.2187	18.3993	17.6443	16.9470	16.3012	15.7020	15.1447	88
89	20.1229	19.2290	18.4076	17.6510	16.9523	16.3056	15.7055	15.1475	89
90	20.1350	19.2387	18.4154	17.6573	16.9574	16.3097	15.7088	15.1502	90
91	20.1465	19.2479	18.4229	17.6633	16.9622	16.3135	15.7119	15.1526	91
92	20.1575	19.2567	18.4299	17.6689	16.9667	16.3171	15.7148	15.1550	92
93	20.1680	19.2651	18.4366	17.6742	16.9710	16.3205	15.7175	15.1571	93
94	20.1779	19.2730	18.4429	17.6793	16.9750	16.3237	15.7201	15.1592	94
95	20.1874	19.2805	18.4488	17.6840	16.9787	16.3267	15.7224	15.1611	95
96	20.1964	19.2876	18.4545	17.6885	16.9823	16.3295	15.7247	15.1629	96
97	20.2049	19.2944	18.4599	17.6927	16.9857	16.3322	15.7268	15.1645	97
98	20.2131	19.3008	18.4649	17.6967	16.9888	16.3347	15.7288	15.1661	98
99	20.2209	19.3070	18.4697	17.7005	16.9918	16.3370	15.7306	15.1675	99
100	20.2282	19.3128	18.4743	17.7041	16.9946	16.3393	15.7323	15.1689	100
Perp	20.3742	19.4218	18.5560	17.7654	17.0407	16.3740	15.7586	15.1888	Perp

YEARS' PURCHASE SINGLE RATE

Nominal rate per cent

Years	7	7.25	7.5	7.75	8	8.25	8.5	8.75	Years
1	0.9747	0.9739	0.9730	0.9721	0.9712	0.9704	0.9695	0.9687	1
2	1.8846	1.8807	1.8769	1.8730	1.8692	1.8654	1.8616	1.8578	2
3	2.7340	2.7253	2.7166	2.7080	2.6994	2.6909	2.6825	2.6740	3
4	3.5269	3.5118	3.4968	3.4818	3.4670	3.4523	3.4377	3.4232	4
5	4.2671	4.2442	4.2215	4.1990	4.1767	4.1546	4.1327	4.1109	5
6	4.9581	4.9263	4.8948	4.8637	4.8329	4.8023	4.7721	4.7422	6
7	5.6032	5.5615	5.5204	5.4797	5.4395	5.3998	5.3605	5.3217	7
8	6.2053	6.1531	6.1015	6.0506	6.0004	5.9508	5.9019	5.8536	8
9	6.7675	6.7039	6.6414	6.5797	6.5189	6.4590	6.4000	6.3418	9
10	7.2922	7.2170	7.1429	7.0701	6.9984	6.9278	6.8583	6.7900	10
11	7.7821	7.6947	7.6089	7.5245	7.4416	7.3601	7.2801	7.2013	11
12	8.2393	8.1396	8.0417	7.9457	7.8514	7.7589	7.6681	7.5790	12
13	8.6662	8.5539	8.4439	8.3360	8.2303	8.1267	8.0252	7.9256	13
14	9.0647	8.9398	8.8175	8.6978	8.5807	8.4660	8.3537	8.2438	14
15	9.4367	9.2991	9.1646	9.0331	8.9045	8.7789	8.6560	8.5358	15
16	9.7840	9.6337	9.4870	9.3438	9.2040	9.0675	8.9341	8.8039	16
17	10.1082	9.9453	9.7866	9.6318	9.4809	9.3337	9.1901	9.0500	17
18	10.4108	10.2355	10.0649	9.8987	9.7368	9.5792	9.4256	9.2759	18
19	10.6933	10.5058	10.3234	10.1460	9.9735	9.8056	9.6423	9.4832	19
20	10.9570	10.7575	10.5636	10.3753	10.1923	10.0145	9.8416	9.6736	20
21	11.2032	10.9918	10.7867	10.5877	10.3946	10.2071	10.0251	9.8483	21
22	11.4330	11.2101	10.9940	10.7847	10.5816	10.3848	10.1939	10.0087	22
23	11.6476	11.4133	11.1866	10.9671	10.7546	10.5487	10.3492	10.1559	23
24	11.8478	11.6026	11.3655	11.1363	10.9145	10.6998	10.4921	10.2910	24
25	12.0348	11.7789	11.5318	11.2930	11.0623	10.8392	10.6236	10.4150	25
26	12.2093	11.9431	11.6862	11.4383	11.1989	10.9678	10.7446	10.5289	26
27	12.3722	12.0959	11.8296	11.5729	11.3253	11.0864	10.8559	10.6334	27
28	12.5243	12.2383	11.9629	11.6977	11.4421	11.1958	10.9584	10.7293	28
29	12.6663	12.3709	12.0867	11.8133	11.5501	11.2967	11.0526	10.8174	29
30	12.7988	12.4943	12.2017	11.9205	11.6500	11.3898	11.1393	10.8982	30
31	12.9226	12.6093	12.3086	12.0198	11.7423	11.4756	11.2191	10.9724	31
32	13.0380	12.7164	12.4079	12.1119	11.8277	11.5548	11.2926	11.0405	32
33	13.1459	12.8161	12.5001	12.1972	11.9066	11.6278	11.3601	11.1030	33
34	13.2465	12.9090	12.5858	12.2762	11.9796	11.6951	11.4223	11.1604	34
35	13.3405	12.9954	12.6654	12.3495	12.0470	11.7572	11.4795	11.2131	35
36	13.4282	13.0760	12.7393	12.4174	12.1094	11.8145	11.5321	11.2615	36
37	13.5101	13.1510	12.8080	12.4804	12.1671	11.8674	11.5805	11.3058	37
38	13.5865	13.2208	12.8719	12.5387	12.2204	11.9161	11.6251	11.3466	38
39	13.6579	13.2859	12.9312	12.5927	12.2697	11.9611	11.6661	11.3840	39
40	13.7245	13.3464	12.9862	12.6428	12.3153	12.0025	11.7038	11.4183	40
41	13.7866	13.4028	13.0374	12.6893	12.3574	12.0408	11.7385	11.4498	41
42	13.8447	13.4554	13.0850	12.7323	12.3963	12.0760	11.7705	11.4787	42
43	13.8989	13.5043	13.1291	12.7722	12.4324	12.1086	11.7999	11.5053	43
44	13.9495	13.5498	13.1702	12.8092	12.4657	12.1386	11.8269	11.5297	44
45	13.9967	13.5923	13.2083	12.8434	12.4965	12.1663	11.8518	11.5520	45
46	14.0408	13.6318	13.2437	12.8752	12.5249	12.1918	11.8747	11.5726	46
47	14.0819	13.6686	13.2766	12.9046	12.5512	12.2153	11.8957	11.5914	47
48	14.1203	13.7028	13.3072	12.9319	12.5756	12.2370	11.9151	11.6087	48
49	14.1562	13.7347	13.3356	12.9571	12.5981	12.2571	11.9330	11.6246	49
50	14.1896	13.7644	13.3619	12.9806	12.6189	12.2756	11.9494	11.6392	50

YEARS' PURCHASE SINGLE RATE

Nominal rate per cent

Years	7	7.25	7.5	7.75	8	8.25	8.5	8.75	Years
51	14.2209	13.7921	13.3864	13.0023	12.6381	12.2926	11.9645	11.6526	51
52	14.2501	13.8179	13.4092	13.0224	12.6559	12.3083	11.9784	11.6649	52
53	14.2773	13.8419	13.4304	13.0410	12.6723	12.3228	11.9911	11.6761	53
54	14.3027	13.8642	13.4500	13.0583	12.6875	12.3362	12.0029	11.6865	54
55	14.3265	13.8850	13.4683	13.0743	12.7016	12.3485	12.0137	11.6960	55
56	14.3486	13.9044	13.4852	13.0892	12.7146	12.3599	12.0237	11.7047	56
57	14.3693	13.9225	13.5010	13.1029	12.7266	12.3704	12.0328	11.7127	57
58	14.3886	13.9393	13.5156	13.1157	12.7377	12.3800	12.0413	11.7201	58
59	14.4066	13.9549	13.5292	13.1275	12.7479	12.3890	12.0490	11.7268	59
60	14.4234	13.9695	13.5418	13.1384	12.7574	12.3972	12.0562	11.7330	60
61	14.4391	13.9831	13.5536	13.1486	12.7662	12.4048	12.0627	11.7387	61
62	14.4538	13.9957	13.5645	13.1580	12.7743	12.4118	12.0688	11.7439	62
63	14.4675	14.0075	13.5746	13.1667	12.7818	12.4182	12.0743	11.7487	63
64	14.4803	14.0185	13.5840	13.1748	12.7888	12.4242	12.0795	11.7531	64
65	14.4922	14.0287	13.5928	13.1823	12.7952	12.4297	12.0842	11.7571	65
66	14.5033	14.0382	13.6009	13.1892	12.8011	12.4348	12.0885	11.7608	66
67	14.5137	14.0470	13.6084	13.1956	12.8066	12.4394	12.0925	11.7642	67
68	14.5234	14.0553	13.6154	13.2016	12.8117	12.4438	12.0962	11.7673	68
69	14.5325	14.0630	13.6220	13.2071	12.8163	12.4477	12.0995	11.7702	69
70	14.5409	14.0701	13.6280	13.2122	12.8207	12.4514	12.1026	11.7728	70
71	14.5488	14.0768	13.6336	13.2170	12.8247	12.4548	12.1055	11.7752	71
72	14.5562	14.0830	13.6388	13.2214	12.8284	12.4579	12.1081	11.7775	72
73	14.5631	14.0887	13.6437	13.2255	12.8318	12.4608	12.1105	11.7795	73
74	14.5695	14.0941	13.6482	13.2292	12.8350	12.4634	12.1128	11.7814	74
75	14.5755	14.0991	13.6524	13.2327	12.8379	12.4659	12.1148	11.7831	75
76	14.5811	14.1038	13.6563	13.2360	12.8406	12.4681	12.1167	11.7846	76
77	14.5863	14.1081	13.6599	13.2390	12.8431	12.4702	12.1184	11.7861	77
78	14.5912	14.1122	13.6632	13.2418	12.8454	12.4721	12.1200	11.7874	78
79	14.5957	14.1160	13.6664	13.2444	12.8476	12.4739	12.1215	11.7886	79
80	14.6000	14.1195	13.6693	13.2467	12.8495	12.4755	12.1228	11.7897	80
81	14.6039	14.1227	13.6720	13.2490	12.8514	12.4771	12.1241	11.7908	81
82	14.6077	14.1258	13.6745	13.2510	12.8531	12.4784	12.1252	11.7917	82
83	14.6111	14.1286	13.6768	13.2529	12.8546	12.4797	12.1263	11.7926	83
84	14.6143	14.1312	13.6789	13.2547	12.8561	12.4809	12.1273	11.7934	84
85	14.6173	14.1337	13.6809	13.2563	12.8574	12.4820	12.1281	11.7941	85
86	14.6202	14.1360	13.6828	13.2578	12.8586	12.4830	12.1290	11.7948	86
87	14.6228	14.1381	13.6845	13.2592	12.8598	12.4839	12.1297	11.7954	87
88	14.6252	14.1401	13.6861	13.2606	12.8608	12.4848	12.1304	11.7959	88
89	14.6275	14.1420	13.6876	13.2618	12.8618	12.4856	12.1310	11.7965	89
90	14.6297	14.1437	13.6890	13.2629	12.8627	12.4863	12.1316	11.7969	90
91	14.6317	14.1453	13.6903	13.2639	12.8635	12.4870	12.1322	11.7974	91
92	14.6335	14.1468	13.6915	13.2649	12.8643	12.4876	12.1327	11.7978	92
93	14.6352	14.1482	13.6926	13.2658	12.8650	12.4882	12.1331	11.7981	93
94	14.6369	14.1495	13.6937	13.2666	12.8657	12.4887	12.1336	11.7985	94
95	14.6384	14.1507	13.6946	13.2674	12.8663	12.4892	12.1339	11.7988	95
96	14.6398	14.1518	13.6955	13.2681	12.8669	12.4896	12.1343	11.7991	96
97	14.6411	14.1528	13.6963	13.2687	12.8674	12.4900	12.1346	11.7993	97
98	14.6423	14.1538	13.6971	13.2693	12.8679	12.4904	12.1349	11.7996	98
99	14.6435	14.1547	13.6978	13.2699	12.8683	12.4908	12.1352	11.7998	99
100	14.6446	14.1556	13.6985	13.2704	12.8687	12.4911	12.1355	11.8000	100
Perp	14.6596	14.1670	13.7072	13.2770	12.8738	12.4949	12.1384	11.8022	Perp

YEARS' PURCHASE SINGLE RATE

Nominal rate per cent

Years	9	9.25	9.5	9.75	10	10.25	10.5	10.75	Years
1	0.9678	0.9670	0.9661	0.9653	0.9644	0.9636	0.9627	0.9619	1
2	1.8541	1.8503	1.8466	1.8429	1.8392	1.8355	1.8318	1.8282	2
3	2.6657	2.6573	2.6490	2.6408	2.6326	2.6245	2.6164	2.6083	3
4	3.4088	3.3946	3.3804	3.3663	3.3523	3.3384	3.3246	3.3109	4
5	4.0894	4.0680	4.0469	4.0259	4.0051	3.9844	3.9640	3.9437	5
6	4.7126	4.6833	4.6543	4.6256	4.5971	4.5690	4.5411	4.5135	6
7	5.2833	5.2454	5.2079	5.1708	5.1342	5.0979	5.0621	5.0267	7
8	5.8059	5.7588	5.7124	5.6665	5.6213	5.5766	5.5325	5.4889	8
9	6.2844	6.2279	6.1722	6.1172	6.0631	6.0097	5.9570	5.9051	9
10	6.7227	6.6564	6.5912	6.5270	6.4638	6.4016	6.3403	6.2800	10
11	7.1240	7.0479	6.9731	6.8996	6.8273	6.7562	6.6863	6.6176	11
12	7.4915	7.4055	7.3212	7.2383	7.1570	7.0771	6.9987	6.9216	12
13	7.8280	7.7322	7.6384	7.5463	7.4560	7.3675	7.2806	7.1954	13
14	8.1361	8.0307	7.9275	7.8263	7.7273	7.6302	7.5351	7.4420	14
15	8.4183	8.3034	8.1909	8.0809	7.9733	7.8680	7.7649	7.6640	15
16	8.6767	8.5524	8.4310	8.3124	8.1964	8.0831	7.9723	7.8640	16
17	8.9134	8.7800	8.6499	8.5228	8.3988	8.2778	8.1596	8.0441	17
18	9.1300	8.9879	8.8493	8.7142	8.5824	8.4539	8.3286	8.2063	18
19	9.3285	9.1778	9.0310	8.8881	8.7489	8.6133	8.4812	8.3524	19
20	9.5102	9.3513	9.1967	9.0463	8.9000	8.7576	8.6189	8.4840	20
21	9.6766	9.5098	9.3477	9.1901	9.0370	8.8881	8.7433	8.6024	21
22	9.8289	9.6545	9.4852	9.3209	9.1612	9.0062	8.8555	8.7091	22
23	9.9685	9.7868	9.6106	9.4397	9.2739	9.1130	8.9568	8.8052	23
24	10.0963	9.9076	9.7249	9.5478	9.3761	9.2097	9.0483	8.8918	24
25	10.2133	10.0180	9.8290	9.6461	9.4689	9.2972	9.1309	8.9697	25
26	10.3204	10.1189	9.9240	9.7354	9.5530	9.3764	9.2054	9.0399	26
27	10.4185	10.2110	10.0105	9.8166	9.6293	9.4480	9.2727	9.1031	27
28	10.5084	10.2951	10.0893	9.8905	9.6984	9.5129	9.3335	9.1600	28
29	10.5907	10.3720	10.1611	9.9576	9.7612	9.5715	9.3883	9.2113	29
30	10.6660	10.4423	10.2266	10.0187	9.8181	9.6246	9.4378	9.2574	30
31	10.7350	10.5064	10.2863	10.0742	9.8698	9.6726	9.4825	9.2990	31
32	10.7982	10.5650	10.3407	10.1247	9.9166	9.7161	9.5228	9.3365	32
33	10.8560	10.6186	10.3902	10.1705	9.9591	9.7554	9.5593	9.3702	33
34	10.9090	10.6675	10.4354	10.2123	9.9976	9.7910	9.5921	9.4006	34
35	10.9575	10.7122	10.4766	10.2502	10.0325	9.8232	9.6218	9.4279	35
36	11.0020	10.7530	10.5141	10.2847	10.0642	9.8524	9.6486	9.4526	36
37	11.0426	10.7903	10.5483	10.3160	10.0930	9.8787	9.6728	9.4747	37
38	11.0799	10.8244	10.5794	10.3445	10.1191	9.9026	9.6946	9.4947	38
39	11.1140	10.8555	10.6078	10.3704	10.1427	9.9242	9.7143	9.5127	39
40	11.1453	10.8839	10.6337	10.3940	10.1642	9.9437	9.7321	9.5289	40
41	11.1739	10.9099	10.6573	10.4154	10.1836	9.9614	9.7482	9.5435	41
42	11.2001	10.9337	10.6788	10.4349	10.2013	9.9774	9.7627	9.5566	42
43	11.2240	10.9553	10.6984	10.4526	10.2173	9.9919	9.7758	9.5685	43
44	11.2460	10.9751	10.7163	10.4687	10.2318	10.0050	9.7876	9.5791	44
45	11.2661	10.9932	10.7325	10.4834	10.2450	10.0168	9.7982	9.5887	45
46	11.2846	11.0098	10.7474	10.4967	10.2569	10.0275	9.8079	9.5974	46
47	11.3014	11.0249	10.7609	10.5088	10.2678	10.0372	9.8166	9.6052	47
48	11.3169	11.0386	10.7732	10.5198	10.2776	10.0460	9.8244	9.6122	48
49	11.3310	11.0512	10.7844	10.5298	10.2865	10.0540	9.8315	9.6185	49
50	11.3440	11.0628	10.7947	10.5389	10.2946	10.0611	9.8379	9.6242	50

YEARS' PURCHASE SINGLE RATE

Nominal rate per cent

Years	9	9.25	9.5	9.75	10	10.25	10.5	10.75	Years
51	11.3558	11.0733	10.8040	10.5471	10.3019	10.0677	9.8436	9.6293	51
52	11.3667	11.0829	10.8125	10.5546	10.3086	10.0735	9.8489	9.6339	52
53	11.3766	11.0917	10.8202	10.5615	10.3146	10.0789	9.8536	9.6381	53
54	11.3858	11.0997	10.8273	10.5677	10.3201	10.0837	9.8578	9.6418	54
55	11.3941	11.1070	10.8337	10.5733	10.3250	10.0880	9.8616	9.6452	55
56	11.4017	11.1137	10.8396	10.5785	10.3295	10.0920	9.8651	9.6482	56
57	11.4087	11.1198	10.8449	10.5832	10.3336	10.0956	9.8682	9.6509	57
58	11.4151	11.1254	10.8498	10.5874	10.3373	10.0988	9.8710	9.6534	58
59	11.4210	11.1305	10.8542	10.5913	10.3407	10.1017	9.8736	9.6556	59
60	11.4264	11.1352	10.8583	10.5948	10.3437	10.1044	9.8759	9.6576	60
61	11.4313	11.1394	10.8620	10.5980	10.3465	10.1068	9.8780	9.6594	61
62	11.4358	11.1433	10.8653	10.6009	10.3490	10.1089	9.8798	9.6610	62
63	11.4399	11.1469	10.8684	10.6035	10.3513	10.1109	9.8815	9.6625	63
64	11.4437	11.1501	10.8712	10.6059	10.3534	10.1127	9.8830	9.6638	64
65	11.4472	11.1531	10.8737	10.6081	10.3552	10.1143	9.8844	9.6650	65
66	11.4503	11.1558	10.8760	10.6101	10.3569	10.1157	9.8857	9.6660	66
67	11.4532	11.1582	10.8781	10.6119	10.3585	10.1170	9.8868	9.6670	67
68	11.4559	11.1605	10.8801	10.6135	10.3599	10.1182	9.8878	9.6679	68
69	11.4583	11.1626	10.8818	10.6150	10.3611	10.1193	9.8887	9.6686	69
70	11.4605	11.1645	10.8834	10.6164	10.3623	10.1203	9.8895	9.6693	70
71	11.4626	11.1662	10.8849	10.6176	10.3633	10.1212	9.8903	9.6700	71
72	11.4644	11.1678	10.8862	10.6187	10.3643	10.1220	9.8910	9.6705	72
73	11.4662	11.1692	10.8874	10.6197	10.3651	10.1227	9.8916	9.6711	73
74	11.4677	11.1705	10.8885	10.6207	10.3659	10.1233	9.8921	9.6715	74
75	11.4692	11.1717	10.8895	10.6215	10.3666	10.1239	9.8926	9.6719	75
76	11.4705	11.1728	10.8904	10.6223	10.3672	10.1245	9.8931	9.6723	76
77	11.4717	11.1738	10.8913	10.6230	10.3678	10.1249	9.8935	9.6726	77
78	11.4728	11.1747	10.8920	10.6236	10.3683	10.1254	9.8938	9.6729	78
79	11.4738	11.1756	10.8927	10.6242	10.3688	10.1258	9.8942	9.6732	79
80	11.4747	11.1763	10.8934	10.6247	10.3693	10.1261	9.8945	9.6735	80
81	11.4755	11.1770	10.8939	10.6252	10.3696	10.1265	9.8947	9.6737	81
82	11.4763	11.1777	10.8945	10.6256	10.3700	10.1267	9.8950	9.6739	82
83	11.4770	11.1782	10.8949	10.6260	10.3703	10.1270	9.8952	9.6741	83
84	11.4777	11.1788	10.8954	10.6263	10.3706	10.1273	9.8954	9.6742	84
85	11.4783	11.1793	10.8958	10.6267	10.3709	10.1275	9.8956	9.6744	85
86	11.4788	11.1797	10.8961	10.6270	10.3711	10.1277	9.8957	9.6745	86
87	11.4793	11.1801	10.8965	10.6272	10.3713	10.1278	9.8959	9.6746	87
88	11.4798	11.1805	10.8968	10.6275	10.3715	10.1280	9.8960	9.6747	88
89	11.4802	11.1808	10.8970	10.6277	10.3717	10.1281	9.8961	9.6748	89
90	11.4806	11.1811	10.8973	10.6279	10.3719	10.1283	9.8962	9.6749	90
91	11.4809	11.1814	10.8975	10.6281	10.3720	10.1284	9.8963	9.6750	91
92	11.4812	11.1817	10.8977	10.6283	10.3722	10.1285	9.8964	9.6751	92
93	11.4815	11.1819	10.8979	10.6284	10.3723	10.1286	9.8965	9.6751	93
94	11.4818	11.1821	10.8981	10.6285	10.3724	10.1287	9.8966	9.6752	94
95	11.4821	11.1823	10.8983	10.6287	10.3725	10.1288	9.8966	9.6752	95
96	11.4823	11.1825	10.8984	10.6288	10.3726	10.1288	9.8967	9.6753	96
97	11.4825	11.1827	10.8985	10.6289	10.3727	10.1289	9.8967	9.6753	97
98	11.4827	11.1828	10.8986	10.6290	10.3727	10.1290	9.8968	9.6754	98
99	11.4829	11.1829	10.8988	10.6291	10.3728	10.1290	9.8968	9.6754	99
100	11.4830	11.1831	10.8989	10.6291	10.3729	10.1291	9.8969	9.6754	100
Perp	11.4847	11.1844	10.8999	10.6299	10.3735	10.1295	9.8972	9.6757	Perp

YEARS' PURCHASE SINGLE RATE

Nominal rate per cent

Years	11	11.25	11.5	11.75	12	12.25	12.5	12.75	Years
1	0.9611	0.9602	0.9594	0.9586	0.9577	0.9569	0.9561	0.9553	1
2	1.8245	1.8209	1.8173	1.8137	1.8101	1.8066	1.8030	1.7995	2
3	2.6003	2.5924	2.5845	2.5766	2.5688	2.5610	2.5532	2.5455	3
4	3.2974	3.2839	3.2705	3.2572	3.2439	3.2308	3.2178	3.2049	4
5	3.9236	3.9036	3.8839	3.8643	3.8448	3.8256	3.8065	3.7875	5
6	4.4862	4.4592	4.4324	4.4059	4.3796	4.3536	4.3279	4.3024	6
7	4.9917	4.9571	4.9229	4.8891	4.8556	4.8225	4.7898	4.7575	7
8	5.4459	5.4034	5.3615	5.3201	5.2792	5.2389	5.1990	5.1596	8
9	5.8540	5.8035	5.7537	5.7046	5.6562	5.6095	5.5614	5.5150	9
10	6.2206	6.1621	6.1044	6.0477	5.9918	5.9367	5.8825	5.8291	10
11	6.5500	6.4835	6.4180	6.3537	6.2904	6.2281	6.1669	6.1066	11
12	6.8459	6.7715	6.6985	6.6267	6.5562	6.4869	6.4188	6.3519	12
13	7.1118	7.0297	6.9493	6.8703	6.7927	6.7166	6.6420	6.5686	13
14	7.3507	7.2612	7.1735	7.0875	7.0033	6.9206	6.8396	6.7602	14
15	7.5653	7.4686	7.3740	7.2814	7.1906	7.1018	7.0147	6.9295	15
16	7.7581	7.6546	7.5533	7.4543	7.3574	7.2626	7.1698	7.0791	16
17	7.9314	7.8212	7.7136	7.6085	7.5058	7.4054	7.3072	7.2113	17
18	8.0870	7.9706	7.8570	7.7461	7.6379	7.5322	7.4289	7.3281	18
19	8.2269	8.1045	7.9852	7.8689	7.7554	7.6447	7.5368	7.4314	19
20	8.3525	8.2245	8.0999	7.9784	7.8600	7.7447	7.6323	7.5226	20
21	8.4654	8.3321	8.2024	8.0761	7.9532	7.8334	7.7169	7.6033	21
22	8.5669	8.4285	8.2941	8.1633	8.0360	7.9122	7.7918	7.6745	22
23	8.6580	8.5150	8.3760	8.2410	8.1098	7.9822	7.8582	7.7375	23
24	8.7399	8.5924	8.4493	8.3104	8.1754	8.0443	7.9170	7.7932	24
25	8.8134	8.6619	8.5149	8.3723	8.2339	8.0995	7.9691	7.8424	25
26	8.8795	8.7241	8.5735	8.4275	8.2858	8.1485	8.0152	7.8858	26
27	8.9389	8.7799	8.6259	8.4767	8.3321	8.1920	8.0561	7.9242	27
28	8.9922	8.8299	8.6728	8.5206	8.3733	8.2306	8.0923	7.9582	28
29	9.0402	8.8747	8.7147	8.5598	8.4100	8.2649	8.1243	7.9882	29
30	9.0832	8.9149	8.7521	8.5948	8.4426	8.2953	8.1527	8.0147	30
31	9.1219	8.9509	8.7857	8.6260	8.4716	8.3223	8.1779	8.0381	31
32	9.1567	8.9832	8.8156	8.6538	8.4975	8.3463	8.2002	8.0588	32
33	9.1879	9.0121	8.8424	8.6786	8.5205	8.3676	8.2199	8.0771	33
34	9.2160	9.0380	8.8664	8.7008	8.5409	8.3866	8.2374	8.0933	34
35	9.2412	9.0612	8.8878	8.7205	8.5591	8.4034	8.2529	8.1076	35
36	9.2638	9.0821	8.9070	8.7381	8.5753	8.4183	8.2666	8.1202	36
37	9.2842	9.1008	8.9241	8.7539	8.5898	8.4315	8.2788	8.1314	37
38	9.3025	9.1175	8.9394	8.7679	8.6026	8.4433	8.2896	8.1412	38
39	9.3189	9.1325	8.9531	8.7804	8.6140	8.4537	8.2991	8.1500	39
40	9.3337	9.1459	8.9654	8.7916	8.6242	8.4630	8.3076	8.1577	40
41	9.3469	9.1580	8.9763	8.8015	8.6333	8.4712	8.3150	8.1645	41
42	9.3588	9.1688	8.9861	8.8104	8.6413	8.4785	8.3217	8.1705	42
43	9.3695	9.1785	8.9949	8.8183	8.6485	8.4850	8.3275	8.1758	43
44	9.3791	9.1871	9.0027	8.8254	8.6549	8.4908	8.3327	8.1805	44
45	9.3878	9.1949	9.0097	8.8317	8.6606	8.4959	8.3374	8.1846	45
46	9.3956	9.2019	9.0160	8.8373	8.6656	8.5004	8.3414	8.1883	46
47	9.4025	9.2081	9.0216	8.8424	8.6701	8.5045	8.3451	8.1916	47
48	9.4088	9.2137	9.0266	8.8468	8.6741	8.5080	8.3483	8.1944	48
49	9.4144	9.2188	9.0311	8.8508	8.6777	8.5112	8.3511	8.1970	49
50	9.4195	9.2233	9.0351	8.8544	8.6809	8.5140	8.3536	8.1992	50

YEARS' PURCHASE SINGLE RATE

Nominal rate per cent

Years	11	11.25	11.5	11.75	12	12.25	12.5	12.75	Years
51	9.4240	9.2273	9.0386	8.8576	8.6837	8.5166	8.3558	8.2012	51
52	9.4281	9.2309	9.0418	8.8604	8.6862	8.5188	8.3578	8.2029	52
53	9.4318	9.2342	9.0447	8.8629	8.6884	8.5208	8.3596	8.2045	53
54	9.4351	9.2371	9.0473	8.8652	8.6904	8.5225	8.3611	8.2058	54
55	9.4380	9.2397	9.0496	8.8672	8.6922	8.5241	8.3625	8.2070	55
56	9.4407	9.2420	9.0516	8.8690	8.6938	8.5255	8.3637	8.2081	56
57	9.4431	9.2441	9.0534	8.8706	8.6952	8.5267	8.3648	8.2090	57
58	9.4452	9.2460	9.0551	8.8720	8.6964	8.5278	8.3657	8.2099	58
59	9.4472	9.2476	9.0565	8.8733	8.6975	8.5287	8.3666	8.2106	59
60	9.4489	9.2492	9.0578	8.8744	8.6985	8.5296	8.3673	8.2113	60
61	9.4505	9.2505	9.0590	8.8755	8.6994	8.5304	8.3680	8.2118	61
62	9.4519	9.2517	9.0601	8.8764	8.7002	8.5310	8.3686	8.2123	62
63	9.4531	9.2528	9.0610	8.8772	8.7009	8.5316	8.3691	8.2128	63
64	9.4542	9.2538	9.0618	8.8779	8.7015	8.5322	8.3695	8.2132	64
65	9.4553	9.2546	9.0626	8.8785	8.7020	8.5326	8.3699	8.2135	65
66	9.4562	9.2554	9.0632	8.8791	8.7025	8.5331	8.3703	8.2139	66
67	9.4570	9.2561	9.0638	8.8796	8.7030	8.5334	8.3706	8.2141	67
68	9.4577	9.2568	9.0644	8.8801	8.7034	8.5338	8.3709	8.2144	68
69	9.4584	9.2573	9.0649	8.8805	8.7037	8.5341	8.3712	8.2146	69
70	9.4590	9.2578	9.0653	8.8809	8.7040	8.5343	8.3714	8.2148	70
71	9.4595	9.2583	9.0657	8.8812	8.7043	8.5346	8.3716	8.2149	71
72	9.4600	9.2587	9.0660	8.8815	8.7045	8.5348	8.3718	8.2151	72
73	9.4604	9.2590	9.0663	8.8817	8.7048	8.5350	8.3719	8.2152	73
74	9.4608	9.2594	9.0666	8.8820	8.7049	8.5351	8.3720	8.2153	74
75	9.4612	9.2597	9.0668	8.8822	8.7051	8.5353	8.3722	8.2154	75
76	9.4615	9.2599	9.0671	8.8823	8.7053	8.5354	8.3723	8.2155	76
77	9.4618	9.2602	9.0673	8.8825	8.7054	8.5355	8.3724	8.2156	77
78	9.4620	9.2604	9.0674	8.8826	8.7055	8.5356	8.3725	8.2157	78
79	9.4622	9.2606	9.0676	8.8828	8.7056	8.5357	8.3725	8.2157	79
80	9.4624	9.2607	9.0677	8.8829	8.7057	8.5358	8.3726	8.2158	80
81	9.4626	9.2609	9.0678	8.8830	8.7058	8.5358	8.3727	8.2158	81
82	9.4628	9.2610	9.0680	8.8831	8.7059	8.5359	8.3727	8.2159	82
83	9.4629	9.2611	9.0681	8.8832	8.7060	8.5360	8.3727	8.2159	83
84	9.4631	9.2612	9.0681	8.8832	8.7060	8.5360	8.3728	8.2160	84
85	9.4632	9.2613	9.0682	8.8833	8.7061	8.5361	8.3728	8.2160	85
86	9.4633	9.2614	9.0683	8.8834	8.7061	8.5361	8.3729	8.2160	86
87	9.4634	9.2615	9.0684	8.8834	8.7062	8.5361	8.3729	8.2160	87
88	9.4635	9.2616	9.0684	8.8835	8.7062	8.5362	8.3729	8.2161	88
89	9.4635	9.2616	9.0685	8.8835	8.7062	8.5362	8.3729	8.2161	89
90	9.4636	9.2617	9.0685	8.8835	8.7063	8.5362	8.3730	8.2161	90
91	9.4637	9.2617	9.0686	8.8836	8.7063	8.5362	8.3730	8.2161	91
92	9.4637	9.2618	9.0686	8.8836	8.7063	8.5363	8.3730	8.2161	92
93	9.4638	9.2618	9.0686	8.8836	8.7063	8.5363	8.3730	8.2161	93
94	9.4638	9.2619	9.0687	8.8837	8.7064	8.5363	8.3730	8.2161	94
95	9.4639	9.2619	9.0687	8.8837	8.7064	8.5363	8.3730	8.2161	95
96	9.4639	9.2619	9.0687	8.8837	8.7064	8.5363	8.3730	8.2161	96
97	9.4639	9.2620	9.0687	8.8837	8.7064	8.5363	8.3730	8.2162	97
98	9.4640	9.2620	9.0687	8.8837	8.7064	8.5363	8.3730	8.2162	98
99	9.4640	9.2620	9.0688	8.8837	8.7064	8.5363	8.3731	8.2162	99
100	9.4640	9.2620	9.0688	8.8838	8.7064	8.5363	8.3731	8.2162	100
Perp	9.4642	9.2622	9.0689	8.8839	8.7065	8.5364	8.3731	8.2162	Perp

YEARS' PURCHASE SINGLE RATE

Nominal rate per cent

Years	13	13.25	13.5	13.75	14	14.25	14.5	14.75	Years
1	0.9545	0.9536	0.9528	0.9520	0.9512	0.9504	0.9496	0.9488	1
2	1.7960	1.7925	1.7890	1.7855	1.7820	1.7786	1.7751	1.7717	2
3	2.5379	2.5303	2.5227	2.5152	2.5077	2.5002	2.4928	2.4855	3
4	3.1920	3.1793	3.1666	3.1540	3.1415	3.1291	3.1168	3.1045	4
5	3.7687	3.7501	3.7316	3.7133	3.6951	3.6771	3.6592	3.6415	5
6	4.2772	4.2522	4.2274	4.2029	4.1787	4.1546	4.1308	4.1072	6
7	4.7255	4.6938	4.6626	4.6316	4.6010	4.5707	4.5408	4.5112	7
8	5.1207	5.0823	5.0444	5.0069	4.9699	4.9333	4.8972	4.8616	8
9	5.4692	5.4240	5.3794	5.3355	5.2921	5.2493	5.2071	5.1654	9
10	5.7764	5.7246	5.6735	5.6231	5.5735	5.5247	5.4765	5.4290	10
11	6.0473	5.9889	5.9315	5.8750	5.8193	5.7646	5.7107	5.6576	11
12	6.2861	6.2215	6.1579	6.0955	6.0340	5.9737	5.9143	5.8559	12
13	6.4967	6.4260	6.3566	6.2885	6.2216	6.1559	6.0913	6.0279	13
14	6.6823	6.6059	6.5310	6.4575	6.3854	6.3146	6.2452	6.1771	14
15	6.8460	6.7642	6.6840	6.6054	6.5284	6.4530	6.3790	6.3065	15
16	6.9903	6.9033	6.8182	6.7349	6.6534	6.5735	6.4953	6.4187	16
17	7.1175	7.0258	6.9361	6.8483	6.7625	6.6786	6.5964	6.5160	17
18	7.2297	7.1335	7.0395	6.9476	6.8578	6.7701	6.6843	6.6004	18
19	7.3286	7.2282	7.1302	7.0345	6.9411	6.8499	6.7607	6.6737	19
20	7.4158	7.3115	7.2098	7.1106	7.0138	6.9194	6.8272	6.7372	20
21	7.4926	7.3848	7.2797	7.1772	7.0774	6.9800	6.8849	6.7923	21
22	7.5604	7.4493	7.3410	7.2356	7.1328	7.0327	6.9352	6.8400	22
23	7.6202	7.5060	7.3948	7.2866	7.1813	7.0787	6.9788	6.8815	23
24	7.6728	7.5558	7.4420	7.3313	7.2236	7.1188	7.0168	6.9174	24
25	7.7193	7.5997	7.4835	7.3705	7.2606	7.1537	7.0498	6.9486	25
26	7.7602	7.6383	7.5198	7.4047	7.2929	7.1842	7.0785	6.9756	26
27	7.7963	7.6722	7.5517	7.4347	7.3211	7.2107	7.1034	6.9991	27
28	7.8282	7.7021	7.5797	7.4610	7.3457	7.2338	7.1251	7.0194	28
29	7.8562	7.7283	7.6043	7.4840	7.3672	7.2539	7.1439	7.0371	29
30	7.8810	7.7514	7.6259	7.5041	7.3860	7.2715	7.1603	7.0524	30
31	7.9028	7.7718	7.6448	7.5217	7.4025	7.2868	7.1746	7.0657	31
32	7.9220	7.7896	7.6614	7.5372	7.4168	7.3001	7.1869	7.0772	32
33	7.9390	7.8053	7.6760	7.5507	7.4293	7.3117	7.1977	7.0871	33
34	7.9539	7.8192	7.6887	7.5625	7.4403	7.3218	7.2071	7.0958	34
35	7.9671	7.8313	7.7000	7.5729	7.4498	7.3306	7.2152	7.1033	35
36	7.9788	7.8420	7.7098	7.5819	7.4582	7.3383	7.2223	7.1098	36
37	7.9890	7.8514	7.7185	7.5899	7.4654	7.3450	7.2284	7.1155	37
38	7.9980	7.8597	7.7260	7.5968	7.4718	7.3509	7.2338	7.1204	38
39	8.0060	7.8670	7.7327	7.6029	7.4774	7.3559	7.2384	7.1246	39
40	8.0130	7.8734	7.7385	7.6082	7.4822	7.3604	7.2425	7.1283	40
41	8.0192	7.8790	7.7437	7.6129	7.4865	7.3642	7.2460	7.1315	41
42	8.0247	7.8840	7.7481	7.6170	7.4902	7.3676	7.2490	7.1343	42
43	8.0295	7.8883	7.7521	7.6205	7.4934	7.3705	7.2517	7.1367	43
44	8.0337	7.8922	7.7556	7.6237	7.4962	7.3731	7.2540	7.1388	44
45	8.0375	7.8955	7.7586	7.6264	7.4987	7.3753	7.2560	7.1406	45
46	8.0408	7.8985	7.7613	7.6288	7.5009	7.3772	7.2578	7.1422	46
47	8.0437	7.9011	7.7636	7.6309	7.5027	7.3789	7.2593	7.1435	47
48	8.0462	7.9034	7.7657	7.6327	7.5044	7.3804	7.2606	7.1447	48
49	8.0485	7.9054	7.7675	7.6343	7.5058	7.3817	7.2617	7.1457	49
50	8.0505	7.9072	7.7690	7.6357	7.5071	7.3828	7.2627	7.1466	50

YEARS' PURCHASE SINGLE RATE

Nominal rate per cent

Years	13	13.25	13.5	13.75	14	14.25	14.5	14.75	Years
51	8.0522	7.9088	7.7704	7.6370	7.5082	7.3838	7.2636	7.1474	51
52	8.0538	7.9101	7.7716	7.6381	7.5091	7.3846	7.2644	7.1481	52
53	8.0552	7.9113	7.7727	7.6390	7.5100	7.3854	7.2650	7.1486	53
54	8.0564	7.9124	7.7736	7.6398	7.5107	7.3860	7.2656	7.1491	54
55	8.0574	7.9133	7.7745	7.6406	7.5113	7.3866	7.2661	7.1496	55
56	8.0584	7.9142	7.7752	7.6412	7.5119	7.3871	7.2665	7.1500	56
57	8.0592	7.9149	7.7758	7.6417	7.5124	7.3875	7.2669	7.1503	57
58	8.0599	7.9155	7.7764	7.6422	7.5128	7.3879	7.2672	7.1506	58
59	8.0606	7.9161	7.7769	7.6427	7.5132	7.3882	7.2675	7.1508	59
60	8.0611	7.9166	7.7773	7.6430	7.5135	7.3885	7.2677	7.1510	60
61	8.0616	7.9170	7.7777	7.6434	7.5138	7.3887	7.2679	7.1512	61
62	8.0621	7.9174	7.7780	7.6436	7.5140	7.3889	7.2681	7.1514	62
63	8.0625	7.9177	7.7783	7.6439	7.5143	7.3891	7.2683	7.1515	63
64	8.0628	7.9180	7.7785	7.6441	7.5144	7.3893	7.2684	7.1516	64
65	8.0631	7.9183	7.7788	7.6443	7.5146	7.3894	7.2686	7.1518	65
66	8.0634	7.9185	7.7790	7.6445	7.5147	7.3896	7.2687	7.1518	66
67	8.0636	7.9187	7.7791	7.6446	7.5149	7.3897	7.2688	7.1519	67
68	8.0638	7.9189	7.7793	7.6447	7.5150	7.3898	7.2688	7.1520	68
69	8.0640	7.9190	7.7794	7.6449	7.5151	7.3898	7.2689	7.1520	69
70	8.0641	7.9192	7.7795	7.6450	7.5152	7.3899	7.2690	7.1521	70
71	8.0643	7.9193	7.7796	7.6450	7.5152	7.3900	7.2690	7.1521	71
72	8.0644	7.9194	7.7797	7.6451	7.5153	7.3900	7.2691	7.1522	72
73	8.0645	7.9195	7.7798	7.6452	7.5154	7.3901	7.2691	7.1522	73
74	8.0646	7.9196	7.7799	7.6452	7.5154	7.3901	7.2691	7.1522	74
75	8.0647	7.9196	7.7799	7.6453	7.5154	7.3902	7.2692	7.1523	75
76	8.0648	7.9197	7.7800	7.6453	7.5155	7.3902	7.2692	7.1523	76
77	8.0648	7.9198	7.7800	7.6454	7.5155	7.3902	7.2692	7.1523	77
78	8.0649	7.9198	7.7801	7.6454	7.5155	7.3902	7.2692	7.1523	78
79	8.0650	7.9199	7.7801	7.6454	7.5156	7.3903	7.2693	7.1523	79
80	8.0650	7.9199	7.7801	7.6455	7.5156	7.3903	7.2693	7.1524	80
81	8.0650	7.9199	7.7802	7.6455	7.5156	7.3903	7.2693	7.1524	81
82	8.0651	7.9200	7.7802	7.6455	7.5156	7.3903	7.2693	7.1524	82
83	8.0651	7.9200	7.7802	7.6455	7.5156	7.3903	7.2693	7.1524	83
84	8.0651	7.9200	7.7802	7.6455	7.5157	7.3903	7.2693	7.1524	84
85	8.0652	7.9200	7.7802	7.6456	7.5157	7.3903	7.2693	7.1524	85
86	8.0652	7.9200	7.7803	7.6456	7.5157	7.3903	7.2693	7.1524	86
87	8.0652	7.9201	7.7803	7.6456	7.5157	7.3903	7.2693	7.1524	87
88	8.0652	7.9201	7.7803	7.6456	7.5157	7.3904	7.2693	7.1524	88
89	8.0652	7.9201	7.7803	7.6456	7.5157	7.3904	7.2693	7.1524	89
90	8.0652	7.9201	7.7803	7.6456	7.5157	7.3904	7.2693	7.1524	90
91	8.0653	7.9201	7.7803	7.6456	7.5157	7.3904	7.2693	7.1524	91
92	8.0653	7.9201	7.7803	7.6456	7.5157	7.3904	7.2693	7.1524	92
93	8.0653	7.9201	7.7803	7.6456	7.5157	7.3904	7.2693	7.1524	93
94	8.0653	7.9201	7.7803	7.6456	7.5157	7.3904	7.2694	7.1524	94
95	8.0653	7.9201	7.7803	7.6456	7.5157	7.3904	7.2694	7.1524	95
96	8.0653	7.9201	7.7803	7.6456	7.5157	7.3904	7.2694	7.1524	96
97	8.0653	7.9201	7.7803	7.6456	7.5157	7.3904	7.2694	7.1524	97
98	8.0653	7.9201	7.7803	7.6456	7.5157	7.3904	7.2694	7.1524	98
99	8.0653	7.9201	7.7803	7.6456	7.5157	7.3904	7.2694	7.1524	99
100	8.0653	7.9201	7.7803	7.6456	7.5157	7.3904	7.2694	7.1524	100
Perp	8.0653	7.9202	7.7804	7.6456	7.5157	7.3904	7.2694	7.1524	Perp

YEARS' PURCHASE SINGLE RATE

Nominal rate per cent

Years	15	15.5	16	16.5	17	17.5	18	18.5	Years
1	0.9480	0.9464	0.9448	0.9432	0.9416	0.9401	0.9385	0.9369	1
2	1.7683	1.7615	1.7548	1.7481	1.7415	1.7349	1.7284	1.7220	2
3	2.4781	2.4636	2.4492	2.4350	2.4210	2.4070	2.3933	2.3797	3
4	3.0924	3.0683	3.0446	3.0212	2.9981	2.9753	2.9529	2.9307	4
5	3.6239	3.5892	3.5551	3.5215	3.4884	3.4559	3.4239	3.3924	5
6	4.0839	4.0378	3.9927	3.9484	3.9049	3.8622	3.8203	3.7792	6
7	4.4819	4.4243	4.3679	4.3127	4.2586	4.2057	4.1540	4.1033	7
8	4.8263	4.7571	4.6895	4.6236	4.5591	4.4962	4.4348	4.3748	8
9	5.1243	5.0438	4.9653	4.8889	4.8144	4.7419	4.6712	4.6023	9
10	5.3822	5.2907	5.2017	5.1153	5.0313	4.9496	4.8701	4.7929	10
11	5.6054	5.5034	5.4044	5.3085	5.2155	5.1252	5.0376	4.9526	11
12	5.7985	5.6865	5.5782	5.4734	5.3719	5.2737	5.1786	5.0864	12
13	5.9656	5.8443	5.7272	5.6141	5.5048	5.3993	5.2972	5.1985	13
14	6.1102	5.9802	5.8549	5.7342	5.6177	5.5054	5.3970	5.2924	14
15	6.2354	6.0973	5.9645	5.8367	5.7136	5.5952	5.4811	5.3711	15
16	6.3436	6.1981	6.0583	5.9241	5.7951	5.6711	5.5518	5.4370	16
17	6.4373	6.2849	6.1388	5.9987	5.8643	5.7353	5.6113	5.4923	17
18	6.5184	6.3597	6.2079	6.0624	5.9231	5.7895	5.6615	5.5385	18
19	6.5886	6.4242	6.2670	6.1168	5.9730	5.8354	5.7036	5.5773	19
20	6.6493	6.4796	6.3178	6.1632	6.0155	5.8742	5.7391	5.6098	20
21	6.7018	6.5274	6.3612	6.2027	6.0515	5.9070	5.7690	5.6370	21
22	6.7473	6.5686	6.3985	6.2365	6.0821	5.9348	5.7942	5.6598	22
23	6.7866	6.6041	6.4305	6.2653	6.1081	5.9582	5.8153	5.6789	23
24	6.8207	6.6346	6.4579	6.2899	6.1302	5.9781	5.8331	5.6949	24
25	6.8501	6.6609	6.4814	6.3109	6.1489	5.9948	5.8481	5.7083	25
26	6.8756	6.6836	6.5015	6.3289	6.1649	6.0090	5.8608	5.7196	26
27	6.8977	6.7031	6.5188	6.3441	6.1784	6.0210	5.8714	5.7290	27
28	6.9168	6.7199	6.5336	6.3572	6.1899	6.0312	5.8803	5.7369	28
29	6.9333	6.7344	6.5463	6.3683	6.1997	6.0397	5.8879	5.7435	29
30	6.9476	6.7468	6.5572	6.3778	6.2080	6.0470	5.8942	5.7490	30
31	6.9599	6.7576	6.5665	6.3859	6.2150	6.0531	5.8995	5.7537	31
32	6.9706	6.7668	6.5745	6.3929	6.2210	6.0583	5.9040	5.7576	32
33	6.9799	6.7748	6.5814	6.3988	6.2261	6.0627	5.9078	5.7608	33
34	6.9879	6.7817	6.5873	6.4038	6.2304	6.0664	5.9110	5.7635	34
35	6.9948	6.7876	6.5923	6.4081	6.2341	6.0695	5.9136	5.7658	35
36	7.0008	6.7927	6.5966	6.4118	6.2372	6.0722	5.9159	5.7677	36
37	7.0060	6.7970	6.6003	6.4149	6.2399	6.0744	5.9178	5.7694	37
38	7.0105	6.8008	6.6035	6.4176	6.2421	6.0763	5.9194	5.7707	38
39	7.0144	6.8041	6.6062	6.4199	6.2440	6.0779	5.9207	5.7718	39
40	7.0178	6.8069	6.6086	6.4218	6.2456	6.0793	5.9219	5.7728	40
41	7.0207	6.8093	6.6106	6.4235	6.2470	6.0804	5.9228	5.7736	41
42	7.0232	6.8114	6.6123	6.4249	6.2482	6.0814	5.9236	5.7742	42
43	7.0254	6.8132	6.6138	6.4261	6.2492	6.0822	5.9243	5.7748	43
44	7.0273	6.8147	6.6150	6.4271	6.2500	6.0829	5.9248	5.7752	44
45	7.0289	6.8160	6.6161	6.4280	6.2508	6.0835	5.9253	5.7756	45
46	7.0303	6.8172	6.6170	6.4288	6.2514	6.0840	5.9257	5.7760	46
47	7.0316	6.8182	6.6178	6.4294	6.2519	6.0844	5.9261	5.7762	47
48	7.0326	6.8190	6.6185	6.4299	6.2523	6.0847	5.9263	5.7765	48
49	7.0335	6.8197	6.6191	6.4304	6.2527	6.0850	5.9266	5.7766	49
50	7.0343	6.8204	6.6196	6.4308	6.2530	6.0853	5.9268	5.7768	50
Perp	7.0394	6.8243	6.6226	6.4331	6.2548	6.0867	5.9279	5.7776	Perp

YEARS' PURCHASE SINGLE RATE

Nominal rate per cent

Years	19	19.5	20	20.5	21	21.5	22	22.5	Years
1	0.9354	0.9339	0.9323	0.9308	0.9293	0.9278	0.9263	0.9248	1
2	1.7155	1.7092	1.7029	1.6966	1.6904	1.6842	1.6781	1.6720	2
3	2.3662	2.3528	2.3397	2.3266	2.3137	2.3009	2.2883	2.2757	3
4	2.9088	2.8872	2.8659	2.8449	2.8242	2.8037	2.7835	2.7636	4
5	3.3614	3.3309	3.3009	3.2713	3.2422	3.2136	3.1854	3.1577	5
6	3.7388	3.6992	3.6603	3.6221	3.5846	3.5478	3.5117	3.4761	6
7	4.0536	4.0050	3.9574	3.9108	3.8651	3.8203	3.7764	3.7334	7
8	4.3162	4.2589	4.2029	4.1482	4.0947	4.0424	3.9913	3.9413	8
9	4.5351	4.4697	4.4058	4.3435	4.2828	4.2236	4.1657	4.1093	9
10	4.7178	4.6446	4.5735	4.5043	4.4369	4.3712	4.3073	4.2450	10
11	4.8701	4.7899	4.7121	4.6365	4.5630	4.4916	4.4222	4.3547	11
12	4.9971	4.9105	4.8266	4.7453	4.6663	4.5898	4.5154	4.4433	12
13	5.1030	5.0107	4.9213	4.8347	4.7509	4.6698	4.5911	4.5149	13
14	5.1914	5.0938	4.9995	4.9084	4.8202	4.7350	4.6525	4.5727	14
15	5.2651	5.1628	5.0642	4.9689	4.8770	4.7882	4.7024	4.6195	15
16	5.3265	5.2201	5.1176	5.0188	4.9235	4.8316	4.7429	4.6572	16
17	5.3778	5.2677	5.1617	5.0598	4.9616	4.8669	4.7757	4.6877	17
18	5.4205	5.3072	5.1982	5.0935	4.9927	4.8957	4.8024	4.7124	18
19	5.4562	5.3400	5.2284	5.1212	5.0183	4.9192	4.8240	4.7323	19
20	5.4859	5.3672	5.2533	5.1441	5.0392	4.9384	4.8415	4.7484	20
21	5.5107	5.3898	5.2739	5.1629	5.0563	4.9540	4.8558	4.7614	21
22	5.5314	5.4086	5.2910	5.1783	5.0703	4.9668	4.8674	4.7719	22
23	5.5487	5.4241	5.3050	5.1910	5.0818	4.9771	4.8767	4.7804	23
24	5.5630	5.4371	5.3167	5.2015	5.0912	4.9856	4.8844	4.7873	24
25	5.5750	5.4478	5.3263	5.2101	5.0989	4.9925	4.8906	4.7928	25
26	5.5850	5.4567	5.3342	5.2172	5.1052	4.9981	4.8956	4.7973	26
27	5.5934	5.4641	5.3408	5.2230	5.1104	5.0027	4.8996	4.8009	27
28	5.6003	5.4703	5.3462	5.2278	5.1146	5.0065	4.9030	4.8038	28
29	5.6062	5.4754	5.3507	5.2317	5.1181	5.0095	4.9056	4.8062	29
30	5.6110	5.4796	5.3544	5.2350	5.1209	5.0120	4.9078	4.8081	30
31	5.6150	5.4831	5.3574	5.2376	5.1233	5.0140	4.9096	4.8096	31
32	5.6184	5.4860	5.3600	5.2398	5.1252	5.0157	4.9110	4.8109	32
33	5.6212	5.4884	5.3621	5.2416	5.1267	5.0170	4.9122	4.8119	33
34	5.6236	5.4905	5.3638	5.2431	5.1280	5.0181	4.9131	4.8127	34
35	5.6255	5.4921	5.3652	5.2443	5.1291	5.0190	4.9139	4.8133	35
36	5.6271	5.4935	5.3664	5.2453	5.1299	5.0198	4.9145	4.8139	36
37	5.6285	5.4947	5.3674	5.2462	5.1306	5.0203	4.9150	4.8143	37
38	5.6296	5.4956	5.3682	5.2468	5.1312	5.0208	4.9154	4.8147	38
39	5.6306	5.4964	5.3688	5.2474	5.1317	5.0212	4.9158	4.8149	39
40	5.6314	5.4971	5.3694	5.2479	5.1320	5.0215	4.9160	4.8152	40
41	5.6320	5.4976	5.3699	5.2482	5.1324	5.0218	4.9162	4.8153	41
42	5.6326	5.4981	5.3702	5.2486	5.1326	5.0220	4.9164	4.8155	42
43	5.6330	5.4985	5.3705	5.2488	5.1328	5.0222	4.9166	4.8156	43
44	5.6334	5.4988	5.3708	5.2490	5.1330	5.0223	4.9167	4.8157	44
45	5.6337	5.4990	5.3710	5.2492	5.1331	5.0225	4.9168	4.8158	45
46	5.6340	5.4992	5.3712	5.2493	5.1333	5.0226	4.9169	4.8158	46
47	5.6342	5.4994	5.3713	5.2495	5.1334	5.0226	4.9169	4.8159	47
48	5.6344	5.4996	5.3715	5.2496	5.1334	5.0227	4.9170	4.8159	48
49	5.6345	5.4997	5.3716	5.2496	5.1335	5.0227	4.9170	4.8160	49
50	5.6347	5.4998	5.3716	5.2497	5.1335	5.0228	4.9170	4.8160	50
Perp	5.6353	5.5003	5.3720	5.2500	5.1338	5.0230	4.9172	4.8161	Perp

YEARS' PURCHASE SINGLE RATE

Nominal rate per cent

Years	23	24	25	26	28	30	35	40	Years
1	0.9233	0.9204	0.9174	0.9145	0.9088	0.9032	0.8897	0.8767	1
2	1.6660	1.6541	1.6423	1.6308	1.6082	1.5862	1.5341	1.4856	2
3	2.2634	2.2390	2.2151	2.1917	2.1463	2.1026	2.0008	1.9084	3
4	2.7439	2.7053	2.6676	2.6309	2.5603	2.4931	2.3389	2.2020	4
5	3.1304	3.0770	3.0252	2.9750	2.8789	2.7884	2.5838	2.4059	5
6	3.4412	3.3733	3.3077	3.2444	3.1241	3.0117	2.7611	2.5475	6
7	3.6913	3.6095	3.5309	3.4554	3.3127	3.1805	2.8896	2.6458	7
8	3.8925	3.7979	3.7073	3.6206	3.4579	3.3081	2.9826	2.7141	8
9	4.0542	3.9480	3.8467	3.7500	3.5695	3.4047	3.0500	2.7615	9
10	4.1844	4.0677	3.9568	3.8513	3.6555	3.4777	3.0989	2.7945	10
11	4.2891	4.1631	4.0438	3.9307	3.7216	3.5328	3.1342	2.8173	11
12	4.3733	4.2391	4.1125	3.9929	3.7725	3.5746	3.1598	2.8332	12
13	4.4410	4.2998	4.1668	4.0415	3.8116	3.6061	3.1784	2.8442	13
14	4.4955	4.3481	4.2098	4.0797	3.8418	3.6300	3.1918	2.8519	14
15	4.5393	4.3867	4.2437	4.1095	3.8650	3.6480	3.2015	2.8572	15
16	4.5745	4.4174	4.2705	4.1329	3.8828	3.6617	3.2086	2.8609	16
17	4.6029	4.4419	4.2916	4.1512	3.8965	3.6720	3.2137	2.8635	17
18	4.6257	4.4614	4.3084	4.1655	3.9071	3.6798	3.2174	2.8653	18
19	4.6440	4.4769	4.3216	4.1768	3.9152	3.6857	3.2201	2.8665	19
20	4.6588	4.4894	4.3320	4.1856	3.9215	3.6901	3.2220	2.8674	20
21	4.6706	4.4992	4.3403	4.1925	3.9263	3.6935	3.2234	2.8680	21
22	4.6802	4.5071	4.3468	4.1979	3.9300	3.6961	3.2244	2.8684	22
23	4.6879	4.5134	4.3519	4.2021	3.9328	3.6980	3.2252	2.8687	23
24	4.6940	4.5184	4.3560	4.2054	3.9350	3.6994	3.2257	2.8689	24
25	4.6990	4.5224	4.3592	4.2080	3.9367	3.7005	3.2261	2.8690	25
26	4.7030	4.5256	4.3618	4.2100	3.9380	3.7014	3.2264	2.8691	26
27	4.7062	4.5281	4.3638	4.2116	3.9390	3.7020	3.2266	2.8692	27
28	4.7088	4.5302	4.3653	4.2128	3.9398	3.7025	3.2267	2.8692	28
29	4.7109	4.5318	4.3666	4.2138	3.9404	3.7029	3.2268	2.8692	29
30	4.7125	4.5331	4.3676	4.2146	3.9408	3.7031	3.2269	2.8693	30
31	4.7139	4.5341	4.3684	4.2152	3.9412	3.7033	3.2270	2.8693	31
32	4.7150	4.5349	4.3690	4.2156	3.9414	3.7035	3.2270	2.8693	32
33	4.7158	4.5356	4.3695	4.2160	3.9416	3.7036	3.2270	2.8693	33
34	4.7165	4.5361	4.3699	4.2163	3.9418	3.7037	3.2271	2.8693	34
35	4.7171	4.5365	4.3702	4.2165	3.9419	3.7038	3.2271	2.8693	35
36	4.7176	4.5368	4.3704	4.2167	3.9420	3.7038	3.2271	2.8693	36
37	4.7179	4.5371	4.3706	4.2168	3.9421	3.7038	3.2271	2.8693	37
38	4.7182	4.5373	4.3708	4.2169	3.9421	3.7039	3.2271	2.8693	38
39	4.7185	4.5375	4.3709	4.2170	3.9422	3.7039	3.2271	2.8693	39
40	4.7186	4.5376	4.3710	4.2171	3.9422	3.7039	3.2271	2.8693	40
41	4.7188	4.5377	4.3710	4.2171	3.9423	3.7039	3.2271	2.8693	41
42	4.7189	4.5378	4.3711	4.2172	3.9423	3.7039	3.2271	2.8693	42
43	4.7190	4.5379	4.3711	4.2172	3.9423	3.7039	3.2271	2.8693	43
44	4.7191	4.5379	4.3712	4.2172	3.9423	3.7040	3.2271	2.8693	44
45	4.7192	4.5380	4.3712	4.2173	3.9423	3.7040	3.2271	2.8693	45
46	4.7192	4.5380	4.3712	4.2173	3.9423	3.7040	3.2271	2.8693	46
47	4.7193	4.5380	4.3713	4.2173	3.9423	3.7040	3.2271	2.8693	47
48	4.7193	4.5380	4.3713	4.2173	3.9423	3.7040	3.2271	2.8693	48
49	4.7193	4.5381	4.3713	4.2173	3.9423	3.7040	3.2271	2.8693	49
50	4.7193	4.5381	4.3713	4.2173	3.9423	3.7040	3.2271	2.8693	50
Perp	4.7194	4.5381	4.3713	4.2173	3.9423	3.7040	3.2271	2.8693	Perp

TABLE 2

YEARS' PURCHASE DUAL RATE

The present value of £1 per annum receivable quarterly in advance and continuing for the given number of years, allowing for replacement of capital by sinking fund and for income tax on sinking fund instalments.

Rates of interest:
- Remunerative
  - 5 – 7.5% @ 0.25% steps
  - 7.5 – 9% @ 0.5% steps
  - 9 – 18% @ 1% steps
  - 20%
- Accumulative 3% and 5%

Income tax rates:
- Zero (no allowance for income tax)
- 25 – 85% @ 5% steps
- also 42% and 52%

YEARS' PURCHASE DUAL RATE
5 and 3 per cent

Income tax rate per cent

Years	No tax	25	30	35	40	42	45	50	Years
1	0.9703	0.7365	0.6891	0.6414	0.5935	0.5743	0.5454	0.4970	1
2	1.8778	1.4416	1.3518	1.2613	1.1698	1.1330	1.0775	0.9843	2
3	2.7280	2.1169	1.9895	1.8604	1.7294	1.6765	1.5966	1.4619	3
4	3.5259	2.7640	2.6033	2.4396	2.2729	2.2053	2.1030	1.9300	4
5	4.2758	3.3844	3.1942	2.9996	2.8006	2.7197	2.5969	2.3885	5
6	4.9816	3.9795	3.7632	3.5411	3.3130	3.2200	3.0786	2.8377	6
7	5.6468	4.5504	4.3113	4.0648	3.8106	3.7066	3.5483	3.2776	7
8	6.2746	5.0985	4.8393	4.5712	4.2937	4.1799	4.0062	3.7083	8
9	6.8677	5.6248	5.3482	5.0611	4.7628	4.6402	4.4527	4.1299	9
10	7.4288	6.1304	5.8388	5.5350	5.2183	5.0878	4.8878	4.5425	10
11	7.9600	6.6162	6.3118	5.9936	5.6606	5.5231	5.3119	4.9462	11
12	8.4636	7.0833	6.7679	6.4372	6.0901	5.9463	5.7252	5.3411	12
13	8.9413	7.5324	7.2079	6.8665	6.5070	6.3578	6.1279	5.7274	13
14	9.3950	7.9644	7.6324	7.2820	6.9119	6.7579	6.5203	6.1051	14
15	9.8263	8.3801	8.0420	7.6842	7.3050	7.1469	6.9025	6.4744	15
16	10.2365	8.7802	8.4373	8.0734	7.6867	7.5251	7.2749	6.8354	16
17	10.6270	9.1654	8.8189	8.4502	8.0573	7.8927	7.6375	7.1882	17
18	10.9991	9.5364	9.1873	8.8150	8.4171	8.2501	7.9907	7.5329	18
19	11.3539	9.8938	9.5431	9.1682	8.7664	8.5975	8.3347	7.8697	19
20	11.6923	10.2381	9.8867	9.5102	9.1056	8.9352	8.6697	8.1987	20
21	12.0154	10.5699	10.2187	9.8413	9.4349	9.2634	8.9958	8.5200	21
22	12.3241	10.8898	10.5394	10.1620	9.7546	9.5824	9.3133	8.8337	22
23	12.6191	11.1982	10.8492	10.4726	10.0650	9.8924	9.6224	9.1400	23
24	12.9012	11.4957	11.1487	10.7734	10.3664	10.1937	9.9232	9.4391	24
25	13.1712	11.7826	11.4381	11.0648	10.6589	10.4865	10.2161	9.7309	25
26	13.4296	12.0595	11.7179	11.3470	10.9430	10.7711	10.5011	10.0158	26
27	13.6772	12.3266	11.9884	11.6205	11.2188	11.0476	10.7785	10.2937	27
28	13.9145	12.5845	12.2499	11.8854	11.4865	11.3163	11.0484	10.5648	28
29	14.1419	12.8334	12.5028	12.1420	11.7465	11.5774	11.3110	10.8293	29
30	14.3601	13.0737	12.7474	12.3906	11.9988	11.8311	11.5666	11.0873	30
31	14.5694	13.3058	12.9840	12.6316	12.2438	12.0776	11.8152	11.3389	31
32	14.7704	13.5299	13.2129	12.8650	12.4817	12.3172	12.0571	11.5842	32
33	14.9634	13.7465	13.4343	13.0913	12.7126	12.5499	12.2924	11.8234	33
34	15.1488	13.9557	13.6485	13.3105	12.9368	12.7760	12.5213	12.0565	34
35	15.3269	14.1578	13.8558	13.5230	13.1544	12.9956	12.7439	12.2838	35
36	15.4982	14.3532	14.0564	13.7290	13.3657	13.2090	12.9604	12.5054	36
37	15.6629	14.5420	14.2506	13.9286	13.5708	13.4163	13.1710	12.7212	37
38	15.8213	14.7245	14.4385	14.1221	13.7699	13.6177	13.3758	12.9316	38
39	15.9738	14.9010	14.6205	14.3096	13.9632	13.8134	13.5749	13.1365	39
40	16.1205	15.0716	14.7966	14.4914	14.1509	14.0034	13.7686	13.3362	40
41	16.2618	15.2367	14.9671	14.6676	14.3331	14.1880	13.9569	13.5307	41
42	16.3979	15.3963	15.1322	14.8385	14.5100	14.3674	14.1400	13.7201	42
43	16.5289	15.5506	15.2920	15.0041	14.6817	14.5416	14.3180	13.9047	43
44	16.6552	15.7000	15.4468	15.1647	14.8483	14.7107	14.4910	14.0843	44
45	16.7769	15.8444	15.5967	15.3204	15.0101	14.8751	14.6593	14.2593	45
46	16.8943	15.9842	15.7420	15.4714	15.1672	15.0347	14.8228	14.4297	46
47	17.0074	16.1195	15.8826	15.6177	15.3197	15.1898	14.9818	14.5955	47
48	17.1165	16.2504	16.0188	15.7597	15.4677	15.3403	15.1364	14.7570	48
49	17.2218	16.3771	16.1508	15.8973	15.6114	15.4866	15.2866	14.9141	49
50	17.3233	16.4998	16.2786	16.0308	15.7509	15.6286	15.4326	15.0671	50
55	17.7805	17.0567	16.8606	16.6399	16.3896	16.2798	16.1033	15.7726	55
60	18.1648	17.5311	17.3581	17.1626	16.9401	16.8422	16.6844	16.3877	60
70	18.7632	18.2814	18.1482	17.9970	17.8237	17.7471	17.6231	17.3883	70
80	19.1938	18.8302	18.7288	18.6132	18.4801	18.4210	18.3252	18.1427	80
100	19.7344	19.5300	19.4723	19.4063	19.3297	19.2956	19.2401	19.1336	100

YEARS' PURCHASE DUAL RATE
5 and 3 per cent
Income tax rate per cent

Years	52	55	60	65	70	75	80	85	Years
1	0.4776	0.4484	0.3995	0.3505	0.3011	0.2516	0.2017	0.1517	1
2	0.9467	0.8901	0.7951	0.6991	0.6022	0.5043	0.4055	0.3056	2
3	1.4074	1.3252	1.1865	1.0458	0.9030	0.7581	0.6111	0.4618	3
4	1.8598	1.7536	1.5738	1.3905	1.2036	1.0130	0.8185	0.6201	4
5	2.3038	2.1752	1.9567	1.7329	1.5036	1.2686	1.0277	0.7806	5
6	2.7395	2.5900	2.3352	2.0730	1.8031	1.5251	1.2386	0.9433	6
7	3.1669	2.9981	2.7093	2.4107	2.1018	1.7322	1.4511	1.1081	7
8	3.5861	3.3994	3.0787	2.7458	2.3997	2.0398	1.6652	1.2749	8
9	3.9971	3.7938	3.4435	3.0781	2.6966	2.2978	1.8807	1.4438	9
10	4.4001	4.1815	3.8036	3.4077	2.9924	2.5562	2.0976	1.6148	10
11	4.7949	4.5624	4.1589	3.7343	3.2869	2.8148	2.3158	1.7877	11
12	5.1818	4.9364	4.5093	4.0579	3.5801	3.0734	2.5352	1.9625	12
13	5.5608	5.3038	4.8549	4.3784	3.8718	3.3320	2.7558	2.1392	13
14	5.9320	5.6643	5.1955	4.6957	4.1619	3.5905	2.9773	2.3177	14
15	6.2954	6.0182	5.5310	5.0097	4.4503	3.8487	3.1999	2.4980	15
16	6.6512	6.3654	5.8616	5.3202	4.7369	4.1065	3.4232	2.6800	16
17	6.9994	6.7059	6.1871	5.6273	5.0216	4.3639	3.6474	2.8637	17
18	7.3401	7.0399	6.5075	5.9309	5.3042	4.6206	3.8721	3.0490	18
19	7.6735	7.3673	6.8228	6.2308	5.5847	4.8767	4.0975	3.2358	19
20	7.9995	7.6882	7.1330	6.5270	5.8629	5.1319	4.3233	3.4241	20
21	8.3183	8.0026	7.4381	6.8195	6.1388	5.3862	4.5495	3.6138	21
22	8.6300	8.3107	7.7380	7.1082	6.4123	5.6394	4.7759	3.8049	22
23	8.9348	8.6124	8.0327	7.3930	6.6833	5.8915	5.0025	3.9972	23
24	9.2326	8.9078	8.3224	7.6739	6.9517	6.1424	5.2292	4.1908	24
25	9.5236	9.1971	8.6069	7.9509	7.2174	6.3919	5.4558	4.3855	25
26	9.8080	9.4802	8.8863	8.2239	7.4804	6.6399	5.6823	4.5812	26
27	10.0857	9.7573	9.1606	8.4928	7.7405	6.8865	5.9086	4.7778	27
28	10.3570	10.0283	9.4298	8.7577	7.9977	7.1313	6.1345	4.9754	28
29	10.6220	10.2935	9.6940	9.0186	8.2520	7.3745	6.3600	5.1738	29
30	10.8806	10.5528	9.9531	9.2753	8.5033	7.6158	6.5850	5.3729	30
31	11.1332	10.8064	10.2072	9.5280	8.7515	7.8553	6.8093	5.5726	31
32	11.3796	11.0543	10.4564	9.7765	8.9966	8.0927	7.0329	5.7729	32
33	11.6202	11.2966	10.7006	10.0209	9.2385	8.3281	7.2557	5.9736	33
34	11.8549	11.5334	10.9400	10.2612	9.4772	8.5614	7.4775	6.1747	34
35	12.0839	11.7648	11.1745	10.4974	9.7126	8.7924	7.6984	6.3761	35
36	12.3073	11.9908	11.4042	10.7294	9.9448	9.0212	7.9182	6.5777	36
37	12.5252	12.2116	11.6292	10.9573	10.1736	9.2476	8.1367	6.7794	37
38	12.7377	12.4272	11.8494	11.1811	10.3991	9.4716	8.3540	6.9811	38
39	12.9449	12.6377	12.0650	11.4008	10.6212	9.6932	8.5700	7.1828	39
40	13.1470	12.8433	12.2760	11.6164	10.8399	9.9122	8.7845	7.3843	40
41	13.3439	13.0439	12.4825	11.8280	11.0551	10.1286	8.9975	7.5856	41
42	13.5360	13.2397	12.6845	12.0356	11.2670	10.3424	9.2088	7.7865	42
43	13.7231	13.4308	12.8820	12.2391	11.4754	10.5535	9.4186	7.9870	43
44	13.9055	13.6172	13.0752	12.4386	11.6804	10.7619	9.6265	8.1869	44
45	14.0832	13.7991	13.2641	12.6342	11.8819	10.9676	9.8327	8.3863	45
46	14.2563	13.9766	13.4487	12.8259	12.0800	11.1705	10.0370	8.5850	46
47	14.4250	14.1496	13.6291	13.0136	12.2746	11.3705	10.2393	8.7830	47
48	14.5894	14.3184	13.8054	13.1976	12.4657	11.5677	10.4396	8.9800	48
49	14.7495	14.4829	13.9777	13.3777	12.6535	11.7620	10.6379	9.1762	49
50	14.9054	14.6433	14.1459	13.5540	12.8378	11.9535	10.8340	9.3713	50
55	15.6256	15.3865	14.9296	14.3807	13.7085	12.8666	11.7813	10.3292	55
60	16.2551	16.0390	15.6234	15.1198	14.4966	13.7059	12.6692	11.2510	60
70	17.2828	17.1097	16.7738	16.3607	15.8407	15.1657	14.2547	12.9574	70
80	18.0603	17.9246	17.6592	17.3293	16.9081	16.3518	15.5827	14.4499	80
100	19.0851	19.0050	18.8466	18.6469	18.3871	18.0353	17.5321	16.7531	100

YEARS' PURCHASE DUAL RATE
5.25 and 3 per cent
Income tax rate per cent

Years	No tax	25	30	35	40	42	45	50	Years
1	0.9680	0.7352	0.6879	0.6404	0.5926	0.5735	0.5446	0.4964	1
2	1.8693	1.4366	1.3475	1.2574	1.1665	1.1299	1.0747	0.9819	2
3	2.7102	2.1062	1.9801	1.8521	1.7223	1.6698	1.5905	1.4568	3
4	3.4962	2.7458	2.5871	2.4254	2.2605	2.1937	2.0924	1.9210	4
5	4.2323	3.3571	3.1698	2.9781	2.7818	2.7020	2.5808	2.3749	5
6	4.9226	3.9417	3.7294	3.5112	3.2868	3.1953	3.0560	2.8185	6
7	5.5711	4.5011	4.2670	4.0254	3.7759	3.6739	3.5183	3.2520	7
8	6.1813	5.0367	4.7836	4.5215	4.2498	4.1383	3.9680	3.6755	8
9	6.7560	5.5497	5.2803	5.0002	4.7088	4.5890	4.4054	4.0893	9
10	7.2983	6.0412	5.7579	5.4623	5.1536	5.0263	4.8310	4.4934	10
11	7.8104	6.5125	6.2173	5.9083	5.5845	5.4506	5.2448	4.8880	11
12	8.2946	6.9645	6.6594	6.3390	6.0021	5.8624	5.6474	5.2734	12
13	8.7529	7.3983	7.0850	6.7549	6.4067	6.2620	6.0388	5.6495	13
14	9.1873	7.8146	7.4947	7.1566	6.7988	6.6498	6.4195	6.0167	14
15	9.5992	8.2144	7.8892	7.5446	7.1788	7.0261	6.7897	6.3751	15
16	9.9904	8.5985	8.2693	7.9195	7.5471	7.3912	7.1497	6.7247	16
17	10.3620	8.9676	8.6356	8.2818	7.9040	7.7456	7.4997	7.0659	17
18	10.7154	9.3224	8.9886	8.6319	8.2499	8.0895	7.8400	7.3987	18
19	11.0518	9.6636	9.3288	8.9703	8.5853	8.4232	8.1708	7.7234	19
20	11.3723	9.9919	9.6569	9.2974	8.9103	8.7471	8.4925	8.0400	20
21	11.6777	10.3077	9.9734	9.6136	9.2254	9.0613	8.8051	8.3488	21
22	11.9690	10.6117	10.2786	9.9194	9.5308	9.3663	9.1091	8.6498	22
23	12.2471	10.9043	10.5731	10.2151	9.8269	9.6623	9.4046	8.9433	23
24	12.5127	11.1862	10.8573	10.5011	10.1140	9.9496	9.6918	9.2294	24
25	12.7665	11.4577	11.1317	10.7778	10.3923	10.2284	9.9709	9.5082	25
26	13.0091	11.7193	11.3965	11.0454	10.6622	10.4989	10.2422	9.7800	26
27	13.2413	11.9714	11.6522	11.3043	10.9238	10.7615	10.5059	10.0448	27
28	13.4636	12.2145	11.8991	11.5548	11.1775	11.0163	10.7622	10.3028	28
29	13.6764	12.4488	12.1376	11.7972	11.4235	11.2636	11.0113	10.5542	29
30	13.8803	12.6749	12.3680	12.0318	11.6620	11.5035	11.2533	10.7991	30
31	14.0758	12.8929	12.5906	12.2589	11.8933	11.7365	11.4885	11.0376	31
32	14.2633	13.1032	12.8056	12.4786	12.1176	11.9625	11.7171	11.2700	32
33	14.4432	13.3062	13.0135	12.6914	12.3352	12.1819	11.9391	11.4962	33
34	14.6158	13.5021	13.2144	12.8973	12.5461	12.3948	12.1549	11.7165	34
35	14.7816	13.6913	13.4087	13.0968	12.7507	12.6015	12.3646	11.9311	35
36	14.9409	13.8739	13.5964	13.2898	12.9491	12.8020	12.5683	12.1400	36
37	15.0939	14.0502	13.7780	13.4768	13.1416	12.9966	12.7663	12.3433	37
38	15.2409	14.2205	13.9536	13.6578	13.3282	13.1855	12.9586	12.5412	38
39	15.3824	14.3851	14.1235	13.8332	13.5092	13.3689	13.1454	12.7339	39
40	15.5184	14.5440	14.2877	14.0030	13.6848	13.5468	13.3269	12.9214	40
41	15.6493	14.6976	14.4466	14.1675	13.8551	13.7195	13.5033	13.1039	41
42	15.7752	14.8461	14.6004	14.3268	14.0203	13.8871	13.6746	13.2816	42
43	15.8965	14.9896	14.7492	14.4812	14.1806	14.0498	13.8410	13.4544	43
44	16.0133	15.1283	14.8931	14.6307	14.3360	14.2077	14.0026	13.6225	44
45	16.1258	15.2624	15.0324	14.7756	14.4868	14.3609	14.1597	13.7862	45
46	16.2341	15.3921	15.1673	14.9159	14.6330	14.5097	14.3122	13.9453	46
47	16.3386	15.5175	15.2978	15.0519	14.7749	14.6540	14.4604	14.1002	47
48	16.4393	15.6387	15.4241	15.1837	14.9125	14.7941	14.6043	14.2508	48
49	16.5363	15.7560	15.5464	15.3114	15.0461	14.9301	14.7441	14.3973	49
50	16.6299	15.8695	15.6649	15.4352	15.1756	15.0621	14.8799	14.5398	50
55	17.0508	16.3841	16.2031	15.9991	15.7676	15.6659	15.5024	15.1957	55
60	17.4039	16.8213	16.6619	16.4818	16.2765	16.1861	16.0403	15.7658	60
70	17.9525	17.5109	17.3887	17.2498	17.0905	17.0200	16.9060	16.6898	70
80	18.3463	18.0138	17.9210	17.8151	17.6931	17.6389	17.5511	17.3836	80
100	18.8396	18.6532	18.6006	18.5403	18.4704	18.4393	18.3885	18.2912	100

YEARS' PURCHASE DUAL RATE
5.25 and 3 per cent

Income tax rate per cent

Years	52	55	60	65	70	75	80	85	Years
1	0.4770	0.4479	0.3992	0.3502	0.3009	0.2514	0.2016	0.1516	1
2	0.9446	0.8882	0.7936	0.6979	0.6013	0.5037	0.4051	0.3054	2
3	1.4027	1.3210	1.1832	1.0432	0.9011	0.7568	0.6102	0.4612	3
4	1.8515	1.7462	1.5678	1.3858	1.2001	1.0105	0.8169	0.6192	4
5	2.2911	2.1639	1.9475	1.7257	1.4982	1.2648	1.0252	0.7792	5
6	2.7215	2.5740	2.3222	2.0627	1.7953	1.5195	1.2349	0.9412	6
7	3.1429	2.9766	2.6917	2.3968	2.0912	1.7746	1.4461	1.1051	7
8	3.5554	3.3718	3.0561	2.7277	2.3859	2.0298	1.6585	1.2710	8
9	3.9590	3.7595	3.4152	3.0555	2.6792	2.2852	1.8722	1.4388	9
10	4.3539	4.1398	3.7691	3.3800	2.9710	2.5406	2.0871	1.6085	10
11	4.7402	4.5128	4.1177	3.7011	3.2611	2.7958	2.3030	1.7800	11
12	5.1180	4.8785	4.4609	4.0187	3.5495	3.0509	2.5198	1.9532	12
13	5.4874	5.2369	4.7983	4.3328	3.8361	3.3055	2.7376	2.1282	13
14	5.8485	5.5882	5.1313	4.6432	4.1206	3.5597	2.9562	2.3048	14
15	6.2015	5.9323	5.4584	4.9500	4.4032	3.8134	3.1754	2.4830	15
16	6.5464	6.2693	5.7801	5.2530	4.6835	4.0664	3.3953	2.6628	16
17	6.8835	6.5994	6.0963	5.5521	4.9616	4.3185	3.6156	2.8441	17
18	7.2127	6.9226	6.4072	5.8474	5.2373	4.5698	3.8364	3.0268	18
19	7.5343	7.2389	6.7126	6.1387	5.5106	4.8201	4.0575	3.2108	19
20	7.8484	7.5485	7.0126	6.4261	5.7813	5.0693	4.2788	3.3961	20
21	8.1550	7.8514	7.3072	6.7094	6.0494	5.3172	4.5002	3.5827	21
22	8.4544	8.1477	7.5965	6.9886	6.3148	5.5639	4.7216	3.7704	22
23	8.7467	8.4375	7.8804	7.2637	6.5775	5.8091	4.9430	3.9592	23
24	9.0319	8.7209	8.1589	7.5347	6.8373	6.0529	5.1642	4.1489	24
25	9.3102	8.9979	8.4322	7.8016	7.0942	6.2950	5.3851	4.3396	25
26	9.5818	9.2687	8.7002	8.0642	7.3481	6.5355	5.6057	4.5312	26
27	9.8467	9.5334	8.9630	8.3227	7.5989	6.7742	5.8257	4.7235	27
28	10.1051	9.7920	9.2205	8.5769	7.8467	7.0110	6.0453	4.9165	28
29	10.3572	10.0446	9.4729	8.8270	8.0913	7.2459	6.2641	5.1101	29
30	10.6030	10.2914	9.7202	9.0728	8.3328	7.4788	6.4822	5.3043	30
31	10.8426	10.5324	9.9625	9.3144	8.5710	7.7095	6.6995	5.4988	31
32	11.0763	10.7678	10.1997	9.5518	8.8059	7.9381	6.9158	5.6937	32
33	11.3040	10.9976	10.4320	9.7849	9.0375	8.1645	7.1311	5.8889	33
34	11.5260	11.2219	10.6593	10.0139	9.2658	8.3885	7.3453	6.0843	34
35	11.7424	11.4408	10.8818	10.2387	9.4908	8.6102	7.5583	6.2797	35
36	11.9532	11.6544	11.0996	10.4593	9.7123	8.8295	7.7701	6.4752	36
37	12.1587	11.8629	11.3125	10.6758	9.9304	9.0463	7.9804	6.6706	37
38	12.3588	12.0663	11.5209	10.8881	10.1452	9.2605	8.1894	6.8658	38
39	12.5538	12.2647	11.7246	11.0963	10.3564	9.4722	8.3968	7.0607	39
40	12.7437	12.4581	11.9237	11.3005	10.5642	9.6812	8.6026	7.2553	40
41	12.9287	12.6468	12.1184	11.5006	10.7686	9.8876	8.8067	7.4495	41
42	13.1089	12.8308	12.3087	11.6967	10.9695	10.0912	9.0092	7.6432	42
43	13.2843	13.0102	12.4946	11.8889	11.1670	10.2921	9.2098	7.8363	43
44	13.4551	13.1851	12.6763	12.0770	11.3610	10.4902	9.4085	8.0287	44
45	13.6215	13.3556	12.8537	12.2613	11.5515	10.6855	9.6054	8.2204	45
46	13.7834	13.5217	13.0270	12.4418	11.7387	10.8780	9.8002	8.4112	46
47	13.9410	13.6836	13.1962	12.6184	11.9223	11.0676	9.9930	8.6011	47
48	14.0945	13.8413	13.3614	12.7913	12.1026	11.2544	10.1837	8.7901	48
49	14.2438	13.9950	13.5227	12.9604	12.2795	11.4382	10.3723	8.9779	49
50	14.3891	14.1448	13.6802	13.1258	12.4530	11.6192	10.5587	9.1646	50
55	15.0592	14.8370	14.4118	13.8996	13.2707	12.4801	11.4565	10.0786	55
60	15.6431	15.4428	15.0572	14.5888	14.0079	13.2682	12.2943	10.9543	60
70	16.5926	16.4330	16.1228	15.7409	15.2589	14.6316	13.7819	12.5655	70
80	17.3079	17.1833	16.9392	16.6354	16.2470	15.7326	15.0194	13.9642	80
100	18.2469	18.1736	18.0288	17.8460	17.6079	17.2850	16.8223	16.1038	100

YEARS' PURCHASE DUAL RATE
5.5 and 3 per cent
Income tax rate per cent

Years	No tax	25	30	35	40	42	45	50	Years
1	0.9658	0.7339	0.6868	0.6394	0.5918	0.5727	0.5439	0.4958	1
2	1.8610	1.4316	1.3431	1.2536	1.1633	1.1268	1.0719	0.9796	2
3	2.6927	2.0955	1.9707	1.8439	1.7152	1.6631	1.5845	1.4517	3
4	3.4671	2.7278	2.5711	2.4113	2.2483	2.1822	2.0820	1.9122	4
5	4.1897	3.3302	3.1458	2.9569	2.7634	2.6846	2.5649	2.3614	5
6	4.8651	3.9047	3.6963	3.4818	3.2610	3.1709	3.0337	2.7995	6
7	5.4975	4.4530	4.2237	3.9868	3.7420	3.6417	3.4888	3.2268	7
8	6.0908	4.9765	4.7293	4.4729	4.2068	4.0976	3.9305	3.6433	8
9	6.6481	5.4766	5.2141	4.9409	4.6562	4.5389	4.3593	4.0495	9
10	7.1725	5.9548	5.6793	5.3915	5.0906	4.9663	4.7755	4.4454	10
11	7.6665	6.4122	6.1258	5.8256	5.5106	5.3802	5.1796	4.8313	11
12	8.1325	6.8499	6.5546	6.2439	5.9168	5.7810	5.5718	5.2074	12
13	8.5727	7.2691	6.9664	6.6470	6.3096	6.1692	5.9525	5.5739	13
14	8.9889	7.6706	7.3621	7.0356	6.6895	6.5452	6.3220	5.9310	14
15	9.3829	8.0555	7.7425	7.4103	7.0571	6.9094	6.6807	6.2789	15
16	9.7562	8.4245	8.1083	7.7717	7.4127	7.2623	7.0289	6.6179	16
17	10.1103	8.7785	8.4601	8.1202	7.7567	7.6041	7.3669	6.9480	17
18	10.4465	9.1182	8.7986	8.4565	8.0896	7.9353	7.6950	7.2695	18
19	10.7660	9.4444	9.1243	8.7810	8.4118	8.2561	8.0135	7.5827	19
20	11.0698	9.7576	9.4380	9.0942	8.7236	8.5670	8.3226	7.8877	20
21	11.3590	10.0586	9.7400	9.3966	9.0253	8.8683	8.6227	8.1846	21
22	11.6345	10.3479	10.0309	9.6885	9.3175	9.1602	8.9140	8.4737	22
23	11.8970	10.6260	10.3112	9.9704	9.6003	9.4431	9.1968	8.7552	23
24	12.1475	10.8934	10.5813	10.2427	9.8741	9.7173	9.4712	9.0292	24
25	12.3865	11.1508	10.8417	10.5057	10.1392	9.9830	9.7376	9.2959	25
26	12.6149	11.3984	11.0928	10.7599	10.3959	10.2406	9.9963	9.5555	26
27	12.8331	11.6367	11.3349	11.0054	10.6445	10.4902	10.2473	9.8081	27
28	13.0417	11.8663	11.5684	11.2427	10.8852	10.7322	10.4909	10.0540	28
29	13.2413	12.0873	11.7937	11.4721	11.1184	10.9668	10.7275	10.2932	29
30	13.4324	12.3003	12.0111	11.6938	11.3442	11.1942	10.9571	10.5260	30
31	13.6154	12.5055	12.2209	11.9082	11.5629	11.4146	11.1799	10.7525	31
32	13.7907	12.7033	12.4234	12.1154	11.7749	11.6283	11.3962	10.9729	32
33	13.9588	12.8940	12.6190	12.3159	11.9801	11.8355	11.6062	11.1872	33
34	14.1200	13.0779	12.8078	12.5097	12.1790	12.0364	11.8101	11.3958	34
35	14.2747	13.2552	12.9902	12.6972	12.3717	12.2312	12.0079	11.5986	35
36	14.4231	13.4263	13.1664	12.8786	12.5584	12.4200	12.2000	11.7959	36
37	14.5657	13.5914	13.3366	13.0541	12.7393	12.6031	12.3864	11.9878	37
38	14.7026	13.7508	13.5010	13.2239	12.9147	12.7807	12.5673	12.1744	38
39	14.8342	13.9045	13.6600	13.3882	13.0846	12.9529	12.7430	12.3559	39
40	14.9606	14.0530	13.8136	13.5472	13.2492	13.1198	12.9135	12.5324	40
41	15.0822	14.1964	13.9621	13.7011	13.4088	13.2817	13.0790	12.7040	41
42	15.1992	14.3348	14.1056	13.8501	13.5634	13.4388	13.2396	12.8709	42
43	15.3117	14.4685	14.2444	13.9943	13.7134	13.5910	13.3955	13.0331	43
44	15.4201	14.5977	14.3786	14.1339	13.8587	13.7387	13.5469	13.1908	44
45	15.5243	14.7225	14.5085	14.2690	13.9995	13.8820	13.6938	13.3442	45
46	15.6247	14.8432	14.6340	14.3999	14.1361	14.0209	13.8364	13.4933	46
47	15.7215	14.9597	14.7555	14.5266	14.2684	14.1556	13.9749	13.6382	47
48	15.8147	15.0724	14.8730	14.6493	14.3967	14.2863	14.1092	13.7790	48
49	15.9045	15.1814	14.9867	14.7682	14.5212	14.4131	14.2397	13.9160	49
50	15.9910	15.2867	15.0967	14.8833	14.6418	14.5360	14.3663	14.0491	50
55	16.3798	15.7636	15.5960	15.4069	15.1921	15.0977	14.9458	14.6605	55
60	16.7054	16.1679	16.0206	15.8540	15.6639	15.5802	15.4451	15.1904	60
70	17.2102	16.8039	16.6914	16.5633	16.4164	16.3514	16.2461	16.0464	70
80	17.5718	17.2665	17.1812	17.0839	16.9717	16.9218	16.8409	16.6867	80
100	18.0238	17.8531	17.8049	17.7496	17.6856	17.6570	17.6105	17.5212	100

YEARS' PURCHASE DUAL RATE
5.5 and 3 per cent
Income tax rate per cent

Years	52	55	60	65	70	75	80	85	Years
1	0.4765	0.4474	0.3988	0.3499	0.3007	0.2513	0.2016	0.1516	1
2	0.9424	0.8863	0.7921	0.6968	0.6005	0.5031	0.4047	0.3052	2
3	1.3980	1.3168	1.1798	1.0406	0.8991	0.7554	0.6093	0.4607	3
4	1.8433	1.7389	1.5620	1.3812	1.1966	1.0080	0.8153	0.6183	4
5	2.2786	2.1527	1.9385	1.7186	1.4928	1.2609	1.0227	0.7777	5
6	2.7039	2.5582	2.3093	2.0526	1.7876	1.5140	1.2313	0.9390	6
7	3.1194	2.9555	2.6744	2.3831	2.0808	1.7670	1.4411	1.1022	7
8	3.5253	3.3447	3.0338	2.7100	2.3723	2.0200	1.6519	1.2672	8
9	3.9217	3.7258	3.3874	3.0332	2.6621	2.2727	1.8638	1.4339	9
10	4.3089	4.0991	3.7353	3.3527	2.9499	2.5252	2.0767	1.6023	10
11	4.6868	4.4644	4.0773	3.6684	3.2358	2.7772	2.2903	1.7724	11
12	5.0558	4.8220	4.4136	3.9803	3.5195	3.0287	2.5047	1.9441	12
13	5.4160	5.1718	4.7441	4.2881	3.8010	3.2795	2.7197	2.1174	13
14	5.7675	5.5141	5.0688	4.5920	4.0802	3.5296	2.9353	2.2921	14
15	6.1104	5.8489	5.3877	4.8918	4.3571	3.7788	3.1514	2.4683	15
16	6.4451	6.1763	5.7009	5.1875	4.6314	4.0270	3.3678	2.6459	16
17	6.7715	6.4964	6.0083	5.4790	4.9031	4.2742	3.5845	2.8248	17
18	7.0899	6.8093	6.3100	5.7664	5.1722	4.5202	3.8013	3.0049	18
19	7.4003	7.1152	6.6061	6.0495	5.4386	4.7649	4.0183	3.1862	19
20	7.7031	7.4140	6.8964	6.3284	5.7021	5.0083	4.2352	3.3686	20
21	7.9983	7.7060	7.1812	6.6029	5.9628	5.2502	4.4521	3.5521	21
22	8.2861	7.9913	7.4603	6.8732	6.2205	5.4905	4.6687	3.7365	22
23	8.5666	8.2699	7.7340	7.1392	6.4752	5.7292	4.8850	3.9219	23
24	8.8401	8.5419	8.0021	7.4008	6.7268	5.9661	5.1009	4.1080	24
25	9.1065	8.8075	8.2648	7.6580	6.9753	6.2012	5.3163	4.2949	25
26	9.3662	9.0668	8.5221	7.9110	7.2206	6.4345	5.5312	4.4824	26
27	9.6192	9.3199	8.7740	8.1595	7.4627	6.6657	5.7453	4.6705	27
28	9.8656	9.5669	9.0207	8.4038	7.7015	6.8949	5.9587	4.8591	28
29	10.1057	9.8080	9.2621	8.6437	7.9370	7.1219	6.1712	5.0482	29
30	10.3396	10.0431	9.4984	8.8793	8.1692	7.3468	6.3828	5.2375	30
31	10.5673	10.2725	9.7296	9.1105	8.3980	7.5693	6.5934	5.4271	31
32	10.7892	10.4963	9.9557	9.3375	8.6235	7.7896	6.8028	5.6169	32
33	11.0051	10.7145	10.1769	9.5602	8.8455	8.0074	7.0110	5.8068	33
34	11.2154	10.9273	10.3932	9.7786	9.0641	8.2228	7.2180	5.9966	34
35	11.4202	11.1347	10.6046	9.9929	9.2792	8.4357	7.4235	6.1864	35
36	11.6195	11.3370	10.8113	10.2029	9.4909	8.6461	7.6277	6.3760	36
37	11.8136	11.5342	11.0132	10.4088	9.6990	8.8538	7.8303	6.5653	37
38	12.0024	11.7263	11.2106	10.6105	9.9038	9.0590	8.0313	6.7544	38
39	12.1862	11.9136	11.4034	10.8082	10.1050	9.2614	8.2307	6.9430	39
40	12.3651	12.0961	11.5917	11.0018	10.3028	9.4611	8.4284	7.1310	40
41	12.5392	12.2739	11.7756	11.1914	10.4970	9.6581	8.6243	7.3186	41
42	12.7086	12.4471	11.9552	11.3770	10.6879	9.8523	8.8183	7.5054	42
43	12.8734	12.6159	12.1305	11.5587	10.8752	10.0437	9.0104	7.6915	43
44	13.0338	12.7803	12.3016	11.7365	11.0591	10.2323	9.2006	7.8768	44
45	13.1898	12.9403	12.4687	11.9105	11.2396	10.4181	9.3887	8.0612	45
46	13.3416	13.0962	12.6317	12.0807	11.4167	10.6009	9.5748	8.2446	46
47	13.4892	13.2481	12.7907	12.2471	11.5904	10.7810	9.7587	8.4270	47
48	13.6328	13.3959	12.9459	12.4099	11.7607	10.9581	9.9405	8.6083	48
49	13.7725	13.5398	13.0972	12.5690	11.9276	11.1323	10.1201	8.7883	49
50	13.9083	13.6799	13.2448	12.7246	12.0913	11.3036	10.2975	8.9672	50
55	14.5334	14.3264	13.9295	13.4504	12.8606	12.1168	11.1496	9.8404	55
60	15.0765	14.8903	14.5315	14.0948	13.5518	12.8583	11.9416	10.6734	60
70	15.9565	15.8088	15.5216	15.1673	14.7193	14.1348	13.3402	12.1973	70
80	16.6170	16.5020	16.2768	15.9961	15.6366	15.1596	14.4963	13.5110	80
100	17.4806	17.4133	17.2803	17.1123	16.8932	16.5958	16.1688	15.5040	100

YEARS' PURCHASE DUAL RATE
5.75 and 3 per cent
Income tax rate per cent

Years	No tax	25	30	35	40	42	45	50	Years
1	0.9636	0.7326	0.6856	0.6384	0.5910	0.5719	0.5432	0.4952	1
2	1.8527	1.4267	1.3388	1.2499	1.1600	1.1238	1.0692	0.9773	2
3	2.6754	2.0851	1.9614	1.8358	1.7082	1.6565	1.5785	1.4466	3
4	3.4385	2.7100	2.5553	2.3975	2.2363	2.1708	2.0716	1.9035	4
5	4.1480	3.3038	3.1223	2.9361	2.7452	2.6674	2.5492	2.3481	5
6	4.8090	3.8685	3.6638	3.4530	3.2357	3.1470	3.0118	2.7809	6
7	5.4260	4.4059	4.1813	3.9491	3.7087	3.6102	3.4598	3.2020	7
8	6.0031	4.9178	4.6762	4.4254	4.1648	4.0577	3.8938	3.6118	8
9	6.5438	5.4056	5.1497	4.8830	4.6047	4.4900	4.3142	4.0105	9
10	7.0512	5.8710	5.6030	5.3227	5.0292	4.9078	4.7215	4.3985	10
11	7.5281	6.3151	6.0371	5.7454	5.4387	5.3116	5.1160	4.7760	11
12	7.9769	6.7392	6.4531	6.1518	5.8340	5.7019	5.4983	5.1432	12
13	8.4000	7.1445	6.8519	6.5427	6.2155	6.0793	5.8687	5.5003	13
14	8.7992	7.5320	7.2344	6.9189	6.5839	6.4441	6.2276	5.8478	14
15	9.1764	7.9028	7.6014	7.2809	6.9396	6.7968	6.5754	6.1857	15
16	9.5331	8.2576	7.9536	7.6295	7.2832	7.1380	6.9124	6.5144	16
17	9.8710	8.5975	8.2918	7.9651	7.6150	7.4679	7.2390	6.8341	17
18	10.1912	8.9231	8.6167	8.2884	7.9356	7.7871	7.5556	7.1450	18
19	10.4950	9.2352	8.9290	8.5999	8.2454	8.0958	7.8624	7.4473	19
20	10.7835	9.5345	9.2291	8.9001	8.5448	8.3946	8.1598	7.7412	20
21	11.0578	9.8217	9.5177	9.1895	8.8341	8.6836	8.4480	8.0270	21
22	11.3187	10.0973	9.7953	9.4685	9.1138	8.9633	8.7275	8.3049	22
23	11.5670	10.3619	10.0624	9.7376	9.3842	9.2340	8.9983	8.5751	23
24	11.8036	10.6161	10.3195	9.9972	9.6457	9.4960	9.2609	8.8378	24
25	12.0292	10.8603	10.5670	10.2476	9.8985	9.7496	9.5154	9.0932	25
26	12.2444	11.0951	10.8053	10.4892	10.1430	9.9951	9.7622	9.3414	26
27	12.4499	11.3208	11.0349	10.7224	10.3795	10.2328	10.0015	9.5827	27
28	12.6462	11.5379	11.2561	10.9475	10.6083	10.4629	10.2335	9.8173	28
29	12.8338	11.7468	11.4693	11.1649	10.8296	10.6858	10.4584	10.0453	29
30	13.0132	11.9479	11.6748	11.3748	11.0438	10.9015	10.6765	10.2668	30
31	13.1849	12.1414	11.8729	11.5775	11.2510	11.1105	10.8880	10.4822	31
32	13.3492	12.3278	12.0640	11.7734	11.4515	11.3128	11.0931	10.6915	32
33	13.5067	12.5073	12.2483	11.9626	11.6456	11.5089	11.2919	10.8949	33
34	13.6576	12.6802	12.4261	12.1454	11.8334	11.6987	11.4848	11.0926	34
35	13.8022	12.8469	12.5977	12.3220	12.0152	11.8826	11.6718	11.2847	35
36	13.9409	13.0075	12.7634	12.4928	12.1913	12.0608	11.8532	11.4714	36
37	14.0741	13.1624	12.9232	12.6579	12.3617	12.2334	12.0291	11.6528	37
38	14.2019	13.3118	13.0776	12.8174	12.5267	12.4006	12.1997	11.8291	38
39	14.3246	13.4559	13.2267	12.9717	12.6865	12.5626	12.3651	12.0003	39
40	14.4425	13.5948	13.3706	13.1210	12.8412	12.7196	12.5256	12.1667	40
41	14.5558	13.7290	13.5097	13.2653	12.9910	12.8718	12.6812	12.3284	41
42	14.6647	13.8584	13.6441	13.4049	13.1362	13.0192	12.8322	12.4855	42
43	14.7694	13.9834	13.7739	13.5399	13.2767	13.1621	12.9786	12.6381	43
44	14.8702	14.1040	13.8994	13.6705	13.4129	13.3005	13.1207	12.7864	44
45	14.9671	14.2205	14.0206	13.7969	13.5448	13.4347	13.2584	12.9304	45
46	15.0604	14.3330	14.1379	13.9192	13.6726	13.5648	13.3921	13.0703	46
47	15.1503	14.4416	14.2512	14.0376	13.7963	13.6909	13.5217	13.2063	47
48	15.2368	14.5466	14.3608	14.1522	13.9163	13.8131	13.6475	13.3383	48
49	15.3201	14.6481	14.4668	14.2630	14.0325	13.9316	13.7695	13.4666	49
50	15.4005	14.7461	14.5692	14.3704	14.1451	14.0464	13.8878	13.5912	50
55	15.7607	15.1894	15.0337	14.8580	14.6580	14.5702	14.4286	14.1626	55
60	16.0619	15.5644	15.4279	15.2733	15.0968	15.0190	14.8935	14.6565	60
70	16.5280	16.1530	16.0490	15.9306	15.7946	15.7344	15.6369	15.4518	70
80	16.8613	16.5800	16.5013	16.4115	16.3079	16.2619	16.1872	16.0447	80
100	17.2770	17.1201	17.0758	17.0250	16.9660	16.9397	16.8969	16.8147	100

YEARS' PURCHASE DUAL RATE
5.75 and 3 per cent

Income tax rate per cent

Years	52	55	60	65	70	75	80	85	Years
1	0.4759	0.4469	0.3984	0.3496	0.3005	0.2511	0.2015	0.1515	1
2	0.9403	0.8845	0.7906	0.6956	0.5996	0.5025	0.4043	0.3049	2
3	1.3933	1.3127	1.1765	1.0380	0.8972	0.7540	0.6084	0.4602	3
4	1.8352	1.7317	1.5561	1.3767	1.1932	1.0056	0.8137	0.6173	4
5	2.2662	2.1416	1.9295	1.7115	1.4875	1.2571	1.0201	0.7763	5
6	2.6864	2.5426	2.2966	2.0425	1.7800	1.5085	1.2276	0.9369	6
7	3.0962	2.9347	2.6574	2.3695	2.0705	1.7596	1.4361	1.0993	7
8	3.4957	3.3181	3.0119	2.6925	2.3589	2.0102	1.6454	1.2633	8
9	3.8852	3.6929	3.3601	3.0113	2.6452	2.2604	1.8555	1.4290	9
10	4.2648	4.0592	3.7021	3.3260	2.9292	2.5100	2.0664	1.5962	10
11	4.6348	4.4171	4.0379	3.6364	3.2108	2.7588	2.2778	1.7649	11
12	4.9953	4.7668	4.3674	3.9426	3.4900	3.0068	2.4897	1.9351	12
13	5.3465	5.1085	4.6907	4.2445	3.7667	3.2539	2.7021	2.1067	13
14	5.6888	5.4422	5.0079	4.5420	4.0407	3.4999	2.9148	2.2796	14
15	6.0222	5.7680	5.3190	4.8351	4.3120	3.7448	3.1277	2.4538	15
16	6.3470	6.0862	5.6240	5.1238	4.5805	3.9885	3.3408	2.6292	16
17	6.6633	6.3968	5.9230	5.4080	4.8462	4.2308	3.5539	2.8058	17
18	6.9713	6.6999	6.2160	5.6877	5.1089	4.4717	3.7670	2.9834	18
19	7.2713	6.9958	6.5030	5.9630	5.3686	4.7111	3.9799	3.1621	19
20	7.5634	7.2845	6.7842	6.2338	5.6252	4.9488	4.1926	3.3416	20
21	7.8478	7.5662	7.0596	6.5000	5.8787	5.1849	4.4050	3.5221	21
22	8.1247	7.8410	7.3292	6.7618	6.1290	5.4191	4.6170	3.7033	22
23	8.3942	8.1090	7.5931	7.0190	6.3762	5.6515	4.8284	3.8853	23
24	8.6566	8.3704	7.8514	7.2717	6.6200	5.8820	5.0393	4.0679	24
25	8.9119	8.6253	8.1042	7.5199	6.8605	6.1104	5.2494	4.2511	25
26	9.1604	8.8739	8.3514	7.7637	7.0977	6.3367	5.4588	4.4347	26
27	9.4023	9.1162	8.5932	8.0029	7.3315	6.5608	5.6672	4.6188	27
28	9.6376	9.3524	8.8297	8.2378	7.5618	6.7827	5.8748	4.8032	28
29	9.8666	9.5826	9.0609	8.4681	7.7888	7.0023	6.0812	4.9878	29
30	10.0894	9.8069	9.2869	8.6941	8.0123	7.2196	6.2866	5.1725	30
31	10.3062	10.0255	9.5078	8.9157	8.2323	7.4344	6.4907	5.3574	31
32	10.5170	10.2385	9.7236	9.1330	8.4488	7.6467	6.6936	5.5422	32
33	10.7222	10.4461	9.9344	9.3459	8.6618	7.8566	6.8951	5.7270	33
34	10.9217	10.6482	10.1404	9.5546	8.8712	8.0638	7.0952	5.9116	34
35	11.1158	10.8451	10.3416	9.7590	9.0772	8.2685	7.2937	6.0960	35
36	11.3045	11.0369	10.5380	9.9592	9.2796	8.4705	7.4907	6.2800	36
37	11.4881	11.2237	10.7298	10.1553	9.4786	8.6698	7.6860	6.4636	37
38	11.6666	11.4056	10.9171	10.3472	9.6740	8.8663	7.8796	6.6467	38
39	11.8402	11.5827	11.0998	10.5351	9.8659	9.0602	8.0714	6.8292	39
40	12.0090	11.7551	11.2782	10.7190	10.0543	9.2512	8.2614	7.0111	40
41	12.1732	11.9230	11.4522	10.8989	10.2393	9.4395	8.4495	7.1923	41
42	12.3328	12.0864	11.6220	11.0748	10.4208	9.6249	8.6357	7.3727	42
43	12.4879	12.2454	11.7876	11.2469	10.5988	9.8075	8.8198	7.5522	43
44	12.6388	12.4002	11.9491	11.4152	10.7734	9.9873	9.0019	7.7308	44
45	12.7854	12.5509	12.1067	11.5797	10.9446	10.1641	9.1820	7.9083	45
46	12.9280	12.6975	12.2603	11.7405	11.1124	10.3381	9.3598	8.0848	46
47	13.0665	12.8401	12.4101	11.8977	11.2769	10.5092	9.5356	8.2601	47
48	13.2012	12.9789	12.5561	12.0512	11.4381	10.6775	9.7091	8.4342	48
49	13.3322	13.1140	12.6984	12.2012	11.5959	10.8428	9.8803	8.6070	49
50	13.4594	13.2454	12.8371	12.3478	11.7505	11.0053	10.0493	8.7784	50
55	14.0439	13.8505	13.4792	13.0301	12.4759	11.7747	10.8592	9.6135	55
60	14.5504	14.3770	14.0422	13.6340	13.1253	12.4737	11.6092	10.4070	60
70	15.3684	15.2314	14.9646	14.6350	14.2174	13.6714	12.9266	11.8507	70
80	15.9802	15.8738	15.6653	15.4052	15.0715	14.6278	14.0093	13.0869	80
100	16.7773	16.7153	16.5927	16.4377	16.2355	15.9606	15.5653	14.9482	100

YEARS' PURCHASE DUAL RATE
6 and 3 per cent

Income tax rate per cent

Years	No tax	25	30	35	40	42	45	50	Years
1	0.9613	0.7313	0.6845	0.6375	0.5901	0.5711	0.5425	0.4946	1
2	1.8445	1.4219	1.3345	1.2462	1.1568	1.1208	1.0664	0.9750	2
3	2.6584	2.0747	1.9522	1.8278	1.7012	1.6500	1.5725	1.4417	3
4	3.4105	2.6926	2.5398	2.3838	2.2243	2.1596	2.0614	1.8948	4
5	4.1072	3.2779	3.0991	2.9156	2.7273	2.6505	2.5338	2.3350	5
6	4.7542	3.8330	3.6319	3.4247	3.2109	3.1235	2.9902	2.7625	6
7	5.3564	4.3599	4.1399	3.9121	3.6761	3.5793	3.4314	3.1776	7
8	5.9181	4.8606	4.6245	4.3790	4.1237	4.0187	3.8578	3.5808	8
9	6.4429	5.3366	5.0870	4.8266	4.5545	4.4423	4.2701	3.9724	9
10	6.9342	5.7896	5.5289	5.2557	4.9693	4.8509	4.6687	4.3527	10
11	7.3948	6.2210	5.9511	5.6674	5.3688	5.2449	5.0541	4.7220	11
12	7.8275	6.6322	6.3550	6.0625	5.7536	5.6252	5.4269	5.0806	12
13	8.2344	7.0244	6.7413	6.4419	6.1244	5.9921	5.7874	5.4289	13
14	8.6177	7.3986	7.1112	6.8062	6.4818	6.3462	6.1361	5.7671	14
15	8.9791	7.7561	7.4655	7.1562	6.8262	6.6880	6.4735	6.0955	15
16	9.3205	8.0976	7.8050	7.4926	7.1584	7.0180	6.7999	6.4144	16
17	9.6431	8.4241	8.1305	7.8161	7.4787	7.3368	7.1157	6.7241	17
18	9.9485	8.7365	8.4426	8.1272	7.7877	7.6446	7.4214	7.0248	18
19	10.2378	9.0355	8.7421	8.4265	3.0858	7.9419	7.7172	7.3168	19
20	10.5122	9.3218	9.0296	8.7145	8.3735	8.2292	8.0035	7.6004	20
21	10.7726	9.5961	9.3057	8.9917	8.6512	8.5068	8.2806	7.8757	21
22	11.0201	9.8590	9.5709	9.2587	8.9192	8.7750	8.5489	8.1431	22
23	11.2554	10.1111	9.8257	9.5158	9.1781	9.0343	8.8086	8.4027	23
24	11.4793	10.3530	10.0707	9.7635	9.4280	9.2850	9.0600	8.6547	24
25	11.6925	10.5852	10.3063	10.0022	9.6694	9.5273	9.3035	8.8995	25
26	11.8958	10.8080	10.5329	10.2323	9.9026	9.7616	9.5393	9.1371	26
27	12.0896	11.0221	10.7509	10.4541	10.1279	9.9882	9.7677	9.3678	27
28	12.2746	11.2278	10.9608	10.6680	10.3456	10.2073	9.9888	9.5919	28
29	12.4513	11.4256	11.1628	10.8743	10.5560	10.4192	10.2030	9.8094	29
30	12.6201	11.6157	11.3574	11.0733	10.7593	10.6243	10.4105	10.0206	30
31	12.7815	11.7985	11.5448	11.2653	10.9559	10.8226	10.6114	10.2256	31
32	12.9359	11.9744	11.7254	11.4507	11.1460	11.0146	10.8061	10.4247	32
33	13.0837	12.1437	11.8994	11.6295	11.3297	11.2003	10.9947	10.6180	33
34	13.2252	12.3067	12.0672	11.8022	11.5074	11.3800	11.1775	10.8057	34
35	13.3608	12.4636	12.2290	11.9690	11.6793	11.5540	11.3546	10.9879	35
36	13.4907	12.6147	12.3850	12.1300	11.8456	11.7223	11.5261	11.1648	36
37	13.6154	12.7604	12.5355	12.2856	12.0064	11.8853	11.6924	11.3366	37
38	13.7349	12.9007	12.6806	12.4359	12.1620	12.0431	11.8535	11.5033	38
39	13.8497	13.0360	12.8207	12.5811	12.3126	12.1959	12.0096	11.6652	39
40	13.9598	13.1664	12.9560	12.7214	12.4582	12.3438	12.1610	11.8224	40
41	14.0657	13.2921	13.0865	12.8570	12.5992	12.4870	12.3076	11.9750	41
42	14.1673	13.4134	13.2125	12.9881	12.7357	12.6257	12.4498	12.1232	42
43	14.2651	13.5304	13.3343	13.1148	12.8678	12.7600	12.5876	12.2670	43
44	14.3590	13.6434	13.4518	13.2373	12.9956	12.8901	12.7211	12.4065	44
45	14.4494	13.7523	13.5654	13.3558	13.1194	13.0161	12.8506	12.5422	45
46	14.5364	13.8575	13.6751	13.4704	13.2393	13.1382	12.9761	12.6738	46
47	14.6201	13.9591	13.7811	13.5812	13.3553	13.2564	13.0978	12.8016	47
48	14.7006	14.0571	13.8835	13.6884	13.4677	13.3710	13.2157	12.9256	48
49	14.7782	14.1519	13.9825	13.7921	13.5765	13.4820	13.3301	13.0460	49
50	14.8529	14.2433	14.0783	13.8925	13.6818	13.5895	13.4410	13.1629	50
55	15.1877	14.6565	14.5115	14.3477	14.1612	14.0791	13.9469	13.6982	55
60	15.4672	15.0054	14.8784	14.7346	14.5703	14.4978	14.3808	14.1597	60
70	15.8990	15.5517	15.4552	15.3454	15.2192	15.1633	15.0727	14.9007	70
80	16.2071	15.9471	15.8743	15.7911	15.6952	15.6526	15.5834	15.4512	80
100	16.5908	16.4461	16.4052	16.3583	16.3039	16.2796	16.2401	16.1641	100

YEARS' PURCHASE DUAL RATE
6 and 3 per cent

Income tax rate per cent

Years	52	55	60	65	70	75	80	85	Years
1	0.4754	0.4465	0.3980	0.3493	0.3003	0.2510	0.2014	0.1515	1
2	0.9382	0.8826	0.7891	0.6944	0.5987	0.5019	0.4039	0.3047	2
3	1.3887	1.3086	1.1732	1.0354	0.8953	0.7527	0.6075	0.4597	3
4	1.8272	1.7245	1.5504	1.3722	1.1898	1.0032	0.8121	0.6164	4
5	2.2539	2.1307	1.9206	1.7046	1.4822	1.2534	1.0177	0.7748	5
6	2.6693	2.5272	2.2840	2.0326	1.7724	1.5031	1.2240	0.9348	6
7	3.0735	2.9142	2.6406	2.3562	2.0603	1.7522	1.4312	1.0964	7
8	3.4667	3.2919	2.9903	2.6752	2.3457	2.0006	1.6390	1.2595	8
9	3.8494	3.6605	3.3333	2.9898	2.6285	2.2482	1.8473	1.4241	9
10	4.2217	4.0201	3.6696	3.2997	2.9088	2.4950	2.0562	1.5901	10
11	4.5339	4.3709	3.9992	3.6051	3.1864	2.7407	2.2654	1.7575	11
12	4.9362	4.7131	4.3222	3.9058	3.4611	2.9853	2.4750	1.9262	12
13	5.2790	5.0468	4.6387	4.2018	3.7330	3.2287	2.6847	2.0961	13
14	5.6124	5.3722	4.9486	4.4931	4.0020	3.4709	2.8946	2.2672	14
15	5.9366	5.6895	5.2521	4.7798	4.2680	3.7116	3.1045	2.4395	15
16	6.2520	5.9988	5.5493	5.0617	4.5308	3.9508	3.3143	2.6128	16
17	6.5587	6.3003	5.8402	5.3389	4.7906	4.1884	3.5239	2.7870	17
18	6.8569	6.5942	6.1248	5.6113	5.0471	4.4244	3.7333	2.9623	18
19	7.1469	6.8806	6.4034	5.8791	5.3004	4.6585	3.9424	3.1383	19
20	7.4289	7.1597	6.6758	6.1421	5.5505	4.8909	4.1510	3.3151	20
21	7.7031	7.4316	6.9423	6.4004	5.7971	5.1213	4.3591	3.4927	21
22	7.9697	7.6965	7.2028	6.6541	6.0404	5.3497	4.5665	3.6708	22
23	8.2289	7.9546	7.4576	6.9030	6.2803	5.5761	4.7733	3.8495	23
24	8.4808	8.2060	7.7066	7.1473	6.5167	5.8003	4.9792	4.0287	24
25	8.7258	8.4509	7.9499	7.3870	6.7497	6.0223	5.1843	4.2083	25
26	8.9639	8.6893	8.1877	7.6220	6.9791	6.2420	5.3883	4.3881	26
27	9.1953	8.9215	8.4200	7.8525	7.2050	6.4594	5.5914	4.5683	27
28	9.4203	9.1476	8.6469	8.0785	7.4274	6.6744	5.7933	4.7486	28
29	9.6389	9.3677	8.8685	8.2999	7.6462	6.8869	5.9940	4.9289	29
30	9.8515	9.5820	9.0849	8.5169	7.8615	7.0969	6.1934	5.1093	30
31	10.0580	9.7906	9.2962	8.7294	8.0732	7.3044	6.3914	5.2896	31
32	10.2588	9.9936	9.5024	8.9376	8.2813	7.5093	6.5880	5.4697	32
33	10.4539	10.1912	9.7037	9.1414	8.4858	7.7115	6.7831	5.6496	33
34	10.6434	10.3836	9.9001	9.3409	8.6868	7.9111	6.9767	5.8291	34
35	10.8277	10.5707	10.0918	9.5362	8.8842	8.1080	7.1685	6.0083	35
36	11.0067	10.7528	10.2788	9.7273	9.0780	8.3021	7.3587	6.1870	36
37	11.1806	10.9301	10.4611	9.9143	9.2683	8.4935	7.5471	6.3651	37
38	11.3497	11.1025	10.6390	10.0972	9.4550	8.6821	7.7337	6.5426	38
39	11.5139	11.2702	10.8125	10.2760	9.6383	8.8679	7.9184	6.7194	39
40	11.6735	11.4334	10.9817	10.4508	9.8180	9.0508	8.1012	6.8954	40
41	11.8285	11.5921	11.1466	10.6218	9.9943	9.2309	8.2820	7.0706	41
42	11.9791	11.7465	11.3074	10.7888	10.1671	9.4082	8.4608	7.2448	42
43	12.1255	11.8967	11.4641	10.9521	10.3365	9.5826	8.6375	7.4181	43
44	12.2676	12.0427	11.6168	11.1116	10.5026	9.7541	8.8121	7.5903	44
45	12.4057	12.1848	11.7657	11.2674	10.6652	9.9227	8.9845	7.7614	45
46	12.5399	12.3229	11.9107	11.4196	10.8245	10.0885	9.1547	7.9313	46
47	12.6702	12.4572	12.0520	11.5682	10.9805	10.2514	9.3228	8.0999	47
48	12.7968	12.5878	12.1897	11.7133	11.1332	10.4114	9.4885	8.2672	48
49	12.9198	12.7148	12.3238	11.8550	11.2827	10.5685	9.6521	8.4332	49
50	13.0393	12.8383	12.4544	11.9933	11.4291	10.7228	9.8133	8.5977	50
55	13.5872	13.4060	13.0579	12.6360	12.1141	11.4519	10.5841	9.3972	55
60	14.0607	13.8986	13.5855	13.2031	12.7254	12.1120	11.2953	10.1541	60
70	14.8231	14.6956	14.4471	14.1396	13.7495	13.2381	12.5386	11.5238	70
80	15.3914	15.2927	15.0991	14.8573	14.5466	14.1329	13.5547	12.6894	80
100	16.1295	16.0722	15.9589	15.8154	15.6281	15.3732	15.0061	14.4318	100

YEARS' PURCHASE DUAL RATE
6.25 and 3 per cent

Income tax rate per cent

Years	No tax	25	30	35	40	42	45	50	Years
1	0.9591	0.7300	0.6834	0.6365	0.5893	0.5703	0.5418	0.4940	1
2	1.8364	1.4171	1.3303	1.2425	1.1536	1.1178	1.0637	0.9728	2
3	2.6416	2.0645	1.9432	1.8198	1.6943	1.6435	1.5666	1.4367	3
4	3.3829	2.6754	2.5245	2.3703	2.2126	2.1485	2.0513	1.8863	4
5	4.0673	3.2524	3.0763	2.8955	2.7096	2.6338	2.5185	2.3220	5
6	4.7008	3.7982	3.6007	3.3969	3.1864	3.1003	2.9690	2.7444	6
7	5.2887	4.3150	4.0993	3.8758	3.6441	3.5489	3.4035	3.1537	7
8	5.8356	4.8048	4.5739	4.3337	4.0835	3.9804	3.8226	3.5505	8
9	6.3452	5.2694	5.0259	4.7716	4.5055	4.3956	4.2270	3.9351	9
10	6.8212	5.7106	5.4568	5.1906	4.9110	4.7953	4.6172	4.3079	10
11	7.2664	6.1299	5.8677	5.5917	5.3008	5.1800	4.9938	4.6693	11
12	7.6838	6.5288	6.2599	5.9760	5.6756	5.5506	5.3574	5.0197	12
13	8.0755	6.9084	6.6345	6.3442	6.0361	5.9075	5.7084	5.3593	13
14	8.4438	7.2701	6.9924	6.6973	6.3829	6.2514	6.0474	5.6887	14
15	8.7905	7.6149	7.3347	7.0359	6.7167	6.5828	6.3749	6.0080	15
16	9.1174	7.9439	7.6621	7.3608	7.0380	6.9023	6.6912	6.3176	16
17	9.4259	8.2579	7.9755	7.6728	7.3474	7.2104	6.9968	6.6178	17
18	9.7175	8.5578	8.2757	7.9724	7.6454	7.5074	7.2921	6.9089	18
19	9.9934	8.8445	8.5632	8.2601	7.9326	7.7940	7.5774	7.1911	19
20	10.2546	9.1187	8.8389	8.5367	8.2093	8.0705	7.8533	7.4648	20
21	10.5023	9.3810	9.1033	8.8026	8.4760	8.3373	8.1199	7.7302	21
22	10.7374	9.6321	9.3569	9.0583	8.7331	8.5948	8.3777	7.9876	22
23	10.9606	9.8726	9.6003	9.3042	8.9811	8.8434	8.6270	8.2373	23
24	11.1728	10.1031	9.8341	9.5409	9.2203	9.0834	8.8681	8.4794	24
25	11.3747	10.3240	10.0586	9.7687	9.4510	9.3152	9.1012	8.7142	25
26	11.5670	10.5360	10.2743	9.9881	9.6737	9.5391	9.3267	8.9419	26
27	11.7502	10.7393	10.4817	10.1993	9.8886	9.7553	9.5449	9.1627	27
28	11.9249	10.9345	10.6810	10.4028	10.0960	9.9643	9.7559	9.3769	28
29	12.0915	11.1219	10.8728	10.5989	10.2963	10.1661	9.9602	9.5847	29
30	12.2507	11.3020	11.0573	10.7879	10.4896	10.3612	10.1578	9.7863	30
31	12.4027	11.4750	11.2349	10.9700	10.6764	10.5498	10.3490	9.9817	31
32	12.5480	11.6413	11.4058	11.1457	10.8568	10.7321	10.5341	10.1714	32
33	12.6870	11.8013	11.5705	11.3151	11.0311	10.9084	10.7133	10.3553	33
34	12.8201	11.9551	11.7290	11.4785	11.1995	11.0788	10.8867	10.5337	34
35	12.9474	12.1032	11.8818	11.6362	11.3622	11.2436	11.0546	10.7068	35
36	13.0694	12.2456	12.0290	11.7884	11.5195	11.4030	11.2172	10.8747	36
37	13.1864	12.3828	12.1709	11.9352	11.6716	11.5571	11.3746	11.0376	37
38	13.2985	12.5149	12.3077	12.0770	11.8186	11.7063	11.5270	11.1956	38
39	13.4060	12.6422	12.4397	12.2139	11.9607	11.8505	11.6746	11.3489	39
40	13.5092	12.7648	12.5669	12.3461	12.0981	11.9901	11.8176	11.4976	40
41	13.6083	12.8830	12.6897	12.4738	12.2310	12.1252	11.9560	11.6419	41
42	13.7035	12.9969	12.8082	12.5972	12.3596	12.2560	12.0901	11.7819	42
43	13.7949	13.1067	12.9225	12.7163	12.4839	12.3825	12.2200	11.9177	43
44	13.8827	13.2126	13.0329	12.8315	12.6043	12.5050	12.3459	12.0494	44
45	13.9672	13.3148	13.1395	12.9428	12.7207	12.6235	12.4678	12.1773	45
46	14.0484	13.4134	13.2424	13.0504	12.8333	12.7383	12.5859	12.3013	46
47	14.1266	13.5085	13.3417	13.1544	12.9423	12.8494	12.7003	12.4216	47
48	14.2018	13.6003	13.4377	13.2549	13.0478	12.9570	12.8112	12.5384	48
49	14.2742	13.6890	13.5305	13.3521	13.1499	13.0612	12.9186	12.6516	49
50	14.3438	13.7746	13.6201	13.4461	13.2487	13.1621	13.0228	12.7616	50
55	14.6559	14.1606	14.0252	13.8721	13.6977	13.6209	13.4971	13.2641	55
60	14.9160	14.4860	14.3677	14.2335	14.0801	14.0124	13.9030	13.6963	60
70	15.3171	14.9945	14.9048	14.8026	14.6852	14.6331	14.5488	14.3884	70
80	15.6029	15.3617	15.2942	15.2170	15.1279	15.0883	15.0240	14.9011	80
100	15.9582	15.8243	15.7864	15.7430	15.6926	15.6701	15.6334	15.5630	100

YEARS' PURCHASE DUAL RATE
6.25 and 3 per cent

Income tax rate per cent

Years	52	55	60	65	70	75	80	85	Years
1	0.4749	0.4460	0.3976	0.3490	0.3000	0.2508	0.2013	0.1514	1
2	0.9361	0.8807	0.7876	0.6933	0.5979	0.5013	0.4035	0.3045	2
3	1.3841	1.3045	1.1699	1.0329	0.8934	0.7513	0.6066	0.4592	3
4	1.8192	1.7175	1.5446	1.3677	1.1865	1.0008	0.8105	0.6155	4
5	2.2419	2.1199	1.9119	1.6977	1.4770	1.2496	1.0152	0.7734	5
6	2.6524	2.5120	2.2716	2.0228	1.7649	1.4977	1.2205	0.9327	6
7	3.0510	2.8941	2.6240	2.3430	2.0502	1.7449	1.4263	1.0935	7
8	3.4383	3.2662	2.9691	2.6582	2.3326	1.9911	1.6326	1.2557	8
9	3.8143	3.6288	3.3070	2.9686	2.6121	2.2362	1.8392	1.4193	9
10	4.1795	3.9818	3.6377	3.2739	2.8887	2.4802	2.0461	1.5841	10
11	4.5342	4.3257	3.9614	3.5743	3.1623	2.7229	2.2532	1.7501	11
12	4.8787	4.6606	4.2780	3.8697	3.4327	2.9642	2.4604	1.9174	12
13	5.2132	4.9866	4.5878	4.1600	3.7000	3.2040	2.6676	2.0857	13
14	5.5381	5.3041	4.8908	4.4454	3.9641	3.4423	2.8747	2.2550	14
15	5.8536	5.6131	5.1870	4.7258	4.2249	3.6789	3.0816	2.4253	15
16	6.1599	5.9140	5.4767	5.0012	4.4823	3.9138	3.2883	2.5966	16
17	6.4575	6.2069	5.7598	5.2716	4.7364	4.1469	3.4945	2.7686	17
18	6.7464	6.4919	6.0365	5.5371	4.9870	4.3781	3.7003	2.9414	18
19	7.0269	6.7693	6.3069	5.7976	5.2342	4.6073	3.9056	3.1149	19
20	7.2993	7.0393	6.5710	6.0533	5.4778	4.8344	4.1102	3.2891	20
21	7.5639	7.3019	6.8290	6.3040	5.7179	5.0594	4.3141	3.4637	21
22	7.8207	7.5576	7.0810	6.5499	5.9545	5.2822	4.5172	3.6389	22
23	8.0702	7.8063	7.3270	6.7910	6.1874	5.5028	4.7194	3.8144	23
24	8.3124	8.0482	7.5672	7.0273	6.4168	5.7210	4.9207	3.9903	24
25	8.5475	8.2836	7.8017	7.2588	6.6425	5.9369	5.1208	4.1664	25
26	8.7759	8.5126	8.0306	7.4857	6.8646	6.1503	5.3199	4.3426	26
27	8.9976	8.7353	8.2540	7.7079	7.0831	6.3612	5.5177	4.5189	27
28	9.2129	8.9519	8.4719	7.9255	7.2979	6.5696	5.7142	4.6953	28
29	9.4219	9.1626	8.6845	8.1385	7.5090	6.7754	5.9094	4.8715	29
30	9.6249	9.3675	8.8919	8.3470	7.7165	6.9786	6.1031	5.0477	30
31	9.8220	9.5668	9.0942	8.5511	7.9204	7.1791	6.2953	5.2235	31
32	10.0133	9.7605	9.2914	8.7507	8.1206	7.3769	6.4859	5.3991	32
33	10.1991	9.9490	9.4838	8.9460	8.3172	7.5720	6.6750	5.5743	33
34	10.3795	10.1322	9.6713	9.1370	8.5101	7.7643	6.8623	5.7490	34
35	10.5546	10.3103	9.8542	9.3238	8.6995	7.9539	7.0478	5.9232	35
36	10.7246	10.4835	10.0324	9.5064	8.8853	8.1406	7.2316	6.0968	36
37	10.8897	10.6519	10.2060	9.6849	9.0675	8.3246	7.4134	6.2697	37
38	11.0500	10.8156	10.3753	9.8593	9.2462	8.5056	7.5934	6.4419	38
39	11.2056	10.9747	10.5402	10.0297	9.4213	8.6839	7.7714	6.6132	39
40	11.3567	11.1293	10.7009	10.1962	9.5930	8.8592	7.9474	6.7837	40
41	11.5034	11.2797	10.8574	10.3589	9.7612	9.0317	8.1213	6.9531	41
42	11.6458	11.4258	11.0099	10.5177	9.9260	9.2013	8.2931	7.1216	42
43	11.7840	11.5679	11.1584	10.6728	10.0874	9.3681	8.4628	7.2889	43
44	11.9183	11.7059	11.3031	10.8242	10.2454	9.5319	8.6303	7.4551	44
45	12.0486	11.8401	11.4440	10.9720	10.4002	9.6929	8.7957	7.6201	45
46	12.1751	11.9705	11.5811	11.1163	10.5516	9.8510	8.9588	7.7838	46
47	12.2979	12.0972	11.7147	11.2571	10.6998	10.0063	9.1196	7.9461	47
48	12.4172	12.2203	11.8447	11.3944	10.8448	10.1587	9.2782	8.1071	48
49	12.5329	12.3399	11.9713	11.5284	10.9866	10.3082	9.4345	8.2666	49
50	12.6453	12.4562	12.0945	11.6592	11.1252	10.4550	9.5884	8.4247	50
55	13.1599	12.9899	12.6628	12.2656	11.7733	11.1469	10.3230	9.1909	55
60	13.6036	13.4519	13.1584	12.7993	12.3499	11.7713	10.9984	9.9136	60
70	14.3160	14.1971	13.9650	13.6775	13.3121	12.8322	12.1739	11.2150	70
80	14.8454	14.7536	14.5734	14.3479	14.0580	13.6713	13.1295	12.3160	80
100	15.5310	15.4778	15.3727	15.2395	15.0655	14.8285	14.4867	13.9507	100

YEARS' PURCHASE DUAL RATE
6.5 and 3 per cent

Income tax rate per cent

Years	No tax	25	30	35	40	42	45	50	Years
1	0.9570	0.7288	0.6823	0.6355	0.5885	0.5696	0.5411	0.4935	1
2	1.8284	1.4123	1.3261	1.2388	1.1505	1.1148	1.0610	0.9705	2
3	2.6251	2.0544	1.9342	1.8119	1.6875	1.6371	1.5608	1.4318	3
4	3.3558	2.6584	2.5094	2.3570	2.2010	2.1376	2.0413	1.8779	4
5	4.0282	3.2274	3.0539	2.8756	2.6922	2.6174	2.5035	2.3092	5
6	4.6487	3.7641	3.5700	3.3696	3.1624	3.0776	2.9482	2.7265	6
7	5.2229	4.2710	4.0597	3.8403	3.6127	3.5191	3.3761	3.1301	7
8	5.7555	4.7503	4.5246	4.2893	4.0441	3.9430	3.7881	3.5206	8
9	6.2506	5.2040	4.9664	4.7179	4.4576	4.3500	4.1848	3.8985	9
10	6.7120	5.6339	5.3867	5.1271	4.8542	4.7411	4.5669	4.2641	10
11	7.1427	6.0416	5.7867	5.5181	5.2346	5.1168	4.9350	4.6179	11
12	7.5455	6.4287	6.1678	5.8920	5.5998	5.4780	5.2898	4.9603	12
13	7.9229	6.7964	6.5311	6.2496	5.9504	5.8254	5.6318	5.2917	13
14	8.2771	7.1462	6.8777	6.5920	6.2872	6.1595	5.9615	5.6125	14
15	8.6100	7.4791	7.2086	6.9198	6.6108	6.4811	6.2794	5.9231	15
16	8.9234	7.7962	7.5246	7.2339	6.9218	6.7905	6.5861	6.2238	16
17	9.2187	8.0984	7.8266	7.5349	7.2209	7.0885	6.8819	6.5149	17
18	9.4974	8.3867	8.1155	7.8236	7.5085	7.3754	7.1674	6.7969	18
19	9.7607	8.6618	8.3918	8.1006	7.7853	7.6518	7.4429	7.0699	19
20	10.0098	8.9246	8.6564	8.3664	8.0516	7.9181	7.7089	7.3342	20
21	10.2457	9.1757	8.9098	8.6216	8.3080	8.1748	7.9657	7.5903	21
22	10.4692	9.4158	9.1526	8.8667	8.5549	8.4222	8.2136	7.8383	22
23	10.6814	9.6455	9.3854	9.1023	8.7928	8.6607	8.4531	8.0786	23
24	10.8828	9.8654	9.6087	9.3286	9.0219	8.8908	8.6844	8.3113	24
25	11.0743	10.0759	9.8229	9.5463	9.2427	9.1128	8.9078	8.5367	25
26	11.2565	10.2777	10.0286	9.7557	9.4555	9.3269	9.1238	8.7552	26
27	11.4299	10.4711	10.2260	9.9571	9.6607	9.5335	9.3324	8.9668	27
28	11.5951	10.6566	10.4157	10.1510	9.8586	9.7330	9.5341	9.1718	28
29	11.7526	10.8345	10.5980	10.3376	10.0495	9.9255	9.7290	9.3705	29
30	11.9029	11.0053	10.7732	10.5173	10.2336	10.1114	9.9175	9.5631	30
31	12.0464	11.1693	10.9417	10.6903	10.4113	10.2909	10.0997	9.7496	31
32	12.1834	11.3268	11.1038	10.8571	10.5828	10.4643	10.2760	9.9305	32
33	12.3144	11.4782	11.2597	11.0178	10.7483	10.6318	10.4464	10.1057	33
34	12.4397	11.6237	11.4098	11.1727	10.9081	10.7936	10.6112	10.2756	34
35	12.5596	11.7636	11.5543	11.3220	11.0625	10.9499	10.7707	10.4402	35
36	12.6744	11.8981	11.6935	11.4660	11.2115	11.1010	10.9249	10.5998	36
37	12.7843	12.0276	11.8276	11.6049	11.3555	11.2471	11.0742	10.7545	37
38	12.8897	12.1522	11.9567	11.7389	11.4946	11.3883	11.2186	10.9044	38
39	12.9907	12.2721	12.0812	11.8682	11.6289	11.5248	11.3584	11.0498	39
40	13.0876	12.3877	12.2012	11.9930	11.7588	11.6568	11.4936	11.1907	40
41	13.1805	12.4989	12.3169	12.1134	11.8843	11.7844	11.6245	11.3274	41
42	13.2698	12.6061	12.4285	12.2297	12.0057	11.9079	11.7513	11.4598	42
43	13.3555	12.7094	12.5362	12.3420	12.1230	12.0273	11.8739	11.5883	43
44	13.4378	12.8090	12.6400	12.4505	12.2364	12.1428	11.9927	11.7128	44
45	13.5169	12.9050	12.7402	12.5552	12.3461	12.2546	12.1077	11.8336	45
46	13.5930	12.9976	12.8369	12.6564	12.4521	12.3627	12.2191	11.9507	46
47	13.6661	13.0869	12.9303	12.7542	12.5547	12.4673	12.3269	12.0642	47
48	13.7365	13.1730	13.0204	12.8487	12.6540	12.5686	12.4313	12.1743	48
49	13.8042	13.2562	13.1075	12.9400	12.7500	12.6666	12.5325	12.2811	49
50	13.8694	13.3364	13.1916	13.0283	12.8429	12.7615	12.6304	12.3846	50
55	14.1609	13.6980	13.5712	13.4278	13.2643	13.1923	13.0762	12.8573	55
60	14.4036	14.0022	13.8916	13.7662	13.6226	13.5593	13.4568	13.2631	60
70	14.7773	14.4768	14.3931	14.2978	14.1882	14.1397	14.0609	13.9110	70
80	15.0431	14.8188	14.7559	14.6840	14.6011	14.5642	14.5042	14.3897	80
100	15.3731	15.2488	15.2136	15.1732	15.1264	15.1055	15.0714	15.0060	100

YEARS' PURCHASE DUAL RATE
6.5 and 3 per cent

Income tax rate per cent

Years	52	55	60	65	70	75	80	85	Years
1	0.4743	0.4455	0.3973	0.3487	0.2998	0.2507	0.2012	0.1514	1
2	0.9340	0.8789	0.7861	0.6922	0.5970	0.5007	0.4031	0.3043	2
3	1.3795	1.3004	1.1666	1.0303	0.8915	0.7500	0.6057	0.4587	3
4	1.8114	1.7105	1.5390	1.3632	1.1831	0.9984	0.8090	0.6146	4
5	2.2299	2.1092	1.9032	1.6908	1.4718	1.2459	1.0127	0.7720	5
6	2.6357	2.4971	2.2594	2.0130	1.7575	1.4924	1.2169	0.9307	6
7	3.0290	2.8742	2.6077	2.3299	2.0402	1.7376	1.4215	1.0907	7
8	3.4103	3.2410	2.9482	2.6415	2.3197	1.9817	1.6262	1.2520	8
9	3.7799	3.5976	3.2811	2.9477	2.5960	2.2244	1.8312	1.4145	9
10	4.1383	3.9444	3.6064	3.2485	2.8690	2.4656	2.0362	1.5781	10
11	4.4857	4.2815	3.9243	3.5441	3.1386	2.7053	2.2412	1.7429	11
12	4.8226	4.6093	4.2348	3.8343	3.4049	2.9434	2.4461	1.9086	12
13	5.1492	4.9280	4.5381	4.1192	3.6677	3.1797	2.6508	2.0753	13
14	5.4659	5.2378	4.8344	4.3988	3.9270	3.4143	2.8551	2.2429	14
15	5.7730	5.5390	5.1237	4.6731	4.1827	3.6469	3.0591	2.4114	15
16	6.0708	5.8317	5.4061	4.9422	4.4349	3.8776	3.2627	2.5806	16
17	6.3595	6.1163	5.6817	5.2062	4.6835	4.1063	3.4656	2.7504	17
18	6.6395	6.3929	5.9508	5.4649	4.9284	4.3328	3.6680	2.9209	18
19	6.9111	6.6617	6.2134	5.7186	5.1696	4.5572	3.8696	3.0920	19
20	7.1744	6.9230	6.4696	5.9671	5.4072	4.7793	4.0703	3.2635	20
21	7.4298	7.1770	6.7195	6.2106	5.6410	4.9991	4.2702	3.4354	21
22	7.6775	7.4237	6.9634	6.4492	5.8711	5.2165	4.4691	3.6076	22
23	7.9178	7.6636	7.2012	6.6828	6.0975	5.4315	4.6669	3.7800	23
24	8.1508	7.8966	7.4331	6.9114	6.3201	5.6440	4.8636	3.9527	24
25	8.3768	8.1231	7.6592	7.1353	6.5389	5.8540	5.0590	4.1254	25
26	8.5960	8.3432	7.8797	7.3544	6.7541	6.0614	5.2532	4.2981	26
27	8.8086	8.5570	8.0946	7.5687	6.9654	6.2661	5.4460	4.4708	27
28	9.0148	8.7648	8.3041	7.7784	7.1730	6.4682	5.6374	4.6433	28
29	9.2149	8.9666	8.5083	7.9835	7.3769	6.6676	5.8272	4.8156	29
30	9.4089	9.1628	8.7072	8.1841	7.5771	6.8643	6.0155	4.9876	30
31	9.5972	9.3534	8.9011	8.3802	7.7735	7.0582	6.2022	5.1593	31
32	9.7798	9.5385	9.0900	8.5718	7.9663	7.2494	6.3871	5.3305	32
33	9.9569	9.7184	9.2740	8.7591	8.1554	7.4377	6.5704	5.5012	33
34	10.1287	9.8931	9.4533	8.9421	8.3408	7.6232	6.7518	5.6713	34
35	10.2954	10.0629	9.6279	9.1210	8.5227	7.8058	6.9313	5.8407	35
36	10.4572	10.2278	9.7979	9.2956	8.7009	7.9856	7.1090	6.0095	36
37	10.6140	10.3880	9.9635	9.4662	8.8755	8.1625	7.2846	6.1774	37
38	10.7663	10.5436	10.1247	9.6328	9.0467	8.3365	7.4583	6.3444	38
39	10.9139	10.6947	10.2817	9.7954	9.2143	8.5076	7.6300	6.5105	39
40	11.0572	10.8416	10.4346	9.9542	9.3784	8.6759	7.7995	6.6756	40
41	11.1962	10.9842	10.5834	10.1091	9.5391	8.8413	7.9670	6.8397	41
42	11.3311	11.1227	10.7282	10.2603	9.6965	9.0037	8.1323	7.0026	42
43	11.4619	11.2573	10.8692	10.4079	9.8504	9.1633	8.2954	7.1644	43
44	11.5888	11.3880	11.0064	10.5518	10.0011	9.3200	8.4563	7.3249	44
45	11.7120	11.5149	11.1399	10.6922	10.1484	9.4739	8.6149	7.4841	45
46	11.8315	11.6382	11.2698	10.8292	10.2926	9.6249	8.7713	7.6419	46
47	11.9475	11.7579	11.3963	10.9627	10.4335	9.7730	8.9255	7.7983	47
48	12.0600	11.8742	11.5193	11.0930	10.5713	9.9184	9.0773	7.9533	48
49	12.1692	11.9871	11.6390	11.2199	10.7060	10.0609	9.2268	8.1068	49
50	12.2751	12.0968	11.7554	11.3437	10.8377	10.2006	9.3741	8.2587	50
55	12.7594	12.5996	12.2916	11.9170	11.4517	10.8582	10.0750	8.9937	55
60	13.1761	13.0337	12.7580	12.4201	11.9966	11.4499	10.7173	9.6846	60
70	13.8434	13.7321	13.5149	13.2454	12.9025	12.4512	11.8304	10.9228	70
80	14.3378	14.2521	14.0838	13.8732	13.6020	13.2396	12.7308	11.9645	80
100	14.9762	14.9268	14.8290	14.7050	14.5430	14.3220	14.0029	13.5015	100

YEARS' PURCHASE DUAL RATE
6.75 and 3 per cent
Income tax rate per cent

Years	No tax	25	30	35	40	42	45	50	Years
1	0.9548	0.7275	0.6812	0.6346	0.5876	0.5688	0.5404	0.4929	1
2	1.8205	1.4076	1.3219	1.2351	1.1473	1.1119	1.0584	0.9683	2
3	2.6088	2.0444	1.9254	1.8042	1.6807	1.6307	1.5550	1.4269	3
4	3.3292	2.6417	2.4945	2.3438	2.1895	2.1267	2.0314	1.8695	4
5	3.9899	3.2028	3.0319	2.8561	2.6750	2.6012	2.4887	2.2966	5
6	4.5978	3.7307	3.5400	3.3427	3.1388	3.0552	2.9276	2.7089	6
7	5.1587	4.2280	4.0208	3.8056	3.5819	3.4899	3.3492	3.1070	7
8	5.6777	4.6972	4.4763	4.2460	4.0055	3.9063	3.7542	3.4914	8
9	6.1590	5.1403	4.9084	4.6655	4.4108	4.3054	4.1435	3.8626	9
10	6.6064	5.5593	5.3185	5.0653	4.7987	4.6881	4.5178	4.2212	10
11	7.0232	5.9559	5.7081	5.4466	5.1702	5.0552	4.8777	4.5676	11
12	7.4123	6.3317	6.0786	5.8105	5.5261	5.4075	5.2240	4.9024	12
13	7.7762	6.6882	6.4311	6.1580	5.8673	5.7457	5.5573	5.2259	13
14	8.1172	7.0267	6.7669	6.4901	6.1945	6.0705	5.8780	5.5385	14
15	8.4371	7.3483	7.0870	6.8076	6.5084	6.3826	6.1869	5.8408	15
16	8.7377	7.6541	7.3922	7.1114	6.8096	6.6825	6.4844	6.1329	16
17	9.0207	7.9452	7.6835	7.4021	7.0988	6.9708	6.7710	6.4154	17
18	9.2874	8.2225	7.9617	7.6805	7.3767	7.2481	7.0472	6.6886	18
19	9.5391	8.4868	8.2275	7.9473	7.6436	7.5149	7.3133	6.9528	19
20	9.7768	8.7389	8.4816	8.2030	7.9002	7.7716	7.5700	7.2084	20
21	10.0017	8.9795	8.7248	8.4482	8.1469	8.0187	7.8174	7.4556	21
22	10.2146	9.2093	8.9575	8.6834	8.3842	8.2566	8.0561	7.6947	22
23	10.4165	9.4290	9.1803	8.9092	8.6125	8.4858	8.2863	7.9261	23
24	10.6080	9.6390	9.3938	9.1260	8.8322	8.7065	8.5085	8.1500	24
25	10.7898	9.8399	9.5985	9.3342	9.0437	8.9193	8.7229	8.3667	25
26	10.9627	10.0322	9.7947	9.5342	9.2474	9.1243	8.9298	8.5764	26
27	11.1271	10.2164	9.9830	9.7265	9.4435	9.3219	9.1296	8.7794	27
28	11.2836	10.3929	10.1637	9.9114	9.6325	9.5125	9.3225	8.9758	28
29	11.4327	10.5621	10.3372	10.0893	9.8147	9.6964	9.5088	9.1660	29
30	11.5749	10.7243	10.5038	10.2604	9.9902	9.8737	9.6888	9.3502	30
31	11.7105	10.8800	10.6639	10.4250	10.1595	10.0448	9.8626	9.5285	31
32	11.8400	11.0294	10.8178	10.5835	10.3227	10.2099	10.0306	9.7011	32
33	11.9637	11.1729	10.9658	10.7362	10.4801	10.3693	10.1929	9.8683	33
34	12.0819	11.3107	11.1081	10.8832	10.6320	10.5232	10.3498	10.0302	34
35	12.1949	11.4431	11.2450	11.0248	10.7786	10.6717	10.5014	10.1870	35
36	12.3031	11.5704	11.3768	11.1613	10.9200	10.8152	10.6480	10.3389	36
37	12.4067	11.6928	11.5037	11.2929	11.0566	10.9538	10.7897	10.4860	37
38	12.5059	11.8105	11.6258	11.4197	11.1884	11.0877	10.9268	10.6285	38
39	12.6010	11.9238	11.7435	11.5421	11.3157	11.2170	11.0593	10.7666	39
40	12.6921	12.0328	11.8568	11.6601	11.4386	11.3420	11.1875	10.9003	40
41	12.7795	12.1377	11.9660	11.7739	11.5573	11.4628	11.3115	11.0299	41
42	12.8634	12.2388	12.0713	11.8837	11.6721	11.5796	11.4314	11.1555	42
43	12.9439	12.3361	12.1728	11.9897	11.7829	11.6925	11.5475	11.2772	43
44	13.0212	12.4299	12.2707	12.0920	11.8900	11.8016	11.6598	11.3951	44
45	13.0955	12.5203	12.3652	12.1908	11.9936	11.9072	11.7685	11.5093	45
46	13.1669	12.6075	12.4562	12.2862	12.0936	12.0092	11.8737	11.6200	46
47	13.2355	12.6915	12.5441	12.3783	12.1904	12.1080	11.9755	11.7274	47
48	13.3015	12.7725	12.6290	12.4673	12.2839	12.2034	12.0740	11.8314	48
49	13.3650	12.8506	12.7108	12.5533	12.3744	12.2958	12.1694	11.9322	49
50	13.4260	12.9260	12.7899	12.6364	12.4619	12.3852	12.2617	12.0299	50
55	13.6990	13.2654	13.1464	13.0119	12.8583	12.7906	12.6814	12.4754	55
60	13.9260	13.5505	13.4469	13.3293	13.1947	13.1352	13.0391	12.8571	60
70	14.2751	13.9944	13.9163	13.8272	13.7246	13.6792	13.6054	13.4651	70
80	14.5230	14.3138	14.2551	14.1881	14.1106	14.0761	14.0201	13.9130	80
100	14.8303	14.7146	14.6818	14.6442	14.6006	14.5811	14.5494	14.4884	100

YEARS' PURCHASE DUAL RATE
6.75 and 3 per cent

Income tax rate per cent

Years	52	55	60	65	70	75	80	85	Years
1	0.4738	0.4450	0.3969	0.3484	0.2996	0.2505	0.2011	0.1513	1
2	0.9319	0.8770	0.7846	0.6910	0.5962	0.5001	0.4027	0.3041	2
3	1.3750	1.2964	1.1634	1.0278	0.8896	0.7486	0.6049	0.4582	3
4	1.8036	1.7035	1.5333	1.3588	1.1798	0.9960	0.8074	0.6137	4
5	2.2182	2.0987	1.8946	1.6840	1.4667	1.2422	1.0103	0.7705	5
6	2.6193	2.4823	2.2473	2.0034	1.7502	1.4871	1.2134	0.9286	6
7	3.0073	2.8547	2.5916	2.3171	2.0303	1.7305	1.4167	1.0879	7
8	3.3828	3.2162	2.9277	2.6250	2.3069	1.9724	1.6200	1.2483	8
9	3.7462	3.5671	3.2557	2.9271	2.5800	2.2127	1.8232	1.4097	9
10	4.0979	3.9077	3.5757	3.2236	2.8495	2.4512	2.0264	1.5722	10
11	4.4383	4.2383	3.8880	3.5144	3.1153	2.6880	2.2293	1.7357	11
12	4.7678	4.5593	4.1925	3.7996	3.3775	2.9229	2.4319	1.9000	12
13	5.0868	4.8709	4.4896	4.0792	3.6359	3.1558	2.6341	2.0651	13
14	5.3957	5.1733	4.7794	4.3532	3.8906	3.3867	2.8359	2.2310	14
15	5.6947	5.4669	5.0619	4.6217	4.1415	3.6155	3.0370	2.3976	15
16	5.9843	5.7519	5.3374	4.8848	4.3886	3.8422	3.2375	2.5648	16
17	6.2647	6.0285	5.6059	5.1424	4.6318	4.0665	3.4373	2.7326	17
18	6.5362	6.2971	5.8677	5.3947	4.8712	4.2886	3.6362	2.9008	18
19	6.7992	6.5577	6.1228	5.6418	5.1068	4.5083	3.8342	3.0694	19
20	7.0539	6.8108	6.3715	5.8835	5.3384	4.7255	4.0313	3.2383	20
21	7.3007	7.0564	6.6137	6.1201	5.5662	4.9403	4.2272	3.4075	21
22	7.5397	7.2948	6.8498	6.3516	5.7902	5.1525	4.4220	3.5769	22
23	7.7713	7.5263	7.0798	6.5781	6.0102	5.3621	4.6156	3.7463	23
24	7.9956	7.7509	7.3038	6.7996	6.2264	5.5692	4.8079	3.9158	24
25	8.2130	7.9690	7.5220	7.0161	6.4387	5.7735	4.9988	4.0852	25
26	8.4236	8.1807	7.7346	7.2278	6.6472	5.9751	5.1883	4.2546	26
27	8.6277	8.3862	7.9416	7.4348	6.8518	6.1740	5.3763	4.4237	27
28	8.8254	8.5856	8.1431	7.6370	7.0526	6.3701	5.5627	4.5925	28
29	9.0171	8.7792	8.3393	7.8346	7.2496	6.5635	5.7475	4.7610	29
30	9.2028	8.9672	8.5304	8.0277	7.4428	6.7539	5.9306	4.9291	30
31	9.3828	9.1496	8.7164	8.2162	7.6323	6.9416	6.1119	5.0967	31
32	9.5572	9.3267	8.8975	8.4004	7.8180	7.1264	6.2915	5.2637	32
33	9.7263	9.4986	9.0737	8.5802	8.0001	7.3083	6.4692	5.4301	33
34	9.8902	9.6655	9.2452	8.7557	8.1784	7.4873	6.6449	5.5957	34
35	10.0491	9.8274	9.4121	8.9271	8.3532	7.6634	6.8188	5.7606	35
36	10.2031	9.9846	9.5746	9.0944	8.5243	7.8366	6.9906	5.9247	36
37	10.3524	10.1373	9.7326	9.2576	8.6919	8.0069	7.1605	6.0878	37
38	10.4972	10.2854	9.8864	9.4168	8.8559	8.1743	7.3282	6.2500	38
39	10.6375	10.4292	10.0361	9.5722	9.0165	8.3388	7.4938	6.4112	39
40	10.7736	10.5688	10.1817	9.7237	9.1736	8.5003	7.6573	6.5712	40
41	10.9055	10.7043	10.3233	9.8715	9.3273	8.6590	7.8187	6.7301	41
42	11.0334	10.8358	10.4610	10.0157	9.4777	8.8148	7.9778	6.8878	42
43	11.1574	10.9634	10.5950	10.1562	9.6247	8.9677	8.1347	7.0442	43
44	11.2777	11.0874	10.7253	10.2932	9.7685	9.1177	8.2894	7.1993	44
45	11.3943	11.2076	10.8521	10.4268	9.9090	9.2649	8.4418	7.3530	45
46	11.5074	11.3244	10.9754	10.5570	10.0464	9.4093	8.5919	7.5053	46
47	11.6171	11.4377	11.0952	10.6839	10.1806	9.5508	8.7398	7.6562	47
48	11.7234	11.5478	11.2118	10.8075	10.3118	9.6896	8.8853	7.8055	48
49	11.8265	11.6545	11.3251	10.9280	10.4399	9.8255	9.0285	7.9533	49
50	11.9266	11.7582	11.4354	11.0454	10.5651	9.9588	9.1694	8.0995	50
55	12.3833	12.2326	11.9421	11.5882	11.1478	10.5846	9.8390	8.8052	55
60	12.7754	12.6415	12.3819	12.0634	11.6634	11.1460	10.4506	9.4663	60
70	13.4017	13.2974	13.0936	12.8405	12.5180	12.0927	11.5063	10.6460	70
80	13.8645	13.7844	13.6269	13.4296	13.1753	12.8350	12.3563	11.6332	80
100	14.4606	14.4146	14.3233	14.2076	14.0563	13.8498	13.5511	13.0810	100

YEARS' PURCHASE DUAL RATE
7 and 3 per cent

Income tax rate per cent

Years	No tax	25	30	35	40	42	45	50	Years
1	0.9526	0.7263	0.6801	0.6336	0.5868	0.5680	0.5397	0.4923	1
2	1.8127	1.4029	1.3178	1.2315	1.1442	1.1080	1.0557	0.9661	2
3	2.5927	2.0345	1.9166	1.7965	1.6741	1.6244	1.5493	1.4221	3
4	3.3031	2.6252	2.4798	2.3308	2.1782	2.1160	2.0217	1.8612	4
5	3.9525	3.1786	3.0102	2.8368	2.6582	2.5852	2.4740	2.2842	5
6	4.5481	3.6979	3.5104	3.3164	3.1155	3.0331	2.9074	2.6916	6
7	5.0962	4.1860	3.9827	3.7714	3.5516	3.4612	3.3227	3.0842	7
8	5.6021	4.6453	4.4292	4.2036	3.9677	3.8704	3.7210	3.4626	8
9	6.0701	5.0783	4.8518	4.6143	4.3650	4.2618	4.1031	3.8275	9
10	6.5043	5.4868	5.2521	5.0050	4.7446	4.6365	4.4698	4.1793	10
11	6.9079	5.8728	5.6317	5.3770	5.1075	4.9952	4.8218	4.5186	11
12	7.2840	6.2379	5.9920	5.7313	5.4545	5.3389	5.1600	4.8459	12
13	7.6351	6.5836	6.3343	6.0692	5.7866	5.6683	5.4848	5.1618	13
14	7.9635	6.9113	6.6598	6.3915	6.1046	5.9842	5.7971	5.4666	14
15	8.2712	7.2221	6.9696	6.6992	6.4092	6.2872	6.0973	5.7608	15
16	8.5600	7.5174	7.2646	6.9932	6.7012	6.5780	6.3860	6.0448	16
17	8.8314	7.7980	7.5457	7.2742	6.9811	6.8572	6.6638	6.3191	17
18	9.0868	8.0649	7.8138	7.5429	7.2496	7.1254	6.9311	6.5840	18
19	9.3276	8.3190	8.0697	7.8000	7.5072	7.3830	7.1884	6.8398	19
20	9.5548	8.5611	8.3140	8.0461	7.7546	7.6307	7.4362	7.0870	20
21	9.7695	8.7919	8.5475	8.2819	7.9922	7.8688	7.6748	7.3258	21
22	9.9726	9.0121	8.7708	8.5079	8.2204	8.0977	7.9047	7.5565	22
23	10.1649	9.2223	8.9843	8.7245	8.4397	8.3180	8.1263	7.7796	23
24	10.3471	9.4231	9.1887	8.9323	8.6506	8.5300	8.3398	7.9952	24
25	10.5201	9.6151	9.3844	9.1316	8.8534	8.7341	8.5457	8.2036	25
26	10.6843	9.7986	9.5719	9.3230	9.0485	8.9306	8.7442	8.4051	26
27	10.8404	9.9743	9.7516	9.5068	9.2362	9.1199	8.9357	8.5999	27
28	10.9889	10.1424	9.9240	9.6834	9.4170	9.3022	9.1204	8.7884	28
29	11.1303	10.3035	10.0893	9.8530	9.5910	9.4780	9.2987	8.9706	29
30	11.2650	10.4578	10.2480	10.0161	9.7585	9.6473	9.4707	9.1469	30
31	11.3934	10.6058	10.4003	10.1730	9.9200	9.8106	9.6367	9.3175	31
32	11.5160	10.7477	10.5467	10.3239	10.0755	9.9681	9.7970	9.4825	32
33	11.6329	10.8839	10.6873	10.4691	10.2255	10.1199	9.9518	9.6422	33
34	11.7447	11.0146	10.8224	10.6088	10.3700	10.2664	10.1013	9.7967	34
35	11.8515	11.1402	10.9523	10.7434	10.5094	10.4078	10.2457	9.9462	35
36	11.9536	11.2608	11.0773	10.8729	10.6438	10.5442	10.3852	10.0910	36
37	12.0514	11.3767	11.1975	10.9977	10.7735	10.6759	10.5200	10.2311	37
38	12.1450	11.4881	11.3132	11.1180	10.8986	10.8030	10.6502	10.3667	38
39	12.2346	11.5952	11.4246	11.2339	11.0193	10.9258	10.7761	10.4980	39
40	12.3205	11.6983	11.5319	11.3457	11.1359	11.0444	10.8978	10.6251	40
41	12.4028	11.7974	11.6352	11.4534	11.2484	11.1589	11.0154	10.7482	41
42	12.4818	11.8929	11.7347	11.5573	11.3570	11.2695	11.1291	10.8674	42
43	12.5576	11.9848	11.8306	11.6576	11.4620	11.3764	11.2391	10.9828	43
44	12.6304	12.0733	11.9231	11.7543	11.5633	11.4797	11.3454	11.0946	44
45	12.7003	12.1586	12.0122	11.8476	11.6612	11.5795	11.4483	11.2029	45
46	12.7674	12.2407	12.0981	11.9377	11.7558	11.6760	11.5478	11.3078	46
47	12.8319	12.3199	12.1810	12.0246	11.8472	11.7693	11.6441	11.4094	47
48	12.8939	12.3962	12.2610	12.1086	11.9355	11.8595	11.7372	11.5078	48
49	12.9536	12.4698	12.3382	12.1897	12.0209	11.9467	11.8274	11.6032	49
50	13.0109	12.5408	12.4126	12.2680	12.1034	12.0311	11.9146	11.6956	50
55	13.2671	12.8600	12.7482	12.6216	12.4770	12.4133	12.3104	12.1162	55
60	13.4799	13.1278	13.0305	12.9201	12.7935	12.7376	12.6472	12.4759	60
70	13.8067	13.5440	13.4708	13.3873	13.2911	13.2485	13.1793	13.0475	70
80	14.0384	13.8429	13.7881	13.7253	13.6528	13.6205	13.5680	13.4678	80
100	14.3255	14.2174	14.1869	14.1517	14.1110	14.0928	14.0632	14.0062	100

YEARS' PURCHASE DUAL RATE
7 and 3 per cent

Income tax rate per cent

Years	52	55	60	65	70	75	80	85	Years
1	0.4732	0.4446	0.3965	0.3481	0.2994	0.2504	0.2010	0.1512	1
2	0.9299	0.8752	0.7832	0.6899	0.5953	0.4995	0.4023	0.3038	2
3	1.3705	1.2924	1.1602	1.0253	0.8877	0.7473	0.6040	0.4577	3
4	1.7959	1.6966	1.5278	1.3544	1.1765	0.9937	0.8059	0.6128	4
5	2.2065	2.0883	1.8861	1.6773	1.4616	1.2386	1.0079	0.7691	5
6	2.6031	2.4677	2.2354	1.9939	1.7430	1.4818	1.2099	0.9266	6
7	2.9860	2.8355	2.5758	2.3044	2.0206	1.7234	1.4119	1.0851	7
8	3.3558	3.1918	2.9075	2.6087	2.2944	1.9632	1.6138	1.2446	8
9	3.7132	3.5371	3.2307	2.9069	2.5643	2.2011	1.8154	1.4050	9
10	4.0584	3.8717	3.5456	3.1991	2.8303	2.4370	2.0167	1.5664	10
11	4.3920	4.1961	3.8524	3.4853	3.0924	2.6709	2.2176	1.7285	11
12	4.7144	4.5104	4.1512	3.7656	3.3506	2.9027	2.4179	1.8914	12
13	5.0261	4.8151	4.4422	4.0400	3.6048	3.1323	2.6177	2.0550	13
14	5.3274	5.1105	4.7257	4.3086	3.8549	3.3597	2.8169	2.2193	14
15	5.6187	5.3968	5.0017	4.5715	4.1011	3.5847	3.0153	2.3840	15
16	5.9004	5.6743	5.2705	4.8287	4.3433	3.8074	3.2128	2.5493	16
17	6.1728	5.9434	5.5322	5.0803	4.5814	4.0276	3.4094	2.7149	17
18	6.4362	6.2042	5.7870	5.3264	4.8155	4.2453	3.6051	2.8809	18
19	6.6911	6.4571	6.0350	5.5671	5.0455	4.4605	3.7996	3.0472	19
20	6.9377	6.7023	6.2764	5.8024	5.2716	4.6730	3.9930	3.2136	20
21	7.1762	6.9400	6.5114	6.0324	5.4936	4.8830	4.1852	3.3801	21
22	7.4070	7.1705	6.7401	6.2572	5.7116	5.0902	4.3760	3.5467	22
23	7.6304	7.3940	6.9627	6.4768	5.9256	5.2947	4.5655	3.7133	23
24	7.8465	7.6107	7.1792	6.6914	6.1356	5.4964	4.7536	3.8797	24
25	8.0558	7.8209	7.3899	6.9011	6.3417	5.6954	4.9401	4.0460	25
26	8.2583	8.0247	7.5950	7.1058	6.5438	5.8915	5.1251	4.2120	26
27	8.4543	8.2223	7.7945	7.3057	6.7420	6.0847	5.3085	4.3777	27
28	8.6441	8.4139	7.9885	7.5009	6.9363	6.2751	5.4901	4.5429	28
29	8.8279	8.5998	8.1773	7.6914	7.1268	6.4627	5.6700	4.7077	29
30	9.0058	8.7801	8.3609	7.8774	7.3135	6.6473	5.8482	4.8720	30
31	9.1781	8.9549	8.5395	8.0589	7.4963	6.8289	6.0244	5.0357	31
32	9.3450	9.1245	8.7132	8.2360	7.6754	7.0077	6.1988	5.1987	32
33	9.5066	9.2889	8.8822	8.4087	7.8508	7.1835	6.3712	5.3609	33
34	9.6631	9.4484	9.0465	8.5773	8.0225	7.3564	6.5416	5.5223	34
35	9.8147	9.6031	9.2062	8.7417	8.1906	7.5263	6.7101	5.6828	35
36	9.9616	9.7532	9.3616	8.9020	8.3551	7.6933	6.8764	5.8424	36
37	10.1039	9.8988	9.5126	9.0583	8.5160	7.8574	7.0406	6.0010	37
38	10.2417	10.0400	9.6595	9.2107	8.6734	8.0185	7.2028	6.1585	38
39	10.3753	10.1770	9.8023	9.3593	8.8273	8.1767	7.3627	6.3149	39
40	10.5046	10.3098	9.9411	9.5041	8.9779	8.3320	7.5205	6.4702	40
41	10.6300	10.4387	10.0761	9.6453	9.1250	8.4844	7.6760	6.6242	41
42	10.7515	10.5638	10.2073	9.7828	9.2689	8.6339	7.8294	6.7769	42
43	10.8692	10.6851	10.3348	9.9169	9.4095	8.7806	7.9804	6.9282	43
44	10.9833	10.8027	10.4588	10.0475	9.5469	8.9244	8.1292	7.0782	44
45	11.0939	10.9169	10.5793	10.1747	9.6811	9.0653	8.2758	7.2268	45
46	11.2011	11.0276	10.6964	10.2986	9.8121	9.2035	8.4200	7.3738	46
47	11.3050	11.1351	10.8102	10.4193	9.9401	9.3388	8.5619	7.5194	47
48	11.4056	11.2393	10.9208	10.5369	10.0651	9.4715	8.7016	7.6634	48
49	11.5032	11.3405	11.0283	10.6514	10.1872	9.6013	8.8389	7.8058	49
50	11.5979	11.4386	11.1328	10.7629	10.3063	9.7285	8.9739	7.9465	50
55	12.0293	11.8871	11.6126	11.2777	10.8601	10.3249	9.6142	8.6247	55
60	12.3990	12.2728	12.0280	11.7272	11.3489	10.8584	10.1974	9.2580	60
70	12.9880	12.8900	12.6984	12.4603	12.1563	11.7549	11.2001	10.3833	70
80	13.4223	13.3472	13.1995	13.0143	12.7753	12.4551	12.0038	11.3202	80
100	13.9802	13.9371	13.8518	13.7436	13.6020	13.4085	13.1284	12.6866	100

YEARS' PURCHASE DUAL RATE
7.25 and 3 per cent
Income tax rate per cent

Years	No tax	25	30	35	40	42	45	50	Years
1	0.9505	0.7250	0.6790	0.6327	0.5860	0.5673	0.5390	0.4917	1
2	1.8049	1.3982	1.3136	1.2279	1.1411	1.1060	1.0531	0.9639	2
3	2.5769	2.0247	1.9079	1.7888	1.6674	1.6182	1.5436	1.4173	3
4	3.2774	2.6089	2.4653	2.3180	2.1670	2.1055	2.0120	1.8530	4
5	3.9158	3.1548	2.9889	2.8178	2.6415	2.5694	2.4596	2.2718	5
6	4.4996	3.6658	3.4814	3.2905	3.0927	3.0115	2.8875	2.6745	6
7	5.0354	4.1448	3.9455	3.7380	3.5219	3.4330	3.2967	3.0618	7
8	5.5286	4.5947	4.3832	4.1621	3.9307	3.8352	3.6885	3.4344	8
9	5.9840	5.0178	4.7966	4.5643	4.3203	4.2192	4.0636	3.7930	9
10	6.4054	5.4163	5.1874	4.9463	4.6918	4.5860	4.4229	4.1383	10
11	6.7966	5.7921	5.5574	5.3092	5.0463	4.9367	4.7673	4.4707	11
12	7.1603	6.1469	5.9080	5.6545	5.3848	5.2721	5.0976	4.7909	12
13	7.4993	6.4824	6.2406	5.9831	5.7083	5.5931	5.4144	5.0993	13
14	7.8159	6.7998	6.5563	6.2961	6.0175	5.9004	5.7184	5.3966	14
15	8.1121	7.1005	6.8562	6.5945	6.3132	6.1948	6.0103	5.6831	15
16	8.3896	7.3857	7.1415	6.8791	6.5963	6.4770	6.2907	5.9594	16
17	8.6502	7.6563	7.4130	7.1508	6.8674	6.7475	6.5601	6.2258	17
18	8.8951	7.9135	7.6716	7.4103	7.1270	7.0069	6.8190	6.4827	18
19	9.1257	8.1580	7.9181	7.6583	7.3759	7.2560	7.0679	6.7306	19
20	9.3431	8.3907	8.1532	7.8954	7.6145	7.4950	7.3073	6.9698	20
21	9.5482	8.6123	8.3777	8.1223	7.8435	7.7246	7.5376	7.2007	21
22	9.7421	8.8235	8.5920	8.3396	8.0632	7.9451	7.7592	7.4235	22
23	9.9255	9.0249	8.7968	8.5476	8.2741	8.1571	7.9726	7.6386	23
24	10.0993	9.2171	8.9927	8.7469	8.4767	8.3609	8.1781	7.8464	24
25	10.2639	9.4006	9.1800	8.9380	8.6713	8.5568	8.3759	8.0470	25
26	10.4202	9.5760	9.3594	9.1213	8.8584	8.7454	8.5666	8.2408	26
27	10.5687	9.7437	9.5312	9.2971	9.0382	8.9268	8.7502	8.4280	27
28	10.7098	9.9041	9.6957	9.4659	9.2112	9.1014	8.9273	8.6089	28
29	10.8440	10.0576	9.8535	9.6280	9.3776	9.2696	9.0980	8.7837	29
30	10.9718	10.2047	10.0048	9.7837	9.5378	9.4315	9.2626	8.9527	30
31	11.0936	10.3455	10.1499	9.9333	9.6919	9.5875	9.4214	9.1160	31
32	11.2097	10.4805	10.2893	10.0771	9.8404	9.7378	9.5745	9.2739	32
33	11.3206	10.6100	10.4230	10.2154	9.9833	9.8827	9.7223	9.4266	33
34	11.4263	10.7342	10.5515	10.3484	10.1210	10.0223	9.8649	9.5742	34
35	11.5274	10.8534	10.6750	10.4764	10.2538	10.1570	10.0026	9.7170	35
36	11.6240	10.9678	10.7937	10.5995	10.3817	10.2869	10.1355	9.8551	36
37	11.7164	11.0777	10.9078	10.7181	10.5050	10.4122	10.2638	9.9886	37
38	11.8049	11.1833	11.0176	10.8323	10.6239	10.5331	10.3878	10.1179	38
39	11.8895	11.2848	11.1232	10.9423	10.7386	10.6498	10.5075	10.2429	39
40	11.9706	11.3824	11.2248	11.0483	10.8493	10.7624	10.6231	10.3639	40
41	12.0484	11.4763	11.3227	11.1505	10.9561	10.8711	10.7349	10.4810	41
42	12.1229	11.5666	11.4169	11.2489	11.0591	10.9761	10.8429	10.5943	42
43	12.1944	11.6535	11.5077	11.3439	11.1586	11.0775	10.9472	10.7040	43
44	12.2630	11.7372	11.5951	11.4354	11.2546	11.1754	11.0481	10.8101	44
45	12.3288	11.8177	11.6794	11.5237	11.3473	11.2700	11.1456	10.9129	45
46	12.3921	11.8953	11.7606	11.6089	11.4368	11.3613	11.2399	11.0124	46
47	12.4528	11.9701	11.8389	11.6912	11.5233	11.4497	11.3311	11.1087	47
48	12.5112	12.0421	11.9145	11.7705	11.6069	11.5350	11.4193	11.2020	48
49	12.5674	12.1115	11.9873	11.8471	11.6876	11.6175	11.5046	11.2924	49
50	12.6214	12.1785	12.0576	11.9211	11.7656	11.6973	11.5871	11.3798	50
55	12.8623	12.4793	12.3740	12.2547	12.1184	12.0582	11.9611	11.7777	55
60	13.0622	12.7313	12.6398	12.5359	12.4167	12.3640	12.2788	12.1173	60
70	13.3689	13.1224	13.0537	12.9752	12.8849	12.8448	12.7798	12.6558	70
80	13.5860	13.4028	13.3514	13.2925	13.2245	13.1942	13.1450	13.0508	80
100	13.8547	13.7536	13.7250	13.6921	13.6540	13.6369	13.6092	13.5558	100

YEARS' PURCHASE DUAL RATE
7.25 and 3 per cent

Income tax rate per cent

Years	52	55	60	65	70	75	80	85	Years
1	0.4727	0.4441	0.3961	0.3478	0.2992	0.2502	0.2009	0.1512	1
2	0.9278	0.8734	0.7817	0.6888	0.5945	0.4989	0.4019	0.3036	2
3	1.3661	1.2885	1.1570	1.0228	0.8858	0.7460	0.6031	0.4572	3
4	1.7883	1.6898	1.5223	1.3501	1.1732	0.9914	0.8043	0.6119	4
5	2.1951	2.0780	1.8777	1.6707	1.4565	1.2349	1.0055	0.7677	5
6	2.5871	2.4534	2.2236	1.9846	1.7358	1.4766	1.2065	0.9245	6
7	2.9650	2.8165	2.5601	2.2919	2.0109	1.7164	1.4072	1.0823	7
8	3.3293	3.1678	2.8876	2.5927	2.2819	1.9541	1.6076	1.2409	8
9	3.6807	3.5077	3.2061	2.8870	2.5488	2.1896	1.8076	1.4004	9
10	4.0197	3.8365	3.5160	3.1750	2.8115	2.4230	2.0071	1.5606	10
11	4.3467	4.1547	3.8175	3.4567	3.0699	2.6541	2.2060	1.7215	11
12	4.6623	4.4627	4.1107	3.7322	3.3242	2.8829	2.4042	1.8830	12
13	4.9669	4.7608	4.3959	4.0016	3.5742	3.1092	2.6016	2.0451	13
14	5.2609	5.0493	4.6733	4.2650	3.8200	3.3331	2.7982	2.2076	14
15	5.5448	5.3286	4.9431	4.5224	4.0616	3.5545	2.9938	2.3706	15
16	5.8189	5.5990	5.2054	4.7740	4.2990	3.7733	3.1885	2.5340	16
17	6.0837	5.8608	5.4606	5.0198	4.5321	3.9895	3.3821	2.6976	17
18	6.3395	6.1142	5.7086	5.2600	4.7611	4.2030	3.5745	2.8614	18
19	6.5866	6.3597	5.9498	5.4946	4.9859	4.4138	3.7657	3.0253	19
20	6.8253	6.5974	6.1844	5.7236	5.2065	4.6218	3.9555	3.1893	20
21	7.0561	6.8276	6.4124	5.9473	5.4229	4.8270	4.1440	3.3532	21
22	7.2791	7.0506	6.6340	6.1657	5.6352	5.0295	4.3311	3.5171	22
23	7.4947	7.2666	6.8495	6.3788	5.8434	5.2290	4.5166	3.6808	23
24	7.7032	7.4758	7.0590	6.5869	6.0476	5.4257	4.7006	3.8443	24
25	7.9047	7.6784	7.2626	6.7899	6.2477	5.6194	4.8829	4.0075	25
26	8.0996	7.8748	7.4606	6.9880	6.4438	5.8103	5.0636	4.1703	26
27	8.2881	8.0650	7.6530	7.1812	6.6359	5.9982	5.2425	4.3327	27
28	8.4704	8.2493	7.8399	7.3698	6.8241	6.1831	5.4196	4.4945	28
29	8.6468	8.4279	8.0217	7.5536	7.0083	6.3651	5.5948	4.6558	29
30	8.8175	8.6009	8.1983	7.7329	7.1887	6.5441	5.7681	4.8164	30
31	8.9826	8.7686	8.3700	7.9077	7.3653	6.7201	5.9395	4.9762	31
32	9.1423	8.9312	8.5368	8.0781	7.5382	6.8931	6.1090	5.1353	32
33	9.2969	9.0887	8.6989	8.2443	7.7073	7.0632	6.2764	5.2936	33
34	9.4466	9.2413	8.8564	8.4062	7.8727	7.2302	6.4417	5.4509	34
35	9.5914	9.3893	9.0095	8.5641	8.0345	7.3943	6.6049	5.6072	35
36	9.7316	9.5327	9.1582	8.7179	8.1927	7.5554	6.7660	5.7626	36
37	9.8674	9.6717	9.3027	8.8677	8.3473	7.7136	6.9250	5.9168	37
38	9.9988	9.8064	9.4431	9.0138	8.4985	7.8688	7.0818	6.0699	38
39	10.1260	9.9371	9.5795	9.1560	8.6463	8.0211	7.2363	6.2217	39
40	10.2492	10.0637	9.7121	9.2946	8.7907	8.1705	7.3887	6.3724	40
41	10.3686	10.1865	9.8409	9.4295	8.9317	8.3170	7.5388	6.5217	41
42	10.4841	10.3055	9.9660	9.5609	9.0695	8.4606	7.6866	6.6696	42
43	10.5960	10.4209	10.0875	9.6889	9.2040	8.6014	7.8322	6.8162	43
44	10.7044	10.5328	10.2056	9.8136	9.3354	8.7393	7.9755	6.9613	44
45	10.8094	10.6413	10.3203	9.9349	9.4637	8.8745	8.1164	7.1050	45
46	10.9112	10.7465	10.4317	10.0530	9.5889	9.0068	8.2551	7.2471	46
47	11.0097	10.8485	10.5399	10.1680	9.7112	9.1364	8.3915	7.3876	47
48	11.1052	10.9475	10.6451	10.2800	9.8304	9.2633	8.5256	7.5265	48
49	11.1977	11.0434	10.7472	10.3889	9.9468	9.3875	8.6574	7.6639	49
50	11.2873	11.1364	10.8464	10.4950	10.0604	9.5091	8.7868	7.7995	50
55	11.6955	11.5611	11.3012	10.9838	10.5874	10.0781	9.3998	8.4518	55
60	12.0447	11.9256	11.6943	11.4098	11.0514	10.5858	9.9565	9.0591	60
70	12.5998	12.5076	12.3271	12.1026	11.8156	11.4360	10.9102	10.1337	70
80	13.0081	12.9376	12.7987	12.6245	12.3995	12.0977	11.6715	11.0242	80
100	13.5315	13.4911	13.4111	13.3097	13.1768	12.9951	12.7319	12.3160	100

YEARS' PURCHASE DUAL RATE
7.5 and 3 per cent
Income tax rate per cent

Years	No tax	25	30	35	40	42	45	50	Years
1	0.9483	0.7238	0.6779	0.6317	0.5852	0.5665	0.5383	0.4912	1
2	1.7972	1.3936	1.3096	1.2244	1.1380	1.1031	1.0505	0.9617	2
3	2.5612	2.0151	1.8993	1.7813	1.6609	1.6120	1.5380	1.4126	3
4	3.2522	2.5929	2.4510	2.3053	2.1559	2.0950	2.0025	1.8450	4
5	3.8798	3.1314	2.9679	2.7992	2.6251	2.5539	2.4453	2.2597	5
6	4.4522	3.6342	3.4530	3.2651	3.0702	2.9902	2.8679	2.6577	6
7	4.9760	4.1045	3.9089	3.7052	3.4928	3.4053	3.2712	3.0398	7
8	5.4572	4.5453	4.3382	4.1215	3.8945	3.8007	3.6565	3.4067	8
9	5.9004	4.9589	4.7427	4.5155	4.2766	4.1775	4.0248	3.7593	9
10	6.3097	5.3477	5.1245	4.8890	4.6403	4.5368	4.3771	4.0981	10
11	6.6889	5.7137	5.4853	5.2433	4.9867	4.8797	4.7141	4.4238	11
12	7.0409	6.0587	5.8265	5.5798	5.3170	5.2071	5.0368	4.7371	12
13	7.3685	6.3844	6.1497	5.8995	5.6321	5.5200	5.3458	5.0385	13
14	7.6739	6.6920	6.4560	6.2036	5.9329	5.8191	5.6420	5.3285	14
15	7.9592	6.9831	6.7467	6.4931	6.2203	6.1053	5.9260	5.6077	15
16	8.2262	7.2587	7.0227	6.7688	6.4949	6.3791	6.1984	5.8765	16
17	8.4766	7.5200	7.2851	7.0317	6.7575	6.6414	6.4597	6.1353	17
18	8.7116	7.7679	7.5348	7.2825	7.0087	6.8926	6.7106	6.3847	18
19	8.9327	8.0034	7.7724	7.5219	7.2493	7.1334	6.9515	6.6250	19
20	9.1408	8.2272	7.9988	7.7505	7.4797	7.3643	7.1830	6.8566	20
21	9.3371	8.4402	8.2147	7.9691	7.7004	7.5858	7.4054	7.0799	21
22	9.5225	8.6429	8.4207	8.1781	7.9121	7.7984	7.6193	7.2952	22
23	9.6976	8.8361	8.6173	8.3780	8.1151	8.0025	7.8249	7.5029	23
24	9.8634	9.0202	8.8052	8.5694	8.3099	8.1986	8.0227	7.7032	24
25	10.0204	9.1960	8.9847	8.7528	8.4968	8.3869	8.2130	7.8965	25
26	10.1693	9.3637	9.1565	8.9285	8.6764	8.5679	8.3962	8.0831	26
27	10.3106	9.5240	9.3208	9.0969	8.8489	8.7420	8.5726	8.2631	27
28	10.4449	9.6772	9.4781	9.2584	9.0146	8.9094	8.7425	8.4369	28
29	10.5725	9.8237	9.6288	9.4134	9.1739	9.0705	8.9061	8.6048	29
30	10.6940	9.9639	9.7733	9.5622	9.3271	9.2255	9.0638	8.7668	30
31	10.8097	10.0981	9.9117	9.7050	9.4745	9.3747	9.2158	8.9234	31
32	10.9199	10.2267	10.0445	9.8422	9.6163	9.5183	9.3623	9.0746	32
33	11.0250	10.3499	10.1720	9.9741	9.7528	9.6567	9.5035	9.2208	33
34	11.1253	10.4681	10.2943	10.1009	9.8842	9.7900	9.6398	9.3620	34
35	11.2211	10.5814	10.4118	10.2228	10.0107	9.9185	9.7712	9.4984	35
36	11.3127	10.6902	10.5247	10.3400	10.1326	10.0423	9.8980	9.6303	36
37	11.4002	10.7946	10.6332	10.4529	10.2501	10.1617	10.0203	9.7578	37
38	11.4839	10.8948	10.7375	10.5614	10.3633	10.2768	10.1384	9.8811	38
39	11.5640	10.9911	10.8377	10.6660	10.4724	10.3878	10.2524	10.0004	39
40	11.6407	11.0837	10.9342	10.7667	10.5776	10.4949	10.3625	10.1157	40
41	11.7142	11.1727	11.0270	10.8636	10.6790	10.5983	10.4688	10.2272	41
42	11.7846	11.2583	11.1164	10.9571	10.7769	10.6980	10.5715	10.3350	42
43	11.8522	11.3406	11.2024	11.0471	10.8713	10.7943	10.6706	10.4394	43
44	11.9170	11.4198	11.2853	11.1339	10.9625	10.8873	10.7665	10.5403	44
45	11.9791	11.4960	11.3651	11.2176	11.0504	10.9770	10.8591	10.6380	45
46	12.0388	11.5695	11.4420	11.2984	11.1353	11.0637	10.9485	10.7325	46
47	12.0962	11.6402	11.5161	11.3762	11.2173	11.1474	11.0350	10.8240	47
48	12.1513	11.7083	11.5876	11.4514	11.2964	11.2283	11.1187	10.9126	48
49	12.2042	11.7739	11.6565	11.5238	11.3729	11.3065	11.1995	10.9983	49
50	12.2551	11.8371	11.7229	11.5938	11.4467	11.3820	11.2777	11.0813	50
55	12.4822	12.1211	12.0217	11.9091	11.7803	11.7235	11.6317	11.4582	55
60	12.6704	12.3587	12.2725	12.1745	12.0621	12.0124	11.9319	11.7793	60
70	12.9586	12.7270	12.6623	12.5885	12.5034	12.4657	12.4044	12.2876	70
80	13.1626	12.9905	12.9422	12.8869	12.8229	12.7945	12.7482	12.6596	80
100	13.4146	13.3198	13.2930	13.2621	13.2264	13.2104	13.1843	13.1342	100

YEARS' PURCHASE DUAL RATE
7.5 and 3 per cent
Income tax rate per cent

Years	52	55	60	65	70	75	80	85	Years
1	0.4722	0.4436	0.3958	0.3475	0.2990	0.2501	0.2008	0.1511	1
2	0.9258	0.8716	0.7803	0.6876	0.5937	0.4983	0.4016	0.3034	2
3	1.3617	1.2846	1.1539	1.0204	0.8840	0.7447	0.6023	0.4567	3
4	1.7807	1.6831	1.5168	1.3458	1.1700	0.9890	0.8028	0.6111	4
5	2.1837	2.0678	1.8694	1.6641	1.4515	1.2313	1.0031	0.7663	5
6	2.5713	2.4392	2.2119	1.9753	1.7287	1.4715	1.2030	0.9225	6
7	2.9443	2.7978	2.5447	2.2795	2.0014	1.7094	1.4025	1.0795	7
8	3.3033	3.1442	2.8679	2.5768	2.2697	1.9451	1.6015	1.2373	8
9	3.6489	3.4788	3.1820	2.8674	2.5335	2.1784	1.7999	1.3957	9
10	3.9818	3.8020	3.4870	3.1513	2.7929	2.4092	1.9976	1.5548	10
11	4.3024	4.1142	3.7833	3.4287	3.0478	2.6375	2.1945	1.7145	11
12	4.6114	4.4160	4.0711	3.6995	3.2982	2.8633	2.3905	1.8746	12
13	4.9091	4.7077	4.3506	3.9641	3.5442	3.0865	2.5857	2.0352	13
14	5.1962	4.9896	4.6222	4.2224	3.7858	3.3070	2.7798	2.1962	14
15	5.4729	5.2622	4.8859	4.4745	4.0229	3.5249	2.9728	2.3574	15
16	5.7398	5.5257	5.1421	4.7207	4.2557	3.7399	3.1646	2.5188	16
17	5.9973	5.7805	5.3909	4.9609	4.4840	3.9522	3.3552	2.6804	17
18	6.2457	6.0270	5.6325	5.1953	4.7080	4.1616	3.5445	2.8421	18
19	6.4854	6.2653	5.8672	5.4240	4.9277	4.3681	3.7324	3.0038	19
20	6.7168	6.4959	6.0951	5.6471	5.1431	4.5718	3.9188	3.1654	20
21	6.9401	6.7190	6.3165	5.8647	5.3542	4.7725	4.1038	3.3268	21
22	7.1558	6.9348	6.5314	6.0770	5.5610	4.9703	4.2871	3.4881	22
23	7.3640	7.1436	6.7402	6.2839	5.7637	5.1651	4.4688	3.6490	23
24	7.5652	7.3457	6.9430	6.4857	5.9622	5.3569	4.6488	3.8096	24
25	7.7595	7.5413	7.1399	6.6825	6.1566	5.5456	4.8271	3.9698	25
26	7.9472	7.7306	7.3311	6.8743	6.3469	5.7314	5.0036	4.1295	26
27	8.1286	7.9139	7.5167	7.0612	6.5332	5.9142	5.1782	4.2887	27
28	8.3039	8.0913	7.6971	7.2434	6.7156	6.0939	5.3509	4.4472	28
29	8.4733	8.2630	7.8722	7.4209	6.8939	6.2706	5.5216	4.6050	29
30	8.6371	8.4293	8.0422	7.5938	7.0684	6.4442	5.6904	4.7620	30
31	8.7955	8.5903	8.2073	7.7624	7.2391	6.6148	5.8572	4.9183	31
32	8.9486	8.7462	8.3676	7.9265	7.4060	6.7824	6.0219	5.0736	32
33	9.0967	8.8972	8.5233	8.0864	7.5691	6.9470	6.1844	5.2280	33
34	9.2399	9.0434	8.6745	8.2422	7.7286	7.1085	6.3449	5.3814	34
35	9.3784	9.1851	8.8213	8.3939	7.8845	7.2671	6.5032	5.5338	35
36	9.5124	9.3223	8.9638	8.5416	8.0368	7.4227	6.6593	5.6850	36
37	9.6421	9.4552	9.1022	8.6854	8.1856	7.5753	6.8133	5.8350	37
38	9.7675	9.5839	9.2366	8.8254	8.3309	7.7249	6.9650	5.9839	38
39	9.8889	9.7086	9.3671	8.9617	8.4728	7.8716	7.1144	6.1314	39
40	10.0064	9.8295	9.4938	9.0944	8.6114	8.0155	7.2616	6.2776	40
41	10.1201	9.9466	9.6168	9.2236	8.7467	8.1564	7.4066	6.4225	41
42	10.2302	10.0600	9.7362	9.3493	8.8788	8.2945	7.5492	6.5660	42
43	10.3367	10.1700	9.8522	9.4716	9.0077	8.4297	7.6896	6.7079	43
44	10.4398	10.2765	9.9648	9.5907	9.1335	8.5622	7.8276	6.8484	44
45	10.5397	10.3798	10.0741	9.7066	9.2563	8.6918	7.9634	6.9874	45
46	10.6364	10.4799	10.1802	9.8193	9.3761	8.8188	8.0969	7.1248	46
47	10.7300	10.5768	10.2833	9.9290	9.4929	8.9430	8.2280	7.2606	47
48	10.8207	10.6708	10.3833	10.0357	9.6068	9.0645	8.3569	7.3948	48
49	10.9085	10.7620	10.4805	10.1395	9.7179	9.1834	8.4835	7.5273	49
50	10.9935	10.8503	10.5748	10.2405	9.8263	9.2997	8.6077	7.6581	50
55	11.3804	11.2530	11.0067	10.7054	10.3284	9.8432	9.1952	8.2860	55
60	11.7107	11.5981	11.3792	11.1097	10.7696	10.3269	9.7272	8.8688	60
70	12.2348	12.1478	11.9775	11.7654	11.4940	11.1345	10.6355	9.8962	70
80	12.6194	12.5530	12.4223	12.2581	12.0459	11.7608	11.3576	10.7437	80
100	13.1114	13.0735	12.9984	12.9031	12.7781	12.6072	12.3593	11.9670	100

YEARS' PURCHASE DUAL RATE
8 and 3 per cent

Income tax rate per cent

Years	No tax	25	30	35	40	42	45	50	Years
1	0.9441	0.7213	0.6757	0.6298	0.5836	0.5650	0.5370	0.4900	1
2	1.7821	1.3845	1.3015	1.2173	1.1319	1.0974	1.0453	0.9573	2
3	2.5306	1.9961	1.8824	1.7664	1.6479	1.5998	1.5269	1.4032	3
4	3.2030	2.5616	2.4229	2.2805	2.1342	2.0745	1.9837	1.8290	4
5	3.8100	3.0858	2.9268	2.7626	2.5929	2.5234	2.4174	2.2358	5
6	4.3605	3.5729	3.3976	3.2155	3.0263	2.9485	2.8295	2.6247	6
7	4.8618	4.0265	3.8381	3.6415	3.4361	3.3514	3.2214	2.9968	7
8	5.3200	4.4497	4.2511	4.0428	3.8242	3.7337	3.5945	3.3528	8
9	5.7404	4.8454	4.6388	4.4213	4.1919	4.0966	3.9497	3.6937	9
10	6.1272	5.2160	5.0034	4.7787	4.5407	4.4416	4.2884	4.0203	10
11	6.4841	5.5636	5.3467	5.1166	4.8720	4.7698	4.6114	4.3333	11
12	6.8143	5.8902	5.6705	5.4365	5.1868	5.0821	4.9197	4.6335	12
13	7.1207	6.1975	5.9761	5.7396	5.4862	5.3798	5.2142	4.9214	13
14	7.4055	6.4870	6.2650	6.0270	5.7712	5.6635	5.4956	5.1977	14
15	7.6708	6.7601	6.5384	6.2999	6.0427	5.9342	5.7647	5.4630	15
16	7.9186	7.0181	6.7973	6.5591	6.3016	6.1926	6.0221	5.7178	16
17	8.1503	7.2621	7.0428	6.8057	6.5485	6.4394	6.2685	5.9626	17
18	8.3674	7.4931	7.2758	7.0403	6.7842	6.6753	6.5045	6.1978	18
19	8.5711	7.7119	7.4972	7.2638	7.0093	6.9009	6.7306	6.4240	19
20	8.7626	7.9195	7.7077	7.4769	7.2245	7.1168	6.9473	6.6416	20
21	8.9428	8.1166	7.9079	7.6800	7.4302	7.3234	7.1552	6.8509	21
22	9.1126	8.3039	8.0986	7.8739	7.6271	7.5214	7.3546	7.0523	22
23	9.2729	8.4821	8.2803	8.0591	7.8156	7.7111	7.5460	7.2461	23
24	9.4244	8.6517	8.4536	8.2361	7.9961	7.8929	7.7298	7.4328	24
25	9.5676	8.8132	8.6190	8.4053	8.1690	8.0674	7.9064	7.6126	25
26	9.7033	8.9672	8.7769	8.5672	8.3348	8.2347	8.0760	7.7858	26
27	9.8319	9.1140	8.9278	8.7221	8.4939	8.3954	8.2391	7.9527	27
28	9.9539	9.2542	9.0720	8.8705	8.6465	8.5497	8.3958	8.1136	28
29	10.0697	9.3881	9.2100	9.0127	8.7929	8.6979	8.5467	8.2687	29
30	10.1799	9.5161	9.3421	9.1490	8.9336	8.8403	8.6917	8.4183	30
31	10.2846	9.6385	9.4685	9.2797	9.0687	8.9772	8.8314	8.5625	31
32	10.3844	9.7555	9.5896	9.4051	9.1985	9.1089	8.9658	8.7017	32
33	10.4794	9.8676	9.7057	9.5254	9.3233	9.2355	9.0953	8.8360	33
34	10.5700	9.9749	9.8170	9.6410	9.4433	9.3574	9.2200	8.9655	34
35	10.6564	10.0778	9.9238	9.7519	9.5588	9.4747	9.3401	9.0906	35
36	10.7389	10.1764	10.0263	9.8586	9.6699	9.5876	9.4559	9.2114	36
37	10.8177	10.2709	10.1247	9.9611	9.7768	9.6963	9.5675	9.3280	37
38	10.8931	10.3617	10.2192	10.0597	9.8797	9.8011	9.6751	9.4406	38
39	10.9651	10.4487	10.3100	10.1545	9.9788	9.9020	9.7789	9.5493	39
40	11.0341	10.5324	10.3973	10.2457	10.0743	9.9993	9.8790	9.6544	40
41	11.1001	10.6127	10.4812	10.3335	10.1663	10.0931	9.9756	9.7559	41
42	11.1633	10.6899	10.5619	10.4180	10.2550	10.1835	10.0687	9.8540	42
43	11.2239	10.7641	10.6395	10.4993	10.3404	10.2707	10.1587	9.9489	43
44	11.2820	10.8354	10.7142	10.5777	10.4228	10.3548	10.2455	10.0405	44
45	11.3377	10.9040	10.7861	10.6532	10.5023	10.4360	10.3293	10.1291	45
46	11.3912	10.9700	10.8554	10.7260	10.5789	10.5143	10.4102	10.2148	46
47	11.4425	11.0336	10.9221	10.7962	10.6529	10.5899	10.4884	10.2976	47
48	11.4918	11.0948	10.9863	10.8638	10.7243	10.6629	10.5639	10.3777	48
49	11.5391	11.1537	11.0482	10.9290	10.7932	10.7333	10.6369	10.4552	49
50	11.5846	11.2104	11.1079	10.9919	10.8597	10.8014	10.7074	10.5302	50
55	11.7873	11.4648	11.3759	11.2749	11.1595	11.1084	11.0260	10.8700	55
60	11.9550	11.6772	11.6001	11.5125	11.4120	11.3675	11.2954	11.1586	60
70	12.2113	12.0054	11.9478	11.8820	11.8063	11.7726	11.7179	11.6137	70
80	12.3922	12.2396	12.1967	12.1476	12.0907	12.0654	12.0242	11.9454	80
100	12.6153	12.5315	12.5077	12.4804	12.4487	12.4346	12.4115	12.3671	100

YEARS' PURCHASE DUAL RATE
8 and 3 per cent
Income tax rate per cent

Years	52	55	60	65	70	75	80	85	Years
1	0.4711	0.4427	0.3950	0.3470	0.2986	0.2498	0.2006	0.1510	1
2	0.9218	0.8680	0.7774	0.6854	0.5920	0.4971	0.4008	0.3030	2
3	1.3530	1.2768	1.1476	1.0155	0.8803	0.7421	0.6006	0.4557	3
4	1.7659	1.6698	1.5060	1.3373	1.1635	0.9844	0.7998	0.6093	4
5	2.1614	2.0478	1.8530	1.6511	1.4416	1.2242	0.9984	0.7636	5
6	2.5405	2.4114	2.1891	1.9570	1.7147	1.4613	1.1962	0.9185	6
7	2.9039	2.7614	2.5145	2.2552	1.9827	1.6957	1.3933	1.0740	7
8	3.2526	3.0982	2.8296	2.5459	2.2456	1.9274	1.5895	1.2301	8
9	3.5871	3.4225	3.1348	2.8291	2.5035	2.1562	1.7847	1.3866	9
10	3.9083	3.7349	3.4305	3.1051	2.7565	2.3821	1.9789	1.5435	10
11	4.2168	4.0358	3.7169	3.3740	3.0045	2.6051	2.1720	1.7007	11
12	4.5131	4.3258	3.9943	3.6360	3.2476	2.8251	2.3639	1.8582	12
13	4.7979	4.6053	4.2630	3.8912	3.4859	3.0422	2.5545	2.0158	13
14	5.0717	4.8747	4.5234	4.1398	3.7193	3.2562	2.7437	2.1736	14
15	5.3350	5.1346	4.7757	4.3819	3.9479	3.4671	2.9316	2.3314	15
16	5.5883	5.3852	5.0201	4.6177	4.1718	3.6750	3.1180	2.4892	16
17	5.8321	5.6269	5.2570	4.8473	4.3910	3.8797	3.3029	2.6469	17
18	6.0667	5.8602	5.4865	5.0709	4.6056	4.0814	3.4861	2.8045	18
19	6.2927	6.0853	5.7090	5.2885	4.8156	4.2798	3.6677	2.9618	19
20	6.5103	6.3026	5.9246	5.5004	5.0211	4.4752	3.8476	3.1187	20
21	6.7199	6.5123	6.1335	5.7067	5.2221	4.6673	4.0257	3.2754	21
22	6.9218	6.7149	6.3360	5.9074	5.4187	4.8563	4.2020	3.4315	22
23	7.1165	6.9105	6.5323	6.1028	5.6110	5.0421	4.3765	3.5872	23
24	7.3042	7.0994	6.7225	6.2930	5.7989	5.2247	4.5490	3.7423	24
25	7.4852	7.2820	6.9069	6.4780	5.9827	5.4041	4.7195	3.8968	25
26	7.6597	7.4583	7.0857	6.6581	6.1622	5.5804	4.8881	4.0505	26
27	7.8281	7.6287	7.2590	6.8333	6.3377	5.7535	5.0546	4.2035	27
28	7.9905	7.7934	7.4271	7.0038	6.5091	5.9234	5.2190	4.3557	28
29	8.1473	7.9526	7.5900	7.1696	6.6766	6.0902	5.3813	4.5070	29
30	8.2986	8.1065	7.7479	7.3309	6.8401	6.2539	5.5415	4.6573	30
31	8.4447	8.2554	7.9010	7.4879	6.9998	6.4144	5.6995	4.8066	31
32	8.5858	8.3992	8.0495	7.6405	7.1557	6.5719	5.8553	4.9549	32
33	8.7220	8.5384	8.1935	7.7890	7.3079	6.7263	6.0089	5.1021	33
34	8.8536	8.6730	8.3331	7.9334	7.4565	6.8776	6.1603	5.2481	34
35	8.9807	8.8032	8.4685	8.0738	7.6014	7.0259	6.3094	5.3928	35
36	9.1035	8.9291	8.5997	8.2103	7.7429	7.1713	6.4563	5.5363	36
37	9.2221	9.0510	8.7271	8.3431	7.8809	7.3136	6.6009	5.6786	37
38	9.3368	9.1689	8.8505	8.4723	8.0155	7.4530	6.7432	5.8194	38
39	9.4477	9.2830	8.9702	8.5978	8.1468	7.5895	6.8832	5.9589	39
40	9.5549	9.3934	9.0864	8.7199	8.2749	7.7231	7.0208	6.0969	40
41	9.6585	9.5003	9.1990	8.8386	8.3997	7.8539	7.1562	6.2334	41
42	9.7587	9.6037	9.3082	8.9539	8.5215	7.9818	7.2893	6.3685	42
43	9.8556	9.7039	9.4141	9.0661	8.6402	8.1070	7.4201	6.5020	43
44	9.9493	9.8008	9.5169	9.1751	8.7559	8.2294	7.5486	6.6339	44
45	10.0399	9.8947	9.6166	9.2811	8.8686	8.3491	7.6748	6.7642	45
46	10.1276	9.9856	9.7132	9.3841	8.9785	8.4661	7.7986	6.8929	46
47	10.2125	10.0736	9.8070	9.4842	9.0855	8.5806	7.9202	7.0199	47
48	10.2946	10.1589	9.8980	9.5816	9.1899	8.6924	8.0396	7.1452	48
49	10.3740	10.2414	9.9862	9.6761	9.2915	8.8017	8.1567	7.2689	49
50	10.4509	10.3214	10.0718	9.7681	9.3905	8.9084	8.2715	7.3908	50
55	10.7999	10.6852	10.4628	10.1902	9.8481	9.4059	8.8125	7.9739	55
60	11.0970	10.9958	10.7989	10.5558	10.2483	9.8467	9.3000	8.5123	60
70	11.5665	11.4887	11.3362	11.1461	10.9022	10.5782	10.1268	9.4543	70
80	11.9096	11.8505	11.7339	11.5873	11.3975	11.1419	10.7794	10.2249	80
100	12.3468	12.3132	12.2466	12.1619	12.0509	11.8987	11.6776	11.3268	100

YEARS' PURCHASE DUAL RATE
8.5 and 3 per cent

Income tax rate per cent

Years	No tax	25	30	35	40	42	45	50	Years
1	0.9399	0.7189	0.6736	0.6280	0.5820	0.5635	0.5356	0.4889	1
2	1.7673	1.3755	1.2936	1.2104	1.1259	1.0918	1.0402	0.9530	2
3	2.5008	1.9775	1.8659	1.7519	1.6353	1.5879	1.5160	1.3940	3
4	3.1554	2.5310	2.3956	2.2563	2.1130	2.0544	1.9654	1.8134	4
5	3.7429	3.0416	2.8871	2.7272	2.5617	2.4938	2.3902	2.2125	5
6	4.2728	3.5138	3.3441	3.1676	2.9838	2.9082	2.7924	2.5927	6
7	4.7530	3.9516	3.7700	3.5801	3.3815	3.2994	3.1733	2.9551	7
8	5.1901	4.3585	4.1677	3.9673	3.7566	3.6692	3.5347	3.3007	8
9	5.5894	4.7374	4.5397	4.3311	4.1108	4.0191	3.8777	3.6306	9
10	5.9554	5.0910	4.8883	4.6736	4.4458	4.3507	4.2036	3.9456	10
11	6.2921	5.4217	5.2155	4.9963	4.7628	4.6651	4.5135	4.2467	11
12	6.6026	5.7313	5.5231	5.3009	5.0632	4.9634	4.8084	4.5346	12
13	6.8898	6.0219	5.8127	5.5886	5.3481	5.2469	5.0893	4.8100	13
14	7.1561	6.2948	6.0856	5.8608	5.6186	5.5165	5.3571	5.0736	14
15	7.4036	6.5517	6.3432	6.1185	5.8757	5.7729	5.6124	5.3261	15
16	7.6341	6.7938	6.5866	6.3628	6.1201	6.0172	5.8561	5.5680	16
17	7.8492	7.0221	6.8169	6.5945	6.3527	6.2500	6.0889	5.7998	17
18	8.0504	7.2378	7.0350	6.8146	6.5743	6.4720	6.3113	6.0222	18
19	8.2388	7.4418	7.2417	7.0237	6.7855	6.6838	6.5239	6.2355	19
20	8.4155	7.6350	7.4379	7.2227	6.9869	6.8862	6.7274	6.4403	20
21	8.5816	7.8180	7.6242	7.4121	7.1792	7.0795	6.9221	6.6369	21
22	8.7379	7.9917	7.8013	7.5926	7.3628	7.2643	7.1086	6.8257	22
23	8.8852	8.1565	7.9698	7.7647	7.5383	7.4411	7.2872	7.0072	23
24	9.0242	8.3132	8.1302	7.9288	7.7061	7.6103	7.4585	7.1816	24
25	9.1554	8.4622	8.2830	8.0855	7.8666	7.7723	7.6227	7.3493	25
26	9.2796	8.6041	8.4288	8.2352	8.0203	7.9275	7.7803	7.5106	26
27	9.3971	8.7392	8.5678	8.3783	8.1674	8.0763	7.9315	7.6659	27
28	9.5085	8.8680	8.7006	8.5151	8.3084	8.2190	8.0767	7.8152	28
29	9.6142	8.9909	8.8274	8.6460	8.4436	8.3559	8.2162	7.9590	29
30	9.7145	9.1082	8.9487	8.7713	8.5732	8.4872	8.3502	8.0975	30
31	9.8098	9.2203	9.0646	8.8914	8.6975	8.6133	8.4790	8.2309	31
32	9.9005	9.3273	9.1756	9.0065	8.8169	8.7345	8.6029	8.3594	32
33	9.9869	9.4297	9.2818	9.1168	8.9315	8.8508	8.7220	8.4832	33
34	10.0691	9.5277	9.3836	9.2225	9.0415	8.9627	8.8366	8.6026	34
35	10.1475	9.6215	9.4811	9.3241	9.1473	9.0702	8.9469	8.7177	35
36	10.2223	9.7113	9.5746	9.4215	9.2490	9.1737	9.0531	8.8287	36
37	10.2937	9.7974	9.6643	9.5151	9.3467	9.2732	9.1553	8.9357	37
38	10.3619	9.8799	9.7503	9.6050	9.4408	9.3690	9.2538	9.0390	38
39	10.4271	9.9591	9.8330	9.6914	9.5312	9.4612	9.3487	9.1387	39
40	10.4894	10.0350	9.9123	9.7744	9.6183	9.5499	9.4401	9.2349	40
41	10.5490	10.1079	9.9885	9.8543	9.7021	9.6354	9.5283	9.3277	41
42	10.6061	10.1779	10.0618	9.9311	9.7828	9.7178	9.6133	9.4173	42
43	10.6608	10.2451	10.1322	10.0050	9.8606	9.7972	9.6952	9.5039	43
44	10.7132	10.3097	10.1999	10.0762	9.9355	9.8737	9.7742	9.5875	44
45	10.7634	10.3718	10.2651	10.1447	10.0077	9.9475	9.8505	9.6683	45
46	10.8116	10.4315	10.3278	10.2106	10.0773	10.0186	9.9241	9.7463	46
47	10.8578	10.4890	10.3881	10.2742	10.1444	10.0872	9.9951	9.8217	47
48	10.9022	10.5442	10.4463	10.3354	10.2091	10.1534	10.0636	9.8945	48
49	10.9448	10.5974	10.5022	10.3944	10.2715	10.2173	10.1298	9.9649	49
50	10.9857	10.6487	10.5561	10.4513	10.3317	10.2789	10.1937	10.0330	50
55	11.1678	10.8779	10.7978	10.7069	10.6027	10.5566	10.4821	10.3410	55
60	11.3182	11.0689	10.9997	10.9209	10.8304	10.7903	10.7253	10.6019	60
70	11.5477	11.3634	11.3118	11.2528	11.1848	11.1546	11.1055	11.0118	70
80	11.7094	11.5730	11.5347	11.4907	11.4398	11.4172	11.3803	11.3097	80
100	11.9084	11.8336	11.8125	11.7881	11.7598	11.7472	11.7266	11.6869	100

YEARS' PURCHASE DUAL RATE
8.5 and 3 per cent
Income tax rate per cent

Years	52	55	60	65	70	75	80	85	Years
1	0.4701	0.4418	0.3943	0.3464	0.2981	0.2495	0.2004	0.1509	1
2	0.9178	0.8645	0.7746	0.6832	0.5904	0.4960	0.4001	0.3025	2
3	1.3444	1.2692	1.1414	1.0106	0.8767	0.7395	0.5989	0.4548	3
4	1.7513	1.6568	1.4954	1.3289	1.1572	0.9799	0.7968	0.6076	4
5	2.1396	2.0283	1.8370	1.6384	1.4319	1.2172	0.9937	0.7608	5
6	2.5105	2.3844	2.1667	1.9392	1.7010	1.4514	1.1895	0.9146	6
7	2.8648	2.7259	2.4851	2.2315	1.9643	1.6823	1.3842	1.0686	7
8	3.2035	3.0537	2.7924	2.5157	2.2221	1.9100	1.5777	1.2230	8
9	3.5276	3.3683	3.0893	2.7919	2.4744	2.1345	1.7699	1.3776	9
10	3.8377	3.6704	3.3760	3.0604	2.7212	2.3557	1.9606	1.5324	10
11	4.1347	3.9606	3.6530	3.3213	2.9626	2.5735	2.1500	1.6872	11
12	4.4192	4.2395	3.9206	3.5748	3.1987	2.7881	2.3378	1.8421	12
13	4.6920	4.5076	4.1792	3.8213	3.4296	2.9992	2.5241	1.9969	13
14	4.9535	4.7654	4.4291	4.0607	3.6553	3.2070	2.7088	2.1516	14
15	5.2044	5.0134	4.6707	4.2934	3.8759	3.4115	2.8917	2.3061	15
16	5.4451	5.2521	4.9043	4.5195	4.0915	3.6125	3.0729	2.4604	16
17	5.6763	5.4818	5.1301	4.7392	4.3021	3.8102	3.2523	2.6144	17
18	5.8984	5.7029	5.3485	4.9527	4.5079	4.0045	3.4299	2.7679	18
19	6.1117	5.9159	5.5596	5.1601	4.7089	4.1953	3.6055	2.9210	19
20	6.3167	6.1210	5.7639	5.3616	4.9052	4.3829	3.7792	3.0736	20
21	6.5139	6.3187	5.9614	5.5574	5.0969	4.5670	3.9509	3.2256	21
22	6.7035	6.5092	6.1525	5.7476	5.2840	4.7478	4.1206	3.3770	22
23	6.8859	6.6928	6.3375	5.9324	5.4666	4.9252	4.2881	3.5277	23
24	7.0615	6.8699	6.5164	6.1120	5.6449	5.0993	4.4536	3.6776	24
25	7.2305	7.0407	6.6895	6.2864	5.8188	5.2701	4.6170	3.8266	25
26	7.3932	7.2054	6.8571	6.4558	5.9886	5.4376	4.7782	3.9748	26
27	7.5499	7.3644	7.0193	6.6204	6.1541	5.6018	4.9371	4.1220	27
28	7.7009	7.5177	7.1763	6.7803	6.3157	5.7628	5.0939	4.2682	28
29	7.8465	7.6658	7.3282	6.9356	6.4732	5.9205	5.2484	4.4134	29
30	7.9867	7.8087	7.4754	7.0865	6.6268	6.0751	5.4007	4.5574	30
31	8.1219	7.9466	7.6178	7.2330	6.7766	6.2265	5.5506	4.7003	31
32	8.2523	8.0799	7.7557	7.3753	6.9226	6.3747	5.6983	4.8420	32
33	8.3781	8.2086	7.8893	7.5136	7.0649	6.5199	5.8437	4.9824	33
34	8.4994	8.3329	8.0187	7.6478	7.2037	6.6620	5.9868	5.1216	34
35	8.6165	8.4530	8.1439	7.7783	7.3389	6.8011	6.1275	5.2594	35
36	8.7295	8.5691	8.2653	7.9049	7.4707	6.9371	6.2659	5.3958	36
37	8.8386	8.6812	8.3828	8.0280	7.5991	7.0703	6.4020	5.5308	37
38	8.9439	8.7896	8.4966	8.1474	7.7242	7.2005	6.5358	5.6643	38
39	9.0455	8.8944	8.6069	8.2635	7.8460	7.3278	6.6672	5.7963	39
40	9.1437	8.9958	8.7138	8.3762	7.9647	7.4523	6.7963	5.9268	40
41	9.2386	9.0937	8.8173	8.4856	8.0803	7.5739	6.9231	6.0558	41
42	9.3302	9.1885	8.9176	8.5919	8.1929	7.6928	7.0476	6.1832	42
43	9.4187	9.2801	9.0148	8.6951	8.3026	7.8090	7.1697	6.3089	43
44	9.5043	9.3687	9.1089	8.7954	8.4094	7.9226	7.2896	6.4331	44
45	9.5870	9.4545	9.2002	8.8927	8.5133	8.0335	7.4072	6.5555	45
46	9.6669	9.5374	9.2887	8.9872	8.6145	8.1418	7.5226	6.6763	46
47	9.7442	9.6177	9.3744	9.0790	8.7130	8.2475	7.6357	6.7954	47
48	9.8189	9.6954	9.4574	9.1682	8.8089	8.3508	7.7465	6.9128	48
49	9.8911	9.7705	9.5380	9.2547	8.9022	8.4516	7.8551	7.0284	49
50	9.9610	9.8433	9.6160	9.3388	8.9931	8.5500	7.9616	7.1424	50
55	10.2776	10.1736	9.9718	9.7239	9.4119	9.0072	8.4616	7.6855	55
60	10.5462	10.4548	10.2766	10.0563	9.7768	9.4106	8.9100	8.1845	60
70	10.9694	10.8994	10.7621	10.5906	10.3702	10.0766	9.6662	9.0516	70
80	11.2776	11.2245	11.1199	10.9881	10.8173	10.5868	10.2590	9.7555	80
100	11.6688	11.6388	11.5792	11.5035	11.4041	11.2678	11.0693	10.7536	100

YEARS' PURCHASE DUAL RATE
9 and 3 per cent

Income tax rate per cent

Years	No tax	25	30	35	40	42	45	50	Years
1	0.9358	0.7164	0.6715	0.6261	0.5804	0.5620	0.5343	0.4878	1
2	1.7528	1.3667	1.2858	1.2036	1.1200	1.0862	1.0351	0.9488	2
3	2.4719	1.9593	1.8497	1.7376	1.6228	1.5762	1.5053	1.3850	3
4	3.1094	2.5014	2.3690	2.2327	2.0922	2.0348	1.9474	1.7981	4
5	3.6783	2.9988	2.8485	2.6928	2.5313	2.4650	2.3637	2.1898	5
6	4.1889	3.4569	3.2925	3.1212	2.9426	2.8690	2.7563	2.5616	6
7	4.6494	3.8797	3.7045	3.5210	3.3287	3.2491	3.1268	2.9147	7
8	5.0668	4.2712	4.0878	3.8948	3.6915	3.6071	3.4770	3.2504	8
9	5.4467	4.6345	4.4451	4.2449	4.0331	3.9448	3.8084	3.5698	9
10	5.7937	4.9723	4.7788	4.5734	4.3550	4.2637	4.1223	3.8740	10
11	6.1118	5.2873	5.0910	4.8820	4.6588	4.5652	4.4199	4.1638	11
12	6.4043	5.5813	5.3837	5.1723	4.9458	4.8506	4.7024	4.4402	12
13	6.6742	5.8565	5.6584	5.4459	5.2173	5.1209	4.9707	4.7039	13
14	6.9238	6.1144	5.9168	5.7040	5.4744	5.3774	5.2258	4.9557	14
15	7.1552	6.3564	6.1600	5.9478	5.7181	5.6208	5.4685	5.1963	15
16	7.3703	6.5840	6.3893	6.1784	5.9494	5.8521	5.6996	5.4263	16
17	7.5706	6.7983	6.6057	6.3967	6.1690	6.0720	5.9199	5.6463	17
18	7.7575	7.0003	6.8103	6.6036	6.3777	6.2814	6.1299	5.8568	18
19	7.9323	7.1909	7.0039	6.7998	6.5763	6.4807	6.3303	6.0584	19
20	8.0961	7.3711	7.1872	6.9861	6.7653	6.6708	6.5217	6.2515	20
21	8.2497	7.5416	7.3610	7.1632	6.9454	6.8520	6.7045	6.4366	21
22	8.3940	7.7030	7.5260	7.3316	7.1171	7.0250	6.8793	6.6141	22
23	8.5298	7.8561	7.6827	7.4919	7.2809	7.1902	7.0465	6.7843	23
24	8.6578	8.0013	7.8316	7.6446	7.4374	7.3481	7.2065	6.9477	24
25	8.7786	8.1393	7.9734	7.7902	7.5868	7.4990	7.3597	7.1045	25
26	8.8926	8.2704	8.1083	7.9290	7.7296	7.6434	7.5065	7.2551	26
27	9.0005	8.3952	8.2369	8.0616	7.8662	7.7816	7.6471	7.3999	27
28	9.1026	8.5140	8.3595	8.1882	7.9969	7.9140	7.7820	7.5390	28
29	9.1994	8.6272	8.4766	8.3091	8.1220	3.0408	7.9114	7.6727	29
30	9.2913	8.7352	8.5883	8.4248	8.2419	8.1624	8.0356	7.8013	30
31	9.3785	8.8382	8.6950	8.5355	8.3567	8.2790	8.1548	7.9250	31
32	9.4613	8.9365	8.7971	8.6415	8.4668	8.3908	8.2693	8.0441	32
33	9.5401	9.0304	8.8947	8.7430	8.5725	8.4982	8.3793	8.1587	33
34	9.6152	9.1203	8.9881	8.8403	8.6738	8.6012	8.4850	8.2690	34
35	9.6866	9.2062	9.0775	8.9335	8.7711	8.7002	8.5867	8.3753	35
36	9.7547	9.2884	9.1632	9.0229	8.8645	8.7954	8.6844	8.4777	36
37	9.8197	9.3671	9.2453	9.1087	8.9543	8.8868	8.7785	8.5764	37
38	9.8818	9.4425	9.3240	9.1910	9.0406	8.9747	8.8690	8.6715	38
39	9.9410	9.5147	9.3996	9.2701	9.1235	9.0593	8.9561	8.7632	39
40	9.9977	9.5840	9.4721	9.3461	9.2032	9.1406	9.0400	8.8516	40
41	10.0518	9.6505	9.5416	9.4191	9.2800	9.2189	9.1208	8.9368	41
42	10.1037	9.7143	9.6085	9.4892	9.3538	9.2943	9.1986	9.0191	42
43	10.1533	9.7755	9.6727	9.5567	9.4248	9.3669	9.2736	9.0985	43
44	10.2008	9.8343	9.7344	9.6216	9.4932	9.4368	9.3459	9.1750	44
45	10.2463	9.8908	9.7937	9.6840	9.5591	9.5042	9.4156	9.2490	45
46	10.2900	9.9451	9.8508	9.7441	9.6226	9.5691	9.4828	9.3203	46
47	10.3318	9.9973	9.9056	9.8020	9.6837	9.6317	9.5476	9.3893	47
48	10.3720	10.0475	9.9585	9.8577	9.7427	9.6920	9.6102	9.4558	48
49	10.4105	10.0958	10.0093	9.9114	9.7995	9.7502	9.6705	9.5201	49
50	10.4476	10.1422	10.0583	9.9631	9.8543	9.8063	9.7287	9.5822	50
55	10.6121	10.3500	10.2775	10.1950	10.1005	10.0587	9.9910	9.8628	55
60	10.7478	10.5228	10.4602	10.3889	10.3069	10.2706	10.2117	10.0998	60
70	10.9546	10.7885	10.7420	10.6889	10.6275	10.6002	10.5559	10.4712	70
80	11.0999	10.9773	10.9428	10.9032	10.8574	10.8370	10.8038	10.7401	80
100	11.2786	11.2115	11.1925	11.1707	11.1453	11.1339	11.1154	11.0798	100

YEARS' PURCHASE DUAL RATE
9 and 3 per cent
Income tax rate per cent

Years	52	55	60	65	70	75	80	85	Years
1	0.4691	0.4409	0.3936	0.3458	0.2977	0.2492	0.2002	0.1508	1
2	0.9138	0.8610	0.7718	0.6810	0.5887	0.4948	0.3993	0.3021	2
3	1.3360	1.2617	1.1354	1.0059	0.8731	0.7369	0.5972	0.4538	3
4	1.7371	1.6440	1.4850	1.3207	1.1509	0.9754	0.7938	0.6058	4
5	2.1184	2.0092	1.8213	1.6259	1.4224	1.2103	0.9891	0.7581	5
6	2.4813	2.3580	2.1449	1.9217	1.6875	1.4416	1.1829	0.9107	6
7	2.8268	2.6915	2.4564	2.2084	1.9464	1.6692	1.3753	1.0633	7
8	3.1561	3.0106	2.7563	2.4864	2.1992	1.8931	1.5661	1.2160	8
9	3.4702	3.3159	3.0452	2.7559	2.4460	2.1134	1.7553	1.3688	9
10	3.7699	3.6083	3.3234	3.0171	2.6869	2.3299	1.9428	1.5214	10
11	4.0561	3.8884	3.5915	3.2704	2.9220	2.5429	2.1285	1.6740	11
12	4.3295	4.1569	3.8498	3.5159	3.1515	2.7521	2.3125	1.8263	12
13	4.5910	4.4143	4.0989	3.7540	3.3753	2.9576	2.4946	1.9784	13
14	4.8410	4.6613	4.3390	3.9848	3.5937	3.1595	2.6748	2.1301	14
15	5.0804	4.8983	4.5706	4.2087	3.8067	3.3578	2.8530	2.2815	15
16	5.3096	5.1258	4.7940	4.4257	4.0145	3.5523	3.0293	2.4323	16
17	5.5292	5.3444	5.0096	4.6362	4.2171	3.7433	3.2035	2.5827	17
18	5.7396	5.5544	5.2176	4.8403	4.4146	3.9306	3.3756	2.7325	18
19	5.9414	5.7562	5.4184	5.0382	4.6072	4.1144	3.5456	2.8816	19
20	6.1350	5.9502	5.6122	5.2301	4.7949	4.2946	3.7134	3.0300	20
21	6.3208	6.1369	5.7993	5.4163	4.9779	4.4712	3.8790	3.1776	21
22	6.4992	6.3164	5.9800	5.5968	5.1562	4.6444	4.0425	3.3244	22
23	6.6705	6.4892	6.1546	5.7719	5.3300	4.8140	4.2036	3.4703	23
24	6.8352	6.6555	6.3232	5.9417	5.4993	4.9802	4.3625	3.6152	24
25	6.9934	6.8157	6.4861	6.1064	5.6643	5.1430	4.5191	3.7592	25
26	7.1455	6.9699	6.6435	6.2661	5.8250	5.3024	4.6734	3.9020	26
27	7.2918	7.1185	6.7956	6.4211	5.9815	5.4584	4.8254	4.0438	27
28	7.4326	7.2617	6.9426	6.5714	6.1340	5.6112	4.9751	4.1845	28
29	7.5680	7.3998	7.0848	6.7172	6.2825	5.7606	5.1223	4.3239	29
30	7.6984	7.5329	7.2222	6.8586	6.4271	5.9068	5.2673	4.4621	30
31	7.8240	7.6612	7.3551	6.9957	6.5679	6.0499	5.4098	4.5990	31
32	7.9449	7.7849	7.4836	7.1288	6.7049	6.1897	5.5500	4.7345	32
33	8.0614	7.9043	7.6079	7.2579	6.8384	6.3265	5.6878	4.8687	33
34	8.1737	8.0196	7.7281	7.3831	6.9683	6.4602	5.8233	5.0015	34
35	8.2819	8.1307	7.8444	7.5046	7.0948	6.5909	5.9564	5.1328	35
36	8.3862	8.2381	7.9569	7.6224	7.2178	6.7186	6.0871	5.2626	36
37	8.4868	8.3417	8.0657	7.7367	7.3376	6.8434	6.2154	5.3910	37
38	8.5839	8.4417	8.1711	7.8476	7.4542	6.9653	6.3414	5.5177	38
39	8.6775	8.5383	8.2730	7.9552	7.5676	7.0844	6.4651	5.6430	39
40	8.7678	8.6317	8.3717	8.0596	7.6780	7.2006	6.5864	5.7666	40
41	8.8550	8.7218	8.4672	8.1609	7.7854	7.3142	6.7054	5.8886	41
42	8.9391	8.8090	8.5597	8.2592	7.8898	7.4250	6.8221	6.0090	42
43	9.0204	8.8931	8.6492	8.3545	7.9915	7.5332	6.9365	6.1277	43
44	9.0988	8.9745	8.7358	8.4470	8.0903	7.6388	7.0487	6.2447	44
45	9.1746	9.0531	8.8197	8.5367	8.1865	7.7418	7.1586	6.3600	45
46	9.2477	9.1292	8.9010	8.6238	8.2800	7.8424	7.2663	6.4736	46
47	9.3184	9.2027	8.9797	8.7083	8.3710	7.9405	7.3717	6.5856	47
48	9.3867	9.2738	9.0559	8.7903	8.4595	8.0361	7.4750	6.6957	48
49	9.4527	9.3425	9.1297	8.8698	8.5455	8.1294	7.5761	6.8042	49
50	9.5165	9.4090	9.2011	8.9470	8.6292	8.2204	7.6751	6.9109	50
55	9.8051	9.7104	9.5264	9.2999	9.0141	8.6422	8.1386	7.4182	55
60	10.0493	9.9662	9.8042	9.6035	9.3482	9.0129	8.5527	7.8820	60
70	10.4328	10.3695	10.2451	10.0895	9.8893	9.6220	9.2470	8.6831	70
80	10.7112	10.6633	10.5688	10.4497	10.2951	10.0861	9.7882	9.3288	80
100	11.0635	11.0365	10.9829	10.9148	10.8253	10.7024	10.5231	10.2374	100

YEARS' PURCHASE DUAL RATE
10 and 3 per cent

Income tax rate per cent

Years	No tax	25	30	35	40	42	45	50	Years
1	0.9277	0.7117	0.6673	0.6225	0.5773	0.5591	0.5316	0.4856	1
2	1.7246	1.3495	1.2706	1.1902	1.1084	1.0753	1.0252	0.9405	2
3	2.4161	1.9241	1.8184	1.7099	1.5986	1.5533	1.4845	1.3673	3
4	3.0218	2.4443	2.3178	2.1871	2.0522	1.9969	1.9127	1.7685	4
5	3.5563	2.9172	2.7748	2.6268	2.4729	2.4096	2.3128	2.1460	5
6	4.0314	3.3489	3.1944	3.0329	2.8640	2.7943	2.6872	2.5018	6
7	4.4562	3.7442	3.5808	3.4091	3.2284	3.1535	3.0382	2.8376	7
8	4.8381	4.1075	3.9377	3.7583	3.5687	3.4897	3.3678	3.1548	8
9	5.1833	4.4424	4.2681	4.0833	3.8868	3.8048	3.6778	3.4548	9
10	5.4966	4.7519	4.5749	4.3863	4.1850	4.1006	3.9697	3.7389	10
11	5.7821	5.0388	4.8602	4.6693	4.4647	4.3787	4.2449	4.0081	11
12	6.0433	5.3052	5.1263	4.9343	4.7277	4.6406	4.5048	4.2636	12
13	6.2830	5.5531	5.3748	5.1826	4.9752	4.8875	4.7504	4.5062	13
14	6.5038	5.7845	5.6073	5.4159	5.2084	5.1205	4.9829	4.7368	14
15	6.7075	6.0007	5.8253	5.6352	5.4286	5.3408	5.2031	4.9561	15
16	6.8962	6.2031	6.0299	5.8418	5.6366	5.5492	5.4119	5.1649	16
17	7.0713	6.3929	6.2223	6.0365	5.8333	5.7466	5.6101	5.3638	17
18	7.2341	6.5712	6.4035	6.2204	6.0196	5.9337	5.7983	5.5534	18
19	7.3859	6.7389	6.5744	6.3942	6.1962	6.1113	5.9774	5.7343	19
20	7.5276	6.8969	6.7357	6.5587	6.3637	6.2800	6.1477	5.9071	20
21	7.6602	7.0459	6.8881	6.7146	6.5228	6.4404	6.3099	6.0720	21
22	7.7845	7.1866	7.0323	6.8623	6.6741	6.5930	6.4645	6.2297	22
23	7.9012	7.3197	7.1689	7.0025	6.8179	6.7383	6.6119	6.3805	23
24	8.0109	7.4456	7.2985	7.1358	6.9549	6.8767	6.7526	6.5248	24
25	8.1142	7.5649	7.4214	7.2624	7.0854	7.0088	6.8869	6.6630	25
26	8.2115	7.6781	7.5382	7.3830	7.2098	7.1347	7.0153	6.7953	26
27	8.3034	7.7855	7.6492	7.4978	7.3285	7.2550	7.1380	6.9221	27
28	8.3903	7.8876	7.7549	7.6072	7.4418	7.3700	7.2554	7.0436	28
29	8.4724	7.9847	7.8555	7.7115	7.5500	7.4798	7.3677	7.1602	29
30	8.5503	8.0771	7.9513	7.8110	7.6535	7.5849	7.4753	7.2721	30
31	8.6240	8.1650	8.0427	7.9061	7.7524	7.6855	7.5784	7.3795	31
32	8.6941	8.2489	8.1300	7.9969	7.8471	7.7818	7.6771	7.4826	32
33	8.7606	8.3289	8.2133	8.0838	7.9378	7.8740	7.7719	7.5817	33
34	8.8238	8.4052	8.2928	8.1668	8.0246	7.9624	7.8627	7.6769	34
35	8.8839	8.4781	8.3689	8.2463	8.1078	8.0472	7.9499	7.7684	35
36	8.9412	8.5478	8.4417	8.3225	8.1876	8.1285	8.0337	7.8565	36
37	8.9958	8.6144	8.5113	8.3954	8.2641	8.2065	8.1141	7.9411	37
38	9.0478	8.6781	8.5780	8.4653	8.3375	8.2814	8.1913	8.0226	38
39	9.0975	8.7391	8.6419	8.5323	8.4080	8.3534	8.2656	8.1010	39
40	9.1449	8.7976	8.7031	8.5966	8.4757	8.4225	8.3370	8.1765	40
41	9.1902	8.8535	8.7618	8.6584	8.5407	8.4890	8.4057	8.2492	41
42	9.2335	8.9072	8.8181	8.7176	8.6032	8.5528	8.4717	8.3192	42
43	9.2749	8.9586	8.8722	8.7745	8.6632	8.6143	8.5353	8.3867	43
44	9.3145	9.0080	8.9241	8.8292	8.7210	8.6734	8.5965	8.4517	44
45	9.3525	9.0554	8.9739	8.8817	8.7766	8.7302	8.6554	8.5144	45
46	9.3888	9.1009	9.0218	8.9323	8.8300	8.7850	8.7122	8.5749	46
47	9.4237	9.1445	9.0678	8.9809	8.8815	8.8377	8.7669	8.6332	47
48	9.4571	9.1865	9.1121	9.0276	8.9311	8.8884	8.8196	8.6894	48
49	9.4891	9.2269	9.1546	9.0726	8.9788	8.9373	8.8704	8.7437	49
50	9.5198	9.2657	9.1955	9.1159	9.0247	8.9845	8.9193	8.7960	50
55	9.6563	9.4388	9.3784	9.3097	9.2308	9.1959	9.1393	9.0319	55
60	9.7685	9.5822	9.5303	9.4711	9.4029	9.3727	9.3236	9.2302	60
70	9.9390	9.8021	9.7637	9.7198	9.6690	9.6464	9.6097	9.5394	70
80	10.0585	9.9577	9.9293	9.8967	9.8590	9.8421	9.8147	9.7621	80
100	10.2050	10.1501	10.1345	10.1166	10.0957	10.0864	10.0712	10.0419	100

YEARS' PURCHASE DUAL RATE
10 and 3 per cent
Income tax rate per cent

Years	52	55	60	65	70	75	80	85	Years
1	0.4670	0.4391	0.3921	0.3447	0.2969	0.2486	0.1998	0.1506	1
2	0.9061	0.8542	0.7663	0.6767	0.5855	0.4926	0.3978	0.3013	2
3	1.3196	1.2470	1.1235	0.9965	0.8660	0.7319	0.5939	0.4519	3
4	1.7094	1.6192	1.4647	1.3046	1.1387	0.9666	0.7880	0.6024	4
5	2.0773	1.9722	1.7909	1.6016	1.4038	1.1968	0.9800	0.7528	5
6	2.4251	2.3073	2.1029	1.8879	1.6614	1.4224	1.1700	0.9030	6
7	2.7542	2.6256	2.4014	2.1639	1.9117	1.6436	1.3579	1.0529	7
8	3.0659	2.9283	2.6873	2.4300	2.1550	1.8602	1.5436	1.2024	8
9	3.3614	3.2164	2.9611	2.6868	2.3915	2.0725	1.7270	1.3515	9
10	3.6418	3.4908	3.2235	2.9345	2.6212	2.2804	1.9082	1.5001	10
11	3.9082	3.7523	3.4750	3.1736	2.8445	2.4839	2.0871	1.6482	11
12	4.1615	4.0017	3.7164	3.4043	3.0615	2.6832	2.2637	1.7957	12
13	4.4024	4.2397	3.9479	3.6270	3.2723	2.8782	2.4379	1.9425	13
14	4.6319	4.4671	4.1702	3.8420	3.4771	3.0691	2.6097	2.0886	14
15	4.8505	4.6843	4.3837	4.0497	3.6762	3.2558	2.7791	2.2339	15
16	5.0590	4.8919	4.5888	4.2503	3.8696	3.4384	2.9460	2.3784	16
17	5.2580	5.0906	4.7860	4.4440	4.0575	3.6170	3.1105	2.5219	17
18	5.4479	5.2808	4.9755	4.6312	4.2400	3.7916	3.2725	2.6645	18
19	5.6294	5.4629	5.1577	4.8121	4.4173	3.9623	3.4321	2.8061	19
20	5.8029	5.6374	5.3330	4.9868	4.5896	4.1292	3.5891	2.9467	20
21	5.9689	5.8046	5.5017	5.1558	4.7570	4.2922	3.7436	3.0861	21
22	6.1277	5.9650	5.6641	5.3191	4.9196	4.4515	3.8956	3.2244	22
23	6.2798	6.1188	5.8204	5.4770	5.0776	4.6071	4.0450	3.3615	23
24	6.4255	6.2665	5.9710	5.6297	5.2310	4.7591	4.1919	3.4973	24
25	6.5651	6.4083	6.1161	5.7773	5.3800	4.9076	4.3364	3.6318	25
26	6.6990	6.5445	6.2558	5.9201	5.5248	5.0525	4.4782	3.7650	26
27	6.8274	6.6753	6.3905	6.0582	5.6654	5.1940	4.6176	3.8968	27
28	6.9507	6.8011	6.5204	6.1918	5.8020	5.3321	4.7544	4.0273	28
29	7.0690	6.9220	6.6456	6.3211	5.9347	5.4669	4.8888	4.1563	29
30	7.1826	7.0383	6.7664	6.4462	6.0636	5.5984	5.0206	4.2838	30
31	7.2918	7.1502	6.8829	6.5672	6.1887	5.7267	5.1500	4.4098	31
32	7.3968	7.2579	6.9953	6.6843	6.3103	5.8519	5.2769	4.5343	32
33	7.4976	7.3616	7.1038	6.7977	6.4284	5.9740	5.4013	4.6572	33
34	7.5947	7.4614	7.2085	6.9074	6.5430	6.0930	5.5233	4.7785	34
35	7.6880	7.5576	7.3095	7.0136	6.6544	6.2092	5.6429	4.8983	35
36	7.7778	7.6502	7.4071	7.1164	6.7625	6.3224	5.7600	5.0164	36
37	7.8643	7.7395	7.5014	7.2160	6.8676	6.4328	5.8748	5.1329	37
38	7.9475	7.8255	7.5924	7.3124	6.9696	6.5404	5.9873	5.2477	38
39	8.0277	7.9085	7.6804	7.4057	7.0687	6.6452	6.0974	5.3608	39
40	8.1050	7.9885	7.7653	7.4961	7.1649	6.7474	6.2052	5.4722	40
41	8.1794	8.0657	7.8474	7.5836	7.2583	6.8470	6.3107	5.5820	41
42	8.2511	8.1401	7.9268	7.6684	7.3490	6.9441	6.4140	5.6900	42
43	8.3203	8.2119	8.0035	7.7505	7.4371	7.0386	6.5150	5.7964	43
44	8.3870	8.2813	8.0776	7.8301	7.5227	7.1307	6.6139	5.9010	44
45	8.4513	8.3482	8.1493	7.9071	7.6057	7.2204	6.7105	6.0038	45
46	8.5134	8.4128	8.2186	7.9818	7.6864	7.3078	6.8050	6.1050	46
47	8.5732	8.4752	8.2857	8.0541	7.7647	7.3929	6.8974	6.2044	47
48	8.6310	8.5354	8.3505	8.1242	7.8408	7.4758	6.9878	6.3021	48
49	8.6868	8.5936	8.4132	8.1921	7.9147	7.5564	7.0761	6.3981	49
50	8.7406	8.6499	8.4739	8.2578	7.9864	7.6350	7.1623	6.4924	50
55	8.9835	8.9039	8.7490	8.5575	8.3149	7.9975	7.5644	6.9381	55
60	9.1880	9.1186	8.9827	8.8139	8.5985	8.3140	7.9208	7.3422	60
70	9.5076	9.4550	9.3515	9.2217	9.0541	8.8295	8.5128	8.0325	70
80	9.7382	9.6986	9.6204	9.5216	9.3931	9.2188	8.9693	8.5820	80
100	10.0286	10.0064	9.9623	9.9063	9.8325	9.7309	9.5826	9.3451	100

YEARS' PURCHASE DUAL RATE
11 and 3 per cent
Income tax rate per cent

Years	No tax	25	30	35	40	42	45	50	Years
1	0.9198	0.7070	0.6632	0.6189	0.5742	0.5562	0.5290	0.4834	1
2	1.6975	1.3329	1.2558	1.1772	1.0972	1.0647	1.0156	0.9323	2
3	2.3633	1.8905	1.7882	1.6832	1.5753	1.5313	1.4643	1.3502	3
4	2.9395	2.3902	2.2691	2.1437	2.0139	1.9607	1.8794	1.7400	4
5	3.4429	2.8405	2.7053	2.5644	2.4175	2.3570	2.2643	2.1042	5
6	3.8863	3.2481	3.1026	2.9500	2.7900	2.7238	2.6219	2.4451	6
7	4.2796	3.6187	3.4658	3.3047	3.1347	3.0641	2.9551	2.7649	7
8	4.6307	3.9570	3.7991	3.6319	3.4545	3.3805	3.2659	3.0652	8
9	4.9459	4.2669	4.1058	3.9345	3.7518	3.6753	3.5566	3.3477	9
10	5.2304	4.5516	4.3889	4.2150	4.0288	3.9506	3.8289	3.6137	10
11	5.4882	4.8141	4.6509	4.4758	4.2875	4.2081	4.0844	3.8647	11
12	5.7230	5.0567	4.8939	4.7186	4.5294	4.4494	4.3244	4.1016	12
13	5.9375	5.2815	5.1199	4.9453	4.7560	4.6758	4.5503	4.3257	13
14	6.1343	5.4903	5.3305	5.1572	4.9688	4.8887	4.7631	4.5377	14
15	6.3152	5.6847	5.5271	5.3557	5.1687	5.0891	4.9639	4.7386	15
16	6.4822	5.8661	5.7110	5.5419	5.3569	5.2779	5.1536	4.9291	16
17	6.6366	6.0356	5.8833	5.7169	5.5343	5.4562	5.3330	5.1099	17
18	6.7799	6.1942	6.0450	5.8816	5.7017	5.6246	5.5028	5.2818	18
19	6.9130	6.3430	6.1971	6.0368	5.8599	5.7840	5.6638	5.4452	19
20	7.0370	6.4828	6.3402	6.1832	6.0095	5.9348	5.8165	5.6007	20
21	7.1528	6.6143	6.4750	6.3215	6.1512	6.0779	5.9615	5.7488	21
22	7.2610	6.7382	6.6023	6.4522	6.2855	6.2136	6.0993	5.8899	22
23	7.3624	6.8550	6.7226	6.5761	6.4130	6.3425	6.2304	6.0245	23
24	7.4576	6.9653	6.8364	6.6934	6.5340	6.4650	6.3551	6.1530	24
25	7.5470	7.0696	6.9441	6.8048	6.6491	6.5816	6.4740	6.2757	25
26	7.6312	7.1684	7.0463	6.9105	6.7585	6.6925	6.5873	6.3930	26
27	7.7105	7.2619	7.1432	7.0109	6.8627	6.7983	6.6954	6.5051	27
28	7.7853	7.3506	7.2352	7.1065	6.9620	6.8991	6.7985	6.6123	28
29	7.8560	7.4349	7.3227	7.1974	7.0566	6.9952	6.8971	6.7150	29
30	7.9229	7.5149	7.4060	7.2841	7.1469	7.0871	6.9913	6.8133	30
31	7.9862	7.5910	7.4852	7.3667	7.2331	7.1748	7.0814	6.9074	31
32	8.0462	7.6634	7.5607	7.4455	7.3155	7.2586	7.1675	6.9977	32
33	8.1031	7.7324	7.6327	7.5207	7.3942	7.3388	7.2500	7.0843	33
34	8.1572	7.7982	7.7014	7.5926	7.4695	7.4156	7.3290	7.1673	34
35	8.2086	7.8609	7.7669	7.6612	7.5415	7.4890	7.4048	7.2471	35
36	8.2574	7.9208	7.8296	7.7269	7.6105	7.5594	7.4773	7.3236	36
37	8.3040	7.9779	7.8894	7.7897	7.6765	7.6269	7.5470	7.3971	37
38	8.3483	8.0326	7.9467	7.8499	7.7399	7.6915	7.6137	7.4677	38
39	8.3905	8.0848	8.0015	7.9075	7.8006	7.7536	7.6779	7.5356	39
40	8.4308	8.1348	8.0540	7.9627	7.8588	7.8131	7.7394	7.6009	40
41	8.4693	8.1826	8.1042	8.0156	7.9147	7.8702	7.7986	7.6637	41
42	8.5061	8.2284	8.1524	8.0664	7.9683	7.9251	7.8554	7.7241	42
43	8.5412	8.2723	8.1985	8.1151	8.0198	7.9778	7.9100	7.7822	43
44	8.5748	8.3144	8.2428	8.1618	8.0693	8.0285	7.9626	7.8382	44
45	8.6070	8.3547	8.2853	8.2067	8.1168	8.0772	8.0131	7.8921	45
46	8.6377	8.3934	8.3261	8.2498	8.1625	8.1240	8.0617	7.9440	46
47	8.6672	8.4306	8.3653	8.2913	8.2065	8.1691	8.1085	7.9940	47
48	8.6955	8.4662	8.4029	8.3311	8.2488	8.2124	8.1536	8.0422	48
49	8.7226	8.5005	8.4391	8.3694	8.2895	8.2541	8.1970	8.0887	49
50	8.7485	8.5334	8.4739	8.4062	8.3286	8.2943	8.2388	8.1335	50
55	8.8636	8.6800	8.6289	8.5708	8.5039	8.4742	8.4261	8.3347	55
60	8.9581	8.8012	8.7574	8.7074	8.6497	8.6241	8.5826	8.5033	60
70	9.1012	8.9864	8.9541	8.9171	8.8743	8.8553	8.8243	8.7651	70
80	9.2014	9.1170	9.0931	9.0658	9.0341	9.0200	8.9969	8.9527	80
100	9.3238	9.2779	9.2649	9.2499	9.2325	9.2247	9.2120	9.1875	100

YEARS' PURCHASE DUAL RATE
11 and 3 per cent

Income tax rate per cent

Years	52	55	60	65	70	75	80	85	Years
1	0.4650	0.4373	0.3907	0.3436	0.2961	0.2480	0.1995	0.1504	1
2	0.8986	0.8474	0.7609	0.6725	0.5823	0.4903	0.3964	0.3004	2
3	1.3036	1.2328	1.1119	0.9874	0.8592	0.7270	0.5906	0.4500	3
4	1.6827	1.5953	1.4451	1.2891	1.1268	0.9580	0.7823	0.5991	4
5	2.0381	1.9368	1.7617	1.5782	1.3857	1.1837	0.9712	0.7476	5
6	2.3719	2.2590	2.0627	1.8554	1.6362	1.4039	1.1575	0.8955	6
7	2.6857	2.5633	2.3492	2.1213	1.8784	1.6189	1.3410	1.0427	7
8	2.9812	2.8510	2.6220	2.3766	2.1128	1.8287	1.5218	1.1892	8
9	3.2599	3.1234	2.8820	2.6216	2.3396	2.0335	1.6998	1.3348	9
10	3.5230	3.3815	3.1300	2.8569	2.5591	2.2332	1.8751	1.4796	10
11	3.7717	3.6263	3.3667	3.0829	2.7715	2.4281	2.0475	1.6235	11
12	4.0070	3.8587	3.5927	3.3002	2.9771	2.6181	2.2172	1.7663	12
13	4.2300	4.0796	3.8087	3.5091	3.1760	2.8035	2.3840	1.9082	13
14	4.4414	4.2896	4.0152	3.7100	3.3687	2.9843	2.5481	2.0490	14
15	4.6420	4.4895	4.2127	3.9033	3.5551	3.1605	2.7093	2.1886	15
16	4.8326	4.6799	4.4018	4.0893	3.7357	3.3323	2.8678	2.3271	16
17	5.0138	4.8614	4.5828	4.2683	3.9105	3.4998	3.0234	2.4644	17
18	5.1863	5.0346	4.7563	4.4407	4.0798	3.6630	3.1763	2.6004	18
19	5.3505	5.1998	4.9226	4.6068	4.2437	3.8221	3.3263	2.7351	19
20	5.5070	5.3576	5.0820	4.7667	4.4025	3.9771	3.4736	2.8684	20
21	5.6562	5.5085	5.2350	4.9208	4.5563	4.1281	3.6181	3.0004	21
22	5.7987	5.6527	5.3818	5.0694	4.7052	4.2753	3.7599	3.1309	22
23	5.9347	5.7907	5.5227	5.2126	4.8495	4.4186	3.8990	3.2600	23
24	6.0646	5.9228	5.6581	5.3507	4.9893	4.5582	4.0353	3.3876	24
25	6.1888	6.0493	5.7882	5.4839	5.1247	4.6942	4.1689	3.5136	25
26	6.3077	6.1705	5.9132	5.6124	5.2559	4.8266	4.2999	3.6382	26
27	6.4214	6.2867	6.0334	5.7364	5.3830	4.9556	4.4282	3.7611	27
28	6.5303	6.3981	6.1491	5.8560	5.5062	5.0812	4.5539	3.8825	28
29	6.6347	6.5050	6.2603	5.9715	5.6255	5.2034	4.6770	4.0022	29
30	6.7347	6.6076	6.3674	6.0830	5.7412	5.3224	4.7975	4.1203	30
31	6.8305	6.7061	6.4704	6.1907	5.8533	5.4383	4.9155	4.2368	31
32	6.9225	6.8008	6.5697	6.2946	5.9619	5.5510	5.0310	4.3515	32
33	7.0108	6.8917	6.6653	6.3951	6.0672	5.6608	5.1440	4.4646	33
34	7.0956	6.9791	6.7574	6.4921	6.1692	5.7676	5.2545	4.5760	34
35	7.1770	7.0632	6.8461	6.5858	6.2681	5.8715	5.3626	4.6857	35
36	7.2552	7.1440	6.9316	6.6764	6.3640	5.9727	5.4683	4.7937	36
37	7.3304	7.2218	7.0141	6.7640	6.4569	6.0711	5.5717	4.8999	37
38	7.4027	7.2967	7.0936	6.8486	6.5470	6.1668	5.6727	5.0044	38
39	7.4722	7.3688	7.1703	6.9304	6.6343	6.2600	5.7715	5.1072	39
40	7.5391	7.4382	7.2443	7.0095	6.7190	6.3506	5.8680	5.2083	40
41	7.6034	7.5051	7.3157	7.0860	6.8011	6.4387	5.9623	5.3076	41
42	7.6654	7.5695	7.3847	7.1599	6.8807	6.5245	6.0543	5.4052	42
43	7.7250	7.6315	7.4512	7.2315	6.9579	6.6079	6.1443	5.5011	43
44	7.7825	7.6914	7.5154	7.3006	7.0327	6.6890	6.2321	5.5952	44
45	7.8379	7.7491	7.5774	7.3676	7.1053	6.7679	6.3179	5.6876	45
46	7.8912	7.8047	7.6373	7.4324	7.1756	6.8446	6.4016	5.7783	46
47	7.9426	7.8584	7.6952	7.4950	7.2438	6.9192	6.4833	5.8673	47
48	7.9922	7.9102	7.7511	7.5557	7.3100	6.9917	6.5630	5.9546	48
49	8.0400	7.9601	7.8051	7.6144	7.3741	7.0622	6.6409	6.0402	49
50	8.0861	8.0083	7.8573	7.6712	7.4364	7.1308	6.7168	6.1242	50
55	8.2935	8.2256	8.0932	7.9291	7.7204	7.4460	7.0692	6.5192	55
60	8.4675	8.4085	8.2928	8.1488	7.9643	7.7196	7.3795	6.8747	60
70	8.7382	8.6937	8.6061	8.4961	8.3537	8.1621	7.8907	7.4763	70
80	8.9326	8.8993	8.8334	8.7501	8.6414	8.4937	8.2814	7.9501	80
100	9.1763	9.1577	9.1208	9.0738	9.0118	8.9265	8.8015	8.6007	100

YEARS' PURCHASE DUAL RATE
12 and 3 per cent
Income tax rate per cent

Years	No tax	25	30	35	40	42	45	50	Years
1	0.9121	0.7025	0.6592	0.6154	0.5712	0.5534	0.5265	0.4813	1
2	1.6714	1.3167	1.2414	1.1646	1.0862	1.0544	1.0062	0.9244	2
3	2.3130	1.8582	1.7593	1.6576	1.5528	1.5100	1.4449	1.3336	3
4	2.8621	2.3388	2.2227	2.1023	1.9773	1.9260	1.8475	1.7126	4
5	3.3372	2.7682	2.6396	2.5053	2.3649	2.3070	2.2181	2.0642	5
6	3.7522	3.1539	3.0165	2.8721	2.7202	2.6572	2.5602	2.3914	6
7	4.1175	3.5022	3.3588	3.2073	3.0469	2.9801	2.8769	2.6963	7
8	4.4415	3.8181	3.6709	3.5145	3.3481	3.2785	3.1707	2.9812	8
9	4.7307	4.1058	3.9564	3.7971	3.6267	3.5551	3.4440	3.2477	9
10	4.9903	4.3688	4.2186	4.0578	3.8849	3.8121	3.6987	3.4975	10
11	5.2246	4.6100	4.4601	4.2988	4.1248	4.0513	3.9365	3.7320	11
12	5.4369	4.8320	4.6832	4.5224	4.3483	4.2745	4.1590	3.9526	12
13	5.6301	5.0369	4.8897	4.7302	4.5568	4.4831	4.3675	4.1602	13
14	5.8067	5.2265	5.0814	4.9237	4.7517	4.6784	4.5632	4.3559	14
15	5.9686	5.4023	5.2598	5.1043	4.9342	4.8616	4.7472	4.5407	15
16	6.1175	5.5658	5.4260	5.2732	5.1054	5.0336	4.9204	4.7154	16
17	6.2549	5.7182	5.5814	5.4314	5.2663	5.1955	5.0837	4.8806	17
18	6.3820	5.8604	5.7267	5.5798	5.4177	5.3480	5.2378	5.0371	18
19	6.4998	5.9935	5.8630	5.7193	5.5603	5.4919	5.3834	5.1855	19
20	6.6093	6.1181	5.9909	5.8505	5.6948	5.6277	5.5212	5.3263	20
21	6.7113	6.2351	6.1112	5.9742	5.8219	5.7562	5.6517	5.4601	21
22	6.8066	6.3450	6.2244	6.0909	5.9421	5.8777	5.7754	5.5873	22
23	6.8956	6.4485	6.3312	6.2011	6.0559	5.9930	5.8928	5.7083	23
24	6.9790	6.5460	6.4320	6.3053	6.1637	6.1022	6.0043	5.8235	24
25	7.0572	6.6381	6.5273	6.4040	6.2659	6.2060	6.1102	5.9333	25
26	7.1308	6.7251	6.6175	6.4976	6.3630	6.3045	6.2111	6.0380	26
27	7.2000	6.8073	6.7029	6.5863	6.4553	6.3983	6.3071	6.1379	27
28	7.2652	6.8852	6.7839	6.6706	6.5431	6.4875	6.3985	6.2333	28
29	7.3267	6.9591	6.8607	6.7507	6.6266	6.5725	6.4858	6.3244	29
30	7.3848	7.0292	6.9337	6.8268	6.7062	6.6535	6.5690	6.4116	30
31	7.4398	7.0957	7.0032	6.8993	6.7820	6.7307	6.6484	6.4949	31
32	7.4919	7.1590	7.0692	6.9684	6.8544	6.8045	6.7243	6.5746	32
33	7.5412	7.2191	7.1321	7.0342	6.9234	6.8749	6.7969	6.6510	33
34	7.5880	7.2764	7.1920	7.0971	6.9894	6.9422	6.8663	6.7242	34
35	7.6324	7.3310	7.2492	7.1570	7.0524	7.0065	6.9327	6.7943	35
36	7.6747	7.3830	7.3037	7.2143	7.1127	7.0681	6.9963	6.8615	36
37	7.7149	7.4327	7.3558	7.2690	7.1704	7.1270	7.0572	6.9260	37
38	7.7531	7.4801	7.4055	7.3214	7.2256	7.1835	7.1156	6.9879	38
39	7.7895	7.5253	7.4531	7.3715	7.2785	7.2375	7.1715	7.0473	39
40	7.8243	7.5686	7.4986	7.4194	7.3291	7.2894	7.2252	7.1044	40
41	7.8574	7.6100	7.5421	7.4653	7.3777	7.3391	7.2767	7.1592	41
42	7.8890	7.6496	7.5838	7.5094	7.4243	7.3868	7.3262	7.2119	42
43	7.9192	7.6875	7.6238	7.5515	7.4690	7.4325	7.3737	7.2625	43
44	7.9481	7.7238	7.6621	7.5920	7.5119	7.4765	7.4193	7.3112	44
45	7.9757	7.7586	7.6988	7.6308	7.5531	7.5187	7.4632	7.3581	45
46	8.0021	7.7920	7.7340	7.6681	7.5926	7.5593	7.5053	7.4032	46
47	8.0274	7.8240	7.7678	7.7039	7.6307	7.5983	7.5459	7.4466	47
48	8.0517	7.8547	7.8002	7.7383	7.6672	7.6358	7.5849	7.4884	48
49	8.0749	7.8842	7.8314	7.7713	7.7023	7.6718	7.6224	7.5287	49
50	8.0971	7.9125	7.8613	7.8030	7.7362	7.7065	7.6586	7.5675	50
55	8.1956	8.0384	7.9946	7.9446	7.8871	7.8616	7.8202	7.7414	55
60	8.2763	8.1422	8.1047	8.0618	8.0124	7.9904	7.9548	7.8867	60
70	8.3984	8.3005	8.2729	8.2413	8.2048	8.1885	8.1620	8.1113	70
80	8.4836	8.4118	8.3915	8.3682	8.3412	8.3291	8.3095	8.2717	80
100	8.5875	8.5486	8.5375	8.5248	8.5100	8.5034	8.4926	8.4718	100

YEARS' PURCHASE DUAL RATE
12 and 3 per cent
Income tax rate per cent

Years	52	55	60	65	70	75	80	85	Years
1	0.4630	0.4355	0.3893	0.3426	0.2953	0.2475	0.1991	0.1502	1
2	0.8912	0.8409	0.7556	0.6684	0.5792	0.4881	0.3949	0.2996	2
3	1.2882	1.2190	1.1006	0.9785	0.8524	0.7221	0.5875	0.4481	3
4	1.6571	1.5722	1.4261	1.2740	1.1153	0.9497	0.7767	0.5958	4
5	2.0006	1.9029	1.7336	1.5556	1.3683	1.1709	0.9626	0.7425	5
6	2.3212	2.2130	2.0243	1.8243	1.6119	1.3860	1.1453	0.8882	6
7	2.6210	2.5043	2.2995	2.0808	1.8465	1.5952	1.3247	1.0328	7
8	2.9017	2.7782	2.5603	2.3257	2.0726	1.7985	1.5008	1.1763	8
9	3.1650	3.0362	2.8076	2.5598	2.2904	1.9961	1.6737	1.3186	9
10	3.4124	3.2795	3.0424	2.7837	2.5003	2.1883	1.8433	1.4597	10
11	3.6453	3.5093	3.2656	2.9980	2.7026	2.3751	2.0097	1.5996	11
12	3.8646	3.7265	3.4778	3.2030	2.8977	2.5566	2.1729	1.7381	12
13	4.0716	3.9320	3.6798	3.3994	3.0859	2.7330	2.3329	1.8753	13
14	4.2671	4.1268	3.8722	3.5876	3.2675	2.9046	2.4898	2.0111	14
15	4.4520	4.3115	4.0556	3.7681	3.4426	3.0712	2.6435	2.1455	15
16	4.6270	4.4868	4.2305	3.9411	3.6116	3.2332	2.7941	2.2784	16
17	4.7929	4.6534	4.3975	4.1071	3.7748	3.3907	2.9416	2.4098	17
18	4.9502	4.8118	4.5570	4.2665	3.9323	3.5436	3.0861	2.5397	18
19	5.0996	4.9625	4.7094	4.4195	4.0844	3.6923	3.2276	2.6680	19
20	5.2416	5.1061	4.8551	4.5665	4.2312	3.8368	3.3661	2.7947	20
21	5.3766	5.2429	4.9945	4.7078	4.3731	3.9772	3.5016	2.9198	21
22	5.5051	5.3734	5.1280	4.8436	4.5101	4.1136	3.6343	3.0433	22
23	5.6275	5.4979	5.2558	4.9742	4.6425	4.2461	3.7640	3.1651	23
24	5.7443	5.6169	5.3783	5.0998	4.7704	4.3749	3.8909	3.2852	24
25	5.8556	5.7305	5.4957	5.2206	4.8941	4.5000	4.0150	3.4037	25
26	5.9619	5.8392	5.6083	5.3370	5.0136	4.6215	4.1363	3.5204	26
27	6.0634	5.9431	5.7163	5.4490	5.1291	4.7396	4.2550	3.6354	27
28	6.1604	6.0426	5.8200	5.5568	5.2408	4.8543	4.3709	3.7486	28
29	6.2531	6.1378	5.9195	5.6607	5.3488	4.9658	4.4842	3.8601	29
30	6.3419	6.2291	6.0152	5.7608	5.4533	5.0741	4.5948	3.9699	30
31	6.4269	6.3166	6.1071	5.8572	5.5543	5.1793	4.7029	4.0779	31
32	6.5082	6.4005	6.1954	5.9502	5.6520	5.2814	4.8085	4.1841	32
33	6.5862	6.4810	6.2803	6.0399	5.7465	5.3807	4.9116	4.2886	33
34	6.6610	6.5582	6.3620	6.1264	5.8380	5.4771	5.0123	4.3912	34
35	6.7327	6.6324	6.4406	6.2098	5.9265	5.5708	5.1106	4.4922	35
36	6.8014	6.7037	6.5163	6.2902	6.0121	5.6617	5.2065	4.5913	36
37	6.8675	6.7721	6.5891	6.3679	6.0950	5.7501	5.3001	4.6887	37
38	6.9309	6.8379	6.6592	6.4428	6.1752	5.8359	5.3915	4.7843	38
39	6.9918	6.9012	6.7268	6.5152	6.2529	5.9192	5.4806	4.8781	39
40	7.0503	6.9620	6.7919	6.5850	6.3280	6.0002	5.5676	4.9702	40
41	7.1065	7.0205	6.8546	6.6525	6.4008	6.0788	5.6524	5.0606	41
42	7.1606	7.0769	6.9151	6.7176	6.4712	6.1552	5.7351	5.1493	42
43	7.2127	7.1311	6.9734	6.7806	6.5395	6.2294	5.8157	5.2362	43
44	7.2627	7.1833	7.0296	6.8414	6.6055	6.3014	5.8943	5.3214	44
45	7.3109	7.2336	7.0838	6.9001	6.6695	6.3713	5.9710	5.4049	45
46	7.3573	7.2821	7.1361	6.9569	6.7314	6.4393	6.0457	5.4868	46
47	7.4020	7.3288	7.1866	7.0118	6.7914	6.5053	6.1185	5.5669	47
48	7.4450	7.3738	7.2354	7.0648	6.8496	6.5693	6.1895	5.6455	48
49	7.4865	7.4172	7.2824	7.1161	6.9059	6.6316	6.2587	5.7224	49
50	7.5264	7.4590	7.3278	7.1657	6.9604	6.6920	6.3260	5.7977	50
55	7.7058	7.6472	7.5326	7.3903	7.2087	6.9689	6.6377	6.1505	55
60	7.8558	7.8050	7.7053	7.5807	7.4208	7.2079	6.9105	6.4660	60
70	8.0883	8.0502	7.9750	7.8804	7.7577	7.5923	7.3569	6.9954	70
80	8.2546	8.2261	8.1698	8.0984	8.0052	7.8783	7.6953	7.4085	80
100	8.4623	8.4465	8.4150	8.3750	8.3222	8.2493	8.1425	7.9703	100

YEARS' PURCHASE DUAL RATE
13 and 3 per cent

Income tax rate per cent

Years	No tax	25	30	35	40	42	45	50	Years
1	0.9046	0.6980	0.6552	0.6120	0.5682	0.5506	0.5239	0.4791	1
2	1.6462	1.3011	1.2275	1.1524	1.0756	1.0443	0.9970	0.9167	2
3	2.2652	1.8272	1.7315	1.6329	1.5311	1.4895	1.4261	1.3176	3
4	2.7892	2.2899	2.1785	2.0627	1.9422	1.8927	1.8168	1.6862	4
5	3.2386	2.7000	2.5775	2.4493	2.3150	2.2594	2.1740	2.0260	5
6	3.6279	3.0656	2.9357	2.7987	2.6543	2.5943	2.5017	2.3403	6
7	3.9683	3.3937	3.2589	3.1160	2.9644	2.9011	2.8032	2.6316	7
8	4.2684	3.6895	3.5518	3.4052	3.2488	3.1833	3.0815	2.9022	8
9	4.5349	3.9574	3.8185	3.6699	3.5104	3.4434	3.3390	3.1542	9
10	4.7729	4.2012	4.0622	3.9128	3.7518	3.6839	3.5779	3.3893	10
11	4.9867	4.4238	4.2856	4.1365	3.9751	3.9068	3.7999	3.6091	11
12	5.1798	4.6278	4.4911	4.3431	4.1822	4.1139	4.0068	3.8149	12
13	5.3549	4.8154	4.6807	4.5343	4.3747	4.3068	4.2000	4.0079	13
14	5.5144	4.9884	4.8561	4.7119	4.5541	4.4867	4.3807	4.1893	14
15	5.6602	5.1484	5.0187	4.8770	4.7215	4.6549	4.5500	4.3600	15
16	5.7939	5.2967	5.1699	5.0310	4.8780	4.8125	4.7089	4.5207	16
17	5.9170	5.4344	5.3107	5.1748	5.0247	4.9602	4.8582	4.6724	17
18	6.0306	5.5628	5.4421	5.3093	5.1623	5.0990	4.9987	4.8156	18
19	6.1357	5.6825	5.5650	5.4354	5.2916	5.2296	5.1312	4.9511	19
20	6.2332	5.7944	5.6802	5.5538	5.4133	5.3527	5.2562	5.0793	20
21	6.3238	5.8992	5.7882	5.6651	5.5281	5.4687	5.3744	5.2008	21
22	6.4083	5.9976	5.8897	5.7700	5.6363	5.5784	5.4861	5.3161	22
23	6.4871	6.0899	5.9852	5.8688	5.7386	5.6820	5.5919	5.4255	23
24	6.5609	6.1769	6.0752	5.9621	5.8353	5.7802	5.6922	5.5295	24
25	6.6300	6.2587	6.1602	6.0503	5.9269	5.8732	5.7874	5.6284	25
26	6.6949	6.3360	6.2404	6.1337	6.0137	5.9614	5.8777	5.7225	26
27	6.7558	6.4090	6.3163	6.2127	6.0960	6.0451	5.9636	5.8122	27
28	6.8132	6.4780	6.3882	6.2876	6.1742	6.1247	6.0453	5.8976	28
29	6.8673	6.5433	6.4563	6.3587	6.2485	6.2004	6.1231	5.9792	29
30	6.9183	6.6052	6.5209	6.4262	6.3192	6.2724	6.1973	6.0570	30
31	6.9666	6.6640	6.5823	6.4905	6.3865	6.3410	6.2679	6.1313	31
32	7.0122	6.7197	6.6406	6.5515	6.4507	6.4064	6.3353	6.2023	32
33	7.0554	6.7727	6.6960	6.6097	6.5118	6.4688	6.3997	6.2702	33
34	7.0963	6.8231	6.7488	6.6651	6.5701	6.5284	6.4612	6.3352	34
35	7.1352	6.8711	6.7991	6.7180	6.6258	6.5852	6.5200	6.3974	35
36	7.1721	6.9167	6.8471	6.7684	6.6790	6.6396	6.5762	6.4570	36
37	7.2072	6.9603	6.8928	6.8166	6.7298	6.6916	6.6300	6.5140	37
38	7.2405	7.0018	6.9365	6.8626	6.7784	6.7413	6.6815	6.5688	38
39	7.2723	7.0415	6.9782	6.9066	6.8249	6.7889	6.7308	6.6212	39
40	7.3026	7.0794	7.0181	6.9487	6.8694	6.8345	6.7781	6.6716	40
41	7.3314	7.1156	7.0562	6.9889	6.9121	6.8782	6.8234	6.7199	41
42	7.3589	7.1502	7.0927	7.0275	6.9529	6.9200	6.8668	6.7663	42
43	7.3852	7.1833	7.1276	7.0644	6.9921	6.9602	6.9086	6.8109	43
44	7.4103	7.2150	7.1611	7.0998	7.0297	6.9987	6.9486	6.8537	44
45	7.4343	7.2454	7.1931	7.1338	7.0658	7.0357	6.9871	6.8949	45
46	7.4573	7.2745	7.2239	7.1663	7.1004	7.0712	7.0240	6.9345	46
47	7.4792	7.3023	7.2533	7.1976	7.1336	7.1053	7.0595	6.9725	47
48	7.5003	7.3291	7.2816	7.2276	7.1656	7.1381	7.0936	7.0092	48
49	7.5204	7.3548	7.3088	7.2564	7.1962	7.1696	7.1264	7.0444	49
50	7.5397	7.3794	7.3348	7.2841	7.2257	7.1999	7.1580	7.0784	50
55	7.6250	7.4888	7.4507	7.4073	7.3573	7.3351	7.2990	7.2303	55
60	7.6948	7.5788	7.5463	7.5091	7.4662	7.4471	7.4161	7.3569	60
70	7.8002	7.7157	7.6919	7.6646	7.6330	7.6189	7.5959	7.5520	70
80	7.8737	7.8118	7.7943	7.7742	7.7509	7.7404	7.7235	7.6909	80
100	7.9631	7.9296	7.9201	7.9092	7.8964	7.8907	7.8814	7.8635	100

YEARS' PURCHASE DUAL RATE
13 and 3 per cent
Income tax rate per cent

Years	52	55	60	65	70	75	80	85	Years
1	0.4611	0.4338	0.3879	0.3415	0.2945	0.2469	0.1987	0.1500	1
2	0.8840	0.8345	0.7504	0.6643	0.5762	0.4860	0.3935	0.2988	2
3	1.2732	1.2055	1.0897	0.9699	0.8458	0.7174	0.5843	0.4463	3
4	1.6324	1.5500	1.4078	1.2593	1.1040	0.9415	0.7712	0.5926	4
5	1.9647	1.8704	1.7066	1.5338	1.3514	1.1585	0.9542	0.7375	5
6	2.2731	2.1692	1.9876	1.7944	1.5885	1.3687	1.1334	0.8810	6
7	2.5597	2.4483	2.2522	2.0420	1.8159	1.5723	1.3089	1.0231	7
8	2.8268	2.7095	2.5018	2.2774	2.0341	1.7694	1.4805	1.1638	8
9	3.0761	2.9543	2.7374	2.5014	2.2434	1.9604	1.6485	1.3029	9
10	3.3093	3.1842	2.9602	2.7147	2.4445	2.1454	1.8128	1.4405	10
11	3.5278	3.4003	3.1710	2.9181	2.6375	2.3246	1.9735	1.5765	11
12	3.7329	3.6039	3.3708	3.1120	2.8230	2.4983	2.1306	1.7110	12
13	3.9257	3.7958	3.5602	3.2971	3.0014	2.6665	2.2842	1.8437	13
14	4.1071	3.9770	3.7400	3.4738	3.1728	2.8295	2.4344	1.9748	14
15	4.2781	4.1482	3.9108	3.6427	3.3377	2.9875	2.5812	2.1042	15
16	4.4394	4.3102	4.0732	3.8042	3.4963	3.1405	2.7246	2.2319	16
17	4.5919	4.4637	4.2278	3.9587	3.6490	3.2888	2.8647	2.3579	17
18	4.7361	4.6093	4.3749	4.1065	3.7960	3.4326	3.0016	2.4821	18
19	4.8727	4.7474	4.5152	4.2481	3.9375	3.5719	3.1352	2.6045	19
20	5.0022	4.8786	4.6490	4.3838	4.0738	3.7069	3.2657	2.7252	20
21	5.1250	5.0034	4.7767	4.5138	4.2052	3.8378	3.3931	2.8440	21
22	5.2416	5.1221	4.8986	4.6385	4.3317	3.9646	3.5175	2.9610	22
23	5.3525	5.2351	5.0151	4.7581	4.4537	4.0876	3.6389	3.0762	23
24	5.4580	5.3428	5.1265	4.8729	4.5713	4.2068	3.7574	3.1895	24
25	5.5584	5.4456	5.2331	4.9831	4.6847	4.3224	3.8730	3.3011	25
26	5.6541	5.5436	5.3351	5.0890	4.7941	4.4344	3.9858	3.4107	26
27	5.7453	5.6372	5.4327	5.1907	4.8996	4.5430	4.0958	3.5186	27
28	5.8323	5.7266	5.5263	5.2885	5.0015	4.6483	4.2031	3.6246	28
29	5.9154	5.8121	5.6160	5.3825	5.0998	4.7504	4.3078	3.7287	29
30	5.9948	5.8939	5.7020	5.4729	5.1946	4.8494	4.4098	3.8310	30
31	6.0706	5.9722	5.7845	5.5599	5.2862	4.9454	4.5093	3.9315	31
32	6.1432	6.0471	5.8637	5.6436	5.3746	5.0385	4.6063	4.0301	32
33	6.2126	6.1189	5.9397	5.7242	5.4601	5.1287	4.7008	4.1270	33
34	6.2791	6.1877	6.0127	5.8018	5.5426	5.2162	4.7930	4.2220	34
35	6.3427	6.2537	6.0829	5.8766	5.6223	5.3011	4.8827	4.3152	35
36	6.4038	6.3170	6.1503	5.9486	5.6993	5.3834	4.9702	4.4066	36
37	6.4623	6.3777	6.2152	6.0180	5.7737	5.4632	5.0555	4.4962	37
38	6.5184	6.4361	6.2775	6.0849	5.8456	5.5407	5.1385	4.5840	38
39	6.5722	6.4921	6.3375	6.1494	5.9152	5.6157	5.2194	4.6701	39
40	6.6239	6.5459	6.3953	6.2115	5.9824	5.6885	5.2982	4.7545	40
41	6.6735	6.5976	6.4509	6.2715	6.0474	5.7592	5.3749	4.8371	41
42	6.7212	6.6473	6.5044	6.3294	6.1102	5.8277	5.4497	4.9180	42
43	6.7670	6.6952	6.5559	6.3852	6.1710	5.8941	5.5224	4.9973	43
44	6.8111	6.7412	6.6056	6.4391	6.2298	5.9586	5.5933	5.0748	44
45	6.8534	6.7855	6.6535	6.4911	6.2866	6.0211	5.6623	5.1507	45
46	6.8942	6.8281	6.6996	6.5414	6.3417	6.0817	5.7294	5.2250	46
47	6.9334	6.8691	6.7441	6.5899	6.3949	6.1405	5.7948	5.2977	47
48	6.9711	6.9086	6.7870	6.6367	6.4464	6.1976	5.8584	5.3687	48
49	7.0075	6.9467	6.8283	6.6819	6.4962	6.2529	5.9203	5.4382	49
50	7.0425	6.9834	6.8683	6.7256	6.5445	6.3066	5.9806	5.5062	50
55	7.1993	7.1481	7.0479	6.9231	6.7635	6.5520	6.2584	5.8235	55
60	7.3300	7.2858	7.1988	7.0900	6.9499	6.7628	6.5004	6.1055	60
70	7.5320	7.4989	7.4337	7.3514	7.2446	7.1001	6.8938	6.5754	70
80	7.6760	7.6514	7.6026	7.5408	7.4600	7.3496	7.1901	6.9391	80
100	7.8553	7.8417	7.8146	7.7800	7.7345	7.6715	7.5790	7.4296	100

YEARS' PURCHASE DUAL RATE
14 and 3 per cent
Income tax rate per cent

Years	No tax	25	30	35	40	42	45	50	Years
1	0.8972	0.6936	0.6514	0.6086	0.5653	0.5478	0.5215	0.4771	1
2	1.6220	1.2859	1.2140	1.1405	1.0652	1.0346	0.9881	0.9091	2
3	2.2196	1.7974	1.7047	1.6090	1.5101	1.4696	1.4079	1.3020	3
4	2.7204	2.2433	2.1363	2.0248	1.9086	1.8607	1.7874	1.6608	4
5	3.1462	2.6354	2.5186	2.3961	2.2674	2.2141	2.1320	1.9895	5
6	3.5123	2.9827	2.8595	2.7295	2.5919	2.5347	2.4462	2.2917	6
7	3.8305	3.2924	3.1653	3.0304	2.8868	2.8268	2.7338	2.5702	7
8	4.1094	3.5700	3.4410	3.3032	3.1558	3.0940	2.9978	2.8278	8
9	4.3558	3.8203	3.6907	3.5517	3.4021	3.3391	3.2409	3.0665	9
10	4.5749	4.0470	3.9179	3.7787	3.6284	3.5648	3.4654	3.2882	10
11	4.7710	4.2532	4.1253	3.9870	3.8368	3.7731	3.6734	3.4947	11
12	4.9474	4.4415	4.3154	4.1785	4.0294	3.9660	3.8664	3.6873	12
13	5.1069	4.6140	4.4902	4.3553	4.2078	4.1449	4.0459	3.8674	13
14	5.2518	4.7726	4.6513	4.5188	4.3735	4.3113	4.2134	4.0360	14
15	5.3839	4.9188	4.8003	4.6705	4.5277	4.4664	4.3697	4.1942	15
16	5.5047	5.0540	4.9384	4.8115	4.6714	4.6112	4.5161	4.3427	16
17	5.6157	5.1793	5.0667	4.9429	4.8058	4.7467	4.6532	4.4825	17
18	5.7179	5.2957	5.1862	5.0655	4.9315	4.8737	4.7820	4.6142	18
19	5.8123	5.4041	5.2977	5.1801	5.0494	4.9929	4.9031	4.7384	19
20	5.8997	5.5052	5.4020	5.2876	5.1601	5.1049	5.0171	4.8557	20
21	5.9809	5.5997	5.4996	5.3884	5.2642	5.2104	5.1246	4.9666	21
22	6.0564	5.6882	5.5911	5.4831	5.3623	5.3098	5.2261	5.0716	22
23	6.1268	5.7713	5.6771	5.5723	5.4547	5.4036	5.3221	5.1711	23
24	6.1925	5.8493	5.7581	5.6563	5.5421	5.4923	5.4128	5.2655	24
25	6.2541	5.9227	5.8343	5.7356	5.6246	5.5762	5.4988	5.3551	25
26	6.3118	5.9918	5.9063	5.8105	5.7027	5.6557	5.5803	5.4402	26
27	6.3659	6.0570	5.9742	5.8814	5.7767	5.7310	5.6577	5.5212	27
28	6.4168	6.1186	6.0384	5.9485	5.8469	5.8025	5.7312	5.5983	28
29	6.4648	6.1769	6.0993	6.0121	5.9135	5.8704	5.8011	5.6717	29
30	6.5100	6.2320	6.1569	6.0724	5.9768	5.9349	5.8676	5.7417	30
31	6.5527	6.2843	6.2116	6.1297	6.0370	5.9963	5.9309	5.8084	31
32	6.5930	6.3338	6.2635	6.1842	6.0942	6.0547	5.9912	5.8721	32
33	6.6312	6.3809	6.3128	6.2360	6.1488	6.1104	6.0487	5.9329	33
34	6.6674	6.4256	6.3597	6.2853	6.2007	6.1635	6.1036	5.9911	34
35	6.7016	6.4681	6.4043	6.3323	6.2503	6.2142	6.1561	6.0467	35
36	6.7342	6.5086	6.4469	6.3771	6.2976	6.2626	6.2061	6.0999	36
37	6.7651	6.5471	6.4874	6.4198	6.3428	6.3088	6.2540	6.1508	37
38	6.7945	6.5839	6.5261	6.4606	6.3859	6.3530	6.2998	6.1995	38
39	6.8224	6.6189	6.5630	6.4996	6.4272	6.3952	6.3437	6.2463	39
40	6.8491	6.6524	6.5982	6.5369	6.4667	6.4357	6.3856	6.2910	40
41	6.8744	6.6843	6.6319	6.5725	6.5044	6.4744	6.4258	6.3340	41
42	6.8986	6.7149	6.6641	6.6066	6.5406	6.5115	6.4644	6.3752	42
43	6.9217	6.7441	6.6950	6.6392	6.5753	6.5470	6.5013	6.4147	43
44	6.9438	6.7720	6.7245	6.6704	6.6085	6.5811	6.5368	6.4527	44
45	6.9649	6.7987	6.7527	6.7004	6.6404	6.6138	6.5708	6.4892	45
46	6.9850	6.8244	6.7798	6.7291	6.6709	6.6452	6.6035	6.5243	46
47	7.0043	6.8489	6.8058	6.7567	6.7003	6.6753	6.6348	6.5580	47
48	7.0227	6.8724	6.8306	6.7831	6.7284	6.7042	6.6650	6.5904	48
49	7.0403	6.8950	6.8545	6.8085	6.7555	6.7320	6.6939	6.6215	49
50	7.0573	6.9166	6.8775	6.8328	6.7815	6.7587	6.7218	6.6515	50
55	7.1320	7.0126	6.9792	6.9411	6.8972	6.8777	6.8460	6.7855	55
60	7.1930	7.0915	7.0630	7.0304	6.9928	6.9761	6.9489	6.8968	60
70	7.2850	7.2112	7.1904	7.1665	7.1389	7.1266	7.1065	7.0680	70
80	7.3490	7.2951	7.2798	7.2623	7.2419	7.2328	7.2180	7.1895	80
100	7.4269	7.3978	7.3895	7.3800	7.3689	7.3639	7.3558	7.3402	100

YEARS' PURCHASE DUAL RATE
14 and 3 per cent

Income tax rate per cent

Years	52	55	60	65	70	75	80	85	Years
1	0.4592	0.4321	0.3866	0.3404	0.2937	0.2464	0.1984	0.1498	1
2	0.8770	0.8282	0.7453	0.6603	0.5732	0.4838	0.3921	0.2980	2
3	1.2587	1.1925	1.0790	0.9614	0.8394	0.7128	0.5812	0.4445	3
4	1.6086	1.5285	1.3901	1.2451	1.0931	0.9335	0.7659	0.5894	4
5	1.9304	1.8392	1.6806	1.5128	1.3351	1.1465	0.9461	0.7326	5
6	2.2272	2.1274	1.9524	1.7657	1.5660	1.3519	1.1219	0.8741	6
7	2.5016	2.3951	2.2071	2.0048	1.7865	1.5502	1.2935	1.0137	7
8	2.7561	2.6445	2.4463	2.2313	1.9972	1.7415	1.4609	1.1516	8
9	2.9927	2.8772	2.6711	2.4459	2.1987	1.9262	1.6242	1.2877	9
10	3.2129	3.0948	2.8828	2.6495	2.3915	2.1045	1.7835	1.4220	10
11	3.4185	3.2986	3.0824	2.8429	2.5759	2.2767	1.9388	1.5543	11
12	3.6107	3.4898	3.2708	3.0266	2.7526	2.4429	2.0902	1.6848	12
13	3.7907	3.6695	3.4489	3.2014	2.9218	2.6036	2.2379	1.8134	13
14	3.9596	3.8385	3.6173	3.3678	3.0841	2.7587	2.3818	1.9401	14
15	4.1183	3.9978	3.7769	3.5263	3.2396	2.9087	2.5222	2.0649	15
16	4.2677	4.1481	3.9281	3.6774	3.3889	3.0536	2.6589	2.1877	16
17	4.4084	4.2901	4.0717	3.8215	3.5321	3.1936	2.7922	2.3085	17
18	4.5411	4.4244	4.2080	3.9591	3.6697	3.3290	2.9220	2.4275	18
19	4.6665	4.5515	4.3377	4.0906	3.8018	3.4598	3.0486	2.5444	19
20	4.7851	4.6720	4.4610	4.2162	3.9287	3.5864	3.1718	2.6594	20
21	4.8974	4.7863	4.5784	4.3363	4.0507	3.7087	3.2919	2.7725	21
22	5.0038	4.8948	4.6903	4.4513	4.1680	3.8271	3.4088	2.8836	22
23	5.1048	4.9979	4.7970	4.5613	4.2808	3.9415	3.5227	2.9927	23
24	5.2006	5.0960	4.8988	4.6667	4.3894	4.0523	3.6336	3.0999	24
25	5.2917	5.1893	4.9960	4.7677	4.4938	4.1594	3.7416	3.2051	25
26	5.3784	5.2783	5.0889	4.8645	4.5944	4.2630	3.8468	3.3084	26
27	5.4608	5.3631	5.1777	4.9574	4.6912	4.3633	3.9492	3.4098	27
28	5.5394	5.4440	5.2626	5.0465	4.7845	4.4603	4.0488	3.5092	28
29	5.6143	5.5212	5.3439	5.1320	4.8744	4.5543	4.1459	3.6068	29
30	5.6857	5.5949	5.4217	5.2142	4.9610	4.6452	4.2403	3.7024	30
31	5.7539	5.6654	5.4962	5.2931	5.0444	4.7332	4.3322	3.7962	31
32	5.8191	5.7328	5.5677	5.3689	5.1249	4.8184	4.4216	3.8881	32
33	5.8813	5.7973	5.6362	5.4418	5.2025	4.9008	4.5087	3.9781	33
34	5.9409	5.8590	5.7019	5.5119	5.2774	4.9807	4.5933	4.0663	34
35	5.9978	5.9181	5.7650	5.5793	5.3496	5.0580	4.6757	4.1527	35
36	6.0524	5.9748	5.8255	5.6442	5.4192	5.1329	4.7559	4.2373	36
37	6.1046	6.0291	5.8836	5.7066	5.4865	5.2054	4.8339	4.3201	37
38	6.1546	6.0812	5.9395	5.7667	5.5514	5.2756	4.9098	4.4011	38
39	6.2026	6.1312	5.9932	5.8246	5.6141	5.3437	4.9836	4.4804	39
40	6.2486	6.1792	6.0448	5.8804	5.6746	5.4095	5.0554	4.5580	40
41	6.2928	6.2252	6.0944	5.9341	5.7330	5.4734	5.1252	4.6339	41
42	6.3351	6.2695	6.1422	5.9859	5.7895	5.5352	5.1931	4.7081	42
43	6.3758	6.3120	6.1881	6.0358	5.8440	5.5951	5.2591	4.7807	43
44	6.4149	6.3529	6.2324	6.0839	5.8967	5.6532	5.3233	4.8516	44
45	6.4525	6.3922	6.2749	6.1304	5.9476	5.7094	5.3858	4.9209	45
46	6.4886	6.4300	6.3160	6.1751	5.9969	5.7639	5.4465	4.9887	46
47	6.5233	6.4664	6.3555	6.2183	6.0444	5.8167	5.5055	5.0549	47
48	6.5567	6.5014	6.3935	6.2600	6.0904	5.8679	5.5629	5.1195	48
49	6.5888	6.5351	6.4302	6.3003	6.1349	5.9175	5.6187	5.1827	49
50	6.6198	6.5676	6.4656	6.3391	6.1779	5.9655	5.6730	5.2444	50
55	6.7581	6.7130	6.6246	6.5142	6.3727	6.1846	5.9223	5.5314	55
60	6.8733	6.8343	6.7577	6.6617	6.5379	6.3721	6.1386	5.7852	60
70	7.0505	7.0215	6.9643	6.8921	6.7980	6.6706	6.4883	6.2055	70
80	7.1766	7.1550	7.1124	7.0583	6.9874	6.8905	6.7501	6.5284	80
100	7.3330	7.3212	7.2975	7.2674	7.2276	7.1726	7.0917	6.9607	100

YEARS' PURCHASE DUAL RATE
15 and 3 per cent

Income tax rate per cent

Years	No tax	25	30	35	40	42	45	50	Years
1	0.8900	0.6893	0.6476	0.6053	0.5624	0.5452	0.5190	0.4750	1
2	1.5987	1.2712	1.2009	1.1289	1.0551	1.0250	0.9794	0.9017	2
3	2.1761	1.7688	1.6790	1.5861	1.4899	1.4504	1.3902	1.2870	3
4	2.6554	2.1989	2.0960	1.9886	1.8764	1.8301	1.7591	1.6363	4
5	3.0595	2.5744	2.4628	2.3455	2.2220	2.1708	2.0919	1.9545	5
6	3.4047	2.9047	2.7878	2.6640	2.5328	2.4781	2.3935	2.2453	6
7	3.7028	3.1976	3.0776	2.9499	2.8137	2.7566	2.6681	2.5121	7
8	3.9628	3.4589	3.3376	3.2078	3.0687	3.0101	2.9190	2.7576	8
9	4.1914	3.6933	3.5720	3.4416	3.3010	3.2417	3.1490	2.9841	9
10	4.3939	3.9048	3.7844	3.6544	3.5136	3.4539	3.3606	3.1937	10
11	4.5745	4.0964	3.9776	3.8488	3.7087	3.6492	3.5558	3.3881	11
12	4.7364	4.2707	4.1540	4.0270	3.8884	3.8293	3.7363	3.5689	12
13	4.8824	4.4300	4.3157	4.1910	4.0542	3.9958	3.9037	3.7373	13
14	5.0147	4.5759	4.4643	4.3422	4.2078	4.1502	4.0594	3.8945	14
15	5.1350	4.7102	4.6014	4.4820	4.3503	4.2938	4.2043	4.0415	15
16	5.2448	4.8340	4.7282	4.6117	4.4829	4.4274	4.3396	4.1793	16
17	5.3454	4.9485	4.8457	4.7323	4.6064	4.5522	4.4661	4.3086	17
18	5.4380	5.0547	4.9549	4.8445	4.7218	4.6688	4.5846	4.4301	18
19	5.5233	5.1533	5.0565	4.9493	4.8298	4.7781	4.6958	4.5445	19
20	5.6022	5.2452	5.1514	5.0473	4.9310	4.8806	4.8003	4.6523	20
21	5.6753	5.3309	5.2401	5.1391	5.0260	4.9769	4.8986	4.7540	21
22	5.7432	5.4111	5.3232	5.2252	5.1153	5.0675	4.9913	4.8502	22
23	5.8065	5.4862	5.4011	5.3061	5.1994	5.1530	5.0787	4.9411	23
24	5.8655	5.5566	5.4743	5.3822	5.2787	5.2335	5.1613	5.0272	24
25	5.9207	5.6228	5.5432	5.4540	5.3535	5.3096	5.2394	5.1088	25
26	5.9724	5.6851	5.6080	5.5217	5.4242	5.3816	5.3134	5.1862	26
27	6.0208	5.7438	5.6693	5.5856	5.4911	5.4498	5.3835	5.2598	27
28	6.0664	5.7992	5.7271	5.6461	5.5545	5.5144	5.4500	5.3296	28
29	6.1092	5.8515	5.7818	5.7034	5.6146	5.5757	5.5131	5.3961	29
30	6.1496	5.9009	5.8335	5.7577	5.6716	5.6338	5.5731	5.4594	30
31	6.1876	5.9477	5.8826	5.8091	5.7258	5.6891	5.6302	5.5197	31
32	6.2236	5.9921	5.9291	5.8580	5.7772	5.7417	5.6846	5.5772	32
33	6.2576	6.0342	5.9733	5.9045	5.8262	5.7918	5.7363	5.6321	33
34	6.2898	6.0742	6.0153	5.9487	5.8729	5.8395	5.7857	5.6845	34
35	6.3203	6.1122	6.0552	5.9908	5.9173	5.8850	5.8328	5.7345	35
36	6.3492	6.1483	6.0932	6.0308	5.9597	5.9283	5.8777	5.7823	36
37	6.3767	6.1827	6.1294	6.0690	6.0001	5.9697	5.9207	5.8280	37
38	6.4028	6.2154	6.1639	6.1055	6.0387	6.0093	5.9617	5.8718	38
39	6.4276	6.2467	6.1968	6.1403	6.0756	6.0471	6.0009	5.9137	39
40	6.4513	6.2765	6.2282	6.1735	6.1109	6.0832	6.0385	5.9538	40
41	6.4738	6.3049	6.2582	6.2053	6.1446	6.1178	6.0744	5.9923	41
42	6.4952	6.3321	6.2869	6.2357	6.1769	6.1509	6.1088	6.0291	42
43	6.5157	6.3580	6.3144	6.2647	6.2078	6.1826	6.1418	6.0645	43
44	6.5352	6.3828	6.3406	6.2925	6.2374	6.2130	6.1734	6.0984	44
45	6.5539	6.4066	6.3657	6.3192	6.2658	6.2421	6.2038	6.1310	45
46	6.5717	6.4293	6.3898	6.3447	6.2930	6.2700	6.2329	6.1623	46
47	6.5888	6.4511	6.4128	6.3692	6.3191	6.2968	6.2608	6.1923	47
48	6.6051	6.4720	6.4349	6.3927	6.3441	6.3226	6.2877	6.2212	48
49	6.6207	6.4920	6.4561	6.4152	6.3682	6.3473	6.3134	6.2490	49
50	6.6356	6.5111	6.4764	6.4368	6.3912	6.3710	6.3382	6.2757	50
55	6.7016	6.5961	6.5666	6.5329	6.4939	6.4766	6.4485	6.3948	55
60	6.7555	6.6659	6.6407	6.6119	6.5786	6.5638	6.5397	6.4936	60
70	6.8366	6.7716	6.7532	6.7322	6.7078	6.6969	6.6792	6.6452	70
80	6.8929	6.8455	6.8320	6.8166	6.7986	6.7906	6.7776	6.7525	80
100	6.9614	6.9358	6.9285	6.9201	6.9104	6.9060	6.8989	6.8852	100

YEARS' PURCHASE DUAL RATE
15 and 3 per cent

Income tax rate per cent

Years	52	55	60	65	70	75	80	85	Years
1	0.4573	0.4304	0.3852	0.3394	0.2929	0.2458	0.1980	0.1496	1
2	0.8701	0.8221	0.7404	0.6564	0.5703	0.4817	0.3907	0.2972	2
3	1.2446	1.1798	1.0686	0.9532	0.8331	0.7082	0.5782	0.4427	3
4	1.5856	1.5077	1.3729	1.2313	1.0824	0.9258	0.7606	0.5863	4
5	1.8974	1.8093	1.6555	1.4925	1.3192	1.1348	0.9381	0.7278	5
6	2.1834	2.0874	1.9187	1.7380	1.5442	1.3357	1.1107	0.8672	6
7	2.4465	2.3446	2.1641	1.9693	1.7582	1.5288	1.2786	1.0046	7
8	2.6894	2.5830	2.3936	2.1873	1.9620	1.7146	1.4419	1.1398	8
9	2.9141	2.8046	2.6084	2.3932	2.1560	1.8933	1.6008	1.2730	9
10	3.1226	3.0109	2.8099	2.5878	2.3410	2.0654	1.7553	1.4040	10
11	3.3164	3.2035	2.9992	2.7719	2.5175	2.2309	1.9055	1.5329	11
12	3.4970	3.3835	3.1772	2.9463	2.6860	2.3904	2.0516	1.6596	12
13	3.6656	3.5521	3.3450	3.1117	2.8469	2.5439	2.1937	1.7843	13
14	3.8233	3.7103	3.5032	3.2687	3.0008	2.6919	2.3318	1.9068	14
15	3.9711	3.8589	3.6527	3.4178	3.1478	2.8344	2.4662	2.0272	15
16	4.1097	3.9988	3.7940	3.5595	3.2886	2.9719	2.5967	2.1454	16
17	4.2401	4.1306	3.9277	3.6944	3.4233	3.1043	2.7237	2.2615	17
18	4.3628	4.2549	4.0544	3.8228	3.5523	3.2321	2.8471	2.3755	18
19	4.4784	4.3723	4.1746	3.9453	3.6760	3.3553	2.9671	2.4874	19
20	4.5875	4.4834	4.2887	4.0620	3.7945	3.4742	3.0837	2.5973	20
21	4.6906	4.5885	4.3972	4.1734	3.9082	3.5889	3.1971	2.7050	21
22	4.7881	4.6882	4.5003	4.2797	4.0173	3.6996	3.3073	2.8106	22
23	4.8805	4.7827	4.5984	4.3814	4.1220	3.8065	3.4144	2.9142	23
24	4.9680	4.8724	4.6919	4.4785	4.2225	3.9096	3.5185	3.0157	24
25	5.0511	4.9577	4.7810	4.5715	4.3191	4.0092	3.6197	3.1152	25
26	5.1300	5.0388	4.8660	4.6604	4.4119	4.1054	3.7180	3.2127	26
27	5.2049	5.1160	4.9471	4.7456	4.5011	4.1984	3.8136	3.3082	27
28	5.2763	5.1896	5.0246	4.8272	4.5869	4.2881	3.9064	3.4018	28
29	5.3442	5.2597	5.0986	4.9054	4.6694	4.3749	3.9967	3.4933	29
30	5.4088	5.3266	5.1694	4.9804	4.7489	4.4587	4.0844	3.5830	30
31	5.4705	5.3904	5.2371	5.0523	4.8253	4.5397	4.1696	3.6707	31
32	5.5294	5.4514	5.3019	5.1213	4.8989	4.6180	4.2523	3.7566	32
33	5.5856	5.5097	5.3640	5.1876	4.9697	4.6937	4.3328	3.8406	33
34	5.6392	5.5654	5.4235	5.2513	5.0380	4.7669	4.4109	3.9227	34
35	5.6905	5.6188	5.4805	5.3124	5.1037	4.8377	4.4869	4.0030	35
36	5.7396	5.6698	5.5352	5.3712	5.1671	4.9062	4.5606	4.0816	36
37	5.7865	5.7187	5.5876	5.4277	5.2282	4.9724	4.6323	4.1583	37
38	5.8315	5.7655	5.6380	5.4821	5.2871	5.0364	4.7019	4.2334	38
39	5.8745	5.8104	5.6863	5.5344	5.3440	5.0984	4.7696	4.3067	39
40	5.9158	5.8535	5.7328	5.5847	5.3988	5.1583	4.8353	4.3783	40
41	5.9554	5.8948	5.7774	5.6331	5.4516	5.2163	4.8991	4.4483	41
42	5.9933	5.9345	5.8203	5.6798	5.5027	5.2724	4.9611	4.5166	42
43	6.0297	5.9726	5.8615	5.7247	5.5519	5.3268	5.0214	4.5834	43
44	6.0647	6.0092	5.9012	5.7680	5.5994	5.3794	5.0799	4.6485	44
45	6.0982	6.0443	5.9394	5.8097	5.6453	5.4303	5.1367	4.7121	45
46	6.1305	6.0781	5.9761	5.8499	5.6897	5.4795	5.1919	4.7742	46
47	6.1614	6.1106	6.0115	5.8886	5.7325	5.5272	5.2455	4.8348	47
48	6.1912	6.1419	6.0455	5.9260	5.7738	5.5734	5.2976	4.8940	48
49	6.2199	6.1720	6.0783	5.9621	5.8138	5.6181	5.3482	4.9516	49
50	6.2474	6.2009	6.1099	5.9968	5.8524	5.6614	5.3973	5.0079	50
55	6.3705	6.3304	6.2517	6.1533	6.0269	5.8584	5.6225	5.2690	55
60	6.4727	6.4382	6.3701	6.2848	6.1745	6.0264	5.8171	5.4988	60
70	6.6297	6.6041	6.5534	6.4894	6.4060	6.2927	6.1302	5.8771	70
80	6.7410	6.7220	6.6843	6.6365	6.5738	6.4880	6.3634	6.1660	80
100	6.8789	6.8684	6.8476	6.8211	6.7860	6.7375	6.6660	6.5502	100

YEARS' PURCHASE DUAL RATE
16 and 3 per cent
Income tax rate per cent

Years	No tax	25	30	35	40	42	45	50	Years
1	0.8830	0.6851	0.6438	0.6020	0.5596	0.5425	0.5166	0.4730	1
2	1.5762	1.2569	1.1881	1.1176	1.0452	1.0157	0.9709	0.8945	2
3	2.1346	1.7412	1.6541	1.5639	1.4703	1.4319	1.3732	1.2723	3
4	2.5938	2.1565	2.0574	1.9538	1.8454	1.8006	1.7318	1.6127	4
5	2.9780	2.5164	2.4097	2.2973	2.1787	2.1294	2.0535	1.9209	5
6	3.3041	2.8312	2.7200	2.6020	2.4767	2.4244	2.3434	2.2011	6
7	3.5841	3.1087	2.9952	2.8741	2.7446	2.6903	2.6059	2.4569	7
8	3.8272	3.3551	3.2409	3.1184	2.9867	2.9312	2.8447	2.6912	8
9	4.0400	3.5752	3.4615	3.3389	3.2064	3.1504	3.0628	2.9065	9
10	4.2278	3.7730	3.6605	3.5388	3.4066	3.3505	3.2626	3.1050	10
11	4.3947	3.9516	3.8410	3.7208	3.5897	3.5339	3.4462	3.2885	11
12	4.5440	4.1136	4.0052	3.8871	3.7577	3.7025	3.6155	3.4585	12
13	4.6782	4.2612	4.1554	4.0396	3.9124	3.8580	3.7721	3.6164	13
14	4.7995	4.3961	4.2930	4.1799	4.0552	4.0017	3.9172	3.7635	14
15	4.9096	4.5198	4.4196	4.3093	4.1874	4.1350	4.0520	3.9006	15
16	5.0099	4.6337	4.5364	4.4291	4.3101	4.2589	4.1775	4.0288	16
17	5.1016	4.7388	4.6445	4.5402	4.4242	4.3742	4.2946	4.1488	17
18	5.1858	4.8361	4.7447	4.6434	4.5306	4.4818	4.4041	4.2613	18
19	5.2634	4.9263	4.8378	4.7396	4.6299	4.5823	4.5066	4.3671	19
20	5.3350	5.0102	4.9246	4.8294	4.7228	4.6765	4.6028	4.4665	20
21	5.4012	5.0884	5.0056	4.9133	4.8099	4.7649	4.6931	4.5602	21
22	5.4627	5.1614	5.0813	4.9920	4.8916	4.8479	4.7781	4.6486	22
23	5.5199	5.2297	5.1523	5.0658	4.9684	4.9260	4.8581	4.7320	23
24	5.5732	5.2936	5.2188	5.1351	5.0408	4.9996	4.9336	4.8109	24
25	5.6230	5.3537	5.2814	5.2004	5.1090	5.0690	5.0050	4.8856	25
26	5.6696	5.4101	5.3403	5.2619	5.1733	5.1346	5.0724	4.9564	26
27	5.7133	5.4632	5.3958	5.3200	5.2342	5.1966	5.1363	5.0235	27
28	5.7543	5.5133	5.4481	5.3748	5.2917	5.2553	5.1968	5.0872	28
29	5.7928	5.5605	5.4976	5.4267	5.3462	5.3109	5.2541	5.1478	29
30	5.8291	5.6052	5.5444	5.4758	5.3979	5.3637	5.3086	5.2054	30
31	5.8633	5.6474	5.5886	5.5223	5.4469	5.4138	5.3604	5.2601	31
32	5.8955	5.6874	5.6306	5.5665	5.4935	5.4614	5.4096	5.3123	32
33	5.9260	5.7253	5.6704	5.6084	5.5378	5.5066	5.4565	5.3621	33
34	5.9549	5.7613	5.7083	5.6483	5.5799	5.5497	5.5011	5.4095	34
35	5.9822	5.7955	5.7442	5.6862	5.6200	5.5908	5.5437	5.4548	35
36	6.0082	5.8279	5.7784	5.7223	5.6582	5.6299	5.5843	5.4981	36
37	6.0328	5.8588	5.8109	5.7567	5.6946	5.6672	5.6230	5.5394	37
38	6.0561	5.8882	5.8420	5.7895	5.7294	5.7029	5.6600	5.5789	38
39	6.0783	5.9162	5.8715	5.8207	5.7626	5.7369	5.6954	5.6167	39
40	6.0994	5.9430	5.8997	5.8506	5.7943	5.7694	5.7292	5.6529	40
41	6.1196	5.9684	5.9266	5.8791	5.8246	5.8005	5.7615	5.6876	41
42	6.1387	5.9928	5.9523	5.9064	5.8536	5.8303	5.7925	5.7208	42
43	6.1570	6.0160	5.9769	5.9324	5.8814	5.8587	5.8221	5.7526	43
44	6.1744	6.0382	6.0004	5.9574	5.9079	5.8860	5.8505	5.7831	44
45	6.1911	6.0595	6.0229	5.9813	5.9334	5.9122	5.8778	5.8124	45
46	6.2070	6.0798	6.0444	6.0041	5.9578	5.9372	5.9039	5.8405	46
47	6.2222	6.0993	6.0651	6.0260	5.9811	5.9612	5.9289	5.8675	47
48	6.2368	6.1179	6.0848	6.0471	6.0036	5.9843	5.9530	5.8934	48
49	6.2507	6.1358	6.1038	6.0672	6.0251	6.0064	5.9761	5.9183	49
50	6.2640	6.1530	6.1219	6.0865	6.0458	6.0277	5.9983	5.9423	50
55	6.3228	6.2288	6.2025	6.1723	6.1376	6.1221	6.0970	6.0490	55
60	6.3707	6.2910	6.2685	6.2429	6.2132	6.2000	6.1785	6.1373	60
70	6.4428	6.3850	6.3687	6.3500	6.3282	6.3186	6.3028	6.2725	70
80	6.4928	6.4507	6.4387	6.4250	6.4091	6.4019	6.3903	6.3680	80
100	6.5535	6.5308	6.5244	6.5169	6.5083	6.5044	6.4981	6.4859	100

YEARS' PURCHASE DUAL RATE
16 and 3 per cent
Income tax rate per cent

Years	52	55	60	65	70	75	80	85	Years
1	0.4554	0.4288	0.3839	0.3384	0.2922	0.2453	0.1977	0.1494	1
2	0.8634	0.8161	0.7355	0.6526	0.5674	0.4797	0.3894	0.2964	2
3	1.2309	1.1675	1.0585	0.9451	0.8269	0.7038	0.5752	0.4410	3
4	1.5635	1.4877	1.3562	1.2179	1.0721	0.9182	0.7555	0.5832	4
5	1.8657	1.7805	1.6314	1.4728	1.3038	1.1234	0.9303	0.7231	5
6	2.1416	2.0491	1.8863	1.7114	1.5232	1.3199	1.0998	0.8606	6
7	2.3942	2.2964	2.1231	1.9352	1.7310	1.5082	1.2642	0.9956	7
8	2.6263	2.5247	2.3434	2.1454	1.9281	1.6887	1.4236	1.1283	8
9	2.8401	2.7360	2.5490	2.3431	2.1153	1.8618	1.5782	1.2586	9
10	3.0378	2.9320	2.7410	2.5293	2.2931	2.0279	1.7282	1.3866	10
11	3.2209	3.1143	2.9209	2.7049	2.4621	2.1873	1.8736	1.5122	11
12	3.3910	3.2842	3.0895	2.8707	2.6230	2.3403	2.0147	1.6354	12
13	3.5493	3.4423	3.2479	3.0275	2.7763	2.4874	2.1515	1.7563	13
14	3.6969	3.5912	3.3968	3.1758	2.9223	2.6286	2.2842	1.8748	14
15	3.8349	3.7302	3.5371	3.3164	3.0617	2.7644	2.4130	1.9911	15
16	3.9641	3.8608	3.6695	3.4497	3.1946	2.8949	2.5378	2.1050	16
17	4.0852	3.9835	3.7944	3.5763	3.3216	3.0205	2.6590	2.2167	17
18	4.1990	4.0990	3.9126	3.6965	3.4430	3.1413	2.7765	2.3261	18
19	4.3060	4.2078	4.0244	3.8108	3.5590	3.2576	2.8904	2.4333	19
20	4.4067	4.3106	4.1304	3.9196	3.6700	3.3695	3.0010	2.5383	20
21	4.5018	4.4077	4.2308	4.0233	3.7762	3.4773	3.1083	2.6411	21
22	4.5916	4.4996	4.3262	4.1220	3.8780	3.5811	3.2123	2.7417	22
23	4.6764	4.5866	4.4168	4.2162	3.9755	3.6812	3.3133	2.8402	23
24	4.7567	4.6690	4.5030	4.3061	4.0689	3.7776	3.4112	2.9366	24
25	4.8328	4.7473	4.5850	4.3920	4.1585	3.8705	3.5062	3.0308	25
26	4.9050	4.8216	4.6631	4.4740	4.2445	3.9601	3.5984	3.1230	26
27	4.9735	4.8923	4.7375	4.5524	4.3270	4.0465	3.6878	3.2132	27
28	5.0386	4.9595	4.8085	4.6275	4.4062	4.1298	3.7746	3.3014	28
29	5.1005	5.0235	4.8763	4.6993	4.4823	4.2102	3.8588	3.3875	29
30	5.1593	5.0845	4.9410	4.7681	4.5554	4.2878	3.9405	3.4718	30
31	5.2154	5.1426	5.0028	4.8339	4.6257	4.3626	4.0197	3.5541	31
32	5.2689	5.1981	5.0620	4.8971	4.6933	4.4349	4.0966	3.6345	32
33	5.3199	5.2510	5.1185	4.9577	4.7583	4.5047	4.1712	3.7131	33
34	5.3686	5.3016	5.1727	5.0158	4.8208	4.5721	4.2436	3.7898	34
35	5.4150	5.3500	5.2245	5.0715	4.8810	4.6371	4.3138	3.8647	35
36	5.4594	5.3962	5.2742	5.1251	4.9390	4.7000	4.3820	3.9379	36
37	5.5019	5.4405	5.3218	5.1765	4.9948	4.7607	4.4481	4.0093	37
38	5.5425	5.4829	5.3674	5.2259	5.0485	4.8194	4.5122	4.0790	38
39	5.5814	5.5235	5.4112	5.2734	5.1003	4.8761	4.5745	4.1470	39
40	5.6186	5.5624	5.4533	5.3191	5.1502	4.9309	4.6349	4.2134	40
41	5.6543	5.5997	5.4936	5.3630	5.1983	4.9839	4.6935	4.2781	41
42	5.6885	5.6355	5.5324	5.4053	5.2446	5.0351	4.7504	4.3413	42
43	5.7213	5.6698	5.5697	5.4460	5.2893	5.0846	4.8056	4.4029	43
44	5.7527	5.7028	5.6055	5.4851	5.3325	5.1325	4.8592	4.4630	44
45	5.7829	5.7344	5.6399	5.5228	5.3741	5.1788	4.9112	4.5216	45
46	5.8119	5.7649	5.6730	5.5591	5.4142	5.2236	4.9616	4.5788	46
47	5.8397	5.7941	5.7049	5.5941	5.4530	5.2669	5.0105	4.6345	47
48	5.8665	5.8222	5.7355	5.6278	5.4904	5.3089	5.0580	4.6888	48
49	5.8922	5.8492	5.7650	5.6603	5.5265	5.3494	5.1041	4.7417	49
50	5.9169	5.8752	5.7935	5.6917	5.5614	5.3887	5.1488	4.7933	50
55	6.0272	5.9913	5.9208	5.8325	5.7187	5.5668	5.3534	5.0320	55
60	6.1186	6.0877	6.0269	5.9504	5.8514	5.7183	5.5295	5.2411	60
70	6.2587	6.2359	6.1907	6.1335	6.0589	5.9575	5.8116	5.5837	70
80	6.3578	6.3409	6.3074	6.2648	6.2089	6.1323	6.0208	5.8438	80
100	6.4803	6.4710	6.4526	6.4290	6.3978	6.3547	6.2911	6.1879	100

YEARS' PURCHASE DUAL RATE
17 and 3 per cent
Income tax rate per cent

Years	No tax	25	30	35	40	42	45	50	Years
1	0.8761	0.6809	0.6402	0.5988	0.5569	0.5399	0.5143	0.4710	1
2	1.5544	1.2430	1.1757	1.1066	1.0356	1.0066	0.9626	0.8875	2
3	2.0949	1.7147	1.6302	1.5425	1.4513	1.4139	1.3566	1.2581	3
4	2.5354	2.1160	2.0205	1.9205	1.8157	1.7723	1.7056	1.5900	4
5	2.9013	2.4614	2.3592	2.2514	2.1374	2.0899	2.0167	1.8887	5
6	3.2099	2.7618	2.6558	2.5433	2.4234	2.3733	2.2956	2.1589	6
7	3.4736	3.0252	2.9176	2.8026	2.6794	2.6276	2.5470	2.4045	7
8	3.7014	3.2581	3.1502	3.0344	2.9096	2.8569	2.7746	2.6284	8
9	3.9001	3.4652	3.3583	3.2428	3.1176	3.0646	2.9817	2.8334	9
10	4.0749	3.6507	3.5453	3.4310	3.3066	3.2537	3.1707	3.0217	10
11	4.2297	3.8177	3.7143	3.6018	3.4788	3.4264	3.3439	3.1952	11
12	4.3678	3.9687	3.8677	3.7574	3.6364	3.5847	3.5031	3.3555	12
13	4.4916	4.1058	4.0075	3.8997	3.7811	3.7302	3.6498	3.5039	13
14	4.6033	4.2309	4.1354	4.0303	3.9143	3.8644	3.7855	3.6418	14
15	4.7045	4.3455	4.2527	4.1505	4.0373	3.9886	3.9113	3.7700	15
16	4.7965	4.4506	4.3608	4.2615	4.1513	4.1037	4.0281	3.8896	16
17	4.8805	4.5475	4.4605	4.3642	4.2570	4.2106	4.1369	4.0014	17
18	4.9576	4.6370	4.5529	4.4595	4.3554	4.3102	4.2384	4.1060	18
19	5.0284	4.7199	4.6386	4.5482	4.4471	4.4032	4.3332	4.2041	19
20	5.0937	4.7969	4.7183	4.6308	4.5327	4.4901	4.4220	4.2962	20
21	5.1541	4.8685	4.7926	4.7079	4.6129	4.5715	4.5053	4.3828	21
22	5.2100	4.9352	4.8620	4.7801	4.6880	4.6478	4.5836	4.4643	22
23	5.2620	4.9976	4.9269	4.8477	4.7585	4.7196	4.6572	4.5412	23
24	5.3105	5.0560	4.9877	4.9112	4.8248	4.7871	4.7266	4.6139	24
25	5.3556	5.1107	5.0448	4.9709	4.8873	4.8507	4.7920	4.6825	25
26	5.3979	5.1621	5.0985	5.0270	4.9461	4.9107	4.8538	4.7475	26
27	5.4374	5.2105	5.1491	5.0800	5.0017	4.9674	4.9122	4.8090	27
28	5.4746	5.2560	5.1967	5.1300	5.0542	5.0210	4.9676	4.8674	28
29	5.5094	5.2989	5.2417	5.1772	5.1039	5.0718	5.0200	4.9228	29
30	5.5422	5.3395	5.2842	5.2219	5.1510	5.1198	5.0697	4.9754	30
31	5.5731	5.3778	5.3244	5.2642	5.1956	5.1655	5.1169	5.0254	31
32	5.6023	5.4140	5.3625	5.3043	5.2380	5.2088	5.1617	5.0731	32
33	5.6298	5.4484	5.3986	5.3424	5.2782	5.2500	5.2044	5.1184	33
34	5.6559	5.4809	5.4329	5.3785	5.3165	5.2891	5.2449	5.1616	34
35	5.6805	5.5118	5.4655	5.4129	5.3529	5.3264	5.2836	5.2028	35
36	5.7039	5.5412	5.4964	5.4456	5.3875	5.3619	5.3205	5.2422	36
37	5.7260	5.5691	5.5258	5.4767	5.4206	5.3957	5.3556	5.2797	37
38	5.7471	5.5957	5.5539	5.5064	5.4520	5.4280	5.3892	5.3156	38
39	5.7671	5.6210	5.5806	5.5347	5.4821	5.4588	5.4212	5.3499	39
40	5.7861	5.6451	5.6060	5.5617	5.5108	5.4883	5.4518	5.3827	40
41	5.8042	5.6681	5.6304	5.5874	5.5382	5.5164	5.4811	5.4141	41
42	5.8214	5.6900	5.6536	5.6121	5.5644	5.5433	5.5091	5.4442	42
43	5.8379	5.7110	5.6757	5.6356	5.5895	5.5690	5.5359	5.4730	43
44	5.8535	5.7310	5.6969	5.6581	5.6135	5.5937	5.5616	5.5007	44
45	5.8685	5.7501	5.7172	5.6796	5.6364	5.6173	5.5862	5.5271	45
46	5.8828	5.7684	5.7366	5.7002	5.6584	5.6399	5.6098	5.5526	46
47	5.8965	5.7860	5.7551	5.7200	5.6795	5.6616	5.6324	5.5769	47
48	5.9095	5.8027	5.7729	5.7389	5.6998	5.6824	5.6541	5.6004	48
49	5.9220	5.8188	5.7900	5.7571	5.7192	5.7023	5.6750	5.6228	49
50	5.9340	5.8342	5.8063	5.7745	5.7378	5.7215	5.6950	5.6445	50
55	5.9867	5.9024	5.8787	5.8516	5.8204	5.8065	5.7839	5.7406	55
60	6.0297	5.9582	5.9380	5.9150	5.8883	5.8765	5.8571	5.8201	60
70	6.0942	6.0424	6.0278	6.0110	5.9916	5.9829	5.9688	5.9416	70
80	6.1389	6.1012	6.0905	6.0783	6.0640	6.0576	6.0472	6.0272	80
100	6.1932	6.1729	6.1671	6.1605	6.1527	6.1493	6.1436	6.1327	100

YEARS' PURCHASE DUAL RATE
17 and 3 per cent

Income tax rate per cent

Years	52	55	60	65	70	75	80	85	Years
1	0.4536	0.4272	0.3826	0.3374	0.2914	0.2447	0.1973	0.1492	1
2	0.8568	0.8102	0.7307	0.6489	0.5645	0.4776	0.3880	0.2956	2
3	1.2176	1.1555	1.0487	0.9372	0.8209	0.6994	0.5723	0.4393	3
4	1.5421	1.4683	1.3401	1.2049	1.0620	0.9107	0.7504	0.5802	4
5	1.8353	1.7528	1.6081	1.4538	1.2889	1.1123	0.9226	0.7185	5
6	2.1016	2.0125	1.8552	1.6858	1.5029	1.3046	1.0891	0.8540	6
7	2.3443	2.2505	2.0838	1.9025	1.7048	1.4883	1.2501	0.9869	7
8	2.5664	2.4693	2.2957	2.1053	1.8957	1.6638	1.4058	1.1171	8
9	2.7703	2.6711	2.4926	2.2953	2.0763	1.8316	1.5564	1.2447	9
10	2.9580	2.8576	2.6759	2.4737	2.2473	1.9920	1.7020	1.3697	10
11	3.1314	3.0305	2.8470	2.6414	2.4095	2.1456	1.8429	1.4921	11
12	3.2919	3.1911	3.0070	2.7993	2.5633	2.2927	1.9793	1.6120	12
13	3.4409	3.3407	3.1568	2.9482	2.7095	2.4336	2.1112	1.7293	13
14	3.5795	3.4802	3.2974	3.0887	2.8484	2.5687	2.2388	1.8441	14
15	3.7086	3.6107	3.4294	3.2215	2.9806	2.6982	2.3623	1.9565	15
16	3.8293	3.7328	3.5537	3.3472	3.1065	2.8224	2.4819	2.0664	16
17	3.9422	3.8474	3.6708	3.4662	3.2265	2.9416	2.5976	2.1739	17
18	4.0480	3.9550	3.7812	3.5790	3.3408	3.0561	2.7097	2.2791	18
19	4.1474	4.0563	3.8856	3.6861	3.4500	3.1660	2.8181	2.3819	19
20	4.2408	4.1517	3.9842	3.7878	3.5542	3.2717	2.9231	2.4824	20
21	4.3288	4.2417	4.0777	3.8845	3.6537	3.3732	3.0248	2.5806	21
22	4.4117	4.3267	4.1662	3.9765	3.7489	3.4708	3.1232	2.6766	22
23	4.4900	4.4071	4.2501	4.0641	3.8399	3.5647	3.2186	2.7703	23
24	4.5640	4.4832	4.3299	4.1475	3.9270	3.6550	3.3109	2.8619	24
25	4.6340	4.5553	4.4056	4.2271	4.0104	3.7419	3.4004	2.9514	25
26	4.7003	4.6237	4.4777	4.3031	4.0903	3.8256	3.4870	3.0388	26
27	4.7631	4.6886	4.5463	4.3756	4.1669	3.9061	3.5709	3.1241	27
28	4.8228	4.7503	4.6116	4.4448	4.2403	3.9837	3.6522	3.2073	28
29	4.8795	4.8090	4.6739	4.5111	4.3108	4.0585	3.7310	3.2886	29
30	4.9334	4.8648	4.7334	4.5744	4.3783	4.1305	3.8073	3.3680	30
31	4.9846	4.9180	4.7901	4.6350	4.4432	4.1999	3.8812	3.4454	31
32	5.0334	4.9687	4.8442	4.6930	4.5055	4.2669	3.9528	3.5209	32
33	5.0799	5.0171	4.8960	4.7486	4.5654	4.3314	4.0222	3.5945	33
34	5.1243	5.0633	4.9455	4.8019	4.6230	4.3937	4.0895	3.6664	34
35	5.1666	5.1074	4.9929	4.8530	4.6783	4.4538	4.1547	3.7365	35
36	5.2070	5.1495	5.0382	4.9020	4.7315	4.5117	4.2179	3.8048	36
37	5.2456	5.1898	5.0817	4.9491	4.7827	4.5676	4.2791	3.8715	37
38	5.2825	5.2284	5.1233	4.9942	4.8319	4.6216	4.3384	3.9364	38
39	5.3179	5.2653	5.1632	5.0376	4.8793	4.6737	4.3960	3.9997	39
40	5.3516	5.3006	5.2014	5.0792	4.9250	4.7241	4.4517	4.0614	40
41	5.3840	5.3345	5.2381	5.1193	4.9689	4.7727	4.5058	4.1216	41
42	5.4150	5.3669	5.2734	5.1578	5.0113	4.8196	4.5582	4.1802	42
43	5.4447	5.3981	5.3072	5.1948	5.0521	4.8650	4.6090	4.2373	43
44	5.4732	5.4279	5.3397	5.2304	5.0914	4.9088	4.6582	4.2929	44
45	5.5005	5.4566	5.3709	5.2647	5.1293	4.9512	4.7059	4.3471	45
46	5.5267	5.4841	5.4010	5.2976	5.1659	4.9921	4.7522	4.3999	46
47	5.5519	5.5106	5.4298	5.3294	5.2012	5.0316	4.7971	4.4513	47
48	5.5760	5.5360	5.4576	5.3600	5.2352	5.0699	4.8406	4.5014	48
49	5.5993	5.5604	5.4843	5.3895	5.2680	5.1069	4.8828	4.5501	49
50	5.6216	5.5839	5.5100	5.4179	5.2997	5.1426	4.9238	4.5976	50
55	5.7210	5.6887	5.6250	5.5453	5.4424	5.3046	5.1105	4.8168	55
60	5.8033	5.7755	5.7208	5.6518	5.5624	5.4420	5.2707	5.0081	60
70	5.9292	5.9087	5.8681	5.8167	5.7496	5.6582	5.5265	5.3200	70
80	6.0181	6.0029	5.9729	5.9347	5.8845	5.8156	5.7153	5.5556	80
100	6.1277	6.1195	6.1029	6.0818	6.0539	6.0153	5.9583	5.8656	100

YEARS' PURCHASE DUAL RATE
18 and 3 per cent
Income tax rate per cent

Years	No tax	25	30	35	40	42	45	50	Years
1	0.8694	0.6769	0.6366	0.5957	0.5541	0.5374	0.5120	0.4691	1
2	1.5334	1.2296	1.1637	1.0959	1.0262	0.9978	0.9545	0.8806	2
3	2.0569	1.6892	1.6071	1.5218	1.4330	1.3965	1.3406	1.2443	3
4	2.4800	2.0773	1.9851	1.8885	1.7870	1.7450	1.6803	1.5680	4
5	2.8290	2.4091	2.3112	2.2076	2.0978	2.0521	1.9815	1.8578	5
6	3.1216	2.6961	2.5951	2.4875	2.3727	2.3247	2.2501	2.1186	6
7	3.3704	2.9466	2.8444	2.7350	2.6175	2.5681	2.4910	2.3545	7
8	3.5844	3.1671	3.0651	2.9553	2.8368	2.7867	2.7084	2.5689	8
9	3.7704	3.3625	3.2617	3.1526	3.0342	2.9840	2.9053	2.7643	9
10	3.9335	3.5369	3.4378	3.3302	3.2129	3.1629	3.0845	2.9433	10
11	4.0776	3.6933	3.5965	3.4909	3.3753	3.3259	3.2481	3.1076	11
12	4.2058	3.8345	3.7401	3.6369	3.5234	3.4748	3.3981	3.2590	12
13	4.3205	3.9624	3.8707	3.7701	3.6591	3.6114	3.5360	3.3989	13
14	4.4238	4.0788	3.9899	3.8920	3.7837	3.7371	3.6633	3.5285	14
15	4.5171	4.1851	4.0990	4.0040	3.8986	3.8531	3.7809	3.6487	15
16	4.6019	4.2826	4.1993	4.1072	4.0047	3.9604	3.8899	3.7607	16
17	4.6792	4.3722	4.2917	4.2025	4.1030	4.0599	3.9913	3.8650	17
18	4.7499	4.4548	4.3772	4.2908	4.1943	4.1524	4.0857	3.9625	18
19	4.8149	4.5313	4.4563	4.3728	4.2793	4.2386	4.1737	4.0538	19
20	4.8747	4.6022	4.5298	4.4491	4.3585	4.3191	4.2561	4.1393	20
21	4.9300	4.6681	4.5983	4.5203	4.4326	4.3943	4.3332	4.2197	21
22	4.9812	4.7294	4.6621	4.5868	4.5019	4.4649	4.4055	4.2952	22
23	5.0287	4.7867	4.7218	4.6490	4.5669	4.5310	4.4735	4.3664	23
24	5.0729	4.8402	4.7776	4.7073	4.6279	4.5932	4.5375	4.4335	24
25	5.1141	4.8904	4.8300	4.7621	4.6854	4.6517	4.5977	4.4968	25
26	5.1526	4.9374	4.8792	4.8137	4.7394	4.7069	4.6546	4.5567	26
27	5.1887	4.9816	4.9254	4.8622	4.7904	4.7589	4.7083	4.6134	27
28	5.2225	5.0232	4.9690	4.9080	4.8386	4.8081	4.7591	4.6671	28
29	5.2542	5.0624	5.0101	4.9512	4.8841	4.8546	4.8072	4.7180	29
30	5.2840	5.0994	5.0490	4.9920	4.9272	4.8987	4.8527	4.7663	30
31	5.3121	5.1343	5.0857	5.0307	4.9680	4.9404	4.8960	4.8122	31
32	5.3386	5.1673	5.1204	5.0673	5.0067	4.9801	4.9370	4.8558	32
33	5.3636	5.1986	5.1533	5.1020	5.0435	5.0177	4.9760	4.8974	33
34	5.3872	5.2282	5.1845	5.1350	5.0784	5.0534	5.0131	4.9369	34
35	5.4096	5.2564	5.2142	5.1663	5.1116	5.0874	5.0484	4.9746	35
36	5.4307	5.2831	5.2423	5.1961	5.1432	5.1198	5.0820	5.0105	36
37	5.4508	5.3084	5.2691	5.2244	5.1733	5.1507	5.1141	5.0448	37
38	5.4699	5.3326	5.2946	5.2514	5.2020	5.1801	5.1447	5.0776	38
39	5.4880	5.3555	5.3189	5.2771	5.2293	5.2081	5.1739	5.1089	39
40	5.5052	5.3774	5.3420	5.3017	5.2554	5.2349	5.2018	5.1388	40
41	5.5216	5.3983	5.3640	5.3251	5.2803	5.2605	5.2284	5.1674	41
42	5.5372	5.4182	5.3851	5.3474	5.3042	5.2850	5.2539	5.1948	42
43	5.5521	5.4372	5.4052	5.3688	5.3269	5.3084	5.2783	5.2211	43
44	5.5662	5.4553	5.4244	5.3892	5.3487	5.3308	5.3016	5.2462	44
45	5.5798	5.4726	5.4428	5.4087	5.3696	5.3522	5.3240	5.2703	45
46	5.5927	5.4892	5.4604	5.4274	5.3895	5.3727	5.3454	5.2934	46
47	5.6050	5.5051	5.4772	5.4453	5.4087	5.3924	5.3659	5.3155	47
48	5.6168	5.5203	5.4933	5.4625	5.4270	5.4112	5.3856	5.3368	48
49	5.6281	5.5348	5.5087	5.4789	5.4446	5.4293	5.4045	5.3572	49
50	5.6389	5.5488	5.5235	5.4947	5.4615	5.4467	5.4227	5.3768	50
55	5.6865	5.6104	5.5890	5.5645	5.5363	5.5237	5.5032	5.4641	55
60	5.7253	5.6608	5.6426	5.6218	5.5977	5.5870	5.5695	5.5360	60
70	5.7834	5.7368	5.7236	5.7085	5.6909	5.6831	5.6703	5.6458	70
80	5.8237	5.7897	5.7801	5.7691	5.7562	5.7505	5.7411	5.7231	80
100	5.8725	5.8542	5.8490	5.8431	5.8361	5.8330	5.8279	5.8181	100

YEARS' PURCHASE DUAL RATE
18 and 3 per cent
Income tax rate per cent

Years	52	55	60	65	70	75	80	85	Years
1	0.4518	0.4256	0.3813	0.3364	0.2907	0.2442	0.1970	0.1490	1
2	0.8504	0.8045	0.7260	0.6452	0.5617	0.4756	0.3867	0.2948	2
3	1.2046	1.1439	1.0391	0.9295	0.8150	0.6951	0.5694	0.4376	3
4	1.5214	1.4495	1.3245	1.1922	1.0521	0.9035	0.7455	0.5773	4
5	1.8061	1.7261	1.5856	1.4354	1.2744	1.1015	0.9152	0.7140	5
6	2.0634	1.9774	1.8254	1.6611	1.4832	1.2898	1.0788	0.8476	6
7	2.2969	2.2067	2.0462	1.8711	1.6796	1.4690	1.2365	0.9784	7
8	2.5096	2.4167	2.2501	2.0669	1.8645	1.6397	1.3886	1.1062	8
9	2.7042	2.6096	2.4390	2.2498	2.0389	1.8024	1.5353	1.2312	9
10	2.8828	2.7874	2.6142	2.4209	2.2036	1.9576	1.6769	1.3534	10
11	3.0472	2.9516	2.7773	2.5813	2.3593	2.1058	1.8135	1.4727	11
12	3.1990	3.1038	2.9293	2.7319	2.5067	2.2473	1.9453	1.5894	12
13	3.3395	3.2451	3.0713	2.8735	2.6463	2.3825	2.0726	1.7033	13
14	3.4699	3.3766	3.2042	3.0069	2.7786	2.5118	2.1955	1.8146	14
15	3.5912	3.4992	3.3288	3.1326	2.9043	2.6355	2.3141	1.9233	15
16	3.7042	3.6139	3.4457	3.2512	3.0237	2.7539	2.4287	2.0294	16
17	3.8098	3.7211	3.5557	3.3634	3.1372	2.8672	2.5395	2.1330	17
18	3.9085	3.8217	3.6592	3.4695	3.2452	2.9759	2.6464	2.2342	18
19	4.0011	3.9162	3.7569	3.5701	3.3481	3.0800	2.7498	2.3329	19
20	4.0380	4.0051	3.8490	3.6654	3.4462	3.1799	2.8497	2.4292	20
21	4.1696	4.0888	3.9361	3.7558	3.5397	3.2757	2.9462	2.5232	21
22	4.2465	4.1677	4.0185	3.8418	3.6289	3.3677	3.0395	2.6148	22
23	4.3190	4.2422	4.0966	3.9235	3.7142	3.4560	3.1298	2.7043	23
24	4.3874	4.3127	4.1706	4.0012	3.7956	3.5409	3.2170	2.7915	24
25	4.4521	4.3794	4.2409	4.0752	3.8735	3.6224	3.3014	2.8765	25
26	4.5132	4.4425	4.3076	4.1458	3.9479	3.7007	3.3830	2.9595	26
27	4.5712	4.5025	4.3711	4.2130	4.0192	3.7761	3.4619	3.0403	27
28	4.6261	4.5593	4.4314	4.2772	4.0875	3.8485	3.5383	3.1191	28
29	4.6782	4.6134	4.4889	4.3385	4.1529	3.9183	3.6121	3.1959	29
30	4.7277	4.6647	4.5437	4.3970	4.2156	3.9854	3.6836	3.2708	30
31	4.7748	4.7136	4.5959	4.4530	4.2757	4.0500	3.7527	3.3438	31
32	4.8195	4.7602	4.6458	4.5066	4.3334	4.1122	3.8197	3.4149	32
33	4.8621	4.8046	4.6934	4.5578	4.3887	4.1721	3.8845	3.4841	33
34	4.9028	4.8469	4.7389	4.6069	4.4419	4.2298	3.9472	3.5516	34
35	4.9415	4.8873	4.7823	4.6539	4.4929	4.2855	4.0078	3.6173	35
36	4.9784	4.9259	4.8239	4.6989	4.5420	4.3391	4.0666	3.6813	36
37	5.0137	4.9627	4.8637	4.7421	4.5891	4.3908	4.1235	3.7437	37
38	5.0474	4.9980	4.9018	4.7835	4.6344	4.4407	4.1786	3.8044	38
39	5.0797	5.0317	4.9383	4.8233	4.6780	4.4888	4.2319	3.8635	39
40	5.1105	5.0639	4.9733	4.8615	4.7200	4.5352	4.2836	3.9210	40
41	5.1400	5.0948	5.0069	4.8982	4.7603	4.5799	4.3336	3.9770	41
42	5.1682	5.1244	5.0391	4.9334	4.7992	4.6232	4.3820	4.0316	42
43	5.1953	5.1528	5.0699	4.9672	4.8366	4.6649	4.4290	4.0847	43
44	5.2212	5.1800	5.0996	4.9998	4.8727	4.7051	4.4744	4.1364	44
45	5.2460	5.2061	5.1281	5.0311	4.9074	4.7440	4.5184	4.1866	45
46	5.2699	5.2312	5.1554	5.0612	4.9408	4.7816	4.5611	4.2356	46
47	5.2928	5.2552	5.1817	5.0902	4.9731	4.8179	4.6024	4.2832	47
48	5.3147	5.2783	5.2070	5.1181	5.0042	4.8529	4.6425	4.3295	48
49	5.3358	5.3005	5.2313	5.1450	5.0342	4.8868	4.6813	4.3746	49
50	5.3561	5.3219	5.2547	5.1708	5.0631	4.9195	4.7189	4.4185	50
55	5.4463	5.4170	5.3592	5.2868	5.1932	5.0676	4.8901	4.6205	55
60	5.5208	5.4957	5.4460	5.3835	5.3024	5.1928	5.0367	4.7963	60
70	5.6346	5.6161	5.5794	5.5330	5.4722	5.3893	5.2697	5.0816	70
80	5.7148	5.7012	5.6740	5.6396	5.5942	5.5319	5.4411	5.2961	80
100	5.8136	5.8062	5.7913	5.7723	5.7472	5.7123	5.6609	5.5771	100

YEARS' PURCHASE DUAL RATE
20 and 3 per cent

Income tax rate per cent

Years	No tax	25	30	35	40	42	45	50	Years
1	0.8564	0.6690	0.6296	0.5896	0.5488	0.5324	0.5074	0.4653	1
2	1.4934	1.2037	1.1405	1.0753	1.0082	0.9807	0.9388	0.8673	2
3	1.9856	1.6408	1.5632	1.4824	1.3980	1.3633	1.3099	1.2179	3
4	2.3771	2.0046	1.9187	1.8283	1.7330	1.6934	1.6325	1.5262	4
5	2.6958	2.3119	2.2215	2.1256	2.0237	1.9812	1.9152	1.7994	5
6	2.9603	2.5749	2.4826	2.3840	2.2784	2.2340	2.1650	2.0431	6
7	3.1831	2.8025	2.7099	2.6104	2.5031	2.4579	2.3872	2.2616	7
8	3.3734	3.0012	2.9094	2.8103	2.7029	2.6574	2.5861	2.4586	8
9	3.5376	3.1761	3.0860	2.9882	2.8816	2.8363	2.7651	2.6371	9
10	3.6808	3.3312	3.2432	3.1473	3.0423	2.9975	2.9269	2.7995	10
11	3.8067	3.4697	3.3841	3.2904	3.1875	3.1434	3.0738	2.9477	11
12	3.9182	3.5939	3.5109	3.4198	3.3193	3.2761	3.2078	3.0836	12
13	4.0175	3.7061	3.6257	3.5373	3.4394	3.3973	3.3305	3.2086	13
14	4.1067	3.8077	3.7301	3.6444	3.5493	3.5083	3.4431	3.3237	14
15	4.1870	3.9002	3.8253	3.7424	3.6502	3.6103	3.5468	3.4303	15
16	4.2597	3.9847	3.9125	3.8324	3.7430	3.7043	3.6426	3.5290	16
17	4.3259	4.0622	3.9926	3.9153	3.8288	3.7912	3.7313	3.6208	17
18	4.3863	4.1334	4.0665	3.9918	3.9082	3.8718	3.8137	3.7062	18
19	4.4416	4.1992	4.1347	4.0627	3.9818	3.9466	3.8903	3.7859	19
20	4.4925	4.2600	4.1979	4.1285	4.0504	4.0163	3.9618	3.8604	20
21	4.5394	4.3164	4.2566	4.1897	4.1142	4.0813	4.0285	3.9302	21
22	4.5827	4.3688	4.3113	4.2468	4.1739	4.1420	4.0910	3.9957	22
23	4.6229	4.4176	4.3622	4.3001	4.2297	4.1989	4.1495	4.0572	23
24	4.6603	4.4631	4.4099	4.3499	4.2820	4.2523	4.2045	4.1150	24
25	4.6950	4.5057	4.4544	4.3967	4.3311	4.3024	4.2562	4.1696	25
26	4.7275	4.5457	4.4962	4.4406	4.3773	4.3495	4.3049	4.2210	26
27	4.7578	4.5831	4.5355	4.4818	4.4208	4.3940	4.3507	4.2696	27
28	4.7862	4.6183	4.5724	4.5207	4.4618	4.4358	4.3941	4.3155	28
29	4.8128	4.6514	4.6072	4.5573	4.5005	4.4754	4.4350	4.3590	29
30	4.8378	4.6826	4.6400	4.5919	4.5370	4.5128	4.4738	4.4002	30
31	4.8613	4.7120	4.6710	4.6246	4.5716	4.5482	4.5105	4.4393	31
32	4.8835	4.7398	4.7003	4.6555	4.6044	4.5818	4.5453	4.4764	32
33	4.9044	4.7661	4.7280	4.6848	4.6354	4.6136	4.5784	4.5117	33
34	4.9242	4.7910	4.7543	4.7126	4.6649	4.6438	4.6097	4.5452	34
35	4.9428	4.8146	4.7792	4.7390	4.6929	4.6725	4.6396	4.5772	35
36	4.9605	4.8370	4.8028	4.7640	4.7195	4.6998	4.6680	4.6076	36
37	4.9773	4.8583	4.8253	4.7878	4.7448	4.7258	4.6950	4.6366	37
38	4.9932	4.8785	4.8467	4.8105	4.7689	4.7506	4.7208	4.6642	38
39	5.0082	4.8977	4.8670	4.8321	4.7919	4.7741	4.7453	4.6906	39
40	5.0226	4.9160	4.8864	4.8526	4.8138	4.7966	4.7688	4.7158	40
41	5.0362	4.9334	4.9048	4.8722	4.8347	4.8181	4.7912	4.7399	41
42	5.0492	4.9500	4.9224	4.8909	4.8547	4.8386	4.8126	4.7630	42
43	5.0615	4.9659	4.9392	4.9088	4.8738	4.8582	4.8330	4.7850	43
44	5.0733	4.9810	4.9552	4.9259	4.8920	4.8770	4.8526	4.8061	44
45	5.0846	4.9955	4.9706	4.9422	4.9094	4.8949	4.8713	4.8263	45
46	5.0953	5.0093	4.9852	4.9578	4.9261	4.9121	4.8892	4.8457	46
47	5.1055	5.0225	4.9992	4.9727	4.9421	4.9285	4.9064	4.8642	47
48	5.1153	5.0351	5.0127	4.9870	4.9574	4.9442	4.9229	4.8820	48
49	5.1247	5.0472	5.0255	5.0007	4.9721	4.9593	4.9386	4.8991	49
50	5.1336	5.0588	5.0378	5.0138	4.9861	4.9738	4.9538	4.9155	50
55	5.1731	5.1100	5.0922	5.0719	5.0484	5.0379	5.0209	4.9883	55
60	5.2051	5.1517	5.1367	5.1194	5.0995	5.0905	5.0760	5.0482	60
70	5.2531	5.2146	5.2037	5.1912	5.1767	5.1702	5.1596	5.1393	70
80	5.2863	5.2583	5.2504	5.2413	5.2307	5.2259	5.2182	5.2033	80
100	5.3265	5.3115	5.3072	5.3023	5.2966	5.2940	5.2898	5.2817	100

YEARS' PURCHASE DUAL RATE
20 and 3 per cent

Income tax rate per cent

Years	52	55	60	65	70	75	80	85	Years
1	0.4482	0.4224	0.3788	0.3344	0.2892	0.2432	0.1963	0.1486	1
2	0.8380	0.7933	0.7170	0.6380	0.5563	0.4717	0.3841	0.2933	2
3	1.1798	1.1215	1.0206	0.9147	0.8036	0.6868	0.5638	0.4343	3
4	1.4820	1.4138	1.2945	1.1679	1.0331	0.8895	0.7359	0.5715	4
5	1.7509	1.6756	1.5429	1.4003	1.2467	1.0807	0.9008	0.7052	5
6	1.9916	1.9115	1.7690	1.6143	1.4458	1.2614	1.0588	0.8353	6
7	2.2083	2.1249	1.9756	1.8120	1.6317	1.4323	1.2104	0.9620	7
8	2.4043	2.3189	2.1651	1.9949	1.8058	1.5941	1.3557	1.0853	8
9	2.5823	2.4959	2.3394	2.1648	1.9689	1.7475	1.4952	1.2053	9
10	2.7447	2.6580	2.5002	2.3228	2.1220	1.8930	1.6292	1.3221	10
11	2.8933	2.8070	2.6489	2.4700	2.2660	2.0311	1.7578	1.4358	11
12	3.0298	2.9443	2.7868	2.6076	2.4016	2.1625	1.8814	1.5465	12
13	3.1556	3.0711	2.9151	2.7363	2.5294	2.2874	2.0002	1.6541	13
14	3.2718	3.1887	3.0345	2.8569	2.6501	2.4063	2.1144	1.7589	14
15	3.3794	3.2978	3.1460	2.9702	2.7642	2.5196	2.2243	1.8608	15
16	3.4793	3.3994	3.2502	3.0766	2.8721	2.6276	2.3300	1.9600	16
17	3.5722	3.4942	3.3479	3.1769	2.9743	2.7306	2.4317	2.0565	17
18	3.6589	3.5827	3.4395	3.2714	3.0713	2.8289	2.5296	2.1503	18
19	3.7399	3.6656	3.5257	3.3607	3.1633	2.9229	2.6238	2.2416	19
20	3.8157	3.7434	3.6067	3.4450	3.2506	3.0127	2.7146	2.3304	20
21	3.8867	3.8164	3.6831	3.5248	3.3337	3.0986	2.8021	2.4167	21
22	3.9535	3.8851	3.7551	3.6003	3.4128	3.1807	2.8864	2.5007	22
23	4.0162	3.9498	3.8232	3.6720	3.4880	3.2594	2.9676	2.5824	23
24	4.0753	4.0108	3.8876	3.7400	3.5598	3.3348	3.0460	2.6618	24
25	4.1310	4.0684	3.9486	3.8046	3.6282	3.4070	3.1215	2.7390	25
26	4.1836	4.1228	4.0064	3.8660	3.6934	3.4762	3.1944	2.8141	26
27	4.2334	4.1744	4.0612	3.9244	3.7557	3.5426	3.2646	2.8871	27
28	4.2804	4.2232	4.1133	3.9801	3.8153	3.6063	3.3324	2.9581	28
29	4.3250	4.2695	4.1628	4.0331	3.8722	3.6674	3.3979	3.0271	29
30	4.3673	4.3135	4.2098	4.0836	3.9267	3.7262	3.4611	3.0942	30
31	4.4074	4.3553	4.2546	4.1319	3.9788	3.7826	3.5220	3.1594	31
32	4.4455	4.3950	4.2973	4.1779	4.0287	3.8368	3.5809	3.2228	32
33	4.4818	4.4328	4.3380	4.2219	4.0765	3.8889	3.6378	3.2844	33
34	4.5163	4.4688	4.3768	4.2640	4.1223	3.9390	3.6927	3.3443	34
35	4.5491	4.5031	4.4139	4.3042	4.1662	3.9872	3.7458	3.4025	35
36	4.5804	4.5359	4.4493	4.3427	4.2083	4.0336	3.7971	3.4590	36
37	4.6103	4.5671	4.4831	4.3796	4.2488	4.0782	3.8466	3.5140	37
38	4.6388	4.5969	4.5155	4.4149	4.2876	4.1212	3.8945	3.5675	38
39	4.6660	4.6254	4.5464	4.4488	4.3249	4.1626	3.9408	3.6194	39
40	4.6919	4.6527	4.5761	4.4812	4.3607	4.2025	3.9856	3.6699	40
41	4.7168	4.6788	4.6045	4.5124	4.3951	4.2409	4.0288	3.7189	41
42	4.7406	4.7037	4.6317	4.5423	4.4283	4.2779	4.0707	3.7665	42
43	4.7633	4.7276	4.6578	4.5709	4.4601	4.3136	4.1111	3.8128	43
44	4.7851	4.7505	4.6828	4.5985	4.4907	4.3481	4.1503	3.8578	44
45	4.8060	4.7724	4.7068	4.6250	4.5202	4.3812	4.1881	3.9015	45
46	4.8260	4.7935	4.7298	4.6504	4.5486	4.4133	4.2248	3.9440	46
47	4.8452	4.8137	4.7519	4.6749	4.5759	4.4442	4.2602	3.9853	47
48	4.8636	4.8331	4.7732	4.6984	4.6022	4.4740	4.2945	4.0253	48
49	4.8812	4.8517	4.7936	4.7210	4.6275	4.5027	4.3277	4.0643	49
50	4.8982	4.8695	4.8133	4.7428	4.6520	4.5305	4.3598	4.1021	50
55	4.9735	4.9490	4.9008	4.8401	4.7616	4.6557	4.5056	4.2757	55
60	5.0356	5.0146	4.9733	4.9211	4.8532	4.7612	4.6296	4.4258	60
70	5.1301	5.1147	5.0843	5.0457	4.9951	4.9260	4.8258	4.6676	70
80	5.1965	5.1852	5.1627	5.1342	5.0966	5.0448	4.9691	4.8480	80
100	5.2780	5.2719	5.2596	5.2439	5.2232	5.1944	5.1518	5.0824	100

YEARS' PURCHASE DUAL RATE
5 and 5 per cent

Income tax rate per cent

Years	No tax	25	30	35	40	42	45	50	Years
1	0.9817	0.7453	0.6973	0.6491	0.6006	0.5812	0.5519	0.5030	1
2	1.9162	1.4717	1.3803	1.2879	1.1947	1.1571	1.1005	1.0054	2
3	2.8056	2.1792	2.0485	1.9160	1.7815	1.7271	1.6450	1.5065	3
4	3.6522	2.8676	2.7018	2.5328	2.3605	2.2907	2.1849	2.0059	4
5	4.4579	3.5369	3.3398	3.1379	2.9313	2.8472	2.7196	2.5028	5
6	5.2249	4.1871	3.9622	3.7310	3.4932	3.3962	3.2486	2.9967	6
7	5.9548	4.8182	4.5690	4.3117	4.0459	3.9371	3.7712	3.4870	7
8	6.6496	5.4303	5.1600	4.8797	4.5889	4.4695	4.2869	3.9732	8
9	7.3110	6.0236	5.7351	5.4347	5.1217	4.9928	4.7954	4.4547	9
10	7.9404	6.5982	6.2942	5.9765	5.6441	5.5068	5.2960	4.9311	10
11	8.5396	7.1543	6.8374	6.5050	6.1558	6.0111	5.7885	5.4018	11
12	9.1098	7.6922	7.3648	7.0200	6.6564	6.5054	6.2725	5.8664	12
13	9.6526	8.2121	7.8763	7.5214	7.1457	6.9892	6.7474	6.3245	13
14	10.1692	8.7143	8.3721	8.0091	7.6236	7.4625	7.2132	6.7755	14
15	10.6610	9.1991	8.8523	8.4832	8.0898	7.9250	7.6694	7.2192	15
16	11.1290	9.6668	9.3171	8.9437	8.5443	8.3765	8.1159	7.6553	16
17	11.5745	10.1178	9.7667	9.3906	8.9868	8.8169	8.5523	8.0833	17
18	11.9985	10.5525	10.2012	9.8239	9.4175	9.2461	8.9786	8.5030	18
19	12.4021	10.9712	10.6210	10.2438	9.8362	9.6639	9.3945	8.9141	19
20	12.7862	11.3742	11.0263	10.6504	10.2430	10.0704	9.8000	9.3165	20
21	13.1519	11.7621	11.4173	11.0439	10.6379	10.4654	10.1950	9.7099	21
22	13.4999	12.1351	11.7944	11.4243	11.0209	10.8491	10.5794	10.0941	22
23	13.8311	12.4937	12.1578	11.7920	11.3921	11.2215	10.9531	10.4690	23
24	14.1464	12.8383	12.5079	12.1471	11.7517	11.5826	11.3163	10.8346	24
25	14.4465	13.1693	12.8449	12.4898	12.0996	11.9325	11.6688	11.1907	25
26	14.7321	13.4872	13.1692	12.8204	12.4362	12.2714	12.0108	11.5372	26
27	15.0040	13.7922	13.4811	13.1392	12.7616	12.5992	12.3423	11.8742	27
28	15.2628	14.0849	13.7810	13.4463	13.0758	12.9163	12.6634	12.2016	28
29	15.5091	14.3656	14.0692	13.7421	13.3792	13.2227	12.9742	12.5195	29
30	15.7435	14.6348	14.3461	14.0268	13.6719	13.5186	13.2749	12.8279	30
31	15.9666	14.8927	14.6119	14.3008	13.9542	13.8042	13.5655	13.1269	31
32	16.1790	15.1399	14.8671	14.5642	14.2262	14.0797	13.8463	13.4165	32
33	16.3812	15.3766	15.1119	14.8175	14.4882	14.3453	14.1174	13.6968	33
34	16.5736	15.6033	15.3467	15.0608	14.7404	14.6012	14.3790	13.9680	34
35	16.7567	15.8204	15.5718	15.2945	14.9832	14.8477	14.6312	14.2301	35
36	16.9310	16.0281	15.7876	15.5188	15.2166	15.0850	14.8743	14.4834	36
37	17.0969	16.2269	15.9943	15.7341	15.4411	15.3132	15.1085	14.7279	37
38	17.2549	16.4170	16.1924	15.9407	15.6568	15.5328	15.3340	14.9638	38
39	17.4052	16.5989	16.3820	16.1388	15.8640	15.7438	15.5510	15.1914	39
40	17.5482	16.7727	16.5636	16.3287	16.0629	15.9465	15.7597	15.4107	40
41	17.6844	16.9390	16.7374	16.5107	16.2538	16.1413	15.9604	15.6220	41
42	17.8140	17.0978	16.9037	16.6851	16.4370	16.3282	16.1533	15.8254	42
43	17.9374	17.2497	17.0628	16.8521	16.6127	16.5076	16.3385	16.0212	43
44	18.0548	17.3947	17.2149	17.0120	16.7812	16.6798	16.5164	16.2095	44
45	18.1666	17.5333	17.3604	17.1651	16.9427	16.8448	16.6872	16.3906	45
46	18.2729	17.6656	17.4995	17.3116	17.0974	17.0031	16.8510	16.5646	46
47	18.3742	17.7920	17.6324	17.4517	17.2456	17.1547	17.0082	16.7317	47
48	18.4706	17.9127	17.7594	17.5858	17.3875	17.3000	17.1588	16.8922	48
49	18.5623	18.0279	17.8808	17.7140	17.5234	17.4392	17.3033	17.0463	49
50	18.6496	18.1378	17.9967	17.8366	17.6534	17.5725	17.4416	17.1942	50
55	19.0270	18.6166	18.5026	18.3728	18.2236	18.1575	18.0504	17.8468	55
60	19.3217	18.9947	18.9032	18.7988	18.6785	18.6250	18.5382	18.3726	60
70	19.7319	19.5267	19.4689	19.4026	19.3258	19.2915	19.2358	19.1289	70
80	19.9822	19.8549	19.8188	19.7774	19.7292	19.7077	19.6726	19.6051	80
100	20.2282	20.1800	20.1663	20.1505	20.1321	20.1238	20.1103	20.0843	100

YEARS' PURCHASE DUAL RATE
5 and 5 per cent
Income tax rate per cent

Years	52	55	60	65	70	75	80	85	Years
1	0.4833	0.4538	0.4044	0.3547	0.3048	0.2546	0.2042	0.1536	1
2	0.9671	0.9093	0.8123	0.7143	0.6154	0.5154	0.4144	0.3124	2
3	1.4506	1.3660	1.2233	1.0785	0.9315	0.7822	0.6306	0.4766	3
4	1.9332	1.8232	1.6369	1.4468	1.2528	1.0549	0.8527	0.6463	4
5	2.4145	2.2805	2.0526	1.8190	1.5793	1.3333	1.0808	0.8215	5
6	2.8938	2.7373	2.4700	2.1945	1.9104	1.6173	1.3147	1.0022	6
7	3.3706	3.1929	2.8885	2.5730	2.2460	1.9067	1.5544	1.1885	7
8	3.8443	3.6470	3.3076	2.9541	2.5856	2.2012	1.7999	1.3804	8
9	4.3143	4.0989	3.7268	3.3372	2.9290	2.5008	2.0510	1.5779	9
10	4.7801	4.5481	4.1456	3.7220	3.2758	2.8050	2.3075	1.7811	10
11	5.2413	4.9941	4.5634	4.1080	3.6256	3.1137	2.5695	1.9898	11
12	5.6974	5.4363	4.9799	4.4948	3.9780	3.4265	2.8366	2.2042	12
13	6.1478	5.8744	5.3945	4.8817	4.3326	3.7432	3.1088	2.4241	13
14	6.5922	6.3077	5.8066	5.2685	4.6891	4.0634	3.3858	2.6494	14
15	7.0301	6.7360	6.2159	5.6545	5.0469	4.3868	3.6674	2.8801	15
16	7.4612	7.1587	6.6218	6.0395	5.4056	4.7131	3.9533	3.1162	16
17	7.8851	7.5755	7.0240	6.4227	5.7648	5.0418	4.2434	3.3574	17
18	8.3014	7.9860	7.4219	6.8040	6.1241	5.3726	4.5374	3.6037	18
19	8.7100	8.3898	7.8152	7.1827	6.4831	5.7051	4.8349	3.8548	19
20	9.1105	8.7866	8.2034	7.5584	6.8412	6.0390	5.1356	4.1107	20
21	9.5026	9.1762	8.5863	7.9308	7.1981	6.3737	5.4393	4.3712	21
22	9.8863	9.5582	8.9634	8.2994	7.5533	6.7090	5.7456	4.6360	22
23	10.2612	9.9325	9.3345	8.6639	7.9065	7.0443	6.0541	4.9050	23
24	10.6273	10.2988	9.6992	9.0238	8.2571	7.3794	6.3646	5.1778	24
25	10.9844	10.6569	10.0573	9.3789	8.6049	7.7137	6.6765	5.4542	25
26	11.3324	11.0068	10.4086	9.7288	8.9494	8.0470	6.9897	5.7341	26
27	11.6713	11.3482	10.7527	10.0732	9.2903	8.3787	7.3036	6.0170	27
28	12.0011	11.6810	11.0896	10.4118	9.6272	8.7085	7.6180	6.3026	28
29	12.3216	12.0053	11.4190	10.7443	9.9597	9.0360	7.9324	6.5908	29
30	12.6330	12.3209	11.7408	11.0706	10.2877	9.3608	8.2464	6.8811	30
31	12.9352	12.6278	12.0549	11.3904	10.6107	9.6826	8.5597	7.1732	31
32	13.2282	12.9260	12.3611	11.7036	10.9284	10.0011	8.8719	7.4667	32
33	13.5123	13.2155	12.6595	12.0099	11.2408	10.3159	9.1826	7.7614	33
34	13.7873	13.4964	12.9500	12.3092	11.5474	10.6266	9.4914	8.0569	34
35	14.0535	13.7688	13.2325	12.6015	11.8481	10.9331	9.7980	8.3527	35
36	14.3110	14.0326	13.5070	12.8865	12.1428	11.2350	10.1021	8.6486	36
37	14.5598	14.2879	13.7736	13.1643	12.4312	11.5320	10.4033	8.9442	37
38	14.8001	14.5350	14.0323	13.4348	12.7132	11.8240	10.7012	9.2391	38
39	15.0320	14.7738	14.2830	13.6980	12.9887	12.1106	10.9957	9.5330	39
40	15.2558	15.0045	14.5260	13.9538	13.2575	12.3918	11.2864	9.8255	40
41	15.4716	15.2273	14.7612	14.2023	13.5197	12.6673	11.5729	10.1162	41
42	15.6795	15.4423	14.9888	14.4434	13.7751	12.9370	11.8552	10.4050	42
43	15.8798	15.6497	15.2088	14.6772	14.0237	13.2008	12.1328	10.6913	43
44	16.0726	15.8495	15.4214	14.9038	14.2655	13.4584	12.4057	10.9749	44
45	16.2581	16.0420	15.6267	15.1233	14.5004	13.7099	12.6736	11.2555	45
46	16.4365	16.2274	15.8248	15.3356	14.7286	13.9552	12.9362	11.5328	46
47	16.6080	16.4058	16.0159	15.5410	14.9499	14.1941	13.1936	11.8066	47
48	16.7728	16.5775	16.2001	15.7394	15.1645	14.4267	13.4455	12.0765	48
49	16.9311	16.7425	16.3775	15.9311	15.3724	14.6529	13.6917	12.3423	49
50	17.0831	16.9011	16.5484	16.1161	15.5736	14.8728	13.9323	12.6039	50
55	17.7550	17.6042	17.3100	16.9459	16.4836	15.8772	15.0470	13.8406	55
60	18.2977	18.1743	17.9322	17.6304	17.2433	16.7292	16.0130	14.9465	60
70	19.0803	18.9998	18.8410	18.6406	18.3799	18.0270	17.5223	16.7412	70
80	19.5743	19.5232	19.4218	19.2929	19.1238	18.8919	18.5544	18.0179	80
100	20.0724	20.0526	20.0131	19.9626	19.8956	19.8026	19.6646	19.4390	100

YEARS' PURCHASE DUAL RATE
5.25 and 5 per cent
Income tax rate per cent

Years	No tax	25	30	35	40	42	45	50	Years
1	0.9794	0.7440	0.6961	0.6481	0.5998	0.5804	0.5512	0.5024	1
2	1.9074	1.4665	1.3757	1.2839	1.1912	1.1539	1.0976	1.0029	2
3	2.7868	2.1678	2.0385	1.9072	1.7739	1.7200	1.6385	1.5011	3
4	3.6203	2.8480	2.6843	2.5175	2.3472	2.2781	2.1735	1.9962	4
5	4.4106	3.5071	3.3131	3.1144	2.9108	2.8279	2.7019	2.4878	5
6	5.1600	4.1453	3.9248	3.6978	3.4641	3.3687	3.2233	2.9752	6
7	5.8707	4.7629	4.5193	4.2674	4.0069	3.9001	3.7372	3.4580	7
8	6.5449	5.3603	5.0967	4.8230	4.5387	4.4219	4.2431	3.9356	8
9	7.1845	5.9375	5.6570	5.3645	5.0594	4.9335	4.7406	4.4075	9
10	7.7915	6.4951	6.2003	5.8918	5.5685	5.4348	5.2294	4.8733	10
11	8.3676	7.0332	6.7267	6.4047	6.0659	5.9254	5.7090	5.3325	11
12	8.9144	7.5524	7.2365	6.9033	6.5514	6.4051	6.1792	5.7847	12
13	9.4334	8.0529	7.7297	7.3876	7.0249	6.8736	6.6396	6.2296	13
14	9.9263	8.5353	8.2067	7.8577	7.4862	7.3309	7.0901	6.6668	14
15	10.3942	8.9998	8.6676	8.3135	7.9353	7.7767	7.5304	7.0959	15
16	10.8387	9.4470	9.1127	8.7552	8.3721	8.2110	7.9604	7.5168	16
17	11.2608	9.8773	9.5423	9.1830	8.7966	8.6337	8.3798	7.9290	17
18	11.6617	10.2911	9.9568	9.5970	9.2088	9.0448	8.7886	8.3325	18
19	12.0426	10.6889	10.3563	9.9973	9.6088	9.4442	9.1868	8.7269	19
20	12.4045	11.0711	10.7412	10.3842	9.9966	9.8320	9.5742	9.1122	20
21	12.7483	11.4382	11.1120	10.7579	10.3723	10.2083	9.9508	9.4881	21
22	13.0750	11.7907	11.4688	11.1186	10.7361	10.5731	10.3167	9.8547	22
23	13.3855	12.1290	11.8122	11.4666	11.0881	10.9264	10.6718	10.2117	23
24	13.6806	12.4535	12.1423	11.8020	11.4284	11.2685	11.0162	10.5592	24
25	13.9611	12.7647	12.4597	12.1253	11.7572	11.5994	11.3500	10.8972	25
26	14.2276	13.0631	12.7646	12.4367	12.0748	11.9193	11.6733	11.2255	26
27	14.4810	13.3491	13.0575	12.7364	12.3813	12.2284	11.9862	11.5443	27
28	14.7219	13.6231	13.3386	13.0248	12.6768	12.5268	12.2889	11.8535	28
29	14.9510	13.8855	13.6084	13.3021	12.9618	12.8148	12.5814	12.1533	29
30	15.1687	14.1368	13.8673	13.5687	13.2363	13.0926	12.8639	12.4437	30
31	15.3757	14.3774	14.1155	13.8249	13.5007	13.3603	13.1366	12.7248	31
32	15.5726	14.6076	14.3534	14.0710	13.7552	13.6182	13.3998	12.9968	32
33	15.7598	14.8279	14.5815	14.3072	14.0000	13.8665	13.6535	13.2597	33
34	15.9378	15.0386	14.8000	14.5339	14.2354	14.1055	13.8980	13.5136	34
35	16.1071	15.2401	15.0092	14.7514	14.4616	14.3354	14.1335	13.7589	35
36	16.2681	15.4328	15.2096	14.9600	14.6790	14.5564	14.3602	13.9955	36
37	16.4212	15.6169	15.4014	15.1600	14.8878	14.7689	14.5784	14.2237	37
38	16.5668	15.7930	15.5850	15.3517	15.0882	14.9730	14.7882	14.4436	38
39	16.7053	15.9612	15.7606	15.5353	15.2805	15.1690	14.9899	14.6555	39
40	16.8371	16.1219	15.9286	15.7112	15.4650	15.3571	15.1838	14.8595	40
41	16.9624	16.2754	16.0892	15.8796	15.6419	15.5376	15.3700	15.0559	41
42	17.0816	16.4220	16.2428	16.0409	15.8115	15.7108	15.5487	15.2447	42
43	17.1950	16.5620	16.3897	16.1952	15.9740	15.8768	15.7203	15.4263	43
44	17.3029	16.6957	16.5300	16.3428	16.1297	16.0360	15.8849	15.6008	44
45	17.4055	16.8233	16.6641	16.4840	16.2788	16.1885	16.0428	15.7685	45
46	17.5031	16.9451	16.7922	16.6191	16.4216	16.3346	16.1942	15.9295	46
47	17.5960	17.0614	16.9145	16.7482	16.5583	16.4745	16.3393	16.0840	47
48	17.6844	17.1723	17.0314	16.8717	16.6891	16.6085	16.4783	16.2323	48
49	17.7684	17.2782	17.1430	16.9897	16.8142	16.7367	16.6114	16.3745	49
50	17.8484	17.3791	17.2495	17.1024	16.9339	16.8594	16.7389	16.5109	50
55	18.1938	17.8182	17.7137	17.5947	17.4578	17.3972	17.2988	17.1118	55
60	18.4631	18.1642	18.0806	17.9851	17.8749	17.8259	17.7464	17.5946	60
70	18.8373	18.6502	18.5974	18.5369	18.4668	18.4355	18.3846	18.2869	70
80	19.0653	18.9494	18.9165	18.8787	18.8348	18.8152	18.7832	18.7216	80
100	19.2891	19.2453	19.2328	19.2184	19.2016	19.1941	19.1819	19.1582	100

YEARS' PURCHASE DUAL RATE
5.25 and 5 per cent
Income tax rate per cent

Years	52	55	60	65	70	75	80	85	Years
1	0.4828	0.4533	0.4040	0.3544	0.3046	0.2545	0.2041	0.1535	1
2	0.9648	0.9073	0.8107	0.7131	0.6145	0.5148	0.4140	0.3122	2
3	1.4455	1.3615	1.2197	1.0757	0.9294	0.7807	0.6296	0.4761	3
4	1.9243	1.8153	1.6305	1.4418	1.2491	1.0522	0.8510	0.6453	4
5	2.4006	2.2680	2.0425	1.8110	1.5733	1.3290	1.0780	0.8198	5
6	2.8738	2.7193	2.4554	2.1830	1.9016	1.6110	1.3105	0.9998	6
7	3.3435	3.1686	2.8685	2.5572	2.2339	1.8979	1.5486	1.1851	7
8	3.8090	3.6153	3.2814	2.9332	2.5696	2.1896	1.7921	1.3758	8
9	4.2699	4.0588	3.6936	3.3106	2.9085	2.4858	2.0409	1.5720	9
10	4.7258	4.4988	4.1046	3.6890	3.2502	2.7862	2.2948	1.7735	10
11	5.1760	4.9347	4.5139	4.0678	3.5942	3.0905	2.5537	1.9804	11
12	5.6203	5.3661	4.9209	4.4466	3.9403	3.3985	2.8174	2.1926	12
13	6.0582	5.7925	5.3253	4.8250	4.2879	3.7098	3.0857	2.4100	13
14	6.4892	6.2134	5.7266	5.2025	4.6367	4.0241	3.3584	2.6326	14
15	6.9131	6.6285	6.1243	5.5786	4.9863	4.3410	3.6353	2.8603	15
16	7.3296	7.0375	6.5179	5.9529	5.3362	4.6602	3.9161	3.0930	16
17	7.7382	7.4398	6.9072	6.3250	5.6859	4.9813	4.2005	3.3305	17
18	8.1388	7.8354	7.2916	6.6943	6.0352	5.3040	4.4884	3.5727	18
19	8.5312	8.2237	7.6709	7.0606	6.3835	5.6278	4.7792	3.8194	19
20	8.9150	8.6047	8.0446	7.4234	6.7304	5.9524	5.0729	4.0705	20
21	9.2901	8.9779	8.4124	7.7822	7.0755	6.2774	5.3690	4.3257	21
22	9.6565	9.3433	8.7741	8.1369	7.4185	6.6024	5.6672	4.5849	22
23	10.0139	9.7006	9.1294	8.4869	7.7588	6.9269	5.9672	4.8477	23
24	10.3622	10.0497	9.4780	8.8320	8.0962	7.2506	6.2685	5.1141	24
25	10.7014	10.3904	9.8196	9.1718	8.4303	7.5731	6.5710	5.3836	25
26	11.0315	10.7227	10.1542	9.5062	8.7607	7.8941	6.8741	5.6560	26
27	11.3524	11.0464	10.4814	9.8347	9.0871	8.2130	7.1775	5.9311	27
28	11.6641	11.3616	10.8013	10.1572	9.4092	8.5297	7.4808	6.2085	28
29	11.9667	11.6681	11.1135	10.4735	9.7266	8.8436	7.7838	6.4879	29
30	12.2602	11.9660	11.4181	10.7833	10.0391	9.1546	8.0859	6.7690	30
31	12.5446	12.2553	11.7150	11.0865	10.3464	9.4621	8.3869	7.0514	31
32	12.8201	12.5360	12.0040	11.3829	10.6483	9.7660	8.6864	7.3349	32
33	13.0867	12.8081	12.2852	11.6725	10.9446	10.0659	8.9840	7.6191	33
34	13.3445	13.0718	12.5586	11.9550	11.2351	10.3616	9.2794	7.9036	34
35	13.5937	13.3271	12.8241	12.2305	11.5196	10.6528	9.5723	8.1881	35
36	13.8344	13.5741	13.0817	12.4989	11.7980	10.9392	9.8623	8.4723	36
37	14.0668	13.8129	13.3316	12.7600	12.0700	11.2206	10.1491	8.7557	37
38	14.2910	14.0437	13.5738	13.0140	12.3357	11.4968	10.4325	9.0381	38
39	14.5072	14.2665	13.8083	13.2608	12.5949	11.7676	10.7122	9.3192	39
40	14.7155	14.4816	14.0353	13.5004	12.8476	12.0329	10.9879	9.5985	40
41	14.9162	14.6890	14.2548	13.7328	13.0936	12.2926	11.2593	9.8758	41
42	15.1093	14.8889	14.4669	13.9582	13.3330	12.5464	11.5263	10.1507	42
43	15.2952	15.0816	14.6717	14.1764	13.5658	12.7943	11.7886	10.4231	43
44	15.4740	15.2671	14.8695	14.3877	13.7919	13.0361	12.0460	10.6924	44
45	15.6459	15.4457	15.0603	14.5921	14.0114	13.2720	12.2984	10.9586	45
46	15.8110	15.6174	15.2442	14.7897	14.2243	13.5017	12.5456	11.2213	46
47	15.9696	15.7826	15.4214	14.9806	14.4306	13.7252	12.7875	11.4803	47
48	16.1220	15.9414	15.5921	15.1649	14.6305	13.9426	13.0240	11.7354	48
49	16.2681	16.0939	15.7564	15.3428	14.8239	14.1537	13.2549	11.9863	49
50	16.4084	16.2404	15.9145	15.5143	15.0110	14.3588	13.4802	12.2328	50
55	17.0274	16.8886	16.6176	16.2818	15.8546	15.2928	14.5211	13.3944	55
60	17.5259	17.4126	17.1903	16.9127	16.5562	16.0816	15.4187	14.4275	60
70	18.2425	18.1690	18.0236	17.8402	17.6013	17.2774	16.8132	16.0928	70
80	18.6936	18.6470	18.5544	18.4368	18.2823	18.0702	17.7612	17.2690	80
100	19.1474	19.1294	19.0934	19.0474	18.9864	18.9017	18.7760	18.5701	100

YEARS' PURCHASE DUAL RATE
5.5 and 5 per cent

Income tax rate per cent

Years	No tax	25	30	35	40	42	45	50	Years
1	0.9771	0.7426	0.6950	0.6471	0.5989	0.5796	0.5505	0.5018	1
2	1.8987	1.4614	1.3712	1.2800	1.1878	1.1507	1.0947	1.0005	2
3	2.7682	2.1566	2.0286	1.8985	1.7663	1.7129	1.6321	1.4957	3
4	3.5891	2.8286	2.6671	2.5023	2.3340	2.2657	2.1622	1.9867	4
5	4.3643	3.4777	3.2870	3.0913	2.8905	2.8088	2.6845	2.4730	5
6	5.0968	4.1044	3.8881	3.6653	3.4355	3.3416	3.1986	2.9541	6
7	5.7890	4.7091	4.4708	4.2241	3.9687	3.8639	3.7040	3.4295	7
8	6.4436	5.2921	5.0350	4.7678	4.4898	4.3754	4.2003	3.8987	8
9	7.0626	5.8540	5.5811	5.2963	4.9986	4.8758	4.6873	4.3613	9
10	7.6483	6.3953	6.1093	5.8095	5.4950	5.3648	5.1645	4.8169	10
11	8.2027	6.9163	6.6198	6.3076	5.9788	5.8422	5.6318	5.2650	11
12	8.7274	7.4178	7.1128	6.7907	6.4499	6.3080	6.0888	5.7054	12
13	9.2244	7.9001	7.5888	7.2588	6.9083	6.7619	6.5354	6.1378	13
14	9.6951	8.3638	8.0480	7.7121	7.3539	7.2040	6.9714	6.5617	14
15	10.1410	8.8094	8.4908	8.1507	7.7868	7.6341	7.3966	6.9770	15
16	10.5636	9.2374	8.9175	8.5749	8.2070	8.0521	7.8110	7.3834	16
17	10.9642	9.6483	9.3285	8.9848	8.6145	8.4583	8.2144	7.7808	17
18	11.3439	10.0428	9.7241	9.3807	9.0095	8.8524	8.6069	8.1689	18
19	11.7040	10.4213	10.1049	9.7628	9.3919	9.2347	8.9884	8.5477	19
20	12.0455	10.7843	10.4710	10.1315	9.7621	9.6052	9.3589	8.9170	20
21	12.3695	11.1323	10.8230	10.4869	10.1201	9.9639	9.7185	9.2767	21
22	12.6768	11.4659	11.1613	10.8293	10.4661	10.3111	10.0672	9.6268	22
23	12.9685	11.7855	11.4862	11.1591	10.8004	10.6469	10.4050	9.9672	23
24	13.2453	12.0917	11.7981	11.4766	11.1230	10.9715	10.7322	10.2980	24
25	13.5080	12.3849	12.0975	11.7821	11.4343	11.2849	11.0488	10.6191	25
26	13.7574	12.6656	12.3848	12.0759	11.7344	11.5875	11.3549	10.9307	26
27	13.9942	12.9343	12.6603	12.3583	12.0236	11.8794	11.6507	11.2327	27
28	14.2190	13.1913	12.9244	12.6296	12.3022	12.1608	11.9365	11.5253	28
29	14.4326	13.4372	13.1776	12.8902	12.5703	12.4321	12.2122	11.8085	29
30	14.6354	13.6724	13.4202	13.1404	12.8284	12.6933	12.4782	12.0825	30
31	14.8280	13.8973	13.6525	13.3805	13.0766	12.9448	12.7347	12.3474	31
32	15.0110	14.1123	13.8750	13.6109	13.3152	13.1867	12.9818	12.6032	32
33	15.1849	14.3178	14.0880	13.8318	13.5444	13.4194	13.2198	12.8503	33
34	15.3500	14.5142	14.2918	14.0436	13.7646	13.6431	13.4489	13.0887	34
35	15.5070	14.7018	14.4869	14.2465	13.9761	13.8581	13.6693	13.3186	35
36	15.6562	14.8810	14.6734	14.4410	14.1790	14.0646	13.8813	13.5402	36
37	15.7979	15.0522	14.8519	14.6273	14.3737	14.2628	14.0851	13.7537	37
38	15.9327	15.2157	15.0225	14.8056	14.5604	14.4531	14.2808	13.9592	38
39	16.0607	15.3717	15.1856	14.9764	14.7394	14.6356	14.4689	14.1570	39
40	16.1825	15.5207	15.3415	15.1397	14.9110	14.8107	14.6494	14.3473	40
41	16.2982	15.6630	15.4905	15.2961	15.0754	14.9785	14.8226	14.5303	41
42	16.4082	15.7987	15.6328	15.4456	15.2328	15.1394	14.9888	14.7061	42
43	16.5128	15.9283	15.7687	15.5886	15.3836	15.2935	15.1482	14.8750	43
44	16.6123	16.0519	15.8986	15.7254	15.5280	15.4411	15.3010	15.0372	44
45	16.7069	16.1698	16.0226	15.8561	15.6661	15.5825	15.4474	15.1929	45
46	16.7968	16.2823	16.1410	15.9810	15.7983	15.7178	15.5877	15.3423	46
47	16.8823	16.3896	16.2540	16.1004	15.9248	15.8473	15.7221	15.4856	47
48	16.9636	16.4919	16.3619	16.2144	16.0457	15.9712	15.8508	15.6230	48
49	17.0410	16.5895	16.4649	16.3234	16.1613	16.0897	15.9739	15.7547	49
50	17.1145	16.6826	16.5631	16.4274	16.2719	16.2031	16.0918	15.8809	50
55	17.4318	17.0867	16.9907	16.8811	16.7551	16.6992	16.6086	16.4361	55
60	17.6789	17.4047	17.3279	17.2401	17.1389	17.0938	17.0207	16.8810	60
70	18.0217	17.8504	17.8020	17.7466	17.6823	17.6536	17.6069	17.5173	70
80	18.2303	18.1242	18.0942	18.0596	18.0194	18.0015	17.9722	17.9158	80
100	18.4348	18.3948	18.3834	18.3702	18.3549	18.3480	18.3368	18.3152	100

YEARS' PURCHASE DUAL RATE
5.5 and 5 per cent

Income tax rate per cent

Years	52	55	60	65	70	75	80	85	Years
1	0.4822	0.4528	0.4036	0.3541	0.3044	0.2543	0.2040	0.1534	1
2	0.9626	0.9054	0.8092	0.7119	0.6136	0.5141	0.4136	0.3119	2
3	1.4405	1.3571	1.2162	1.0729	0.9273	0.7792	0.6287	0.4755	3
4	1.9154	1.8074	1.6241	1.4368	1.2453	1.0495	0.8492	0.6443	4
5	2.3868	2.2558	2.0326	1.8032	1.5674	1.3248	1.0752	0.8182	5
6	2.8541	2.7017	2.4410	2.1716	1.8930	1.6048	1.3064	0.9974	6
7	3.3168	3.1447	2.8489	2.5416	2.2220	1.8893	1.5429	1.1817	7
8	3.7745	3.5841	3.2558	2.9127	2.5538	2.1782	1.7844	1.3713	8
9	4.2266	4.0196	3.6611	3.2845	2.8883	2.4710	2.0309	1.5660	9
10	4.6727	4.4507	4.0645	3.6566	3.2250	2.7677	2.2822	1.7660	10
11	5.1125	4.8769	4.4654	4.0284	3.5635	3.0677	2.5381	1.9710	11
12	5.5454	5.2978	4.8634	4.3996	3.9033	3.3710	2.7984	2.1811	12
13	5.9713	5.7130	5.2581	4.7697	4.2442	3.6770	3.0630	2.3961	13
14	6.3896	6.1220	5.6489	5.1383	4.5856	3.9855	3.3315	2.6161	14
15	6.8002	6.5246	6.0355	5.5048	4.9273	4.2962	3.6038	2.8408	15
16	7.2027	6.9205	6.4174	5.8690	5.2686	4.6086	3.8796	3.0702	16
17	7.5970	7.3092	6.7944	6.2303	5.6093	4.9224	4.1586	3.3040	17
18	7.9827	7.6906	7.1661	6.5884	5.9489	5.2373	4.4405	3.5423	18
19	8.3598	8.0644	7.5321	6.9428	6.2870	5.5528	4.7250	3.7847	19
20	8.7280	8.4304	7.8921	7.2933	6.6233	5.8685	5.0118	4.0311	20
21	9.0873	8.7884	8.2458	7.6394	6.9573	6.1841	5.3006	4.2812	21
22	9.4375	9.1382	8.5930	7.9809	7.2886	6.4993	5.5911	4.5349	22
23	9.7786	9.4797	8.9335	8.3173	7.6169	6.8135	5.8828	4.7919	23
24	10.1105	9.8128	9.2670	8.6485	7.9418	7.1265	6.1755	5.0520	24
25	10.4332	10.1374	9.5933	8.9741	8.2630	7.4378	6.4688	5.3148	25
26	10.7467	10.4534	9.9124	9.2939	8.5801	7.7471	6.7624	5.5802	26
27	11.0510	10.7609	10.2240	9.6077	8.8930	8.0541	7.0558	5.8477	27
28	11.3462	11.0597	10.5281	9.9153	9.2012	8.3584	7.3488	6.1172	28
29	11.6323	11.3500	10.8245	10.2164	9.5045	8.6596	7.6409	6.3883	29
30	11.9094	11.6316	11.1133	10.5110	9.8027	8.9576	7.9318	6.6607	30
31	12.1776	11.9048	11.3943	10.7989	10.0955	9.2518	8.2213	6.9340	31
32	12.4370	12.1695	11.6675	11.0799	10.3827	9.5421	8.5088	7.2079	32
33	12.6877	12.4258	11.9330	11.3541	10.6642	9.8283	8.7942	7.4821	33
34	12.9300	12.6738	12.1907	11.6212	10.9398	10.1099	9.0770	7.7563	34
35	13.1638	12.9136	12.4408	11.8814	11.2094	10.3869	9.3571	8.0301	35
36	13.3894	13.1454	12.6831	12.1345	11.4728	10.6590	9.6340	8.3033	36
37	13.6070	13.3692	12.9179	12.3805	11.7299	10.9260	9.9076	8.5753	37
38	13.8166	13.5853	13.1451	12.6195	11.9806	11.1878	10.1774	8.8460	38
39	14.0186	13.7937	13.3650	12.8514	12.2250	11.4441	10.4434	9.1151	39
40	14.2130	13.9946	13.5775	13.0763	12.4629	11.6948	10.7053	9.3821	40
41	14.4001	14.1883	13.7827	13.2942	12.6943	11.9399	10.9628	9.6469	41
42	14.5801	14.3747	13.9809	13.5053	12.9192	12.1792	11.2157	9.9091	42
43	14.7531	14.5542	14.1722	13.7095	13.1376	12.4127	11.4639	10.1684	43
44	14.9193	14.7269	14.3566	13.9070	13.3496	12.6403	11.7072	10.4247	44
45	15.0790	14.8930	14.5344	14.0979	13.5551	12.8619	11.9455	10.6775	45
46	15.2324	15.0526	14.7056	14.2822	13.7543	13.0775	12.1785	10.9268	46
47	15.3796	15.2060	14.8705	14.4602	13.9471	13.2871	12.4064	11.1722	47
48	15.5208	15.3534	15.0291	14.6318	14.1337	13.4907	12.6288	11.4136	48
49	15.6562	15.4948	15.1817	14.7973	14.3141	13.6883	12.8458	11.6508	49
50	15.7861	15.6305	15.3285	14.9568	14.4885	13.8800	13.0574	11.8836	50
55	16.3582	16.2300	15.9797	15.6689	15.2728	14.7509	14.0315	12.9768	55
60	16.8178	16.7134	16.5085	16.2523	15.9228	15.4834	14.8679	13.9441	60
70	17.4766	17.4090	17.2756	17.1069	16.8872	16.5888	16.1605	15.4937	70
80	17.8901	17.8474	17.7626	17.6548	17.5130	17.3184	17.0343	16.5811	80
100	18.3053	18.2888	18.2560	18.2139	18.1581	18.0806	17.9655	17.7770	100

YEARS' PURCHASE DUAL RATE
5.75 and 5 per cent
Income tax rate per cent

Years	No tax	25	30	35	40	42	45	50	Years
1	0.9748	0.7413	0.6938	0.6461	0.5980	0.5787	0.5497	0.5012	1
2	1.8901	1.4563	1.3667	1.2761	1.1845	1.1475	1.0918	0.9981	2
3	2.7500	2.1455	2.0187	1.8899	1.7589	1.7059	1.6257	1.4903	3
4	3.5585	2.8096	2.6502	2.4874	2.3211	2.2535	2.1511	1.9773	4
5	4.3191	3.4490	3.2613	3.0685	2.8706	2.7900	2.6673	2.4584	5
6	5.0352	4.0644	3.8522	3.6333	3.4074	3.3151	3.1742	2.9333	6
7	5.7098	4.6565	4.4233	4.1818	3.9313	3.8285	3.6714	3.4015	7
8	6.3455	5.2258	4.9750	4.7139	4.4419	4.3300	4.1584	3.8626	8
9	6.9450	5.7730	5.5074	5.2298	4.9394	4.8194	4.6352	4.3162	9
10	7.5106	6.2987	6.0211	5.7297	5.4235	5.2966	5.1013	4.7619	10
11	8.0444	6.8035	6.5163	6.2137	5.8943	5.7615	5.5567	5.1994	11
12	8.5485	7.2881	6.9935	6.6819	6.3517	6.2140	6.0012	5.6284	12
13	9.0247	7.7532	7.4532	7.1346	6.7957	6.6540	6.4345	6.0487	13
14	9.4748	8.1993	7.8956	7.5720	7.2265	7.0816	6.8567	6.4600	14
15	9.9002	8.6271	8.3214	7.9944	7.6441	7.4968	7.2677	6.8622	15
16	10.3026	9.0372	8.7308	8.4021	8.0486	7.8996	7.6674	7.2550	16
17	10.6833	9.4302	9.1244	8.7953	8.4402	8.2901	8.0557	7.6383	17
18	11.0435	9.8066	9.5025	9.1743	8.8189	8.6684	8.4329	8.0120	18
19	11.3845	10.1672	9.8658	9.5395	9.1851	9.0346	8.7987	8.3760	19
20	11.7073	10.5124	10.2145	9.8911	9.5388	9.3889	9.1535	8.7303	20
21	12.0131	10.8428	10.5492	10.2296	9.8803	9.7314	9.4971	9.0748	21
22	12.3028	11.1591	10.8703	10.5552	10.2099	10.0623	9.8298	9.4095	22
23	12.5773	11.4616	11.1783	10.8683	10.5277	10.3818	10.1517	9.7345	23
24	12.8375	11.7510	11.4735	11.1692	10.8340	10.6902	10.4629	10.0498	24
25	13.0841	12.0277	11.7565	11.4583	11.1291	10.9876	10.7636	10.3554	25
26	13.3180	12.2922	12.0276	11.7360	11.4132	11.2742	11.0539	10.6515	26
27	13.5398	12.5451	12.2872	12.0025	11.6866	11.5503	11.3341	10.9381	27
28	13.7502	12.7868	12.5359	12.2583	11.9496	11.8162	11.6043	11.2153	28
29	13.9497	13.0178	12.7739	12.5037	12.2025	12.0721	11.8647	11.4833	29
30	14.1391	13.2384	13.0017	12.7390	12.4455	12.3183	12.1157	11.7423	30
31	14.3188	13.4491	13.2197	12.9645	12.6790	12.5550	12.3573	11.9923	31
32	14.4894	13.6503	13.4282	13.1806	12.9031	12.7825	12.5899	12.2335	32
33	14.6513	13.8425	13.6276	13.3877	13.1183	13.0010	12.8136	12.4661	33
34	14.8050	14.0260	13.8182	13.5860	13.3248	13.2109	13.0287	12.6904	34
35	14.9510	14.2011	14.0005	13.7759	13.5228	13.4124	13.2355	12.9064	35
36	15.0896	14.3683	14.1746	13.9576	13.7127	13.6057	13.4341	13.1144	36
37	15.2213	14.5278	14.3411	14.1316	13.8947	13.7911	13.6248	13.3145	37
38	15.3463	14.6800	14.5001	14.2980	14.0691	13.9689	13.8080	13.5071	38
39	15.4651	14.8252	14.6520	14.4571	14.2362	14.1393	13.9837	13.6922	39
40	15.5779	14.9638	14.7971	14.6093	14.3962	14.3027	14.1522	13.8701	40
41	15.6852	15.0959	14.9356	14.7548	14.5494	14.4591	14.3138	14.0410	41
42	15.7870	15.2220	15.0679	14.8939	14.6960	14.6090	14.4687	14.2051	42
43	15.8839	15.3422	15.1942	15.0269	14.8363	14.7524	14.6172	14.3627	43
44	15.9759	15.4569	15.3147	15.1539	14.9705	14.8897	14.7594	14.5138	44
45	16.0633	15.5662	15.4297	15.2752	15.0989	15.0211	14.8956	14.6588	45
46	16.1464	15.6704	15.5395	15.3912	15.2216	15.1468	15.0260	14.7979	46
47	16.2254	15.7698	15.6442	15.5018	15.3390	15.2671	15.1509	14.9311	47
48	16.3005	15.8645	15.7441	15.6075	15.4512	15.3821	15.2703	15.0588	48
49	16.3719	15.9548	15.8395	15.7085	15.5583	15.4920	15.3846	15.1811	49
50	16.4398	16.0408	15.9304	15.8048	15.6608	15.5970	15.4939	15.2983	50
55	16.7323	16.4142	16.3255	16.2243	16.1079	16.0562	15.9724	15.8128	55
60	16.9599	16.7074	16.6366	16.5557	16.4622	16.4207	16.3532	16.2242	60
70	17.2751	17.1176	17.0731	17.0221	16.9630	16.9366	16.8936	16.8111	70
80	17.4667	17.3693	17.3417	17.3099	17.2730	17.2565	17.2296	17.1778	80
100	17.6543	17.6176	17.6071	17.5951	17.5810	17.5747	17.5645	17.5446	100

YEARS' PURCHASE DUAL RATE
5.75 and 5 per cent
Income tax rate per cent

Years	52	55	60	65	70	75	80	85	Years
1	0.4817	0.4523	0.4032	0.3538	0.3041	0.2542	0.2039	0.1534	1
2	0.9604	0.9034	0.8076	0.7107	0.6127	0.5135	0.4132	0.3117	2
3	1.4355	1.3527	1.2126	1.0702	0.9253	0.7778	0.6277	0.4750	3
4	1.9067	1.7996	1.6178	1.4319	1.2416	1.0469	0.8475	0.6433	4
5	2.3732	2.2436	2.0227	1.7954	1.5615	1.3206	1.0724	0.8166	5
6	2.8347	2.6843	2.4268	2.1603	1.8844	1.5986	1.3023	0.9950	6
7	3.2906	3.1211	2.8296	2.5262	2.2102	1.8808	1.5372	1.1784	7
8	3.7406	3.5536	3.2305	2.8925	2.5383	2.1669	1.7768	1.3668	8
9	4.1842	3.9813	3.6293	3.2588	2.8685	2.4565	2.0211	1.5602	9
10	4.6209	4.4037	4.0253	3.6248	3.2002	2.7494	2.2698	1.7585	10
11	5.0505	4.8205	4.4181	3.9899	3.5333	3.0453	2.5228	1.9617	11
12	5.4727	5.2313	4.8074	4.3537	3.8671	3.3439	2.7798	2.1697	12
13	5.8870	5.6357	5.1926	4.7158	4.2014	3.6449	3.0407	2.3824	13
14	6.2932	6.0334	5.5734	5.0757	4.5358	3.9478	3.3051	2.5998	14
15	6.6911	6.4241	5.9494	5.4331	4.8697	4.2524	3.5729	2.8216	15
16	7.0804	6.8075	6.3202	5.7875	5.2029	4.5582	3.8438	3.0477	16
17	7.4611	7.1833	6.6855	6.1386	5.5348	4.8650	4.1175	3.2781	17
18	7.8328	7.5513	7.0450	6.4859	5.8652	5.1723	4.3937	3.5124	18
19	8.1955	7.9114	7.3984	6.8291	6.1937	5.4798	4.6721	3.7506	19
20	8.5491	8.2633	7.7455	7.1679	6.5197	5.7871	4.9523	3.9925	20
21	8.8935	8.6070	8.0859	7.5020	6.8431	6.0938	5.2341	4.2377	21
22	9.2287	8.9422	8.4195	7.8310	7.1634	6.3995	5.5171	4.4861	22
23	9.5546	9.2690	8.7461	8.1547	7.4802	6.7040	5.8010	4.7375	23
24	9.8712	9.5872	9.0655	8.4728	7.7933	7.0067	6.0854	4.9915	24
25	10.1785	9.8968	9.3776	8.7850	8.1024	7.3075	6.3700	5.2479	25
26	10.4767	10.1978	9.6822	9.0913	8.4071	7.6058	6.6545	5.5065	26
27	10.7657	10.4902	9.9793	9.3913	8.7073	7.9015	6.9384	5.7669	27
28	11.0456	10.7740	10.2688	9.6850	9.0025	8.1942	7.2215	6.0288	28
29	11.3166	11.0492	10.5506	9.9721	9.2927	8.4835	7.5034	6.2919	29
30	11.5787	11.3160	10.8248	10.2525	9.5775	8.7692	7.7838	6.5559	30
31	11.8321	11.5743	11.0912	10.5263	9.8568	9.0510	8.0623	6.8206	31
32	12.0768	11.8244	11.3499	10.7931	10.1305	9.3287	8.3387	7.0854	32
33	12.3131	12.0662	11.6010	11.0531	10.3983	9.6019	8.6125	7.3502	33
34	12.5411	12.3000	11.8445	11.3062	10.6602	9.8706	8.8837	7.6147	34
35	12.7610	12.5257	12.0804	11.5522	10.9160	10.1345	9.1517	7.8784	35
36	12.9729	12.7437	12.3087	11.7914	11.1656	10.3933	9.4165	8.1411	36
37	13.1770	12.9539	12.5297	12.0235	11.4090	10.6471	9.6776	8.4025	37
38	13.3735	13.1567	12.7434	12.2488	11.6460	10.8954	9.9350	8.6623	38
39	13.5626	13.3520	12.9499	12.4671	11.8768	11.1384	10.1883	8.9201	39
40	13.7445	13.5402	13.1493	12.6787	12.1012	11.3758	10.4373	9.1757	40
41	13.9194	13.7214	13.3418	12.8835	12.3192	11.6076	10.6819	9.4288	41
42	14.0875	13.8957	13.5274	13.0816	12.5310	11.8336	10.9219	9.6791	42
43	14.2490	14.0634	13.7064	13.2731	12.7363	12.0539	11.1572	9.9264	43
44	14.4040	14.2246	13.8788	13.4582	12.9355	12.2684	11.3875	10.1704	44
45	14.5528	14.3794	14.0448	13.6368	13.1283	12.4770	11.6128	10.4109	45
46	14.6956	14.5282	14.2047	13.8093	13.3151	12.6798	11.8330	10.6477	46
47	14.8325	14.6710	14.3584	13.9755	13.4957	12.8768	12.0479	10.8807	47
48	14.9638	14.8081	14.5063	14.1358	13.6703	13.0679	12.2576	11.1095	48
49	15.0897	14.9397	14.6484	14.2902	13.8391	13.2532	12.4619	11.3341	49
50	15.2103	15.0658	14.7850	14.4389	14.0020	13.4328	12.6609	11.5543	50
55	15.7407	15.6220	15.3899	15.1014	14.7332	14.2469	13.5748	12.5852	55
60	16.1658	16.0693	15.8798	15.6426	15.3372	14.9291	14.3561	13.4929	60
70	16.7736	16.7114	16.5883	16.4328	16.2299	15.9541	15.5575	14.9387	70
80	17.1541	17.1149	17.0369	16.9377	16.8072	16.6278	16.3658	15.9470	80
100	17.5355	17.5204	17.4903	17.4516	17.4004	17.3292	17.2235	17.0501	100

YEARS' PURCHASE DUAL RATE
6 and 5 per cent
Income tax rate per cent

Years	No tax	25	30	35	40	42	45	50	Years
1	0.9726	0.7400	0.6927	0.6451	0.5972	0.5779	0.5490	0.5006	1
2	1.8816	1.4512	1.3622	1.2722	1.1811	1.1444	1.0890	0.9958	2
3	2.7320	2.1346	2.0090	1.8814	1.7515	1.6990	1.6194	1.4850	3
4	3.5284	2.7908	2.6335	2.4727	2.3082	2.2414	2.1400	1.9680	4
5	4.2749	3.4207	3.2360	3.0462	2.8511	2.7715	2.6504	2.4440	5
6	4.9753	4.0253	3.8170	3.6020	3.3799	3.2890	3.1503	2.9129	6
7	5.6328	4.6051	4.3770	4.1403	3.8946	3.7937	3.6394	3.3740	7
8	6.2506	5.1612	4.9164	4.6613	4.3952	4.2855	4.1174	3.8272	8
9	6.8314	5.6943	5.4357	5.1652	4.8817	4.7644	4.5843	4.2720	9
10	7.3779	6.2051	5.9355	5.6522	5.3540	5.2303	5.0398	4.7082	10
11	7.8925	6.6945	6.4162	6.1226	5.8123	5.6831	5.4838	5.1355	11
12	8.3771	7.1632	6.8784	6.5767	6.2565	6.1229	5.9162	5.5536	12
13	8.8339	7.6119	7.3225	7.0148	6.6869	6.5497	6.3369	5.9624	13
14	9.2647	8.0415	7.7492	7.4372	7.1036	6.9636	6.7460	6.3617	14
15	9.6710	8.4525	8.1588	7.8443	7.5067	7.3646	7.1434	6.7513	15
16	10.0546	8.8458	8.5521	8.2364	7.8965	7.7530	7.5292	7.1311	16
17	10.4169	9.2220	8.9293	8.6139	8.2730	8.1288	7.9033	7.5011	17
18	10.7591	9.5817	9.2912	8.9772	8.6366	8.4922	8.2660	7.8612	18
19	11.0824	9.9256	9.6382	9.3265	8.9875	8.8434	8.6172	8.2113	19
20	11.3882	10.2544	9.9707	9.6624	9.3259	9.1825	8.9572	8.5516	20
21	11.6773	10.5685	10.2894	9.9851	9.6521	9.5099	9.2860	8.8818	21
22	11.9509	10.8687	10.5946	10.2951	9.9663	9.8257	9.6039	9.2023	22
23	12.2097	11.1555	10.8870	10.5927	10.2689	10.1301	9.9109	9.5128	23
24	12.4548	11.4295	11.1668	10.8784	10.5601	10.4235	10.2073	9.8137	24
25	12.6868	11.6911	11.4347	11.1525	10.8403	10.7060	10.4932	10.1049	25
26	12.9065	11.9409	11.6910	11.4153	11.1097	10.9779	10.7689	10.3867	26
27	13.1147	12.1794	11.9362	11.6673	11.3686	11.2396	11.0347	10.6590	27
28	13.3120	12.4071	12.1707	11.9089	11.6173	11.4912	11.2906	10.9221	28
29	13.4990	12.6244	12.3949	12.1403	11.8562	11.7331	11.5371	11.1761	29
30	13.6762	12.8317	12.6093	12.3620	12.0855	11.9655	11.7742	11.4212	30
31	13.8443	13.0296	12.8142	12.5743	12.3055	12.1887	12.0023	11.6576	31
32	14.0037	13.2184	13.0100	12.7775	12.5165	12.4030	12.2216	11.8854	32
33	14.1549	13.3985	13.1971	12.9720	12.7189	12.6086	12.4323	12.1049	33
34	14.2983	13.5703	13.3758	13.1581	12.9129	12.8059	12.6347	12.3162	34
35	14.4344	13.7342	13.5465	13.3361	13.0988	12.9951	12.8290	12.5196	35
36	14.5636	13.8905	13.7095	13.5064	13.2769	13.1765	13.0155	12.7152	36
37	14.6862	14.0395	13.8651	13.6692	13.4474	13.3504	13.1945	12.9033	37
38	14.8025	14.1816	14.0137	13.8248	13.6107	13.5169	13.3662	13.0840	38
39	14.9130	14.3171	14.1555	13.9735	13.7670	13.6764	13.5307	13.2577	39
40	15.0179	14.4463	14.2909	14.1157	13.9166	13.8292	13.6885	13.4244	40
41	15.1176	14.5695	14.4201	14.2515	14.0597	13.9754	13.8396	13.5844	41
42	15.2122	14.6868	14.5433	14.3812	14.1966	14.1153	13.9844	13.7380	42
43	15.3020	14.7987	14.6609	14.5051	14.3275	14.2492	14.1230	13.8853	43
44	15.3874	14.9054	14.7731	14.6234	14.4526	14.3773	14.2558	14.0265	44
45	15.4685	15.0070	14.8801	14.7364	14.5722	14.4998	14.3828	14.1619	45
46	15.5456	15.1038	14.9822	14.8443	14.6865	14.6169	14.5043	14.2916	46
47	15.6188	15.1961	15.0795	14.9472	14.7957	14.7288	14.6206	14.4159	47
48	15.6884	15.2841	15.1723	15.0454	14.9001	14.8358	14.7318	14.5349	48
49	15.7545	15.3678	15.2608	15.1392	14.9997	14.9380	14.8381	14.6488	49
50	15.8173	15.4477	15.3452	15.2287	15.0949	15.0357	14.9398	14.7579	50
55	16.0880	15.7936	15.7115	15.6178	15.5098	15.4619	15.3842	15.2361	55
60	16.2982	16.0649	15.9994	15.9246	15.8381	15.7997	15.7372	15.6177	60
70	16.5891	16.4438	16.4028	16.3557	16.3011	16.2767	16.2370	16.1608	70
80	16.7657	16.6759	16.6505	16.6212	16.5872	16.5720	16.5471	16.4993	80
100	16.9385	16.9047	16.8951	16.8840	16.8710	16.8652	16.8558	16.8375	100

YEARS' PURCHASE DUAL RATE
6 and 5 per cent

Income tax rate per cent

Years	52	55	60	65	70	75	80	85	Years
1	0.4811	0.4518	0.4028	0.3535	0.3039	0.2540	0.2038	0.1533	1
2	0.9582	0.9014	0.8060	0.7095	0.6118	0.5129	0.4128	0.3115	2
3	1.4306	1.3483	1.2091	1.0674	0.9232	0.7763	0.6268	0.4745	3
4	1.8980	1.7919	1.6116	1.4270	1.2380	1.0443	0.8458	0.6423	4
5	2.3598	2.2316	2.0130	1.7877	1.5557	1.3164	1.0697	0.8150	5
6	2.8156	2.6672	2.4128	2.1492	1.8760	1.5925	1.2983	0.9926	6
7	3.2649	3.0980	2.8105	2.5110	2.1985	1.8724	1.5316	1.1751	7
8	3.7074	3.5236	3.2058	2.8726	2.5230	2.1557	1.7693	1.3623	8
9	4.1427	3.9437	3.5980	3.2336	2.8489	2.4421	2.0113	1.5544	9
10	4.5704	4.3578	3.9869	3.5936	3.1759	2.7314	2.2575	1.7511	10
11	4.9902	4.7655	4.3719	3.9521	3.5036	3.0233	2.5076	1.9525	11
12	5.4019	5.1666	4.7527	4.3088	3.8317	3.3174	2.7614	2.1585	12
13	5.8052	5.5607	5.1288	4.6632	4.1596	3.6133	3.0187	2.3689	13
14	6.1998	5.9475	5.5000	5.0148	4.4870	3.9108	3.2792	2.5837	14
15	6.5856	6.3268	5.8658	5.3634	4.8136	4.2095	3.5426	2.8026	15
16	6.9624	6.6983	6.2260	5.7084	5.1389	4.5090	3.8088	3.0257	16
17	7.3301	7.0619	6.5802	6.0497	5.4625	4.8090	4.0773	3.2525	17
18	7.6886	7.4173	6.9282	6.3867	5.7840	5.1090	4.3480	3.4831	18
19	8.0378	7.7644	7.2697	6.7193	6.1032	5.4088	4.6204	3.7173	19
20	8.3777	8.1030	7.6045	7.0470	6.4195	5.7080	4.8943	3.9547	20
21	8.7081	8.4332	7.9324	7.3696	6.7328	6.0062	5.1693	4.1951	21
22	9.0292	8.7548	8.2532	7.6869	7.0426	6.3030	5.4452	4.4385	22
23	9.3409	9.0678	8.5667	7.9985	7.3486	6.5981	5.7215	4.6844	23
24	9.6433	9.3721	8.8730	8.3043	7.6506	6.8912	5.9980	4.9326	24
25	9.9364	9.6677	9.1717	8.6041	7.9483	7.1818	6.2743	5.1828	25
26	10.2204	9.9548	9.4629	8.8977	8.2413	7.4698	6.5501	5.4349	26
27	10.4952	10.2332	9.7465	9.1848	8.5295	7.7548	6.8250	5.6883	27
28	10.7611	10.5031	10.0224	9.4655	8.8126	8.0365	7.0988	5.9430	28
29	11.0181	10.7645	10.2907	9.7396	9.0905	8.3146	7.3710	6.1985	29
30	11.2664	11.0175	10.5514	10.0070	9.3628	8.5889	7.6414	6.4546	30
31	11.5062	11.2623	10.8043	10.2675	9.6296	8.8591	7.9097	6.7110	31
32	11.7375	11.4989	11.0497	10.5213	9.8906	9.1249	8.1755	6.9673	32
33	11.9606	11.7275	11.2876	10.7682	10.1458	9.3862	8.4386	7.2232	33
34	12.1756	11.9482	11.5179	11.0082	10.3949	9.6428	8.6987	7.4784	34
35	12.3827	12.1611	11.7408	11.2414	10.6380	9.8945	8.9555	7.7326	35
36	12.5821	12.3664	11.9565	11.4677	10.8749	10.1410	9.2089	7.9855	36
37	12.7740	12.5643	12.1649	11.6872	11.1057	10.3824	9.4585	8.2369	37
38	12.9587	12.7550	12.3662	11.8999	11.3302	10.6185	9.7042	8.4863	38
39	13.1361	12.9385	12.5605	12.1059	11.5485	10.8491	9.9457	8.7336	39
40	13.3067	13.1151	12.7481	12.3052	11.7605	11.0742	10.1829	8.9785	40
41	13.4706	13.2850	12.9289	12.4980	11.9664	11.2938	10.4156	9.2207	41
42	13.6279	13.4484	13.1031	12.6844	12.1660	11.5076	10.6437	9.4599	42
43	13.7790	13.6054	13.2709	12.8644	12.3595	11.7158	10.8669	9.6960	43
44	13.9239	13.7562	13.4325	13.0381	12.5470	11.9184	11.0853	9.9287	44
45	14.0629	13.9010	13.5880	13.2058	12.7283	12.1152	11.2987	10.1578	45
46	14.1962	14.0399	13.7376	13.3674	12.9038	12.3063	11.5070	10.3831	46
47	14.3239	14.1733	13.8813	13.5231	13.0734	12.4917	11.7102	10.6045	47
48	14.4464	14.3012	14.0195	13.6732	13.2372	12.6715	11.9082	10.8217	48
49	14.5636	14.4238	14.1522	13.8176	13.3953	12.8457	12.1010	11.0347	49
50	14.6759	14.5414	14.2796	13.9565	13.5479	13.0144	12.2885	11.2433	50
55	15.1691	15.0589	14.8431	14.5746	14.2313	13.7770	13.1475	12.2171	55
60	15.5635	15.4741	15.2983	15.0780	14.7940	14.4140	13.8791	13.0708	60
70	16.1261	16.0686	15.9548	15.8109	15.6229	15.3672	14.9990	14.4229	70
80	16.4775	16.4413	16.3693	16.2777	16.1571	15.9913	15.7488	15.3606	80
100	16.8291	16.8152	16.7874	16.7518	16.7046	16.6390	16.5415	16.3815	100

YEARS' PURCHASE DUAL RATE
6.25 and 5 per cent
Income tax rate per cent

Years	No tax	25	30	35	40	42	45	50	Years
1	0.9703	0.7387	0.6915	0.6441	0.5963	0.5772	0.5483	0.5000	1
2	1.8731	1.4462	1.3578	1.2683	1.1778	1.1413	1.0861	0.9934	2
3	2.7143	2.1237	1.9994	1.8730	1.7442	1.6921	1.6132	1.4798	3
4	3.4989	2.7723	2.6170	2.4581	2.2956	2.2295	2.1291	1.9587	4
5	4.2317	3.3930	3.2112	3.0242	2.8318	2.7532	2.6337	2.4298	5
6	4.9168	3.9869	3.7825	3.5713	3.3528	3.2633	3.1268	2.8927	6
7	5.5580	4.5550	4.3317	4.0998	3.8587	3.7596	3.6080	3.3470	7
8	6.1586	5.0983	4.8593	4.6099	4.3495	4.2421	4.0773	3.7925	8
9	6.7217	5.6178	5.3660	5.1022	4.8254	4.7108	4.5346	4.2289	9
10	7.2501	6.1144	5.8525	5.5769	5.2864	5.1657	4.9798	4.6558	10
11	7.7464	6.5891	6.3193	6.0343	5.7326	5.6070	5.4128	5.0732	11
12	8.2127	7.0426	6.7672	6.4749	6.1644	6.0346	5.8337	5.4809	12
13	8.6513	7.4760	7.1966	6.8992	6.5818	6.4488	6.2424	5.8787	13
14	9.0640	7.8899	7.6083	7.3074	6.9851	6.8496	6.6390	6.2664	14
15	9.4526	8.2852	8.0028	7.7000	7.3745	7.2373	7.0235	6.6441	15
16	9.8187	8.6627	8.3808	8.0775	7.7502	7.6120	7.3961	7.0117	16
17	10.1639	9.0232	8.7428	8.4402	8.1126	7.9739	7.7569	7.3690	17
18	10.4894	9.3672	9.0894	8.7886	8.4620	8.3233	8.1059	7.7163	18
19	10.7965	9.6957	9.4212	9.1232	8.7935	8.6604	8.4434	8.0533	19
20	11.0865	10.0091	9.7387	9.4443	9.1226	8.9854	8.7695	8.3803	20
21	11.3603	10.3082	10.0425	9.7524	9.4345	9.2986	9.0845	8.6973	21
22	11.6191	10.5936	10.3331	10.0479	9.7345	9.6003	9.3884	9.0043	22
23	11.8636	10.8659	10.6109	10.3312	10.0230	9.8907	9.6816	9.3014	23
24	12.0948	11.1256	10.8766	10.6028	10.3002	10.1702	9.9642	9.5889	24
25	12.3135	11.3734	11.1306	10.8630	10.5666	10.4389	10.2366	9.8667	25
26	12.5204	11.6097	11.3733	11.1122	10.8224	10.6973	10.4988	10.1351	26
27	12.7162	11.8350	11.6052	11.3509	11.0679	10.9456	10.7512	10.3943	27
28	12.9016	12.0498	11.8267	11.5794	11.3036	11.1841	10.9941	10.6443	28
29	13.0772	12.2547	12.0384	11.7981	11.5296	11.4131	11.2276	10.8854	29
30	13.2435	12.4500	12.2405	12.0073	11.7463	11.6329	11.4520	11.1178	30
31	13.4010	12.6362	12.4335	12.2075	11.9540	11.8438	11.6677	11.3417	31
32	13.5503	12.8137	12.6177	12.3989	12.1531	12.0460	11.8748	11.5572	32
33	13.6918	12.9829	12.7936	12.5820	12.3438	12.2399	12.0736	11.7646	33
34	13.8260	13.1441	12.9615	12.7570	12.5264	12.4257	12.2644	11.9641	34
35	13.9532	13.2978	13.1217	12.9243	12.7013	12.6038	12.4475	12.1560	35
36	14.0738	13.4443	13.2746	13.0841	12.8687	12.7743	12.6230	12.3403	36
37	14.1883	13.5839	13.4205	13.2368	13.0288	12.9377	12.7912	12.5174	37
38	14.2969	13.7168	13.5597	13.3827	13.1820	13.0940	12.9525	12.6874	38
39	14.3999	13.8436	13.6924	13.5221	13.3286	13.2437	13.1070	12.8506	39
40	14.4977	13.9643	13.8190	13.6551	13.4687	13.3868	13.2549	13.0072	40
41	14.5905	14.0793	13.9398	13.7822	13.6027	13.5238	13.3966	13.1574	41
42	14.6786	14.1889	14.0549	13.9035	13.7308	13.6548	13.5322	13.3014	42
43	14.7623	14.2933	14.1647	14.0192	13.8532	13.7801	13.6620	13.4394	43
44	14.8417	14.3928	14.2694	14.1297	13.9702	13.8998	13.7862	13.5717	44
45	14.9172	14.4875	14.3692	14.2352	14.0819	14.0142	13.9049	13.6984	45
46	14.9888	14.5777	14.4644	14.3358	14.1886	14.1236	14.0185	13.8197	46
47	15.0569	14.6637	14.5551	14.4318	14.2905	14.2281	14.1271	13.9358	47
48	15.1215	14.7456	14.6415	14.5233	14.3878	14.3279	14.2309	14.0470	48
49	15.1830	14.8235	14.7239	14.6107	14.4807	14.4232	14.3301	14.1534	49
50	15.2413	14.8978	14.8025	14.6940	14.5694	14.5142	14.4249	14.2552	50
55	15.4924	15.2193	15.1430	15.0559	14.9556	14.9110	14.8387	14.7009	55
60	15.6873	15.4710	15.4103	15.3408	15.2606	15.2249	15.1668	15.0558	60
70	15.9566	15.8222	15.7842	15.7405	15.6899	15.6674	15.6306	15.5599	70
80	16.1199	16.0369	16.0134	15.9863	15.9548	15.9408	15.9178	15.8735	80
100	16.2796	16.2484	16.2395	16.2292	16.2173	16.2119	16.2032	16.1863	100

YEARS' PURCHASE DUAL RATE
6.25 and 5 per cent

Income tax rate per cent

Years	52	55	60	65	70	75	80	85	Years
1	0.4806	0.4514	0.4024	0.3532	0.3037	0.2539	0.2037	0.1533	1
2	0.9560	0.8995	0.8045	0.7083	0.6109	0.5122	0.4124	0.3112	2
3	1.4258	1.3440	1.2056	1.0647	0.9212	0.7749	0.6259	0.4739	3
4	1.8894	1.7842	1.6054	1.4222	1.2343	1.0417	0.8441	0.6413	4
5	2.3466	2.2198	2.0033	1.7801	1.5499	1.3123	1.0669	0.8135	5
6	2.7968	2.6503	2.3989	2.1382	1.8676	1.5865	1.2943	0.9903	6
7	3.2397	3.0752	2.7918	2.4960	2.1871	1.8640	1.5260	1.1718	7
8	3.6749	3.4942	3.1814	2.8530	2.5079	2.1446	1.7619	1.3579	8
9	4.1021	3.9069	3.5673	3.2088	2.8296	2.4280	2.0017	1.5486	9
10	4.5210	4.3129	3.9492	3.5630	3.1520	2.7137	2.2454	1.7438	10
11	4.9314	4.7119	4.3267	3.9152	3.4745	3.0016	2.4927	1.9435	11
12	5.3331	5.1036	4.6993	4.2649	3.7969	3.2913	2.7433	2.1474	12
13	5.7257	5.4878	5.0667	4.6118	4.1187	3.5824	2.9971	2.3556	13
14	6.1093	5.8642	5.4286	4.9554	4.4395	3.8746	3.2537	2.5678	14
15	6.4836	6.2326	5.7847	5.2955	4.7589	4.1676	3.5129	2.7840	15
16	6.8485	6.5928	6.1347	5.6316	5.0765	4.4610	3.7744	3.0039	16
17	7.2040	6.9447	6.4783	5.9635	5.3921	4.7544	4.0380	3.2275	17
18	7.5499	7.2881	6.8154	6.2907	5.7052	5.0474	4.3032	3.4544	18
19	7.8864	7.6229	7.1456	6.6131	6.0155	5.3398	4.5699	3.6845	19
20	8.2133	7.9491	7.4688	6.9303	6.3226	5.6312	4.8377	3.9176	20
21	8.5306	8.2666	7.7848	7.2421	6.6262	5.9212	5.1063	4.1535	21
22	8.8385	8.5754	8.0936	7.5482	6.9260	6.2095	5.3753	4.3919	22
23	9.1370	8.8755	8.3949	7.8485	7.2218	6.4957	5.6444	4.6325	23
24	9.4261	9.1668	8.6887	8.1428	7.5133	6.7795	5.9133	4.8751	24
25	9.7060	9.4495	8.9750	8.4308	7.8001	7.0607	6.1817	5.1194	25
26	9.9767	9.7235	9.2537	8.7124	8.0821	7.3389	6.4492	5.3652	26
27	10.2385	9.9889	9.5247	8.9876	8.3591	7.6137	6.7155	5.6121	27
28	10.4913	10.2459	9.7880	9.2562	8.6309	7.8851	6.9804	5.8598	28
29	10.7355	10.4946	10.0438	9.5181	8.8972	8.1527	7.2434	6.1081	29
30	10.9711	10.7349	10.2919	9.7733	9.1580	8.4162	7.5044	6.3566	30
31	11.1983	10.9672	10.5324	10.0217	9.4130	8.6754	7.7629	6.6051	31
32	11.4173	11.1914	10.7655	10.2633	9.6623	8.9302	8.0188	6.8532	32
33	11.6282	11.4078	10.9911	10.4981	9.9056	9.1803	8.2718	7.1006	33
34	11.8314	11.6165	11.2094	10.7261	10.1430	9.4256	8.5216	7.3471	34
35	12.0269	11.8177	11.4205	10.9473	10.3743	9.6659	8.7679	7.5923	35
36	12.2149	12.0115	11.6244	11.1618	10.5995	9.9011	9.0106	7.8360	36
37	12.3957	12.1981	11.8213	11.3697	10.8186	10.1311	9.2495	8.0779	37
38	12.5695	12.3777	12.0113	11.5709	11.0315	10.3558	9.4843	8.3177	38
39	12.7364	12.5505	12.1946	11.7655	11.2384	10.5750	9.7148	8.5551	39
40	12.8967	12.7166	12.3712	11.9538	11.4391	10.7888	9.9410	8.7899	40
41	13.0505	12.8763	12.5414	12.1356	11.6337	10.9970	10.1627	9.0219	41
42	13.1982	13.0297	12.7053	12.3113	11.8224	11.1997	10.3797	9.2508	42
43	13.3398	13.1770	12.8631	12.4807	12.0050	11.3968	10.5919	9.4764	43
44	13.4756	13.3184	13.0148	12.6442	12.1817	11.5883	10.7993	9.6986	44
45	13.6057	13.4541	13.1607	12.8018	12.3527	11.7743	11.0017	9.9171	45
46	13.7304	13.5842	13.3010	12.9536	12.5178	11.9548	11.1991	10.1317	46
47	13.8499	13.7090	13.4357	13.0999	12.6774	12.1297	11.3915	10.3424	47
48	13.9643	13.8287	13.5651	13.2406	12.8313	12.2991	11.5787	10.5490	48
49	14.0739	13.9433	13.6893	13.3760	12.9799	12.4632	11.7609	10.7512	49
50	14.1787	14.0531	13.8085	13.5061	13.1231	12.6219	11.9380	10.9492	50
55	14.6386	14.5359	14.3347	14.0841	13.7633	13.3380	12.7471	11.8706	55
60	15.0055	14.9224	14.7588	14.5537	14.2889	13.9341	13.4336	12.6749	60
70	15.5278	15.4744	15.3689	15.2353	15.0607	14.8229	14.4800	13.9424	70
80	15.8534	15.8198	15.7532	15.6683	15.5565	15.4027	15.1777	14.8168	80
100	16.1785	16.1657	16.1400	16.1071	16.0635	16.0028	15.9126	15.7645	100

YEARS' PURCHASE DUAL RATE
6.5 and 5 per cent

Income tax rate per cent

Years	No tax	25	30	35	40	42	45	50	Years
1	0.9681	0.7374	0.6904	0.6431	0.5955	0.5764	0.5476	0.4994	1
2	1.8648	1.4412	1.3534	1.2645	1.1745	1.1382	1.0833	0.9910	2
3	2.6968	2.1130	1.9899	1.8646	1.7370	1.6853	1.6070	1.4746	3
4	3.4700	2.7541	2.6008	2.4438	2.2831	2.2177	2.1184	1.9496	4
5	4.1894	3.3658	3.1868	3.0025	2.8128	2.7353	2.6173	2.4158	5
6	4.8598	3.9494	3.7487	3.5411	3.3262	3.2381	3.1036	2.8729	6
7	5.4853	4.5061	4.2874	4.0601	3.8235	3.7262	3.5772	3.3205	7
8	6.0694	5.0371	4.8036	4.5598	4.3049	4.1996	4.0381	3.7585	8
9	6.6157	5.5436	5.2982	5.0409	4.7705	4.6585	4.4861	4.1866	9
10	7.1269	6.0266	5.7719	5.5036	5.2205	5.1029	4.9214	4.6047	10
11	7.6058	6.4871	6.2255	5.9487	5.6553	5.5330	5.3439	5.0126	11
12	8.0549	6.9263	6.6597	6.3765	6.0751	5.9490	5.7536	5.4102	12
13	8.4764	7.3450	7.0752	6.7875	6.4801	6.3511	6.1508	5.7974	13
14	8.8722	7.7442	7.4727	7.1822	6.8706	6.7395	6.5355	6.1741	14
15	9.2442	8.1247	7.8529	7.5611	7.2470	7.1145	6.9078	6.5405	15
16	9.5941	8.4874	8.2166	7.9248	7.6096	7.4763	7.2679	6.8963	16
17	9.9233	8.8331	8.5642	8.2737	7.9586	7.8251	7.6160	7.2418	17
18	10.2334	9.1625	8.8965	8.6082	8.2946	8.1613	7.9522	7.5768	18
19	10.5255	9.4765	9.2142	8.9289	8.6177	8.4851	8.2767	7.9016	19
20	10.8009	9.7757	9.5176	9.2363	8.9283	8.7968	8.5899	8.2161	20
21	11.0607	10.0609	9.8076	9.5307	9.2269	9.0968	8.8918	8.5205	21
22	11.3058	10.3326	10.0845	9.8127	9.5136	9.3854	9.1828	8.8150	22
23	11.5372	10.5914	10.3490	10.0828	9.7890	9.6628	9.4631	9.0996	23
24	11.7557	10.8380	10.6016	10.3413	10.0533	9.9293	9.7329	9.3745	24
25	11.9622	11.0730	10.8427	10.5886	10.3069	10.1853	9.9926	9.6399	25
26	12.1574	11.2968	11.0729	10.8253	10.5501	10.4312	10.2423	9.8959	26
27	12.3419	11.5101	11.2926	11.0517	10.7833	10.6672	10.4824	10.1428	27
28	12.5165	11.7132	11.5023	11.2682	11.0068	10.8935	10.7131	10.3808	28
29	12.6816	11.9067	11.7024	11.4752	11.2210	11.1107	10.9348	10.6100	29
30	12.8380	12.0910	11.8933	11.6730	11.4262	11.3189	11.1475	10.8306	30
31	12.9859	12.2665	12.0754	11.8621	11.6226	11.5184	11.3518	11.0430	31
32	13.1261	12.4337	12.2491	12.0428	11.8107	11.7096	11.5477	11.2472	32
33	13.2588	12.5930	12.4148	12.2154	11.9908	11.8927	11.7357	11.4435	33
34	13.3846	12.7446	12.5728	12.3803	12.1630	12.0681	11.9159	11.6322	34
35	13.5038	12.8890	12.7235	12.5378	12.3278	12.2360	12.0886	11.8134	35
36	13.6168	13.0266	12.8672	12.6882	12.4854	12.3967	12.2541	11.9875	36
37	13.7239	13.1576	13.0043	12.8317	12.6362	12.5504	12.4126	12.1545	37
38	13.8254	13.2823	13.1349	12.9688	12.7802	12.6975	12.5644	12.3147	38
39	13.9218	13.4011	13.2594	13.0996	12.9179	12.8381	12.7097	12.4684	39
40	14.0132	13.5142	13.3781	13.2244	13.0495	12.9726	12.8487	12.6158	40
41	14.0998	13.6219	13.4912	13.3436	13.1753	13.1012	12.9818	12.7570	41
42	14.1821	13.7245	13.5991	13.4572	13.2954	13.2241	13.1091	12.8924	42
43	14.2602	13.8221	13.7018	13.5656	13.4101	13.3416	13.2309	13.0220	43
44	14.3343	13.9151	13.7998	13.6691	13.5197	13.4538	13.3473	13.1461	44
45	14.4047	14.0036	13.8931	13.7677	13.6243	13.5610	13.4586	13.2650	45
46	14.4715	14.0879	13.9820	13.8618	13.7242	13.6633	13.5650	13.3787	46
47	14.5349	14.1682	14.0668	13.9515	13.8195	13.7611	13.6666	13.4876	47
48	14.5951	14.2446	14.1475	14.0371	13.9105	13.8544	13.7637	13.5917	48
49	14.6524	14.3173	14.2244	14.1187	13.9973	13.9435	13.8565	13.6912	49
50	14.7067	14.3866	14.2977	14.1964	14.0801	14.0286	13.9451	13.7864	50
55	14.9404	14.6862	14.6151	14.5340	14.4405	14.3990	14.3315	14.2029	55
60	15.1215	14.9205	14.8640	14.7994	14.7247	14.6914	14.6374	14.5339	60
70	15.3716	15.2468	15.2115	15.1710	15.1240	15.1030	15.0688	15.0031	70
80	15.5231	15.4461	15.4243	15.3992	15.3700	15.3569	15.3356	15.2945	80
100	15.6711	15.6422	15.6339	15.6244	15.6134	15.6084	15.6003	15.5846	100

YEARS' PURCHASE DUAL RATE
6.5 and 5 per cent

Income tax rate per cent

Years	52	55	60	65	70	75	80	85	Years
1	0.4800	0.4509	0.4021	0.3529	0.3035	0.2537	0.2036	0.1532	1
2	0.9538	0.8976	0.8029	0.7071	0.6100	0.5116	0.4120	0.3110	2
3	1.4209	1.3397	1.2022	1.0620	0.9192	0.7735	0.6249	0.4734	3
4	1.8810	1.7767	1.5993	1.4173	1.2307	1.0391	0.8424	0.6403	4
5	2.3335	2.2081	1.9938	1.7726	1.5442	1.3082	1.0642	0.8119	5
6	2.7782	2.6336	2.3853	2.1274	1.8593	1.5805	1.2903	0.9879	6
7	3.2148	3.0528	2.7733	2.4812	2.1757	1.8558	1.5204	1.1685	7
8	3.6429	3.4653	3.1574	2.8337	2.4929	2.1337	1.7545	1.3535	8
9	4.0623	3.8708	3.5373	3.1844	2.8107	2.4140	1.9922	1.5429	9
10	4.4728	4.2690	3.9124	3.5330	3.1285	2.6963	2.2334	1.7366	10
11	4.8741	4.6595	4.2825	3.8790	3.4460	2.9803	2.4779	1.9345	11
12	5.2661	5.0423	4.6472	4.2219	3.7628	3.2657	2.7255	2.1365	12
13	5.6486	5.4169	5.0062	4.5616	4.0786	3.5521	2.9758	2.3424	13
14	6.0215	5.7833	5.3593	4.8975	4.3929	3.8391	3.2286	2.5522	14
15	6.3848	6.1413	5.7060	5.2295	4.7055	4.1266	3.4837	2.7656	15
16	6.7384	6.4907	6.0463	5.5570	5.0158	4.4140	3.7408	2.9826	16
17	7.0823	6.8315	6.3798	5.8798	5.3236	4.7010	3.9995	3.2028	17
18	7.4164	7.1636	6.7063	6.1977	5.6286	4.9874	4.2595	3.4262	18
19	7.7408	7.4868	7.0258	6.5104	5.9304	5.2727	4.5207	3.6524	19
20	8.0555	7.8012	7.3381	6.8176	6.2286	5.5566	4.7825	3.8814	20
21	8.3605	8.1068	7.6429	7.1191	6.5231	5.8387	5.0448	4.1128	21
22	8.6560	8.4035	7.9403	7.4148	6.8135	6.1188	5.3072	4.3464	22
23	8.9421	8.6915	8.2301	7.7043	7.0995	6.3966	5.5694	4.5819	23
24	9.2189	8.9707	8.5123	7.9876	7.3810	6.6716	5.8310	4.8191	24
25	9.4864	9.2412	8.7869	8.2646	7.6577	6.9437	6.0918	5.0577	25
26	9.7449	9.5031	9.0538	8.5351	7.9293	7.2126	6.3515	5.2974	26
27	9.9944	9.7565	9.3131	8.7990	8.1957	7.4780	6.6097	5.5379	27
28	10.2352	10.0015	9.5647	9.0562	8.4568	7.7395	6.8661	5.7790	28
29	10.4675	10.2383	9.8088	9.3068	8.7123	7.9972	7.1204	6.0204	29
30	10.6913	10.4669	10.0453	9.5506	8.9622	8.2506	7.3724	6.2617	30
31	10.9070	10.6876	10.2743	9.7877	9.2064	8.4995	7.6218	6.5026	31
32	11.1146	10.9005	10.4960	10.0181	9.4446	8.7440	7.8683	6.7430	32
33	11.3144	11.1057	10.7104	10.2417	9.6770	8.9836	8.1118	6.9824	33
34	11.5067	11.3033	10.9175	10.4585	9.9034	9.2184	8.3518	7.2206	34
35	11.6915	11.4937	11.1176	10.6688	10.1238	9.4481	8.5883	7.4573	35
36	11.8691	11.6770	11.3108	10.8724	10.3381	9.6727	8.8211	7.6922	36
37	12.0398	11.8533	11.4971	11.0695	10.5464	9.8921	9.0498	7.9252	37
38	12.2036	12.0228	11.6768	11.2601	10.7487	10.1061	9.2745	8.1559	38
39	12.3609	12.1857	11.8499	11.4444	10.9450	10.3148	9.4948	8.3840	39
40	12.5118	12.3423	12.0167	11.6224	11.1353	10.5181	9.7108	8.6094	40
41	12.6566	12.4926	12.1772	11.7943	11.3196	10.7159	9.9222	8.8318	41
42	12.7954	12.6370	12.3316	11.9601	11.4981	10.9083	10.1289	9.0511	42
43	12.9285	12.7755	12.4802	12.1200	11.6708	11.0952	10.3309	9.2670	43
44	13.0559	12.9084	12.6230	12.2741	11.8378	11.2767	10.5281	9.4793	44
45	13.1781	13.0358	12.7602	12.4225	11.9991	11.4527	10.7204	9.6879	45
46	13.2951	13.1579	12.8920	12.5654	12.1549	11.6233	10.9078	9.8927	46
47	13.4070	13.2750	13.0185	12.7030	12.3053	11.7886	11.0902	10.0934	47
48	13.5142	13.3871	13.1399	12.8353	12.4503	11.9486	11.2676	10.2901	48
49	13.6168	13.4945	13.2565	12.9624	12.5901	12.1034	11.4400	10.4824	49
50	13.7149	13.5974	13.3682	13.0846	12.7248	12.2530	11.6075	10.6705	50
55	14.1447	14.0488	13.8608	13.6264	13.3259	12.9267	12.3710	11.5438	55
60	14.4870	14.4095	14.2569	14.0655	13.8180	13.4859	13.0166	12.3030	60
70	14.9732	14.9236	14.8255	14.7011	14.5385	14.3168	13.9966	13.4937	70
80	15.2758	15.2446	15.1827	15.1039	15.0000	14.8570	14.6474	14.3111	80
100	15.5775	15.5655	15.5417	15.5112	15.4708	15.4144	15.3307	15.1932	100

YEARS' PURCHASE DUAL RATE
6.75 and 5 per cent
Income tax rate per cent

Years	No tax	25	30	35	40	42	45	50	Years
1	0.9659	0.7361	0.6892	0.6421	0.5946	0.5756	0.5469	0.4988	1
2	1.8566	1.4363	1.3491	1.2607	1.1712	1.1351	1.0805	0.9887	2
3	2.6796	2.1024	1.9806	1.8564	1.7298	1.6786	1.6009	1.4694	3
4	3.4415	2.7361	2.5848	2.4297	2.2707	2.2060	2.1078	1.9406	4
5	4.1481	3.3390	3.1628	2.9812	2.7941	2.7176	2.6011	2.4020	5
6	4.8042	3.9126	3.7155	3.5115	3.3001	3.2133	3.0808	2.8534	6
7	5.4146	4.4582	4.2441	4.0212	3.7890	3.6934	3.5470	3.2945	7
8	5.9830	4.9774	4.7493	4.5108	4.2612	4.1580	3.9996	3.7252	8
9	6.5131	5.4713	5.2322	4.9811	4.7169	4.6074	4.4387	4.1453	9
10	7.0080	5.9413	5.6937	5.4325	5.1565	5.0416	4.8644	4.5548	10
11	7.4706	6.3885	6.1346	5.8656	5.5802	5.4611	5.2767	4.9535	11
12	7.9034	6.8139	6.5557	6.2811	5.9884	5.8659	5.6759	5.3414	12
13	8.3087	7.2188	6.9580	6.6795	6.3816	6.2565	6.0621	5.7184	13
14	8.6887	7.6040	7.3421	7.0615	6.7600	6.6331	6.4354	6.0847	14
15	9.0451	7.9705	7.7088	7.4274	7.1241	6.9960	6.7960	6.4402	15
16	9.3798	8.3193	8.0589	7.7781	7.4742	7.3455	7.1443	6.7849	16
17	9.6943	8.6511	8.3931	8.1138	7.8107	7.6820	7.4803	7.1190	17
18	9.9900	8.9669	8.7120	8.4353	8.1339	8.0057	7.8044	7.4426	18
19	10.2682	9.2674	9.0164	8.7431	8.4444	8.3171	8.1168	7.7557	19
20	10.5301	9.5534	9.3068	9.0375	8.7425	8.6164	8.4177	8.0585	20
21	10.7769	9.8255	9.5838	9.3193	9.0285	8.9040	8.7075	8.3511	21
22	11.0094	10.0845	9.8481	9.5887	9.3029	9.1802	8.9863	8.6338	22
23	11.2287	10.3309	10.1002	9.8464	9.5660	9.4455	9.2546	8.9066	23
24	11.4357	10.5654	10.3406	10.0928	9.8183	9.7000	9.5125	9.1698	24
25	11.6310	10.7886	10.5699	10.3283	10.0600	9.9442	9.7604	9.4236	25
26	11.8154	11.0010	10.7885	10.5533	10.2916	10.1784	9.9985	9.6681	26
27	11.9896	11.2031	10.9970	10.7684	10.5134	10.4030	10.2272	9.9037	27
28	12.1543	11.3954	11.1957	10.9738	10.7258	10.6182	10.4467	10.1304	28
29	12.3100	11.5785	11.3852	11.1700	10.9290	10.8244	10.6573	10.3486	29
30	12.4572	11.7527	11.5658	11.3574	11.1236	11.0218	10.8593	10.5584	30
31	12.5965	11.9185	11.7379	11.5363	11.3097	11.2110	11.0531	10.7601	31
32	12.7283	12.0762	11.9020	11.7072	11.4877	11.3920	11.2388	10.9539	32
33	12.8531	12.2264	12.0584	11.8702	11.6580	11.5653	11.4167	11.1400	33
34	12.9713	12.3693	12.2074	12.0259	11.8207	11.7310	11.5872	11.3188	34
35	13.0832	12.5053	12.3495	12.1744	11.9763	11.8896	11.7504	11.4903	35
36	13.1892	12.6347	12.4848	12.3161	12.1250	12.0413	11.9067	11.6548	36
37	13.2897	12.7579	12.6137	12.4514	12.2671	12.1863	12.0563	11.8127	37
38	13.3849	12.8752	12.7366	12.5804	12.4029	12.3249	12.1994	11.9640	38
39	13.4751	12.9868	12.8536	12.7034	12.5325	12.4574	12.3364	12.1090	39
40	13.5607	13.0929	12.9652	12.8208	12.6563	12.5840	12.4674	12.2479	40
41	13.6419	13.1940	13.0714	12.9327	12.7746	12.7050	12.5926	12.3810	41
42	13.7189	13.2902	13.1726	13.0395	12.8875	12.8205	12.7124	12.5084	42
43	13.7920	13.3818	13.2690	13.1412	12.9952	12.9308	12.8268	12.6304	43
44	13.8613	13.4689	13.3608	13.2383	13.0981	13.0362	12.9362	12.7472	44
45	13.9271	13.5518	13.4483	13.3308	13.1963	13.1368	13.0407	12.8589	45
46	13.9895	13.6307	13.5316	13.4190	13.2899	13.2329	13.1406	12.9657	46
47	14.0488	13.7059	13.6109	13.5030	13.3793	13.3246	13.2360	13.0679	47
48	14.1050	13.7774	13.6865	13.5832	13.4646	13.4121	13.3270	13.1656	48
49	14.1585	13.8454	13.7585	13.6595	13.5459	13.4956	13.4140	13.2591	49
50	14.2092	13.9102	13.8270	13.7323	13.6235	13.5752	13.4970	13.3483	50
55	14.4272	14.1900	14.1237	14.0479	13.9605	13.9217	13.8587	13.7384	55
60	14.5961	14.4086	14.3560	14.2957	14.2260	14.1949	14.1445	14.0479	60
70	14.8289	14.7127	14.6799	14.6421	14.5984	14.5788	14.5469	14.4857	70
80	14.9699	14.8983	14.8780	14.8546	14.8274	14.8152	14.7954	14.7572	80
100	15.1075	15.0806	15.0729	15.0641	15.0538	15.0492	15.0416	15.0271	100

YEARS' PURCHASE DUAL RATE
6.75 and 5 per cent
Income tax rate per cent

Years	52	55	60	65	70	75	80	85	Years
1	0.4795	0.4504	0.4017	0.3526	0.3033	0.2536	0.2035	0.1532	1
2	0.9516	0.8957	0.8014	0.7059	0.6091	0.5110	0.4116	0.3108	2
3	1.4161	1.3354	1.1987	1.0593	0.9171	0.7721	0.6240	0.4729	3
4	1.8726	1.7692	1.5932	1.4126	1.2271	1.0365	0.8407	0.6394	4
5	2.3206	2.1966	1.9844	1.7652	1.5385	1.3041	1.0615	0.8103	5
6	2.7600	2.6172	2.3718	2.1167	1.8511	1.5746	1.2863	0.9856	6
7	3.1904	3.0308	2.7551	2.4667	2.1645	1.8476	1.5150	1.1653	7
8	3.6116	3.4370	3.1339	2.8147	2.4782	2.1229	1.7472	1.3492	8
9	4.0234	3.8355	3.5077	3.1605	2.7920	2.4002	1.9828	1.5373	9
10	4.4257	4.2260	3.8763	3.5035	3.1053	2.6791	2.2216	1.7295	10
11	4.8182	4.6084	4.2393	3.8435	3.4180	2.9593	2.4634	1.9256	11
12	5.2009	4.9824	4.5964	4.1799	3.7294	3.2405	2.7079	2.1257	12
13	5.5736	5.3479	4.9473	4.5126	4.0394	3.5223	2.9549	2.3294	13
14	5.9364	5.7048	5.2917	4.8411	4.3475	3.8044	3.2040	2.5368	14
15	6.2892	6.0528	5.6295	5.1651	4.6533	4.0864	3.4551	2.7475	15
16	6.6320	6.3920	5.9605	5.4844	4.9566	4.3681	3.7077	2.9615	16
17	6.9648	6.7222	6.2843	5.7987	5.2570	4.6490	3.9617	3.1786	17
18	7.2877	7.0434	6.6010	6.1076	5.5542	4.9289	4.2168	3.3984	18
19	7.6007	7.3557	6.9102	6.4111	5.8478	5.2073	4.4725	3.6209	19
20	7.9039	7.6590	7.2121	6.7087	6.1376	5.4840	4.7287	3.8458	20
21	8.1974	7.9533	7.5063	7.0005	6.4233	5.7587	4.9849	4.0729	21
22	8.4813	8.2387	7.7930	7.2861	6.7047	6.0310	5.2410	4.3018	22
23	8.7557	8.5153	8.0720	7.5655	6.9815	6.3006	5.4965	4.5324	23
24	9.0209	8.7831	8.3433	7.8386	7.2535	6.5673	5.7512	4.7644	24
25	9.2769	9.0422	8.6069	8.1051	7.5205	6.8308	6.0048	4.9975	25
26	9.5239	9.2928	8.8628	8.3651	7.7824	7.0908	6.2569	5.2314	26
27	9.7621	9.5350	9.1111	8.6184	8.0389	7.3472	6.5073	5.4659	27
28	9.9918	9.7689	9.3518	8.8651	8.2899	7.5995	6.7556	5.7006	28
29	10.2130	9.9947	9.5850	9.1051	8.5353	7.8477	7.0017	5.9353	29
30	10.4260	10.2125	9.8107	9.3383	8.7750	8.0916	7.2453	6.1697	30
31	10.6309	10.4224	10.0290	9.5648	9.0089	8.3310	7.4860	6.4035	31
32	10.8281	10.6247	10.2401	9.7847	9.2369	8.5656	7.7237	6.6364	32
33	11.0177	10.8196	10.4440	9.9979	9.4591	8.7955	7.9581	6.8682	33
34	11.1999	11.0071	10.6409	10.2045	9.6753	9.0204	8.1890	7.0985	34
35	11.3749	11.1876	10.8310	10.4045	9.8855	9.2403	8.4162	7.3272	35
36	11.5429	11.3611	11.0142	10.5981	10.0898	9.4550	8.6396	7.5539	36
37	11.7043	11.5280	11.1908	10.7853	10.2881	9.6645	8.8590	7.7784	37
38	11.8591	11.6882	11.3609	10.9661	10.4805	9.8687	9.0741	8.0005	38
39	12.0075	11.8422	11.5248	11.1408	10.6670	10.0676	9.2850	8.2199	39
40	12.1499	11.9900	11.6824	11.3095	10.8477	10.2612	9.4914	8.4365	40
41	12.2864	12.1318	11.8341	11.4721	11.0226	10.4494	9.6932	8.6500	41
42	12.4171	12.2679	11.9799	11.6290	11.1918	10.6322	9.8904	8.8602	42
43	12.5424	12.3984	12.1201	11.7801	11.3553	10.8097	10.0829	9.0669	43
44	12.6624	12.5235	12.2547	11.9256	11.5133	10.9818	10.2707	9.2701	44
45	12.7772	12.6434	12.3840	12.0657	11.6659	11.1487	10.4536	9.4695	45
46	12.8872	12.7583	12.5081	12.2005	11.8131	11.3104	10.6317	9.6651	46
47	12.9923	12.8683	12.6271	12.3301	11.9551	11.4668	10.8049	9.8566	47
48	13.0930	12.9736	12.7414	12.4547	12.0919	11.6181	10.9732	10.0440	48
49	13.1892	13.0745	12.8509	12.5744	12.2237	11.7644	11.1367	10.2272	49
50	13.2813	13.1710	12.9559	12.6894	12.3506	11.9057	11.2953	10.4062	50
55	13.6839	13.5941	13.4180	13.1982	12.9161	12.5408	12.0170	11.2350	55
60	14.0040	13.9316	13.7889	13.6097	13.3779	13.0664	12.6253	11.9529	60
70	14.4578	14.4116	14.3200	14.2040	14.0521	13.8449	13.5453	13.0737	70
80	14.7397	14.7107	14.6531	14.5796	14.4828	14.3494	14.1539	13.8395	80
100	15.0204	15.0093	14.9872	14.9588	14.9212	14.8688	14.7909	14.6629	100

YEARS' PURCHASE DUAL RATE
7 and 5 per cent

Income tax rate per cent

Years	No tax	25	30	35	40	42	45	50	Years
1	0.9636	0.7348	0.6881	0.6411	0.5938	0.5748	0.5462	0.4982	1
2	1.8484	1.4314	1.3448	1.2569	1.1680	1.1320	1.0778	0.9864	2
3	2.6627	2.0920	1.9713	1.8482	1.7228	1.6719	1.5948	1.4643	3
4	3.4136	2.7185	2.5690	2.4157	2.2585	2.1945	2.0973	1.9317	4
5	4.1076	3.3127	3.1392	2.9602	2.7756	2.7001	2.5851	2.3884	5
6	4.7500	3.8765	3.6830	3.4824	3.2744	3.1890	3.0585	2.8342	6
7	5.3458	4.4115	4.2017	3.9831	3.7552	3.6613	3.5174	3.2689	7
8	5.8991	4.9192	4.6963	4.4630	4.2185	4.1174	3.9620	3.6925	8
9	6.4138	5.4011	5.1680	4.9228	4.6646	4.5575	4.3924	4.1049	9
10	6.8932	5.8586	5.6177	5.3632	5.0940	4.9819	4.8088	4.5060	10
11	7.3403	6.2929	6.0464	5.7850	5.5072	5.3911	5.2114	4.8958	11
12	7.7577	6.7054	6.4552	6.1887	5.9044	5.7853	5.6004	5.2744	12
13	8.1478	7.0970	6.8448	6.5752	6.2863	6.1648	5.9760	5.6418	13
14	8.5129	7.4690	7.2162	6.9449	6.6531	6.5302	6.3384	5.9980	14
15	8.8548	7.8223	7.5701	7.2986	7.0055	6.8816	6.6880	6.3431	15
16	9.1753	8.1580	7.9075	7.6369	7.3437	7.2195	7.0250	6.6773	16
17	9.4760	8.4769	8.2290	7.9603	7.6683	7.5443	7.3497	7.0006	17
18	9.7583	8.7798	8.5353	8.2696	7.9797	7.8563	7.6623	7.3132	18
19	10.0236	9.0677	8.8272	8.5651	8.2783	8.1559	7.9632	7.6153	19
20	10.2731	9.3413	9.1054	8.8475	8.5646	8.4435	8.2526	7.9071	20
21	10.5078	9.6013	9.3704	9.1174	8.8389	8.7195	8.5309	8.1886	21
22	10.7287	9.8485	9.6229	9.3751	9.1017	8.9842	8.7984	8.4602	22
23	10.9369	10.0834	9.8634	9.6213	9.3534	9.2381	9.0554	8.7220	23
24	11.1331	10.3066	10.0926	9.8564	9.5944	9.4814	9.3022	8.9743	24
25	11.3181	10.5189	10.3109	10.0808	9.8251	9.7146	9.5391	9.2172	25
26	11.4927	10.7207	10.5188	10.2951	10.0459	9.9380	9.7665	9.4510	26
27	11.6575	10.9126	10.7169	10.4997	10.2571	10.1520	9.9845	9.6759	27
28	11.8131	11.0950	10.9056	10.6949	10.4592	10.3568	10.1936	9.8923	28
29	11.9601	11.2684	11.0853	10.8812	10.6524	10.5529	10.3941	10.1002	29
30	12.0990	11.4334	11.2564	11.0589	10.8371	10.7405	10.5862	10.3000	30
31	12.2304	11.5902	11.4194	11.2285	11.0137	10.9200	10.7702	10.4918	31
32	12.3546	11.7393	11.5747	11.3903	11.1824	11.0917	10.9464	10.6760	32
33	12.4722	11.8812	11.7225	11.5446	11.3437	11.2559	11.1151	10.8527	33
34	12.5834	12.0161	11.8633	11.6917	11.4978	11.4129	11.2766	11.0223	34
35	12.6887	12.1444	11.9974	11.8321	11.6449	11.5629	11.4312	11.1849	35
36	12.7884	12.2664	12.1251	11.9659	11.7854	11.7063	11.5791	11.3407	36
37	12.8828	12.3825	12.2466	12.0935	11.9196	11.8433	11.7205	11.4901	37
38	12.9723	12.4929	12.3624	12.2152	12.0478	11.9742	11.8557	11.6332	38
39	13.0570	12.5980	12.4727	12.3312	12.1701	12.0992	11.9850	11.7703	39
40	13.1374	12.6979	12.5776	12.4417	12.2868	12.2186	12.1086	11.9015	40
41	13.2135	12.7929	12.6776	12.5471	12.3982	12.3326	12.2267	12.0271	41
42	13.2858	12.8833	12.7728	12.6475	12.5045	12.4414	12.3396	12.1474	42
43	13.3543	12.9693	12.8634	12.7433	12.6059	12.5453	12.4474	12.2624	43
44	13.4192	13.0512	12.9497	12.8345	12.7027	12.6445	12.5504	12.3724	44
45	13.4809	13.1290	13.0318	12.9214	12.7950	12.7391	12.6488	12.4776	45
46	13.5394	13.2031	13.1100	13.0043	12.8831	12.8294	12.7427	12.5782	46
47	13.5949	13.2735	13.1845	13.0832	12.9670	12.9156	12.8323	12.6743	47
48	13.6476	13.3406	13.2554	13.1584	13.0471	12.9978	12.9179	12.7662	48
49	13.6976	13.4044	13.3229	13.2301	13.1234	13.0762	12.9996	12.8540	49
50	13.7451	13.4651	13.3871	13.2983	13.1962	13.1510	13.0776	12.9379	50
55	13.9490	13.7271	13.6651	13.5941	13.5123	13.4759	13.4168	13.3040	55
60	14.1067	13.9316	13.8824	13.8260	13.7608	13.7317	13.6845	13.5940	60
70	14.3241	14.2157	14.1850	14.1498	14.1089	14.0906	14.0609	14.0037	70
80	14.4556	14.3889	14.3699	14.3481	14.3227	14.3114	14.2929	14.2572	80
100	14.5839	14.5588	14.5517	14.5435	14.5339	14.5296	14.5225	14.5090	100

YEARS' PURCHASE DUAL RATE
7 and 5 per cent
Income tax rate per cent

Years	52	55	60	65	70	75	80	85	Years
1	0.4789	0.4499	0.4013	0.3523	0.3030	0.2534	0.2034	0.1531	1
2	0.9495	0.8938	0.7999	0.7047	0.6082	0.5104	0.4112	0.3105	2
3	1.4114	1.3312	1.1953	1.0567	0.9152	0.7706	0.6231	0.4723	3
4	1.8643	1.7618	1.5872	1.4079	1.2235	1.0340	0.8390	0.6384	4
5	2.3079	2.1852	1.9751	1.7578	1.5329	1.3001	1.0589	0.8088	5
6	2.7420	2.6010	2.3585	2.1061	1.8430	1.5687	1.2824	0.9833	6
7	3.1664	3.0091	2.7372	2.4523	2.1534	1.8395	1.5095	1.1621	7
8	3.5809	3.4091	3.1107	2.7960	2.4637	2.1123	1.7400	1.3449	8
9	3.9853	3.8008	3.4787	3.1369	2.7736	2.3866	1.9735	1.5317	9
10	4.3796	4.1840	3.8409	3.4746	3.0826	2.6621	2.2100	1.7224	10
11	4.7636	4.5585	4.1970	3.8087	3.3904	2.9386	2.4491	1.9169	11
12	5.1374	4.9241	4.5467	4.1388	3.6967	3.2157	2.6906	2.1150	12
13	5.5008	5.2808	4.8898	4.4647	4.0010	3.4930	2.9343	2.3166	13
14	5.8539	5.6285	5.2260	4.7860	4.3030	3.7703	3.1798	2.5216	14
15	6.1966	5.9670	5.5552	5.1025	4.6024	4.0471	3.4269	2.7297	15
16	6.5291	6.2963	5.8772	5.4139	4.8989	4.3232	3.6753	2.9408	16
17	6.8514	6.6165	6.1918	5.7199	5.1921	4.5982	3.9248	3.1547	17
18	7.1636	6.9275	6.4990	6.0202	5.4818	4.8718	4.1749	3.3712	18
19	7.4658	7.2293	6.7986	6.3148	5.7677	5.1437	4.4255	3.5901	19
20	7.7582	7.5221	7.0905	6.6035	6.0494	5.4135	4.6761	3.8110	20
21	8.0407	7.8058	7.3748	6.8859	6.3268	5.6809	4.9266	4.0338	21
22	8.3137	8.0805	7.6513	7.1621	6.5996	5.9458	5.1765	4.2583	22
23	8.5772	8.3464	7.9200	7.4319	6.8676	6.2077	5.4256	4.4841	23
24	8.8315	8.6035	8.1811	7.6952	7.1306	6.4664	5.6737	4.7111	24
25	9.0768	8.8520	8.4344	7.9520	7.3885	6.7217	5.9203	4.9388	25
26	9.3131	9.0921	8.6800	8.2020	7.6411	6.9733	6.1652	5.1672	26
27	9.5408	9.3238	8.9180	8.4455	7.8882	7.2211	6.4082	5.3958	27
28	9.7600	9.5473	9.1485	8.6822	8.1297	7.4647	6.6489	5.6244	28
29	9.9710	9.7628	9.3715	8.9122	8.3656	7.7041	6.8871	5.8528	29
30	10.1739	9.9705	9.5872	9.1356	8.5957	7.9390	7.1226	6.0805	30
31	10.3690	10.1705	9.7956	9.3523	8.8201	8.1692	7.3551	6.3075	31
32	10.5565	10.3631	9.9968	9.5623	9.0385	8.3948	7.5845	6.5334	32
33	10.7366	10.5484	10.1911	9.7658	9.2511	8.6154	7.8104	6.7579	33
34	10.9095	10.7266	10.3785	9.9629	9.4578	8.8311	8.0327	6.9808	34
35	11.0755	10.8979	10.5592	10.1534	9.6586	9.0417	8.2512	7.2018	35
36	11.2348	11.0625	10.7333	10.3377	9.8535	9.2472	8.4658	7.4207	36
37	11.3875	11.2206	10.9009	10.5157	10.0426	9.4475	8.6763	7.6373	37
38	11.5340	11.3724	11.0623	10.6876	10.2258	9.6426	8.8826	7.8512	38
39	11.6744	11.5180	11.2176	10.8535	10.4033	9.8324	9.0845	8.0624	39
40	11.8089	11.6578	11.3669	11.0135	10.5751	10.0169	9.2820	8.2707	40
41	11.9378	11.7919	11.5104	11.1677	10.7412	10.1962	9.4749	8.4757	41
42	12.0612	11.9204	11.6483	11.3162	10.9018	10.3702	9.6633	8.6775	42
43	12.1794	12.0435	11.7808	11.4593	11.0570	10.5390	9.8470	8.8757	43
44	12.2925	12.1616	11.9079	11.5969	11.2067	10.7025	10.0260	9.0703	44
45	12.4007	12.2746	12.0299	11.7294	11.3512	10.8610	10.2002	9.2611	45
46	12.5042	12.3828	12.1470	11.8567	11.4905	11.0143	10.3697	9.4481	46
47	12.6032	12.4864	12.2593	11.9791	11.6248	11.1626	10.5344	9.6310	47
48	12.6979	12.5856	12.3669	12.0966	11.7541	11.3060	10.6943	9.8098	48
49	12.7884	12.6805	12.4701	12.2095	11.8787	11.4444	10.8496	9.9845	49
50	12.8749	12.7713	12.5689	12.3179	11.9985	11.5781	11.0001	10.1550	50
55	13.2529	13.1687	13.0034	12.7968	12.5315	12.1779	11.6834	10.9428	55
60	13.5530	13.4851	13.3514	13.1834	12.9657	12.6729	12.2576	11.6227	60
70	13.9776	13.9344	13.8487	13.7402	13.5980	13.4039	13.1229	12.6798	70
80	14.2409	14.2138	14.1600	14.0914	14.0009	13.8762	13.6933	13.3989	80
100	14.5027	14.4924	14.4718	14.4453	14.4102	14.3613	14.2887	14.1691	100

YEARS' PURCHASE DUAL RATE
7.25 and 5 per cent
Income tax rate per cent

Years	No tax	25	30	35	40	42	45	50	Years
1	0.9614	0.7335	0.6870	0.6401	0.5930	0.5740	0.5455	0.4976	1
2	1.8403	1.4266	1.3405	1.2532	1.1647	1.1290	1.0750	0.9841	2
3	2.6460	2.0317	1.9621	1.8402	1.7158	1.6653	1.5888	1.4592	3
4	3.3862	2.7011	2.5534	2.4020	2.2465	2.1832	2.0869	1.9229	4
5	4.0679	3.2869	3.1160	2.9396	2.7575	2.6830	2.5694	2.3740	5
6	4.6971	3.8412	3.6511	3.4539	3.2492	3.1650	3.0364	2.8152	6
7	5.2788	4.3658	4.1602	3.9458	3.7221	3.6298	3.4883	3.2438	7
8	5.8177	4.8625	4.6446	4.4162	4.1767	4.0775	3.9251	3.6604	8
9	6.3177	5.3328	5.1054	4.8660	4.6136	4.5087	4.3471	4.0653	9
10	6.7823	5.7783	5.5438	5.2959	5.0332	4.9237	4.7545	4.4583	10
11	7.2146	6.2004	5.9609	5.7067	5.4361	5.3230	5.1477	4.8396	11
12	7.6175	6.6004	6.3578	6.0992	5.8229	5.7070	5.5269	5.2092	12
13	7.9933	6.9795	6.7354	6.4742	6.1939	6.0760	5.8924	5.5673	13
14	8.3444	7.3390	7.0947	6.8324	6.5498	6.4305	6.2445	5.9138	14
15	8.6726	7.6798	7.4366	7.1744	6.8910	6.7711	6.5836	6.2491	15
16	8.9799	8.0031	7.7619	7.5010	7.2180	7.0979	6.9099	6.5732	16
17	9.2677	8.3098	8.0714	7.8128	7.5313	7.4116	7.2237	6.8862	17
18	9.5376	8.6007	8.3659	8.1105	7.8315	7.7125	7.5255	7.1885	18
19	9.7908	8.8768	8.6462	8.3945	8.1189	8.0011	7.8155	7.4802	19
20	10.0287	9.1388	8.9129	8.6657	8.3940	8.2777	8.0942	7.7615	20
21	10.2522	9.3875	9.1666	8.9243	8.6574	8.5428	8.3617	8.0326	21
22	10.4625	9.6236	9.4081	9.1712	8.9093	8.7968	8.6186	8.2937	22
23	10.6603	9.8478	9.6379	9.4066	9.1504	9.0400	8.8650	8.5452	23
24	10.8467	10.0607	9.8566	9.6312	9.3809	9.2729	9.1014	8.7872	24
25	11.0222	10.2628	10.0647	9.8454	9.6013	9.4958	9.3281	9.0200	25
26	11.1877	10.4548	10.2627	10.0497	9.8121	9.7092	9.5453	9.2438	26
27	11.3438	10.6372	10.4512	10.2445	10.0135	9.9133	9.7535	9.4588	27
28	11.4911	10.8105	10.6306	10.4303	10.2059	10.1085	9.9530	9.6655	28
29	11.6302	10.9751	10.8012	10.6074	10.3898	10.2952	10.1440	9.8639	29
30	11.7615	11.1315	10.9637	10.7762	10.5655	10.4737	10.3268	10.0543	30
31	11.8856	11.2801	11.1182	10.9372	10.7333	10.6443	10.5019	10.2370	31
32	12.0029	11.4213	11.2653	11.0906	10.8935	10.8074	10.6694	10.4123	32
33	12.1138	11.5555	11.4053	11.2368	11.0465	10.9632	10.8296	10.5804	33
34	12.2187	11.6831	11.5386	11.3762	11.1925	11.1120	10.9829	10.7414	34
35	12.3179	11.8043	11.6654	11.5091	11.3319	11.2542	11.1294	10.8958	35
36	12.4118	11.9196	11.7861	11.6356	11.4649	11.3900	11.2695	11.0437	36
37	12.5008	12.0292	11.9009	11.7563	11.5919	11.5197	11.4034	11.1853	37
38	12.5850	12.1334	12.0102	11.8712	11.7130	11.6435	11.5314	11.3208	38
39	12.6648	12.2324	12.1142	11.9807	11.8286	11.7616	11.6537	11.4506	39
40	12.7403	12.3266	12.2132	12.0850	11.9388	11.8744	11.7705	11.5747	40
41	12.8120	12.4161	12.3075	12.1844	12.0440	11.9821	11.8821	11.6935	41
42	12.8799	12.5013	12.3971	12.2791	12.1443	12.0848	11.9887	11.8071	42
43	12.9442	12.5822	12.4825	12.3694	12.2399	12.1828	12.0904	11.9158	43
44	13.0053	12.6592	12.5637	12.4553	12.3311	12.2763	12.1876	12.0196	44
45	13.0632	12.7325	12.6410	12.5372	12.4181	12.3655	12.2803	12.1189	45
46	13.1181	12.8021	12.7146	12.6151	12.5010	12.4505	12.3688	12.2138	46
47	13.1702	12.8684	12.7846	12.6894	12.5801	12.5317	12.4532	12.3044	47
48	13.2196	12.9314	12.8513	12.7601	12.6554	12.6090	12.5338	12.3910	48
49	13.2665	12.9913	12.9147	12.8275	12.7272	12.6828	12.6107	12.4737	49
50	13.3111	13.0483	12.9751	12.8917	12.7957	12.7531	12.6841	12.5527	50
55	13.5022	13.2942	13.2360	13.1694	13.0926	13.0585	13.0030	12.8970	55
60	13.6500	13.4859	13.4398	13.3869	13.3258	13.2985	13.2542	13.1694	60
70	13.8534	13.7520	13.7233	13.6903	13.6520	13.6349	13.6070	13.5534	70
80	13.9764	13.9139	13.8962	13.8758	13.8521	13.8415	13.8242	13.7908	80
100	14.0963	14.0728	14.0662	14.0585	14.0495	14.0455	14.0389	14.0262	100

YEARS' PURCHASE DUAL RATE
7.25 and 5 per cent
Income tax rate per cent

Years	52	55	60	65	70	75	80	85	Years
1	0.4784	0.4494	0.4009	0.3520	0.3028	0.2533	0.2033	0.1530	1
2	0.9474	0.8919	0.7984	0.7035	0.6073	0.5098	0.4108	0.3103	2
3	1.4067	1.3270	1.1920	1.0540	0.9132	0.7692	0.6221	0.4718	3
4	1.8561	1.7544	1.5813	1.4032	1.2200	1.0315	0.8374	0.6374	4
5	2.2953	2.1739	1.9659	1.7505	1.5274	1.2961	1.0562	0.8072	5
6	2.7243	2.5851	2.3454	2.0956	1.8350	1.5629	1.2785	0.9810	6
7	3.1428	2.9878	2.7195	2.4381	2.1425	1.8316	1.5041	1.1589	7
8	3.5507	3.3818	3.0879	2.7776	2.4494	2.1017	1.7328	1.3406	8
9	3.9480	3.7669	3.4502	3.1138	2.7554	2.3731	1.9643	1.5261	9
10	4.3346	4.1429	3.8062	3.4462	3.0602	2.6454	2.1984	1.7154	10
11	4.7104	4.5097	4.1556	3.7746	3.3634	2.9183	2.4349	1.9082	11
12	5.0755	4.8673	4.4982	4.0986	3.6645	3.1914	2.6735	2.1044	12
13	5.4299	5.2155	4.8337	4.4179	3.9634	3.4643	2.9140	2.3040	13
14	5.7737	5.5543	5.1620	4.7323	4.2595	3.7369	3.1560	2.5066	14
15	6.1069	5.8837	5.4830	5.0415	4.5527	4.0086	3.3993	2.7122	15
16	6.4296	6.2037	5.7964	5.3452	4.8426	4.2793	3.6436	2.9205	16
17	6.7419	6.5143	6.1022	5.6433	5.1290	4.5486	3.8886	3.1313	17
18	7.0439	6.8155	6.4003	5.9355	5.4114	4.8161	4.1340	3.3445	18
19	7.3359	7.1074	6.6907	6.2216	5.6898	5.0817	4.3795	3.5597	19
20	7.6180	7.3902	6.9732	6.5016	5.9638	5.3448	4.6248	3.7769	20
21	7.8902	7.6639	7.2480	6.7753	6.2332	5.6054	4.8697	3.9956	21
22	8.1529	7.9285	7.5149	7.0425	6.4979	5.8631	5.1137	4.2157	22
23	8.4062	8.1843	7.7740	7.3032	6.7575	6.1176	5.3567	4.4369	23
24	8.6503	8.4314	8.0253	7.5573	7.0120	6.3687	5.5983	4.6590	24
25	8.8855	8.6700	8.2689	7.8047	7.2612	6.6162	5.8383	4.8817	25
26	9.1118	8.9001	8.5049	8.0455	7.5050	6.8599	6.0763	5.1046	26
27	9.3297	9.1220	8.7333	8.2796	7.7433	7.0995	6.3122	5.3276	27
28	9.5392	9.3359	8.9542	8.5070	7.9759	7.3348	6.5457	5.5504	28
29	9.7406	9.5418	9.1677	8.7277	8.2028	7.5658	6.7764	5.7726	29
30	9.9341	9.7401	9.3740	8.9418	8.4240	7.7922	7.0043	5.9941	30
31	10.1201	9.9309	9.5731	9.1493	8.6393	8.0139	7.2290	6.2145	31
32	10.2986	10.1144	9.7653	9.3503	8.8488	8.2309	7.4504	6.4337	32
33	10.4699	10.2909	9.9506	9.5447	9.0525	8.4429	7.6683	6.6513	33
34	10.6343	10.4604	10.1291	9.7328	9.2503	8.6499	7.8825	6.8671	34
35	10.7920	10.6232	10.3011	9.9147	9.4423	8.8519	8.0928	7.0808	35
36	10.9431	10.7796	10.4668	10.0903	9.6285	9.0487	8.2991	7.2923	36
37	11.0880	10.9297	10.6261	10.2598	9.8089	9.2404	8.5013	7.5014	37
38	11.2268	11.0736	10.7794	10.4234	9.9837	9.4269	8.6993	7.7077	38
39	11.3598	11.2117	10.9268	10.5811	10.1528	9.6083	8.8929	7.9111	39
40	11.4872	11.3441	11.0684	10.7331	10.3163	9.7844	9.0820	8.1115	40
41	11.6091	11.4710	11.2045	10.8795	10.4744	9.9554	9.2667	8.3087	41
42	11.7258	11.5926	11.3351	11.0204	10.6270	10.1212	9.4468	8.5025	42
43	11.8374	11.7090	11.4605	11.1560	10.7744	10.2819	9.6222	8.6927	43
44	11.9442	11.8205	11.5808	11.2864	10.9165	10.4376	9.7931	8.8793	44
45	12.0463	11.9273	11.6962	11.4118	11.0536	10.5882	9.9592	9.0620	45
46	12.1440	12.0295	11.8068	11.5323	11.1856	10.7339	10.1207	9.2409	46
47	12.2374	12.1272	11.9128	11.6481	11.3128	10.8747	10.2776	9.4159	47
48	12.3266	12.2208	12.0145	11.7592	11.4353	11.0107	10.4298	9.5868	48
49	12.4119	12.3102	12.1118	11.8659	11.5531	11.1420	10.5773	9.7535	49
50	12.4934	12.3957	12.2050	11.9682	11.6664	11.2686	10.7203	9.9162	50
55	12.8490	12.7698	12.6143	12.4198	12.1697	11.8360	11.3683	10.6660	55
60	13.1308	13.0671	12.9415	12.7836	12.5789	12.3030	11.9112	11.3109	60
70	13.5290	13.4885	13.4083	13.3065	13.1731	12.9908	12.7267	12.3095	70
80	13.7755	13.7502	13.6998	13.6356	13.5509	13.4340	13.2625	12.9861	80
100	14.0204	14.0107	13.9915	13.9667	13.9339	13.8882	13.8202	13.7084	100

YEARS' PURCHASE DUAL RATE
7.5 and 5 per cent

Income tax rate per cent

Years	No tax	25	30	35	40	42	45	50	Years
1	0.9593	0.7323	0.6859	0.6392	0.5921	0.5732	0.5447	0.4970	1
2	1.8324	1.4218	1.3362	1.2495	1.1615	1.1260	1.0723	0.9813	2
3	2.6295	2.0715	1.9530	1.8322	1.7088	1.6587	1.5829	1.4542	3
4	3.3593	2.6839	2.5381	2.3884	2.2346	2.1719	2.0766	1.9142	4
5	4.0291	3.2615	3.0931	2.9193	2.7396	2.6660	2.5538	2.3617	5
6	4.6454	3.8066	3.6198	3.4259	3.2243	3.1415	3.0148	2.7966	6
7	5.2137	4.3211	4.1197	3.9093	3.6895	3.5988	3.4597	3.2190	7
8	5.7387	4.8071	4.5941	4.3705	4.1358	4.0385	3.8889	3.6290	8
9	6.2246	5.2663	5.0444	4.8106	4.5637	4.4611	4.3028	4.0265	9
10	6.6751	5.7003	5.4720	5.2303	4.9739	4.8670	4.7016	4.4118	10
11	7.0935	6.1107	5.8780	5.6306	5.3671	5.2568	5.0857	4.7848	11
12	7.4825	6.4988	6.2635	6.0124	5.7437	5.6309	5.4555	5.1458	12
13	7.8449	6.8660	6.6297	6.3764	6.1044	5.9898	5.8114	5.4948	13
14	8.1827	7.2136	6.9775	6.7236	6.4497	6.3341	6.1536	5.8322	14
15	8.4981	7.5427	7.3079	7.0546	6.7803	6.6642	6.4825	6.1580	15
16	8.7929	7.8543	7.6218	7.3701	7.0967	6.9806	6.7986	6.4724	16
17	9.0687	8.1494	7.9200	7.6709	7.3994	7.2838	7.1023	6.7758	17
18	9.3269	8.4291	8.2034	7.9576	7.6889	7.5742	7.3938	7.0682	18
19	9.5690	8.6941	8.4727	8.2309	7.9657	7.8523	7.6735	7.3500	19
20	9.7961	8.9453	8.7287	8.4914	8.2304	8.1186	7.9420	7.6214	20
21	10.0092	9.1834	8.9719	8.7397	8.4835	8.3734	8.1994	7.8827	21
22	10.2095	9.4092	9.2031	8.9762	8.7253	8.6173	8.4462	8.1340	22
23	10.3979	9.6234	9.4229	9.2017	8.9563	8.8506	8.6827	8.3757	23
24	10.5751	9.8266	9.6318	9.4165	9.1771	9.0737	8.9094	8.6081	24
25	10.7419	10.0194	9.8304	9.6211	9.3879	9.2870	9.1265	8.8313	25
26	10.8990	10.2023	10.0193	9.8161	9.5893	9.4910	9.3344	9.0458	26
27	11.0471	10.3759	10.1988	10.0019	9.7816	9.6859	9.5333	9.2516	27
28	11.1867	10.5406	10.3695	10.1789	9.9651	9.8722	9.7238	9.4492	28
29	11.3185	10.6971	10.5319	10.3475	10.1404	10.0502	9.9060	9.6387	29
30	11.4428	10.8456	10.6862	10.5081	10.3076	10.2202	10.0803	9.8205	30
31	11.5602	10.9866	10.8330	10.6611	10.4672	10.3826	10.2471	9.9948	31
32	11.6712	11.1206	10.9727	10.8068	10.6196	10.5377	10.4065	10.1618	32
33	11.7760	11.2478	11.1054	10.9456	10.7649	10.6858	10.5588	10.3218	33
34	11.8751	11.3686	11.2317	11.0778	10.9035	10.8272	10.7045	10.4750	34
35	11.9688	11.4834	11.3518	11.2037	11.0358	10.9621	10.8437	10.6218	35
36	12.0575	11.5924	11.4661	11.3237	11.1619	11.0909	10.9766	10.7622	36
37	12.1414	11.6960	11.5747	11.4379	11.2822	11.2138	11.1036	10.8967	37
38	12.2208	11.7945	11.6781	11.5466	11.3969	11.3311	11.2249	11.0253	38
39	12.2960	11.8881	11.7764	11.6502	11.5063	11.4430	11.3408	11.1483	39
40	12.3673	11.9770	11.8700	11.7488	11.6106	11.5497	11.4514	11.2660	40
41	12.4347	12.0615	11.9590	11.8428	11.7100	11.6515	11.5570	11.3785	41
42	12.4987	12.1419	12.0436	11.9322	11.8048	11.7486	11.6577	11.4860	42
43	12.5593	12.2182	12.1241	12.0174	11.8952	11.8412	11.7539	11.5888	43
44	12.6167	12.2908	12.2008	12.0985	11.9813	11.9295	11.8457	11.6870	44
45	12.6712	12.3598	12.2737	12.1757	12.0634	12.0137	11.9333	11.7808	45
46	12.7229	12.4255	12.3430	12.2492	12.1416	12.0940	12.0169	11.8705	46
47	12.7719	12.4878	12.4090	12.3193	12.2162	12.1705	12.0966	11.9561	47
48	12.8184	12.5472	12.4718	12.3859	12.2872	12.2435	12.1726	12.0378	48
49	12.8625	12.6036	12.5315	12.4494	12.3549	12.3130	12.2451	12.1158	49
50	12.9043	12.6572	12.5884	12.5098	12.4194	12.3793	12.3142	12.1903	50
55	13.0839	12.8885	12.8338	12.7712	12.6989	12.6668	12.6146	12.5148	55
60	13.2226	13.0686	13.0253	12.9756	12.9182	12.8926	12.8509	12.7711	60
70	13.4134	13.3183	13.2914	13.2604	13.2245	13.2085	13.1823	13.1320	70
80	13.5286	13.4702	13.4535	13.4344	13.4122	13.4022	13.3860	13.3547	80
100	13.6410	13.6190	13.6128	13.6056	13.5972	13.5934	13.5872	13.5754	100

YEARS' PURCHASE DUAL RATE
7.5 and 5 per cent
Income tax rate per cent

Years	52	55	60	65	70	75	80	85	Years
1	0.4778	0.4489	0.4005	0.3517	0.3026	0.2531	0.2032	0.1530	1
2	0.9452	0.8900	0.7969	0.7024	0.6065	0.5091	0.4104	0.3101	2
3	1.4020	1.3228	1.1886	1.0514	0.9112	0.7678	0.6212	0.4713	3
4	1.8479	1.7472	1.5754	1.3985	1.2165	1.0289	0.8357	0.6365	4
5	2.2829	2.1628	1.9568	1.7433	1.5219	1.2921	1.0536	0.8057	5
6	2.7068	2.5694	2.3325	2.0853	1.8271	1.5571	1.2747	0.9788	6
7	3.1196	2.9668	2.7021	2.4241	2.1317	1.8236	1.4988	1.1557	7
8	3.5211	3.3549	3.0655	2.7595	2.4353	2.0913	1.7257	1.3364	8
9	3.9114	3.7336	3.4223	3.0910	2.7376	2.3599	1.9552	1.5206	9
10	4.2905	4.1026	3.7722	3.4183	3.0382	2.6290	2.1871	1.7084	10
11	4.6584	4.4621	4.1151	3.7411	3.3368	2.8982	2.4210	1.8996	11
12	5.0152	4.8118	4.4508	4.0592	3.6330	3.1674	2.6567	2.0940	12
13	5.3610	5.1519	4.7790	4.3722	3.9265	3.4361	2.8940	2.2915	13
14	5.6958	5.4822	5.0997	4.6799	4.2170	3.7041	3.1326	2.4918	14
15	6.0198	5.8029	5.4127	4.9820	4.5042	3.9710	3.3721	2.6949	15
16	6.3331	6.1139	5.7179	5.2784	4.7877	4.2364	3.6124	2.9004	16
17	6.6359	6.4153	6.0153	5.5689	5.0674	4.5001	3.8531	3.1083	17
18	6.9284	6.7073	6.3048	5.8532	5.3430	4.7618	4.0939	3.3182	18
19	7.2107	6.9898	6.5863	6.1313	5.6142	5.0212	4.3346	3.5300	19
20	7.4830	7.2631	6.8600	6.4030	5.8808	5.2780	4.5747	3.7434	20
21	7.7455	7.5273	7.1257	6.6683	6.1426	5.5320	4.8142	3.9582	21
22	7.9985	7.7824	7.3835	6.9270	6.3994	5.7828	5.0526	4.1741	22
23	8.2422	8.0288	7.6335	7.1790	6.6511	6.0302	5.2896	4.3908	23
24	8.4767	8.2664	7.8757	7.4244	6.8975	6.2741	5.5251	4.6082	24
25	8.7024	8.4956	8.1101	7.6631	7.1385	6.5142	5.7587	4.8259	25
26	8.9194	8.7164	8.3370	7.8951	7.3740	6.7502	5.9902	5.0436	26
27	9.1280	8.9291	8.5563	8.1204	7.6039	6.9821	6.2193	5.2612	27
28	9.3285	9.1339	8.7683	8.3390	7.8281	7.2096	6.4458	5.4784	28
29	9.5210	9.3310	8.9729	8.5510	8.0465	7.4326	6.6694	5.6948	29
30	9.7058	9.5206	9.1704	8.7564	8.2592	7.6510	6.8900	5.9102	30
31	9.8832	9.7028	9.3609	8.9553	8.4661	7.8647	7.1074	6.1244	31
32	10.0534	9.8779	9.5446	9.1477	8.6672	8.0735	7.3213	6.3371	32
33	10.2166	10.0461	9.7215	9.3338	8.8625	8.2774	7.5315	6.5481	33
34	10.3731	10.2076	9.8919	9.5136	9.0520	8.4763	7.7381	6.7572	34
35	10.5231	10.3626	10.0559	9.6872	9.2358	8.6701	7.9406	6.9641	35
36	10.6667	10.5113	10.2136	9.8548	9.4139	8.8589	8.1392	7.1686	36
37	10.8044	10.6539	10.3653	10.0165	9.5863	9.0426	8.3336	7.3704	37
38	10.9361	10.7907	10.5111	10.1723	9.7531	9.2211	8.5237	7.5695	38
39	11.0623	10.9218	10.6512	10.3225	9.9144	9.3945	8.7095	7.7657	39
40	11.1830	11.0474	10.7857	10.4671	10.0703	9.5629	8.8908	7.9587	40
41	11.2985	11.1677	10.9149	10.6062	10.2209	9.7261	9.0677	8.1484	41
42	11.4090	11.2829	11.0388	10.7401	10.3662	9.8843	9.2401	8.3347	42
43	11.5146	11.3932	11.1577	10.8689	10.5063	10.0375	9.4079	8.5174	43
44	11.6157	11.4987	11.2717	10.9927	10.6414	10.1858	9.5711	8.6964	44
45	11.7123	11.5997	11.3810	11.1116	10.7716	10.3292	9.7298	8.8717	45
46	11.8046	11.6963	11.4857	11.2258	10.8970	10.4678	9.8839	9.0431	46
47	11.8928	11.7887	11.5860	11.3354	11.0177	10.6017	10.0334	9.2105	47
48	11.9770	11.8771	11.6821	11.4407	11.1338	10.7309	10.1784	9.3740	48
49	12.0575	11.9616	11.7741	11.5416	11.2455	10.8556	10.3189	9.5334	49
50	12.1344	12.0423	11.8622	11.6384	11.3528	10.9758	10.4549	9.6887	50
55	12.4696	12.3950	12.2485	12.0650	11.8288	11.5133	11.0703	10.4032	55
60	12.7349	12.6750	12.5568	12.4080	12.2150	11.9548	11.5845	11.0159	60
70	13.1091	13.0711	12.9957	12.9000	12.7746	12.6032	12.3544	11.9609	70
80	13.3404	13.3166	13.2694	13.2091	13.1296	13.0199	12.8587	12.5987	80
100	13.5699	13.5609	13.5428	13.5196	13.4889	13.4460	13.3823	13.2774	100

YEARS' PURCHASE DUAL RATE
8 and 5 per cent

Income tax rate per cent

Years	No tax	25	30	35	40	42	45	50	Years
1	0.9549	0.7297	0.6837	0.6373	0.5905	0.5717	0.5434	0.4959	1
2	1.8166	1.4123	1.3279	1.2422	1.1552	1.1200	1.0669	0.9773	2
3	2.5972	2.0514	1.9352	1.8165	1.6951	1.6458	1.5711	1.4443	3
4	3.3068	2.6503	2.5080	2.3617	2.2113	2.1499	2.0564	1.8970	4
5	3.9539	3.2120	3.0486	2.8796	2.7046	2.6329	2.5234	2.3356	5
6	4.5457	3.7394	3.5590	3.3713	3.1760	3.0956	2.9724	2.7601	6
7	5.0884	4.2347	4.0410	3.8384	3.6264	3.5387	3.4041	3.1708	7
8	5.5872	4.7004	4.4965	4.2822	4.0566	3.9630	3.8188	3.5678	8
9	6.0468	5.1385	4.9270	4.7037	4.4674	4.3690	4.2171	3.9514	9
10	6.4711	5.5509	5.3341	5.1042	4.8598	4.7576	4.5995	4.3217	10
11	6.8635	5.9393	5.7192	5.4847	5.2344	5.1294	4.9665	4.6791	11
12	7.2271	6.3053	6.0836	5.8464	5.5920	5.4850	5.3185	5.0237	12
13	7.5646	6.6504	6.4284	6.1900	5.9333	5.8250	5.6561	5.3558	13
14	7.8783	6.9760	6.7549	6.5167	6.2591	6.1501	5.9798	5.6758	14
15	8.1702	7.2832	7.0641	6.8271	6.5699	6.4609	6.2900	5.9839	15
16	8.4423	7.5733	7.3570	7.1222	6.8666	6.7578	6.5871	6.2804	16
17	8.6962	7.8474	7.6345	7.4027	7.1495	7.0416	6.8718	6.5656	17
18	8.9334	8.1064	7.8975	7.6694	7.4195	7.3126	7.1443	6.8399	18
19	9.1552	8.3512	8.1467	7.9230	7.6769	7.5715	7.4052	7.1034	19
20	9.3629	8.5827	8.3831	8.1640	7.9225	7.8188	7.6548	7.3566	20
21	9.5574	8.8017	8.6072	8.3932	8.1567	8.0549	7.8937	7.5997	21
22	9.7399	9.0089	8.8198	8.6112	8.3800	8.2803	8.1222	7.8331	22
23	9.9112	9.2050	9.0214	8.8184	8.5929	8.4954	8.3407	8.0570	23
24	10.0720	9.3908	9.2127	9.0155	8.7958	8.7008	8.5496	8.2718	24
25	10.2232	9.5667	9.3943	9.2030	8.9893	8.8968	8.7494	8.4777	25
26	10.3654	9.7333	9.5666	9.3812	9.1738	9.0838	8.9402	8.6752	26
27	10.4993	9.8912	9.7301	9.5507	9.3496	9.2622	9.1226	8.8643	27
28	10.6253	10.0408	9.8854	9.7120	9.5172	9.4324	9.2969	9.0455	28
29	10.7441	10.1826	10.0328	9.8654	9.6769	9.5948	9.4633	9.2191	29
30	10.8561	10.3171	10.1728	10.0113	9.8291	9.7496	9.6223	9.3852	30
31	10.9618	10.4447	10.3058	10.1500	9.9742	9.8973	9.7740	9.5442	31
32	11.0614	10.5656	10.4320	10.2820	10.1124	10.0381	9.9190	9.6964	32
33	11.1556	10.6804	10.5520	10.4076	10.2441	10.1724	10.0573	9.8420	33
34	11.2445	10.7893	10.6659	10.5271	10.3695	10.3004	10.1894	9.9812	34
35	11.3285	10.8926	10.7742	10.6407	10.4891	10.4225	10.3154	10.1144	35
36	11.4079	10.9907	10.8771	10.7488	10.6030	10.5389	10.4356	10.2417	36
37	11.4829	11.0838	10.9743	10.8517	10.7115	10.6498	10.5504	10.3633	37
38	11.5540	11.1722	11.0677	10.9495	10.8148	10.7555	10.6598	10.4796	38
39	11.6212	11.2561	11.1560	11.0426	10.9133	10.8563	10.7642	10.5907	39
40	11.6848	11.3358	11.2399	11.1312	11.0070	10.9523	10.8638	10.6968	40
41	11.7450	11.4115	11.3196	11.2155	11.0964	11.0438	10.9588	10.7982	41
42	11.8020	11.4834	11.3954	11.2957	11.1814	11.1310	11.0494	10.8950	42
43	11.8560	11.5516	11.4675	11.3720	11.2625	11.2141	11.1358	10.9874	43
44	11.9072	11.6165	11.5360	11.4446	11.3396	11.2932	11.2181	11.0757	44
45	11.9557	11.6781	11.6012	11.5136	11.4131	11.3687	11.2966	11.1599	45
46	12.0017	11.7367	11.6631	11.5794	11.4831	11.4405	11.3715	11.2403	46
47	12.0453	11.7924	11.7220	11.6419	11.5493	11.5090	11.4428	11.3170	47
48	12.0857	11.8452	11.7780	11.7014	11.6133	11.5742	11.5108	11.3902	48
49	12.1259	11.8955	11.8313	11.7580	11.6737	11.6363	11.5756	11.4601	49
50	12.1631	11.9433	11.8819	11.8119	11.7313	11.6955	11.6374	11.5267	50
55	12.3224	12.1490	12.1004	12.0447	11.9804	11.9518	11.9053	11.8164	55
60	12.4454	12.3089	12.2704	12.2264	12.1753	12.1526	12.1156	12.0446	60
70	12.6143	12.5301	12.5063	12.4789	12.4471	12.4329	12.4097	12.3651	70
80	12.7162	12.6645	12.6498	12.6329	12.6132	12.6044	12.5900	12.5624	80
100	12.8153	12.7960	12.7905	12.7841	12.7767	12.7733	12.7679	12.7574	100

YEARS' PURCHASE DUAL RATE
8 and 5 per cent
Income tax rate per cent

Years	52	55	60	65	70	75	80	85	Years
1	0.4768	0.4480	0.3998	0.3512	0.3022	0.2528	0.2030	0.1529	1
2	0.9410	0.8863	0.7939	0.7000	0.6047	0.5079	0.4096	0.3096	2
3	1.3928	1.3146	1.1820	1.0462	0.9073	0.7651	0.6194	0.4702	3
4	1.8320	1.7329	1.5637	1.3893	1.2095	1.0240	0.8324	0.6346	4
5	2.2586	2.1409	1.9388	1.7290	1.5110	1.2843	1.0484	0.8026	5
6	2.6727	2.5386	2.3070	2.0649	1.8114	1.5458	1.2671	0.9743	6
7	3.0743	2.9258	2.6681	2.3967	2.1104	1.8081	1.4883	1.1494	7
8	3.4635	3.3026	3.0218	2.7240	2.4076	2.0709	1.7118	1.3280	8
9	3.8405	3.6689	3.3679	3.0465	2.7026	2.3339	1.9373	1.5098	9
10	4.2053	4.0247	3.7062	3.3640	2.9952	2.5967	2.1647	1.6948	10
11	4.5582	4.3700	4.0367	3.6762	3.2850	2.8591	2.3936	1.8827	11
12	4.8992	4.7049	4.3592	3.9828	3.5717	3.1207	2.6238	2.0735	12
13	5.2286	5.0295	4.6735	4.2837	3.8550	3.3813	2.8550	2.2669	13
14	5.5466	5.3438	4.9798	4.5787	4.1347	3.6404	3.0869	2.4628	14
15	5.8534	5.6481	5.2778	4.8675	4.4104	3.8979	3.3193	2.6610	15
16	6.1492	5.9423	5.5676	5.1500	4.6819	4.1533	3.5518	2.8612	16
17	6.4343	6.2266	5.8491	5.4262	4.9490	4.4065	3.7842	3.0633	17
18	6.7089	6.5013	6.1225	5.6958	5.2115	4.6571	4.0163	3.2670	18
19	6.9732	6.7664	6.3877	5.9588	5.4692	4.9049	4.2476	3.4721	19
20	7.2275	7.0222	6.6447	6.2151	5.7218	5.1497	4.4780	3.6784	20
21	7.4722	7.2689	6.8937	6.4647	5.9694	5.3911	4.7071	3.8855	21
22	7.7074	7.5065	7.1347	6.7075	6.2117	5.6291	4.9348	4.0934	22
23	7.9333	7.7354	7.3678	6.9436	6.4485	5.8633	5.1607	4.3016	23
24	8.1504	7.9558	7.5932	7.1729	6.6799	6.0935	5.3846	4.5100	24
25	8.3588	8.1678	7.8109	7.3955	6.9057	6.3197	5.6062	4.7183	25
26	8.5588	8.3718	8.0212	7.6113	7.1258	6.5417	5.8254	4.9263	26
27	8.7508	8.5678	8.2240	7.8205	7.3403	6.7592	6.0418	5.1337	27
28	8.9348	8.7562	8.4196	8.0230	7.5490	6.9722	6.2553	5.3402	28
29	9.1113	8.9372	8.6081	8.2191	7.7519	7.1806	6.4657	5.5456	29
30	9.2804	9.1109	8.7897	8.4087	7.9492	7.3842	6.6729	5.7497	30
31	9.4425	9.2776	8.9646	8.5919	8.1406	7.5830	6.8765	5.9522	31
32	9.5977	9.4376	9.1329	8.7689	8.3264	7.7770	7.0766	6.1530	32
33	9.7464	9.5910	9.2948	8.9397	8.5065	7.9660	7.2728	6.3517	33
34	9.8886	9.7381	9.4504	9.1045	8.6809	8.1500	7.4652	6.5482	34
35	10.0248	9.8791	9.5999	9.2634	8.8498	8.3291	7.6536	6.7423	35
36	10.1551	10.0142	9.7436	9.4165	9.0131	8.5031	7.8379	6.9338	36
37	10.2798	10.1435	9.8816	9.5640	9.1711	8.6722	8.0180	7.1225	37
38	10.3990	10.2674	10.0140	9.7060	9.3236	8.8363	8.1939	7.3083	38
39	10.5130	10.3860	10.1411	9.8426	9.4710	8.9954	8.3654	7.4909	39
40	10.6220	10.4996	10.2630	9.9740	9.6131	9.1496	8.5326	7.6704	40
41	10.7261	10.6082	10.3798	10.1003	9.7502	9.2990	8.6953	7.8464	41
42	10.8257	10.7121	10.4918	10.2217	9.8823	9.4435	8.8537	8.0190	42
43	10.9208	10.8114	10.5992	10.3382	10.0096	9.5832	9.0076	8.1880	43
44	11.0116	10.9064	10.7020	10.4501	10.1322	9.7183	9.1572	8.3533	44
45	11.0983	10.9972	10.8005	10.5576	10.2502	9.8488	9.3023	8.5149	45
46	11.1812	11.0840	10.8947	10.6606	10.3637	9.9747	9.4431	8.6727	46
47	11.2603	11.1670	10.9849	10.7594	10.4728	10.0962	9.5795	8.8266	47
48	11.3358	11.2462	11.0713	10.8542	10.5776	10.2133	9.7115	8.9766	48
49	11.4079	11.3219	11.1539	10.9450	10.6784	10.3262	9.8394	9.1226	49
50	11.4767	11.3942	11.2329	11.0320	10.7751	10.4349	9.9630	9.2647	50
55	11.7761	11.7095	11.5787	11.4146	11.2030	10.9195	10.5203	9.9160	55
60	12.0124	11.9591	11.8538	11.7211	11.5488	11.3159	10.9836	10.4711	60
70	12.3448	12.3111	12.2442	12.1592	12.0478	11.8951	11.6733	11.3214	70
80	12.5497	12.5287	12.4868	12.4335	12.3630	12.2656	12.1225	11.8912	80
100	12.7526	12.7446	12.7287	12.7082	12.6810	12.6432	12.5868	12.4939	100

YEARS' PURCHASE DUAL RATE
8.5 and 5 per cent

Income tax rate per cent

Years	No tax	25	30	35	40	42	45	50	Years
1	0.9507	0.7272	0.6815	0.6353	0.5888	0.5701	0.5420	0.4947	1
2	1.8012	1.4030	1.3196	1.2349	1.1489	1.1142	1.0616	0.9728	2
3	2.5659	2.0318	1.9177	1.8011	1.6817	1.6332	1.5596	1.4346	3
4	3.2561	2.6176	2.4788	2.3358	2.1885	2.1283	2.0367	1.8803	4
5	3.8817	3.1642	3.0055	2.8411	2.6706	2.6007	2.4938	2.3102	5
6	4.4505	3.6747	3.5004	3.3187	3.1292	3.0511	2.9314	2.7248	6
7	4.9694	4.1520	3.9656	3.7703	3.5655	3.4807	3.3504	3.1242	7
8	5.4441	4.5987	4.4033	4.1976	3.9806	3.8904	3.7514	3.5089	8
9	5.8795	5.0172	4.8154	4.6018	4.3754	4.2810	4.1350	3.8793	9
10	6.2799	5.4096	5.2035	4.9845	4.7511	4.6535	4.5020	4.2356	10
11	6.6488	5.7778	5.5693	5.3467	5.1085	5.0085	4.8530	4.5783	11
12	6.9894	6.1236	5.9142	5.6898	5.4486	5.3470	5.1886	4.9077	12
13	7.3046	6.4486	6.2397	6.0148	5.7722	5.6696	5.5095	5.2242	13
14	7.5966	6.7542	6.5468	6.3228	6.0800	5.9771	5.8161	5.5282	14
15	7.8677	7.0419	6.8368	6.6146	6.3729	6.2702	6.1091	5.8200	15
16	8.1197	7.3127	7.1108	6.8912	6.6516	6.5495	6.3891	6.1001	16
17	8.3543	7.5679	7.3697	7.1535	6.9168	6.8157	6.6565	6.3689	17
18	8.5730	7.8085	7.6145	7.4023	7.1691	7.0694	6.9119	6.6266	18
19	8.7771	8.0354	7.8459	7.6382	7.4093	7.3110	7.1558	6.8737	19
20	8.9678	8.2495	8.0649	7.8620	7.6377	7.5413	7.3887	7.1105	20
21	9.1461	8.4516	8.2721	8.0743	7.8551	7.7607	7.6110	7.3373	21
22	9.3130	8.6425	8.4683	8.2758	8.0620	7.9697	7.8232	7.5546	22
23	9.4695	8.8229	8.6540	8.4671	8.2589	8.1689	8.0257	7.7627	23
24	9.6162	8.9933	8.8299	8.6486	8.4462	8.3586	8.2190	7.9619	24
25	9.7540	9.1545	8.9966	8.8209	8.6245	8.5393	8.4034	8.1525	25
26	9.8833	9.3070	9.1545	8.9846	8.7942	8.7114	8.5793	8.3349	26
27	10.0050	9.4512	9.3041	9.1400	8.9556	8.8754	8.7471	8.5094	27
28	10.1194	9.5878	9.4460	9.2875	9.1092	9.0315	8.9072	8.6762	28
29	10.2270	9.7170	9.5805	9.4277	9.2554	9.1803	9.0598	8.8357	29
30	10.3285	9.8394	9.7081	9.5608	9.3946	9.3219	9.2054	8.9882	30
31	10.4240	9.9554	9.8291	9.6873	9.5270	9.4568	9.3443	9.1340	31
32	10.5141	10.0652	9.9439	9.8075	9.6530	9.5853	9.4766	9.2733	32
33	10.5991	10.1693	10.0528	9.9217	9.7729	9.7077	9.6028	9.4063	33
34	10.6794	10.2680	10.1562	10.0302	9.8871	9.8242	9.7231	9.5334	34
35	10.7551	10.3615	10.2543	10.1333	9.9957	9.9352	9.8378	9.6548	35
36	10.8266	10.4502	10.3474	10.2313	10.0991	10.0409	9.9471	9.7708	36
37	10.8942	10.5343	10.4358	10.3244	10.1974	10.1415	10.0513	9.8814	37
38	10.9582	10.6141	10.5198	10.4130	10.2911	10.2373	10.1506	9.9871	38
39	11.0186	10.6899	10.5995	10.4971	10.3802	10.3286	10.2453	10.0879	39
40	11.0758	10.7617	10.6752	10.5771	10.4650	10.4155	10.3354	10.1842	40
41	11.1298	10.8299	10.7471	10.6532	10.5457	10.4982	10.4214	10.2760	41
42	11.1810	10.8946	10.8155	10.7255	10.6225	10.5770	10.5033	10.3637	42
43	11.2295	10.9561	10.8804	10.7943	10.6956	10.6520	10.5813	10.4473	43
44	11.2754	11.0144	10.9420	10.8597	10.7652	10.7234	10.6556	10.5270	44
45	11.3189	11.0698	11.0006	10.9219	10.8314	10.7913	10.7264	10.6031	45
46	11.3601	11.1224	11.0563	10.9810	10.8944	10.8561	10.7939	10.6756	46
47	11.3992	11.1724	11.1092	11.0372	10.9544	10.9177	10.8581	10.7448	47
48	11.4362	11.2198	11.1595	11.0907	11.0115	10.9764	10.9193	10.8108	48
49	11.4713	11.2649	11.2073	11.1416	11.0658	11.0322	10.9777	10.8737	49
50	11.5046	11.3078	11.2527	11.1899	11.1176	11.0854	11.0332	10.9336	50
55	11.6471	11.4920	11.4485	11.3986	11.3410	11.3154	11.2737	11.1940	55
60	11.7569	11.6350	11.6006	11.5612	11.5156	11.4952	11.4621	11.3986	60
70	11.9075	11.8324	11.8112	11.7867	11.7584	11.7457	11.7250	11.6852	70
80	11.9982	11.9522	11.9391	11.9240	11.9065	11.8986	11.8858	11.8612	80
100	12.0864	12.0692	12.0643	12.0586	12.0520	12.0491	12.0442	12.0349	100

YEARS' PURCHASE DUAL RATE
8.5 and 5 per cent
Income tax rate per cent

Years	52	55	60	65	70	75	80	85	Years
1	0.4757	0.4471	0.3990	0.3506	0.3017	0.2525	0.2028	0.1528	1
2	0.9369	0.8826	0.7909	0.6977	0.6030	0.5067	0.4088	0.3092	2
3	1.3837	1.3065	1.1754	1.0411	0.9034	0.7623	0.6176	0.4692	3
4	1.8163	1.7189	1.5523	1.3803	1.2027	1.0191	0.8292	0.6327	4
5	2.2348	2.1195	1.9213	1.7151	1.5003	1.2766	1.0432	0.7996	5
6	2.6395	2.5086	2.2823	2.0450	1.7961	1.5346	1.2595	0.9698	6
7	3.0304	2.8861	2.6350	2.3699	2.0897	1.7928	1.4779	1.1432	7
8	3.4080	3.2520	2.9794	2.6895	2.3806	2.0509	1.6981	1.3197	8
9	3.7723	3.6066	3.3153	3.0034	2.6687	2.3085	1.9198	1.4992	9
10	4.1237	3.9498	3.6427	3.3116	2.9536	2.5654	2.1429	1.6814	10
11	4.4624	4.2819	3.9614	3.6137	3.2350	2.8212	2.3669	1.8662	11
12	4.7888	4.6030	4.2715	3.9096	3.5127	3.0756	2.5918	2.0535	12
13	5.1031	4.9132	4.5730	4.1991	3.7863	3.3283	2.8171	2.2430	13
14	5.4055	5.2128	4.8657	4.4821	4.0557	3.5791	3.0427	2.4346	14
15	5.6965	5.5018	5.1499	4.7585	4.3207	3.8276	3.2682	2.6281	15
16	5.9763	5.7806	5.4254	5.0282	4.5809	4.0737	3.4934	2.8232	16
17	6.2452	6.0494	5.6924	5.2911	4.8364	4.3170	3.7180	3.0198	17
18	6.5035	6.3083	5.9510	5.5471	5.0867	4.5572	3.9418	3.2175	18
19	6.7516	6.5576	6.2012	5.7962	5.3319	4.7943	4.1644	3.4163	19
20	6.9898	6.7976	6.4432	6.0385	5.5718	5.0278	4.3856	3.6158	20
21	7.2184	7.0284	6.6771	6.2738	5.8063	5.2577	4.6051	3.8158	21
22	7.4376	7.2504	6.9029	6.5023	6.0352	5.4838	4.8228	4.0160	22
23	7.6478	7.4637	7.1209	6.7239	6.2586	5.7058	5.0383	4.2163	23
24	7.8493	7.6687	7.3313	6.9387	6.4763	5.9237	5.2515	4.4163	24
25	8.0425	7.8655	7.5340	7.1467	6.6883	6.1372	5.4621	4.6158	25
26	8.2275	8.0545	7.7294	7.3481	6.8946	6.3463	5.6699	4.8147	26
27	8.4047	8.2358	7.9176	7.5429	7.0952	6.5508	5.8748	5.0126	27
28	8.5743	8.4097	8.0987	7.7312	7.2900	6.7507	6.0765	5.2093	28
29	8.7367	8.5765	8.2730	7.9130	7.4791	6.9459	6.2748	5.4046	29
30	8.8921	8.7363	8.4406	8.0886	7.6625	7.1362	6.4697	5.5982	30
31	9.0408	8.8895	8.6017	8.2580	7.8403	7.3218	6.6610	5.7901	31
32	9.1830	9.0363	8.7565	8.4214	8.0124	7.5024	6.8485	5.9798	32
33	9.3189	9.1768	8.9052	8.5788	8.1791	7.6782	7.0322	6.1674	33
34	9.4489	9.3114	9.0480	8.7305	8.3402	7.8490	7.2119	6.3525	34
35	9.5732	9.4402	9.1850	8.8765	8.4960	8.0149	7.3875	6.5350	35
36	9.6920	9.5635	9.3164	9.0170	8.6464	8.1760	7.5591	6.7147	36
37	9.8055	9.6814	9.4425	9.1521	8.7916	8.3322	7.7265	6.8915	37
38	9.9139	9.7942	9.5633	9.2820	8.9318	8.4835	7.8896	7.0653	38
39	10.0174	9.9021	9.6792	9.4069	9.0669	8.6301	8.0485	7.2359	39
40	10.1163	10.0052	9.7901	9.5268	9.1971	8.7719	8.2032	7.4031	40
41	10.2107	10.1038	9.8964	9.6420	9.3225	8.9091	8.3535	7.5670	41
42	10.3009	10.1980	9.9982	9.7525	9.4432	9.0417	8.4996	7.7274	42
43	10.3870	10.2880	10.0956	9.8586	9.5594	9.1697	8.6414	7.8842	43
44	10.4691	10.3740	10.1889	9.9603	9.6711	9.2933	8.7789	8.0374	44
45	10.5475	10.4561	10.2781	10.0579	9.7785	9.4125	8.9122	8.1869	45
46	10.6223	10.5346	10.3634	10.1513	9.8817	9.5275	9.0413	8.3326	46
47	10.6936	10.6095	10.4450	10.2409	9.9809	9.6382	9.1662	8.4746	47
48	10.7617	10.6810	10.5230	10.3267	10.0761	9.7449	9.2871	8.6127	48
49	10.8267	10.7492	10.5976	10.4089	10.1674	9.8476	9.4039	8.7471	49
50	10.8886	10.8144	10.6689	10.4875	10.2551	9.9464	9.5168	8.8777	50
55	11.1578	11.0980	10.9804	10.8327	10.6419	10.3859	10.0240	9.4740	55
60	11.3697	11.3219	11.2275	11.1084	10.9535	10.7437	10.4438	9.9794	60
70	11.6670	11.6369	11.5771	11.5011	11.4014	11.2646	11.0654	10.7487	70
80	11.8499	11.8311	11.7938	11.7462	11.6833	11.5963	11.4683	11.2610	80
100	12.0306	12.0235	12.0093	11.9911	11.9669	11.9332	11.8829	11.8002	100

YEARS' PURCHASE DUAL RATE
9 and 5 per cent

Income tax rate per cent

Years	No tax	25	30	35	40	42	45	50	Years
1	0.9464	0.7248	0.6793	0.6335	0.5872	0.5686	0.5406	0.4936	1
2	1.7862	1.3938	1.3115	1.2278	1.1428	1.1084	1.0563	0.9684	2
3	2.5354	2.0126	1.9006	1.7860	1.6686	1.6208	1.5483	1.4250	3
4	3.2072	2.5859	2.4503	2.3105	2.1663	2.1073	2.0175	1.8638	4
5	3.8123	3.1180	2.9637	2.8037	2.6376	2.5693	2.4650	2.2855	5
6	4.3595	3.6124	3.4438	3.2678	3.0840	3.0081	2.8917	2.6904	6
7	4.8562	4.0727	3.8932	3.7048	3.5069	3.4248	3.2986	3.0791	7
8	5.3086	4.5016	4.3143	4.1165	3.9076	3.8207	3.6865	3.4521	8
9	5.7218	4.9019	4.7091	4.5046	4.2875	4.1968	4.0564	3.8100	9
10	6.1002	5.2757	5.0796	4.8706	4.6476	4.5541	4.4090	4.1531	10
11	6.4478	5.6254	5.4276	5.2160	4.9890	4.8936	4.7451	4.4820	11
12	6.7676	5.9527	5.7547	5.5420	5.3129	5.2162	5.0654	4.7973	12
13	7.0627	6.2593	6.0623	5.8498	5.6200	5.5228	5.3707	5.0993	13
14	7.3353	6.5469	6.3518	6.1407	5.9115	5.8142	5.6617	5.3885	14
15	7.5878	6.8168	6.6245	6.4156	6.1880	6.0911	5.9390	5.6654	15
16	7.8219	7.0703	6.8814	6.6755	6.4504	6.3544	6.2032	5.9305	16
17	8.0394	7.3086	7.1235	6.9214	6.6995	6.6046	6.4550	6.1842	17
18	8.2417	7.5327	7.3520	7.1539	6.9360	6.8425	6.6949	6.4269	18
19	8.4301	7.7436	7.5675	7.3741	7.1605	7.0687	6.9235	6.6590	19
20	8.6059	7.9423	7.7710	7.5824	7.3737	7.2838	7.1413	6.8810	20
21	8.7700	8.1294	7.9633	7.7798	7.5761	7.4882	7.3487	7.0933	21
22	8.9234	8.3059	8.1449	7.9667	7.7684	7.6826	7.5464	7.2962	22
23	9.0669	8.4724	8.3165	8.1437	7.9510	7.8675	7.7346	7.4901	23
24	9.2013	8.6294	8.4789	8.3115	8.1245	8.0433	7.9140	7.6753	24
25	9.3274	8.7777	8.6324	8.4706	8.2893	8.2105	8.0848	7.8523	25
26	9.4456	8.9178	8.7777	8.6214	8.4459	8.3695	8.2475	8.0214	26
27	9.5566	9.0502	8.9152	8.7643	8.5947	8.5208	8.4025	8.1829	27
28	9.6610	9.1753	9.0454	8.8999	8.7361	8.6646	8.5501	8.3370	28
29	9.7591	9.2936	9.1686	9.0286	8.8705	8.8014	8.6906	8.4842	29
30	9.8514	9.4055	9.2854	9.1506	8.9982	8.9315	8.8245	8.6247	30
31	9.9383	9.5114	9.3960	9.2664	9.1196	9.0553	8.9520	8.7589	31
32	10.0201	9.6116	9.5009	9.3763	9.2350	9.1731	9.0734	8.8869	32
33	10.0973	9.7065	9.6003	9.4806	9.3447	9.2851	9.1891	9.0090	33
34	10.1701	9.7963	9.6945	9.5796	9.4490	9.3916	9.2992	9.1255	34
35	10.2388	9.8814	9.7839	9.6737	9.5482	9.4930	9.4040	9.2367	35
36	10.3036	9.9621	9.8686	9.7629	9.6425	9.5894	9.5039	9.3427	36
37	10.3648	10.0385	9.9490	9.8477	9.7321	9.6812	9.5989	9.4439	37
38	10.4226	10.1109	10.0253	9.9282	9.8173	9.7684	9.6895	9.5403	38
39	10.4773	10.1796	10.0976	10.0047	9.8984	9.8515	9.7756	9.6323	39
40	10.5289	10.2447	10.1663	10.0774	9.9755	9.9305	9.8577	9.7200	40
41	10.5778	10.3065	10.2315	10.1464	10.0488	10.0057	9.9359	9.8036	41
42	10.6240	10.3651	10.2934	10.2120	10.1185	10.0772	10.0103	9.8834	42
43	10.6678	10.4207	10.3522	10.2743	10.1848	10.1452	10.0811	9.9594	43
44	10.7092	10.4735	10.4080	10.3335	10.2479	10.2100	10.1485	10.0318	44
45	10.7485	10.5236	10.4610	10.3898	10.3079	10.2716	10.2128	10.1009	45
46	10.7856	10.5711	10.5114	10.4433	10.3650	10.3302	10.2739	10.1667	46
47	10.8208	10.6162	10.5592	10.4941	10.4192	10.3860	10.3321	10.2294	47
48	10.8541	10.6591	10.6046	10.5425	10.4709	10.4391	10.3875	10.2892	48
49	10.8858	10.6997	10.6478	10.5884	10.5200	10.4896	10.4403	10.3462	49
50	10.9157	10.7384	10.6888	10.6321	10.5667	10.5377	10.4905	10.4004	50
55	11.0439	10.9044	10.8652	10.8203	10.7684	10.7453	10.7077	10.6357	55
60	11.1426	11.0330	11.0021	10.9667	10.9256	10.9073	10.8775	10.8203	60
70	11.2778	11.2105	11.1914	11.1694	11.1439	11.1325	11.1140	11.0782	70
80	11.3591	11.3179	11.3061	11.2926	11.2769	11.2699	11.2584	11.2362	80
100	11.4382	11.4228	11.4184	11.4133	11.4074	11.4047	11.4004	11.3920	100

YEARS' PURCHASE DUAL RATE
9 and 5 per cent
Income tax rate per cent

Years	52	55	60	65	70	75	80	85	Years
1	0.4746	0.4461	0.3983	0.3500	0.3013	0.2522	0.2026	0.1527	1
2	0.9328	0.8790	0.7880	0.6955	0.6013	0.5055	0.4080	0.3087	2
3	1.3748	1.2986	1.1690	1.0360	0.8996	0.7596	0.6158	0.4682	3
4	1.8010	1.7051	1.5411	1.3714	1.1959	1.0142	0.8260	0.6308	4
5	2.2116	2.0987	1.9042	1.7014	1.4899	1.2690	1.0381	0.7966	5
6	2.6072	2.4794	2.2581	2.0256	1.7811	1.5237	1.2521	0.9654	6
7	2.9880	2.8475	2.6028	2.3439	2.0694	1.7779	1.4677	1.1371	7
8	3.3544	3.2032	2.9383	2.6560	2.3543	2.0314	1.6847	1.3116	8
9	3.7067	3.5466	3.2646	2.9617	2.6357	2.2838	1.9027	1.4887	9
10	4.0455	3.8780	3.5815	3.2609	2.9132	2.5349	2.1216	1.6682	10
11	4.3710	4.1976	3.8892	3.5535	3.1867	2.7843	2.3410	1.8500	11
12	4.6836	4.5057	4.1877	3.8392	3.4558	3.0318	2.5607	2.0339	12
13	4.9838	4.8026	4.4770	4.1180	3.7203	3.2772	2.7804	2.2197	13
14	5.2719	5.0884	4.7572	4.3898	3.9801	3.5200	2.9999	2.4071	14
15	5.5483	5.3635	5.0285	4.6546	4.2349	3.7602	3.2189	2.5961	15
16	5.8134	5.6281	5.2908	4.9124	4.4846	3.9973	3.4371	2.7863	16
17	6.0675	5.8825	5.5445	5.1630	4.7291	4.2313	3.6543	2.9776	17
18	6.3111	6.1271	5.7895	5.4065	4.9682	4.4619	3.8702	3.1697	18
19	6.5445	6.3620	6.0260	5.6429	5.2019	4.6889	4.0846	3.3624	19
20	6.7680	6.5876	6.2543	5.8722	5.4300	4.9120	4.2972	3.5555	20
21	6.9820	6.8042	6.4744	6.0945	5.6524	5.1312	4.5078	3.7487	21
22	7.1870	7.0120	6.6865	6.3099	5.8692	5.3463	4.7161	3.9418	22
23	7.3831	7.2114	6.8909	6.5184	6.0802	5.5572	4.9221	4.1345	23
24	7.5707	7.4025	7.0876	6.7201	6.2854	5.7636	5.1253	4.3267	24
25	7.7502	7.5858	7.2769	6.9150	6.4850	5.9655	5.3257	4.5181	25
26	7.9219	7.7613	7.4591	7.1034	6.6787	6.1629	5.5231	4.7084	26
27	8.0860	7.9296	7.6342	7.2852	6.8667	6.3556	5.7173	4.8975	27
28	8.2429	8.0907	7.8024	7.4607	7.0491	6.5436	5.9081	5.0851	28
29	8.3929	8.2449	7.9641	7.6299	7.2257	6.7268	6.0955	5.2710	29
30	8.5362	8.3925	8.1193	7.7930	7.3968	6.9052	6.2792	5.4550	30
31	8.6731	8.5338	8.2683	7.9502	7.5623	7.0787	6.4592	5.6370	31
32	8.8039	8.6690	8.4112	8.1015	7.7223	7.2475	6.6354	5.8167	32
33	8.9288	8.7982	8.5483	8.2471	7.8770	7.4113	6.8077	5.9940	33
34	9.0481	8.9219	8.6798	8.3871	8.0263	7.5704	6.9760	6.1687	34
35	9.1620	9.0401	8.8058	8.5218	8.1705	7.7246	7.1402	6.3407	35
36	9.2707	9.1530	8.9265	8.6512	8.3095	7.8741	7.3003	6.5097	36
37	9.3745	9.2610	9.0422	8.7755	8.4436	8.0189	7.4563	6.6758	37
38	9.4735	9.3642	9.1529	8.8949	8.5727	8.1590	7.6082	6.8387	38
39	9.5680	9.4627	9.2590	9.0095	8.6971	8.2945	7.7558	6.9984	39
40	9.6582	9.5569	9.3604	9.1195	8.8168	8.4254	7.8993	7.1548	40
41	9.7442	9.6467	9.4576	9.2249	8.9320	8.5519	8.0386	7.3077	41
42	9.8263	9.7326	9.5505	9.3261	9.0428	8.6739	8.1738	7.4572	42
43	9.9046	9.8145	9.6393	9.4230	9.1493	8.7917	8.3049	7.6031	43
44	9.9792	9.8928	9.7243	9.5159	9.2516	8.9052	8.4318	7.7455	44
45	10.0504	9.9674	9.8055	9.6049	9.3498	9.0147	8.5547	7.8842	45
46	10.1183	10.0387	9.8831	9.6901	9.4441	9.1200	8.6736	8.0193	46
47	10.1831	10.1067	9.9573	9.7717	9.5347	9.2215	8.7885	8.1507	47
48	10.2448	10.1716	10.0282	9.8498	9.6215	9.3191	8.8996	8.2784	48
49	10.3036	10.2334	10.0959	9.9245	9.7048	9.4130	9.0068	8.4025	49
50	10.3597	10.2925	10.1606	9.9960	9.7846	9.5032	9.1103	8.5229	50
55	10.6030	10.5491	10.4427	10.3091	10.1362	9.9036	9.5740	9.0710	55
60	10.7942	10.7511	10.6660	10.5585	10.4184	10.2285	9.9562	9.5333	60
70	11.0619	11.0348	10.9810	10.9126	10.8228	10.6994	10.5196	10.2330	70
80	11.2261	11.2093	11.1758	11.1330	11.0765	10.9983	10.8830	10.6962	80
100	11.3882	11.3818	11.3691	11.3528	11.3311	11.3008	11.2558	11.1815	100

YEARS' PURCHASE DUAL RATE
10 and 5 per cent

Income tax rate per cent

Years	No tax	25	30	35	40	42	45	50	Years
1	0.9382	0.7199	0.6750	0.6297	0.5840	0.5656	0.5379	0.4913	1
2	1.7569	1.3759	1.2957	1.2139	1.1307	1.0970	1.0460	0.9597	2
3	2.4768	1.9755	1.8675	1.7567	1.6430	1.5966	1.5262	1.4063	3
4	3.1140	2.5250	2.3955	2.2617	2.1234	2.0667	1.9802	1.8320	4
5	3.6814	3.0298	2.8840	2.7323	2.5742	2.5092	2.4095	2.2378	5
6	4.1892	3.4947	3.3367	3.1712	2.9977	2.9260	2.8157	2.6245	6
7	4.6458	3.9236	3.7568	3.5811	3.3958	3.3188	3.2001	2.9931	7
8	5.0581	4.3202	4.1474	3.9643	3.7702	3.6892	3.5640	3.3444	8
9	5.4319	4.6875	4.5109	4.3230	4.1226	4.0387	3.9085	3.6792	9
10	5.7718	5.0283	4.8498	4.6590	4.4545	4.3685	4.2348	3.9982	10
11	6.0820	5.3449	5.1660	4.9740	4.7672	4.6800	4.5439	4.3022	11
12	6.3658	5.6395	5.4615	5.2696	5.0620	4.9742	4.8369	4.5918	12
13	6.6262	5.9140	5.7378	5.5472	5.3401	5.2522	5.1145	4.8677	13
14	6.8656	6.1701	5.9965	5.8080	5.6026	5.5151	5.3777	5.1306	14
15	7.0863	6.4093	6.2390	6.0534	5.8503	5.7637	5.6273	5.3811	15
16	7.2900	6.6329	6.4663	6.2842	6.0844	5.9988	5.8639	5.6196	16
17	7.4786	6.8421	6.6797	6.5016	6.3055	6.2214	6.0884	5.8469	17
18	7.6533	7.0382	6.8802	6.7064	6.5145	6.4320	6.3014	6.0634	18
19	7.8156	7.2220	7.0686	6.8995	6.7122	6.6315	6.5035	6.2696	19
20	7.9664	7.3945	7.2458	7.0816	6.8991	6.8204	6.6953	6.4660	20
21	8.1068	7.5564	7.4127	7.2534	7.0761	6.9993	6.8773	6.6531	21
22	8.2377	7.7087	7.5698	7.4156	7.2435	7.1689	7.0501	6.8313	22
23	8.3599	7.8519	7.7178	7.5688	7.4020	7.3296	7.2142	7.0009	23
24	8.4740	7.9866	7.8574	7.7135	7.5522	7.4820	7.3699	7.1626	24
25	8.5808	8.1135	7.9891	7.8503	7.6944	7.6265	7.5179	7.3165	25
26	8.6808	8.2330	8.1134	7.9797	7.8291	7.7635	7.6583	7.4630	26
27	8.7745	8.3457	8.2307	8.1020	7.9568	7.8934	7.7918	7.6026	27
28	8.8623	8.4519	8.3416	8.2177	8.0779	8.0167	7.9186	7.7355	28
29	8.9448	8.5522	8.4463	8.3273	8.1926	8.1337	8.0390	7.8621	29
30	9.0223	8.6469	8.5453	8.4310	8.3015	8.2447	8.1534	7.9826	30
31	9.0952	8.7363	8.6389	8.5292	8.4047	8.3500	8.2621	8.0973	31
32	9.1637	8.8208	8.7275	8.6222	8.5026	8.4500	8.3654	8.2066	32
33	9.2282	8.9006	8.8112	8.7103	8.5955	8.5450	8.4636	8.3106	33
34	9.2889	8.9761	8.8906	8.7939	8.6837	8.6352	8.5569	8.4097	34
35	9.3462	9.0475	8.9657	8.8730	8.7673	8.7208	8.6456	8.5040	35
36	9.4002	9.1151	9.0368	8.9481	8.8468	8.8021	8.7300	8.5938	36
37	9.4511	9.1790	9.1041	9.0192	8.9222	8.8793	8.8101	8.6793	37
38	9.4991	9.2395	9.1680	9.0867	8.9938	8.9527	8.8863	8.7607	38
39	9.5445	9.2969	9.2284	9.1508	9.0617	9.0224	8.9588	8.8382	39
40	9.5874	9.3512	9.2858	9.2115	9.1263	9.0886	9.0276	8.9120	40
41	9.6279	9.4026	9.3402	9.2691	9.1876	9.1516	9.0931	8.9823	41
42	9.6662	9.4513	9.3917	9.3238	9.2459	9.2113	9.1554	9.0491	42
43	9.7024	9.4976	9.4406	9.3758	9.3012	9.2682	9.2146	9.1128	43
44	9.7366	9.5414	9.4870	9.4251	9.3538	9.3222	9.2709	9.1734	44
45	9.7690	9.5829	9.5310	9.4719	9.4037	9.3735	9.3245	9.2312	45
46	9.7997	9.6223	9.5728	9.5163	9.4512	9.4223	9.3754	9.2861	46
47	9.8288	9.6597	9.6124	9.5585	9.4963	9.4687	9.4239	9.3384	47
48	9.8563	9.6951	9.6501	9.5986	9.5392	9.5128	9.4700	9.3882	48
49	9.8823	9.7288	9.6858	9.6366	9.5799	9.5547	9.5138	9.4356	49
50	9.9070	9.7607	9.7197	9.6728	9.6187	9.5946	9.5555	9.4807	50
55	10.0125	9.8977	9.8654	9.8283	9.7855	9.7664	9.7353	9.6758	55
60	10.0935	10.0036	9.9781	9.9490	9.9152	9.9001	9.8755	9.8283	60
70	10.2044	10.1492	10.1335	10.1156	10.0946	10.0853	10.0700	10.0407	70
80	10.2709	10.2371	10.2275	10.2165	10.2036	10.1979	10.1885	10.1703	80
100	10.3355	10.3229	10.3193	10.3152	10.3103	10.3082	10.3046	10.2978	100

YEARS' PURCHASE DUAL RATE
10 and 5 per cent

Income tax rate per cent

Years	52	55	60	65	70	75	80	85	Years
1	0.4725	0.4443	0.3968	0.3489	0.3005	0.2516	0.2023	0.1524	1
2	0.9247	0.8718	0.7822	0.6910	0.5980	0.5031	0.4064	0.3079	2
3	1.3574	1.2830	1.1564	1.0261	0.8921	0.7543	0.6123	0.4661	3
4	1.7712	1.6784	1.5192	1.3541	1.1827	1.0047	0.8196	0.6271	4
5	2.1669	2.0584	1.8709	1.6748	1.4694	1.2541	1.0282	0.7907	5
6	2.5453	2.4234	2.2115	1.9881	1.7520	1.5023	1.2377	0.9568	6
7	2.9070	2.7739	2.5411	2.2937	2.0302	1.7489	1.4479	1.1252	7
8	3.2526	3.1103	2.8600	2.5918	2.3038	1.9936	1.6586	1.2958	8
9	3.5829	3.4330	3.1681	2.8821	2.5725	2.2362	1.8695	1.4683	9
10	3.9984	3.7426	3.4657	3.1647	2.8362	2.4763	2.0804	1.6426	10
11	4.1998	4.0395	3.7530	3.4395	3.0947	2.7138	2.2909	1.8186	11
12	4.4876	4.3240	4.0302	3.7065	3.3478	2.9485	2.5009	1.9960	12
13	4.7624	4.5967	4.2975	3.9657	3.5955	3.1800	2.7101	2.1746	13
14	5.0248	4.8578	4.5551	4.2172	3.8376	3.4081	2.9183	2.3543	14
15	5.2753	5.1079	4.8032	4.4610	4.0740	3.6327	3.1251	2.5347	15
16	5.5144	5.3474	5.0420	4.6971	4.3046	3.8536	3.3304	2.7157	16
17	5.7425	5.5765	5.2718	4.9257	4.5293	4.0707	3.5339	2.8971	17
18	5.9602	5.7958	5.4928	5.1469	4.7482	4.2836	3.7354	3.0787	18
19	6.1679	6.0056	5.7053	5.3607	4.9612	4.4924	3.9347	3.2602	19
20	6.3661	6.2063	5.9095	5.5673	5.1682	4.6968	4.1316	3.4414	20
21	6.5551	6.3981	6.1057	5.7667	5.3693	4.8969	4.3259	3.6220	21
22	6.7354	6.5816	6.2940	5.9592	5.5645	5.0924	4.5174	3.8020	22
23	6.9074	6.7569	6.4747	6.1448	5.7539	5.2833	4.7060	3.9810	23
24	7.0714	6.9244	6.6481	6.3237	5.9374	5.4695	4.8915	4.1589	24
25	7.2277	7.0845	6.8144	6.4960	6.1151	5.6511	5.0737	4.3354	25
26	7.3768	7.2374	6.9739	6.6620	6.2871	5.8279	5.2525	4.5103	26
27	7.5189	7.3834	7.1267	6.8217	6.4534	5.9999	5.4278	4.6835	27
28	7.6544	7.5229	7.2731	6.9753	6.6142	6.1672	5.5995	4.8548	28
29	7.7835	7.6561	7.4134	7.1230	6.7695	6.3296	5.7676	5.0240	29
30	7.9066	7.7832	7.5477	7.2649	6.9194	6.4873	5.9318	5.1909	30
31	8.0240	7.9046	7.6762	7.4013	7.0640	6.6403	6.0922	5.3554	31
32	8.1358	8.0204	7.7993	7.5323	7.2034	6.7885	6.2487	5.5174	32
33	8.2423	8.1310	7.9170	7.6580	7.3378	6.9321	6.4012	5.6766	33
34	8.3439	8.2364	8.0297	7.7786	7.4673	7.0711	6.5498	5.8331	34
35	8.4406	8.3371	8.1374	7.8943	7.5919	7.2055	6.6944	5.9866	35
36	8.5328	8.4331	8.2404	8.0052	7.7118	7.3354	6.8349	6.1371	36
37	8.6206	8.5246	8.3388	8.1116	7.8271	7.4608	6.9715	6.2845	37
38	8.7043	8.6120	8.4330	8.2135	7.9380	7.5820	7.1040	6.4287	38
39	8.7841	8.6952	8.5229	8.3111	8.0445	7.6988	7.2326	6.5696	39
40	8.8600	8.7747	8.6088	8.4046	8.1468	7.8115	7.3572	6.7072	40
41	8.9324	8.8504	8.6909	8.4941	8.2451	7.9201	7.4779	6.8414	41
42	9.0013	8.9226	8.7693	8.5797	8.3394	8.0247	7.5948	6.9722	42
43	9.0669	8.9914	8.8441	8.6617	8.4299	8.1254	7.7078	7.0996	43
44	9.1294	9.0570	8.9156	8.7401	8.5166	8.2223	7.8170	7.2236	44
45	9.1890	9.1196	8.9838	8.8151	8.5998	8.3155	7.9225	7.3441	45
46	9.2457	9.1792	9.0490	8.8869	8.6795	8.4050	8.0244	7.4612	46
47	9.2997	9.2360	9.1111	8.9554	8.7559	8.4911	8.1227	7.5748	47
48	9.3512	9.2901	9.1704	9.0210	8.8291	8.5738	8.2174	7.6850	48
49	9.4002	9.3417	9.2270	9.0836	8.8992	8.6532	8.3088	7.7918	49
50	9.4468	9.3909	9.2810	9.1435	8.9663	8.7294	8.3967	7.8952	50
55	9.6488	9.6040	9.5158	9.4047	9.2606	9.0661	8.7891	8.3634	55
60	9.8068	9.7713	9.7009	9.6118	9.4956	9.3376	9.1102	8.7548	60
70	10.0273	10.0050	9.9608	9.9045	9.8304	9.7285	9.5796	9.3414	70
80	10.1620	10.1482	10.1208	10.0857	10.0392	9.9750	9.8801	9.7259	80
100	10.2947	10.2895	10.2791	10.2657	10.2480	10.2232	10.1863	10.1254	100

YEARS' PURCHASE DUAL RATE
11 and 5 per cent

Income tax rate per cent

Years	No tax	25	30	35	40	42	45	50	Years
1	0.9301	0.7151	0.6708	0.6261	0.5809	0.5627	0.5352	0.4891	1
2	1.7288	1.3586	1.2803	1.2004	1.1190	1.0860	1.0360	0.9513	2
3	2.4212	1.9400	1.8358	1.7286	1.6184	1.5734	1.5049	1.3882	3
4	3.0267	2.4673	2.3435	2.2153	2.0824	2.0279	1.9445	1.8014	4
5	3.5600	2.9471	2.8090	2.6648	2.5143	2.4522	2.3570	2.1923	5
6	4.0327	3.3851	3.2366	3.0807	2.9168	2.8488	2.7442	2.5622	6
7	4.4541	3.7861	3.6305	3.4661	3.2923	3.2199	3.1080	2.9124	7
8	4.8318	4.1540	3.9939	3.8239	3.6430	3.5673	3.4501	3.2440	8
9	5.1717	4.4925	4.3300	4.1566	3.9710	3.8931	3.7720	3.5580	9
10	5.4789	4.8046	4.6413	4.4663	4.2780	4.1987	4.0750	3.8554	10
11	5.7577	5.0928	4.9302	4.7549	4.5656	4.4856	4.3604	4.1373	11
12	6.0114	5.3596	5.1986	5.0244	4.8353	4.7551	4.6295	4.4045	12
13	6.2430	5.6069	5.4483	5.2761	5.0885	5.0086	4.8832	4.6578	13
14	6.4551	5.8366	5.6810	5.5116	5.3262	5.2471	5.1226	4.8979	14
15	6.6498	6.0501	5.8982	5.7320	5.5496	5.4716	5.3485	5.1256	15
16	6.8290	6.2490	6.1009	5.9386	5.7598	5.6831	5.5619	5.3416	16
17	6.9942	6.4344	6.2906	6.1324	5.9576	5.8824	5.7635	5.5466	17
18	7.1468	6.6075	6.4680	6.3143	6.1439	6.0704	5.9540	5.7410	18
19	7.2881	6.7692	6.6343	6.4851	6.3194	6.2478	6.1341	5.9255	19
20	7.4190	6.9205	6.7902	6.6457	6.4848	6.4152	6.3044	6.1007	20
21	7.5407	7.0622	6.9365	6.7968	6.6409	6.5732	6.4655	6.2669	21
22	7.6538	7.1950	7.0739	6.9391	6.7881	6.7226	6.6180	6.4248	22
23	7.7592	7.3196	7.2030	7.0730	6.9272	6.8637	6.7624	6.5747	23
24	7.8574	7.4365	7.3244	7.1992	7.0585	6.9971	6.8990	6.7170	24
25	7.9491	7.5464	7.4387	7.3183	7.1825	7.1233	7.0285	6.8522	25
26	8.0348	7.6497	7.5464	7.4305	7.2998	7.2427	7.1511	6.9805	26
27	8.1150	7.7469	7.6478	7.5365	7.4107	7.3557	7.2674	7.1025	27
28	8.1901	7.8384	7.7434	7.6366	7.5156	7.4626	7.3775	7.2184	28
29	8.2605	7.9246	7.8335	7.7311	7.6149	7.5639	7.4819	7.3285	29
30	8.3266	8.0058	7.9186	7.8204	7.7088	7.6598	7.5810	7.4331	30
31	8.3886	8.0824	7.9989	7.9048	7.7977	7.7507	7.6749	7.5325	31
32	8.4468	8.1546	8.0748	7.9846	7.8819	7.8368	7.7639	7.6269	32
33	8.5016	8.2228	8.1465	8.0601	7.9617	7.9184	7.8484	7.7167	33
34	8.5531	8.2872	8.2142	8.1316	8.0373	7.9957	7.9286	7.8020	34
35	8.6016	8.3480	8.2783	8.1992	8.1089	8.0691	8.0047	7.8831	35
36	8.6473	8.4055	8.3389	8.2633	8.1768	8.1386	8.0769	7.9603	36
37	8.6904	8.4598	8.3962	8.3239	8.2412	8.2046	8.1455	8.0336	37
38	8.7310	8.5112	8.4505	8.3814	8.3022	8.2672	8.2106	8.1033	38
39	8.7694	8.5599	8.5018	8.4358	8.3601	8.3266	8.2724	8.1695	39
40	8.8055	8.6059	8.5505	8.4874	8.4151	8.3830	8.3311	8.2325	40
41	8.8397	8.6494	8.5965	8.5363	8.4672	8.4365	8.3868	8.2924	41
42	8.8719	8.6906	8.6402	8.5827	8.5166	8.4873	8.4398	8.3494	42
43	8.9024	8.7297	8.6816	8.6267	8.5635	8.5355	8.4901	8.4036	43
44	8.9313	8.7667	8.7208	8.6684	8.6081	8.5813	8.5379	8.4551	44
45	8.9585	8.8018	8.7580	8.7080	8.6504	8.6248	8.5833	8.5041	45
46	8.9843	8.8350	8.7932	8.7455	8.6905	8.6661	8.6264	8.5507	46
47	9.0087	8.8665	8.8267	8.7812	8.7287	8.7053	8.6674	8.5951	47
48	9.0318	8.8963	8.8584	8.8150	8.7649	8.7426	8.7064	8.6372	48
49	9.0537	8.9247	8.8885	8.8471	8.7993	8.7780	8.7434	8.6773	49
50	9.0744	8.9515	8.9170	8.8775	8.8319	8.8116	8.7786	8.7155	50
55	9.1629	9.0666	9.0395	9.0084	8.9724	8.9563	8.9302	8.8801	55
60	9.2307	9.1554	9.1341	9.1096	9.0813	9.0686	9.0480	9.0084	60
70	9.3233	9.2772	9.2641	9.2491	9.2316	9.2238	9.2110	9.1864	70
80	9.3788	9.3506	9.3426	9.3334	9.3227	9.3178	9.3100	9.2948	80
100	9.4326	9.4221	9.4191	9.4157	9.4117	9.4098	9.4069	9.4012	100

YEARS' PURCHASE DUAL RATE
11 and 5 per cent
Income tax rate per cent

Years	52	55	60	65	70	75	80	85	Years
1	0.4705	0.4425	0.3953	0.3477	0.2996	0.2510	0.2019	0.1522	1
2	0.9169	0.8648	0.7766	0.6866	0.5947	0.5008	0.4049	0.3070	2
3	1.3405	1.2680	1.1441	1.0165	0.8848	0.7490	0.6089	0.4641	3
4	1.7426	1.6527	1.4932	1.3374	1.1699	0.9954	0.8135	0.6235	4
5	2.1243	2.0199	1.8391	1.6492	1.4497	1.2397	1.0185	0.7850	5
6	2.4867	2.3702	2.1671	1.9521	1.7240	1.4817	1.2237	0.9484	6
7	2.8307	2.7044	2.4827	2.2460	1.9927	1.7210	1.4288	1.1136	7
8	3.1575	3.0232	2.7862	2.5310	2.2556	1.9574	1.6335	1.2804	8
9	3.4678	3.3273	3.0778	2.8072	2.5126	2.1908	1.8377	1.4486	9
10	3.7625	3.6173	3.3579	3.0746	2.7636	2.4208	2.0411	1.6180	10
11	4.0425	3.8938	3.6270	3.3333	3.0085	2.6473	2.2433	1.7885	11
12	4.3085	4.1575	3.8852	3.5834	3.2472	2.8701	2.4443	1.9598	12
13	4.5612	4.4090	4.1330	3.8252	3.4796	3.0890	2.6438	2.1317	13
14	4.8014	4.6487	4.3707	4.0586	3.7059	3.3038	2.8415	2.3040	14
15	5.0296	4.8772	4.5986	4.2840	3.9258	3.5145	3.0372	2.4766	15
16	5.2464	5.0950	4.8171	4.5013	4.1395	3.7209	3.2307	2.6491	16
17	5.4525	5.3027	5.0264	4.7108	4.3470	3.9228	3.4219	2.8214	17
18	5.6484	5.5006	5.2270	4.9127	4.5482	4.1202	3.6105	2.9933	18
19	5.8347	5.6892	5.4190	5.1072	4.7432	4.3129	3.7964	3.1646	19
20	6.0117	5.8689	5.6029	5.2943	4.9321	4.5010	3.9793	3.3351	20
21	6.1800	6.0402	5.7789	5.4744	5.1150	4.6844	4.1593	3.5045	21
22	6.3400	6.2034	5.9473	5.6475	5.2918	4.8630	4.3360	3.6727	22
23	6.4921	6.3589	6.1084	5.8139	5.4628	5.0368	4.5095	3.8394	23
24	6.6367	6.5071	6.2625	5.9738	5.6279	5.2058	4.6795	4.0046	24
25	6.7743	6.6483	6.4099	6.1274	5.7873	5.3700	4.8460	4.1680	25
26	6.9050	6.7828	6.5508	6.2748	5.9411	5.5295	5.0088	4.3295	26
27	7.0294	6.9109	6.6854	6.4163	6.0894	5.6841	5.1680	4.4888	27
28	7.1477	7.0329	6.8141	6.5520	6.2324	5.8340	5.3235	4.6459	28
29	7.2602	7.1492	6.9371	6.6822	6.3701	5.9791	5.4751	4.8006	29
30	7.3672	7.2599	7.0545	6.8070	6.5027	6.1197	5.6229	4.9528	30
31	7.4689	7.3654	7.1667	6.9265	6.6302	6.2556	5.7668	5.1024	31
32	7.5657	7.4659	7.2739	7.0411	6.7529	6.3870	5.9068	5.2492	32
33	7.6578	7.5616	7.3762	7.1508	6.8709	6.5139	6.0430	5.3931	33
34	7.7454	7.6527	7.4739	7.2559	6.9843	6.6365	6.1752	5.5341	34
35	7.8287	7.7395	7.5671	7.3565	7.0932	6.7547	6.3035	5.6721	35
36	7.9079	7.8221	7.6561	7.4527	7.1977	6.8687	6.4280	5.8070	36
37	7.9833	7.9009	7.7410	7.5448	7.2981	6.9786	6.5487	5.9388	37
38	8.0550	7.9758	7.8221	7.6329	7.3944	7.0845	6.6655	6.0674	38
39	8.1232	8.0472	7.8994	7.7171	7.4867	7.1864	6.7786	6.1928	39
40	8.1881	8.1152	7.9731	7.7976	7.5753	7.2845	6.8879	6.3149	40
41	8.2499	8.1799	8.0435	7.8746	7.6602	7.3788	6.9936	6.4338	41
42	8.3086	8.2415	8.1106	7.9482	7.7415	7.4696	7.0957	6.5493	42
43	8.3645	8.3002	8.1746	8.0185	7.8194	7.5567	7.1942	6.6616	43
44	8.4177	8.3561	8.2356	8.0856	7.8940	7.6405	7.2893	6.7706	44
45	8.4683	8.4093	8.2938	8.1498	7.9654	7.7209	7.3810	6.8764	45
46	8.5165	8.4600	8.3493	8.2111	8.0338	7.7980	7.4693	6.9789	46
47	8.5623	8.5082	8.4021	8.2696	8.0992	7.8721	7.5544	7.0782	47
48	8.6059	8.5542	8.4526	8.3254	8.1617	7.9431	7.6363	7.1744	48
49	8.6474	8.5979	8.5006	8.3787	8.2216	8.0112	7.7151	7.2674	49
50	8.6868	8.6395	8.5464	8.4296	8.2788	8.0765	7.7909	7.3573	50
55	8.8573	8.8196	8.7451	8.6512	8.5291	8.3638	8.1276	7.7621	55
60	8.9903	8.9604	8.9012	8.8262	8.7281	8.5944	8.4013	8.0982	60
70	9.1752	9.1566	9.1195	9.0723	9.0101	8.9245	8.7990	8.5976	70
80	9.2879	9.2764	9.2534	9.2241	9.1852	9.1314	9.0518	8.9222	80
100	9.3986	9.3943	9.3856	9.3744	9.3596	9.3390	9.3082	9.2573	100

YEARS' PURCHASE DUAL RATE
12 and 5 per cent
Income tax rate per cent

Years	No tax	25	30	35	40	42	45	50	Years
1	0.9222	0.7105	0.6667	0.6225	0.5778	0.5598	0.5326	0.4869	1
2	1.7017	1.3418	1.2654	1.1873	1.1076	1.0753	1.0262	0.9430	2
3	2.3685	1.9060	1.8053	1.7015	1.5946	1.5509	1.4844	1.3707	3
4	2.9448	2.4126	2.2941	2.1711	2.0433	1.9908	1.9104	1.7721	4
5	3.4471	2.8694	2.7382	2.6011	2.4575	2.3981	2.3070	2.1490	5
6	3.8885	3.2829	3.1431	2.9958	2.8406	2.7761	2.6766	2.5033	6
7	4.2789	3.6587	3.5132	3.3591	3.1955	3.1273	3.0216	2.8364	7
8	4.6262	4.0012	3.8525	3.6940	3.5249	3.4540	3.3440	3.1500	8
9	4.9369	4.3143	4.1642	4.0035	3.8311	3.7585	3.6455	3.4452	9
10	5.2161	4.6013	4.4513	4.2901	4.1161	4.0426	3.9278	3.7234	10
11	5.4682	4.8650	4.7163	4.5557	4.3817	4.3079	4.1923	3.9857	11
12	5.6965	5.1079	4.9614	4.8025	4.6295	4.5559	4.4405	4.2330	12
13	5.9041	5.3320	5.1884	5.0320	4.8610	4.7881	4.6734	4.4665	13
14	6.0934	5.5393	5.3990	5.2457	5.0775	5.0056	4.8921	4.6868	14
15	6.2666	5.7313	5.5947	5.4450	5.2802	5.2095	5.0978	4.8949	15
16	6.4255	5.9094	5.7769	5.6311	5.4701	5.4009	5.2913	5.0915	16
17	6.5715	6.0750	5.9466	5.8050	5.6482	5.5806	5.4734	5.2774	17
18	6.7061	6.2290	6.1049	5.9677	5.8153	5.7495	5.6449	5.4531	18
19	6.8303	6.3725	6.2528	6.1201	5.9723	5.9083	5.8065	5.6194	19
20	6.9452	6.5065	6.3911	6.2630	6.1199	6.0578	5.9589	5.7766	20
21	7.0517	6.6316	6.5206	6.3970	6.2587	6.1986	6.1027	5.9255	21
22	7.1505	6.7485	6.6418	6.5228	6.3893	6.3312	6.2384	6.0664	22
23	7.2424	6.8580	6.7555	6.6411	6.5123	6.4562	6.3665	6.1998	23
24	7.3279	6.9606	6.8623	6.7522	6.6283	6.5741	6.4875	6.3262	24
25	7.4076	7.0567	6.9625	6.8568	6.7375	6.6854	6.6018	6.4460	25
26	7.4820	7.1470	7.0567	6.9553	6.8406	6.7905	6.7099	6.5595	26
27	7.5515	7.2317	7.1453	7.0481	6.9379	6.8897	6.8121	6.6671	27
28	7.6165	7.3114	7.2287	7.1355	7.0298	6.9834	6.9088	6.7691	28
29	7.6773	7.3863	7.3072	7.2179	7.1165	7.0720	7.0003	6.8658	29
30	7.7344	7.4568	7.3811	7.2957	7.1985	7.1558	7.0869	6.9575	30
31	7.7878	7.5232	7.4509	7.3691	7.2760	7.2350	7.1689	7.0445	31
32	7.8380	7.5858	7.5167	7.4385	7.3493	7.3100	7.2466	7.1271	32
33	7.8852	7.6448	7.5787	7.5040	7.4186	7.3809	7.3201	7.2054	33
34	7.9295	7.7004	7.6373	7.5659	7.4842	7.4481	7.3898	7.2798	34
35	7.9711	7.7529	7.6927	7.6244	7.5462	7.5117	7.4559	7.3503	35
36	8.0104	7.8024	7.7450	7.6797	7.6050	7.5720	7.5185	7.4173	36
37	8.0473	7.8492	7.7944	7.7321	7.6607	7.6290	7.5779	7.4809	37
38	8.0821	7.8934	7.8411	7.7816	7.7134	7.6831	7.6342	7.5413	38
39	8.1150	7.9352	7.8854	7.8286	7.7633	7.7344	7.6876	7.5987	39
40	8.1459	7.9748	7.9272	7.8730	7.8107	7.7830	7.7383	7.6532	40
41	8.1751	8.0122	7.9668	7.9150	7.8555	7.8291	7.7863	7.7049	41
42	8.2027	8.0475	8.0042	7.9549	7.8981	7.8729	7.8320	7.7541	42
43	8.2288	8.0810	8.0397	7.9927	7.9384	7.9143	7.8753	7.8008	43
44	8.2534	8.1127	8.0734	8.0285	7.9767	7.9537	7.9164	7.8452	44
45	8.2767	8.1427	8.1052	8.0624	8.0130	7.9910	7.9554	7.8873	45
46	8.2987	8.1711	8.1354	8.0946	8.0474	8.0265	7.9924	7.9274	46
47	8.3195	8.1981	8.1640	8.1251	8.0801	8.0601	8.0276	7.9655	47
48	8.3392	8.2236	8.1911	8.1540	8.1111	8.0920	8.0610	8.0017	48
49	8.3579	8.2478	8.2169	8.1815	8.1406	8.1224	8.0927	8.0361	49
50	8.3755	8.2707	8.2413	8.2075	8.1685	8.1511	8.1229	8.0688	50
55	8.4508	8.3689	8.3458	8.3192	8.2885	8.2748	8.2525	8.2097	55
60	8.5085	8.4444	8.4263	8.4055	8.3814	8.3706	8.3530	8.3192	60
70	8.5871	8.5480	8.5369	8.5241	8.5092	8.5026	8.4917	8.4708	70
80	8.6341	8.6103	8.6035	8.5957	8.5865	8.5825	8.5758	8.5630	80
100	8.6797	8.6709	8.6683	8.6654	8.6620	8.6605	8.6580	8.6531	100

YEARS' PURCHASE DUAL RATE
12 and 5 per cent
Income tax rate per cent

Years	52	55	60	65	70	75	80	85	Years
1	0.4685	0.4407	0.3939	0.3466	0.2988	0.2504	0.2015	0.1520	1
2	0.9092	0.8580	0.7711	0.6823	0.5914	0.4985	0.4034	0.3061	2
3	1.3242	1.2534	1.1322	1.0071	0.8777	0.7439	0.6055	0.4621	3
4	1.7151	1.6280	1.4778	1.3211	1.1575	0.9864	0.8074	0.6199	4
5	2.0836	1.9830	1.8085	1.6246	1.4306	1.2258	1.0090	0.7794	5
6	2.4311	2.3196	2.1248	1.9177	1.6971	1.4618	1.2100	0.9402	6
7	2.7589	2.6388	2.4273	2.2006	1.9569	1.6942	1.4102	1.1023	7
8	3.0684	2.9414	2.7166	2.4735	2.2098	1.9228	1.6094	1.2655	8
9	3.3606	3.2285	2.9931	2.7365	2.4559	2.1475	1.8072	1.4296	9
10	3.6367	3.5008	3.2574	2.9900	2.6951	2.3681	2.0035	1.5943	10
11	3.8976	3.7592	3.5099	3.2341	2.9275	2.5844	2.1980	1.7596	11
12	4.1443	4.0044	3.7512	3.4691	3.1530	2.7963	2.3906	1.9251	12
13	4.3776	4.2372	3.9817	3.6952	3.3718	3.0037	2.5810	2.0907	13
14	4.5983	4.4581	4.2018	3.9126	3.5837	3.2064	2.7691	2.2562	14
15	4.8072	4.6679	4.4120	4.1216	3.7891	3.4045	2.9547	2.4214	15
16	5.0050	4.8670	4.6127	4.3224	3.9877	3.5978	3.1375	2.5861	16
17	5.1922	5.0561	4.8043	4.5153	4.1799	3.7862	3.3175	2.7501	17
18	5.3695	5.2358	4.9872	4.7004	4.3656	3.9698	3.4945	2.9132	18
19	5.5375	5.4064	5.1618	4.8781	4.5450	4.1484	3.6683	3.0751	19
20	5.6967	5.5684	5.3284	5.0485	4.7181	4.3221	3.8389	3.2358	20
21	5.8476	5.7224	5.4873	5.2120	4.8852	4.4910	4.0060	3.3951	21
22	5.9907	5.8687	5.6389	5.3687	5.0463	4.6549	4.1698	3.5527	22
23	6.1263	6.0076	5.7836	5.5189	5.2015	4.8139	4.3299	3.7085	23
24	6.2550	6.1397	5.9215	5.6627	5.3510	4.9680	4.4864	3.8624	24
25	6.3770	6.2653	6.0531	5.8006	5.4949	5.1173	4.6392	4.0142	25
26	6.4928	6.3845	6.1786	5.9325	5.6334	5.2619	4.7883	4.1637	26
27	6.6026	6.4979	6.2982	6.0588	5.7665	5.4017	4.9336	4.3109	27
28	6.7069	6.6057	6.4123	6.1797	5.8946	5.5369	5.0750	4.4556	28
29	6.8058	6.7082	6.5211	6.2954	6.0176	5.6675	5.2127	4.5977	29
30	6.8997	6.8056	6.6248	6.4060	6.1358	5.7936	5.3465	4.7371	30
31	6.9889	6.8982	6.7236	6.5118	6.2492	5.9153	5.4764	4.8737	31
32	7.0736	6.9862	6.8179	6.6129	6.3581	6.0327	5.6025	5.0075	32
33	7.1540	7.0700	6.9077	6.7096	6.4626	6.1458	5.7249	5.1383	33
34	7.2304	7.1496	6.9932	6.8020	6.5628	6.2548	5.8434	5.2661	34
35	7.3029	7.2253	7.0748	6.8903	6.6588	6.3597	5.9582	5.3909	35
36	7.3718	7.2973	7.1525	6.9747	6.7509	6.4607	6.0693	5.5127	36
37	7.4373	7.3657	7.2266	7.0553	6.8391	6.5578	6.1767	5.6313	37
38	7.4995	7.4308	7.2972	7.1322	6.9236	6.6512	6.2805	5.7468	38
39	7.5586	7.4928	7.3644	7.2057	7.0045	6.7410	6.3808	5.8591	39
40	7.6148	7.5516	7.4285	7.2759	7.0820	6.8272	6.4776	5.9683	40
41	7.6682	7.6077	7.4895	7.3429	7.1561	6.9100	6.5710	6.0744	41
42	7.7189	7.6610	7.5477	7.4068	7.2270	6.9895	6.6611	6.1773	42
43	7.7671	7.7116	7.6030	7.4678	7.2949	7.0657	6.7478	6.2771	43
44	7.8129	7.7599	7.6558	7.5261	7.3597	7.1389	6.8314	6.3738	44
45	7.8565	7.8057	7.7061	7.5816	7.4218	7.2090	6.9118	6.4675	45
46	7.8980	7.8494	7.7539	7.6346	7.4811	7.2763	6.9892	6.5581	46
47	7.9373	7.8909	7.7995	7.6852	7.5378	7.3407	7.0637	6.6457	47
48	7.9748	7.9303	7.8430	7.7334	7.5919	7.4024	7.1352	6.7304	48
49	8.0104	7.9679	7.8843	7.7794	7.6437	7.4615	7.2040	6.8121	49
50	8.0442	8.0037	7.9237	7.8232	7.6931	7.5181	7.2700	6.8911	50
55	8.1902	8.1580	8.0942	8.0137	7.9088	7.7665	7.5624	7.2450	55
60	8.3038	8.2783	8.2277	8.1636	8.0796	7.9649	7.7988	7.5369	60
70	8.4613	8.4455	8.4139	8.3737	8.3207	8.2476	8.1403	7.9676	70
80	8.5571	8.5473	8.5278	8.5029	8.4698	8.4240	8.3563	8.2457	80
100	8.6509	8.6473	8.6399	8.6305	8.6179	8.6004	8.5743	8.5311	100

YEARS' PURCHASE DUAL RATE
13 and 5 per cent

Income tax rate per cent

Years	No tax	25	30	35	40	42	45	50	Years
1	0.9145	0.7059	0.6627	0.6190	0.5748	0.5569	0.5300	0.4847	1
2	1.6757	1.3256	1.2509	1.1746	1.0965	1.0648	1.0167	0.9350	2
3	2.3184	1.8734	1.7760	1.6755	1.5717	1.5293	1.4645	1.3538	3
4	2.8677	2.3606	2.2470	2.1289	2.0059	1.9552	1.8776	1.7438	4
5	3.3420	2.7961	2.6715	2.5407	2.4035	2.3467	2.2594	2.1076	5
6	3.7552	3.1874	3.0554	2.9161	2.7688	2.7074	2.6128	2.4473	6
7	4.1180	3.5404	3.4040	3.2591	3.1049	3.0404	2.9405	2.7648	7
8	4.4387	3.8602	3.7216	3.5735	3.4150	3.3484	3.2449	3.0619	8
9	4.7240	4.1508	4.0117	3.8624	3.7016	3.6338	3.5281	3.3402	9
10	4.9790	4.4157	4.2775	4.1283	3.9670	3.8987	3.7918	3.6010	10
11	5.2081	4.6581	4.5216	4.3738	4.2131	4.1448	4.0378	3.8457	11
12	5.4148	4.8803	4.7464	4.6007	4.4417	4.3740	4.2674	4.0755	12
13	5.6021	5.0845	4.9537	4.8109	4.6544	4.5875	4.4821	4.2914	13
14	5.7723	5.2726	5.1453	5.0059	4.8525	4.7868	4.6830	4.4945	14
15	5.9275	5.4463	5.3228	5.1871	5.0373	4.9729	4.8711	4.6855	15
16	6.0694	5.6069	5.4874	5.3557	5.2099	5.1470	5.0474	4.8654	16
17	6.1995	5.7557	5.6403	5.5128	5.3712	5.3100	5.2129	5.0348	17
18	6.3191	5.8938	5.7826	5.6594	5.5221	5.4627	5.3682	5.1945	18
19	6.4293	6.0221	5.9151	5.7962	5.6635	5.6059	5.5142	5.3451	19
20	6.5310	6.1416	6.0387	5.9242	5.7960	5.7403	5.6514	5.4872	20
21	6.6251	6.2529	6.1542	6.0440	5.9203	5.8665	5.7806	5.6213	21
22	6.7123	6.3568	6.2621	6.1562	6.0371	5.9852	5.9022	5.7480	22
23	6.7932	6.4539	6.3630	6.2614	6.1468	6.0968	6.0167	5.8677	23
24	6.8684	6.5446	6.4576	6.3601	6.2500	6.2019	6.1247	5.9808	24
25	6.9383	6.6296	6.5463	6.4528	6.3471	6.3008	6.2265	6.0877	25
26	7.0036	6.7091	6.6295	6.5400	6.4385	6.3940	6.3225	6.1888	26
27	7.0644	6.7838	6.7077	6.6219	6.5246	6.4819	6.4132	6.2845	27
28	7.1213	6.8538	6.7811	6.6990	6.6058	6.5648	6.4989	6.3750	28
29	7.1744	6.9196	6.8501	6.7716	6.6823	6.6430	6.5797	6.4607	29
30	7.2242	6.9815	6.9151	6.8401	6.7545	6.7169	6.6562	6.5419	30
31	7.2708	7.0396	6.9763	6.9046	6.8227	6.7867	6.7285	6.6188	31
32	7.3145	7.0944	7.0339	6.9654	6.8871	6.8526	6.7968	6.6916	32
33	7.3556	7.1459	7.0882	7.0228	6.9479	6.9149	6.8615	6.7606	33
34	7.3941	7.1945	7.1395	7.0770	7.0054	6.9738	6.9227	6.8260	34
35	7.4303	7.2403	7.1878	7.1282	7.0598	7.0296	6.9807	6.8880	35
36	7.4644	7.2835	7.2334	7.1765	7.1112	7.0823	7.0355	6.9468	36
37	7.4965	7.3243	7.2765	7.2222	7.1598	7.1322	7.0875	7.0026	37
38	7.5267	7.3628	7.3173	7.2654	7.2059	7.1795	7.1367	7.0555	38
39	7.5552	7.3991	7.3557	7.3063	7.2494	7.2242	7.1834	7.1057	39
40	7.5820	7.4335	7.3921	7.3450	7.2907	7.2666	7.2276	7.1533	40
41	7.6073	7.4660	7.4265	7.3816	7.3298	7.3068	7.2695	7.1985	41
42	7.6312	7.4967	7.4591	7.4162	7.3668	7.3449	7.3093	7.2414	42
43	7.6537	7.5257	7.4899	7.4490	7.4019	7.3810	7.3470	7.2821	43
44	7.6750	7.5532	7.5191	7.4801	7.4352	7.4152	7.3827	7.3208	44
45	7.6952	7.5792	7.5467	7.5096	7.4667	7.4476	7.4166	7.3575	45
46	7.7142	7.6038	7.5729	7.5375	7.4966	7.4784	7.4488	7.3923	46
47	7.7322	7.6271	7.5977	7.5639	7.5249	7.5076	7.4794	7.4254	47
48	7.7492	7.6492	7.6211	7.5890	7.5518	7.5353	7.5084	7.4569	48
49	7.7653	7.6702	7.6434	7.6128	7.5773	7.5616	7.5359	7.4867	49
50	7.7805	7.6900	7.6645	7.6353	7.6016	7.5865	7.5620	7.5151	50
55	7.8454	7.7748	7.7548	7.7319	7.7054	7.6935	7.6742	7.6372	55
60	7.8951	7.8399	7.8243	7.8064	7.7855	7.7762	7.7611	7.7319	60
70	7.9627	7.9291	7.9196	7.9086	7.8958	7.8900	7.8807	7.8627	70
80	8.0032	7.9827	7.9769	7.9701	7.9623	7.9588	7.9531	7.9420	80
100	8.0424	8.0347	8.0326	8.0300	8.0271	8.0258	8.0237	8.0195	100

YEARS' PURCHASE DUAL RATE
13 and 5 per cent
Income tax rate per cent

Years	52	55	60	65	70	75	80	85	Years
1	0.4665	0.4389	0.3925	0.3455	0.2980	0.2499	0.2011	0.1518	1
2	0.9017	0.8513	0.7657	0.6781	0.5883	0.4962	0.4019	0.3053	2
3	1.3084	1.2392	1.1206	0.9979	0.8707	0.7389	0.6021	0.4602	3
4	1.6887	1.6041	1.4581	1.3054	1.1454	0.9776	0.8015	0.6165	4
5	2.0447	1.9478	1.7791	1.6008	1.4122	1.2122	0.9998	0.7738	5
6	2.3783	2.2715	2.0844	1.8847	1.6712	1.4425	1.1968	0.9322	6
7	2.6911	2.5767	2.3747	2.1572	1.9225	1.6684	1.3923	1.0913	7
8	2.9848	2.8645	2.6508	2.4188	2.1661	1.8897	1.5860	1.2510	8
9	3.2606	3.1360	2.9135	2.6698	2.4020	2.1062	1.7778	1.4111	9
10	3.5198	3.3924	3.1633	2.9106	2.6304	2.3180	1.9675	1.5714	10
11	3.7637	3.6345	3.4009	3.1414	2.8513	2.5248	2.1548	1.7317	11
12	3.9932	3.8632	3.6270	3.3626	3.0648	2.7267	2.3395	1.8918	12
13	4.2094	4.0793	3.8420	3.5746	3.2711	2.9235	2.5216	2.0515	13
14	4.4131	4.2837	4.0466	3.7777	3.4702	3.1152	2.7008	2.2107	14
15	4.6051	4.4770	4.2412	3.9721	3.6623	3.3018	2.8770	2.3690	15
16	4.7862	4.6599	4.4263	4.1583	3.8476	3.4833	3.0501	2.5265	16
17	4.9572	4.8330	4.6025	4.3365	4.0262	3.6597	3.2200	2.6827	17
18	5.1186	4.9969	4.7700	4.5070	4.1983	3.8309	3.3864	2.8377	18
19	5.2710	5.1520	4.9295	4.6701	4.3639	3.9970	3.5494	2.9911	19
20	5.4151	5.2990	5.0811	4.8261	4.5233	4.1581	3.7089	3.1430	20
21	5.5512	5.4382	5.2255	4.9752	4.6766	4.3141	3.8647	3.2930	21
22	5.6800	5.5702	5.3628	5.1178	4.8240	4.4651	4.0168	3.4411	22
23	5.8018	5.6952	5.4935	5.2541	4.9656	4.6112	4.1652	3.5870	23
24	5.9170	5.8138	5.6178	5.3843	5.1017	4.7524	4.3099	3.7308	24
25	6.0261	5.9262	5.7361	5.5088	5.2324	4.8889	4.4507	3.8722	25
26	6.1294	6.0329	5.8486	5.6277	5.3578	5.0207	4.5877	4.0112	26
27	6.2272	6.1340	5.9557	5.7412	5.4781	5.1478	4.7209	4.1476	27
28	6.3198	6.2300	6.0576	5.8496	5.5935	5.2705	4.8503	4.2814	28
29	6.4076	6.3210	6.1546	5.9532	5.7042	5.3887	4.9758	4.4124	29
30	6.4908	6.4074	6.2469	6.0520	5.8103	5.5025	5.0976	4.5407	30
31	6.5697	6.4895	6.3347	6.1463	5.9119	5.6122	5.2156	4.6661	31
32	6.6444	6.5673	6.4183	6.2364	6.0092	5.7177	5.3299	4.7885	32
33	6.7154	6.6412	6.4978	6.3223	6.1025	5.8192	5.4405	4.9080	33
34	6.7826	6.7114	6.5735	6.4043	6.1917	5.9168	5.5474	5.0245	34
35	6.8464	6.7781	6.6455	6.4825	6.2772	6.0107	5.6508	5.1380	35
36	6.9069	6.8414	6.7141	6.5571	6.3589	6.1008	5.7506	5.2485	36
37	6.9644	6.9016	6.7793	6.6283	6.4371	6.1873	5.8470	5.3559	37
38	7.0189	6.9587	6.8413	6.6962	6.5119	6.2704	5.9399	5.4603	38
39	7.0706	7.0130	6.9004	6.7609	6.5835	6.3501	6.0295	5.5616	39
40	7.1197	7.0645	6.9566	6.8226	6.6518	6.4266	6.1159	5.6599	40
41	7.1664	7.1135	7.0101	6.8815	6.7172	6.4999	6.1991	5.7552	41
42	7.2107	7.1601	7.0610	6.9376	6.7796	6.5702	6.2792	5.8475	42
43	7.2527	7.2044	7.1095	6.9911	6.8393	6.6375	6.3562	5.9368	43
44	7.2927	7.2464	7.1556	7.0421	6.8963	6.7020	6.4303	6.0233	44
45	7.3307	7.2864	7.1995	7.0907	6.9508	6.7638	6.5015	6.1068	45
46	7.3667	7.3244	7.2413	7.1371	7.0027	6.8230	6.5700	6.1876	46
47	7.4010	7.3605	7.2810	7.1812	7.0524	6.8796	6.6357	6.2655	47
48	7.4335	7.3949	7.3188	7.2233	7.0998	6.9338	6.6988	6.3407	48
49	7.4644	7.4275	7.3548	7.2634	7.1450	6.9856	6.7594	6.4132	49
50	7.4938	7.4586	7.3891	7.3016	7.1882	7.0352	6.8175	6.4831	50
55	7.6203	7.5924	7.5372	7.4673	7.3762	7.2522	7.0739	6.7955	55
60	7.7186	7.6965	7.6528	7.5973	7.5245	7.4249	7.2804	7.0516	60
70	7.8545	7.8408	7.8136	7.7789	7.7332	7.6700	7.5772	7.4273	70
80	7.9369	7.9285	7.9117	7.8903	7.8618	7.8224	7.7639	7.6684	80
100	8.0176	8.0145	8.0081	8.0000	7.9893	7.9742	7.9518	7.9146	100

YEARS' PURCHASE DUAL RATE
14 and 5 per cent
Income tax rate per cent

Years	No tax	25	30	35	40	42	45	50	Years
1	0.9070	0.7014	0.6587	0.6155	0.5718	0.5541	0.5275	0.4826	1
2	1.6506	1.3099	1.2369	1.1622	1.0857	1.0546	1.0074	0.9271	2
3	2.2706	1.8421	1.7479	1.6504	1.5497	1.5084	1.4454	1.3373	3
4	2.7950	2.3111	2.2022	2.0886	1.9700	1.9212	1.8462	1.7167	4
5	3.2437	2.7270	2.6083	2.4835	2.3523	2.2978	2.2140	2.0681	5
6	3.6315	3.0979	2.9730	2.8410	2.7010	2.6426	2.5523	2.3942	6
7	3.9698	3.4303	3.3021	3.1656	3.0199	2.9589	2.8642	2.6972	7
8	4.2670	3.7296	3.6001	3.4614	3.3124	3.2498	3.1522	2.9792	8
9	4.5299	4.0002	3.8709	3.7317	3.5814	3.5179	3.4187	3.2420	9
10	4.7639	4.2458	4.1178	3.9794	3.8293	3.7656	3.6658	3.4872	10
11	4.9733	4.4693	4.3436	4.2070	4.0581	3.9947	3.8952	3.7162	11
12	5.1614	4.6735	4.5505	4.4165	4.2698	4.2071	4.1085	3.9303	12
13	5.3313	4.8604	4.7408	4.6098	4.4660	4.4043	4.3071	4.1307	13
14	5.4852	5.0320	4.9160	4.7886	4.6480	4.5877	4.4922	4.3185	14
15	5.6252	5.1900	5.0777	4.9541	4.8173	4.7584	4.6650	4.4946	15
16	5.7528	5.3356	5.2273	5.1077	4.9749	4.9175	4.8265	4.6598	16
17	5.8696	5.4702	5.3659	5.2504	5.1217	5.0661	4.9776	4.8150	17
18	5.9767	5.5948	5.4945	5.3831	5.2588	5.2049	5.1191	4.9609	18
19	6.0752	5.7104	5.6140	5.5068	5.3869	5.3347	5.2516	5.0980	19
20	6.1659	5.8177	5.7253	5.6222	5.5066	5.4563	5.3760	5.2271	20
21	6.2497	5.9175	5.8289	5.7300	5.6187	5.5703	5.4927	5.3487	21
22	6.3272	6.0104	5.9256	5.8307	5.7238	5.6771	5.6024	5.4633	22
23	6.3991	6.0971	6.0160	5.9250	5.8223	5.7774	5.7055	5.5713	23
24	6.4657	6.1780	6.1005	6.0134	5.9148	5.8717	5.8025	5.6731	24
25	6.5277	6.2537	6.1795	6.0962	6.0017	5.9603	5.8938	5.7693	25
26	6.5854	6.3244	6.2536	6.1739	6.0834	6.0436	5.9798	5.8600	26
27	6.6392	6.3907	6.3231	6.2469	6.1602	6.1221	6.0608	5.9457	27
28	6.6894	6.4528	6.3883	6.3154	6.2325	6.1960	6.1372	6.0267	28
29	6.7362	6.5111	6.4496	6.3799	6.3006	6.2657	6.2093	6.1032	29
30	6.7801	6.5659	6.5071	6.4406	6.3648	6.3313	6.2774	6.1756	30
31	6.8211	6.6173	6.5613	6.4978	6.4253	6.3933	6.3416	6.2441	31
32	6.8596	6.6656	6.6122	6.5516	6.4823	6.4517	6.4023	6.3088	32
33	6.8957	6.7111	6.6602	6.6024	6.5362	6.5070	6.4597	6.3701	33
34	6.9296	6.7540	6.7054	6.6503	6.5870	6.5591	6.5139	6.4282	34
35	6.9614	6.7943	6.7480	6.6954	6.6351	6.6084	6.5652	6.4832	35
36	6.9913	6.8323	6.7882	6.7381	6.6805	6.6550	6.6137	6.5352	36
37	7.0194	6.8682	6.8262	6.7784	6.7234	6.6990	6.6596	6.5845	37
38	7.0459	6.9020	6.8620	6.8164	6.7640	6.7407	6.7030	6.6313	38
39	7.0708	6.9340	6.8958	6.8524	6.8023	6.7801	6.7441	6.6756	39
40	7.0943	6.9641	6.9278	6.8864	6.8386	6.8175	6.7831	6.7176	40
41	7.1165	6.9926	6.9580	6.9185	6.8730	6.8528	6.8200	6.7574	41
42	7.1374	7.0195	6.9866	6.9490	6.9056	6.8863	6.8550	6.7952	42
43	7.1571	7.0450	7.0136	6.9778	6.9364	6.9180	6.8881	6.8311	43
44	7.1757	7.0691	7.0392	7.0050	6.9656	6.9480	6.9195	6.8651	44
45	7.1933	7.0919	7.0634	7.0309	6.9933	6.9765	6.9493	6.8974	45
46	7.2099	7.1134	7.0863	7.0553	7.0195	7.0035	6.9776	6.9280	46
47	7.2256	7.1338	7.1080	7.0785	7.0443	7.0291	7.0044	6.9570	47
48	7.2405	7.1531	7.1286	7.1004	7.0679	7.0534	7.0298	6.9846	48
49	7.2545	7.1714	7.1480	7.1212	7.0902	7.0764	7.0539	7.0108	49
50	7.2678	7.1888	7.1665	7.1410	7.1114	7.0983	7.0768	7.0357	50
55	7.3244	7.2628	7.2454	7.2254	7.2022	7.1919	7.1750	7.1426	55
60	7.3677	7.3196	7.3060	7.2904	7.2722	7.2641	7.2508	7.2254	60
70	7.4266	7.3973	7.3890	7.3794	7.3683	7.3633	7.3552	7.3395	70
80	7.4617	7.4439	7.4388	7.4330	7.4262	7.4231	7.4181	7.4085	80
100	7.4958	7.4892	7.4873	7.4851	7.4825	7.4814	7.4795	7.4759	100

YEARS' PURCHASE DUAL RATE
14 and 5 per cent
Income tax rate per cent

Years	52	55	60	65	70	75	80	85	Years
1	0.4645	0.4372	0.3911	0.3445	0.2972	0.2493	0.2008	0.1516	1
2	0.8944	0.8448	0.7604	0.6739	0.5851	0.4940	0.4005	0.3044	2
3	1.2931	1.2254	1.1094	0.9889	0.8639	0.7340	0.5989	0.4583	3
4	1.6632	1.5811	1.4391	1.2901	1.1336	0.9690	0.7957	0.6130	4
5	2.0075	1.9140	1.7509	1.5779	1.3943	1.1990	0.9908	0.7685	5
6	2.3281	2.2257	2.0457	1.8530	1.6463	1.4239	1.1840	0.9244	6
7	2.6270	2.5179	2.3246	2.1159	1.8896	1.6435	1.3749	1.0806	7
8	2.9061	2.7920	2.5886	2.3669	2.1244	1.8578	1.5636	1.2370	8
9	3.1670	3.0493	2.8385	2.6067	2.3508	2.0668	1.7496	1.3933	9
10	3.4110	3.2911	3.0751	2.8357	2.5691	2.2703	1.9330	1.5494	10
11	3.6395	3.5185	3.2992	3.0544	2.7794	2.4683	2.1135	1.7050	11
12	3.8537	3.7324	3.5115	3.2631	2.9819	2.6609	2.2909	1.8599	12
13	4.0546	3.9339	3.7127	3.4624	3.1768	2.8480	2.4652	2.0141	13
14	4.2433	4.1236	3.9034	3.6526	3.3643	3.0297	2.6363	2.1672	14
15	4.4205	4.3024	4.0841	3.8340	3.5446	3.2059	2.8039	2.3192	15
16	4.5872	4.4710	4.2555	4.0072	3.7179	3.3767	2.9680	2.4699	16
17	4.7440	4.6301	4.4181	4.1724	3.8844	3.5421	3.1286	2.6190	17
18	4.8916	4.7803	4.5723	4.3300	4.0443	3.7023	3.2855	2.7665	18
19	5.0306	4.9221	4.7186	4.4804	4.1978	3.8572	3.4387	2.9122	19
20	5.1617	5.0561	4.8574	4.6237	4.3451	4.0070	3.5882	3.0559	20
21	5.2852	5.1827	4.9891	4.7605	4.4864	4.1517	3.7339	3.1975	21
22	5.4018	5.3024	5.1141	4.8909	4.6218	4.2914	3.8757	3.3370	22
23	5.5119	5.4156	5.2328	5.0152	4.7517	4.4261	4.0137	3.4741	23
24	5.6158	5.5227	5.3455	5.1337	4.8762	4.5561	4.1478	3.6087	24
25	5.7139	5.6240	5.4525	5.2467	4.9954	4.6814	4.2781	3.7409	25
26	5.8067	5.7200	5.5541	5.3545	5.1096	4.8021	4.4045	3.8704	26
27	5.8944	5.8108	5.6506	5.4571	5.2189	4.9183	4.5271	3.9973	27
28	5.9773	5.8969	5.7423	5.5550	5.3235	5.0301	4.6460	4.1214	28
29	6.0558	5.9784	5.8293	5.6483	5.4237	5.1377	4.7610	4.2427	29
30	6.1301	6.0556	5.9121	5.7372	5.5195	5.2411	4.8724	4.3611	30
31	6.2004	6.1288	5.9907	5.8219	5.6111	5.3405	4.9801	4.4767	31
32	6.2669	6.1982	6.0653	5.9026	5.6988	5.4359	5.0842	4.5893	32
33	6.3299	6.2641	6.1363	5.9795	5.7825	5.5276	5.1847	4.6989	33
34	6.3897	6.3265	6.2038	6.0528	5.8626	5.6156	5.2818	4.8056	34
35	6.4462	6.3857	6.2679	6.1226	5.9392	5.7000	5.3754	4.9093	35
36	6.4999	6.4418	6.3288	6.1892	6.0123	5.7810	5.4656	5.0101	36
37	6.5507	6.4951	6.3867	6.2525	6.0822	5.8587	5.5526	5.1079	37
38	6.5989	6.5457	6.4418	6.3129	6.1489	5.9331	5.6364	5.2027	38
39	6.6447	6.5937	6.4941	6.3704	6.2126	6.0044	5.7170	5.2946	39
40	6.6880	6.6393	6.5439	6.4252	6.2735	6.0727	5.7946	5.3836	40
41	6.7292	6.6825	6.5912	6.4774	6.3316	6.1381	5.8692	5.4698	41
42	6.7682	6.7236	6.6362	6.5271	6.3870	6.2008	5.9409	5.5531	42
43	6.8052	6.7626	6.6790	6.5744	6.4400	6.2607	6.0098	5.6336	43
44	6.8404	6.7997	6.7196	6.6195	6.4905	6.3181	6.0760	5.7114	44
45	6.8738	6.8349	6.7583	6.6624	6.5387	6.3730	6.1396	5.7864	45
46	6.9055	6.8683	6.7951	6.7033	6.5847	6.4255	6.2006	5.8589	46
47	6.9356	6.9001	6.8301	6.7422	6.6286	6.4757	6.2591	5.9287	47
48	6.9641	6.9302	6.8634	6.7793	6.6704	6.5237	6.3152	5.9960	48
49	6.9913	6.9589	6.8950	6.8146	6.7103	6.5695	6.3691	6.0608	49
50	7.0171	6.9862	6.9252	6.8483	6.7484	6.6133	6.4206	6.1232	50
55	7.1279	7.1034	7.0550	6.9938	6.9138	6.8048	6.6476	6.4011	55
60	7.2138	7.1945	7.1563	7.1077	7.0439	6.9566	6.8296	6.6279	60
70	7.3323	7.3204	7.2967	7.2664	7.2265	7.1713	7.0901	6.9587	70
80	7.4041	7.3968	7.3822	7.3635	7.3387	7.3043	7.2533	7.1699	80
100	7.4743	7.4715	7.4661	7.4590	7.4496	7.4366	7.4170	7.3847	100

YEARS' PURCHASE DUAL RATE
15 and 5 per cent
Income tax rate per cent

Years	No tax	25	30	35	40	42	45	50	Years
1	0.8996	0.6970	0.6548	0.6121	0.5689	0.5514	0.5250	0.4805	1
2	1.6264	1.2946	1.2233	1.1502	1.0752	1.0447	0.9983	0.9194	2
3	2.2252	1.8121	1.7208	1.6263	1.5283	1.4882	1.4268	1.3214	3
4	2.7264	2.2640	2.1594	2.0500	1.9357	1.8885	1.8160	1.6906	4
5	3.1516	2.6616	2.5484	2.4292	2.3035	2.2513	2.1707	2.0303	5
6	3.5166	3.0138	2.8955	2.7701	2.6368	2.5812	2.4950	2.3437	6
7	3.8328	3.3275	3.2068	3.0778	2.9400	2.8821	2.7922	2.6333	7
8	4.1091	3.6084	3.4871	3.3567	3.2165	3.1574	3.0652	2.9014	8
9	4.3524	3.8612	3.7405	3.6104	3.4695	3.4099	3.3166	3.1500	9
10	4.5680	4.0894	3.9706	3.8418	3.7016	3.6421	3.5487	3.3810	10
11	4.7601	4.2964	4.1801	4.0534	3.9150	3.8560	3.7632	3.5959	11
12	4.9322	4.4848	4.3714	4.2476	4.1117	4.0536	3.9619	3.7960	12
13	5.0871	4.6566	4.5467	4.4261	4.2933	4.2363	4.1463	3.9826	13
14	5.2271	4.8139	4.7076	4.5907	4.4613	4.4057	4.3176	4.1569	14
15	5.3540	4.9583	4.8558	4.7426	4.6171	4.5629	4.4770	4.3198	15
16	5.4695	5.0911	4.9924	4.8831	4.7616	4.7091	4.6255	4.4722	16
17	5.5750	5.2135	5.1186	5.0134	4.8960	4.8451	4.7641	4.6149	17
18	5.6715	5.3265	5.2355	5.1343	5.0211	4.9719	4.8935	4.7488	18
19	5.7601	5.4311	5.3439	5.2467	5.1377	5.0903	5.0145	4.8743	19
20	5.8416	5.5281	5.4446	5.3513	5.2465	5.2008	5.1278	4.9922	20
21	5.9168	5.6181	5.5383	5.4489	5.3482	5.3042	5.2339	5.1030	21
22	5.9862	5.7019	5.6255	5.5399	5.4433	5.4011	5.3334	5.2072	22
23	6.0505	5.7798	5.7069	5.6250	5.5323	5.4918	5.4267	5.3052	23
24	6.1100	5.8525	5.7828	5.7045	5.6158	5.5769	5.5144	5.3974	24
25	6.1654	5.9203	5.8538	5.7790	5.6940	5.6567	5.5968	5.4844	25
26	6.2168	5.9837	5.9203	5.8488	5.7675	5.7318	5.6743	5.5663	26
27	6.2647	6.0430	5.9825	5.9142	5.8365	5.8023	5.7472	5.6436	27
28	6.3094	6.0985	6.0409	5.9757	5.9013	5.8686	5.8159	5.7165	28
29	6.3511	6.1506	6.0956	6.0334	5.9624	5.9311	5.8806	5.7853	29
30	6.3900	6.1994	6.1470	6.0876	6.0198	5.9899	5.9416	5.8503	30
31	6.4265	6.2452	6.1953	6.1387	6.0739	6.0453	5.9991	5.9117	31
32	6.4606	6.2883	6.2407	6.1867	6.1249	6.0976	6.0534	5.9698	32
33	6.4926	6.3287	6.2834	6.2319	6.1729	6.1468	6.1046	6.0246	33
34	6.5226	6.3668	6.3236	6.2746	6.2183	6.1934	6.1530	6.0765	34
35	6.5508	6.4026	6.3615	6.3148	6.2611	6.2373	6.1988	6.1256	35
36	6.5773	6.4364	6.3973	6.3527	6.3015	6.2788	6.2420	6.1721	36
37	6.6021	6.4682	6.4310	6.3885	6.3396	6.3180	6.2828	6.2160	37
38	6.6256	6.4982	6.4627	6.4223	6.3757	6.3550	6.3215	6.2577	38
39	6.6476	6.5265	6.4927	6.4542	6.4098	6.3901	6.3581	6.2971	39
40	6.6684	6.5532	6.5211	6.4843	6.4420	6.4232	6.3927	6.3345	40
41	6.6879	6.5785	6.5478	6.5128	6.4725	6.4546	6.4255	6.3699	41
42	6.7064	6.6023	6.5731	6.5398	6.5014	6.4843	6.4565	6.4035	42
43	6.7238	6.6248	6.5970	6.5653	6.5287	6.5124	6.4859	6.4353	43
44	6.7402	6.6461	6.6197	6.5894	6.5545	6.5390	6.5137	6.4655	44
45	6.7558	6.6662	6.6411	6.6123	6.5790	6.5642	6.5401	6.4941	45
46	6.7704	6.6853	6.6613	6.6339	6.6022	6.5881	6.5651	6.5212	46
47	6.7843	6.7033	6.6805	6.6544	6.6242	6.6108	6.5889	6.5470	47
48	6.7974	6.7203	6.6986	6.6738	6.6450	6.6322	6.6114	6.5714	48
49	6.8097	6.7365	6.7158	6.6922	6.6648	6.6526	6.6327	6.5946	49
50	6.8215	6.7518	6.7321	6.7096	6.6835	6.6719	6.6529	6.6166	50
55	6.8713	6.8170	6.8017	6.7841	6.7636	6.7545	6.7396	6.7110	55
60	6.9094	6.8671	6.8551	6.8413	6.8253	6.8182	6.8065	6.7841	60
70	6.9611	6.9354	6.9281	6.9197	6.9099	6.9055	6.8983	6.8845	70
80	6.9920	6.9764	6.9719	6.9668	6.9608	6.9581	6.9537	6.9453	80
100	7.0219	7.0161	7.0144	7.0125	7.0103	7.0093	7.0076	7.0045	100

YEARS' PURCHASE DUAL RATE
15 and 5 per cent
Income tax rate per cent

Years	52	55	60	65	70	75	80	85	Years
1	0.4626	0.4354	0.3897	0.3434	0.2964	0.2487	0.2004	0.1514	1
2	0.8873	0.8384	0.7553	0.6698	0.5821	0.4918	0.3990	0.3036	2
3	1.2782	1.2120	1.0984	0.9802	0.8572	0.7292	0.5957	0.4564	3
4	1.6387	1.5590	1.4207	1.2753	1.1221	0.9606	0.7901	0.6097	4
5	1.9719	1.8816	1.7237	1.5558	1.3771	1.1862	0.9821	0.7632	5
6	2.2803	2.1820	2.0087	1.8226	1.6222	1.4059	1.1715	0.9168	6
7	2.5663	2.4620	2.2770	2.0763	1.8580	1.6196	1.3581	1.0702	7
8	2.8320	2.7235	2.5296	2.3175	2.0845	1.8273	1.5419	1.2234	8
9	3.0792	2.9678	2.7677	2.5469	2.3021	2.0290	1.7225	1.3760	9
10	3.3093	3.1964	2.9922	2.7651	2.5110	2.2248	1.8999	1.5280	10
11	3.5240	3.4105	3.2040	2.9726	2.7116	2.4146	2.0740	1.6792	11
12	3.7245	3.6111	3.4039	3.1700	2.9040	2.5986	2.2446	1.8293	12
13	3.9118	3.7993	3.5926	3.3577	3.0885	2.7768	2.4117	1.9782	13
14	4.0871	3.9760	3.7708	3.5363	3.2654	2.9492	2.5751	2.1258	14
15	4.2513	4.1420	3.9393	3.7061	3.4350	3.1159	2.7349	2.2718	15
16	4.4052	4.2980	4.0985	3.8677	3.5975	3.2771	2.8908	2.4161	16
17	4.5496	4.4448	4.2491	4.0214	3.7532	3.4327	3.0429	2.5587	17
18	4.6852	4.5830	4.3915	4.1676	3.9022	3.5829	3.1911	2.6993	18
19	4.8126	4.7132	4.5263	4.3066	4.0449	3.7278	3.3355	2.8378	19
20	4.9324	4.8359	4.6538	4.4389	4.1815	3.8675	3.4759	2.9741	20
21	5.0452	4.9516	4.7746	4.5648	4.3122	4.0021	3.6124	3.1080	21
22	5.1513	5.0608	4.8890	4.6846	4.4372	4.1317	3.7450	3.2396	22
23	5.2513	5.1638	4.9974	4.7985	4.5568	4.2565	3.8737	3.3687	23
24	5.3455	5.2611	5.1000	4.9069	4.6711	4.3766	3.9985	3.4952	24
25	5.4344	5.3530	5.1974	5.0101	4.7804	4.4921	4.1194	3.6190	25
26	5.5182	5.4398	5.2896	5.1082	4.8848	4.6031	4.2365	3.7401	26
27	5.5974	5.5219	5.3771	5.2016	4.9847	4.7097	4.3498	3.8584	27
28	5.6721	5.5996	5.4600	5.2904	5.0801	4.8122	4.4594	3.9739	28
29	5.7427	5.6730	5.5387	5.3750	5.1712	4.9105	4.5653	4.0866	29
30	5.8094	5.7425	5.6133	5.4554	5.2582	5.0049	4.6676	4.1964	30
31	5.8725	5.8083	5.6841	5.5319	5.3413	5.0955	4.7664	4.3032	31
32	5.9322	5.8706	5.7513	5.6048	5.4206	5.1823	4.8616	4.4072	32
33	5.9886	5.9296	5.8150	5.6741	5.4964	5.2655	4.9535	4.5082	33
34	6.0421	5.9855	5.8756	5.7400	5.5687	5.3453	5.0420	4.6063	34
35	6.0926	6.0385	5.9331	5.8028	5.6377	5.4218	5.1272	4.7015	35
36	6.1405	6.0887	5.9876	5.8625	5.7036	5.4950	5.2093	4.7938	36
37	6.1859	6.1363	6.0394	5.9193	5.7664	5.5651	5.2882	4.8833	37
38	6.2289	6.1814	6.0886	5.9734	5.8263	5.6322	5.3641	4.9699	38
39	6.2696	6.2242	6.1354	6.0249	5.8835	5.6965	5.4371	5.0537	39
40	6.3082	6.2648	6.1798	6.0738	5.9381	5.7579	5.5073	5.1347	40
41	6.3448	6.3033	6.2220	6.1204	5.9901	5.8167	5.5746	5.2130	41
42	6.3795	6.3398	6.2620	6.1648	6.0397	5.8729	5.6393	5.2887	42
43	6.4124	6.3745	6.3001	6.2070	6.0870	5.9267	5.7014	5.3616	43
44	6.4436	6.4074	6.3363	6.2472	6.1321	5.9780	5.7609	5.4320	44
45	6.4732	6.4387	6.3707	6.2854	6.1752	6.0272	5.8180	5.4999	45
46	6.5013	6.4683	6.4034	6.3218	6.2162	6.0741	5.8727	5.5653	46
47	6.5279	6.4965	6.4344	6.3564	6.2552	6.1189	5.9252	5.6283	47
48	6.5532	6.5232	6.4640	6.3893	6.2925	6.1617	5.9755	5.6889	48
49	6.5773	6.5486	6.4920	6.4207	6.3280	6.2026	6.0236	5.7472	49
50	6.6001	6.5727	6.5187	6.4506	6.3619	6.2417	6.0697	5.8033	50
55	6.6980	6.6764	6.6337	6.5795	6.5086	6.4119	6.2722	6.0523	55
60	6.7738	6.7568	6.7231	6.6802	6.6239	6.5466	6.4340	6.2546	60
70	6.8782	6.8678	6.8469	6.8202	6.7850	6.7364	6.6646	6.5484	70
80	6.9414	6.9350	6.9221	6.9057	6.8839	6.8536	6.8087	6.7351	80
100	7.0030	7.0006	6.9958	6.9896	6.9814	6.9699	6.9527	6.9243	100

YEARS' PURCHASE DUAL RATE
16 and 5 per cent

Income tax rate per cent

Years	No tax	25	30	35	40	42	45	50	Years
1	0.8924	0.6927	0.6510	0.6088	0.5660	0.5487	0.5225	0.4785	1
2	1.6031	1.2798	1.2101	1.1385	1.0650	1.0350	0.9895	0.9119	2
3	2.1818	1.7832	1.6947	1.6030	1.5077	1.4686	1.4088	1.3060	3
4	2.6615	2.2191	2.1185	2.0131	1.9028	1.8571	1.7870	1.6654	4
5	3.0653	2.5998	2.4917	2.3776	2.2570	2.2069	2.1294	1.9941	5
6	3.4094	2.9347	2.8225	2.7031	2.5761	2.5229	2.4405	2.2956	6
7	3.7058	3.2314	3.1174	2.9954	2.8647	2.8097	2.7241	2.5727	7
8	3.9635	3.4957	3.3816	3.2589	3.1266	3.0707	2.9834	2.8280	8
9	4.1894	3.7323	3.6195	3.4975	3.3652	3.3090	3.2211	3.0638	9
10	4.3888	3.9452	3.8345	3.7142	3.5831	3.5272	3.4395	3.2818	10
11	4.5658	4.1375	4.0295	3.9117	3.7826	3.7275	3.6407	3.4838	11
12	4.7239	4.3119	4.2070	4.0922	3.9659	3.9118	3.8264	3.6714	12
13	4.8658	4.4705	4.3691	4.2577	4.1346	4.0817	3.9981	3.8457	13
14	4.9937	4.6153	4.5175	4.4097	4.2902	4.2387	4.1571	4.0079	14
15	5.1094	4.7478	4.6537	4.5497	4.4340	4.3841	4.3047	4.1591	15
16	5.2145	4.8694	4.7791	4.6789	4.5672	4.5188	4.4418	4.3002	16
17	5.3103	4.9813	4.8946	4.7983	4.6906	4.6439	4.5695	4.4321	17
18	5.3978	5.0844	5.0014	4.9090	4.8053	4.7603	4.6884	4.5553	18
19	5.4780	5.1796	5.1002	5.0116	4.9120	4.8687	4.7993	4.6708	19
20	5.5517	5.2677	5.1919	5.1070	5.0114	4.9697	4.9030	4.7789	20
21	5.6195	5.3494	5.2770	5.1958	5.1041	5.0641	4.9999	4.8803	21
22	5.6821	5.4253	5.3561	5.2785	5.1907	5.1523	5.0906	4.9755	22
23	5.7400	5.4958	5.4298	5.3556	5.2716	5.2348	5.1756	5.0649	23
24	5.7935	5.5615	5.4985	5.4277	5.3473	5.3120	5.2553	5.1490	24
25	5.8433	5.6227	5.5627	5.4951	5.4182	5.3844	5.3301	5.2280	25
26	5.8894	5.6798	5.6227	5.5581	5.4847	5.4523	5.4003	5.3024	26
27	5.9324	5.7332	5.6788	5.6172	5.5470	5.5161	5.4663	5.3725	27
28	5.9724	5.7832	5.7313	5.6726	5.6056	5.5761	5.5284	5.4385	28
29	6.0098	5.8300	5.7806	5.7246	5.6606	5.6324	5.5868	5.5008	29
30	6.0447	5.8738	5.8268	5.7734	5.7123	5.6854	5.6419	5.5595	30
31	6.0773	5.9149	5.8701	5.8193	5.7610	5.7353	5.6937	5.6149	31
32	6.1078	5.9535	5.9109	5.8624	5.8069	5.7823	5.7426	5.6673	32
33	6.1364	5.9898	5.9492	5.9030	5.8501	5.8266	5.7887	5.7167	33
34	6.1632	6.0239	5.9853	5.9413	5.8908	5.8684	5.8322	5.7634	34
35	6.1883	6.0560	6.0192	5.9773	5.9292	5.9078	5.8732	5.8075	35
36	6.2120	6.0862	6.0512	6.0113	5.9654	5.9450	5.9120	5.8493	36
37	6.2342	6.1146	6.0813	6.0433	5.9996	5.9802	5.9487	5.8888	37
38	6.2550	6.1414	6.1097	6.0735	6.0318	6.0134	5.9833	5.9261	38
39	6.2747	6.1667	6.1365	6.1021	6.0623	6.0447	6.0161	5.9615	39
40	6.2932	6.1905	6.1618	6.1290	6.0912	6.0744	6.0471	5.9950	40
41	6.3106	6.2130	6.1857	6.1545	6.1184	6.1024	6.0764	6.0267	41
42	6.3270	6.2343	6.2083	6.1785	6.1442	6.1289	6.1041	6.0567	42
43	6.3425	6.2543	6.2296	6.2013	6.1686	6.1541	6.1304	6.0852	43
44	6.3571	6.2733	6.2498	6.2228	6.1917	6.1778	6.1553	6.1121	44
45	6.3709	6.2912	6.2688	6.2432	6.2135	6.2003	6.1788	6.1377	45
46	6.3840	6.3082	6.2869	6.2625	6.2342	6.2216	6.2012	6.1619	46
47	6.3963	6.3242	6.3040	6.2807	6.2538	6.2418	6.2223	6.1849	47
48	6.4079	6.3394	6.3201	6.2980	6.2724	6.2610	6.2424	6.2067	48
49	6.4189	6.3538	6.3354	6.3144	6.2900	6.2791	6.2614	6.2274	49
50	6.4293	6.3674	6.3499	6.3299	6.3066	6.2963	6.2794	6.2470	50
55	6.4736	6.4254	6.4118	6.3961	6.3779	6.3698	6.3566	6.3312	55
60	6.5074	6.4699	6.4592	6.4470	6.4328	6.4264	6.4160	6.3961	60
70	6.5533	6.5305	6.5240	6.5165	6.5078	6.5039	6.4976	6.4854	70
80	6.5806	6.5668	6.5628	6.5583	6.5530	6.5506	6.5467	6.5392	80
100	6.6071	6.6019	6.6005	6.5988	6.5968	6.5959	6.5945	6.5917	100

YEARS' PURCHASE DUAL RATE
16 and 5 per cent
Income tax rate per cent

Years	52	55	60	65	70	75	80	85	Years
1	0.4607	0.4338	0.3884	0.3423	0.2956	0.2482	0.2001	0.1512	1
2	0.8803	0.8322	0.7502	0.6659	0.5791	0.4897	0.3976	0.3028	2
3	1.2637	1.1990	1.0877	0.9717	0.8507	0.7244	0.5925	0.4545	3
4	1.6150	1.5375	1.4029	1.2609	1.1110	0.9525	0.7845	0.6064	4
5	1.9377	1.8504	1.6975	1.5345	1.3603	1.1738	0.9735	0.7580	5
6	2.2347	2.1402	1.9733	1.7934	1.5991	1.3884	1.1593	0.9093	6
7	2.5088	2.4090	2.2315	2.0385	1.8276	1.5964	1.3418	1.0601	7
8	2.7621	2.6588	2.4737	2.2705	2.0464	1.7979	1.5209	1.2101	8
9	2.9967	2.8911	2.7009	2.4902	2.2557	1.9928	1.6964	1.3593	9
10	3.2142	3.1076	2.9143	2.6984	2.4559	2.1814	1.8682	1.5074	10
11	3.4164	3.3096	3.1148	2.8957	2.6474	2.3636	2.0362	1.6543	11
12	3.6044	3.4982	3.3033	3.0826	2.8305	2.5396	2.2005	1.7999	12
13	3.7796	3.6745	3.4808	3.2599	3.0055	2.7095	2.3608	1.9438	13
14	3.9430	3.8395	3.6479	3.4279	3.1728	2.8734	2.5172	2.0861	14
15	4.0956	3.9940	3.8053	3.5872	3.3327	3.0315	2.6696	2.2266	15
16	4.2383	4.1390	3.9536	3.7384	3.4854	3.1838	2.8180	2.3651	16
17	4.3718	4.2749	4.0936	3.8818	3.6313	3.3305	2.9623	2.5015	17
18	4.4969	4.4026	4.2256	4.0178	3.7707	3.4717	3.1026	2.6357	18
19	4.6141	4.5227	4.3502	4.1470	3.9037	3.6075	3.2389	2.7675	19
20	4.7241	4.6355	4.4679	4.2695	4.0308	3.7382	3.3711	2.8970	20
21	4.8274	4.7417	4.5791	4.3858	4.1521	3.8638	3.4994	3.0240	21
22	4.9245	4.8417	4.6843	4.4963	4.2679	3.9845	3.6237	3.1484	22
23	5.0158	4.9359	4.7836	4.6011	4.3784	4.1005	3.7440	3.2702	23
24	5.1017	5.0247	4.8776	4.7007	4.4838	4.2118	3.8605	3.3893	24
25	5.1826	5.1085	4.9666	4.7953	4.5844	4.3186	3.9731	3.5056	25
26	5.2588	5.1875	5.0507	4.8851	4.6804	4.4211	4.0819	3.6191	26
27	5.3306	5.2621	5.1304	4.9704	4.7720	4.5194	4.1870	3.7298	27
28	5.3983	5.3326	5.2059	5.0515	4.8593	4.6137	4.2884	3.8376	28
29	5.4622	5.3992	5.2773	5.1285	4.9426	4.7040	4.3863	3.9425	29
30	5.5226	5.4621	5.3450	5.2017	5.0221	4.7905	4.4807	4.0446	30
31	5.5796	5.5216	5.4092	5.2712	5.0978	4.8734	4.5716	4.1438	31
32	5.6334	5.5779	5.4700	5.3373	5.1701	4.9528	4.6591	4.2401	32
33	5.6843	5.6311	5.5277	5.4001	5.2389	5.0288	4.7434	4.3335	33
34	5.7324	5.6815	5.5823	5.4598	5.3046	5.1015	4.8245	4.4241	34
35	5.7779	5.7292	5.6342	5.5166	5.3672	5.1711	4.9025	4.5119	35
36	5.8210	5.7744	5.6834	5.5705	5.4268	5.2377	4.9775	4.5968	36
37	5.8617	5.8171	5.7300	5.6218	5.4837	5.3013	5.0495	4.6790	37
38	5.9003	5.8577	5.7743	5.6705	5.5379	5.3622	5.1187	4.7585	38
39	5.9368	5.8961	5.8163	5.7169	5.5895	5.4204	5.1851	4.8352	39
40	5.9714	5.9325	5.8562	5.7610	5.6387	5.4760	5.2488	4.9094	40
41	6.0042	5.9670	5.8941	5.8029	5.6856	5.5291	5.3100	4.9809	41
42	6.0352	5.9997	5.9300	5.8427	5.7303	5.5799	5.3686	5.0499	42
43	6.0647	6.0308	5.9642	5.8806	5.7729	5.6284	5.4248	5.1164	43
44	6.0926	6.0602	5.9966	5.9167	5.8134	5.6747	5.4787	5.1804	44
45	6.1190	6.0882	6.0274	5.9510	5.8521	5.7190	5.5303	5.2421	45
46	6.1441	6.1147	6.0566	5.9836	5.8889	5.7612	5.5798	5.3015	46
47	6.1679	6.1398	6.0844	6.0146	5.9239	5.8015	5.6271	5.3586	47
48	6.1905	6.1637	6.1108	6.0441	5.9573	5.8400	5.6724	5.4135	48
49	6.2120	6.1864	6.1359	6.0721	5.9892	5.8767	5.7158	5.4663	49
50	6.2323	6.2079	6.1597	6.0988	6.0195	5.9118	5.7573	5.5170	50
55	6.3196	6.3004	6.2623	6.2140	6.1507	6.0643	5.9391	5.7416	55
60	6.3870	6.3719	6.3419	6.3037	6.2535	6.1846	6.0840	5.9234	60
70	6.4798	6.4705	6.4519	6.4283	6.3970	6.3537	6.2898	6.1862	70
80	6.5358	6.5301	6.5187	6.5041	6.4848	6.4579	6.4180	6.3526	80
100	6.5904	6.5883	6.5840	6.5785	6.5712	6.5610	6.5458	6.5206	100

YEARS' PURCHASE DUAL RATE
17 and 5 per cent
Income tax rate per cent

Years	No tax	25	30	35	40	42	45	50	Years
1	0.8854	0.6884	0.6473	0.6055	0.5631	0.5460	0.5201	0.4764	1
2	1.5806	1.2654	1.1972	1.1271	1.0550	1.0256	0.9809	0.9046	2
3	2.1403	1.7554	1.6696	1.5805	1.4878	1.4497	1.3914	1.2910	3
4	2.6001	2.1762	2.0794	1.9778	1.8712	1.8270	1.7591	126411	4
5	2.9840	2.5411	2.4377	2.3284	2.2127	2.1644	2.0899	1.9594	5
6	3.3092	2.8602	2.7535	2.6398	2.5185	2.4677	2.3888	2.2497	6
7	3.5877	3.1413	3.0334	2.9178	2.7936	2.7413	2.6598	2.5152	7
8	3.8288	3.3904	3.2830	3.1673	3.0422	2.9892	2.9064	2.7588	8
9	4.0392	3.6126	3.5068	3.3921	3.2675	3.2146	3.1316	2.9826	9
10	4.2242	3.8117	3.7082	3.5956	3.4726	3.4201	3.3376	3.1889	10
11	4.3879	3.9909	3.8903	3.7804	3.6597	3.6081	3.5267	3.3793	11
12	4.5338	4.1529	4.0555	3.9487	3.8310	3.7805	3.7007	3.5555	12
13	4.6643	4.2998	4.2059	4.1026	3.9882	3.9390	3.8610	3.7187	13
14	4.7817	4.4336	4.3433	4.2435	4.1328	4.0850	4.0091	3.8702	14
15	4.8877	4.5558	4.4691	4.3730	4.2661	4.2198	4.1462	4.0110	15
16	4.9838	4.6676	4.5845	4.4922	4.3892	4.3445	4.2733	4.1421	16
17	5.0712	4.7703	4.6908	4.6022	4.5031	4.4600	4.3913	4.2643	17
18	5.1509	4.8648	4.7887	4.7039	4.6087	4.5673	4.5010	4.3783	18
19	5.2239	4.9519	4.8793	4.7981	4.7068	4.6669	4.6032	4.4848	19
20	5.2909	5.0324	4.9631	4.8855	4.7979	4.7597	4.6985	4.5844	20
21	5.3525	5.1069	5.0408	4.9666	4.8828	4.8462	4.7874	4.6776	21
22	5.4092	5.1760	5.1130	5.0422	4.9620	4.9269	4.8705	4.7650	22
23	5.4616	5.2401	5.1801	5.1125	5.0359	5.0023	4.9482	4.8470	23
24	5.5101	5.2998	5.2426	5.1781	5.1049	5.0728	5.0210	4.9239	24
25	5.5550	5.3553	5.3009	5.2394	5.1695	5.1387	5.0892	4.9961	25
26	5.5968	5.4072	5.3553	5.2967	5.2300	5.2006	5.1532	5.0640	26
27	5.6356	5.4555	5.4062	5.3503	5.2866	5.2586	5.2133	5.1279	27
28	5.6717	5.5007	5.4538	5.4006	5.3398	5.3130	5.2697	5.1880	28
29	5.7054	5.5430	5.4984	5.4477	5.3897	5.3641	5.3228	5.2446	29
30	5.7368	5.5827	5.5401	5.4919	5.4366	5.4122	5.3727	5.2980	30
31	5.7661	5.6198	5.5793	5.5334	5.4807	5.4574	5.4197	5.3483	31
32	5.7936	5.6546	5.6161	5.5724	5.5222	5.4999	5.4640	5.3958	32
33	5.8193	5.6873	5.6507	5.6090	5.5612	5.5400	5.5057	5.4405	33
34	5.8434	5.7181	5.6832	5.6436	5.5980	5.5778	5.5450	5.4828	34
35	5.8660	5.7470	5.7138	5.6761	5.6326	5.6134	5.5821	5.5228	35
36	5.8872	5.7741	5.7426	5.7067	5.6653	5.6470	5.6172	5.5605	36
37	5.9072	5.7997	5.7698	5.7355	5.6961	5.6786	5.6503	5.5962	37
38	5.9259	5.8238	5.7953	5.7628	5.7252	5.7086	5.6815	5.6299	38
39	5.9435	5.8466	5.8194	5.7884	5.7527	5.7368	5.7110	5.6618	39
40	5.9601	5.8680	5.8422	5.8127	5.7787	5.7635	5.7389	5.6920	40
41	5.9758	5.8882	5.8637	5.8356	5.8032	5.7888	5.7653	5.7206	41
42	5.9905	5.9073	5.8839	5.8572	5.8264	5.8126	5.7903	5.7476	42
43	6.0044	5.9253	5.9031	5.8777	5.8483	5.8352	5.8139	5.7732	43
44	6.0175	5.9423	5.9212	5.8970	5.8690	5.8566	5.8363	5.7975	44
45	6.0298	5.9584	5.9383	5.9153	5.8887	5.8768	5.8575	5.8205	45
46	6.0415	5.9736	5.9545	5.9326	5.9072	5.8959	5.8775	5.8423	46
47	6.0525	5.9880	5.9698	5.9490	5.9248	5.9141	5.8965	5.8630	47
48	6.0630	6.0016	5.9843	5.9645	5.9415	5.9312	5.9146	5.8826	48
49	6.0728	6.0145	5.9980	5.9791	5.9573	5.9475	5.9316	5.9011	49
50	6.0821	6.0267	6.0110	5.9931	5.9722	5.9629	5.9478	5.9187	50
55	6.1217	6.0786	6.0664	6.0524	6.0361	6.0288	6.0170	5.9942	55
60	6.1519	6.1184	6.1089	6.0979	6.0852	6.0795	6.0702	6.0524	60
70	6.1929	6.1726	6.1668	6.1601	6.1523	6.1489	6.1432	6.1322	70
80	6.2174	6.2050	6.2015	6.1974	6.1926	6.1905	6.1871	6.1804	80
100	6.2410	6.2364	6.2351	6.2336	6.2318	6.2310	6.2297	6.2272	100

YEARS' PURCHASE DUAL RATE
17 and 5 per cent
Income tax rate per cent

Years	52	55	60	65	70	75	80	85	Years
1	0.4588	0.4321	0.3870	0.3413	0.2948	0.2477	0.1997	0.1510	1
2	0.8735	0.8261	0.7452	0.6619	0.5761	0.4876	0.3962	0.3020	2
3	1.2497	1.1864	1.0773	0.9634	0.8443	0.7198	0.5894	0.4527	3
4	1.5922	1.5168	1.3856	1.2469	1.1001	0.9445	0.7791	0.6031	4
5	1.9049	1.8205	1.6723	1.5139	1.3441	1.1617	0.9652	0.7529	5
6	2.1913	2.1003	1.9393	1.7653	1.5767	1.3715	1.1475	0.9020	6
7	2.4541	2.3586	2.1882	2.0022	1.7984	1.5741	1.3260	1.0502	7
8	2.6960	2.5974	2.4205	2.2256	2.0098	1.7696	1.5006	1.1973	8
9	2.9190	2.8188	2.6377	2.4364	2.2114	1.9582	1.6712	1.3431	9
10	3.1251	3.0242	2.8408	2.6353	2.4035	2.1399	1.8377	1.4875	10
11	3.3158	3.2151	3.0310	2.8231	2.5866	2.3150	2.0001	1.6304	11
12	3.4927	3.3928	3.2092	3.0005	2.7611	2.4836	2.1583	1.7716	12
13	3.6569	3.5584	3.3764	3.1682	2.9274	2.6459	2.3123	1.9109	13
14	3.8097	3.7129	3.5334	3.3266	3.0859	2.8020	2.4622	2.0482	14
15	3.9519	3.8573	3.6809	3.4765	3.2369	2.9520	2.6078	2.1834	15
16	4.0846	3.9922	3.8195	3.6183	3.3808	3.0962	2.7492	2.3164	16
17	4.2084	4.1186	3.9500	3.7525	3.5179	3.2348	2.8864	2.4471	17
18	4.3242	4.2370	4.0728	3.8794	3.6485	3.3678	3.0194	2.5754	18
19	4.4325	4.3481	4.1884	3.9997	3.7730	3.4956	3.1484	2.7012	19
20	4.5339	4.4523	4.2975	4.1136	3.8915	3.6181	3.2732	2.8244	20
21	4.6290	4.5501	4.4002	4.2214	4.0045	3.7357	3.3939	2.9449	21
22	4.7182	4.6422	4.4972	4.3237	4.1121	3.8484	3.5107	3.0628	22
23	4.8019	4.7287	4.5887	4.4205	4.2145	3.9564	3.6236	3.1779	23
24	4.8806	4.8101	4.6752	4.5124	4.3122	4.0600	3.7325	3.2902	24
25	4.9546	4.8868	4.7568	4.5994	4.4051	4.1591	3.8377	3.3998	25
26	5.0242	4.9591	4.8340	4.6820	4.4937	4.2541	3.9391	3.5064	26
27	5.0897	5.0273	4.9069	4.7603	4.5780	4.3451	4.0369	3.6102	27
28	5.1514	5.0915	4.9759	4.8346	4.6584	4.4321	4.1311	3.7111	28
29	5.2096	5.1522	5.0411	4.9051	4.7349	4.5154	4.2219	3.8092	29
30	5.2644	5.2095	5.1029	4.9720	4.8077	4.5951	4.3092	3.9044	30
31	5.3162	5.2635	5.1613	5.0355	4.8771	4.6713	4.3932	3.9967	31
32	5.3651	5.3147	5.2166	5.0958	4.9432	4.7442	4.4740	4.0863	32
33	5.4112	5.3630	5.2691	5.1530	5.0061	4.8139	4.5517	4.1730	33
34	5.4548	5.4086	5.3187	5.2074	5.0660	4.8805	4.6263	4.2569	34
35	5.4960	5.4519	5.3658	5.2590	5.1230	4.9441	4.6980	4.3381	35
36	5.5349	5.4927	5.4103	5.3080	5.1774	5.0049	4.7668	4.4166	36
37	5.5717	5.5314	5.4526	5.3545	5.2291	5.0630	4.8328	4.4924	37
38	5.6066	5.5681	5.4927	5.3987	5.2783	5.1185	4.8961	4.5656	38
39	5.6395	5.6028	5.5307	5.4407	5.3252	5.1715	4.9569	4.6362	39
40	5.6707	5.6356	5.5668	5.4806	5.3699	5.2221	5.0151	4.7043	40
41	5.7003	5.6668	5.6010	5.5186	5.4124	5.2704	5.0709	4.7699	41
42	5.7283	5.6963	5.6334	5.5546	5.4528	5.3165	5.1243	4.8332	42
43	5.7548	5.7243	5.6642	5.5888	5.4914	5.3605	5.1755	4.8941	43
44	5.7799	5.7508	5.6935	5.6214	5.5281	5.4025	5.2246	4.9526	44
45	5.8037	5.7759	5.7212	5.6523	5.5630	5.4426	5.2715	5.0090	45
46	5.8263	5.7998	5.7475	5.6817	5.5963	5.4808	5.3164	5.0632	46
47	5.8477	5.8224	5.7726	5.7097	5.6279	5.5173	5.3593	5.1152	47
48	5.8680	5.8439	5.7963	5.7362	5.6581	5.5521	5.4004	5.1653	48
49	5.8873	5.8643	5.8189	5.7615	5.6868	5.5853	5.4397	5.2133	49
50	5.9055	5.8836	5.8403	5.7855	5.7141	5.6170	5.4773	5.2594	50
55	5.9838	5.9666	5.9324	5.8890	5.8322	5.7544	5.6416	5.4631	55
60	6.0442	6.0307	6.0038	5.9696	5.9246	5.8626	5.7722	5.6274	60
70	6.1272	6.1189	6.1023	6.0812	6.0532	6.0144	5.9571	5.8641	70
80	6.1773	6.1722	6.1620	6.1490	6.1317	6.1077	6.0720	6.0134	80
100	6.2261	6.2242	6.2204	6.2155	6.2089	6.1999	6.1863	6.1638	100

YEARS' PURCHASE DUAL RATE
18 and 5 per cent
Income tax rate per cent

Years	No tax	25	30	35	40	42	45	50	Years
1	0.8786	0.6843	0.6436	0.6023	0.5604	0.5434	0.5177	0.4744	1
2	1.5589	1.2514	1.1847	1.1160	1.0453	1.0164	0.9725	0.8974	2
3	2.1006	1.7286	1.6454	1.5588	1.4686	1.4314	1.3745	1.2765	3
4	2.5418	2.1352	2.0419	1.9439	1.8408	1.7980	1.7322	1.6177	4
5	2.9075	2.4854	2.3864	2.2816	2.1703	2.1239	2.0521	1.9261	5
6	3.2154	2.7898	2.6882	2.5797	2.4638	2.4151	2.3395	2.2060	6
7	3.4777	3.0566	2.9544	2.8446	2.7265	2.6766	2.5989	2.4607	7
8	3.7037	3.2920	3.1907	3.0812	2.9627	2.9124	2.8338	2.6932	8
9	3.9002	3.5011	3.4016	3.2936	3.1760	3.1260	3.0474	2.9062	9
10	4.0725	3.6877	3.5908	3.4851	3.3694	3.3200	3.2422	3.1017	10
11	4.2245	3.8552	3.7613	3.6584	3.5453	3.4969	3.4203	3.2815	11
12	4.3595	4.0062	3.9155	3.8159	3.7058	3.6585	3.5837	3.4474	12
13	4.4800	4.1428	4.0555	3.9593	3.8527	3.8068	3.7339	3.6006	13
14	4.5882	4.2668	4.1831	4.0905	3.9875	3.9430	3.8722	3.7425	14
15	4.6857	4.3798	4.2996	4.2107	4.1114	4.0684	4.0000	3.8740	15
16	4.7740	4.4831	4.4064	4.3211	4.2256	4.1842	4.1181	3.9961	16
17	4.8541	4.5777	4.5045	4.4228	4.3311	4.2913	4.2276	4.1097	17
18	4.9272	4.6647	4.5947	4.5166	4.4287	4.3904	4.3292	4.2155	18
19	4.9939	4.7447	4.6780	4.6033	4.5192	4.4825	4.4236	4.3142	19
20	5.0550	4.8185	4.7550	4.6837	4.6032	4.5680	4.5115	4.4063	20
21	5.1112	4.8868	4.8263	4.7583	4.6813	4.6476	4.5935	4.4923	21
22	5.1629	4.9500	4.8924	4.8275	4.7540	4.7217	4.6699	4.5729	22
23	5.2107	5.0087	4.9538	4.8920	4.8218	4.7909	4.7413	4.6483	23
24	5.2548	5.0632	5.0109	4.9520	4.8850	4.8556	4.8081	4.7190	24
25	5.2957	5.1139	5.0642	5.0081	4.9441	4.9160	4.8706	4.7853	25
26	5.3336	5.1611	5.1138	5.0604	4.9994	4.9726	4.9292	4.8476	26
27	5.3688	5.2051	5.1602	5.1093	5.0512	5.0255	4.9842	4.9061	27
28	5.4015	5.2463	5.2035	5.1551	5.0997	5.0752	5.0357	4.9611	28
29	5.4321	5.2847	5.2441	5.1980	5.1452	5.1219	5.0842	5.0128	29
30	5.4606	5.3207	5.2821	5.2382	5.1879	5.1657	5.1297	5.0615	30
31	5.4872	5.3545	5.3177	5.2759	5.2280	5.2068	5.1725	5.1074	31
32	5.5120	5.3861	5.3511	5.3114	5.2658	5.2456	5.2128	5.1507	32
33	5.5353	5.4157	5.3825	5.3447	5.3012	5.2820	5.2508	5.1915	33
34	5.5571	5.4436	5.4120	5.3760	5.3346	5.3163	5.2866	5.2300	34
35	5.5775	5.4698	5.4398	5.4055	5.3661	5.3486	5.3203	5.2663	35
36	5.5967	5.4944	5.4658	5.4333	5.3958	5.3791	5.3521	5.3006	36
37	5.6147	5.5176	5.4904	5.4594	5.4237	5.4079	5.3821	5.3330	37
38	5.6316	5.5394	5.5136	5.4841	5.4501	5.4350	5.4104	5.3636	38
39	5.6476	5.5599	5.5354	5.5073	5.4750	5.4606	5.4372	5.3926	39
40	5.6625	5.5793	5.5560	5.5293	5.4985	5.4848	5.4625	5.4200	40
41	5.6766	5.5976	5.5754	5.5500	5.5207	5.5076	5.4864	5.4459	41
42	5.6899	5.6148	5.5937	5.5696	5.5417	5.5292	5.5090	5.4704	42
43	5.7025	5.6311	5.6110	5.5881	5.5615	5.5497	5.5304	5.4936	43
44	5.7143	5.6465	5.6274	5.6055	5.5802	5.5690	5.5507	5.5156	44
45	5.7254	5.6610	5.6428	5.6220	5.5980	5.5873	5.5698	5.5364	45
46	5.7360	5.6747	5.6575	5.6377	5.6148	5.6046	5.5879	5.5561	46
47	5.7459	5.6877	5.6713	5.6525	5.6307	5.6209	5.6051	5.5748	47
48	5.7553	5.7000	5.6844	5.6665	5.6457	5.6365	5.6214	5.5925	48
49	5.7642	5.7116	5.6967	5.6797	5.6600	5.6511	5.6368	5.6093	49
50	5.7725	5.7226	5.7085	5.6922	5.6735	5.6651	5.6514	5.6252	50
55	5.8082	5.7694	5.7584	5.7458	5.7311	5.7245	5.7138	5.6933	55
60	5.8354	5.8052	5.7966	5.7868	5.7753	5.7702	5.7618	5.7457	60
70	5.8722	5.8539	5.8487	5.8427	5.8357	5.8326	5.8275	5.8177	70
80	5.8942	5.8831	5.8799	5.8763	5.8720	5.8701	5.8670	5.8610	80
100	5.9154	5.9113	5.9101	5.9088	5.9072	5.9065	5.9053	5.9031	100

YEARS' PURCHASE DUAL RATE
18 and 5 per cent

Income tax rate per cent

Years	52	55	60	65	70	75	80	85	Years
1	0.4569	0.4304	0.3857	0.3403	0.2941	0.2471	0.1994	0.1508	1
2	0.8668	0.8201	0.7404	0.6581	0.5732	0.4855	0.3948	0.3011	2
3	1.2361	1.1741	1.0672	0.9553	0.8381	0.7153	0.5864	0.4509	3
4	1.5702	1.4968	1.3689	1.2334	1.0896	0.9367	0.7738	0.5999	4
5	1.8734	1.7917	1.6480	1.4939	1.3283	1.1499	0.9570	0.7480	5
6	2.1497	2.0621	1.9067	1.7382	1.5550	1.3551	1.1360	0.8949	6
7	2.4021	2.3105	2.1468	1.9675	1.7704	1.5526	1.3107	1.0406	7
8	2.6334	2.5393	2.3699	2.1828	1.9748	1.7424	1.4810	1.1848	8
9	2.8457	2.7504	2.5777	2.3851	2.1691	1.9250	1.6469	1.3274	9
10	3.0413	2.9456	2.7713	2.5754	2.3536	2.1003	1.8084	1.4683	10
11	3.2216	3.1265	2.9521	2.7545	2.5289	2.2687	1.9654	1.6073	11
12	3.3883	3.2942	3.1209	2.9232	2.6955	2.4304	2.1180	1.7443	12
13	3.5427	3.4501	3.2788	3.0821	2.8537	2.5856	2.2661	1.8792	13
14	3.6858	3.5952	3.4266	3.2318	3.0041	2.7344	2.4098	2.0118	14
15	3.8189	3.7304	3.5652	3.3731	3.1471	2.8771	2.5492	2.1422	15
16	3.9426	3.8565	3.6951	3.5064	3.2829	3.0140	2.6841	2.2700	16
17	4.0579	3.9743	3.8170	3.6323	3.4120	3.1451	2.8148	2.3954	17
18	4.1654	4.0844	3.9316	3.7511	3.5348	3.2707	2.9411	2.5182	18
19	4.2658	4.1875	4.0393	3.8634	3.6515	3.3910	3.0633	2.6383	19
20	4.3596	4.2841	4.1406	3.9696	3.7624	3.5063	3.1813	2.7557	20
21	4.4475	4.3746	4.2359	4.0699	3.8679	3.6165	3.2953	2.8704	21
22	4.5297	4.4596	4.3257	4.1649	3.9682	3.7221	3.4053	2.9823	22
23	4.6069	4.5394	4.4103	4.2547	4.0635	3.8231	3.5114	3.0913	23
24	4.6792	4.6144	4.4901	4.3397	4.1542	3.9196	3.6136	3.1975	24
25	4.7472	4.6850	4.5653	4.4202	4.2404	4.0120	3.7121	3.3008	25
26	4.8110	4.7514	4.6363	4.4964	4.3224	4.1003	3.8069	3.4012	26
27	4.8711	4.8139	4.7034	4.5686	4.4004	4.1847	3.8982	3.4988	27
28	4.9276	4.8728	4.7667	4.6370	4.4746	4.2654	3.9859	3.5935	28
29	4.9808	4.9283	4.8266	4.7018	4.5451	4.3425	4.0704	3.6854	29
30	5.0309	4.9807	4.8831	4.7632	4.6122	4.4162	4.1515	3.7744	30
31	5.0782	5.0301	4.9366	4.8215	4.6760	4.4865	4.2294	3.8607	31
32	5.1227	5.0767	4.9872	4.8767	4.7367	4.5537	4.3042	3.9441	32
33	5.1648	5.1208	5.0351	4.9291	4.7944	4.6178	4.3761	4.0249	33
34	5.2044	5.1624	5.0804	4.9788	4.8494	4.6791	4.4450	4.1029	34
35	5.2419	5.2018	5.1234	5.0259	4.9016	4.7376	4.5111	4.1783	35
36	5.2773	5.2390	5.1640	5.0706	4.9513	4.7934	4.5745	4.2510	36
37	5.3108	5.2742	5.2025	5.1131	4.9986	4.8466	4.6353	4.3212	37
38	5.3424	5.3075	5.2390	5.1534	5.0436	4.8975	4.6935	4.3889	38
39	5.3724	5.3390	5.2735	5.1917	5.0864	4.9460	4.7493	4.4541	39
40	5.4007	5.3688	5.3063	5.2280	5.1271	4.9922	4.8027	4.5169	40
41	5.4275	5.3971	5.3374	5.2625	5.1658	5.0364	4.8539	4.5774	41
42	5.4528	5.4239	5.3668	5.2952	5.2027	5.0784	4.9028	4.6356	42
43	5.4769	5.4492	5.3948	5.3263	5.2378	5.1186	4.9497	4.6916	43
44	5.4996	5.4733	5.4213	5.3559	5.2711	5.1569	4.9945	4.7454	44
45	5.5212	5.4960	5.4464	5.3840	5.3029	5.1934	5.0373	4.7971	45
46	5.5416	5.5176	5.4703	5.4106	5.3331	5.2282	5.0783	4.8468	46
47	5.5610	5.5381	5.4930	5.4360	5.3618	5.2614	5.1175	4.8945	47
48	5.5793	5.5575	5.5145	5.4601	5.3892	5.2930	5.1550	4.9403	48
49	5.5967	5.5760	5.5349	5.4830	5.4152	5.3231	5.1908	4.9842	49
50	5.6132	5.5934	5.5543	5.5047	5.4400	5.3519	5.2250	5.0263	50
55	5.6839	5.6684	5.6375	5.5983	5.5469	5.4766	5.3743	5.2120	55
60	5.7384	5.7262	5.7019	5.6711	5.6304	5.5745	5.4926	5.3614	60
70	5.8132	5.8057	5.7908	5.7717	5.7465	5.7115	5.6598	5.5758	70
80	5.8582	5.8536	5.8445	5.8327	5.8172	5.7956	5.7634	5.7106	80
100	5.9020	5.9003	5.8969	5.8925	5.8867	5.8785	5.8663	5.8460	100

YEARS' PURCHASE DUAL RATE
20 and 5 per cent
Income tax rate per cent

Years	No tax	25	30	35	40	42	45	50	Years
1	0.8653	0.6762	0.6365	0.5961	0.5549	0.5383	0.5131	0.4705	1
2	1.5176	1.2247	1.1607	1.0947	1.0266	0.9987	0.9562	0.8836	2
3	2.0263	1.6780	1.5994	1.5175	1.4318	1.3965	1.3423	1.2487	3
4	2.4338	2.0585	1.9716	1.8801	1.7835	1.7433	1.6814	1.5733	4
5	2.7671	2.3821	2.2910	2.1942	2.0911	2.0480	1.9811	1.8635	5
6	3.0445	2.6603	2.5677	2.4686	2.3622	2.3174	2.2477	2.1242	6
7	3.2787	2.9018	2.8095	2.7101	2.6026	2.5571	2.4861	2.3593	7
8	3.4788	3.1131	3.0224	2.9240	2.8170	2.7715	2.7003	2.5723	8
9	3.6516	3.2994	3.2110	3.1146	3.0092	2.9642	2.8935	2.7659	9
10	3.8022	3.4647	3.3790	3.2853	3.1822	3.1381	3.0685	2.9424	10
11	3.9344	3.6121	3.5296	3.4388	3.3387	3.2957	3.2276	3.1038	11
12	4.0512	3.7443	3.6650	3.5776	3.4807	3.4389	3.3727	3.2517	12
13	4.1551	3.8634	3.7874	3.7034	3.6100	3.5696	3.5054	3.3877	13
14	4.2480	3.9711	3.8984	3.8179	3.7280	3.6891	3.6271	3.5130	14
15	4.3315	4.0688	3.9995	3.9224	3.8361	3.7987	3.7389	3.6296	15
16	4.4068	4.1578	4.0917	4.0180	3.9354	3.8994	3.8420	3.7356	16
17	4.4750	4.2390	4.1761	4.1058	4.0267	3.9922	3.9371	3.8346	17
18	4.5370	4.3135	4.2536	4.1865	4.1109	4.0779	4.0250	3.9266	18
19	4.5935	4.3818	4.3249	4.2610	4.1888	4.1572	4.1066	4.0120	19
20	4.6452	4.4447	4.3906	4.3297	4.2608	4.2307	4.1822	4.0916	20
21	4.6926	4.5027	4.4513	4.3934	4.3277	4.2988	4.2525	4.1657	21
22	4.7361	4.5564	4.5075	4.4523	4.3897	4.3622	4.3179	4.2349	22
23	4.7763	4.6060	4.5596	4.5071	4.4474	4.4212	4.3789	4.2995	23
24	4.8133	4.6520	4.6079	4.5580	4.5012	4.4762	4.4358	4.3599	24
25	4.8476	4.6948	4.6529	4.6055	4.5513	4.5275	4.4890	4.4164	25
26	4.8793	4.7346	4.6948	4.6497	4.5982	4.5754	4.5387	4.4694	26
27	4.9088	4.7716	4.7338	4.6910	4.6419	4.6203	4.5853	4.5191	27
28	4.9362	4.8062	4.7703	4.7295	4.6829	4.6622	4.6289	4.5657	28
29	4.9616	4.8384	4.8043	4.7656	4.7212	4.7015	4.6698	4.6095	29
30	4.9854	4.8686	4.8362	4.7994	4.7571	4.7384	4.7081	4.6507	30
31	5.0075	4.8968	4.8661	4.8311	4.7908	4.7730	4.7442	4.6894	31
32	5.0282	4.9232	4.8940	4.8608	4.8225	4.8056	4.7781	4.7258	32
33	5.0476	4.9480	4.9203	4.8886	4.8523	4.8361	4.8099	4.7601	33
34	5.0657	4.9712	4.9449	4.9148	4.8802	4.8649	4.8399	4.7925	34
35	5.0827	4.9931	4.9680	4.9395	4.9065	4.8919	4.8682	4.8230	35
36	5.0986	5.0136	4.9898	4.9626	4.9313	4.9174	4.8948	4.8517	36
37	5.1136	5.0329	5.0103	4.9844	4.9547	4.9414	4.9199	4.8788	37
38	5.1276	5.0510	5.0295	5.0050	4.9767	4.9641	4.9436	4.9045	38
39	5.1408	5.0681	5.0477	5.0244	4.9974	4.9854	4.9659	4.9287	39
40	5.1532	5.0842	5.0648	5.0426	5.0170	5.0056	4.9870	4.9515	40
41	5.1649	5.0993	5.0809	5.0598	5.0355	5.0246	5.0069	4.9731	41
42	5.1759	5.1137	5.0961	5.0761	5.0529	5.0426	5.0258	4.9936	42
43	5.1863	5.1271	5.1105	5.0914	5.0694	5.0596	5.0435	5.0129	43
44	5.1960	5.1399	5.1241	5.1059	5.0850	5.0756	5.0604	5.0312	44
45	5.2052	5.1519	5.1369	5.1196	5.0997	5.0908	5.0763	5.0485	45
46	5.2139	5.1633	5.1490	5.1326	5.1136	5.1051	5.0913	5.0649	46
47	5.2221	5.1740	5.1604	5.1449	5.1268	5.1187	5.1056	5.0804	47
48	5.2299	5.1842	5.1713	5.1564	5.1393	5.1316	5.1191	5.0951	48
49	5.2372	5.1938	5.1815	5.1674	5.1511	5.1438	5.1319	5.1090	49
50	5.2442	5.2029	5.1912	5.1778	5.1622	5.1553	5.1440	5.1222	50
55	5.2736	5.2415	5.2325	5.2220	5.2099	5.2045	5.1957	5.1787	55
60	5.2960	5.2711	5.2640	5.2559	5.2464	5.2422	5.2353	5.2220	60
70	5.3263	5.3112	5.3070	5.3020	5.2963	5.2937	5.2895	5.2814	70
80	5.3444	5.3352	5.3326	5.3296	5.3261	5.3245	5.3220	5.3170	80
100	5.3618	5.3584	5.3575	5.3563	5.3550	5.3545	5.3535	5.3517	100

YEARS' PURCHASE DUAL RATE
20 and 5 per cent
Income tax rate per cent

Years	52	55	60	65	70	75	80	85	Years
1	0.4533	0.4272	0.3832	0.3383	0.2926	0.2461	0.1987	0.1504	1
2	0.8539	0.8085	0.7309	0.6506	0.5675	0.4814	0.3921	0.2996	2
3	1.2100	1.1506	1.0476	0.9396	0.8260	0.7064	0.5804	0.4474	3
4	1.5283	1.4587	1.3369	1.2074	1.0692	0.9216	0.7635	0.5937	4
5	1.8141	1.7374	1.6019	1.4560	1.2982	1.1273	0.9413	0.7383	5
6	2.0720	1.9905	1.8453	1.6870	1.5140	1.3238	1.1139	0.8811	6
7	2.3055	2.2209	2.0692	1.9022	1.7173	1.5116	1.2814	1.0220	7
8	2.5176	2.4315	2.2758	2.1027	1.9090	1.6910	1.4437	1.1608	8
9	2.7111	2.6244	2.4667	2.2898	2.0900	1.8624	1.6009	1.2973	9
10	2.8879	2.8016	2.6435	2.4646	2.2607	2.0260	1.7531	1.4316	10
11	3.0501	2.9647	2.8074	2.6282	2.4220	2.1823	1.9002	1.5634	11
12	3.1991	3.1151	2.9597	2.7813	2.5743	2.3315	2.0425	1.6928	12
13	3.3364	3.2542	3.1013	2.9247	2.7183	2.4739	2.1799	1.8195	13
14	3.4631	3.3829	3.2333	3.0593	2.8544	2.6098	2.3126	1.9436	14
15	3.5802	3.5023	3.3563	3.1856	2.9832	2.7395	2.4406	2.0650	15
16	3.6887	3.6133	3.4712	3.3042	3.1050	2.8633	2.5640	2.1835	16
17	3.7895	3.7165	3.5786	3.4157	3.2203	2.9814	2.6829	2.2993	17
18	3.8831	3.8126	3.6791	3.5206	3.3294	3.0941	2.7975	2.4122	18
19	3.9702	3.9023	3.7732	3.6194	3.4327	3.2015	2.9078	2.5222	19
20	4.0513	3.9860	3.8615	3.7124	3.5306	3.3040	3.0140	2.6293	20
21	4.1271	4.0643	3.9443	3.8000	3.6233	3.4018	3.1161	2.7335	21
22	4.1978	4.1375	4.0220	3.8826	3.7111	3.4950	3.2142	2.8347	22
23	4.2640	4.2061	4.0950	3.9606	3.7944	3.5839	3.3086	2.9330	23
24	4.3259	4.2705	4.1637	4.0341	3.8733	3.6686	3.3992	3.0285	24
25	4.3839	4.3308	4.2284	4.1036	3.9482	3.7494	3.4862	3.1210	25
26	4.4383	4.3875	4.2892	4.1692	4.0192	3.8265	3.5697	3.2106	26
27	4.4894	4.4407	4.3465	4.2312	4.0865	3.8999	3.6498	3.2974	27
28	4.5373	4.4908	4.4006	4.2898	4.1504	3.9698	3.7267	3.3814	28
29	4.5824	4.5379	4.4515	4.3452	4.2110	4.0365	3.8004	3.4627	29
30	4.6248	4.5823	4.4996	4.3976	4.2685	4.1001	3.8710	3.5412	30
31	4.6647	4.6241	4.5450	4.4472	4.3231	4.1607	3.9386	3.6169	31
32	4.7023	4.6635	4.5879	4.4941	4.3750	4.2184	4.0035	3.6901	32
33	4.7377	4.7007	4.6283	4.5386	4.4242	4.2734	4.0655	3.7607	33
34	4.7710	4.7357	4.6666	4.5807	4.4709	4.3258	4.1250	3.8287	34
35	4.8025	4.7688	4.7028	4.6206	4.5153	4.3757	4.1818	3.8942	35
36	4.8322	4.8001	4.7370	4.6583	4.5574	4.4233	4.2363	3.9574	36
37	4.8603	4.8296	4.7694	4.6942	4.5975	4.4686	4.2883	4.0181	37
38	4.8867	4.8575	4.8000	4.7281	4.6355	4.5118	4.3381	4.0766	38
39	4.9118	4.8839	4.8290	4.7603	4.6716	4.5529	4.3857	4.1328	39
40	4.9354	4.9088	4.8565	4.7908	4.7059	4.5921	4.4312	4.1868	40
41	4.9578	4.9324	4.8825	4.8198	4.7386	4.6294	4.4747	4.2387	41
42	4.9790	4.9548	4.9071	4.8472	4.7696	4.6649	4.5163	4.2886	42
43	4.9990	4.9759	4.9305	4.8733	4.7990	4.6988	4.5560	4.3365	43
44	5.0179	4.9960	4.9526	4.8980	4.8270	4.7310	4.5940	4.3824	44
45	5.0359	5.0149	4.9736	4.9215	4.8536	4.7617	4.6302	4.4265	45
46	5.0528	5.0329	4.9935	4.9437	4.8789	4.7910	4.6648	4.4687	46
47	5.0689	5.0499	5.0124	4.9649	4.9030	4.8188	4.6979	4.5092	47
48	5.0842	5.0661	5.0303	4.9850	4.9258	4.8453	4.7294	4.5481	48
49	5.0986	5.0814	5.0473	5.0040	4.9476	4.8706	4.7595	4.5853	49
50	5.1123	5.0959	5.0634	5.0222	4.9682	4.8946	4.7883	4.6209	50
55	5.1709	5.1580	5.1325	5.1000	5.0573	4.9987	4.9134	4.7774	55
60	5.2160	5.2059	5.1858	5.1603	5.1266	5.0802	5.0121	4.9026	60
70	5.2777	5.2715	5.2592	5.2434	5.2226	5.1937	5.1510	5.0813	70
80	5.3148	5.3110	5.3034	5.2938	5.2810	5.2631	5.2366	5.1930	80
100	5.3508	5.3494	5.3466	5.3430	5.3382	5.3314	5.3214	5.3047	100

TABLE 3

YEARS' PURCHASE OF A REVERSION TO A PERPETUITY

The present value of £1 per annum receivable quarterly in advance commencing after a given number of years and continuing in perpetuity.

Rates of interest: 1 – 15% @ 0.25% steps
15 – 23% @ 0.5% steps
23 – 26% @ 1% steps
28%, 30%, 35%, 40%

YEARS' PURCHASE OF A REVERSION TO A PERPETUITY

After years	\multicolumn{8}{c}{Nominal rate per annum}	After years
	1	1.25	1.5	1.75	2	2.25	2.5	2.75	
1	99.37857	79.37946	66.04701	56.52409	49.38211	43.82743	39.38386	35.74837	1
2	98.39219	78.39644	65.06734	55.54775	48.40909	42.85771	38.41742	34.78520	2
3	97.41560	77.42560	64.10220	54.58827	47.45524	41.90944	37.47470	33.84798	3
4	96.44870	76.46678	63.15138	53.64537	46.52018	40.98216	36.55511	32.93601	4
5	95.49140	75.51983	62.21466	52.71876	45.60355	40.07539	35.65809	32.04862	5
6	94.54360	74.58461	61.29184	51.80815	44.70498	39.18868	34.78308	31.18513	6
7	93.60521	73.66097	60.38270	50.91327	43.82411	38.32160	33.92954	30.34491	7
8	92.67613	72.74877	59.48705	50.03384	42.96061	37.47370	33.09694	29.52733	8
9	91.75627	71.84786	58.60468	49.16961	42.11411	36.64456	32.28478	28.73177	9
10	90.84555	70.95811	57.73540	48.32031	41.28430	35.83376	31.49254	27.95765	10
11	89.94386	70.07938	56.87902	47.48567	40.47083	35.04091	30.71975	27.20438	11
12	89.05112	69.21154	56.03534	46.66545	39.67340	34.26559	29.96592	26.47142	12
13	88.16725	68.35444	55.20417	45.85940	38.89168	33.50743	29.23059	25.75820	13
14	87.29214	67.50795	54.38533	45.06728	38.12536	32.76605	28.51330	25.06419	14
15	86.42572	66.67195	53.57863	44.28883	37.37414	32.04107	27.81361	24.38889	15
16	85.56791	65.84630	52.78391	43.52383	36.63772	31.33213	27.13110	23.73178	16
17	84.71860	65.03087	52.00097	42.77205	35.91581	30.63888	26.46533	23.09237	17
18	83.87773	64.22554	51.22964	42.03325	35.20813	29.96097	25.81590	22.47019	18
19	83.04520	63.43019	50.46976	41.30721	34.51439	29.29805	25.18240	21.86478	19
20	82.22094	62.64468	49.72114	40.59371	33.83432	28.64981	24.56445	21.27567	20
21	81.40485	61.86890	48.98363	39.89254	33.16765	28.01590	23.96167	20.70244	21
22	80.59687	61.10273	48.25706	39.20347	32.51411	27.39603	23.37367	20.14465	22
23	79.79690	60.34605	47.54127	38.52631	31.87346	26.78986	22.80011	19.60190	23
24	79.00488	59.59874	46.83609	37.86085	31.24542	26.19711	22.24062	19.07376	24
25	78.22072	58.86068	46.14138	37.20688	30.62977	25.61748	21.69486	18.55986	25
26	77.44434	58.13176	45.45697	36.56421	30.02624	25.05067	21.16249	18.05980	26
27	76.67566	57.41187	44.78271	35.93263	29.43460	24.49640	20.64318	17.57321	27
28	75.91462	56.70089	44.11845	35.31197	28.85463	23.95439	20.13662	17.09974	28
29	75.16113	55.99872	43.46404	34.70203	28.28608	23.42438	19.64249	16.63902	29
30	74.41512	55.30525	42.81934	34.10262	27.72873	22.90609	19.16048	16.19071	30
31	73.67651	54.62036	42.18421	33.51357	27.18236	22.39927	18.69030	15.75449	31
32	72.94524	53.94395	41.55849	32.93469	26.64676	21.90367	18.23166	15.33001	32
33	72.22122	53.27592	40.94206	32.36581	26.12172	21.41903	17.78428	14.91697	33
34	71.50439	52.61616	40.33477	31.80676	25.60702	20.94511	17.34787	14.51507	34
35	70.79467	51.96458	39.73649	31.25736	25.10246	20.48168	16.92217	14.12399	35
36	70.09200	51.32106	39.14708	30.71745	24.60784	20.02851	16.50692	13.74344	36
37	69.39630	50.68551	38.56641	30.18687	24.12297	19.58536	16.10186	13.37315	37
38	68.70751	50.05783	37.99436	29.66546	23.64765	19.15201	15.70674	13.01284	38
39	68.02555	49.43793	37.43079	29.15304	23.18170	18.72826	15.32131	12.66223	39
40	67.35036	48.82570	36.87558	28.64949	22.72493	18.31388	14.94534	12.32108	40
41	66.68188	48.22105	36.32861	28.15462	22.27716	17.90867	14.57860	11.98911	41
42	66.02003	47.62389	35.78975	27.66831	21.83821	17.51242	14.22085	11.66609	42
43	65.36475	47.03413	35.25889	27.19040	21.40791	17.12494	13.87189	11.35177	43
44	64.71597	46.45167	34.73589	26.72074	20.98609	16.74604	13.53149	11.04591	44
45	64.07363	45.87642	34.22066	26.25919	20.57258	16.37551	13.19944	10.74830	45
46	63.43767	45.30830	33.71307	25.80562	20.16722	16.01319	12.87554	10.45871	46
47	62.80802	44.74721	33.21300	25.35988	19.76984	15.65888	12.55959	10.17692	47
48	62.18462	44.19307	32.72036	24.92184	19.38030	15.31242	12.25139	9.90273	48
49	61.56740	43.64579	32.23502	24.49136	18.99843	14.97362	11.95075	9.63592	49
50	60.95632	43.10529	31.75688	24.06833	18.62409	14.64231	11.65749	9.37630	50

YEARS' PURCHASE OF A REVERSION TO A PERPETUITY

After years	\multicolumn{8}{c}{Nominal rate per annum}	After years
	1	1.25	1.5	1.75	2	2.25	2.5	2.75	
51	60.35129	42.57149	31.28583	23.65259	18.25712	14.31834	11.37143	9.12367	51
52	59.75228	42.04429	30.82177	23.24404	17.89738	14.00153	11.09239	8.87785	52
53	59.15921	41.52362	30.36459	22.84255	17.54473	13.69173	10.82019	8.63865	53
54	58.57202	41.00940	29.91420	22.44799	17.19903	13.38879	10.55468	8.40590	54
55	57.99067	40.50155	29.47048	22.06025	16.86014	13.09255	10.29568	8.17942	55
56	57.41508	39.99999	29.03335	21.67920	16.52793	12.80287	10.04303	7.95904	56
57	56.84521	39.50464	28.60270	21.30474	16.20227	12.51959	9.79659	7.74460	57
58	56.28099	39.01542	28.17844	20.93674	15.88302	12.24258	9.55619	7.53594	58
59	55.72237	38.53226	27.76047	20.57510	15.57006	11.97170	9.32169	7.33290	59
60	55.16930	38.05509	27.34870	20.21971	15.26327	11.70682	9.09294	7.13533	60
61	54.62172	37.58382	26.94304	19.87046	14.96252	11.44780	8.86981	6.94308	61
62	54.07957	37.11839	26.54340	19.52723	14.66770	11.19450	8.65216	6.75601	62
63	53.54280	36.65873	26.14968	19.18994	14.37869	10.94681	8.43984	6.57399	63
64	53.01136	36.20475	25.76180	18.85847	14.09537	10.70461	8.23274	6.39686	64
65	52.48520	35.75640	25.37968	18.53273	13.81764	10.46776	8.03072	6.22451	65
66	51.96426	35.31360	25.00323	18.21262	13.54538	10.23615	7.83365	6.05680	66
67	51.44849	34.87629	24.63236	17.89803	13.27848	10.00966	7.64142	5.89362	67
68	50.93784	34.44438	24.26699	17.58888	13.01684	9.78819	7.45391	5.73482	68
69	50.43225	34.01783	23.90704	17.28507	12.76036	9.57162	7.27100	5.58031	69
70	49.93169	33.59656	23.55242	16.98650	12.50893	9.35984	7.09257	5.42996	70
71	49.43609	33.18051	23.20307	16.69309	12.26245	9.15274	6.91853	5.28366	71
72	48.94541	32.76961	22.85890	16.40476	12.02083	8.95023	6.74876	5.14130	72
73	48.45960	32.36380	22.51984	16.12140	11.78397	8.75220	6.58315	5.00278	73
74	47.97862	31.96301	22.18580	15.84293	11.55178	8.55855	6.42161	4.86799	74
75	47.50241	31.56719	21.85672	15.56928	11.32417	8.36918	6.26403	4.73683	75
76	47.03092	31.17627	21.53252	15.30035	11.10104	8.18400	6.11031	4.60921	76
77	46.56412	30.79019	21.21313	15.03607	10.88230	8.00293	5.96037	4.48502	77
78	46.10195	30.40889	20.89848	14.77635	10.66788	7.82585	5.81411	4.36418	78
79	45.64436	30.03231	20.58850	14.52112	10.45768	7.65270	5.67144	4.24660	79
80	45.19132	29.66040	20.28311	14.27030	10.25162	7.48338	5.53227	4.13218	80
81	44.74277	29.29309	19.98225	14.02381	10.04962	7.31780	5.39651	4.02085	81
82	44.29868	28.93033	19.68586	13.78157	9.85161	7.15589	5.26409	3.91251	82
83	43.85899	28.57207	19.39386	13.54353	9.65749	6.99756	5.13491	3.80710	83
84	43.42367	28.21823	19.10619	13.30959	9.46720	6.84273	5.00891	3.70452	84
85	42.99267	27.86879	18.82279	13.07969	9.28066	6.69133	4.88599	3.60471	85
86	42.56594	27.52367	18.54359	12.85377	9.09779	6.54327	4.76610	3.50759	86
87	42.14346	27.18282	18.26854	12.63174	8.91853	6.39850	4.64914	3.41308	87
88	41.72516	26.84619	17.99756	12.41356	8.74280	6.25693	4.53506	3.32113	88
89	41.31102	26.51374	17.73060	12.19914	8.57053	6.11849	4.42377	3.23164	89
90	40.90098	26.18539	17.46761	11.98842	8.40166	5.98311	4.31522	3.14457	90
91	40.49502	25.86112	17.20851	11.78135	8.23611	5.85073	4.20933	3.05985	91
92	40.09309	25.54086	16.95326	11.57785	8.07383	5.72127	4.10603	2.97741	92
93	39.69515	25.22457	16.70179	11.37786	7.91474	5.59469	4.00528	2.89719	93
94	39.30115	24.91219	16.45406	11.18134	7.75879	5.47090	3.90699	2.81913	94
95	38.91107	24.60369	16.20999	10.98820	7.60591	5.34985	3.81112	2.74317	95
96	38.52486	24.29900	15.96955	10.79840	7.45605	5.23148	3.71760	2.66926	96
97	38.14248	23.99809	15.73268	10.61188	7.30913	5.11573	3.62637	2.59735	97
98	37.76389	23.70090	15.49932	10.42858	7.16511	5.00254	3.53738	2.52737	98
99	37.38907	23.40739	15.26942	10.24845	7.02393	4.89185	3.45058	2.45927	99
100	37.01796	23.11752	15.04293	10.07143	6.88553	4.78361	3.36591	2.39301	100

YEARS' PURCHASE OF A REVERSION TO A PERPETUITY

After years	\multicolumn{8}{c	}{Nominal rate per annum}	After years
	3	3.25	3.5	3.75	4	4.25	4.5	4.75	
1	32.71894	30.15570	27.95877	26.05487	24.38906	22.91933	21.61300	20.44426	1
2	31.75902	29.19902	27.00531	25.10462	23.44201	21.97545	20.67228	19.50669	2
3	30.82727	28.27270	26.08437	24.18903	22.53172	21.07044	19.77251	18.61212	3
4	29.92285	27.37576	25.19483	23.30683	21.65679	20.20271	18.91190	17.75857	4
5	29.04497	26.50727	24.33563	22.45680	20.81583	19.37071	18.08875	16.94416	5
6	28.19284	25.66634	23.50574	21.63778	20.00753	18.57297	17.30143	16.16711	6
7	27.36571	24.85208	22.70414	20.84863	19.23061	17.80808	16.54837	15.42569	7
8	26.56285	24.06366	21.92988	20.08825	18.48386	17.07470	15.82809	14.71827	8
9	25.78354	23.30025	21.18202	19.35561	17.76611	16.37152	15.13917	14.04329	9
10	25.02709	22.56106	20.45966	18.64969	17.07623	15.69729	14.48023	13.39927	10
11	24.29284	21.84531	19.76194	17.96952	16.41314	15.05083	13.84997	12.78478	11
12	23.58013	21.15228	19.08802	17.31415	15.77580	14.43100	13.24714	12.19847	12
13	22.88833	20.48123	18.43707	16.68269	15.16320	13.83669	12.67055	11.63905	13
14	22.21683	19.83147	17.80833	16.07425	14.57440	13.26686	12.11906	11.10528	14
15	21.56503	19.20233	17.20102	15.48800	14.00846	12.72050	11.59157	10.59600	15
16	20.93235	18.59314	16.61443	14.92314	13.46449	12.19663	11.08704	10.11007	16
17	20.31823	18.00328	16.04784	14.37888	12.94165	11.69434	10.60447	9.64642	17
18	19.72213	17.43213	15.50058	13.85446	12.43911	11.21274	10.14290	9.20404	18
19	19.14351	16.87910	14.97197	13.34918	11.95608	10.75097	9.70143	8.78194	19
20	18.58188	16.34362	14.46139	12.86232	11.49181	10.30821	9.27917	8.37920	20
21	18.03672	15.82512	13.96823	12.39322	11.04557	9.88369	8.87529	7.99493	21
22	17.50755	15.32308	13.49188	11.94122	10.61666	9.47665	8.48898	7.62829	22
23	16.99391	14.83696	13.03178	11.50571	10.20440	9.08638	8.11950	7.27846	23
24	16.49534	14.36626	12.58736	11.08609	9.80815	8.71218	7.76609	6.94467	24
25	16.01140	13.91050	12.15811	10.68177	9.42729	8.35339	7.42807	6.62619	25
26	15.54165	13.46919	11.74349	10.29219	9.06122	8.00937	7.10476	6.32231	26
27	15.08568	13.04189	11.34301	9.91682	8.70936	7.67953	6.79552	6.03237	27
28	14.64310	12.62814	10.95619	9.55515	8.37116	7.36326	6.49974	5.75573	28
29	14.21349	12.22751	10.58256	9.20666	8.04610	7.06002	6.21683	5.49177	29
30	13.79649	11.83960	10.22167	8.87088	7.73366	6.76927	5.94624	5.23992	30
31	13.39173	11.46399	9.87309	8.54735	7.43335	6.49049	5.68743	4.99962	31
32	12.99884	11.10030	9.53639	8.23562	7.14471	6.22320	5.43988	4.77033	32
33	12.61748	10.74815	9.21118	7.93526	6.86727	5.96691	5.20311	4.55157	33
34	12.24730	10.40717	8.89706	7.64585	6.60061	5.72118	4.97664	4.34283	34
35	11.88799	10.07701	8.59365	7.36700	6.34430	5.48556	4.76003	4.14367	35
36	11.53921	9.75732	8.30059	7.09832	6.09794	5.25965	4.55285	3.95364	36
37	11.20067	9.44777	8.01752	6.83943	5.86115	5.04305	4.35468	3.77233	37
38	10.87207	9.14804	7.74410	6.58999	5.63355	4.83536	4.16514	3.59933	38
39	10.55310	8.85782	7.48001	6.34965	5.41480	4.63623	3.98385	3.43427	39
40	10.24349	8.57681	7.22493	6.11807	5.20453	4.44529	3.81045	3.27677	40
41	9.94296	8.30472	6.97854	5.89494	5.00243	4.26223	3.64460	3.12650	41
42	9.65125	8.04125	6.74056	5.67994	4.80818	4.08670	3.48597	2.98312	42
43	9.36810	7.78615	6.51069	5.47279	4.62148	3.91839	3.33424	2.84631	43
44	9.09326	7.53913	6.28866	5.27319	4.44202	3.75702	3.18911	2.71578	44
45	8.82648	7.29996	6.07420	5.08087	4.26953	3.60230	3.05030	2.59124	45
46	8.56753	7.06837	5.86706	4.89557	4.10374	3.45395	2.91754	2.47240	46
47	8.31617	6.84413	5.66698	4.71702	3.94439	3.31170	2.79055	2.35902	47
48	8.07219	6.62700	5.47372	4.54498	3.79122	3.17532	2.66909	2.25083	48
49	7.83536	6.41676	5.28706	4.37922	3.64400	3.04455	2.55292	2.14761	49
50	7.60549	6.21319	5.10676	4.21951	3.50250	2.91917	2.44180	2.04912	50

YEARS' PURCHASE OF A REVERSION TO A PERPETUITY

After years	\multicolumn{8}{c}{Nominal rate per annum}	After years

After years	3	3.25	3.5	3.75	4	4.25	4.5	4.75	After years
51	7.38236	6.01608	4.93260	4.06562	3.36649	2.79895	2.33552	1.95515	51
52	7.16577	5.82522	4.76439	3.91734	3.23577	2.68368	2.23386	1.86549	52
53	6.95554	5.64042	4.60191	3.77447	3.11012	2.57316	2.13663	1.77994	53
54	6.75148	5.46148	4.44498	3.63681	2.98935	2.46719	2.04364	1.69831	54
55	6.55340	5.28822	4.29340	3.50417	2.87327	2.36558	1.95469	1.62042	55
56	6.36113	5.12045	4.14698	3.37637	2.76170	2.26816	1.86961	1.54611	56
57	6.17451	4.95800	4.00556	3.25323	2.65446	2.17475	1.78823	1.47521	57
58	5.99336	4.80071	3.86896	3.13458	2.55138	2.08519	1.71040	1.40755	58
59	5.81753	4.64841	3.73702	3.02026	2.45231	1.99932	1.63595	1.34300	59
60	5.64685	4.50094	3.60958	2.91011	2.35708	1.91698	1.56475	1.28141	60
61	5.48118	4.35815	3.48649	2.80398	2.26555	1.83803	1.49664	1.22265	61
62	5.32037	4.21989	3.36759	2.70171	2.17758	1.76234	1.43150	1.16658	62
63	5.16428	4.08602	3.25275	2.60318	2.09302	1.68976	1.36919	1.11308	63
64	5.01277	3.95639	3.14182	2.50824	2.01175	1.62017	1.30960	1.06203	64
65	4.86571	3.83087	3.03468	2.41676	1.93363	1.55345	1.25259	1.01333	65
66	4.72295	3.70934	2.93119	2.32862	1.85854	1.48947	1.19807	0.96686	66
67	4.58439	3.59166	2.83123	2.24369	1.78637	1.42813	1.14593	0.92252	67
68	4.44989	3.47772	2.73468	2.16186	1.71701	1.36932	1.09605	0.88021	68
69	4.31934	3.36739	2.64142	2.08301	1.65033	1.31293	1.04834	0.83984	69
70	4.19262	3.26056	2.55134	2.00704	1.58625	1.25886	1.00271	0.80133	70
71	4.06961	3.15712	2.46433	1.93385	1.52465	1.20701	0.95907	0.76458	71
72	3.95022	3.05696	2.38029	1.86332	1.46545	1.15731	0.91733	0.72952	72
73	3.83433	2.95998	2.29912	1.79536	1.40854	1.10964	0.87740	0.69606	73
74	3.72183	2.86608	2.22072	1.72988	1.35385	1.06395	0.83921	0.66414	74
75	3.61264	2.77515	2.14498	1.66679	1.30128	1.02013	0.80268	0.63368	75
76	3.50665	2.68711	2.07184	1.60600	1.25075	0.97812	0.76775	0.60462	76
77	3.40377	2.60186	2.00118	1.54743	1.20218	0.93784	0.73433	0.57689	77
78	3.30391	2.51932	1.93294	1.49099	1.15550	0.89921	0.70237	0.55044	78
79	3.20698	2.43940	1.86702	1.43661	1.11063	0.86218	0.67180	0.52520	79
80	3.11290	2.36201	1.80335	1.38422	1.06750	0.82668	0.64256	0.50111	80
81	3.02157	2.28707	1.74185	1.33373	1.02605	0.79263	0.61459	0.47813	81
82	2.93292	2.21452	1.68245	1.28509	0.98621	0.75999	0.58784	0.45620	82
83	2.84687	2.14426	1.62508	1.23822	0.94791	0.72869	0.56225	0.43528	83
84	2.76335	2.07624	1.56966	1.19306	0.91110	0.69868	0.53778	0.41532	84
85	2.68228	2.01037	1.51613	1.14955	0.87572	0.66991	0.51437	0.39627	85
86	2.60359	1.94659	1.46442	1.10763	0.84172	0.64232	0.49198	0.37810	86
87	2.52720	1.88484	1.41448	1.06723	0.80903	0.61587	0.47057	0.36076	87
88	2.45306	1.82504	1.36625	1.02831	0.77762	0.59050	0.45009	0.34422	88
89	2.38109	1.76714	1.31966	0.99080	0.74742	0.56618	0.43050	0.32843	89
90	2.31123	1.71108	1.27465	0.95467	0.71840	0.54287	0.41176	0.31337	90
91	2.24343	1.65680	1.23118	0.91985	0.69050	0.52051	0.39384	0.29900	91
92	2.17761	1.60423	1.18920	0.88630	0.66369	0.49907	0.37670	0.28529	92
93	2.11372	1.55334	1.14864	0.85398	0.63792	0.47852	0.36030	0.27220	93
94	2.05171	1.50406	1.10947	0.82283	0.61314	0.45881	0.34462	0.25972	94
95	1.99151	1.45635	1.07164	0.79282	0.58934	0.43992	0.32962	0.24781	95
96	1.93309	1.41014	1.03509	0.76391	0.56645	0.42180	0.31527	0.23644	96
97	1.87637	1.36541	0.99979	0.73605	0.54446	0.40443	0.30155	0.22560	97
98	1.82132	1.32209	0.96570	0.70920	0.52331	0.38778	0.28842	0.21525	98
99	1.76789	1.28015	0.93276	0.68334	0.50299	0.37181	0.27587	0.20538	99
100	1.71602	1.23954	0.90096	0.65842	0.48346	0.35649	0.26386	0.19596	100

YEARS' PURCHASE OF A REVERSION TO A PERPETUITY

After years	\multicolumn{8}{c	}{Nominal rate per annum}	After years
	5	5.25	5.5	5.75	6	6.25	6.5	6.75	
1	19.39248	18.44095	17.57600	16.78633	16.06253	15.39671	14.78216	14.21320	1
2	18.45805	17.50963	16.64778	15.86120	15.14048	14.47771	13.86621	13.30028	2
3	17.56863	16.62534	15.76858	14.98706	14.27135	13.61357	13.00702	12.44600	3
4	16.72208	15.78572	14.93582	14.16109	13.45212	12.80101	12.20106	11.64659	4
5	15.91631	14.98849	14.14703	13.38064	12.67991	12.03694	11.44504	10.89852	5
6	15.14938	14.23153	13.39590	12.64321	11.95203	11.31848	10.73587	10.19851	6
7	14.41940	13.51280	12.69223	11.94641	11.26594	10.64291	10.07064	9.54345	7
8	13.72459	12.83036	12.02194	11.28802	10.61923	10.00766	9.44663	8.93047	8
9	13.06326	12.18239	11.38704	10.66592	10.00964	9.41032	8.86129	8.35687	9
10	12.43380	11.56715	10.78567	10.07810	9.43505	8.84864	8.31222	7.82010	10
11	11.83467	10.98297	10.21606	9.52267	8.89344	8.32049	7.79717	7.31781	11
12	11.26441	10.42830	9.67653	8.99786	8.38292	7.82385	7.31403	6.84779	12
13	10.72163	9.90164	9.16550	8.50197	7.90170	7.35687	6.86083	6.40795	13
14	10.20500	9.40158	8.68145	8.03341	7.44811	6.91775	6.43571	5.99637	14
15	9.71326	8.92677	8.22297	7.59067	7.02056	6.50485	6.03693	5.61122	15
16	9.24522	8.47595	7.78870	7.17233	6.61755	6.11659	5.66286	5.25081	16
17	8.79974	8.04789	7.37737	6.77705	6.23768	5.75150	5.31197	4.91355	17
18	8.37572	7.64145	6.98776	6.40355	5.87961	5.40821	4.98283	4.59795	18
19	7.97213	7.25553	6.61872	6.05064	5.54210	5.08540	4.67408	4.30262	19
20	7.58799	6.88911	6.26918	5.71718	5.22396	4.78187	4.38446	4.02626	20
21	7.22235	6.54119	5.93809	5.40209	4.92408	4.49645	4.11278	3.76765	21
22	6.87434	6.21084	5.62449	5.10437	4.64142	4.22806	3.85794	3.52566	22
23	6.54310	5.89717	5.32745	4.82306	4.37498	3.97570	3.61889	3.29920	23
24	6.22781	5.59935	5.04610	4.55725	4.12384	3.73840	3.39465	3.08729	24
25	5.92772	5.31657	4.77961	4.30609	3.88711	3.51526	3.18431	2.88899	25
26	5.64209	5.04806	4.52719	4.06877	3.66398	3.30544	2.98700	2.70343	26
27	5.37022	4.79312	4.28810	3.84453	3.45365	3.10815	2.80191	2.52979	27
28	5.11146	4.55106	4.06164	3.63265	3.25540	2.92263	2.62830	2.36730	28
29	4.86516	4.32121	3.84714	3.43245	3.06852	2.74819	2.46544	2.21525	29
30	4.63073	4.10298	3.64396	3.24328	2.89238	2.58415	2.31267	2.07296	30
31	4.40759	3.89577	3.45152	3.06454	2.72634	2.42991	2.16937	1.93982	31
32	4.19521	3.69902	3.26924	2.89564	2.56984	2.28487	2.03495	1.81522	32
33	3.99306	3.51221	3.09658	2.73606	2.42232	2.14849	1.90886	1.69863	33
34	3.80065	3.33483	2.93305	2.58527	2.28327	2.02026	1.79058	1.58952	34
35	3.61752	3.16641	2.77815	2.44279	2.15220	1.89967	1.67963	1.48743	35
36	3.44320	3.00650	2.63143	2.30816	2.02866	1.78628	1.57556	1.39189	36
37	3.27729	2.85466	2.49246	2.18095	1.91220	1.67966	1.47793	1.30249	37
38	3.11937	2.71050	2.36083	2.06076	1.80243	1.57941	1.38635	1.21883	38
39	2.96906	2.57361	2.23615	1.94719	1.69897	1.48514	1.30045	1.14054	39
40	2.82600	2.44363	2.11805	1.83987	1.60144	1.39649	1.21987	1.06729	40
41	2.68983	2.32022	2.00620	1.73847	1.50951	1.31314	1.14428	0.99873	41
42	2.56022	2.20305	1.90025	1.64266	1.42286	1.23476	1.07338	0.93459	42
43	2.43685	2.09179	1.79989	1.55213	1.34118	1.16106	1.00687	0.87456	43
44	2.31943	1.98614	1.70484	1.46659	1.26419	1.09176	0.94448	0.81838	44
45	2.20767	1.88584	1.61480	1.38576	1.19162	1.02660	0.88596	0.76582	45
46	2.10129	1.79060	1.52952	1.30939	1.12322	0.96532	0.83106	0.71663	46
47	2.00004	1.70017	1.44874	1.23723	1.05874	0.90770	0.77957	0.67060	47
48	1.90366	1.61430	1.37223	1.16904	0.99796	0.85352	0.73126	0.62753	48
49	1.81193	1.53278	1.29976	1.10461	0.94068	0.80258	0.68595	0.58722	49
50	1.72462	1.45537	1.23112	1.04374	0.88668	0.75467	0.64345	0.54950	50

YEARS' PURCHASE OF A REVERSION TO A PERPETUITY

After years	\multicolumn{8}{c	}{Nominal rate per annum}	After years
	5	5.25	5.5	5.75	6	6.25	6.5	6.75	
51	1.64152	1.38187	1.16610	0.98621	0.83578	0.70963	0.60358	0.51421	51
52	1.56242	1.31208	1.10452	0.93186	0.78780	0.66727	0.56618	0.48118	52
53	1.48714	1.24582	1.04619	0.88050	0.74258	0.62745	0.53109	0.45027	53
54	1.41548	1.18290	0.99094	0.83198	0.69995	0.58999	0.49819	0.42135	54
55	1.34727	1.12316	0.93860	0.78613	0.65977	0.55478	0.46732	0.39429	55
56	1.28235	1.06644	0.88903	0.74280	0.62190	0.52167	0.43836	0.36896	56
57	1.22056	1.01258	0.84208	0.70186	0.58620	0.49053	0.41120	0.34527	57
58	1.16175	0.96144	0.79761	0.66318	0.55255	0.46125	0.38572	0.32309	58
59	1.10577	0.91288	0.75549	0.62663	0.52083	0.43372	0.36182	0.30234	59
60	1.05249	0.86678	0.71559	0.59210	0.49093	0.40783	0.33940	0.28292	60
61	1.00177	0.82301	0.67780	0.55947	0.46275	0.38349	0.31837	0.26475	61
62	0.95350	0.78144	0.64200	0.52863	0.43619	0.36060	0.29864	0.24774	62
63	0.90756	0.74198	0.60810	0.49950	0.41115	0.33908	0.28014	0.23183	63
64	0.86383	0.70450	0.57598	0.47197	0.38755	0.31884	0.26278	0.21694	64
65	0.82220	0.66893	0.54556	0.44596	0.36530	0.29981	0.24650	0.20300	65
66	0.78258	0.63514	0.51675	0.42138	0.34433	0.28191	0.23122	0.18997	66
67	0.74487	0.60307	0.48946	0.39816	0.32456	0.26508	0.21690	0.17776	67
68	0.70898	0.57261	0.46361	0.37621	0.30593	0.24926	0.20346	0.16635	68
69	0.67482	0.54369	0.43913	0.35548	0.28837	0.23438	0.19085	0.15566	69
70	0.64230	0.51623	0.41594	0.33589	0.27182	0.22039	0.17902	0.14566	70
71	0.61135	0.49016	0.39397	0.31738	0.25621	0.20724	0.16793	0.13631	71
72	0.58189	0.46541	0.37316	0.29989	0.24151	0.19487	0.15752	0.12755	72
73	0.55386	0.44190	0.35346	0.28336	0.22764	0.18324	0.14776	0.11936	73
74	0.52717	0.41959	0.33479	0.26774	0.21458	0.17230	0.13861	0.11169	74
75	0.50177	0.39840	0.31711	0.25299	0.20226	0.16202	0.13002	0.10452	75
76	0.47759	0.37828	0.30036	0.23904	0.19065	0.15235	0.12196	0.09781	76
77	0.45458	0.35917	0.28450	0.22587	0.17970	0.14325	0.11441	0.09152	77
78	0.43267	0.34103	0.26947	0.21342	0.16939	0.13470	0.10732	0.08564	78
79	0.41182	0.32381	0.25524	0.20166	0.15966	0.12666	0.10067	0.08014	79
80	0.39198	0.30746	0.24176	0.19055	0.15050	0.11910	0.09443	0.07500	80
81	0.37309	0.29193	0.22900	0.18004	0.14186	0.11199	0.08858	0.07018	81
82	0.35511	0.27719	0.21690	0.17012	0.13372	0.10531	0.08309	0.06567	82
83	0.33800	0.26319	0.20545	0.16075	0.12604	0.09902	0.07794	0.06145	83
84	0.32172	0.24989	0.19460	0.15189	0.11881	0.09311	0.07311	0.05751	84
85	0.30621	0.23727	0.18432	0.14352	0.11199	0.08756	0.06858	0.05381	85
86	0.29146	0.22529	0.17459	0.13561	0.10556	0.08233	0.06433	0.05036	86
87	0.27741	0.21391	0.16537	0.12813	0.09950	0.07742	0.06035	0.04712	87
88	0.26405	0.20311	0.15663	0.12107	0.09379	0.07279	0.05661	0.04410	88
89	0.25132	0.19285	0.14836	0.11440	0.08840	0.06845	0.05310	0.04126	89
90	0.23921	0.18311	0.14053	0.10809	0.08333	0.06436	0.04981	0.03861	90
91	0.22769	0.17387	0.13310	0.10214	0.07854	0.06052	0.04672	0.03613	91
92	0.21672	0.16508	0.12607	0.09651	0.07404	0.05691	0.04383	0.03381	92
93	0.20627	0.15675	0.11942	0.09119	0.06979	0.05351	0.04111	0.03164	93
94	0.19633	0.14883	0.11311	0.08616	0.06578	0.05032	0.03856	0.02961	94
95	0.18687	0.14131	0.10714	0.08141	0.06200	0.04732	0.03617	0.02771	95
96	0.17787	0.13418	0.10148	0.07693	0.05844	0.04449	0.03393	0.02593	96
97	0.16930	0.12740	0.09612	0.07269	0.05509	0.04184	0.03183	0.02426	97
98	0.16114	0.12097	0.09104	0.06868	0.05193	0.03934	0.02986	0.02270	98
99	0.15338	0.11486	0.08623	0.06490	0.04895	0.03699	0.02801	0.02124	99
100	0.14598	0.10906	0.08168	0.06132	0.04614	0.03478	0.02627	0.01988	100

YEARS' PURCHASE OF A REVERSION TO A PERPETUITY

After years	\multicolumn{8}{c	}{Nominal rate per annum}	After years
	7	7.25	7.5	7.75	8	8.25	8.5	8.75	
1	13.68493	13.19315	12.73421	12.30493	11.90253	11.52456	11.16888	10.83356	1
2	12.77503	12.28625	11.83030	11.40400	11.00456	10.62954	10.27679	9.94439	2
3	11.92563	11.44169	10.99055	10.56903	10.17433	9.80402	9.45595	9.12820	3
4	11.13270	10.65519	10.21041	9.79519	9.40674	9.04262	8.70068	8.37900	4
5	10.39249	9.92275	9.48565	9.07801	8.69706	8.34035	8.00573	7.69129	5
6	9.70150	9.24066	8.81233	8.41335	8.04092	7.69262	7.36629	7.06003	6
7	9.05646	8.60546	8.18681	7.79734	7.43428	7.09519	6.77792	6.48057	7
8	8.45430	8.01392	7.60569	7.22644	6.87341	6.54417	6.23655	5.94868	8
9	7.89218	7.46304	7.06582	6.69734	6.35486	6.03593	5.73842	5.46044	9
10	7.36743	6.95003	6.56426	6.20698	5.87542	5.56717	5.28008	5.01227	10
11	6.87758	6.47229	6.09832	5.75252	5.43216	5.13481	4.85834	4.60089	11
12	6.42029	6.02738	5.66544	5.33134	5.02234	4.73603	4.47029	4.22327	12
13	5.99341	5.61306	5.26329	4.94099	4.64343	4.36822	4.11324	3.87664	13
14	5.59491	5.22722	4.88969	4.57923	4.29311	4.02897	3.78470	3.55846	14
15	5.22291	4.86790	4.54261	4.24395	3.96922	3.71607	3.48241	3.26640	15
16	4.87565	4.53328	4.22016	3.93322	3.66977	3.42747	3.20426	2.99831	16
17	4.55147	4.22166	3.92060	3.64524	3.39291	3.16129	2.94833	2.75222	17
18	4.24884	3.93146	3.64231	3.37834	3.13694	2.91577	2.71283	2.52633	18
19	3.96634	3.66121	3.38377	3.13099	2.90027	2.68933	2.49615	2.31898	19
20	3.70262	3.40954	3.14358	2.90175	2.68147	2.48047	2.29678	2.12865	20
21	3.45644	3.17517	2.92044	2.68929	2.47917	2.28783	2.11333	1.95394	21
22	3.22662	2.95691	2.71314	2.49239	2.29213	2.11015	1.94453	1.79357	22
23	3.01208	2.75365	2.52055	2.30990	2.11920	1.94627	1.78922	1.64636	23
24	2.81181	2.56436	2.34163	2.14078	1.95932	1.79512	1.64631	1.51124	24
25	2.62486	2.38809	2.17542	1.98404	1.81150	1.65571	1.51481	1.38720	25
26	2.45033	2.22393	2.02100	1.83877	1.67484	1.52712	1.39382	1.27335	26
27	2.28741	2.07106	1.87755	1.70414	1.54848	1.40852	1.28249	1.16884	27
28	2.13532	1.92869	1.74427	1.57937	1.43166	1.29913	1.18005	1.07290	28
29	1.99335	1.79611	1.62046	1.46373	1.32365	1.19824	1.08580	0.98484	29
30	1.86081	1.67265	1.50543	1.35656	1.22379	1.10518	0.99907	0.90401	30
31	1.73709	1.55767	1.39857	1.25724	1.13146	1.01935	0.91928	0.82982	31
32	1.62159	1.45060	1.29930	1.16518	1.04610	0.94019	0.84585	0.76171	32
33	1.51377	1.35088	1.20707	1.07987	0.96718	0.86717	0.77829	0.69919	33
34	1.41312	1.25802	1.12139	1.00081	0.89421	0.79982	0.71613	0.64180	34
35	1.31916	1.17155	1.04179	0.92753	0.82675	0.73771	0.65893	0.58913	35
36	1.23145	1.09101	0.96784	0.85962	0.76437	0.68041	0.60630	0.54078	36
37	1.14958	1.01602	0.89914	0.79668	0.70671	0.62757	0.55787	0.49639	37
38	1.07314	0.94618	0.83532	0.73835	0.65339	0.57883	0.51331	0.45565	38
39	1.00179	0.88114	0.77603	0.68429	0.60410	0.53388	0.47231	0.41825	39
40	0.93518	0.82057	0.72094	0.63419	0.55852	0.49242	0.43459	0.38392	40
41	0.87300	0.76416	0.66977	0.58775	0.51638	0.45418	0.39988	0.35241	41
42	0.81496	0.71163	0.62222	0.54472	0.47743	0.41890	0.36794	0.32349	42
43	0.76077	0.66272	0.57806	0.50484	0.44141	0.38637	0.33855	0.29694	43
44	0.71019	0.61716	0.53703	0.46788	0.40811	0.35636	0.31151	0.27257	44
45	0.66297	0.57474	0.49891	0.43362	0.37732	0.32869	0.28663	0.25020	45
46	0.61889	0.53523	0.46349	0.40187	0.34885	0.30316	0.26373	0.22966	46
47	0.57774	0.49844	0.43059	0.37245	0.32253	0.27962	0.24267	0.21081	47
48	0.53932	0.46417	0.40003	0.34518	0.29820	0.25790	0.22328	0.19351	48
49	0.50346	0.43227	0.37163	0.31990	0.27570	0.23787	0.20545	0.17763	49
50	0.46999	0.40255	0.34525	0.29648	0.25490	0.21940	0.18904	0.16305	50

YEARS' PURCHASE OF A REVERSION TO A PERPETUITY

After years	\multicolumn{8}{c	}{Nominal rate per annum}	After years
	7	7.25	7.5	7.75	8	8.25	8.5	8.75	
51	0.43874	0.37488	0.32075	0.27477	0.23567	0.20236	0.17394	0.14967	51
52	0.40957	0.34911	0.29798	0.25466	0.21789	0.18664	0.16005	0.13738	52
53	0.38234	0.32511	0.27683	0.23601	0.20145	0.17215	0.14726	0.12611	53
54	0.35692	0.30277	0.25718	0.21873	0.18625	0.15878	0.13550	0.11576	54
55	0.33318	0.28195	0.23892	0.20272	0.17220	0.14645	0.12468	0.10626	55
56	0.31103	0.26257	0.22196	0.18787	0.15921	0.13507	0.11472	0.09753	56
57	0.29035	0.24452	0.20621	0.17412	0.14720	0.12458	0.10556	0.08953	57
58	0.27105	0.22771	0.19157	0.16137	0.13609	0.11491	0.09713	0.08218	58
59	0.25302	0.21206	0.17797	0.14955	0.12583	0.10598	0.08937	0.07544	59
60	0.23620	0.19748	0.16534	0.13860	0.11633	0.09775	0.08223	0.06924	60
61	0.22050	0.18391	0.15360	0.12846	0.10756	0.09016	0.07566	0.06356	61
62	0.20584	0.17127	0.14270	0.11905	0.09944	0.08316	0.06962	0.05834	62
63	0.19215	0.15949	0.13257	0.11033	0.09194	0.07670	0.06406	0.05356	63
64	0.17937	0.14853	0.12316	0.10226	0.08500	0.07074	0.05894	0.04916	64
65	0.16745	0.13832	0.11442	0.09477	0.07859	0.06525	0.05423	0.04513	65
66	0.15631	0.12881	0.10630	0.08783	0.07266	0.06018	0.04990	0.04142	66
67	0.14592	0.11996	0.09875	0.08140	0.06718	0.05551	0.04592	0.03802	67
68	0.13622	0.11171	0.09174	0.07544	0.06211	0.05120	0.04225	0.03490	68
69	0.12716	0.10403	0.08523	0.06992	0.05743	0.04722	0.03887	0.03204	69
70	0.11871	0.09688	0.07918	0.06480	0.05309	0.04355	0.03577	0.02941	70
71	0.11081	0.09022	0.07356	0.06005	0.04909	0.04017	0.03291	0.02699	71
72	0.10345	0.08402	0.06834	0.05566	0.04538	0.03705	0.03028	0.02478	72
73	0.09657	0.07824	0.06349	0.05158	0.04196	0.03417	0.02786	0.02274	73
74	0.09015	0.07287	0.05898	0.04780	0.03879	0.03152	0.02564	0.02088	74
75	0.08415	0.06786	0.05479	0.04430	0.03587	0.02907	0.02359	0.01916	75
76	0.07856	0.06319	0.05090	0.04106	0.03316	0.02681	0.02171	0.01759	76
77	0.07333	0.05885	0.04729	0.03805	0.03066	0.02473	0.01997	0.01615	77
78	0.06846	0.05480	0.04393	0.03527	0.02835	0.02281	0.01838	0.01482	78
79	0.06391	0.05104	0.04082	0.03269	0.02621	0.02104	0.01691	0.01361	79
80	0.05966	0.04753	0.03792	0.03029	0.02423	0.01941	0.01556	0.01249	80
81	0.05569	0.04426	0.03523	0.02807	0.02240	0.01790	0.01432	0.01146	81
82	0.05199	0.04122	0.03273	0.02602	0.02071	0.01651	0.01317	0.01052	82
83	0.04853	0.03839	0.03040	0.02411	0.01915	0.01523	0.01212	0.00966	83
84	0.04530	0.03575	0.02825	0.02235	0.01771	0.01404	0.01115	0.00887	84
85	0.04229	0.03329	0.02624	0.02071	0.01637	0.01295	0.01026	0.00814	85
86	0.03948	0.03100	0.02438	0.01920	0.01513	0.01195	0.00944	0.00747	86
87	0.03686	0.02887	0.02265	0.01779	0.01399	0.01102	0.00869	0.00686	87
88	0.03441	0.02689	0.02104	0.01649	0.01294	0.01016	0.00799	0.00629	88
89	0.03212	0.02504	0.01955	0.01528	0.01196	0.00937	0.00736	0.00578	89
90	0.02998	0.02332	0.01816	0.01416	0.01106	0.00865	0.00677	0.00530	90
91	0.02799	0.02171	0.01687	0.01312	0.01022	0.00797	0.00623	0.00487	91
92	0.02613	0.02022	0.01567	0.01216	0.00945	0.00736	0.00573	0.00447	92
93	0.02439	0.01883	0.01456	0.01127	0.00874	0.00678	0.00527	0.00410	93
94	0.02277	0.01754	0.01353	0.01045	0.00808	0.00626	0.00485	0.00377	94
95	0.02125	0.01633	0.01257	0.00968	0.00747	0.00577	0.00446	0.00346	95
96	0.01984	0.01521	0.01167	0.00897	0.00691	0.00532	0.00411	0.00317	96
97	0.01852	0.01416	0.01085	0.00832	0.00639	0.00491	0.00378	0.00291	97
98	0.01729	0.01319	0.01008	0.00771	0.00590	0.00453	0.00348	0.00267	98
99	0.01614	0.01228	0.00936	0.00714	0.00546	0.00418	0.00320	0.00245	99
100	0.01507	0.01144	0.00870	0.00662	0.00505	0.00385	0.00294	0.00225	100

YEARS' PURCHASE OF A REVERSION TO A PERPETUITY

After years	\multicolumn{8}{c}{Nominal rate per annum}	After years
	9	9.25	9.5	9.75	10	10.25	10.5	10.75	
1	10.51692	10.21743	9.93375	9.66465	9.40905	9.16595	8.93447	8.71378	1
2	9.63066	9.33406	9.05326	8.78703	8.53428	8.29403	8.06537	7.84750	2
3	8.81908	8.52707	8.25082	7.98911	7.74085	7.50505	7.28082	7.06735	3
4	8.07590	7.78985	7.51950	7.26364	7.02118	6.79112	6.57258	6.36475	4
5	7.39534	7.11636	6.85300	6.60405	6.36841	6.14511	5.93324	5.73200	5
6	6.77213	6.50110	6.24558	6.00436	5.77634	5.56055	5.35609	5.16215	6
7	6.20145	5.93904	5.69200	5.45912	5.23931	5.03159	4.83508	4.64896	7
8	5.67885	5.42557	5.18748	4.96339	4.75221	4.55296	4.36475	4.18678	8
9	5.20029	4.95649	4.72769	4.51268	4.31039	4.11985	3.94017	3.77056	9
10	4.76206	4.52797	4.30864	4.10290	3.90965	3.72794	3.55689	3.39571	10
11	4.36076	4.13649	3.92674	3.73033	3.54617	3.37332	3.21090	3.05812	11
12	3.99328	3.77886	3.57869	3.39159	3.21648	3.05243	2.89856	2.75410	12
13	3.65677	3.45216	3.26149	3.08361	2.91744	2.76206	2.61660	2.48030	13
14	3.34861	3.15369	2.97241	2.80359	2.64621	2.49932	2.36208	2.23372	14
15	3.06642	2.88103	2.70895	2.54901	2.40019	2.26157	2.13231	2.01166	15
16	2.80802	2.63195	2.46884	2.31754	2.17704	2.04643	1.92489	1.81167	16
17	2.57139	2.40440	2.25001	2.10709	1.97464	1.85176	1.73765	1.63156	17
18	2.35469	2.19652	2.05058	1.91575	1.79106	1.67561	1.56862	1.46936	18
19	2.15626	2.00662	1.86882	1.74179	1.62454	1.51622	1.41603	1.32329	19
20	1.97456	1.83313	1.70318	1.58362	1.47351	1.37198	1.27829	1.19173	20
21	1.80816	1.67465	1.55221	1.43982	1.33651	1.24147	1.15394	1.07326	21
22	1.65579	1.52986	1.41463	1.30907	1.21226	1.12338	1.04169	0.96656	22
23	1.51625	1.39759	1.28925	1.19020	1.09955	1.01651	0.94036	0.87047	23
24	1.38848	1.27676	1.17497	1.08212	0.99733	0.91982	0.84889	0.78393	24
25	1.27147	1.16638	1.07083	0.98386	0.90461	0.83232	0.76632	0.70600	25
26	1.16432	1.06554	0.97591	0.89451	0.82050	0.75314	0.69177	0.63581	26
27	1.06621	0.97341	0.88941	0.81329	0.74422	0.68150	0.62448	0.57260	27
28	0.97636	0.88925	0.81058	0.73943	0.67503	0.61667	0.56373	0.51568	28
29	0.89408	0.81237	0.73873	0.67229	0.61227	0.55801	0.50890	0.46441	29
30	0.81874	0.74214	0.67325	0.61124	0.55535	0.50493	0.45940	0.41824	30
31	0.74974	0.67797	0.61358	0.55573	0.50372	0.45690	0.41471	0.37666	31
32	0.68656	0.61936	0.55919	0.50527	0.45689	0.41343	0.37437	0.33922	32
33	0.62870	0.56581	0.50963	0.45939	0.41441	0.37410	0.33795	0.30549	33
34	0.57572	0.51689	0.46446	0.41767	0.37588	0.33852	0.30508	0.27512	34
35	0.52721	0.47220	0.42329	0.37974	0.34094	0.30632	0.27540	0.24777	35
36	0.48278	0.43138	0.38577	0.34526	0.30924	0.27718	0.24861	0.22314	36
37	0.44209	0.39408	0.35158	0.31391	0.28049	0.25081	0.22443	0.20096	37
38	0.40484	0.36001	0.32042	0.28540	0.25441	0.22695	0.20260	0.18098	38
39	0.37072	0.32889	0.29202	0.25949	0.23076	0.20536	0.18289	0.16299	39
40	0.33948	0.30045	0.26613	0.23592	0.20931	0.18583	0.16510	0.14678	40
41	0.31087	0.27448	0.24254	0.21450	0.18985	0.16815	0.14904	0.13219	41
42	0.28468	0.25075	0.22105	0.19502	0.17220	0.15215	0.13454	0.11905	42
43	0.26069	0.22907	0.20145	0.17731	0.15619	0.13768	0.12145	0.10721	43
44	0.23872	0.20926	0.18360	0.16121	0.14167	0.12458	0.10964	0.09655	44
45	0.21860	0.19117	0.16732	0.14657	0.12850	0.11273	0.09897	0.08696	45
46	0.20018	0.17464	0.15249	0.13326	0.11655	0.10201	0.08935	0.07831	46
47	0.18331	0.15954	0.13898	0.12116	0.10571	0.09230	0.08066	0.07053	47
48	0.16786	0.14575	0.12666	0.11016	0.09589	0.08352	0.07281	0.06351	48
49	0.15372	0.13315	0.11543	0.10016	0.08697	0.07558	0.06573	0.05720	49
50	0.14076	0.12164	0.10520	0.09106	0.07888	0.06839	0.05933	0.05151	50

YEARS' PURCHASE OF A REVERSION TO A PERPETUITY

After years	_____ Nominal rate per annum _____								After years
	9	9.25	9.5	9.75	10	10.25	10.5	10.75	
51	0.12890	0.11112	0.09588	0.08279	0.07155	0.06188	0.05356	0.04639	51
52	0.11804	0.10151	0.08738	0.07527	0.06490	0.05600	0.04835	0.04178	52
53	0.10809	0.09274	0.07963	0.06844	0.05887	0.05067	0.04365	0.03763	53
54	0.09898	0.08472	0.07257	0.06222	0.05339	0.04585	0.03940	0.03389	54
55	0.09064	0.07739	0.06614	0.05657	0.04843	0.04149	0.03557	0.03052	55
56	0.08300	0.07070	0.06028	0.05144	0.04393	0.03754	0.03211	0.02748	56
57	0.07601	0.06459	0.05494	0.04677	0.03984	0.03397	0.02899	0.02475	57
58	0.06960	0.05901	0.05007	0.04252	0.03614	0.03074	0.02617	0.02229	58
59	0.06374	0.05390	0.04563	0.03866	0.03278	0.02782	0.02362	0.02007	59
60	0.05837	0.04924	0.04159	0.03515	0.02973	0.02517	0.02132	0.01808	60
61	0.05345	0.04499	0.03790	0.03196	0.02697	0.02277	0.01925	0.01628	61
62	0.04894	0.04110	0.03454	0.02905	0.02446	0.02061	0.01738	0.01466	62
63	0.04482	0.03754	0.03148	0.02642	0.02219	0.01865	0.01569	0.01321	63
64	0.04104	0.03430	0.02869	0.02402	0.02012	0.01687	0.01416	0.01189	64
65	0.03758	0.03133	0.02615	0.02184	0.01825	0.01527	0.01278	0.01071	65
66	0.03442	0.02862	0.02383	0.01985	0.01656	0.01382	0.01154	0.00965	66
67	0.03152	0.02615	0.02172	0.01805	0.01502	0.01250	0.01042	0.00869	67
68	0.02886	0.02389	0.01979	0.01641	0.01362	0.01131	0.00940	0.00782	68
69	0.02643	0.02182	0.01804	0.01492	0.01235	0.01024	0.00849	0.00705	69
70	0.02420	0.01994	0.01644	0.01357	0.01121	0.00926	0.00766	0.00634	70
71	0.02216	0.01821	0.01498	0.01233	0.01016	0.00838	0.00692	0.00571	71
72	0.02029	0.01664	0.01365	0.01121	0.00922	0.00758	0.00624	0.00515	72
73	0.01858	0.01520	0.01244	0.01020	0.00836	0.00686	0.00564	0.00463	73
74	0.01702	0.01389	0.01134	0.00927	0.00758	0.00621	0.00509	0.00417	74
75	0.01558	0.01269	0.01034	0.00843	0.00688	0.00562	0.00459	0.00376	75
76	0.01427	0.01159	0.00942	0.00766	0.00624	0.00508	0.00415	0.00339	76
77	0.01307	0.01059	0.00858	0.00697	0.00566	0.00460	0.00374	0.00305	77
78	0.01197	0.00967	0.00782	0.00633	0.00513	0.00416	0.00338	0.00275	78
79	0.01096	0.00884	0.00713	0.00576	0.00466	0.00377	0.00305	0.00247	79
80	0.01003	0.00807	0.00650	0.00524	0.00422	0.00341	0.00275	0.00223	80
81	0.00919	0.00737	0.00592	0.00476	0.00383	0.00308	0.00249	0.00201	81
82	0.00841	0.00674	0.00540	0.00433	0.00347	0.00279	0.00224	0.00181	82
83	0.00771	0.00615	0.00492	0.00394	0.00315	0.00253	0.00203	0.00163	83
84	0.00706	0.00562	0.00448	0.00358	0.00286	0.00229	0.00183	0.00146	84
85	0.00646	0.00514	0.00409	0.00325	0.00259	0.00207	0.00165	0.00132	85
86	0.00592	0.00469	0.00372	0.00296	0.00235	0.00187	0.00149	0.00119	86
87	0.00542	0.00429	0.00339	0.00269	0.00213	0.00169	0.00135	0.00107	87
88	0.00496	0.00392	0.00309	0.00244	0.00193	0.00153	0.00121	0.00096	88
89	0.00454	0.00358	0.00282	0.00222	0.00175	0.00139	0.00110	0.00087	89
90	0.00416	0.00327	0.00257	0.00202	0.00159	0.00125	0.00099	0.00078	90
91	0.00381	0.00299	0.00234	0.00184	0.00144	0.00114	0.00089	0.00070	91
92	0.00349	0.00273	0.00213	0.00167	0.00131	0.00103	0.00081	0.00063	92
93	0.00320	0.00249	0.00194	0.00152	0.00119	0.00093	0.00073	0.00057	93
94	0.00293	0.00228	0.00177	0.00138	0.00108	0.00084	0.00066	0.00051	94
95	0.00268	0.00208	0.00161	0.00126	0.00098	0.00076	0.00059	0.00046	95
96	0.00245	0.00190	0.00147	0.00114	0.00089	0.00069	0.00054	0.00042	96
97	0.00225	0.00174	0.00134	0.00104	0.00080	0.00062	0.00048	0.00038	97
98	0.00206	0.00159	0.00122	0.00094	0.00073	0.00056	0.00044	0.00034	98
99	0.00188	0.00145	0.00111	0.00086	0.00066	0.00051	0.00039	0.00030	99
100	0.00173	0.00132	0.00102	0.00078	0.00060	0.00046	0.00036	0.00027	100

YEARS' PURCHASE OF A REVERSION TO A PERPETUITY

After years	\multicolumn{8}{c	}{Nominal rate per annum}	After years
	11	11.25	11.5	11.75	12	12.25	12.5	12.75	
1	8.50317	8.30194	8.10950	7.92528	7.74877	7.57949	7.41701	7.26093	1
2	7.63969	7.44126	7.25159	7.07014	6.89637	6.72983	6.57008	6.41672	2
3	6.86390	6.66980	6.48444	6.30726	6.13775	5.97543	5.81987	5.67066	3
4	6.16689	5.97832	5.79845	5.62670	5.46257	5.30559	5.15531	5.01135	4
5	5.54065	5.35853	5.18503	5.01958	4.86167	4.71084	4.56664	4.42869	5
6	4.97801	4.80300	4.63650	4.47796	4.32687	4.18276	4.04519	3.91378	6
7	4.47251	4.30506	4.14600	3.99479	3.85090	3.71388	3.58329	3.45874	7
8	4.01834	3.85874	3.70739	3.56375	3.42729	3.29755	3.17412	3.05660	8
9	3.61028	3.45869	3.31519	3.17921	3.05027	2.92790	2.81168	2.70121	9
10	3.24367	3.10012	2.96447	2.83617	2.71473	2.59969	2.49062	2.38715	10
11	2.91428	2.77872	2.65086	2.53015	2.41610	2.30827	2.20623	2.10960	11
12	2.61834	2.49065	2.37042	2.25714	2.15032	2.04951	1.95430	1.86432	12
13	2.35246	2.23243	2.11965	2.01360	1.91378	1.81976	1.73115	1.64756	13
14	2.11357	2.00099	1.89542	1.79633	1.70326	1.61577	1.53347	1.45601	14
15	1.89894	1.79354	1.69490	1.60250	1.51589	1.43464	1.35837	1.28672	15
16	1.70611	1.60760	1.51559	1.42959	1.34914	1.27382	1.20326	1.13712	16
17	1.53286	1.44094	1.35526	1.27534	1.20073	1.13103	1.06587	1.00491	17
18	1.37720	1.29155	1.21188	1.13773	1.06864	1.00424	0.94416	0.88807	18
19	1.23735	1.15765	1.08368	1.01497	0.95109	0.89167	0.83635	0.78432	19
20	1.11170	1.03763	0.96904	0.90545	0.84647	0.79171	0.74085	0.69357	20
21	0.99881	0.93006	0.86652	0.80775	0.75335	0.70296	0.65625	0.61293	21
22	0.89738	0.83364	0.77485	0.72059	0.67048	0.62416	0.58132	0.54166	22
23	0.80625	0.74721	0.69288	0.64284	0.59673	0.55419	0.51494	0.47869	23
24	0.72438	0.66975	0.61958	0.57348	0.53108	0.49207	0.45614	0.42303	24
25	0.65082	0.60031	0.55403	0.51160	0.47266	0.43691	0.40405	0.37385	25
26	0.58473	0.53808	0.49542	0.45640	0.42067	0.38793	0.35792	0.33038	26
27	0.52535	0.48229	0.44301	0.40715	0.37439	0.34444	0.31705	0.29197	27
28	0.47201	0.43229	0.39614	0.36322	0.33321	0.30583	0.28084	0.25802	28
29	0.42408	0.38747	0.35424	0.32403	0.29655	0.27155	0.24878	0.22802	29
30	0.38101	0.34730	0.31676	0.28907	0.26393	0.24111	0.22037	0.20151	30
31	0.34232	0.31130	0.28325	0.25787	0.23490	0.21408	0.19521	0.17808	31
32	0.30756	0.27902	0.25329	0.23005	0.20906	0.19008	0.17292	0.15738	32
33	0.27633	0.25010	0.22649	0.20523	0.18606	0.16877	0.15317	0.13908	33
34	0.24827	0.22417	0.20253	0.18308	0.16559	0.14986	0.13568	0.12291	34
35	0.22306	0.20093	0.18110	0.16333	0.14738	0.13306	0.12019	0.10862	35
36	0.20040	0.18010	0.16195	0.14571	0.13117	0.11814	0.10646	0.09599	36
37	0.18005	0.16143	0.14481	0.12998	0.11674	0.10490	0.09431	0.08483	37
38	0.16177	0.14469	0.12949	0.11596	0.10390	0.09314	0.08354	0.07497	38
39	0.14534	0.12969	0.11579	0.10345	0.09247	0.08270	0.07400	0.06625	39
40	0.13058	0.11625	0.10354	0.09228	0.08230	0.07343	0.06555	0.05855	40
41	0.11732	0.10419	0.09259	0.08233	0.07324	0.06520	0.05806	0.05174	41
42	0.10541	0.09339	0.08279	0.07344	0.06519	0.05789	0.05143	0.04572	42
43	0.09471	0.08371	0.07404	0.06552	0.05801	0.05140	0.04556	0.04041	43
44	0.08509	0.07503	0.06620	0.05845	0.05163	0.04564	0.04036	0.03571	44
45	0.07645	0.06725	0.05920	0.05214	0.04595	0.04052	0.03575	0.03156	45
46	0.06868	0.06028	0.05294	0.04652	0.04090	0.03598	0.03167	0.02789	46
47	0.06171	0.05403	0.04734	0.04150	0.03640	0.03195	0.02805	0.02465	47
48	0.05544	0.04843	0.04233	0.03702	0.03240	0.02836	0.02485	0.02178	48
49	0.04981	0.04341	0.03785	0.03303	0.02883	0.02518	0.02201	0.01925	49
50	0.04475	0.03891	0.03385	0.02946	0.02566	0.02236	0.01950	0.01701	50

YEARS' PURCHASE OF A REVERSION TO A PERPETUITY

After years	\multicolumn{8}{c}{Nominal rate per annum}	After years
	11	11.25	11.5	11.75	12	12.25	12.5	12.75	
51	0.04021	0.03487	0.03027	0.02628	0.02284	0.01985	0.01727	0.01503	51
52	0.03613	0.03126	0.02706	0.02345	0.02033	0.01763	0.01530	0.01328	52
53	0.03246	0.02802	0.02420	0.02092	0.01809	0.01565	0.01355	0.01174	53
54	0.02916	0.02511	0.02164	0.01866	0.01610	0.01390	0.01200	0.01038	54
55	0.02620	0.02251	0.01935	0.01665	0.01433	0.01234	0.01063	0.00917	55
56	0.02354	0.02018	0.01730	0.01485	0.01275	0.01096	0.00942	0.00810	56
57	0.02115	0.01808	0.01547	0.01325	0.01135	0.00973	0.00834	0.00716	57
58	0.01900	0.01621	0.01384	0.01182	0.01010	0.00864	0.00739	0.00633	58
59	0.01707	0.01453	0.01237	0.01054	0.00899	0.00767	0.00655	0.00559	59
60	0.01534	0.01302	0.01106	0.00941	0.00800	0.00681	0.00580	0.00494	60
61	0.01378	0.01167	0.00989	0.00839	0.00712	0.00605	0.00514	0.00437	61
62	0.01238	0.01046	0.00885	0.00749	0.00634	0.00537	0.00455	0.00386	62
63	0.01112	0.00938	0.00791	0.00668	0.00564	0.00477	0.00403	0.00341	63
64	0.00999	0.00841	0.00707	0.00596	0.00502	0.00423	0.00357	0.00301	64
65	0.00898	0.00753	0.00633	0.00531	0.00447	0.00376	0.00316	0.00266	65
66	0.00807	0.00675	0.00566	0.00474	0.00398	0.00334	0.00280	0.00235	66
67	0.00725	0.00605	0.00506	0.00423	0.00354	0.00296	0.00248	0.00208	67
68	0.00651	0.00543	0.00452	0.00377	0.00315	0.00263	0.00220	0.00184	68
69	0.00585	0.00486	0.00404	0.00337	0.00280	0.00234	0.00195	0.00162	69
70	0.00526	0.00436	0.00362	0.00300	0.00249	0.00207	0.00173	0.00144	70
71	0.00472	0.00391	0.00323	0.00268	0.00222	0.00184	0.00153	0.00127	71
72	0.00424	0.00350	0.00289	0.00239	0.00198	0.00164	0.00135	0.00112	72
73	0.00381	0.00314	0.00259	0.00213	0.00176	0.00145	0.00120	0.00099	73
74	0.00343	0.00281	0.00231	0.00190	0.00157	0.00129	0.00106	0.00088	74
75	0.00308	0.00252	0.00207	0.00170	0.00139	0.00114	0.00094	0.00077	75
76	0.00277	0.00226	0.00185	0.00151	0.00124	0.00102	0.00083	0.00068	76
77	0.00248	0.00203	0.00165	0.00135	0.00110	0.00090	0.00074	0.00060	77
78	0.00223	0.00182	0.00148	0.00120	0.00098	0.00080	0.00065	0.00053	78
79	0.00201	0.00163	0.00132	0.00107	0.00087	0.00071	0.00058	0.00047	79
80	0.00180	0.00146	0.00118	0.00096	0.00078	0.00063	0.00051	0.00042	80
81	0.00162	0.00131	0.00106	0.00086	0.00069	0.00056	0.00045	0.00037	81
82	0.00145	0.00117	0.00095	0.00076	0.00062	0.00050	0.00040	0.00033	82
83	0.00131	0.00105	0.00085	0.00068	0.00055	0.00044	0.00036	0.00029	83
84	0.00117	0.00094	0.00076	0.00061	0.00049	0.00039	0.00032	0.00025	84
85	0.00105	0.00084	0.00068	0.00054	0.00043	0.00035	0.00028	0.00022	85
86	0.00095	0.00076	0.00060	0.00048	0.00039	0.00031	0.00025	0.00020	86
87	0.00085	0.00068	0.00054	0.00043	0.00034	0.00027	0.00022	0.00018	87
88	0.00076	0.00061	0.00048	0.00038	0.00031	0.00024	0.00019	0.00016	88
89	0.00069	0.00054	0.00043	0.00034	0.00027	0.00022	0.00017	0.00014	89
90	0.00062	0.00049	0.00039	0.00031	0.00024	0.00019	0.00015	0.00012	90
91	0.00055	0.00044	0.00035	0.00027	0.00022	0.00017	0.00014	0.00011	91
92	0.00050	0.00039	0.00031	0.00024	0.00019	0.00015	0.00012	0.00009	92
93	0.00045	0.00035	0.00028	0.00022	0.00017	0.00013	0.00011	0.00008	93
94	0.00040	0.00032	0.00025	0.00019	0.00015	0.00012	0.00009	0.00007	94
95	0.00036	0.00028	0.00022	0.00017	0.00014	0.00011	0.00008	0.00007	95
96	0.00032	0.00025	0.00020	0.00015	0.00012	0.00009	0.00007	0.00006	96
97	0.00029	0.00023	0.00018	0.00014	0.00011	0.00008	0.00007	0.00005	97
98	0.00026	0.00020	0.00016	0.00012	0.00010	0.00007	0.00006	0.00005	98
99	0.00024	0.00018	0.00014	0.00011	0.00008	0.00007	0.00005	0.00004	99
100	0.00021	0.00016	0.00013	0.00010	0.00008	0.00006	0.00005	0.00004	100

YEARS' PURCHASE OF A REVERSION TO A PERPETUITY

After years	\multicolumn{8}{c	}{Nominal rate per annum}	After years
	13	13.25	13.5	13.75	14	14.25	14.5	14.75	
1	7.11088	6.96652	6.82754	6.69364	6.56454	6.44000	6.31978	6.20366	1
2	6.26937	6.12771	5.99140	5.86017	5.73372	5.61183	5.49424	5.38073	2
3	5.52745	5.38989	5.25766	5.13048	5.00806	4.89015	4.77653	4.66697	3
4	4.87333	4.74091	4.61378	4.49164	4.37423	4.26129	4.15258	4.04789	4
5	4.29662	4.17007	4.04875	3.93236	3.82062	3.71329	3.61014	3.51093	5
6	3.78815	3.66797	3.55292	3.44271	3.33708	3.23577	3.13855	3.04520	6
7	3.33986	3.22632	3.11781	3.01404	2.91473	2.81965	2.72856	2.64125	7
8	2.94462	2.83785	2.73599	2.63874	2.54584	2.45705	2.37214	2.29088	8
9	2.59615	2.49615	2.40092	2.31017	2.22364	2.14108	2.06227	1.98700	9
10	2.28892	2.19560	2.10689	2.02252	1.94221	1.86574	1.79288	1.72342	10
11	2.01805	1.93124	1.84887	1.77068	1.69640	1.62581	1.55868	1.49480	11
12	1.77923	1.69870	1.62245	1.55020	1.43170	1.41673	1.35507	1.29652	12
13	1.56867	1.49417	1.42375	1.35717	1.29418	1.23454	1.17806	1.12453	13
14	1.38304	1.31426	1.24939	1.18818	1.13038	1.07578	1.02417	0.97536	14
15	1.21937	1.15601	1.09639	1.04023	0.98732	0.93744	0.89038	0.84598	15
16	1.07507	1.01682	0.96212	0.91071	0.86236	0.81688	0.77407	0.73376	16
17	0.94784	0.89439	0.84429	0.79731	0.75322	0.71183	0.67296	0.63642	17
18	0.83567	0.78670	0.74089	0.69803	0.65789	0.62029	0.58505	0.55200	18
19	0.73678	0.69198	0.65016	0.61111	0.57463	0.54053	0.50863	0.47878	19
20	0.64959	0.60866	0.57054	0.53502	0.50190	0.47101	0.44219	0.41527	20
21	0.57272	0.53537	0.50067	0.46840	0.43838	0.41044	0.38442	0.36018	21
22	0.50494	0.47091	0.43935	0.41008	0.38290	0.35766	0.33421	0.31240	22
23	0.44519	0.41421	0.38555	0.35901	0.33444	0.31167	0.29055	0.27096	23
24	0.39250	0.36433	0.33833	0.31431	0.29211	0.27159	0.25260	0.23502	24
25	0.34605	0.32047	0.29690	0.27517	0.25514	0.23666	0.21960	0.20384	25
26	0.30510	0.28188	0.26054	0.24091	0.22285	0.20623	0.19091	0.17680	26
27	0.26899	0.24794	0.22863	0.21091	0.19465	0.17971	0.16597	0.15335	27
28	0.23716	0.21809	0.20063	0.18465	0.17001	0.15660	0.14429	0.13301	28
29	0.20910	0.19183	0.17606	0.16166	0.14850	0.13646	0.12544	0.11536	29
30	0.18435	0.16873	0.15450	0.14153	0.12970	0.11891	0.10906	0.10006	30
31	0.16254	0.14841	0.13558	0.12391	0.11329	0.10362	0.09481	0.08679	31
32	0.14330	0.13054	0.11897	0.10848	0.09895	0.09029	0.08243	0.07527	32
33	0.12634	0.11483	0.10440	0.09497	0.08643	0.07868	0.07166	0.06529	33
34	0.11139	0.10100	0.09162	0.08315	0.07549	0.06856	0.06230	0.05663	34
35	0.09821	0.08884	0.08040	0.07279	0.06593	0.05975	0.05416	0.04912	35
36	0.08659	0.07814	0.07055	0.06373	0.05759	0.05206	0.04709	0.04260	36
37	0.07634	0.06873	0.06191	0.05579	0.05030	0.04537	0.04094	0.03695	37
38	0.06731	0.06046	0.05433	0.04885	0.04393	0.03953	0.03559	0.03205	38
39	0.05934	0.05318	0.04768	0.04276	0.03837	0.03445	0.03094	0.02780	39
40	0.05232	0.04677	0.04184	0.03744	0.03352	0.03002	0.02690	0.02411	40
41	0.04613	0.04114	0.03671	0.03278	0.02928	0.02616	0.02338	0.02091	41
42	0.04067	0.03619	0.03222	0.02870	0.02557	0.02279	0.02033	0.01814	42
43	0.03586	0.03183	0.02827	0.02512	0.02233	0.01986	0.01767	0.01573	43
44	0.03161	0.02800	0.02481	0.02199	0.01951	0.01731	0.01537	0.01365	44
45	0.02787	0.02463	0.02177	0.01926	0.01704	0.01508	0.01336	0.01183	45
46	0.02457	0.02166	0.01911	0.01686	0.01488	0.01314	0.01161	0.01027	46
47	0.02167	0.01905	0.01677	0.01476	0.01300	0.01145	0.01010	0.00890	47
48	0.01910	0.01676	0.01471	0.01292	0.01135	0.00998	0.00878	0.00772	48
49	0.01684	0.01474	0.01291	0.01131	0.00992	0.00870	0.00763	0.00670	49
50	0.01485	0.01297	0.01133	0.00990	0.00866	0.00758	0.00663	0.00581	50

YEARS' PURCHASE OF A REVERSION TO A PERPETUITY

After years	Nominal rate per annum								After years
	15	15.5	16	16.5	17	17.5	18	18.5	
1	6.09143	5.87790	5.67781	5.48993	5.31318	5.14661	4.98936	4.84069	1
2	5.27111	5.06276	4.86781	4.68501	4.51331	4.35173	4.19945	4.05569	2
3	4.56126	4.36067	4.17336	3.99811	3.83385	3.67963	3.53459	3.39799	3
4	3.94701	3.75594	3.57798	3.41192	3.25669	3.11132	2.97499	2.84694	4
5	3.41548	3.23507	3.06754	2.91168	2.76641	2.63079	2.50399	2.38526	5
6	2.95552	2.78644	2.62992	2.48478	2.34994	2.22448	2.10756	1.99845	6
7	2.55751	2.40002	2.25474	2.12047	1.99617	1.88092	1.77389	1.67437	7
8	2.21310	2.06719	1.93307	1.80957	1.69566	1.59042	1.49305	1.40284	8
9	1.91507	1.78052	1.65730	1.54426	1.44038	1.34478	1.25667	1.17534	9
10	1.65717	1.53360	1.42087	1.31784	1.22354	1.13709	1.05771	0.98474	10
11	1.43400	1.32092	1.21816	1.12463	1.03934	0.96147	0.89026	0.82505	11
12	1.24089	1.13774	1.04438	0.95974	0.88288	0.81297	0.74931	0.69125	12
13	1.07378	0.97996	0.89539	0.81902	0.74996	0.68741	0.63068	0.57915	13
14	0.92918	0.84406	0.76765	0.69894	0.63706	0.58125	0.53083	0.48523	14
15	0.80405	0.72701	0.65814	0.59647	0.54115	0.49147	0.44679	0.40654	15
16	0.69577	0.62619	0.56425	0.50901	0.45969	0.41557	0.37603	0.34062	16
17	0.60207	0.53935	0.48375	0.43438	0.39048	0.35139	0.31652	0.28539	17
18	0.52099	0.46455	0.41474	0.37070	0.33170	0.29712	0.26641	0.23910	18
19	0.45083	0.40013	0.35557	0.31635	0.28176	0.25123	0.22423	0.20033	19
20	0.39012	0.34464	0.30484	0.26996	0.23934	0.21243	0.18873	0.16784	20
21	0.33758	0.29685	0.26135	0.23038	0.20331	0.17962	0.15885	0.14062	21
22	0.29212	0.25568	0.22407	0.19660	0.17271	0.15188	0.13370	0.11782	22
23	0.25278	0.22022	0.19210	0.16778	0.14671	0.12842	0.11253	0.09871	23
24	0.21874	0.18968	0.16470	0.14318	0.12462	0.10859	0.09472	0.08270	24
25	0.18928	0.16333	0.14120	0.12219	0.10586	0.09182	0.07972	0.06929	25
26	0.16379	0.14072	0.12106	0.10427	0.08992	0.07764	0.06710	0.05805	26
27	0.14174	0.12121	0.10379	0.08898	0.07638	0.06564	0.05648	0.04864	27
28	0.12265	0.10440	0.08898	0.07594	0.06489	0.05551	0.04754	0.04075	28
29	0.10613	0.08992	0.07629	0.06480	0.05512	0.04693	0.04001	0.03414	29
30	0.09184	0.07745	0.06540	0.05530	0.04682	0.03968	0.03368	0.02861	30
31	0.07947	0.06671	0.05607	0.04719	0.03977	0.03356	0.02834	0.02397	31
32	0.06877	0.05746	0.04807	0.04028	0.03378	0.02837	0.02386	0.02008	32
33	0.05951	0.04949	0.04122	0.03437	0.02870	0.02399	0.02008	0.01682	33
34	0.05149	0.04263	0.03534	0.02933	0.02438	0.02029	0.01690	0.01410	34
35	0.04456	0.03672	0.03029	0.02503	0.02071	0.01715	0.01422	0.01181	35
36	0.03856	0.03162	0.02597	0.02136	0.01759	0.01450	0.01197	0.00989	36
37	0.03337	0.02724	0.02227	0.01823	0.01494	0.01226	0.01008	0.00829	37
38	0.02887	0.02346	0.01909	0.01556	0.01269	0.01037	0.00848	0.00695	38
39	0.02498	0.02021	0.01637	0.01328	0.01078	0.00877	0.00714	0.00582	39
40	0.02162	0.01741	0.01403	0.01133	0.00916	0.00741	0.00601	0.00488	40
41	0.01871	0.01499	0.01203	0.00967	0.00778	0.00627	0.00506	0.00408	41
42	0.01619	0.01291	0.01031	0.00825	0.00661	0.00530	0.00426	0.00342	42
43	0.01401	0.01112	0.00884	0.00704	0.00561	0.00448	0.00358	0.00287	43
44	0.01212	0.00958	0.00758	0.00601	0.00477	0.00379	0.00302	0.00240	44
45	0.01049	0.00825	0.00650	0.00513	0.00405	0.00320	0.00254	0.00201	45
46	0.00908	0.00711	0.00557	0.00438	0.00344	0.00271	0.00214	0.00169	46
47	0.00785	0.00612	0.00478	0.00373	0.00292	0.00229	0.00180	0.00141	47
48	0.00680	0.00527	0.00410	0.00319	0.00248	0.00194	0.00151	0.00118	48
49	0.00588	0.00454	0.00351	0.00272	0.00211	0.00164	0.00127	0.00099	49
50	0.00509	0.00391	0.00301	0.00232	0.00179	0.00139	0.00107	0.00083	50

YEARS' PURCHASE OF A REVERSION TO A PERPETUITY

After years	\multicolumn{8}{c	}{Nominal rate per annum}	After years
	19	19.5	20	20.5	21	21.5	22	22.5	
1	4.69992	4.56643	4.43969	4.31919	4.20449	4.09518	3.99090	3.89132	1
2	3.91979	3.79113	3.66916	3.55341	3.44341	3.33877	3.23911	3.14410	2
3	3.26914	3.14745	3.03237	2.92340	2.82010	2.72206	2.62893	2.54037	3
4	2.72650	2.61306	2.50609	2.40509	2.30961	2.21927	2.13370	2.05256	4
5	2.27393	2.16941	2.07115	1.97867	1.89154	1.80935	1.73176	1.65843	5
6	1.89648	1.80108	1.71169	1.62786	1.54914	1.47515	1.40553	1.33997	6
7	1.58169	1.49528	1.41462	1.33924	1.26872	1.20268	1.14076	1.08267	7
8	1.31915	1.24141	1.16911	1.10180	1.03906	0.98053	0.92587	0.87478	8
9	1.10018	1.03063	0.96621	0.90645	0.85097	0.79942	0.75146	0.70680	9
10	0.91756	0.85565	0.79852	0.74574	0.69693	0.65176	0.60990	0.57108	10
11	0.76526	0.71037	0.65993	0.61352	0.57078	0.53137	0.49501	0.46142	11
12	0.63823	0.58976	0.54540	0.50475	0.46746	0.43322	0.40176	0.37282	12
13	0.53229	0.48963	0.45074	0.41526	0.38284	0.35320	0.32608	0.30123	13
14	0.44394	0.40650	0.37251	0.34163	0.31354	0.28796	0.26465	0.24339	14
15	0.37025	0.33748	0.30786	0.28106	0.25678	0.23477	0.21480	0.19665	15
16	0.30879	0.28018	0.25443	0.23123	0.21030	0.19141	0.17433	0.15889	16
17	0.25754	0.23261	0.21027	0.19023	0.17223	0.15605	0.14149	0.12838	17
18	0.21479	0.19312	0.17378	0.15651	0.14106	0.12723	0.11484	0.10373	18
19	0.17914	0.16033	0.14362	0.12876	0.11552	0.10373	0.09321	0.08381	19
20	0.14940	0.13311	0.11869	0.10593	0.09461	0.08457	0.07565	0.06772	20
21	0.12460	0.11051	0.09809	0.08715	0.07749	0.06895	0.06140	0.05471	21
22	0.10392	0.09175	0.08107	0.07170	0.06346	0.05621	0.04983	0.04421	22
23	0.08667	0.07617	0.06700	0.05899	0.05197	0.04583	0.04044	0.03572	23
24	0.07228	0.06324	0.05537	0.04853	0.04256	0.03736	0.03283	0.02886	24
25	0.06029	0.05250	0.04576	0.03992	0.03486	0.03046	0.02664	0.02332	25
26	0.05028	0.04359	0.03782	0.03285	0.02855	0.02484	0.02162	0.01884	26
27	0.04193	0.03619	0.03126	0.02702	0.02338	0.02025	0.01755	0.01522	27
28	0.03497	0.03004	0.02583	0.02223	0.01915	0.01651	0.01424	0.01230	28
29	0.02917	0.02494	0.02135	0.01829	0.01568	0.01346	0.01156	0.00994	29
30	0.02433	0.02071	0.01764	0.01505	0.01284	0.01097	0.00938	0.00803	30
31	0.02029	0.01719	0.01458	0.01238	0.01052	0.00895	0.00762	0.00649	31
32	0.01692	0.01427	0.01205	0.01018	0.00861	0.00729	0.00618	0.00524	32
33	0.01411	0.01185	0.00996	0.00838	0.00706	0.00595	0.00502	0.00424	33
34	0.01177	0.00984	0.00823	0.00689	0.00578	0.00485	0.00407	0.00342	34
35	0.00982	0.00817	0.00680	0.00567	0.00473	0.00395	0.00330	0.00277	35
36	0.00819	0.00678	0.00562	0.00467	0.00388	0.00322	0.00268	0.00223	36
37	0.00683	0.00563	0.00465	0.00384	0.00317	0.00263	0.00218	0.00181	37
38	0.00569	0.00467	0.00384	0.00316	0.00260	0.00214	0.00177	0.00146	38
39	0.00475	0.00388	0.00317	0.00260	0.00213	0.00175	0.00143	0.00118	39
40	0.00396	0.00322	0.00262	0.00214	0.00174	0.00142	0.00116	0.00095	40
41	0.00330	0.00267	0.00217	0.00176	0.00143	0.00116	0.00094	0.00077	41
42	0.00276	0.00222	0.00179	0.00145	0.00117	0.00095	0.00077	0.00062	42
43	0.00230	0.00184	0.00148	0.00119	0.00096	0.00077	0.00062	0.00050	43
44	0.00192	0.00153	0.00122	0.00098	0.00078	0.00063	0.00051	0.00041	44
45	0.00160	0.00127	0.00101	0.00081	0.00064	0.00051	0.00041	0.00033	45
46	0.00133	0.00105	0.00084	0.00066	0.00053	0.00042	0.00033	0.00026	46
47	0.00111	0.00088	0.00069	0.00055	0.00043	0.00034	0.00027	0.00021	47
48	0.00093	0.00073	0.00057	0.00045	0.00035	0.00028	0.00022	0.00017	48
49	0.00077	0.00060	0.00047	0.00037	0.00029	0.00023	0.00018	0.00014	49
50	0.00064	0.00050	0.00039	0.00030	0.00024	0.00018	0.00014	0.00011	50

YEARS' PURCHASE OF A REVERSION TO A PERPETUITY

After years	\multicolumn{8}{c}{Nominal rate per annum}	After years
	23	24	25	26	28	30	35	40	
1	3.79612	3.61777	3.45388	3.30279	3.03350	2.80073	2.33742	1.99257	1
2	3.05344	2.88406	2.72899	2.58657	2.33418	2.11776	1.69302	1.38373	2
3	2.45607	2.29916	2.15624	2.02566	1.79607	1.60133	1.22627	0.96092	3
4	1.97556	1.83287	1.70370	1.58639	1.38202	1.21083	0.88820	0.66731	4
5	1.58906	1.46116	1.34613	1.24238	1.06342	0.91556	0.64333	0.46341	5
6	1.27818	1.16482	1.06361	0.97296	0.81827	0.69230	0.46597	0.32181	6
7	1.02811	0.92859	0.84039	0.76197	0.62963	0.52348	0.33751	0.22348	7
8	0.82697	0.74027	0.66401	0.59674	0.48448	0.39582	0.24446	0.15519	8
9	0.66518	0.59014	0.52465	0.46733	0.37279	0.29930	0.17706	0.10777	9
10	0.53505	0.47045	0.41454	0.36599	0.28685	0.22631	0.12825	0.07484	10
11	0.43037	0.37504	0.32753	0.28662	0.22072	0.17113	0.09289	0.05197	11
12	0.34617	0.29898	0.25879	0.22447	0.16984	0.12940	0.06728	0.03609	12
13	0.27845	0.23835	0.20448	0.17579	0.13069	0.09784	0.04873	0.02506	13
14	0.22397	0.19001	0.16156	0.13767	0.10056	0.07398	0.03530	0.01741	14
15	0.18015	0.15147	0.12765	0.10782	0.07738	0.05594	0.02557	0.01209	15
16	0.14491	0.12075	0.10086	0.08444	0.05954	0.04230	0.01852	0.00839	16
17	0.11656	0.09626	0.07969	0.06613	0.04581	0.03198	0.01341	0.00583	17
18	0.09375	0.07674	0.06297	0.05179	0.03525	0.02418	0.00972	0.00405	18
19	0.07541	0.06118	0.04975	0.04056	0.02712	0.01829	0.00704	0.00281	19
20	0.06066	0.04877	0.03931	0.03176	0.02087	0.01383	0.00510	0.00195	20
21	0.04879	0.03888	0.03106	0.02487	0.01606	0.01046	0.00369	0.00136	21
22	0.03925	0.03099	0.02454	0.01948	0.01236	0.00791	0.00267	0.00094	22
23	0.03157	0.02471	0.01939	0.01526	0.00951	0.00598	0.00194	0.00065	23
24	0.02539	0.01970	0.01532	0.01195	0.00732	0.00452	0.00140	0.00045	24
25	0.02042	0.01570	0.01211	0.00936	0.00563	0.00342	0.00102	0.00032	25
26	0.01643	0.01252	0.00956	0.00733	0.00433	0.00258	0.00074	0.00022	26
27	0.01321	0.00998	0.00756	0.00574	0.00333	0.00195	0.00053	0.00015	27
28	0.01063	0.00796	0.00597	0.00449	0.00256	0.00148	0.00039	0.00011	28
29	0.00855	0.00634	0.00472	0.00352	0.00197	0.00112	0.00028	0.00007	29
30	0.00688	0.00506	0.00373	0.00276	0.00152	0.00084	0.00020	0.00005	30
31	0.00553	0.00403	0.00295	0.00216	0.00117	0.00064	0.00015	0.00004	31
32	0.00445	0.00321	0.00233	0.00169	0.00090	0.00048	0.00011	0.00002	32
33	0.00358	0.00256	0.00184	0.00132	0.00069	0.00037	0.00008	0.00002	33
34	0.00288	0.00204	0.00145	0.00104	0.00053	0.00028	0.00006	0.00001	34
35	0.00232	0.00163	0.00115	0.00081	0.00041	0.00021	0.00004	0.00001	35
36	0.00186	0.00130	0.00091	0.00064	0.00032	0.00016	0.00003	0.00001	36
37	0.00150	0.00103	0.00072	0.00050	0.00024	0.00012	0.00002	0.00000	37
38	0.00121	0.00082	0.00057	0.00039	0.00019	0.00009	0.00002	0.00000	38
39	0.00097	0.00066	0.00045	0.00031	0.00014	0.00007	0.00001	0.00000	39
40	0.00078	0.00052	0.00035	0.00024	0.00011	0.00005	0.00001	0.00000	40
41	0.00063	0.00042	0.00028	0.00019	0.00009	0.00004	0.00001	0.00000	41
42	0.00050	0.00033	0.00022	0.00015	0.00007	0.00003	0.00000	0.00000	42
43	0.00041	0.00027	0.00017	0.00011	0.00005	0.00002	0.00000	0.00000	43
44	0.00033	0.00021	0.00014	0.00009	0.00004	0.00002	0.00000	0.00000	44
45	0.00026	0.00017	0.00011	0.00007	0.00003	0.00001	0.00000	0.00000	45
46	0.00021	0.00013	0.00009	0.00006	0.00002	0.00001	0.00000	0.00000	46
47	0.00017	0.00011	0.00007	0.00004	0.00002	0.00001	0.00000	0.00000	47
48	0.00014	0.00009	0.00005	0.00003	0.00001	0.00001	0.00000	0.00000	48
49	0.00011	0.00007	0.00004	0.00003	0.00001	0.00000	0.00000	0.00000	49
50	0.00009	0.00005	0.00003	0.00002	0.00001	0.00000	0.00000	0.00000	50

TABLE 4

PRESENT VALUE OF £1

after the given number of years

Rates of interest: 1 — 15% @ 0.25% steps
15 — 22.5% @ 0.5% steps

PRESENT VALUE OF £1

After years	1	1.25	1.5	1.75	Nominal rate per cent 2	2.25	2.5	2.75	After years
1	.9900745	.9876162	.9851671	.9827270	.9802960	.9778741	.9754611	.9730570	1
2	.9802475	.9753858	.9705542	.9657524	.9609803	.9562377	.9515243	.9468399	2
3	.9705181	.9633068	.9561580	.9490710	.9420452	.9350801	.9281749	.9213291	3
4	.9608852	.9513774	.9419754	.9326778	.9234832	.9143905	.9053984	.8965057	4
5	.9513479	.9395958	.9280032	.9165676	.9052870	.8941588	.8831809	.8723511	5
6	.9419053	.9279600	.9142382	.9007358	.8874492	.8743747	.8615086	.8488473	6
7	.9325565	.9164684	.9006773	.8851774	.8699630	.8550284	.8403681	.8259768	7
8	.9233004	.9051191	.8873177	.8698878	.8528213	.8361101	.8197463	.8037225	8
9	.9141362	.8939103	.8741561	.8548623	.8360173	.8176103	.7996306	.7820678	9
10	.9050629	.8828403	.8611899	.8400962	.8195445	.7995200	.7800085	.7609965	10
11	.8960797	.8719074	.8484159	.8255853	.8033962	.7818298	.7608680	.7404929	11
12	.8871857	.8611099	.8358314	.8113250	.7875661	.7645311	.7421971	.7205418	12
13	.8783799	.8504461	.8234336	.7973110	.7720480	.7476152	.7239843	.7011282	13
14	.8696616	.8399143	.8112197	.7835391	.7568356	.7310735	.7062185	.6822377	14
15	.8610297	.8295130	.7991869	.7700050	.7419229	.7148978	.6888887	.6638562	15
16	.8524836	.8192405	.7873326	.7567048	.7273041	.6990800	.6719841	.6459699	16
17	.8440223	.8090952	.7756542	.7436342	.7129733	.6836122	.6554943	.6285655	17
18	.8356449	.7990755	.7641490	.7307895	.6989249	.6684867	.6394092	.6116300	18
19	.8273507	.7891800	.7528144	.7181666	.6851534	.6536958	.6237187	.5951508	19
20	.8191389	.7794069	.7416480	.7057617	.6716531	.6392322	.6084133	.5791157	20
21	.8110085	.7697549	.7306472	.6935711	.6584189	.6250886	.5934835	.5635125	21
22	.8029588	.7602225	.7198095	.6815911	.6454455	.6112579	.5789201	.5483298	22
23	.7949891	.7508080	.7091326	.6698180	.6327276	.5977332	.5647140	.5335561	23
24	.7870984	.7415102	.6986141	.6582482	.6202604	.5845078	.5508565	.5191805	24
25	.7792861	.7323275	.6882516	.6468783	.6080388	.5715751	.5373391	.5051922	25
26	.7715513	.7232585	.6780429	.6357048	.5960581	.5589284	.5241533	.4915808	26
27	.7638932	.7143018	.6679855	.6247243	.5843134	.5465616	.5112912	.4783361	27
28	.7563112	.7054561	.6580773	.6139335	.5728001	.5344684	.4987446	.4654483	28
29	.7488045	.6967199	.6483161	.6033290	.5615137	.5226428	.4865059	.4529077	29
30	.7413722	.6880918	.6386997	.5929078	.5504496	.5110789	.4745676	.4407050	30
31	.7340137	.6795706	.6292259	.5826665	.5396036	.4997708	.4629222	.4288311	31
32	.7267283	.6711550	.6198927	.5726021	.5289713	.4887129	.4515626	.4172770	32
33	.7195151	.6628436	.6106978	.5627116	.5185484	.4778997	.4404817	.4060343	33
34	.7123736	.6546350	.6016394	.5529919	.5083310	.4673257	.4296728	.3950945	34
35	.7053029	.6465282	.5927153	.5434401	.4983149	.4569857	.4191291	.3844495	35
36	.6983024	.6385217	.5839236	.5340533	.4884961	.4468744	.4088441	.3740913	36
37	.6913714	.6306144	.5752623	.5248286	.4788708	.4369869	.3988115	.3640121	37
38	.6845092	.6228050	.5667295	.5157632	.4694351	.4273182	.3890251	.3542045	38
39	.6777151	.6150923	.5583233	.5068545	.4601854	.4178634	.3794788	.3446612	39
40	.6709885	.6074752	.5500417	.4980996	.4511179	.4086178	.3701668	.3353750	40
41	.6643286	.5999523	.5418830	.4894959	.4422291	.3995767	.3610833	.3263389	41
42	.6577348	.5925226	.5338453	.4810409	.4335155	.3907357	.3522227	.3175464	42
43	.6512064	.5851850	.5259268	.4727319	.4249735	.3820903	.3435795	.3089907	43
44	.6447429	.5779382	.5181257	.4645664	.4165998	.3736362	.3351484	.3006656	44
45	.6383435	.5707811	.5104404	.4565420	.4083912	.3653692	.3269242	.2925647	45
46	.6320076	.5637127	.5028691	.4486561	.4003443	.3572850	.3189019	.2846821	46
47	.6257346	.5567318	.4954101	.4409065	.3924559	.3493798	.3110764	.2770119	47
48	.6195239	.5498373	.4880617	.4332908	.3847230	.3416494	.3034429	.2695484	48
49	.6133748	.5430283	.4808223	.4258065	.3771424	.3340901	.2959967	.2622859	49
50	.6072868	.5363035	.4736903	.4184516	.3697112	.3266980	.2887333	.2552192	50

PRESENT VALUE OF £1

After years	1	1.25	1.5	1.75	2	2.25	2.5	2.75	After years
				Nominal rate per cent					
51	.6012592	.5296621	.4666641	.4112237	.3624264	.3194695	.2816490	.2483428	51
52	.5952914	.5231029	.4597421	.4041206	.3552852	.3124010	.2747367	.2416517	52
53	.5893828	.5166249	.4529228	.3971403	.3482847	.3054888	.2679950	.2351408	53
54	.5835329	.5102271	.4462046	.3902805	.3414221	.2987296	.2614186	.2288054	54
55	.5777410	.5039086	.4395861	.3835392	.3346947	.2921199	.2550037	.2226407	55
56	.5720067	.4976683	.4330658	.3769143	.3280999	.2856565	.2487462	.2166421	56
57	.5663292	.4915052	.4266421	.3704039	.3216351	.2793361	.2426422	.2108051	57
58	.5607081	.4854185	.4203138	.3640059	.3152976	.2731555	.2366880	.2051254	58
59	.5551428	.4794072	.4140793	.3577185	.3090850	.2671117	.2308800	.1995987	59
60	.5496327	.4734704	.4079373	.3515396	.3029948	.2612016	.2252144	.1942209	60
61	.5441774	.4676070	.4018864	.3454675	.2970246	.2554223	.2196879	.1889880	61
62	.5387761	.4618163	.3959253	.3395002	.2911720	.2497708	.2142970	.1838961	62
63	.5334285	.4560972	.3900525	.3336361	.2854348	.2442444	.2090384	.1789414	63
64	.5281340	.4504490	.3842669	.3278732	.2798106	.2388403	.2039088	.1741201	64
65	.5228920	.4448708	.3785671	.3222098	.2742972	.2335557	.1989051	.1694288	65
66	.5177020	.4393616	.3729518	.3166443	.2688925	.2283881	.1940242	.1648639	66
67	.5125636	.4339206	.3674199	.3111749	.2635942	.2233348	.1892630	.1604220	67
68	.5074761	.4285470	.3619700	.3058000	.2584004	.2183933	.1846187	.1560997	68
69	.5024392	.4232400	.3566009	.3005179	.2533089	.2135611	.1800883	.1518939	69
70	.4974522	.4179987	.3513115	.2953271	.2483177	.2088359	.1756692	.1478014	70
71	.4925147	.4128223	.3461005	.2902259	.2434249	.2042152	.1713584	.1438192	71
72	.4876263	.4077100	.3409668	.2852129	.2386284	.1996968	.1671535	.1399443	72
73	.4827864	.4026610	.3359093	.2802864	.2339265	.1952783	.1630517	.1361737	73
74	.4779945	.3976745	.3309268	.2754450	.2293172	.1909576	.1590506	.1325048	74
75	.4732501	.3927498	.3260181	.2706873	.2247988	.1867325	.1551477	.1289347	75
76	.4685529	.3878861	.3211823	.2660117	.2203693	.1826008	.1513405	.1254608	76
77	.4639023	.3830826	.3164183	.2614169	.2160272	.1785606	.1476268	.1220805	77
78	.4592978	.3783386	.3117249	.2569014	.2117706	.1746098	.1440042	.1187913	78
79	.4547390	.3736533	.3071011	.2524640	.2075979	.1707464	.1404704	.1155907	79
80	.4502255	.3690261	.3025459	.2481032	.2035074	.1669685	.1370235	.1124764	80
81	.4457568	.3644561	.2980582	.2438177	.1994975	.1632741	.1336610	.1094459	81
82	.4413325	.3599428	.2936372	.2396063	.1955666	.1596615	.1303811	.1064971	82
83	.4369520	.3554853	.2892817	.2354676	.1917132	.1561289	.1271817	.1036277	83
84	.4326151	.3510831	.2849908	.2314003	.1879357	.1526744	.1240608	.1008357	84
85	.4283211	.3467354	.2807635	.2274034	.1842326	.1492963	.1210265	.0981189	85
86	.4240698	.3424415	.2765990	.2234754	.1806025	.1459930	.1180469	.0954753	86
87	.4198607	.3382007	.2724962	.2196154	.1770439	.1427628	.1151501	.0929029	87
88	.4156934	.3340125	.2684543	.2158219	.1735554	.1396040	.1123245	.0903998	88
89	.4115674	.3298762	.2644723	.2120941	.1701357	.1365151	.1095681	.0879641	89
90	.4074824	.3257911	.2605494	.2084306	.1667834	.1334946	.1068795	.0855941	90
91	.4034380	.3217566	.2566847	.2048304	.1634971	.1305409	.1042568	.0832879	91
92	.3994336	.3177720	.2528773	.2012923	.1602755	.1276526	.1016984	.0810439	92
93	.3954691	.3138368	.2491264	.1978154	.1571175	.1248282	.0992028	.0788603	93
94	.3915438	.3099503	.2454312	.1943986	.1540216	.1220662	.0967685	.0767356	94
95	.3876576	.3061119	.2417907	.1910407	.1509868	.1193654	.0943939	.0746681	95
96	.3838099	.3023211	.2382042	.1877409	.1480118	.1167243	.0920776	.0726563	96
97	.3800004	.2985772	.2346710	.1844980	.1450953	.1141417	.0898181	.0706988	97
98	.3762287	.2948797	.2311901	.1813112	.1422364	.1116162	.0876140	.0687939	98
99	.3724944	.2912280	.2277609	.1781794	.1394338	.1091466	.0854641	.0669404	99
100	.3687972	.2876215	.2243825	.1751017	.1366864	.1067316	.0833669	.0651368	100

PRESENT VALUE OF £1

After years	Nominal rate per cent								After years
	3	3.25	3.5	3.75	4	4.25	4.5	4.75	
1	.9706617	.9682754	.9658978	.9635289	.9611688	.9588173	.9564744	.9541401	1
2	.9421842	.9375572	.9329595	.9283880	.9238454	.9193306	.9148433	.9103834	2
3	.9145422	.9078135	.9011425	.8945287	.8879714	.8814701	.8750243	.8686334	3
4	.8877111	.8790135	.8704116	.8619043	.8534904	.8451688	.8369383	.8287980	4
5	.8616672	.8511271	.8407286	.8304697	.8203483	.8103624	.8005101	.7907894	5
6	.8363874	.8241254	.8120579	.8001816	.7884932	.7769895	.7656675	.7545239	6
7	.8118493	.7979803	.7843649	.7709981	.7578750	.7449910	.7323414	.7199216	7
8	.7880310	.7726647	.7576163	.7428789	.7284458	.7143103	.7004658	.6869061	8
9	.7649116	.7481522	.7317799	.7157854	.7001594	.6848930	.6699776	.6554047	9
10	.7424704	.7244173	.7068246	.6896799	.6729713	.6566873	.6408165	.6253479	10
11	.7206876	.7014354	.6827203	.6645265	.6468390	.6296431	.6129246	.5966696	11
12	.6995439	.6791827	.6594380	.6402905	.6217215	.6037127	.5862467	.5693064	12
13	.6790205	.6576358	.6369497	.6169384	.5975793	.5788502	.5607300	.5431981	13
14	.6590992	.6367726	.6152283	.5944380	.5743746	.5550116	.5363239	.5182871	14
15	.6397624	.6165712	.5942476	.5727582	.5520709	.5321547	.5129801	.4945185	15
16	.6209929	.5970107	.5739825	.5518691	.5306333	.5102391	.4906523	.4718400	16
17	.6027741	.5780708	.5544084	.5317419	.5100282	.4892261	.4692964	.4502015	17
18	.5850897	.5597317	.5355018	.5123487	.4902232	.4690785	.4488700	.4295553	18
19	.5679242	.5419744	.5172400	.4936628	.4711872	.4497605	.4293327	.4098559	19
20	.5512623	.5247805	.4996010	.4756584	.4528904	.4312382	.4106458	.3910600	20
21	.5350892	.5081320	.4825635	.4583106	.4353041	.4134786	.3927722	.3731261	21
22	.5193907	.4920117	.4661070	.4415955	.4184007	.3964505	.3756765	.3560146	22
23	.5041527	.4764028	.4502117	.4254900	.4021537	.3801236	.3593250	.3396878	23
24	.4893617	.4612891	.4348585	.4099720	.3865376	.3644691	.3436852	.3241097	24
25	.4750047	.4466549	.4200288	.3950198	.3715279	.3494592	.3287261	.3092461	25
26	.4610689	.4324849	.4057049	.3806130	.3571010	.3350676	.3144181	.2950641	26
27	.4475419	.4187645	.3918695	.3667317	.3432343	.3212686	.3007329	.2815325	27
28	.4344118	.4054793	.3785059	.3533566	.3299061	.3080379	.2876433	.2686215	28
29	.4216669	.3926156	.3655980	.3404693	.3170955	.2953520	.2751235	.2563026	29
30	.4092960	.3801601	.3531303	.3280520	.3047823	.2831886	.2631486	.2445486	30
31	.3972879	.3680996	.3410877	.3160876	.2929472	.2715262	.2516949	.2333336	31
32	.3856322	.3564218	.3294559	.3045595	.2815717	.2603440	.2407397	.2226330	32
33	.3743184	.3451144	.3182207	.2934519	.2706379	.2496223	.2302614	.2124230	33
34	.3633366	.3341658	.3073687	.2827494	.2601287	.2393422	.2202391	.2026814	34
35	.3526769	.3235645	.2968867	.2724372	.2500276	.2294854	.2106531	.1933864	35
36	.3423300	.3132996	.2867622	.2625012	.2403187	.2200346	.2014843	.1845177	36
37	.3322866	.3033602	.2769830	.2529275	.2309869	.2109730	.1927146	.1760558	37
38	.3225379	.2937363	.2675372	.2437029	.2220174	.2022846	.1843266	.1679819	38
39	.3130752	.2844176	.2584136	.2348148	.2133962	.1939539	.1763036	.1602783	39
40	.3038901	.2753945	.2496011	.2262509	.2051097	.1859664	.1686299	.1529279	40
41	.2949745	.2666577	.2410892	.2179993	.1971451	.1783078	.1612902	.1459147	41
42	.2863205	.2581981	.2328675	.2100486	.1894897	.1709646	.1542700	.1392231	42
43	.2779204	.2500069	.2249262	.2023879	.1821316	.1639238	.1475553	.1328383	43
44	.2697667	.2420755	.2172557	.1950066	.1750592	.1571730	.1411329	.1267464	44
45	.2618522	.2343957	.2098468	.1878945	.1682614	.1507002	.1349900	.1209338	45
46	.2541699	.2269596	.2026906	.1810418	.1617276	.1444939	.1291145	.1153878	46
47	.2467130	.2197594	.1957784	.1744390	.1554475	.1385433	.1234947	.1100961	47
48	.2394749	.2127876	.1891019	.1680770	.1494113	.1328377	.1181195	.1050471	48
49	.2324491	.2060370	.1826531	.1619471	.1436095	.1273671	.1129783	.1002297	49
50	.2256294	.1995006	.1764242	.1560407	.1380330	.1221218	.1080608	.0956332	50

PRESENT VALUE OF £1

After years	Nominal rate per cent								After years
	3	3.25	3.5	3.75	4	4.25	4.5	4.75	
51	.2190099	.1931715	.1704078	.1503497	.1326730	.1170925	.1033574	.0912474	51
52	.2125845	.1870432	.1645965	.1448663	.1275211	.1122703	.0988587	.0870628	52
53	.2063476	.1811093	.1589834	.1395829	.1225693	.1076467	.0945559	.0830702	53
54	.2002938	.1753637	.1535617	.1344921	.1178098	.1032135	.0904403	.0792606	54
55	.1944175	.1698003	.1483249	.1295871	.1132351	.0989629	.0865038	.0756257	55
56	.1887136	.1644135	.1432667	.1248609	.1088381	.0948873	.0827387	.0721575	56
57	.1831771	.1591975	.1383810	.1203071	.1046117	.0909796	.0791374	.0688484	57
58	.1778030	.1541470	.1336619	.1159193	.1005495	.0872328	.0756929	.0656910	58
59	.1725866	.1492568	.1291037	.1116916	.0966451	.0836403	.0723983	.0626784	59
60	.1675232	.1445217	.1247010	.1076181	.0928922	.0801958	.0692472	.0598040	60
61	.1626084	.1399368	.1204484	.1036932	.0892851	.0768931	.0662331	.0570614	61
62	.1578377	.1354973	.1163408	.0999114	.0858181	.0737265	.0633503	.0544446	62
63	.1532070	.1311987	.1123734	.0962675	.0824856	.0706902	.0605930	.0519477	63
64	.1487122	.1270365	.1085412	.0927565	.0792826	.0677790	.0579556	.0495654	64
65	.1443492	.1230063	.1048397	.0893736	.0762040	.0649877	.0554331	.0472924	65
66	.1401143	.1191040	.1012644	.0861140	.0732449	.0623113	.0530203	.0451235	66
67	.1360036	.1153254	.0978111	.0829734	.0704007	.0597452	.0507126	.0430542	67
68	.1320135	.1116668	.0944755	.0799472	.0676670	.0572847	.0485053	.0410797	68
69	.1281404	.1081242	.0912537	.0770315	.0650394	.0549255	.0463941	.0391958	69
70	.1243810	.1046940	.0881417	.0742221	.0625138	.0526636	.0443747	.0373983	70
71	.1207319	.1013726	.0851359	.0715151	.0600863	.0504947	.0424433	.0356832	71
72	.1171898	.0981566	.0822326	.0689069	.0577531	.0484152	.0405959	.0340468	72
73	.1137517	.0950426	.0794282	.0663938	.0555105	.0464214	.0388290	.0324854	73
74	.1104144	.0920274	.0767196	.0639723	.0533549	.0445096	.0371389	.0309956	74
75	.1071750	.0891079	.0741033	.0616392	.0512831	.0426766	.0355224	.0295742	75
76	.1040307	.0862810	.0715762	.0593911	.0492917	.0409190	.0339763	.0282179	76
77	.1009786	.0835438	.0691353	.0572251	.0473777	.0392339	.0324974	.0269238	77
78	.0980161	.0808934	.0667776	.0551380	.0455379	.0376181	.0310830	.0256891	78
79	.0951405	.0783270	.0645003	.0531271	.0437696	.0360689	.0297301	.0245110	79
80	.0923492	.0758421	.0623007	.0511895	.0420700	.0345835	.0284361	.0233870	80
81	.0896399	.0734361	.0601761	.0493225	.0404364	.0331593	.0271984	.0223144	81
82	.0870100	.0711064	.0581240	.0475237	.0388662	.0317937	.0260145	.0212911	82
83	.0844573	.0688505	.0561418	.0457904	.0373570	.0304843	.0248822	.0203147	83
84	.0819794	.0666663	.0542273	.0441204	.0359063	.0292289	.0237992	.0193831	84
85	.0795743	.0645513	.0523780	.0425113	.0345121	.0280252	.0227633	.0184942	85
86	.0772397	.0625034	.0505918	.0409609	.0331719	.0268710	.0217726	.0176460	86
87	.0749736	.0605205	.0488665	.0394670	.0318838	.0257644	.0208249	.0168368	87
88	.0727741	.0586005	.0472000	.0380276	.0306457	.0247033	.0199185	.0160646	88
89	.0706390	.0567415	.0455904	.0366407	.0294557	.0236860	.0190515	.0153279	89
90	.0685666	.0549414	.0440357	.0353043	.0283119	.0227105	.0182223	.0146250	90
91	.0665549	.0531984	.0425340	.0340168	.0272125	.0217753	.0174292	.0139543	91
92	.0646023	.0515107	.0410835	.0327761	.0261558	.0208785	.0166705	.0133143	92
93	.0627070	.0498765	.0396824	.0315807	.0251402	.0200187	.0159449	.0127037	93
94	.0608673	.0482942	.0383292	.0304290	.0241639	.0191942	.0152509	.0121212	94
95	.0590816	.0467621	.0370221	.0293192	.0232256	.0184038	.0145871	.0115653	95
96	.0573482	.0452786	.0357595	.0282499	.0223237	.0176459	.0139522	.0110349	96
97	.0556657	.0438421	.0345400	.0272196	.0214569	.0169191	.0133449	.0105288	97
98	.0540326	.0424513	.0333622	.0262269	.0206237	.0162224	.0127641	.0100460	98
99	.0524474	.0411045	.0322244	.0252703	.0198228	.0155543	.0122085	.0095853	99
100	.0509086	.0398005	.0311255	.0243487	.0190531	.0149137	.0116771	.0091457	100

PRESENT VALUE OF £1

After years	5	5.25	5.5	5.75	6	6.25	6.5	6.75	After years
1	.9518144	.9494971	.9471883	.9448879	.9425959	.9403122	.9380368	.9357696	1
2	.9059506	.9015448	.8971657	.8928132	.8884870	.8841871	.8799130	.8756648	2
3	.8622969	.8560142	.8497849	.8436084	.8374843	.8314119	.8253908	.8194206	3
4	.8207466	.8127831	.8049064	.7971154	.7894092	.7817868	.7742470	.7667889	4
5	.7811984	.7717352	.7623979	.7531847	.7440939	.7351236	.7262722	.7175378	5
6	.7435559	.7327603	.7221344	.7116752	.7013799	.6912457	.6812700	.6714501	6
7	.7077272	.6957538	.6839973	.6724533	.6611178	.6499868	.6390564	.6283226	7
8	.6736249	.6606163	.6478742	.6353930	.6231669	.6111905	.5994584	.5879652	8
9	.6411659	.6272533	.6136589	.6003752	.5873946	.5747099	.5623140	.5502000	9
10	.6102709	.5955752	.5812506	.5672873	.5536758	.5404068	.5274713	.5148605	10
11	.5808647	.5654969	.5505538	.5360229	.5218925	.5081511	.4947874	.4817908	11
12	.5528754	.5369377	.5214781	.5064816	.4919337	.4778207	.4641288	.4508452	12
13	.5262347	.5098208	.4939380	.4785683	.4636947	.4493006	.4353699	.4218873	13
14	.5008778	.4840734	.4678523	.4521934	.4370768	.4224828	.4083930	.3947893	14
15	.4767427	.4596263	.4431442	.4272721	.4119868	.3972658	.3830877	.3694318	15
16	.4537706	.4364139	.4197410	.4037243	.3883370	.3735539	.3593503	.3457031	16
17	.4319053	.4143737	.3975738	.3814742	.3660449	.3512573	.3370839	.3234985	17
18	.4110937	.3934467	.3765773	.3604504	.3450324	.3302915	.3161971	.3027201	18
19	.3912849	.3735765	.3566896	.3405852	.3252262	.3105771	.2966045	.2832762	19
20	.3724306	.3547098	.3378522	.3218148	.3065568	.2920395	.2782259	.2650813	20
21	.3544848	.3367959	.3200097	.3040790	.2889592	.2746083	.2609862	.2480550	21
22	.3374038	.3197868	.3031094	.2873205	.2723718	.2582175	.2448146	.2321224	22
23	.3211458	.3036366	.2871017	.2714857	.2567365	.2428051	.2296451	.2172131	23
24	.3056712	.2883021	.2719394	.2565236	.2419988	.2283126	.2154156	.2032614	24
25	.2909422	.2737420	.2575778	.2423860	.2281071	.2146851	.2020677	.1902059	25
26	.2769230	.2599173	.2439747	.2290276	.2150128	.2018710	.1895470	.1779889	26
27	.2635793	.2467907	.2310900	.2164055	.2026702	.1898218	.1778020	.1665566	27
28	.2508786	.2343271	.2188858	.2044789	.1910361	.1784918	.1667849	.1558586	28
29	.2387898	.2224929	.2073260	.1932096	.1800698	.1678380	.1564503	.1458477	29
30	.2272836	.2112564	.1963768	.1825615	.1697331	.1578201	.1467562	.1364799	30
31	.2163318	.2005873	.1860058	.1725001	.1599897	.1484002	.1376627	.1277137	31
32	.2059077	.1904571	.1761825	.1629933	.1508057	.1395425	.1291327	.1195106	32
33	.1959859	.1808384	.1668780	.1540104	.1421488	.1312135	.1211312	.1118344	33
34	.1865422	.1717056	.1580649	.1455226	.1339889	.1233817	.1136255	.1046513	34
35	.1775536	.1630340	.1497173	.1375025	.1262974	.1160173	.1065849	.0979295	35
36	.1689980	.1548003	.1418104	.1299245	.1190474	.1090925	.0999806	.0916394	36
37	.1608548	.1469824	.1343212	.1227641	.1122136	.1025810	.0937855	.0857534	37
38	.1531039	.1395594	.1272275	.1159983	.1057721	.0964581	.0879742	.08C2454	38
39	.1457265	.1325112	.1205084	.1096054	.0997003	.0907008	.0825231	.0750912	39
40	.1387046	.1258190	.1141441	.1035648	.0939771	.0852870	.0774097	.0702681	40
41	.1320210	.1194648	.1081160	.0978571	.0885824	.0801965	.0726131	.0657548	41
42	.1256595	.1134315	.1024062	.0924640	.0834974	.0754097	.0681138	.0615313	42
43	.1196045	.1077029	.0969980	.0873681	.0787043	.0709087	.0638932	.0575791	43
44	.1138413	.1022636	.0918753	.0825531	.0741864	.0666763	.0599342	.0538808	44
45	.1083558	.0970990	.0870232	.0780034	.0699278	.0626965	.0562205	.0504200	45
46	.1031346	.0921952	.0824274	.0737045	.0659136	.0589543	.0527369	.0471815	46
47	.0981650	.0875391	.0780743	.0696425	.0621299	.0554355	.0494691	.0441510	47
48	.0934349	.0831181	.0739510	.0658043	.0585634	.0521266	.0464039	.0413152	48
49	.0889326	.0789204	.0700456	.0621777	.0552016	.0490153	.0435285	.0386615	49
50	.0846474	.0749347	.0663463	.0587510	.0520328	.0460897	.0408314	.0361783	50

PRESENT VALUE OF £1

After years	\	\	\	Nominal rate per cent \	\	\	\	After years
	5	5.25	5.5	5.75	6	6.25	6.5	6.75	
51	.0805686	.0711503	.0628425	.0555131	.0490459	.0433387	.0383013	.0338545	51
52	.0766863	.0675570	.0595237	.0524537	.0462305	.0407519	.0359281	.0316800	52
53	.0729912	.0641452	.0563801	.0495628	.0435767	.0383195	.0337018	.0296452	53
54	.0694740	.0609057	.0534026	.0468313	.0410752	.0360323	.0316136	.0277411	54
55	.0661264	.0578297	.0505823	.0442503	.0387173	.0338816	.0296547	.0259593	55
56	.0629400	.0549092	.0479110	.0418116	.0364948	.0318593	.0278172	.0242919	56
57	.0599072	.0521361	.0453807	.0395073	.0343998	.0299577	.0260935	.0227316	57
58	.0570206	.0495031	.0429841	.0373300	.0324251	.0281696	.0244767	.0212716	58
59	.0542730	.0470030	.0407140	.0352726	.0305638	.0264882	.0229601	.0199053	59
60	.0516578	.0446292	.0385638	.0333287	.0288093	.0249072	.0215374	.0186268	60
61	.0491687	.0423753	.0365272	.0314919	.0271555	.0234205	.0202029	.0174304	61
62	.0467994	.0402353	.0345982	.0297563	.0255967	.0220226	.0189510	.0163108	62
63	.0445444	.0382033	.0327710	.0281164	.0241274	.0207081	.0177768	.0152631	63
64	.0423980	.0362739	.0310403	.0265668	.0227423	.0194721	.0166752	.0142828	64
65	.0403550	.0344420	.0294010	.0251027	.0214368	.0183099	.0156420	.0133654	65
66	.0384105	.0327025	.0278483	.0237192	.0202063	.0172170	.0146728	.0125069	66
67	.0365597	.0310510	.0263776	.0224120	.0190464	.0161893	.0137636	.0117036	67
68	.0347980	.0294828	.0249845	.0211768	.0179530	.0152230	.0129108	.0109519	68
69	.0331212	.0279938	.0236650	.0200097	.0169224	.0143144	.0121108	.0102484	69
70	.0315253	.0265801	.0224153	.0189069	.0159510	.0134600	.0113603	.0095902	70
71	.0300062	.0252377	.0212315	.0178649	.0150354	.0126566	.0106564	.0089742	71
72	.0285603	.0239631	.0201102	.0168804	.0141723	.0119012	.0099961	.0083978	72
73	.0271841	.0227529	.0190481	.0159501	.0133587	.0111908	.0093767	.0078584	73
74	.0258743	.0216038	.0180422	.0150710	.0125919	.0105229	.0087957	.0073536	74
75	.0246275	.0205128	.0170893	.0142404	.0118691	.0098948	.0082507	.0068813	75
76	.0234408	.0194768	.0161868	.0134556	.0111877	.0093042	.0077395	.0064393	76
77	.0223113	.0184932	.0153320	.0127140	.0105455	.0087488	.0072599	.0060257	77
78	.0212362	.0175592	.0145223	.0120133	.0099402	.0082266	.0068101	.0056387	78
79	.0202129	.0166724	.0137553	.0113513	.0093695	.0077356	.0063881	.0052765	79
80	.0192390	.0158304	.0130289	.0107257	.0088317	.0072739	.0059923	.0049376	80
81	.0183119	.0150310	.0123408	.0101346	.0083247	.0068397	.0056210	.0046205	81
82	.0174295	.0142718	.0116891	.0095760	.0078468	.0064315	.0052727	.0043237	82
83	.0165897	.0135511	.0110717	.0090483	.0073964	.0060476	.0049460	.0040460	83
84	.0157903	.0128667	.0104870	.0085496	.0069718	.0056866	.0046395	.0037861	84
85	.0150294	.0122169	.0099332	.0080784	.0065716	.0053472	.0043520	.0035429	85
86	.0143052	.0115999	.0094086	.0076332	.0061944	.0050280	.0040823	.0033154	86
87	.0136159	.0110141	.0089117	.0072125	.0058388	.0047279	.0038294	.0031024	87
88	.0129598	.0104578	.0084411	.0068150	.0055036	.0044457	.0035921	.0029031	88
89	.0123354	.0099297	.0079953	.0064394	.0051877	.0041804	.0033695	.0027167	89
90	.0117410	.0094282	.0075730	.0060845	.0048899	.0039309	.0031607	.0025422	90
91	.0111752	.0089521	.0071731	.0057492	.0046092	.0036962	.0029649	.0023789	91
92	.0106367	.0085000	.0067943	.0054324	.0043446	.0034756	.0027812	.0022261	92
93	.0101242	.0080707	.0064355	.0051330	.0040952	.0032682	.0026088	.0020831	93
94	.0096364	.0076631	.0060956	.0048501	.0038601	.0030731	.0024472	.0019493	94
95	.0091720	.0072761	.0057737	.0045828	.0036385	.0028897	.0022956	.0018241	95
96	.0087301	.0069086	.0054688	.0043302	.0034297	.0027172	.0021533	.0017069	96
97	.0083094	.0065597	.0051799	.0040916	.0032328	.0025550	.0020199	.0015973	97
98	.0079090	.0062284	.0049064	.0038661	.0030472	.0024025	.0018947	.0014947	98
99	.0075279	.0059139	.0046473	.0036530	.0028723	.0022591	.0017773	.0013987	99
100	.0071652	.0056152	.0044018	.0034517	.0027074	.0021243	.0016672	.0013089	100

PRESENT VALUE OF £1

After years	Nominal rate per cent								After years
	7	7.25	7.5	7.75	8	8.25	8.5	8.75	
1	.9335107	.9312599	.9290173	.9267827	.9245562	.9223377	.9201272	.9179246	1
2	.8714422	.8672450	.8630731	.8589262	.8548042	.8507069	.8466341	.8425856	2
3	.8135006	.8076306	.8018098	.7960380	.7903145	.7846390	.7790111	.7734301	3
4	.7594116	.7521140	.7448952	.7377542	.7306902	.7237022	.7167893	.7099505	4
5	.7089188	.7004136	.6920205	.6837379	.6755642	.6674978	.6595373	.6516811	5
6	.6617833	.6522671	.6428990	.6336764	.6245970	.6156584	.6068582	.5981941	6
7	.6177818	.6074302	.5972643	.5872804	.5774751	.5678450	.5583868	.5490971	7
8	.5767059	.5656754	.5548688	.5442813	.5339082	.5237449	.5137868	.5040298	8
9	.5383611	.5267908	.5154827	.5044305	.4936281	.4830696	.4727493	.4626613	9
10	.5025659	.4905792	.4788923	.4674975	.4563869	.4455533	.4349895	.4246882	10
11	.4691506	.4568567	.4448993	.4332686	.4219554	.4109507	.4002456	.3898318	11
12	.4379571	.4254524	.4133191	.4015458	.3901215	.3790353	.3682769	.3578362	12
13	.4088377	.3962067	.3839806	.3721457	.3606892	.3495986	.3388616	.3284667	13
14	.3816543	.3689715	.3567246	.3448982	.3334775	.3224479	.3117958	.3015076	14
15	.3562784	.3436083	.3314033	.3196457	.3083187	.2974059	.2868918	.2767613	15
16	.3325897	.3199887	.3078794	.2962421	.2850579	.2743087	.2639769	.2540460	16
17	.3104761	.2979926	.2860253	.2745521	.2635521	.2530052	.2428923	.2331951	17
18	.2898327	.2775086	.2657224	.2544501	.2436687	.2333563	.2234919	.2140555	18
19	.2705619	.2584326	.2468607	.2358200	.2252854	.2152333	.2056409	.1964868	19
20	.2525725	.2406679	.2293379	.2185539	.2082890	.1985178	.1892158	.1803601	20
21	.2357791	.2241244	.2130588	.2025520	.1925749	.1831004	.1741026	.1655570	21
22	.2201023	.2087181	.1979353	.1877217	.1780463	.1688804	.1601966	.1519688	22
23	.2054679	.1943708	.1838854	.1739772	.1646139	.1557648	.1474012	.1394959	23
24	.1918065	.1810097	.1708327	.1612391	.1521948	.1436678	.1356279	.1280467	24
25	.1790534	.1685671	.1587065	.1494336	.1407126	.1325102	.1247949	.1175373	25
26	.1671482	.1569798	.1474411	.1384924	.1300967	.1222191	.1148272	.1078903	26
27	.1560347	.1461890	.1369753	.1283524	.1202817	.1127273	.1056556	.0990352	27
28	.1456600	.1361399	.1272524	.1189548	.1112072	.1039727	.0972166	.0909069	28
29	.1359752	.1267817	.1182197	.1102452	.1028173	.0958979	.0894516	.0834456	29
30	.1269343	.1180667	.1098282	.1021734	.0950604	.0884503	.0823069	.0765968	30
31	.1184945	.1099508	.1020323	.0946925	.0878887	.0815810	.0757328	.0703101	31
32	.1106159	.1023928	.0947897	.0877594	.0812580	.0752452	.0696838	.0645394	32
33	.1032611	.0953543	.0880613	.0813339	.0751276	.0694015	.0641180	.0592423	33
34	.0963954	.0887996	.0818105	.0753788	.0694597	.0640116	.0589967	.0543799	34
35	.0899861	.0826955	.0760033	.0698598	.0642194	.0590404	.0542845	.0499167	35
36	.0840030	.0770110	.0706084	.0647449	.0593744	.0544552	.0499486	.0458198	36
37	.0784177	.0717173	.0655964	.0600044	.0548950	.0502260	.0459591	.0420591	37
38	.0732038	.0667874	.0609402	.0556111	.0507535	.0463254	.0422882	.0386071	38
39	.0683365	.0621965	.0566145	.0515394	.0469245	.0427276	.0389105	.0354384	39
40	.0637929	.0579211	.0525959	.0477658	.0433843	.0394093	.0358026	.0325298	40
41	.0595513	.0539396	.0488625	.0442685	.0401112	.0363487	.0329430	.0298599	41
42	.0555918	.0502318	.0453941	.0410273	.0370851	.0335258	.0303117	.0274091	42
43	.0518955	.0467788	.0421719	.0380234	.0342873	.0309221	.0278906	.0251595	43
44	.0484450	.0435632	.0391784	.0352394	.0317005	.0285206	.0256629	.0230945	44
45	.0452240	.0405687	.0363974	.0326593	.0293089	.0263056	.0236132	.0211990	45
46	.0422170	.0377800	.0338138	.0302681	.0270977	.0242627	.0217271	.0194591	46
47	.0394101	.0351830	.0314136	.0280519	.0250534	.0223784	.0199917	.0178620	47
48	.0367897	.0327645	.0291838	.0259980	.0231632	.0206404	.0183949	.0163960	48
49	.0343436	.0305123	.0271123	.0240945	.0214157	.0190374	.0169257	.0150503	49
50	.0320601	.0284149	.0251878	.0223304	.0198000	.0175590	.0155738	.0138150	50

PRESENT VALUE OF £1

After years	7	7.25	7.5	7.75	8	8.25	8.5	8.75	After years
51	.0299285	.0264616	.0233999	.0206954	.0183063	.0161953	.0143298	.0126811	51
52	.0279385	.0246427	.0217389	.0191802	.0169252	.0149375	.0131853	.0116403	52
53	.0260809	.0229487	.0201958	.0177758	.0156483	.0137774	.0121321	.0106849	53
54	.0243468	.0213712	.0187622	.0164743	.0144677	.0127075	.0111631	.0098080	54
55	.0227280	.0199022	.0174304	.0152681	.0133762	.0117206	.0102715	.0090030	55
56	.0212168	.0185341	.0161932	.0141502	.0123670	.0108103	.0094511	.0082641	56
57	.0198062	.0172600	.0150437	.0131142	.0114340	.0099708	.0086962	.0075858	57
58	.0184893	.0160736	.0139759	.0121540	.0105714	.0091964	.0080016	.0069632	58
59	.0172599	.0149687	.0129839	.0112641	.0097739	.0084822	.0073625	.0063917	59
60	.0161123	.0139397	.0120622	.0104394	.0090365	.0078234	.0067744	.0058671	60
61	.0150410	.0129815	.0112060	.0096751	.0083547	.0072159	.0062333	.0053855	61
62	.0140410	.0120892	.0104106	.0089667	.0077244	.0066555	.0057355	.0049435	62
63	.0131074	.0112582	.0096716	.0083102	.0071417	.0061386	.0052774	.0045378	63
64	.0122359	.0104843	.0089851	.0077017	.0066029	.0056618	.0048558	.0041653	64
65	.0114223	.0097636	.0083473	.0071378	.0061047	.0052221	.0044680	.0038235	65
66	.0106629	.0090924	.0077548	.0066152	.0056442	.0048166	.0041111	.0035096	66
67	.0099539	.0084674	.0072043	.0061309	.0052183	.0044425	.0037827	.0032216	67
68	.0092921	.0078854	.0066930	.0056820	.0048247	.0040975	.0034806	.0029572	68
69	.0086742	.0073433	.0062179	.0052660	.0044607	.0037793	.0032026	.0027145	69
70	.0080975	.0068385	.0057765	.0048804	.0041241	.0034858	.0029468	.0024917	70
71	.0075591	.0063685	.0053665	.0045231	.0038130	.0032151	.0027114	.0022872	71
72	.0070565	.0059307	.0049855	.0041919	.0035253	.0029654	.0024949	.0020995	72
73	.0065873	.0055230	.0046317	.0038850	.0032594	.0027351	.0022956	.0019271	73
74	.0061493	.0051434	.0043029	.0036005	.0030135	.0025227	.0021122	.0017690	74
75	.0057405	.0047898	.0039975	.0033369	.0027861	.0023267	.0019435	.0016238	75
76	.0053588	.0044606	.0037137	.0030926	.0025759	.0021460	.0017883	.0014905	76
77	.0050025	.0041539	.0034501	.0028662	.0023816	.0019794	.0016455	.0013682	77
78	.0046699	.0038684	.0032052	.0026563	.0022019	.0018257	.0015140	.0012559	78
79	.0043594	.0036025	.0029777	.0024618	.0020358	.0016839	.0013931	.0011528	79
80	.0040695	.0033548	.0027663	.0022816	.0018822	.0015531	.0012818	.0010582	80
81	.0037989	.0031242	.0025700	.0021145	.0017402	.0014325	.0011794	.0009713	81
82	.0035464	.0029095	.0023875	.0019597	.0016089	.0013212	.0010852	.0008916	82
83	.0033106	.0027095	.0022181	.0018162	.0014875	.0012186	.0009986	.0008184	83
84	.0030904	.0025232	.0020606	.0016832	.0013753	.0011240	.0009188	.0007513	84
85	.0028850	.0023498	.0019144	.0015600	.0012715	.0010367	.0008454	.0006896	85
86	.0026931	.0021883	.0017785	.0014458	.0011756	.0009562	.0007779	.0006330	86
87	.0025141	.0020378	.0016522	.0013399	.0010869	.0008819	.0007158	.0005810	87
88	.0023469	.0018978	.0015349	.0012418	.0010049	.0008134	.0006586	.0005334	88
89	.0021909	.0017673	.0014260	.0011509	.0009291	.0007503	.0006060	.0004896	89
90	.0020452	.0016458	.0013248	.0010666	.0008590	.0006920	.0005576	.0004494	90
91	.0019092	.0015327	.0012307	.0009885	.0007942	.0006382	.0005130	.0004125	91
92	.0017823	.0014273	.0011434	.0009162	.0007343	.0005887	.0004721	.0003787	92
93	.0016638	.0013292	.0010622	.0008491	.0006789	.0005430	.0004344	.0003476	93
94	.0015532	.0012378	.0009868	.0007869	.0006277	.0005008	.0003997	.0003191	94
95	.0014499	.0011528	.0009168	.0007293	.0005803	.0004619	.0003677	.0002929	95
96	.0013535	.0010735	.0008517	.0006759	.0005365	.0004260	.0003384	.0002688	96
97	.0012635	.0009997	.0007912	.0006264	.0004961	.0003929	.0003113	.0002468	97
98	.0011795	.0009310	.0007351	.0005805	.0004586	.0003624	.0002865	.0002265	98
99	.0011011	.0008670	.0006829	.0005380	.0004240	.0003343	.0002636	.0002079	99
100	.0010279	.0008074	.0006344	.0004986	.0003920	.0003083	.0002425	.0001909	100

PRESENT VALUE OF £1

After years	\multicolumn{8}{c}{Nominal rate per cent}	After years
	9	9.25	9.5	9.75	10	10.25	10.5	10.75	
1	.9157300	.9135431	.9113641	.9091929	.9070295	.9048737	.9027257	.9005852	1
2	.8385613	.8345611	.8305646	.8266318	.8227025	.8187965	.8149136	.8110538	2
3	.7678957	.7624075	.7569650	.7515678	.7462154	.7409074	.7356435	.7304231	3
4	.7031851	.6964922	.6898708	.6833201	.6768394	.6704277	.6640842	.6578082	4
5	.6439277	.6362756	.6287235	.6212698	.6139133	.6066524	.5994859	.5924124	5
6	.5896639	.5812652	.5729960	.5648541	.5568374	.5489438	.5411713	.5335178	6
7	.5399729	.5310109	.5222080	.5135614	.5050680	.4967248	.4885292	.4804783	7
8	.4944693	.4851013	.4759217	.4669264	.4581115	.4494733	.4410079	.4327117	8
9	.4528004	.4431610	.4337380	.4245262	.4155207	.4067165	.3981091	.3896937	9
10	.4146429	.4048467	.3952932	.3859762	.3768895	.3680271	.3593833	.3509524	10
11	.3797009	.3698449	.3602561	.3509268	.3418499	.3330181	.3244245	.3160626	11
12	.3477035	.3378693	.3283245	.3190602	.3100679	.3013393	.2928664	.2846413	12
13	.3184025	.3086582	.2992231	.2900873	.2812407	.2726740	.2643780	.2563437	13
14	.2915707	.2819725	.2727012	.2637453	.2550936	.2467356	.2386608	.2308594	14
15	.2670000	.2575941	.2485301	.2397954	.2313774	.2232645	.2154452	.2079086	15
16	.2444999	.2353233	.2265015	.2180203	.2098662	.2020262	.1944879	.1872394	16
17	.2238959	.2149780	.2064253	.1982225	.1903548	.1828082	.1755692	.1686250	17
18	.2050282	.1963917	.1881286	.1802225	.1726574	.1654183	.1584909	.1518612	18
19	.1877504	.1794123	.1714537	.1638570	.1566054	.1496827	.1430738	.1367640	19
20	.1719287	.1639008	.1562567	.1489776	.1420457	.1354440	.1291564	.1231676	20
21	.1574403	.1497305	.1424068	.1354494	.1288396	.1225597	.1165928	.1109229	21
22	.1441728	.1367853	.1297844	.1231496	.1168613	.1109010	.1052513	.0998956	22
23	.1320233	.1249592	.1182809	.1119668	.1059967	.1003514	.0950130	.0899645	23
24	.1208977	.1141556	.1077970	.1017994	.0961421	.0908054	.0857707	.0810207	24
25	.1107096	.1042861	.0982423	.0925553	.0872037	.0821674	.0774274	.0729660	25
26	.1013801	.0952699	.0895345	.0841506	.0790964	.0743511	.0698957	.0657121	26
27	.0928368	.0870331	.0815985	.0765092	.0717427	.0672784	.0630967	.0591794	27
28	.0850135	.0795085	.0743660	.0695616	.0650728	.0608784	.0569590	.0532961	28
29	.0778494	.0726345	.0677745	.0632449	.0590229	.0550873	.0514183	.0479976	29
30	.0712890	.0663547	.0617672	.0575018	.0535355	.0498471	.0464166	.0432260	30
31	.0652815	.0606179	.0562924	.0522802	.0485583	.0451053	.0419015	.0389287	31
32	.0597802	.0553771	.0513029	.0475328	.0440438	.0408146	.0378256	.0350586	32
33	.0547425	.0505893	.0467556	.0432165	.0399490	.0369321	.0341461	.0315732	33
34	.0501294	.0462155	.0426114	.0392921	.0362349	.0334188	.0308246	.0284344	34
35	.0459050	.0422199	.0388345	.0357241	.0328662	.0302398	.0278261	.0256076	35
36	.0420366	.0385697	.0353924	.0324801	.0298106	.0273632	.0251194	.0230618	36
37	.0384941	.0352351	.0322553	.0295307	.0270391	.0247603	.0226759	.0207691	37
38	.0352502	.0321888	.0293964	.0268491	.0245252	.0224049	.0204701	.0187044	38
39	.0322797	.0294058	.0267908	.0244110	.0222451	.0202736	.0184789	.0168449	39
40	.0295595	.0268635	.0244162	.0221943	.0201770	.0183451	.0166814	.0151703	40
41	.0270685	.0245410	.0222520	.0201789	.0183011	.0166000	.0150587	.0136621	41
42	.0247874	.0224192	.0202797	.0183465	.0165996	.0150209	.0135939	.0123039	42
43	.0226986	.0204809	.0184822	.0166805	.0150564	.0135920	.0122715	.0110807	43
44	.0207858	.0187102	.0168440	.0151658	.0136566	.0122990	.0110778	.0099791	44
45	.0190342	.0170926	.0153510	.0137887	.0123869	.0111291	.0100002	.0089870	45
46	.0174302	.0156148	.0139904	.0125366	.0112353	.0100704	.0090275	.0080936	46
47	.0159613	.0142648	.0127503	.0113982	.0101907	.0091125	.0081493	.0072890	47
48	.0146163	.0130315	.0116202	.0103631	.0092433	.0082456	.0073566	.0065643	48
49	.0133845	.0119048	.0105902	.0094221	.0083840	.0074612	.0066410	.0059118	49
50	.0122566	.0108756	.0096515	.0085665	.0076045	.0067515	.0059950	.0053240	50

PRESENT VALUE OF £1

After years	9	9.25	9.5	Nominal rate per cent 9.75	10	10.25	10.5	10.75	After years
51	.0112238	.0099353	.0087961	.0077886	.0068975	.0061092	.0054118	.0047948	51
52	.0102779	.0090763	.0080164	.0070813	.0062562	.0055281	.0048854	.0043181	52
53	.0094118	.0082916	.0073059	.0064333	.0056746	.0050022	.0044102	.0038888	53
54	.0086187	.0075748	.0066583	.0058537	.0051470	.0045264	.0039812	.0035022	54
55	.0078924	.0069199	.0060682	.0053221	.0046685	.0040958	.0035939	.0031540	55
56	.0072273	.0063216	.0055303	.0048388	.0042345	.0037062	.0032443	.0028405	56
57	.0066182	.0057751	.0050401	.0043994	.0038408	.0033536	.0029287	.0025581	57
58	.0060605	.0052758	.0045934	.0039999	.0034837	.0030346	.0026438	.0023038	58
59	.0055498	.0048196	.0041862	.0036367	.0031598	.0027459	.0023867	.0020747	59
60	.0050821	.0044029	.0038152	.0033065	.0028661	.0024847	.0021545	.0018685	60
61	.0046539	.0040223	.0034770	.0030062	.0025996	.0022484	.0019449	.0016827	61
62	.0042617	.0036745	.0031688	.0027332	.0023579	.0020345	.0017557	.0015154	62
63	.0039025	.0033568	.0028880	.0024850	.0021387	.0018410	.0015849	.0013648	63
64	.0035737	.0030666	.0026320	.0022594	.0019399	.0016658	.0014308	.0012291	64
65	.0032725	.0028015	.0023987	.0020542	.0017595	.0015074	.0012916	.0011069	65
66	.0029967	.0025593	.0021861	.0018677	.0015959	.0013640	.0011660	.0009969	66
67	.0027442	.0023330	.0019923	.0016981	.0014476	.0012342	.0010525	.0008978	67
68	.0025130	.0021359	.0018157	.0015439	.0013130	.0011168	.0009502	.0008085	68
69	.0023012	.0019512	.0016548	.0014037	.0011909	.0010106	.0008577	.0007281	69
70	.0021073	.0017825	.0015081	.0012762	.0010802	.0009144	.0007743	.0006557	70
71	.0019297	.0016284	.0013744	.0011603	.0009798	.0008275	.0006990	.0005906	71
72	.0017671	.0014876	.0012526	.0010550	.0008887	.0007487	.0006310	.0005318	72
73	.0016182	.0013590	.0011416	.0009592	.0008061	.0006775	.0005696	.0004790	73
74	.0014818	.0012415	.0010404	.0008721	.0007311	.0006131	.0005142	.0004314	74
75	.0013569	.0011342	.0009482	.0007929	.0006631	.0005548	.0004642	.0003885	75
76	.0012426	.0010361	.0008641	.0007209	.0006015	.0005020	.0004190	.0003499	76
77	.0011379	.0009465	.0007876	.0006554	.0005456	.0004542	.0003783	.0003151	77
78	.0010420	.0008647	.0007177	.0005959	.0004948	.0004110	.0003415	.0002838	78
79	.0009542	.0007899	.0006541	.0005418	.0004488	.0003719	.0003083	.0002555	79
80	.0008738	.0007216	.0005961	.0004926	.0004071	.0003365	.0002783	.0002301	80
81	.0008001	.0006593	.0005433	.0004479	.0003693	.0003045	.0002512	.0002073	81
82	.0007327	.0006023	.0004952	.0004072	.0003349	.0002756	.0002268	.0001867	82
83	.0006710	.0005502	.0004513	.0003702	.0003038	.0002493	.0002047	.0001681	83
84	.0006144	.0005026	.0004113	.0003366	.0002755	.0002256	.0001848	.0001514	84
85	.0005626	.0004592	.0003748	.0003060	.0002499	.0002042	.0001668	.0001363	85
86	.0005152	.0004195	.0003416	.0002782	.0002267	.0001847	.0001506	.0001228	86
87	.0004718	.0003832	.0003113	.0002530	.0002056	.0001672	.0001359	.0001106	87
88	.0004320	.0003501	.0002837	.0002300	.0001865	.0001513	.0001227	.0000996	88
89	.0003956	.0003198	.0002586	.0002091	.0001692	.0001369	.0001108	.0000897	89
90	.0003623	.0002922	.0002357	.0001901	.0001534	.0001239	.0001000	.0000808	90
91	.0003318	.0002669	.0002148	.0001729	.0001392	.0001121	.0000903	.0000727	91
92	.0003038	.0002438	.0001957	.0001572	.0001262	.0001014	.0000815	.0000655	92
93	.0002782	.0002227	.0001784	.0001429	.0001145	.0000918	.0000736	.0000590	93
94	.0002548	.0002035	.0001626	.0001299	.0001039	.0000830	.0000664	.0000531	94
95	.0002333	.0001859	.0001482	.0001181	.0000942	.0000751	.0000600	.0000478	95
96	.0002136	.0001698	.0001350	.0001074	.0000854	.0000680	.0000541	.0000431	96
97	.0001956	.0001551	.0001231	.0000976	.0000775	.0000615	.0000489	.0000388	97
98	.0001791	.0001417	.0001122	.0000888	.0000703	.0000557	.0000441	.0000349	98
99	.0001640	.0001295	.0001022	.0000807	.0000638	.0000504	.0000398	.0000315	99
100	.0001502	.0001183	.0000932	.0000734	.0000578	.0000456	.0000359	.0000283	100

PRESENT VALUE OF £1

After years	Nominal rate per cent								After years
	11	11.25	11.5	11.75	12	12.25	12.5	12.75	
1	.8984524	.8963272	.8942094	.8920992	.8899964	.8879011	.8858131	.8837326	1
2	.8072167	.8034024	.7996105	.7958410	.7920937	.7883684	.7846649	.7809832	2
3	.7252458	.7201114	.7150193	.7099691	.7049605	.6999931	.6950665	.6901803	3
4	.6515989	.6454554	.6393770	.6333629	.6274124	.6215247	.6156991	.6099348	4
5	.5854306	.5785392	.5717369	.5650225	.5583948	.5518524	.5453943	.5390192	5
6	.5259815	.5185604	.5112526	.5040562	.4969694	.4899904	.4831175	.4763489	6
7	.4725694	.4647998	.4571669	.4496681	.4423010	.4350630	.4279518	.4209650	7
8	.4245811	.4166126	.4088029	.4011485	.3936463	.3862929	.3790853	.3720205	8
9	.3814659	.3734212	.3655554	.3578643	.3503438	.3429899	.3357988	.3287666	9
10	.3427290	.3347076	.3268831	.3192505	.3118047	.3045411	.2974550	.2905417	10
11	.3079257	.3000075	.2923020	.2848031	.2775051	.2704024	.2634895	.2567612	11
12	.2766566	.2689049	.2613792	.2540726	.2469785	.2400906	.2334025	.2269082	12
13	.2485628	.2410267	.2337277	.2266580	.2198100	.2131767	.2067510	.2005262	13
14	.2233218	.2160388	.2090015	.2022014	.1956301	.1892798	.1831427	.1772115	14
15	.2006440	.1936415	.1868911	.1803837	.1741101	.1680618	.1622303	.1566076	15
16	.1802691	.1735661	.1671198	.1609202	.1549574	.1492222	.1437057	.1383992	16
17	.1619632	.1555720	.1494401	.1435567	.1379115	.1324946	.1272964	.1223079	17
18	.1455162	.1394434	.1336308	.1280669	.1227408	.1176421	.1127608	.1080875	18
19	.1307394	.1249869	.1194939	.1142483	.1092389	.1044545	.0998850	.0955204	19
20	.1174631	.1120292	.1068526	.1019209	.0972222	.0927453	.0884795	.0844145	20
21	.1055350	.1004148	.0955486	.0909235	.0865274	.0823486	.0783763	.0745998	21
22	.0948182	.0900045	.0854404	.0811128	.0770091	.0731175	.0694267	.0659263	22
23	.0851897	.0806735	.0764016	.0723607	.0685378	.0649211	.0614991	.0582612	23
24	.0765389	.0723098	.0683191	.0645529	.0609984	.0576435	.0544767	.0514873	24
25	.0687665	.0648133	.0610916	.0575876	.0542884	.0511817	.0482562	.0455010	25
26	.0617834	.0580939	.0546286	.0513738	.0483164	.0454443	.0427460	.0402108	26
27	.0555095	.0520711	.0488495	.0458306	.0430015	.0403500	.0378649	.0355356	27
28	.0498726	.0466728	.0436816	.0408854	.0382712	.0358268	.0335413	.0314039	28
29	.0448082	.0418341	.0390605	.0364738	.0340612	.0318107	.0297113	.0277527	29
30	.0402580	.0374970	.0349283	.0325383	.0303143	.0282448	.0263187	.0245259	30
31	.0361699	.0336096	.0312332	.0290274	.0269797	.0250785	.0233134	.0216744	31
32	.0324969	.0301252	.0279290	.0258953	.0240118	.0222673	.0206513	.0191543	32
33	.0291970	.0270020	.0249744	.0231012	.0213704	.0197711	.0182932	.0169273	33
34	.0262321	.0242026	.0223324	.0206085	.0190196	.0175548	.0162044	.0149592	34
35	.0235683	.0216935	.0199698	.0183849	.0169274	.0155869	.0143540	.0132200	35
36	.0211750	.0194445	.0178572	.0164011	.0150653	.0138397	.0127150	.0116829	36
37	.0190247	.0174286	.0159681	.0146314	.0134081	.0122882	.0112631	.0103246	37
38	.0170928	.0156217	.0142788	.0130527	.0119331	.0109107	.0099770	.0091242	38
39	.0153571	.0140022	.0127682	.0116443	.0106204	.0096877	.0088378	.0080633	39
40	.0137976	.0125505	.0114175	.0103879	.0094522	.0086017	.0078286	.0071258	40
41	.0123965	.0112494	.0102096	.0092670	.0084124	.0076374	.0069347	.0062973	41
42	.0111376	.0100831	.0091295	.0082671	.0074870	.0067813	.0061428	.0055651	42
43	.0100066	.0090378	.0081637	.0073751	.0066634	.0060211	.0054414	.0049181	43
44	.0089905	.0081008	.0073001	.0065793	.0059304	.0053462	.0048201	.0043463	44
45	.0080775	.0072610	.0065278	.0058694	.0052780	.0047469	.0042697	.0038409	45
46	.0072573	.0065082	.0058372	.0052361	.0046974	.0042147	.0037821	.0033944	46
47	.0065203	.0058335	.0052197	.0046711	.0041807	.0037423	.0033503	.0029997	47
48	.0058582	.0052287	.0046675	.0041671	.0037208	.0033228	.0029677	.0026509	48
49	.0052633	.0046866	.0041737	.0037174	.0033115	.0029503	.0026288	.0023427	49
50	.0047288	.0042008	.0037322	.0033163	.0029472	.0026196	.0023287	.0020703	50

PRESENT VALUE OF £1

After years	13	13.25	13.5	13.75	14	14.25	14.5	14.75	After years
1	.8816593	.8795933	.8775346	.8754831	.8734387	.8714016	.8693715	.8673485	1
2	.7773231	.7736844	.7700669	.7664706	.7628952	.7593407	.7558068	.7522935	2
3	.6853341	.6805276	.6757603	.6710320	.6663422	.6616906	.6570769	.6525006	3
4	.6042312	.5985875	.5930031	.5874771	.5820091	.5765983	.5712439	.5659455	4
5	.5327260	.5265136	.5203807	.5143263	.5083493	.5024486	.4966232	.4908720	5
6	.4696829	.4631178	.4566520	.4502840	.4440120	.4378345	.4317500	.4257571	6
7	.4141002	.4073553	.4007279	.3942160	.3878172	.3815297	.3753512	.3692798	7
8	.3650953	.3583070	.3516526	.3451294	.3387346	.3324655	.3263196	.3202943	8
9	.3218897	.3151644	.3085873	.3021549	.2958639	.2897110	.2836930	.2778068	9
10	.2837970	.2772165	.2707961	.2645315	.2584190	.2524546	.2466346	.2409553	10
11	.2502123	.2438378	.2376329	.2315929	.2257132	.2199893	.2144171	.2089922	11
12	.2206020	.2144781	.2085311	.2027556	.1971466	.1916991	.1864031	.1812691	12
13	.1944958	.1886535	.1829932	.1775091	.1721955	.1670469	.1620579	.1572235	13
14	.1714790	.1659383	.1605829	.1554062	.1504022	.1455649	.1408885	.1363676	14
15	.1511861	.1459583	.1409170	.1360555	.1313671	.1268455	.1224845	.1182782	15
16	.1332946	.1283839	.1236596	.1191143	.1147411	.1105333	.1064845	.1025884	16
17	.1175204	.1129256	.1085155	.1042826	.1002193	.0963189	.0925746	.0889799	17
18	.1036130	.0993286	.0952261	.0912976	.0875355	.0839325	.0804817	.0771766	18
19	.0913513	.0873688	.0835642	.0799295	.0764569	.0731389	.0699685	.0669390	19
20	.0805408	.0768490	.0733305	.0699769	.0667804	.0637333	.0608286	.0580595	20
21	.0710095	.0675959	.0643500	.0612636	.0583286	.0555373	.0528827	.0503578	21
22	.0626062	.0594569	.0564694	.0536353	.0509464	.0483953	.0459747	.0436777	22
23	.0551973	.0522979	.0495538	.0469568	.0444986	.0421717	.0399691	.0378838	23
24	.0486652	.0460009	.0434852	.0411098	.0389668	.0367485	.0347480	.0328585	24
25	.0429062	.0404620	.0381598	.0359910	.0339478	.0320227	.0302089	.0284998	25
26	.0378286	.0355901	.0334865	.0315095	.0296513	.0279047	.0262628	.0247192	26
27	.0333519	.0313048	.0293856	.0275860	.0258986	.0243162	.0228321	.0214402	27
28	.0294051	.0275355	.0257869	.0241511	.0226208	.0211891	.0198496	.0185961	28
29	.0259252	.0242201	.0226289	.0211439	.0197579	.0184642	.0172567	.0161293	29
30	.0228572	.0213038	.0198576	.0185111	.0172573	.0160898	.0150024	.0139897	30
31	.0201523	.0187387	.0174257	.0162062	.0150732	.0140207	.0130427	.0121340	31
32	.0177675	.0164824	.0152917	.0141882	.0131655	.0122176	.0113389	.0105244	32
33	.0156648	.0144978	.0134190	.0124215	.0114993	.0106465	.0098578	.0091283	33
34	.0138110	.0127522	.0117756	.0108749	.0100439	.0092773	.0085701	.0079174	34
35	.0121766	.0112167	.0103335	.0095207	.0087727	.0080843	.0074506	.0068672	35
36	.0107356	.0098662	.0090680	.0083353	.0076625	.0070447	.0064773	.0059562	36
37	.0094652	.0086782	.0079575	.0072974	.0066927	.0061387	.0056312	.0051661	37
38	.0083451	.0076333	.0069830	.0063887	.0058457	.0053493	.0048956	.0044808	38
39	.0073575	.0067142	.0061278	.0055932	.0051058	.0046614	.0042561	.0038864	39
40	.0064868	.0059058	.0053774	.0048968	.0044596	.0040619	.0037001	.0033709	40
41	.0057192	.0051947	.0047188	.0042870	.0038952	.0035396	.0032168	.0029237	41
42	.0050423	.0045692	.0041409	.0037532	.0034022	.0030844	.0027966	.0025359	42
43	.0044456	.0040190	.0036338	.0032859	.0029716	.0026877	.0024313	.0021995	43
44	.0039195	.0035351	.0031888	.0028767	.0025955	.0023421	.0021137	.0019077	44
45	.0034557	.0031095	.0027983	.0025185	.0022670	.0020409	.0018376	.0016547	45
46	.0030467	.0027351	.0024556	.0022049	.0019801	.0017785	.0015975	.0014352	46
47	.0026862	.0024057	.0021549	.0019304	.0017295	.0015497	.0013888	.0012448	47
48	.0023683	.0021161	.0018910	.0016900	.0015106	.0013505	.0012074	.0010797	48
49	.0020880	.0018613	.0016594	.0014796	.0013194	.0011768	.0010497	.0009365	49
50	.0018409	.0016372	.0014562	.0012954	.0011525	.0010255	.0009126	.0008122	50

PRESENT VALUE OF £1

After years	15	15.5	16	16.5	17	17.5	18	18.5	After years
1	.8653326	.8613218	.8573388	.8533834	.8494553	.8455542	.8416800	.8378323	1
2	.7488005	.7418753	.7350299	.7282632	.7215743	.7149620	.7084252	.7019630	2
3	.6479615	.6389933	.6301696	.6214877	.6129451	.6045391	.5962673	.5881273	3
4	.5607022	.5503789	.5402689	.5303673	.5206694	.5111706	.5018663	.4927520	4
5	.4851939	.4740533	.4631935	.4526067	.4422854	.4322225	.4224108	.4128436	5
6	.4198541	.4083125	.3971138	.3862470	.3757017	.3654675	.3555347	.3458937	6
7	.3633135	.3516884	.3404610	.3296168	.3191418	.3090226	.2992465	.2898009	7
8	.3143870	.3029169	.2918905	.2812895	.2710967	.2612954	.2518698	.2428046	8
9	.2720493	.2609090	.2502490	.2400478	.2302845	.2209394	.2119937	.2034295	9
10	.2354131	.2247266	.2145482	.2048528	.1956164	.1868163	.1784309	.1704398	10
11	.2037107	.1935619	.1839405	.1748180	.1661674	.1579633	.1501817	.1428000	11
12	.1762775	.1667191	.1576993	.1491868	.1411518	.1335665	.1264049	.1196425	12
13	.1525387	.1435988	.1352018	.1273135	.1199021	.1129377	.1063925	.1002403	13
14	.1319967	.1236848	.1159137	.1086472	.1018515	.0954950	.0895484	.0839846	14
15	.1142210	.1065324	.0993773	.0927177	.0865183	.0807462	.0753711	.0703650	15
16	.0988392	.0917587	.0852000	.0791238	.0734934	.0682753	.0634384	.0589541	16
17	.0855288	.0790337	.0730453	.0675229	.0624294	.0577305	.0533948	.0493936	17
18	.0740108	.0680735	.0626246	.0576229	.0530310	.0488142	.0449413	.0413836	18
19	.0640440	.0586332	.0536905	.0491745	.0450474	.0412751	.0378262	.0346725	19
20	.0554194	.0505020	.0460309	.0419647	.0382658	.0349003	.0318376	.0290497	20
21	.0479562	.0434985	.0394641	.0358120	.0325051	.0295101	.0267971	.0243388	21
22	.0414980	.0374662	.0338341	.0305613	.0276116	.0249524	.0225545	.0203918	22
23	.0359096	.0322705	.0290073	.0260805	.0234548	.0210986	.0189837	.0170849	23
24	.0310738	.0277953	.0248691	.0222567	.0199238	.0178400	.0159782	.0143143	24
25	.0268891	.0239407	.0213212	.0189935	.0169244	.0150847	.0134485	.0119930	25
26	.0232680	.0206206	.0182795	.0162087	.0143765	.0127549	.0113194	.0100481	26
27	.0201346	.0177610	.0156717	.0138323	.0122122	.0107850	.0095273	.0084186	27
28	.0174231	.0152979	.0134360	.0118042	.0103737	.0091193	.0080189	.0070534	28
29	.0150768	.0131764	.0115192	.0100735	.0088120	.0077109	.0067494	.0059096	29
30	.0130464	.0113491	.0098759	.0035966	.0074854	.0065199	.0056808	.0049512	30
31	.0112895	.0097753	.0084670	.0073362	.0063585	.0055130	.0047814	.0041483	31
32	.0097692	.0084197	.0072590	.0062606	.0054013	.0046615	.0040244	.0034756	32
33	.0084536	.0072520	.0062235	.0053427	.0045881	.0039416	.0033873	.0029120	33
34	.0073152	.0062463	.0053356	.0045593	.0038974	.0033328	.0028510	.0024397	34
35	.0063301	.0053801	.0045744	.0038909	.0033107	.0028181	.0023996	.0020441	35
36	.0054776	.0046340	.0039218	.0033204	.0028123	.0023828	.0020197	.0017126	36
37	.0047399	.0039914	.0033623	.0028336	.0023889	.0020148	.0017000	.0014349	37
38	.0041016	.0034378	.0028827	.0024181	.0020293	.0017036	.0014308	.0012022	38
39	.0035493	.0029611	.0024714	.0020636	.0017238	.0014405	.0012043	.0010072	39
40	.0030713	.0025505	.0021188	.0017610	.0014643	.0012180	.0010136	.0008439	40
41	.0026577	.0021968	.0018166	.0015028	.0012438	.0010299	.0008532	.0007070	41
42	.0022998	.0018921	.0015574	.0012825	.0010566	.0008708	.0007181	.0005924	42
43	.0019901	.0016297	.0013352	.0010945	.0008975	.0007363	.0006044	.0004963	43
44	.0017221	.0014037	.0011447	.0009340	.0007624	.0006226	.0005087	.0004158	44
45	.0014902	.0012091	.0009814	.0007971	.0006476	.0005265	.0004282	.0003484	45
46	.0012895	.0010414	.0008414	.0006802	.0005501	.0004452	.0003604	.0002919	46
47	.0011158	.0008970	.0007214	.0005805	.0004673	.0003764	.0003033	.0002446	47
48	.0009656	.0007726	.0006185	.0004954	.0003970	.0003183	.0002553	.0002049	48
49	.0008355	.0006654	.0005302	.0004227	.0003372	.0002691	.0002149	.0001717	49
50	.0007230	.0005732	.0004546	.0003608	.0002864	.0002275	.0001809	.0001438	50

PRESENT VALUE OF £1

After years	\multicolumn{8}{c}{Nominal rate per cent}	After years
	19	19.5	20	20.5	21	21.5	22	22.5	
1	.8340110	.8302157	.8264463	.8227025	.8189841	.8152908	.8116224	.8079788	1
2	.6955743	.6892581	.6830135	.6768394	.6707349	.6646991	.6587310	.6528297	2
3	.5801166	.5722329	.5644739	.5568374	.5493212	.5419230	.5346408	.5274726	3
4	.4838236	.4750767	.4665074	.4581115	.4498853	.4418248	.4339265	.4261867	4
5	.4035142	.3944162	.3855433	.3768895	.3684489	.3602157	.3521845	.3443498	5
6	.3365353	.3274505	.3186308	.3100679	.3017537	.2936805	.2858408	.2782273	6
7	.2806741	.2718545	.2633313	.2550936	.2471315	.2394350	.2319948	.2248018	7
8	.2340853	.2256979	.2176291	.2098662	.2023968	.1952092	.1882922	.1816351	8
9	.1952297	.1873779	.1798588	.1726574	.1657597	.1591522	.1528222	.1467573	9
10	.1628237	.1555641	.1486436	.1420457	.1357546	.1297554	.1240339	.1185768	10
11	.1357968	.1291518	.1228460	.1168613	.1111808	.1057883	.1006687	.0958075	11
12	.1132560	.1072238	.1015256	.0961421	.0910553	.0862483	.0817050	.0774104	12
13	.0944567	.0890189	.0839055	.0790964	.0745729	.0703174	.0663136	.0625460	13
14	.0787779	.0739049	.0693433	.0650728	.0610740	.0573291	.0538216	.0505358	14
15	.0657017	.0613570	.0573086	.0535355	.0500186	.0467399	.0436828	.0408319	15
16	.0547959	.0509395	.0473624	.0440438	.0409644	.0381066	.0354540	.0329913	16
17	.0457004	.0422908	.0391425	.0362349	.0335492	.0310680	.0287752	.0266563	17
18	.0381146	.0351105	.0323492	.0298106	.0274763	.0253294	.0233546	.0215377	18
19	.0317880	.0291493	.0267349	.0245252	.0225026	.0206509	.0189551	.0174020	19
20	.0265116	.0242002	.0220949	.0201770	.0184293	.0168365	.0153844	.0140604	20
21	.0221109	.0200914	.0182603	.0165996	.0150933	.0137266	.0124863	.0113605	21
22	.0184408	.0166802	.0150911	.0136566	.0123612	.0111912	.0101342	.0091791	22
23	.0153798	.0138481	.0124720	.0112353	.0101236	.0091241	.0082251	.0074165	23
24	.0128269	.0114969	.0103074	.0092433	.0082911	.0074388	.0066757	.0059924	24
25	.0106978	.0095449	.0085186	.0076045	.0067903	.0060648	.0054182	.0048417	25
26	.0089221	.0079244	.0070401	.0062562	.0055611	.0049445	.0043975	.0039120	26
27	.0074411	.0065789	.0058183	.0051470	.0045545	.0040312	.0035691	.0031608	27
28	.0062060	.0054619	.0048085	.0042345	.0037300	.0032866	.0028968	.0025539	28
29	.0051758	.0045346	.0039740	.0034837	.0030548	.0026796	.0023511	.0020635	29
30	.0043167	.0037647	.0032843	.0028661	.0025019	.0021846	.0019082	.0016672	30
31	.0036002	.0031255	.0027143	.0023579	.0020490	.0017811	.0015487	.0013471	31
32	.0030026	.0025948	.0022432	.0019399	.0016781	.0014521	.0012570	.0010884	32
33	.0025042	.0021543	.0018539	.0015959	.0013743	.0011839	.0010202	.0008794	33
34	.0020885	.0017885	.0015321	.0013130	.0011256	.0009652	.0008280	.0007106	34
35	.0017419	.0014849	.0012662	.0010802	.0009218	.0007869	.0006720	.0005741	35
36	.0014527	.0012327	.0010465	.0008887	.0007549	.0006416	.0005454	.0004639	36
37	.0012116	.0010234	.0008649	.0007311	.0006183	.0005231	.0004427	.0003748	37
38	.0010105	.0008497	.0007148	.0006015	.0005064	.0004265	.0003593	.0003028	38
39	.0008427	.0007054	.0005907	.0004948	.0004147	.0003477	.0002916	.0002447	39
40	.0007029	.0005856	.0004882	.0004071	.0003396	.0002835	.0002367	.0001977	40
41	.0005862	.0004862	.0004035	.0003349	.0002782	.0002311	.0001921	.0001597	41
42	.0004889	.0004037	.0003334	.0002755	.0002278	.0001884	.0001559	.0001291	42
43	.0004077	.0003351	.0002756	.0002267	.0001866	.0001536	.0001265	.0001043	43
44	.0003401	.0002782	.0002277	.0001865	.0001528	.0001252	.0001027	.0000843	44
45	.0002836	.0002310	.0001882	.0001534	.0001251	.0001021	.0000834	.0000681	45
46	.0002365	.0001918	.0001556	.0001262	.0001025	.0000832	.0000677	.0000550	46
47	.0001973	.0001592	.0001286	.0001039	.0000839	.0000679	.0000549	.0000444	47
48	.0001645	.0001322	.0001062	.0000854	.0000687	.0000553	.0000446	.0000359	48
49	.0001372	.0001097	.0000878	.0000703	.0000563	.0000451	.0000362	.0000290	49
50	.0001144	.0000911	.0000726	.0000578	.0000461	.0000368	.0000294	.0000234	50

TABLE 5

ANNUAL SINKING FUND

to provide £1 after the given number of years

Rates of interest: 1 — 10.75% @ 0.25% steps

ANNUAL SINKING FUND

Nominal rate per cent

Years	1	1.25	1.5	1.75	2	2.25	2.5	2.75	Years
1	.9937811	.9922360	.9906948	.9891574	.9876238	.9860941	.9845681	.9830458	1
2	.4944123	.4930270	.4916462	.4902701	.4888985	.4875314	.4861689	.4848109	2
3	.3279616	.3266326	.3253091	.3239911	.3226787	.3213716	.3200701	.3187739	3
4	.2447403	.2434418	.2421498	.2408643	.2395852	.2383125	.2370463	.2357864	4
5	.1948109	.1935325	.1922617	.1909982	.1897423	.1884937	.1872525	.1860186	5
6	.1615274	.1602640	.1590091	.1577626	.1565246	.1552950	.1540737	.1528607	6
7	.1377558	.1365044	.1352625	.1340301	.1328071	.1315935	.1303892	.1291941	7
8	.1199292	.1186880	.1174573	.1162370	.1150272	.1138277	.1126386	.1114596	8
9	.1060659	.1048336	.1036129	.1024036	.1012057	.1000191	.0988439	.0976798	9
10	.0949769	.0937527	.0925410	.0913418	.0901550	.0889805	.0878183	.0866683	10
11	.0859056	.0846889	.0834856	.0822959	.0811195	.0799565	.0788067	.0776701	11
12	.0783475	.0771378	.0759426	.0747618	.0735954	.0724434	.0713055	.0701818	12
13	.0719535	.0707504	.0695628	.0683907	.0672339	.0660924	.0649661	.0638549	13
14	.0664742	.0652774	.0640971	.0629333	.0617859	.0606547	.0595397	.0584407	14
15	.0617265	.0605358	.0593626	.0582069	.0570686	.0559475	.0548435	.0537565	15
16	.0575733	.0563885	.0552222	.0540745	.0529450	.0518338	.0507406	.0496654	16
17	.0539096	.0527306	.0515712	.0504311	.0493104	.0482089	.0471264	.0460628	17
18	.0506540	.0494806	.0483278	.0471954	.0460833	.0449913	.0439193	.0428672	18
19	.0477419	.0465741	.0454278	.0443029	.0431993	.0421167	.0410552	.0400144	19
20	.0451219	.0439595	.0428196	.0417021	.0406069	.0395337	.0384824	.0374528	20
21	.0427522	.0415951	.0404616	.0393514	.0382645	.0372006	.0361595	.0351410	21
22	.0405986	.0394468	.0383196	.0372167	.0361380	.0350832	.0340522	.0330447	22
23	.0386331	.0374865	.0363655	.0352698	.0341992	.0331536	.0321326	.0311360	23
24	.0368320	.0356906	.0345757	.0334872	.0324247	.0313881	.0303770	.0293913	24
25	.0351757	.0340394	.0329306	.0318491	.0307947	.0297670	.0287658	.0277909	25
26	.0336474	.0325162	.0314135	.0303390	.0292926	.0282738	.0272824	.0263181	26
27	.0322329	.0311067	.0300100	.0289426	.0279041	.0268941	.0259125	.0249588	27
28	.0309200	.0297989	.0287082	.0276477	.0266170	.0256159	.0246440	.0237008	28
29	.0296983	.0285821	.0274974	.0264438	.0254210	.0244286	.0234663	.0225336	29
30	.0285586	.0274473	.0263685	.0253217	.0243067	.0233231	.0223704	.0214481	30
31	.0274929	.0263865	.0253136	.0242737	.0232665	.0222915	.0213483	.0204364	31
32	.0264943	.0253929	.0243258	.0232927	.0222932	.0213268	.0203931	.0194915	32
33	.0255567	.0244602	.0233989	.0223726	.0213808	.0204230	.0194987	.0186073	33
34	.0246748	.0235831	.0225277	.0215081	.0205240	.0195747	.0186597	.0177785	34
35	.0238438	.0227569	.0217073	.0206944	.0197179	.0187771	.0178714	.0170003	35
36	.0230593	.0219773	.0209334	.0199273	.0189583	.0180260	.0171296	.0162685	36
37	.0223178	.0212405	.0202023	.0192029	.0182415	.0173176	.0164304	.0155793	37
38	.0216156	.0205431	.0195107	.0185179	.0175641	.0166485	.0157705	.0149294	38
39	.0209499	.0198822	.0188555	.0178693	.0169229	.0160157	.0151469	.0143156	39
40	.0203179	.0192549	.0182339	.0172543	.0163154	.0154165	.0145567	.0137352	40
41	.0197171	.0186589	.0176435	.0166705	.0157391	.0148484	.0139976	.0131859	41
42	.0191453	.0180918	.0170821	.0161157	.0151916	.0143092	.0134674	.0126653	42
43	.0186005	.0175517	.0165477	.0155877	.0146711	.0137968	.0129639	.0121715	43
44	.0180809	.0170367	.0160383	.0150849	.0141756	.0133094	.0124854	.0117026	44
45	.0175846	.0165452	.0155524	.0146054	.0137034	.0128454	.0120303	.0112569	45
46	.0171103	.0160755	.0150883	.0141478	.0132532	.0124032	.0115968	.0108329	46
47	.0166566	.0156264	.0146448	.0137108	.0128233	.0119814	.0111838	.0104292	47
48	.0162221	.0151965	.0142205	.0132929	.0124127	.0115787	.0107898	.0100445	48
49	.0158056	.0147847	.0138142	.0128930	.0120200	.0111940	.0104137	.0096776	49
50	.0154061	.0143899	.0134249	.0125100	.0116442	.0108261	.0100544	.0093275	50

ANNUAL SINKING FUND

Nominal rate per cent

Years	1	1.25	1.5	1.75	2	2.25	2.5	2.75	Years
51	.0150226	.0140110	.0130515	.0121430	.0112844	.0104742	.0097109	.0089932	51
52	.0146542	.0136472	.0126932	.0117910	.0109395	.0101371	.0093824	.0086737	52
53	.0143000	.0132975	.0123490	.0114532	.0106087	.0098142	.0090678	.0083681	53
54	.0139592	.0129613	.0120183	.0111287	.0102913	.0095045	.0087666	.0080758	54
55	.0136311	.0126378	.0117002	.0108169	.0099866	.0092074	.0084778	.0077959	55
56	.0133149	.0123262	.0113940	.0105171	.0096937	.0089222	.0082009	.0075277	56
57	.0130102	.0120260	.0110993	.0102285	.0094121	.0086483	.0079352	.0072707	57
58	.0127162	.0117366	.0108153	.0099507	.0091413	.0083850	.0076801	.0070243	58
59	.0124325	.0114574	.0105415	.0096831	.0088806	.0081319	.0074350	.0067878	59
60	.0121585	.0111879	.0102774	.0094252	.0086295	.0078884	.0071996	.0065609	60
61	.0118938	.0109277	.0100225	.0091765	.0083876	.0076540	.0069732	.0063429	61
62	.0116378	.0106762	.0097764	.0089365	.0081545	.0074282	.0067554	.0061335	62
63	.0113902	.0104332	.0095387	.0087048	.0079296	.0072107	.0065458	.0059322	63
64	.0111507	.0101981	.0093089	.0084811	.0077127	.0070011	.0063440	.0057387	64
65	.0109187	.0099706	.0090867	.0082650	.0075033	.0067990	.0061497	.0055525	65
66	.0106940	.0097503	.0088717	.0080561	.0073010	.0066041	.0059625	.0053734	66
67	.0104762	.0095370	.0086637	.0078541	.0071057	.0064159	.0057820	.0052010	67
68	.0102651	.0093304	.0084623	.0076587	.0069169	.0062343	.0056080	.0050349	68
69	.0100603	.0091300	.0082672	.0074695	.0067344	.0060589	.0054401	.0048750	69
70	.0098616	.0089358	.0080782	.0072864	.0065578	.0058895	.0052782	.0047208	70
71	.0096688	.0087473	.0078949	.0071091	.0063871	.0057257	.0051219	.0045723	71
72	.0094815	.0085644	.0077172	.0069373	.0062218	.0055674	.0049710	.0044290	72
73	.0092995	.0083868	.0075449	.0067708	.0060617	.0054143	.0048252	.0042909	73
74	.0091227	.0082144	.0073776	.0066094	.0059068	.0052663	.0046844	.0041576	74
75	.0089508	.0080469	.0072152	.0064529	.0057566	.0051230	.0045484	.0040290	75
76	.0087836	.0078841	.0070576	.0063010	.0056111	.0049843	.0044169	.0039049	76
77	.0086210	.0077258	.0069044	.0061537	.0054701	.0048501	.0042897	.0037851	77
78	.0084627	.0075719	.0067556	.0060106	.0053334	.0047200	.0041667	.0036693	78
79	.0083087	.0074222	.0066110	.0058717	.0052007	.0045941	.0040478	.0035576	79
80	.0081587	.0072766	.0064704	.0057368	.0050721	.0044721	.0039327	.0034496	80
81	.0080126	.0071348	.0063337	.0056058	.0049472	.0043538	.0038213	.0033452	81
82	.0078702	.0069967	.0062007	.0054785	.0048261	.0042392	.0037134	.0032443	82
83	.0077315	.0068623	.0060713	.0053547	.0047084	.0041280	.0036090	.0031468	83
84	.0075962	.0067313	.0059453	.0052344	.0045942	.0040202	.0035079	.0030525	84
85	.0074644	.0066037	.0058227	.0051173	.0044832	.0039157	.0034100	.0029613	85
86	.0073357	.0064794	.0057033	.0050035	.0043754	.0038142	.0033151	.0028731	86
87	.0072102	.0063581	.0055870	.0048928	.0042706	.0037158	.0032232	.0027878	87
88	.0070877	.0062399	.0054738	.0047850	.0041688	.0036202	.0031341	.0027052	88
89	.0069682	.0061246	.0053634	.0046801	.0040698	.0035275	.0030477	.0026253	89
90	.0068515	.0060121	.0052558	.0045780	.0039736	.0034374	.0029640	.0025479	90
91	.0067375	.0059023	.0051509	.0044785	.0038800	.0033499	.0028828	.0024730	91
92	.0066261	.0057952	.0050486	.0043817	.0037889	.0032650	.0028040	.0024005	92
93	.0065173	.0056906	.0049489	.0042873	.0037004	.0031824	.0027277	.0023303	93
94	.0064110	.0055885	.0048516	.0041954	.0036142	.0031022	.0026535	.0022623	94
95	.0063071	.0054887	.0047567	.0041058	.0035303	.0030243	.0025816	.0021964	95
96	.0062055	.0053913	.0046641	.0040185	.0034487	.0029485	.0025119	.0021326	96
97	.0061062	.0052961	.0045737	.0039334	.0033692	.0028749	.0024441	.0020708	97
98	.0060090	.0052031	.0044855	.0038504	.0032918	.0028033	.0023784	.0020109	98
99	.0059139	.0051122	.0043993	.0037695	.0032164	.0027336	.0023146	.0019528	99
100	.0058209	.0050233	.0043152	.0036905	.0031430	.0026659	.0022526	.0018965	100

ANNUAL SINKING FUND

Nominal rate per cent

Years	3	3.25	3.5	3.75	4	4.25	4.5	4.75	Years
1	.9815273	.9800126	.9785016	.9769944	.9754908	.9739909	.9724947	.9710022	1
2	.4834574	.4821084	.4807638	.4794237	.4780880	.4767567	.4754299	.4741073	2
3	.3174832	.3161978	.3149178	.3136431	.3123738	.3111097	.3098509	.3085973	3
4	.2345328	.2332856	.2320447	.2308100	.2295816	.2283593	.2271433	.2259334	4
5	.1847920	.1835727	.1823607	.1811558	.1799581	.1787676	.1775842	.1764079	5
6	.1516560	.1504595	.1492712	.1480911	.1469190	.1457551	.1445992	.1434513	6
7	.1280083	.1268317	.1256643	.1245059	.1233566	.1222164	.1210851	.1199627	7
8	.1102909	.1091324	.1079839	.1068455	.1057171	.1045987	.1034901	.1023914	8
9	.0965270	.0953852	.0942545	.0931349	.0920261	.0909282	.0898411	.0887648	9
10	.0855304	.0844046	.0832908	.0821890	.0810990	.0800207	.0789543	.0778994	10
11	.0765466	.0754360	.0743385	.0732538	.0721819	.0711227	.0700761	.0690420	11
12	.0690721	.0679764	.0668946	.0658265	.0647722	.0637315	.0627043	.0616905	12
13	.0627588	.0616775	.0606110	.0595592	.0585221	.0574994	.0564912	.0554972	13
14	.0573577	.0562905	.0552391	.0542032	.0531829	.0521780	.0511883	.0502138	14
15	.0526864	.0516331	.0505964	.0495762	.0485725	.0475849	.0466135	.0456581	15
16	.0486080	.0475683	.0465462	.0455415	.0445540	.0435836	.0426302	.0416936	16
17	.0450179	.0439917	.0429839	.0419944	.0410230	.0400696	.0391339	.0382159	17
18	.0418347	.0408218	.0398281	.0388537	.0378982	.0369615	.0360433	.0351436	18
19	.0389941	.0379943	.0370147	.0360551	.0351153	.0341951	.0332943	.0324126	19
20	.0364447	.0354579	.0344921	.0335472	.0326230	.0317191	.0308354	.0299716	20
21	.0341449	.0331709	.0322189	.0312885	.0303796	.0294919	.0286251	.0277790	21
22	.0320605	.0310993	.0301609	.0292450	.0283513	.0274796	.0266295	.0258008	22
23	.0301636	.0292150	.0282901	.0273885	.0265098	.0256539	.0248204	.0240088	23
24	.0284306	.0274946	.0265830	.0256955	.0248318	.0239915	.0231743	.0223798	24
25	.0268418	.0259182	.0250199	.0241465	.0232975	.0224727	.0216717	.0208940	25
26	.0253806	.0244694	.0235842	.0227247	.0218904	.0210809	.0202958	.0195347	26
27	.0240327	.0231338	.0222617	.0214159	.0205961	.0198018	.0190325	.0182878	27
28	.0227861	.0218993	.0210401	.0202080	.0194026	.0186233	.0178696	.0171411	28
29	.0216302	.0207555	.0199091	.0190906	.0182993	.0175348	.0167966	.0160841	29
30	.0205559	.0196932	.0188595	.0180544	.0172772	.0165274	.0158044	.0151077	30
31	.0195553	.0187045	.0178835	.0170916	.0163283	.0155931	.0148852	.0142040	31
32	.0186215	.0177825	.0169740	.0161953	.0154458	.0147249	.0140319	.0133661	32
33	.0177483	.0169210	.0161249	.0153593	.0146235	.0139167	.0132384	.0125878	33
34	.0169304	.0161148	.0153310	.0145783	.0138560	.0131633	.0124995	.0118638	34
35	.0161631	.0153590	.0145874	.0138475	.0131385	.0124597	.0118102	.0111893	35
36	.0154421	.0146495	.0138900	.0131627	.0124670	.0118018	.0111665	.0105600	36
37	.0147636	.0139823	.0132348	.0125201	.0118374	.0111858	.0105644	.0099723	37
38	.0141242	.0133543	.0126186	.0119164	.0112466	.0106084	.0100007	.0094226	38
39	.0135210	.0127622	.0120383	.0113484	.0106914	.0100664	.0094722	.0089080	39
40	.0129511	.0122035	.0114913	.0108135	.0101691	.0095571	.0089763	.0084257	40
41	.0124122	.0116755	.0109749	.0103092	.0096773	.0090781	.0085105	.0079733	41
42	.0119019	.0111762	.0104870	.0098332	.0092136	.0086271	.0080725	.0075485	42
43	.0114184	.0107035	.0100256	.0093836	.0087762	.0082022	.0076603	.0071493	43
44	.0109596	.0102554	.0095888	.0089584	.0083631	.0078014	.0072721	.0067739	44
45	.0105240	.0098305	.0091750	.0085561	.0079726	.0074231	.0069062	.0064205	45
46	.0101100	.0094271	.0087825	.0081751	.0076033	.0070658	.0065610	.0060876	46
47	.0097163	.0090437	.0084101	.0078139	.0072537	.0067280	.0062352	.0057739	47
48	.0093415	.0086793	.0080564	.0074714	.0069226	.0064085	.0059275	.0054780	48
49	.0089844	.0083325	.0077203	.0071462	.0066087	.0061060	.0056366	.0051988	49
50	.0086440	.0080023	.0074006	.0068374	.0063110	.0058196	.0053616	.0049352	50

ANNUAL SINKING FUND

Nominal rate per cent

Years	3	3.25	3.5	3.75	4	4.25	4.5	4.75	Years
51	.0083193	.0076876	.0070964	.0065439	.0060284	.0055431	.0051013	.0046861	51
52	.0080093	.0073876	.0068067	.0062648	.0057601	.0052908	.0048549	.0044507	52
53	.0077133	.0071014	.0065307	.0059993	.0055052	.0050466	.0046215	.0042281	53
54	.0074303	.0068282	.0062676	.0057465	.0052629	.0048148	.0044004	.0040175	54
55	.0071597	.0065673	.0060166	.0055057	.0050324	.0045948	.0041907	.0038182	55
56	.0069008	.0063179	.0057771	.0052762	.0048131	.0043857	.0039918	.0036295	56
57	.0066529	.0060796	.0055485	.0050575	.0046044	.0041870	.0038032	.0034508	57
58	.0064155	.0058515	.0053301	.0048489	.0044056	.0039981	.0036241	.0032814	58
59	.0061880	.0056333	.0051214	.0046498	.0042162	.0038184	.0034540	.0031208	59
60	.0059700	.0054244	.0049218	.0044597	.0040358	.0036475	.0032925	.0029686	60
61	.0057608	.0052243	.0047310	.0042783	.0038637	.0034847	.0031390	.0028242	61
62	.0055601	.0050326	.0045484	.0041049	.0036996	.0033298	.0029932	.0026873	62
63	.0053675	.0048488	.0043737	.0039393	.0035430	.0031822	.0028545	.0025573	63
64	.0051825	.0046726	.0042064	.0037809	.0033936	.0030417	.0027226	.0024339	64
65	.0050048	.0045036	.0040461	.0036295	.0032509	.0029077	.0025971	.0023167	65
66	.0048340	.0043414	.0038926	.0034846	.0031147	.0027800	.0024778	.0022054	66
67	.0046699	.0041857	.0037454	.0033461	.0029846	.0026582	.0023642	.0020998	67
68	.0045121	.0040362	.0036044	.0032134	.0028603	.0025421	.0022560	.0019993	68
69	.0043602	.0038927	.0034691	.0030864	.0027415	.0024313	.0021530	.0019039	69
70	.0042141	.0037547	.0033394	.0029648	.0026279	.0023256	.0020550	.0018132	70
71	.0040735	.0036222	.0032149	.0028484	.0025194	.0022248	.0019616	.0017270	71
72	.0039381	.0034948	.0030955	.0027368	.0024155	.0021285	.0018726	.0016450	72
73	.0038078	.0033722	.0029808	.0026299	.0023162	.0020366	.0017878	.0015670	73
74	.0036822	.0032544	.0028707	.0025274	.0022212	.0019488	.0017070	.0014928	74
75	.0035612	.0031411	.0027650	.0024292	.0021303	.0018649	.0016299	.0014223	75
76	.0034446	.0030320	.0026634	.0023350	.0020433	.0017849	.0015565	.0013552	76
77	.0033322	.0029271	.0025658	.0022447	.0019600	.0017084	.0014865	.0012913	77
78	.0032238	.0028260	.0024721	.0021580	.0018803	.0016352	.0014197	.0012305	78
79	.0031193	.0027288	.0023819	.0020749	.0018039	.0015654	.0013560	.0011727	79
80	.0030184	.0026351	.0022953	.0019952	.0017308	.0014986	.0012953	.0011176	80
81	.0029212	.0025449	.0022120	.0019186	.0016607	.0014348	.0012373	.0010652	81
82	.0028273	.0024579	.0021319	.0018452	.0015936	.0013737	.0011820	.0010153	82
83	.0027367	.0023742	.0020549	.0017746	.0015294	.0013154	.0011293	.0009678	83
84	.0026492	.0022935	.0019808	.0017069	.0014678	.0012596	.0010789	.0009225	84
85	.0025648	.0022157	.0019095	.0016419	.0014037	.0012062	.0010308	.0008794	85
86	.0024833	.0021407	.0018409	.0015795	.0013522	.0011552	.0009850	.0008383	86
87	.0024045	.0020684	.0017749	.0015195	.0012979	.0011063	.0009412	.0007992	87
88	.0023284	.0019987	.0017114	.0014619	.0012459	.0010596	.0008994	.0007620	88
89	.0022549	.0019315	.0016503	.0014065	.0011961	.0010149	.0008595	.0007265	89
90	.0021839	.0018667	.0015914	.0013534	.0011483	.0009722	.0008214	.0006927	90
91	.0021152	.0018041	.0015347	.0013023	.0011024	.0009312	.0007850	.0006605	91
92	.0020489	.0017438	.0014801	.0012532	.0010585	.0008921	.0007503	.0006298	92
93	.0019848	.0016856	.0014276	.0012060	.0010163	.0008546	.0007171	.0006005	93
94	.0019228	.0016294	.0013769	.0011606	.0009759	.0008187	.0006854	.0005726	94
95	.0018628	.0015752	.0013282	.0011170	.0009371	.0007843	.0006551	.0005461	95
96	.0018048	.0015228	.0012812	.0010751	.0008999	.0007515	.0006262	.0005207	96
97	.0017488	.0014723	.0012360	.0010348	.0008642	.0007200	.0005986	.0004966	97
98	.0016945	.0014235	.0011923	.0009960	.0008299	.0006898	.0005722	.0004736	98
99	.0016421	.0013764	.0011503	.0009587	.0007970	.0006610	.0005470	.0004517	99
100	.0015913	.0013309	.0011098	.0009229	.0007655	.0006334	.0005229	.0004308	100

ANNUAL SINKING FUND

Nominal rate per cent

Years	5	5.25	5.5	5.75	6	6.25	6.5	6.75	Years
1	.9695134	.9680281	.9665465	.9650686	.9635942	.9621234	.9606563	.9591926	1
2	.4727892	.4714754	.4701659	.4688608	.4675599	.4662633	.4649710	.4636829	2
3	.3073490	.3061059	.3048680	.3036352	.3024076	.3011851	.2999677	.2987554	3
4	.2247297	.2235320	.2223405	.2211550	.2199755	.2188021	.2176346	.2164730	4
5	.1752386	.1740763	.1729210	.1717727	.1706313	.1694967	.1683691	.1672483	5
6	.1423114	.1411794	.1400553	.1389391	.1378306	.1367300	.1356370	.1345518	6
7	.1188492	.1177446	.1166487	.1155616	.1144832	.1134134	.1123522	.1112996	7
8	.1013025	.1002233	.0991538	.0980939	.0970436	.0960028	.0949715	.0939496	8
9	.0876992	.0866442	.0855997	.0845658	.0835423	.0825292	.0815264	.0805338	9
10	.0768562	.0758244	.0748041	.0737952	.0727975	.0718111	.0708357	.0698715	10
11	.0680205	.0670113	.0660143	.0650296	.0640571	.0630965	.0621479	.0612112	11
12	.0606900	.0597028	.0587287	.0577677	.0568195	.0558843	.0549617	.0540518	12
13	.0545174	.0535517	.0525999	.0516620	.0507378	.0498272	.0489301	.0480464	13
14	.0492542	.0483096	.0473798	.0464645	.0455638	.0446775	.0438053	.0429473	14
15	.0447185	.0437946	.0428863	.0419934	.0411157	.0402531	.0394055	.0385726	15
16	.0407737	.0398702	.0389831	.0381120	.0372570	.0364178	.0355942	.0347861	16
17	.0373153	.0364319	.0355656	.0347162	.0338834	.0330672	.0322672	.0314833	17
18	.0342621	.0333985	.0325528	.0317246	.0309137	.0301201	.0293433	.0285832	18
19	.0315499	.0307059	.0298804	.0290731	.0282839	.0275124	.0267584	.0260217	19
20	.0291275	.0283027	.0274972	.0267105	.0259425	.0251928	.0244612	.0237474	20
21	.0269532	.0261475	.0253616	.0245952	.0238481	.0231199	.0224103	.0217190	21
22	.0249931	.0242062	.0234397	.0226933	.0219667	.0212595	.0205715	.0199022	22
23	.0232191	.0224506	.0217032	.0209765	.0202701	.0195837	.0189168	.0182692	23
24	.0216077	.0208575	.0201289	.0194216	.0187350	.0180689	.0174229	.0167964	24
25	.0201393	.0194071	.0186971	.0180088	.0173418	.0166956	.0160699	.0154642	25
26	.0187972	.0180828	.0173910	.0167214	.0160736	.0154470	.0148413	.0142558	26
27	.0175673	.0168703	.0161965	.0155454	.0149164	.0143090	.0137228	.0131572	27
28	.0164373	.0157576	.0151015	.0144684	.0138579	.0132694	.0127023	.0121561	28
29	.0153968	.0147340	.0140953	.0134801	.0128877	.0123176	.0117692	.0112419	29
30	.0144367	.0137906	.0131690	.0125713	.0119967	.0114446	.0109145	.0104057	30
31	.0135490	.0129194	.0123146	.0117340	.0111768	.0106425	.0101303	.0096395	31
32	.0127268	.0121134	.0115252	.0109614	.0104213	.0099042	.0094095	.0089363	32
33	.0119641	.0113666	.0107946	.0102473	.0097239	.0092238	.0087461	.0082901	33
34	.0112554	.0106736	.0101175	.0095864	.0090794	.0085958	.0081347	.0076954	34
35	.0105960	.0100295	.0094891	.0089738	.0084829	.0080154	.0075705	.0071474	35
36	.0099816	.0094302	.0089052	.0084054	.0079301	.0074784	.0070493	.0066420	36
37	.0094084	.0088719	.0083619	.0078773	.0074173	.0069810	.0065673	.0061754	37
38	.0088731	.0083512	.0078559	.0073862	.0069412	.0065198	.0061211	.0057441	38
39	.0083726	.0078650	.0073842	.0069291	.0064986	.0060918	.0057077	.0053452	39
40	.0079042	.0074106	.0069440	.0065031	.0060869	.0056943	.0053244	.0049760	40
41	.0074654	.0069856	.0065328	.0061058	.0057035	.0053248	.0049686	.0046339	41
42	.0070540	.0065877	.0061484	.0057350	.0053463	.0049811	.0046382	.0043167	42
43	.0066679	.0062148	.0057888	.0053887	.0050132	.0046611	.0043312	.0040225	43
44	.0063053	.0058652	.0054522	.0050650	.0047023	.0043630	.0040457	.0037494	44
45	.0059646	.0055371	.0051368	.0047622	.0044121	.0040851	.0037801	.0034958	45
46	.0056441	.0052291	.0048411	.0044789	.0041409	.0038260	.0035329	.0032602	46
47	.0053425	.0049397	.0045638	.0042136	.0038875	.0035843	.0033026	.0030411	47
48	.0050586	.0046676	.0043035	.0039650	.0036505	.0033586	.0030880	.0028373	48
49	.0047910	.0044117	.0040592	.0037320	.0034287	.0031478	.0028879	.0026478	49
50	.0045388	.0041708	.0038295	.0035135	.0032210	.0029508	.0027014	.0024713	50

ANNUAL SINKING FUND

Nominal rate per cent

Years	5	5.25	5.5	5.75	6	6.25	6.5	6.75	Years
51	.0043010	.0039440	.0036137	.0033084	.0030266	.0027667	.0025273	.0023070	51
52	.0040765	.0037304	.0034108	.0031160	.0028444	.0025945	.0023649	.0021540	52
53	.0038646	.0035291	.0032199	.0029353	.0026737	.0024335	.0022132	.0020114	53
54	.0036645	.0033393	.0030403	.0027656	.0025137	.0022828	.0020716	.0018785	54
55	.0034754	.0031603	.0028712	.0026061	.0023636	.0021418	.0019393	.0017547	55
56	.0032967	.0029914	.0027119	.0024562	.0022227	.0020097	.0018157	.0016392	56
57	.0031277	.0028321	.0025619	.0023153	.0020906	.0018861	.0017002	.0015314	57
58	.0029679	.0026816	.0024205	.0021828	.0019666	.0017702	.0015922	.0014309	58
59	.0028167	.0025395	.0022872	.0020581	.0018501	.0016617	.0014912	.0013371	59
60	.0026736	.0024052	.0021616	.0019407	.0017408	.0015600	.0013968	.0012496	60
61	.0025381	.0022784	.0020431	.0018303	.0016380	.0014646	.0013085	.0011679	61
62	.0024098	.0021585	.0019314	.0017263	.0015415	.0013753	.0012258	.0010917	62
63	.0022882	.0020452	.0018259	.0016284	.0014509	.0012914	.0011485	.0010205	63
64	.0021731	.0019380	.0017264	.0015362	.0013656	.0012128	.0010761	.0009540	64
65	.0020640	.0018366	.0016324	.0014494	.0012855	.0011391	.0010084	.0008919	65
66	.0019606	.0017407	.0015438	.0013676	.0012102	.0010699	.0009450	.0008339	66
67	.0018625	.0016500	.0014600	.0012905	.0011394	.0010050	.0008856	.0007797	67
68	.0017695	.0015641	.0013809	.0012178	.0010728	.0009441	.0008300	.0007290	68
69	.0016813	.0014829	.0013062	.0011493	.0010102	.0008869	.0007779	.0006817	69
70	.0015977	.0014059	.0012357	.0010848	.0009512	.0008332	.0007292	.0006375	70
71	.0015183	.0013331	.0011690	.0010239	.0008958	.0007829	.0006835	.0005962	71
72	.0014430	.0012641	.0011060	.0009665	.0008436	.0007356	.0006407	.0005576	72
73	.0013715	.0011988	.0010465	.0009124	.0007945	.0006912	.0006007	.0005215	73
74	.0013037	.0011369	.0009902	.0008613	.0007484	.0006495	.0005631	.0004877	74
75	.0012393	.0010783	.0009370	.0008132	.0007049	.0006103	.0005279	.0004562	75
76	.0011781	.0010228	.0008867	.0007677	.0006640	.0005736	.0004950	.0004267	76
77	.0011201	.0009701	.0008391	.0007249	.0006254	.0005390	.0004641	.0003991	77
78	.0010649	.0009203	.0007942	.0006844	.0005892	.0005066	.0004351	.0003733	78
79	.0010125	.0008730	.0007516	.0006463	.0005550	.0004761	.0004080	.0003492	79
80	.0009628	.0008282	.0007114	.0006103	.0005229	.0004475	.0003825	.0003267	80
81	.0009155	.0007857	.0006734	.0005763	.0004926	.0004206	.0003587	.0003056	81
82	.0008706	.0007455	.0006374	.0005442	.0004641	.0003953	.0003364	.0002859	82
83	.0008280	.0007073	.0006033	.0005140	.0004373	.0003716	.0003154	.0002675	83
84	.0007874	.0006711	.0005711	.0004854	.0004120	.0003493	.0002958	.0002502	84
85	.0007489	.0006368	.0005407	.0004584	.0003882	.0003283	.0002774	.0002341	85
86	.0007123	.0006043	.0005119	.0004330	.0003658	.0003086	.0002601	.0002190	86
87	.0006775	.0005734	.0004846	.0004089	.0003446	.0002901	.0002439	.0002049	87
88	.0006444	.0005441	.0004588	.0003862	.0003248	.0002727	.0002288	.0001917	88
89	.0006130	.0005164	.0004343	.0003648	.0003060	.0002564	.0002145	.0001793	89
90	.0005831	.0004901	.0004112	.0003446	.0002884	.0002410	.0002012	.0001678	90
91	.0005547	.0004651	.0003894	.0003255	.0002717	.0002266	.0001887	.0001570	91
92	.0005277	.0004414	.0003687	.0003075	.0002561	.0002130	.0001770	.0001469	92
93	.0005020	.0004189	.0003491	.0002904	.0002413	.0002002	.0001660	.0001374	93
94	.0004776	.0003976	.0003305	.0002743	.0002274	.0001883	.0001557	.0001286	94
95	.0004543	.0003774	.0003130	.0002591	.0002143	.0001770	.0001460	.0001203	95
96	.0004323	.0003582	.0002963	.0002448	.0002020	.0001664	.0001369	.0001126	96
97	.0004113	.0003400	.0002806	.0002313	.0001903	.0001564	.0001284	.0001053	97
98	.0003913	.0003227	.0002657	.0002185	.0001794	.0001471	.0001205	.0000986	98
99	.0003723	.0003063	.0002516	.0002064	.0001690	.0001383	.0001130	.0000922	99
100	.0003542	.0002908	.0002383	.0001950	.0001593	.0001300	.0001060	.0000863	100

ANNUAL SINKING FUND

Nominal rate per cent

Years	7	7.25	7.5	7.75	8	8.25	8.5	8.75	Years
1	.9577326	.9562761	.9548231	.9533736	.9519277	.9504852	.9490462	.9476107	1
2	.4623991	.4611195	.4598441	.4585728	.4573058	.4560428	.4547841	.4535294	2
3	.2975482	.2963460	.2951488	.2939566	.2927694	.2915872	.2904099	.2892375	3
4	.2153174	.2141677	.2130239	.2118859	.2107537	.2096274	.2085068	.2073919	4
5	.1661342	.1650269	.1639264	.1628326	.1617454	.1606649	.1595909	.1585236	5
6	.1334742	.1324043	.1313419	.1302871	.1292398	.1282000	.1271676	.1261426	6
7	.1102555	.1092199	.1081927	.1071739	.1061635	.1051613	.1041673	.1031815	7
8	.0929371	.0919338	.0909398	.0899550	.0889793	.0880128	.0870552	.0861066	8
9	.0795514	.0785792	.0776170	.0766647	.0757224	.0747899	.0738673	.0729543	9
10	.0689182	.0679759	.0670444	.0661236	.0652135	.0643140	.0634250	.0625465	10
11	.0602862	.0593729	.0584712	.0575809	.0567021	.0558346	.0549783	.0541332	11
12	.0531544	.0522694	.0513967	.0505363	.0496879	.0488515	.0480271	.0472144	12
13	.0471760	.0463187	.0454744	.0446430	.0438243	.0430183	.0422249	.0414438	13
14	.0421032	.0412730	.0404565	.0396535	.0388638	.0380875	.0373243	.0365740	14
15	.0377544	.0369507	.0361613	.0353861	.0346248	.0338774	.0331437	.0324235	15
16	.0339932	.0332155	.0324527	.0317046	.0309711	.0302519	.0295470	.0288560	16
17	.0307154	.0299631	.0292263	.0285048	.0277983	.0271068	.0264298	.0257674	17
18	.0278396	.0271123	.0264010	.0257054	.0250254	.0243608	.0237112	.0230765	18
19	.0253020	.0245991	.0239127	.0232425	.0225884	.0219500	.0213271	.0207194	19
20	.0230512	.0223722	.0217102	.0210648	.0204359	.0198231	.0192261	.0186446	20
21	.0210457	.0203901	.0197519	.0191308	.0185264	.0179385	.0173667	.0168107	21
22	.0192515	.0186188	.0180039	.0174064	.0168260	.0162623	.0157150	.0151837	22
23	.0176404	.0170301	.0164380	.0158635	.0153064	.0147663	.0142428	.0137355	23
24	.0161892	.0156008	.0150307	.0144787	.0139443	.0134271	.0129267	.0124426	24
25	.0148780	.0143109	.0137626	.0132324	.0127200	.0122250	.0117470	.0112853	25
26	.0136902	.0131440	.0126167	.0121078	.0116169	.0111434	.0106870	.0102471	26
27	.0126117	.0120858	.0115790	.0110908	.0106206	.0101680	.0097325	.0093136	27
28	.0116302	.0111241	.0106372	.0101691	.0097191	.0092867	.0088715	.0084727	28
29	.0107352	.0102484	.0097810	.0093323	.0089018	.0084890	.0080933	.0077140	29
30	.0099177	.0094496	.0090010	.0085712	.0081597	.0077658	.0073889	.0070284	30
31	.0091696	.0087198	.0082895	.0078780	.0074848	.0071091	.0067503	.0064079	31
32	.0084841	.0080520	.0076395	.0072457	.0068702	.0065121	.0061708	.0058457	32
33	.0078550	.0074402	.0070448	.0066683	.0063097	.0059686	.0056441	.0053357	33
34	.0072770	.0068789	.0065002	.0061402	.0057982	.0054734	.0051651	.0048726	34
35	.0067453	.0063634	.0060009	.0056569	.0053307	.0050216	.0047288	.0044516	35
36	.0062557	.0058895	.0055425	.0052140	.0049032	.0046092	.0043313	.0040687	36
37	.0058044	.0054534	.0051215	.0048079	.0045118	.0042323	.0039686	.0037201	37
38	.0053880	.0050517	.0047344	.0044352	.0041532	.0038876	.0036377	.0034025	38
39	.0050035	.0046814	.0043781	.0040928	.0038244	.0035722	.0033354	.0031130	39
40	.0046481	.0043398	.0040501	.0037781	.0035228	.0032834	.0030591	.0028489	40
41	.0043195	.0040245	.0037479	.0034887	.0032459	.0030188	.0028064	.0026079	41
42	.0040154	.0037332	.0034692	.0032223	.0029916	.0027762	.0025752	.0023878	42
43	.0037338	.0034640	.0032121	.0029770	.0027579	.0025537	.0023636	.0021868	43
44	.0034729	.0032150	.0029748	.0027511	.0025430	.0023496	.0021699	.0020031	44
45	.0032311	.0029847	.0027557	.0025429	.0023454	.0021622	.0019924	.0018351	45
46	.0030068	.0027715	.0025532	.0023509	.0021635	.0019901	.0018297	.0016815	46
47	.0027986	.0025740	.0023661	.0021738	.0019961	.0018320	.0016806	.0015410	47
48	.0026054	.0023911	.0021931	.0020104	.0018419	.0016867	.0015438	.0014124	48
49	.0024261	.0022215	.0020331	.0018596	.0016999	.0015532	.0014184	.0012947	49
50	.0022594	.0020644	.0018850	.0017203	.0015691	.0014304	.0013033	.0011869	50

ANNUAL SINKING FUND

Nominal rate per cent

Years	7	7.25	7.5	7.75	8	8.25	8.5	8.75	Years
51	.0021045	.0019186	.0017480	.0015917	.0014485	.0013175	.0011977	.0010883	51
52	.0019606	.0017834	.0016212	.0014729	.0013373	.0012136	.0011008	.0009979	52
53	.0018267	.0016579	.0015037	.0013631	.0012348	.0011180	.0010118	.0009151	53
54	.0017023	.0015415	.0013950	.0012616	.0011403	.0010301	.0009300	.0008393	54
55	.0015864	.0014334	.0012942	.0011678	.0010531	.0009491	.0008550	.0007698	55
56	.0014787	.0013330	.0012008	.0010811	.0009727	.0008746	.0007860	.0007060	56
57	.0013784	.0012397	.0011143	.0010009	.0008984	.0008060	.0007227	.0006477	57
58	.0012850	.0011531	.0010341	.0009267	.0008299	.0007428	.0006645	.0005941	58
59	.0011981	.0010726	.0009597	.0008581	.0007667	.0006847	.0006110	.0005450	59
60	.0011171	.0009979	.0008907	.0007946	.0007083	.0006311	.0005619	.0005000	60
61	.0010417	.0009284	.0008268	.0007358	.0006544	.0005817	.0005167	.0004588	61
62	.0009714	.0008638	.0007675	.0006815	.0006047	.0005362	.0004752	.0004209	62
63	.0009060	.0008037	.0007125	.0006311	.0005587	.0004943	.0004371	.0003862	63
64	.0008450	.0007479	.0006614	.0005846	.0005163	.0004557	.0004020	.0003544	64
65	.0007882	.0006960	.0006141	.0005415	.0004771	.0004201	.0003697	.0003252	65
66	.0007352	.0006477	.0005702	.0005016	.0004409	.0003873	.0003401	.0002984	66
67	.0006858	.0006028	.0005294	.0004646	.0004075	.0003571	.0003128	.0002738	67
68	.0006398	.0005610	.0004916	.0004304	.0003766	.0003293	.0002877	.0002513	68
69	.0005969	.0005222	.0004565	.0003987	.0003480	.0003036	.0002647	.0002306	69
70	.0005569	.0004860	.0004239	.0003694	.0003217	.0002799	.0002435	.0002116	70
71	.0005196	.0004524	.0003936	.0003422	.0002973	.0002581	.0002240	.0001942	71
72	.0004848	.0004211	.0003655	.0003171	.0002748	.0002380	.0002060	.0001783	72
73	.0004523	.0003920	.0003395	.0002938	.0002540	.0002195	.0001896	.0001636	73
74	.0004221	.0003649	.0003153	.0002722	.0002348	.0002024	.0001744	.0001501	74
75	.0003938	.0003397	.0002928	.0002522	.0002170	.0001866	.0001604	.0001378	75
76	.0003675	.0003163	.0002719	.0002337	.0002006	.0001721	.0001476	.0001265	76
77	.0003430	.0002944	.0002526	.0002165	.0001854	.0001587	.0001358	.0001161	77
78	.0003200	.0002741	.0002346	.0002006	.0001714	.0001464	.0001249	.0001065	78
79	.0002987	.0002552	.0002179	.0001859	.0001585	.0001350	.0001149	.0000978	79
80	.0002787	.0002376	.0002024	.0001722	.0001465	.0001245	.0001057	.0000898	80
81	.0002601	.0002212	.0001880	.0001596	.0001354	.0001148	.0000973	.0000824	81
82	.0002428	.0002060	.0001746	.0001479	.0001252	.0001059	.0000895	.0000756	82
83	.0002266	.0001918	.0001622	.0001370	.0001157	.0000976	.0000823	.0000694	83
84	.0002115	.0001786	.0001506	.0001270	.0001070	.0000901	.0000758	.0000637	84
85	.0001974	.0001663	.0001399	.0001177	.0000989	.0000831	.0000697	.0000585	85
86	.0001842	.0001548	.0001300	.0001091	.0000914	.0000766	.0000641	.0000537	86
87	.0001719	.0001441	.0001207	.0001011	.0000845	.0000706	.0000590	.0000493	87
88	.0001605	.0001342	.0001122	.0000936	.0000781	.0000652	.0000543	.0000452	88
89	.0001498	.0001250	.0001042	.0000868	.0000722	.0000601	.0000500	.0000415	89
90	.0001398	.0001164	.0000968	.0000804	.0000668	.0000554	.0000460	.0000381	90
91	.0001305	.0001084	.0000899	.0000745	.0000617	.0000511	.0000423	.0000350	91
92	.0001218	.0001009	.0000835	.0000691	.0000571	.0000471	.0000389	.0000321	92
93	.0001137	.0000939	.0000776	.0000640	.0000528	.0000435	.0000358	.0000295	93
94	.0001061	.0000875	.0000721	.0000593	.0000488	.0000401	.0000329	.0000270	94
95	.0000990	.0000815	.0000669	.0000550	.0000451	.0000370	.0000303	.0000248	95
96	.0000925	.0000759	.0000622	.0000509	.0000417	.0000341	.0000279	.0000228	96
97	.0000863	.0000706	.0000578	.0000472	.0000386	.0000315	.0000257	.0000209	97
98	.0000806	.0000658	.0000537	.0000438	.0000356	.0000290	.0000236	.0000192	98
99	.0000752	.0000613	.0000499	.0000405	.0000330	.0000268	.0000217	.0000176	99
100	.0000702	.0000570	.0000463	.0000376	.0000305	.0000247	.0000200	.0000162	100

ANNUAL SINKING FUND

Nominal rate per cent

Years	9	9.25	9.5	9.75	10	10.25	10.5	10.75	Years
1	.9461787	.9447501	.9433250	.9419033	.9404850	.9390701	.9376586	.9362504	1
2	.4522789	.4510324	.4497900	.4485517	.4473175	.4460872	.4448610	.4436388	2
3	.2880701	.2869075	.2857498	.2845969	.2834488	.2823056	.2811671	.2800334	3
4	.2062828	.2051794	.2040816	.2029895	.2019030	.2008222	.1997469	.1986771	4
5	.1574628	.1564085	.1553607	.1543193	.1532844	.1522558	.1512336	.1502177	5
6	.1251249	.1241146	.1231115	.1221157	.1211270	.1201456	.1191712	.1182039	6
7	.1022039	.1012344	.1002729	.0993194	.0983739	.0974363	.0965066	.0955846	7
8	.0851669	.0842361	.0833140	.0824007	.0814961	.0806002	.0797128	.0788339	8
9	.0720510	.0711573	.0702731	.0693983	.0685329	.0676768	.0668300	.0659924	9
10	.0616783	.0608204	.0599727	.0591351	.0583075	.0574899	.0566822	.0558843	10
11	.0532990	.0524759	.0516635	.0508619	.0500710	.0492906	.0485207	.0477612	11
12	.0464134	.0456239	.0448459	.0440792	.0433238	.0425794	.0418461	.0411237	12
13	.0406750	.0399183	.0391737	.0384409	.0377199	.0370105	.0363126	.0356261	13
14	.0358366	.0351118	.0343996	.0336997	.0330121	.0323366	.0316731	.0310213	14
15	.0317166	.0310229	.0303421	.0296743	.0290191	.0283764	.0277460	.0271278	15
16	.0281788	.0275153	.0268652	.0262284	.0256046	.0249936	.0243954	.0238096	16
17	.0251192	.0244850	.0238646	.0232578	.0226644	.0220842	.0215170	.0209625	17
18	.0224564	.0218507	.0212592	.0206815	.0201176	.0195670	.0190297	.0185054	18
19	.0201266	.0195485	.0189849	.0184355	.0178999	.0173781	.0168696	.0163742	19
20	.0180784	.0175271	.0169905	.0164683	.0159602	.0154660	.0149852	.0145177	20
21	.0162702	.0157449	.0152345	.0147386	.0142570	.0137892	.0133351	.0128944	21
22	.0146632	.0141680	.0136828	.0132123	.0127561	.0123139	.0118854	.0114702	22
23	.0132441	.0127681	.0123073	.0118612	.0114295	.0110119	.0106079	.0102172	23
24	.0119745	.0115220	.0110846	.0106621	.0102539	.0098597	.0094792	.0091119	24
25	.0108398	.0104099	.0099951	.0095951	.0092095	.0088378	.0084797	.0081347	25
26	.0098233	.0094151	.0090221	.0086438	.0082798	.0079296	.0075929	.0072691	26
27	.0089107	.0085235	.0081513	.0077938	.0074505	.0071209	.0068045	.0065010	27
28	.0080901	.0077229	.0073708	.0070332	.0067096	.0063996	.0061027	.0058183	28
29	.0073508	.0070029	.0066700	.0063514	.0060467	.0057553	.0054768	.0052107	29
30	.0066838	.0063544	.0060399	.0057395	.0054527	.0051791	.0049182	.0046693	30
31	.0060812	.0057696	.0054726	.0051895	.0049199	.0046632	.0044188	.0041863	31
32	.0055361	.0052415	.0049613	.0046948	.0044414	.0042007	.0039721	.0037550	32
33	.0050426	.0047642	.0045000	.0042492	.0040113	.0037858	.0035720	.0033695	33
34	.0045952	.0043324	.0040833	.0038476	.0036244	.0034132	.0032135	.0030248	34
35	.0041894	.0039413	.0037068	.0034852	.0032760	.0030784	.0028920	.0027161	35
36	.0038208	.0035869	.0033662	.0031581	.0029620	.0027773	.0026034	.0024397	36
37	.0034860	.0032654	.0030579	.0028626	.0026790	.0025064	.0023443	.0021921	37
38	.0031815	.0029737	.0027786	.0025955	.0024237	.0022625	.0021115	.0019700	38
39	.0029044	.0027088	.0025256	.0023539	.0021932	.0020429	.0019022	.0017708	39
40	.0026522	.0024682	.0022961	.0021353	.0019851	.0018449	.0017141	.0015920	40
41	.0024225	.0022494	.0020880	.0019374	.0017971	.0016664	.0015448	.0014316	41
42	.0022132	.0020505	.0018991	.0017582	.0016272	.0015055	.0013924	.0012875	42
43	.0020223	.0018695	.0017276	.0015958	.0014736	.0013603	.0012553	.0011580	43
44	.0018483	.0017048	.0015718	.0014487	.0013347	.0012293	.0011318	.0010418	44
45	.0016895	.0015548	.0014303	.0013153	.0012091	.0011110	.0010206	.0009373	45
46	.0015446	.0014183	.0013017	.0011943	.0010954	.0010043	.0009204	.0008433	46
47	.0014123	.0012939	.0011849	.0010846	.0009925	.0009079	.0008302	.0007589	47
48	.0012915	.0011805	.0010786	.0009851	.0008994	.0008208	.0007488	.0006829	48
49	.0011812	.0010772	.0009820	.0008948	.0008150	.0007421	.0006755	.0006146	49
50	.0010805	.0009831	.0008941	.0008128	.0007387	.0006710	.0006094	.0005532	50

TABLE 6

AMOUNT OF £1

after the given number of years

Rates of interest: 1 − 15% @ 0.25% steps
15 − 18.5% @ 0.5% steps

AMOUNT OF £1

Nominal rate per cent

Years	1	1.25	1.5	1.75	2	2.25	2.5	2.75	Years
1	1.0100	1.0125	1.0151	1.0176	1.0201	1.0226	1.0252	1.0277	1
2	1.0202	1.0252	1.0303	1.0355	1.0406	1.0458	1.0509	1.0561	2
3	1.0304	1.0381	1.0459	1.0537	1.0615	1.0694	1.0774	1.0854	3
4	1.0407	1.0511	1.0616	1.0722	1.0829	1.0936	1.1045	1.1154	4
5	1.0511	1.0643	1.0776	1.0910	1.1046	1.1184	1.1323	1.1463	5
6	1.0617	1.0776	1.0938	1.1102	1.1268	1.1437	1.1608	1.1781	6
7	1.0723	1.0911	1.1103	1.1297	1.1495	1.1696	1.1900	1.2107	7
8	1.0831	1.1048	1.1270	1.1496	1.1726	1.1960	1.2199	1.2442	8
9	1.0939	1.1187	1.1440	1.1698	1.1961	1.2231	1.2506	1.2787	9
10	1.1049	1.1327	1.1612	1.1903	1.2202	1.2508	1.2820	1.3141	10
11	1.1160	1.1469	1.1787	1.2113	1.2447	1.2791	1.3143	1.3505	11
12	1.1272	1.1613	1.1964	1.2326	1.2697	1.3080	1.3474	1.3878	12
13	1.1385	1.1759	1.2144	1.2542	1.2953	1.3376	1.3812	1.4263	13
14	1.1499	1.1906	1.2327	1.2763	1.3213	1.3679	1.4160	1.4658	14
15	1.1614	1.2055	1.2513	1.2987	1.3478	1.3988	1.4516	1.5064	15
16	1.1730	1.2206	1.2701	1.3215	1.3749	1.4305	1.4881	1.5481	16
17	1.1848	1.2359	1.2892	1.3447	1.4026	1.4628	1.5256	1.5909	17
18	1.1967	1.2514	1.3086	1.3684	1.4308	1.4959	1.5639	1.6350	18
19	1.2087	1.2671	1.3283	1.3924	1.4595	1.5298	1.6033	1.6802	19
20	1.2208	1.2830	1.3483	1.4169	1.4889	1.5644	1.6436	1.7268	20
21	1.2330	1.2991	1.3686	1.4418	1.5188	1.5998	1.6850	1.7746	21
22	1.2454	1.3154	1.3893	1.4672	1.5493	1.6360	1.7274	1.8237	22
23	1.2579	1.3319	1.4102	1.4929	1.5805	1.6730	1.7708	1.8742	23
24	1.2705	1.3486	1.4314	1.5192	1.6122	1.7108	1.8154	1.9261	24
25	1.2832	1.3655	1.4530	1.5459	1.6446	1.7496	1.8610	1.9794	25
26	1.2961	1.3826	1.4748	1.5731	1.6777	1.7891	1.9078	2.0343	26
27	1.3091	1.4000	1.4970	1.6007	1.7114	1.8296	1.9558	2.0906	27
28	1.3222	1.4175	1.5196	1.6288	1.7458	1.8710	2.0050	2.1485	28
29	1.3355	1.4353	1.5425	1.6575	1.7809	1.9134	2.0555	2.2080	29
30	1.3489	1.4533	1.5657	1.6866	1.8167	1.9566	2.1072	2.2691	30
31	1.3624	1.4715	1.5893	1.7162	1.8532	2.0009	2.1602	2.3319	31
32	1.3760	1.4900	1.6132	1.7464	1.8905	2.0462	2.2145	2.3965	32
33	1.3898	1.5087	1.6375	1.7771	1.9285	2.0925	2.2702	2.4628	33
34	1.4038	1.5276	1.6621	1.8083	1.9672	2.1398	2.3274	2.5310	34
35	1.4178	1.5467	1.6872	1.8401	2.0068	2.1883	2.3859	2.6011	35
36	1.4320	1.5661	1.7126	1.8725	2.0471	2.2378	2.4459	2.6731	36
37	1.4464	1.5858	1.7383	1.9054	2.0882	2.2884	2.5075	2.7472	37
38	1.4609	1.6056	1.7645	1.9389	2.1302	2.3402	2.5705	2.8232	38
39	1.4755	1.6258	1.7911	1.9730	2.1730	2.3931	2.6352	2.9014	39
40	1.4903	1.6462	1.8180	2.0076	2.2167	2.4473	2.7015	2.9817	40
41	1.5053	1.6668	1.8454	2.0429	2.2613	2.5026	2.7694	3.0643	41
42	1.5204	1.6877	1.8732	2.0788	2.3067	2.5593	2.8391	3.1491	42
43	1.5356	1.7089	1.9014	2.1154	2.3531	2.6172	2.9105	3.2363	43
44	1.5510	1.7303	1.9300	2.1525	2.4004	2.6764	2.9838	3.3260	44
45	1.5666	1.7520	1.9591	2.1904	2.4486	2.7370	3.0588	3.4180	45
46	1.5823	1.7740	1.9886	2.2289	2.4979	2.7989	3.1358	3.5127	46
47	1.5981	1.7962	2.0185	2.2681	2.5481	2.8622	3.2146	3.6100	47
48	1.6141	1.8187	2.0489	2.3079	2.5993	2.9270	3.2955	3.7099	48
49	1.6303	1.8415	2.0798	2.3485	2.6515	2.9932	3.3784	3.8126	49
50	1.6467	1.8646	2.1111	2.3898	2.7048	3.0609	3.4634	3.9182	50

AMOUNT OF £1

Nominal rate per cent

Years	1	1.25	1.5	1.75	2	2.25	2.5	2.75	Years
51	1.6632	1.8880	2.1429	2.4318	2.7592	3.1302	3.5505	4.0267	51
52	1.6798	1.9117	2.1751	2.4745	2.8146	3.2010	3.6398	4.1382	52
53	1.6967	1.9356	2.2079	2.5180	2.8712	3.2734	3.7314	4.2528	53
54	1.7137	1.9599	2.2411	2.5623	2.9289	3.3475	3.8253	4.3705	54
55	1.7309	1.9845	2.2749	2.6073	2.9878	3.4233	3.9215	4.4915	55
56	1.7482	2.0094	2.3091	2.6531	3.0479	3.5007	4.0202	4.6159	56
57	1.7658	2.0346	2.3439	2.6998	3.1091	3.5799	4.1213	4.7437	57
58	1.7835	2.0601	2.3792	2.7472	3.1716	3.6609	4.2250	4.8751	58
59	1.8013	2.0859	2.4150	2.7955	3.2354	3.7438	4.3313	5.0101	59
60	1.8194	2.1121	2.4514	2.8446	3.3004	3.8285	4.4402	5.1488	60
61	1.8376	2.1385	2.4883	2.8946	3.3667	3.9151	4.5519	5.2913	61
62	1.8561	2.1654	2.5257	2.9455	3.4344	4.0037	4.6664	5.4379	62
63	1.8747	2.1925	2.5638	2.9973	3.5034	4.0943	4.7838	5.5884	63
64	1.8935	2.2200	2.6024	3.0500	3.5738	4.1869	4.9042	5.7432	64
65	1.9124	2.2478	2.6415	3.1036	3.6457	4.2816	5.0275	5.9022	65
66	1.9316	2.2760	2.6813	3.1581	3.7190	4.3785	5.1540	6.0656	66
67	1.9510	2.3046	2.7217	3.2136	3.7937	4.4776	5.2837	6.2336	67
68	1.9705	2.3335	2.7627	3.2701	3.8700	4.5789	5.4166	6.4062	68
69	1.9903	2.3627	2.8043	3.3276	3.9477	4.6825	5.5528	6.5835	69
70	2.0102	2.3924	2.8465	3.3861	4.0271	4.7884	5.6925	6.7658	70
71	2.0304	2.4223	2.8893	3.4456	4.1080	4.8968	5.8357	6.9532	71
72	2.0508	2.4527	2.9328	3.5062	4.1906	5.0076	5.9825	7.1457	72
73	2.0713	2.4835	2.9770	3.5678	4.2748	5.1209	6.1330	7.3436	73
74	2.0921	2.5146	3.0218	3.6305	4.3608	5.2368	6.2873	7.5469	74
75	2.1130	2.5462	3.0673	3.6943	4.4484	5.3553	6.4455	7.7559	75
76	2.1342	2.5781	3.1135	3.7592	4.5378	5.4764	6.6076	7.9706	76
77	2.1556	2.6104	3.1604	3.8253	4.6290	5.6003	6.7738	8.1913	77
78	2.1772	2.6431	3.2080	3.8925	4.7221	5.7271	6.9442	8.4181	78
79	2.1991	2.6763	3.2563	3.9610	4.8170	5.8566	7.1189	8.6512	79
80	2.2211	2.7098	3.3053	4.0306	4.9138	5.9892	7.2980	8.8908	80
81	2.2434	2.7438	3.3550	4.1014	5.0126	6.1247	7.4816	9.1369	81
82	2.2659	2.7782	3.4056	4.1735	5.1133	6.2632	7.6698	9.3899	82
83	2.2886	2.8131	3.4568	4.2469	5.2161	6.4050	7.8628	9.6499	83
84	2.3115	2.8483	3.5089	4.3215	5.3210	6.5499	8.0606	9.9171	84
85	2.3347	2.8840	3.5617	4.3975	5.4279	6.6981	8.2633	10.1917	85
86	2.3581	2.9202	3.6153	4.4748	5.5370	6.8496	8.4712	10.4739	86
87	2.3817	2.9568	3.6698	4.5534	5.6483	7.0046	8.6843	10.7639	87
88	2.4056	2.9939	3.7250	4.6334	5.7618	7.1631	8.9028	11.0620	88
89	2.4297	3.0314	3.7811	4.7149	5.8777	7.3252	9.1267	11.3683	89
90	2.4541	3.0695	3.8380	4.7978	5.9958	7.4909	9.3563	11.6830	90
91	2.4787	3.1079	3.8958	4.8821	6.1163	7.6604	9.5917	12.0065	91
92	2.5035	3.1469	3.9545	4.9679	6.2393	7.8338	9.8330	12.3390	92
93	2.5286	3.1864	4.0140	5.0552	6.3647	8.0110	10.0804	12.6806	93
94	2.5540	3.2263	4.0745	5.1441	6.4926	8.1923	10.3339	13.0318	94
95	2.5796	3.2668	4.1358	5.2345	6.6231	8.3776	10.5939	13.3926	95
96	2.6055	3.3077	4.1981	5.3265	6.7562	8.5672	10.8604	13.7634	96
97	2.6316	3.3492	4.2613	5.4201	6.8920	8.7610	11.1336	14.1445	97
98	2.6580	3.3912	4.3254	5.5154	7.0305	8.9593	11.4137	14.5362	98
99	2.6846	3.4337	4.3906	5.6123	7.1719	9.1620	11.7008	14.9387	99
100	2.7115	3.4768	4.4567	5.7110	7.3160	9.3693	11.9952	15.3523	100

AMOUNT OF £1

Nominal rate per cent

Years	3	3.25	3.5	3.75	4	4.25	4.5	4.75	Years
1	1.0302	1.0328	1.0353	1.0379	1.0404	1.0430	1.0455	1.0481	1
2	1.0614	1.0666	1.0719	1.0771	1.0824	1.0877	1.0931	1.0984	2
3	1.0934	1.1015	1.1097	1.1179	1.1262	1.1345	1.1428	1.1512	3
4	1.1265	1.1376	1.1489	1.1602	1.1717	1.1832	1.1948	1.2066	4
5	1.1605	1.1749	1.1894	1.2041	1.2190	1.2340	1.2492	1.2646	5
6	1.1956	1.2134	1.2314	1.2497	1.2682	1.2870	1.3060	1.3253	6
7	1.2318	1.2532	1.2749	1.2970	1.3195	1.3423	1.3655	1.3890	7
8	1.2690	1.2942	1.3199	1.3461	1.3728	1.4000	1.4276	1.4558	8
9	1.3073	1.3366	1.3665	1.3971	1.4282	1.4601	1.4926	1.5258	9
10	1.3469	1.3804	1.4148	1.4499	1.4859	1.5228	1.5605	1.5991	10
11	1.3876	1.4256	1.4647	1.5048	1.5460	1.5882	1.6315	1.6760	11
12	1.4295	1.4724	1.5164	1.5618	1.6084	1.6564	1.7058	1.7565	12
13	1.4727	1.5206	1.5700	1.6209	1.6734	1.7276	1.7834	1.8409	13
14	1.5172	1.5704	1.6254	1.6823	1.7410	1.8018	1.8645	1.9294	14
15	1.5631	1.6219	1.6828	1.7459	1.8114	1.8792	1.9494	2.0222	15
16	1.6103	1.6750	1.7422	1.8120	1.8845	1.9599	2.0381	2.1194	16
17	1.6590	1.7299	1.8037	1.8806	1.9607	2.0440	2.1308	2.2212	17
18	1.7091	1.7866	1.8674	1.9518	2.0399	2.1318	2.2278	2.3280	18
19	1.7608	1.8451	1.9333	2.0257	2.1223	2.2234	2.3292	2.4399	19
20	1.8140	1.9056	2.0016	2.1023	2.2080	2.3189	2.4352	2.5572	20
21	1.8688	1.9680	2.0723	2.1819	2.2972	2.4185	2.5460	2.6801	21
22	1.9253	2.0325	2.1454	2.2645	2.3901	2.5224	2.6619	2.8089	22
23	1.9835	2.0991	2.2212	2.3502	2.4866	2.6307	2.7830	2.9439	23
24	2.0435	2.1678	2.2996	2.4392	2.5871	2.7437	2.9096	3.0854	24
25	2.1052	2.2389	2.3808	2.5315	2.6916	2.8616	3.0420	3.2337	25
26	2.1689	2.3122	2.4648	2.6273	2.8003	2.9845	3.1805	3.3891	26
27	2.2344	2.3880	2.5519	2.7268	2.9135	3.1127	3.3252	3.5520	27
28	2.3020	2.4662	2.6420	2.8300	3.0312	3.2464	3.4765	3.7227	28
29	2.3715	2.5470	2.7352	2.9371	3.1536	3.3858	3.6347	3.9016	29
30	2.4432	2.6305	2.8318	3.0483	3.2810	3.5312	3.8001	4.0892	30
31	2.5171	2.7167	2.9318	3.1637	3.4136	3.6829	3.9731	4.2857	31
32	2.5931	2.8057	3.0353	3.2834	3.5515	3.8411	4.1539	4.4917	32
33	2.6715	2.8976	3.1425	3.4077	3.6950	4.0061	4.3429	4.7076	33
34	2.7523	2.9925	3.2534	3.5367	3.8443	4.1781	4.5405	4.9339	34
35	2.8355	3.0906	3.3683	3.6706	3.9996	4.3576	4.7471	5.1710	35
36	2.9212	3.1918	3.4872	3.8095	4.1611	4.5447	4.9632	5.4195	36
37	3.0094	3.2964	3.6103	3.9537	4.3293	4.7399	5.1890	5.6800	37
38	3.1004	3.4044	3.7378	4.1034	4.5042	4.9435	5.4252	5.9530	38
39	3.1941	3.5160	3.8698	4.2587	4.6861	5.1559	5.6720	6.2391	39
40	3.2907	3.6312	4.0064	4.4199	4.8754	5.3773	5.9301	6.5390	40
41	3.3901	3.7501	4.1478	4.5872	5.0724	5.6083	6.2000	6.8533	41
42	3.4926	3.8730	4.2943	4.7608	5.2773	5.8492	6.4821	7.1827	42
43	3.5982	3.9999	4.4459	4.9410	5.4905	6.1004	6.7771	7.5279	43
44	3.7069	4.1309	4.6029	5.1280	5.7124	6.3624	7.0855	7.8898	44
45	3.8189	4.2663	4.7654	5.3221	5.9431	6.6357	7.4080	8.2690	45
46	3.9344	4.4061	4.9336	5.5236	6.1832	6.9207	7.7451	8.6664	46
47	4.0533	4.5504	5.1078	5.7327	6.4330	7.2180	8.0975	9.0830	47
48	4.1758	4.6995	5.2882	5.9497	6.6929	7.5280	8.4660	9.5195	48
49	4.3020	4.8535	5.4749	6.1749	6.9633	7.8513	8.8513	9.9771	49
50	4.4320	5.0125	5.6682	6.4086	7.2446	8.1885	9.2540	10.4566	50

AMOUNT OF £1

Nominal rate per cent

Years	3	3.25	3.5	3.75	4	4.25	4.5	4.75	Years
51	4.5660	5.1767	5.8683	6.6512	7.5373	8.5403	9.6752	10.9592	51
52	4.7040	5.3464	6.0755	6.9029	7.8418	8.9071	10.1154	11.4860	52
53	4.8462	5.5215	6.2900	7.1642	8.1586	9.2897	10.5758	12.0380	53
54	4.9927	5.7024	6.5120	7.4354	8.4883	9.6887	11.0570	12.6166	54
55	5.1436	5.8893	6.7420	7.7168	8.8312	10.1048	11.5602	13.2230	55
56	5.2990	6.0822	6.9800	8.0089	9.1880	10.5388	12.0862	13.8586	56
57	5.4592	6.2815	7.2264	8.3121	9.5592	10.9915	12.6362	14.5247	57
58	5.6242	6.4873	7.4816	8.6267	9.9453	11.4636	13.2113	15.2228	58
59	5.7942	6.6999	7.7457	8.9532	10.3471	11.9560	13.8125	15.9545	59
60	5.9693	6.9194	8.0192	9.2921	10.7652	12.4695	14.4410	16.7213	60
61	6.1497	7.1461	8.3023	9.6438	11.2001	13.0051	15.0982	17.5250	61
62	6.3356	7.3802	8.5954	10.0089	11.6526	13.5637	15.7852	18.3673	62
63	6.5271	7.6220	8.8989	10.3877	12.1233	14.1462	16.5036	19.2501	63
64	6.7244	7.8718	9.2131	10.7809	12.6131	14.7538	17.2546	20.1754	64
65	6.9276	8.1297	9.5384	11.1890	13.1227	15.3875	18.0398	21.1451	65
66	7.1370	8.3960	9.8751	11.6125	13.6528	16.0485	18.8607	22.1614	66
67	7.3527	8.6711	10.2238	12.0521	14.2044	16.7378	19.7190	23.2265	67
68	7.5750	8.9552	10.5848	12.5083	14.7783	17.4567	20.6163	24.3429	68
69	7.8039	9.2486	10.9585	12.9817	15.3753	18.2065	21.5545	25.5129	69
70	8.0398	9.5516	11.3454	13.4731	15.9965	18.9885	22.5354	26.7392	70
71	8.2828	9.8646	11.7459	13.9831	16.6427	19.8040	23.5609	28.0244	71
72	8.5332	10.1878	12.1606	14.5123	17.3151	20.6547	24.6330	29.3713	72
73	8.7911	10.5216	12.5900	15.0617	18.0146	21.5418	25.7540	30.7830	73
74	9.0568	10.8663	13.0345	15.6318	18.7424	22.4671	26.9259	32.2626	74
75	9.3305	11.2223	13.4947	16.2235	19.4996	23.4321	28.1512	33.8133	75
76	9.6125	11.5900	13.9711	16.8375	20.2874	24.4385	29.4323	35.4385	76
77	9.9031	11.9698	14.4644	17.4749	21.1070	25.4882	30.7716	37.1418	77
78	10.2024	12.3620	14.9751	18.1363	21.9597	26.5829	32.1720	38.9270	78
79	10.5108	12.7670	15.5038	18.8228	22.8469	27.7247	33.6360	40.7980	79
80	10.8285	13.1853	16.0512	19.5353	23.7699	28.9155	35.1666	42.7589	80
81	11.1558	13.6173	16.6179	20.2747	24.7302	30.1575	36.7669	44.8140	81
82	11.4929	14.0634	17.2046	21.0421	25.7293	31.4528	38.4400	46.9680	82
83	11.8403	14.5242	17.8120	21.8386	26.7688	32.8038	40.1893	49.2255	83
84	12.1982	15.0001	18.4409	22.6652	27.8502	34.2127	42.0182	51.5914	84
85	12.5669	15.4916	19.0920	23.5232	28.9754	35.6822	43.9303	54.0711	85
86	12.9467	15.9991	19.7660	24.4136	30.1460	37.2148	45.9294	56.6700	86
87	13.3380	16.5233	20.4639	25.3376	31.3639	38.8133	48.0194	59.3938	87
88	13.7412	17.0647	21.1864	26.2967	32.6310	40.4803	50.2046	62.2485	88
89	14.1565	17.6238	21.9344	27.2921	33.9493	42.2190	52.4893	65.2404	89
90	14.5844	18.2012	22.7089	28.3251	35.3208	44.0324	54.8778	68.3762	90
91	15.0252	18.7976	23.5106	29.3973	36.7478	45.9237	57.3751	71.6626	91
92	15.4793	19.4135	24.3407	30.5100	38.2324	47.8962	59.9861	75.1070	92
93	15.9472	20.0495	25.2001	31.6649	39.7770	49.9534	62.7158	78.7169	93
94	16.4292	20.7064	26.0898	32.8634	41.3840	52.0990	65.5698	82.5004	94
95	16.9258	21.3848	27.0109	34.1074	43.0559	54.3367	68.5536	86.4657	95
96	17.4373	22.0855	27.9646	35.3984	44.7954	56.6705	71.6732	90.6216	96
97	17.9644	22.8091	28.9519	36.7383	46.6051	59.1046	74.9348	94.9772	97
98	18.5074	23.5564	29.9741	38.1289	48.4879	61.6433	78.3448	99.5422	98
99	19.0667	24.3282	31.0324	39.5721	50.4468	64.2909	81.9100	104.3266	99
100	19.6430	25.1253	32.1280	41.0700	52.4849	67.0523	85.6374	109.3410	100

AMOUNT OF £1

Nominal rate per cent

Years	5	5.25	5.5	5.75	6	6.25	6.5	6.75	Years
1	1.0506	1.0532	1.0558	1.0583	1.0609	1.0635	1.0661	1.0686	1
2	1.1038	1.1092	1.1146	1.1201	1.1255	1.1310	1.1365	1.1420	2
3	1.1597	1.1682	1.1768	1.1854	1.1941	1.2028	1.2115	1.2204	3
4	1.2184	1.2303	1.2424	1.2545	1.2668	1.2791	1.2916	1.3041	4
5	1.2801	1.2958	1.3117	1.3277	1.3439	1.3603	1.3769	1.3937	5
6	1.3449	1.3647	1.3848	1.4051	1.4258	1.4467	1.4678	1.4893	6
7	1.4130	1.4373	1.4620	1.4871	1.5126	1.5385	1.5648	1.5915	7
8	1.4845	1.5137	1.5435	1.5738	1.6047	1.6362	1.6682	1.7008	8
9	1.5597	1.5943	1.6296	1.6656	1.7024	1.7400	1.7784	1.8175	9
10	1.6386	1.6790	1.7204	1.7628	1.8061	1.8505	1.8958	1.9423	10
11	1.7216	1.7684	1.8164	1.8656	1.9161	1.9679	2.0211	2.0756	11
12	1.8087	1.8624	1.9176	1.9744	2.0328	2.0928	2.1546	2.2181	12
13	1.9003	1.9615	2.0245	2.0896	2.1566	2.2257	2.2969	2.3703	13
14	1.9965	2.0658	2.1374	2.2114	2.2879	2.3670	2.4486	2.5330	14
15	2.0976	2.1757	2.2566	2.3404	2.4273	2.5172	2.6104	2.7069	15
16	2.2038	2.2914	2.3824	2.4769	2.5751	2.6770	2.7828	2.8927	16
17	2.3153	2.4133	2.5153	2.6214	2.7319	2.8469	2.9666	3.0912	17
18	2.4325	2.5416	2.6555	2.7743	2.8983	3.0276	3.1626	3.3034	18
19	2.5557	2.6768	2.8036	2.9361	3.0748	3.2198	3.3715	3.5301	19
20	2.6851	2.8192	2.9599	3.1074	3.2620	3.4242	3.5942	3.7724	20
21	2.8210	2.9692	3.1249	3.2886	3.4607	3.6416	3.8316	4.0314	21
22	2.9638	3.1271	3.2991	3.4804	3.6715	3.8727	4.0847	4.3081	22
23	3.1139	3.2934	3.4831	3.6834	3.8950	4.1185	4.3545	4.6038	23
24	3.2715	3.4686	3.6773	3.8983	4.1323	4.3800	4.6422	4.9198	24
25	3.4371	3.6531	3.8823	4.1257	4.3839	4.6580	4.9488	5.2575	25
26	3.6111	3.8474	4.0988	4.3663	4.6509	4.9537	5.2757	5.6183	26
27	3.7939	4.0520	4.3273	4.6210	4.9341	5.2681	5.6242	6.0040	27
28	3.9860	4.2675	4.5686	4.8905	5.2346	5.6025	5.9957	6.4161	28
29	4.1878	4.4945	4.8233	5.1757	5.5534	5.9581	6.3918	6.8565	29
30	4.3998	4.7336	5.0923	5.4776	5.8916	6.3363	6.8140	7.3271	30
31	4.6225	4.9854	5.3762	5.7971	6.2504	6.7385	7.2641	7.8300	31
32	4.8565	5.2505	5.6759	6.1352	6.6311	7.1663	7.7440	8.3675	32
33	5.1024	5.5298	5.9924	6.4931	7.0349	7.6212	8.2555	8.9418	33
34	5.3607	5.8239	6.3265	6.8718	7.4633	8.1049	8.8008	9.5555	34
35	5.6321	6.1337	6.6793	7.2726	7.9178	8.6194	9.3822	10.2114	35
36	5.9172	6.4599	7.0517	7.6968	8.4000	9.1665	10.0019	10.9123	36
37	6.2168	6.8035	7.4448	8.1457	8.9116	9.7484	10.6626	11.6613	37
38	6.5315	7.1654	7.8599	8.6208	9.4543	10.3672	11.3670	12.4618	38
39	6.8622	7.5465	8.2982	9.1236	10.0301	11.0253	12.1178	13.3171	39
40	7.2096	7.9479	8.7609	9.6558	10.6409	11.7251	12.9183	14.2312	40
41	7.5746	8.3707	9.2493	10.2190	11.2889	12.4694	13.7716	15.2080	41
42	7.9580	8.8159	9.7650	10.8150	11.9764	13.2609	14.6813	16.2519	42
43	8.3609	9.2848	10.3095	11.4458	12.7058	14.1026	15.6511	17.3674	43
44	8.7842	9.7787	10.8843	12.1134	13.4796	14.9978	16.6850	18.5595	44
45	9.2289	10.2988	11.4912	12.8200	14.3005	15.9498	17.7871	19.8334	45
46	9.6961	10.8466	12.1319	13.5677	15.1714	16.9623	18.9621	21.1947	46
47	10.1869	11.4235	12.8083	14.3591	16.0953	18.0390	20.2146	22.6495	47
48	10.7026	12.0311	13.5225	15.1966	17.0755	19.1841	21.5499	24.2042	48
49	11.2445	12.6710	14.2764	16.0829	18.1154	20.4018	22.9734	25.8655	49
50	11.8137	13.3450	15.0724	17.0210	19.2186	21.6968	24.4910	27.6409	50

AMOUNT OF £1

Nominal rate per cent

Years	5	5.25	5.5	5.75	6	6.25	6.5	6.75	Years
51	12.4118	14.0548	15.9128	18.0138	20.3890	23.0741	26.1088	29.5382	51
52	13.0401	14.8023	16.8000	19.0644	21.6307	24.5387	27.8334	31.5656	52
53	13.7003	15.5896	17.7367	20.1764	22.9481	26.0964	29.6720	33.7323	53
54	14.3939	16.4188	18.7257	21.3532	24.3456	27.7529	31.6320	36.0476	54
55	15.1226	17.2921	19.7698	22.5987	25.8282	29.5145	33.7215	38.5219	55
56	15.8881	18.2119	20.8720	23.9168	27.4012	31.3880	35.9490	41.1660	56
57	16.6925	19.1806	22.0358	25.3118	29.0699	33.3804	38.3237	43.9916	57
58	17.5375	20.2008	23.2644	26.7881	30.8403	35.4993	40.8552	47.0111	58
59	18.4254	21.2752	24.5616	28.3506	32.7184	37.7527	43.5539	50.2379	59
60	19.3581	22.4068	25.9310	30.0042	34.7110	40.1491	46.4309	53.6862	60
61	20.3382	23.5986	27.3768	31.7542	36.8249	42.6976	49.4980	57.3712	61
62	21.3678	24.8538	28.9033	33.6063	39.0675	45.4079	52.7676	61.3091	62
63	22.4495	26.1758	30.5148	35.5665	41.4467	48.2902	56.2532	65.5173	63
64	23.5860	27.5680	32.2162	37.6409	43.9708	51.3555	59.9691	70.0143	64
65	24.7801	29.0344	34.0125	39.8364	46.6487	54.6154	63.9305	74.8200	65
66	26.0346	30.5787	35.9089	42.1599	49.4896	58.0822	68.1535	79.9556	66
67	27.3526	32.2051	37.9110	44.6190	52.5035	61.7690	72.6554	85.4437	67
68	28.7373	33.9181	40.0248	47.2215	55.7009	65.6899	77.4548	91.3085	68
69	30.1921	35.7221	42.2564	49.9757	59.0931	69.8597	82.5711	97.5758	69
70	31.7206	37.6222	44.6125	52.8906	62.6919	74.2942	88.0255	104.2733	70
71	33.3264	39.6233	47.0999	55.9756	66.5098	79.0101	93.8401	111.4305	71
72	35.0136	41.7308	49.7260	59.2404	70.5603	84.0254	100.0388	119.0790	72
73	36.7862	43.9504	52.4985	62.6957	74.8574	89.3590	106.6470	127.2525	73
74	38.6484	46.2881	55.4257	66.3525	79.4162	95.0312	113.6917	135.9870	74
75	40.6050	48.7501	58.5160	70.2227	84.2527	101.0635	121.2018	145.3210	75
76	42.6607	51.3431	61.7786	74.3185	89.3837	107.4786	129.2079	155.2957	76
77	44.8204	54.0740	65.2232	78.6532	94.8271	114.3010	137.7429	165.9551	77
78	47.0894	56.9501	68.8598	83.2408	100.6021	121.5564	146.8417	177.3460	78
79	49.4733	59.9792	72.6991	88.0960	106.7288	129.2724	156.5415	189.5189	79
80	51.9779	63.1695	76.7526	93.2343	113.2286	137.4782	166.8821	202.5273	80
81	54.6092	66.5294	81.0320	98.6723	120.1242	146.2048	177.9057	216.4286	81
82	57.3738	70.0680	85.5500	104.4276	127.4397	155.4854	189.6574	231.2841	82
83	60.2784	73.7949	90.3200	110.5185	135.2008	165.3551	202.1855	247.1592	83
84	63.3300	77.7200	95.3559	116.9646	143.4345	175.8513	215.5411	264.1240	84
85	66.5361	81.8538	100.6726	123.7868	152.1697	187.0137	229.7790	282.2532	85
86	69.9045	86.2075	106.2857	131.0068	161.4368	198.8847	244.9573	301.6268	86
87	73.4434	90.7928	112.2118	138.6480	171.2683	211.5092	261.1383	322.3301	87
88	77.1614	95.6220	118.4683	146.7349	181.6986	224.9351	278.3881	344.4546	88
89	81.0677	100.7081	125.0737	155.2934	192.7640	239.2132	296.7773	368.0976	89
90	85.1718	106.0646	132.0473	164.3511	204.5034	254.3976	316.3813	393.3635	90
91	89.4836	111.7061	139.4098	173.9372	216.9576	270.5459	337.2803	420.3636	91
92	94.0137	117.6477	147.1827	184.0823	230.1703	287.7193	359.5598	449.2170	92
93	98.7732	123.9052	155.3891	194.8192	244.1877	305.9827	383.3109	480.0508	93
94	103.7736	130.4956	164.0530	206.1823	259.0587	325.4054	408.6310	513.0010	94
95	109.0271	137.4366	173.2000	218.2082	274.8354	346.0610	435.6237	548.2129	95
96	114.5466	144.7467	182.8569	230.9356	291.5729	368.0278	464.3993	585.8418	96
97	120.3455	152.4456	193.0524	244.4053	309.3297	391.3889	495.0758	626.0534	97
98	126.4380	160.5541	203.8162	258.6606	328.1679	416.2330	527.7787	669.0251	98
99	132.8389	169.0938	215.1803	273.7474	348.1533	442.6540	562.6417	714.9464	99
100	139.5639	178.0877	227.1779	289.7141	369.3558	470.7521	599.8077	764.0196	100

AMOUNT OF £1

Nominal rate per cent

Years	7	7.25	7.5	7.75	8	8.25	8.5	8.75	Years
1	1.0712	1.0738	1.0764	1.0790	1.0816	1.0842	1.0868	1.0894	1
2	1.1475	1.1531	1.1587	1.1642	1.1699	1.1755	1.1811	1.1868	2
3	1.2293	1.2382	1.2472	1.2562	1.2653	1.2745	1.2837	1.2929	3
4	1.3168	1.3296	1.3425	1.3555	1.3686	1.3818	1.3951	1.4085	4
5	1.4106	1.4277	1.4450	1.4625	1.4802	1.4981	1.5162	1.5345	5
6	1.5111	1.5331	1.5555	1.5781	1.6010	1.6243	1.6478	1.6717	6
7	1.6187	1.6463	1.6743	1.7028	1.7317	1.7610	1.7909	1.8212	7
8	1.7340	1.7678	1.8022	1.8373	1.8730	1.9093	1.9463	1.9840	8
9	1.8575	1.8983	1.9399	1.9824	2.0258	2.0701	2.1153	2.1614	9
10	1.9898	2.0384	2.0882	2.1390	2.1911	2.2444	2.2989	2.3547	10
11	2.1315	2.1889	2.2477	2.3080	2.3699	2.4334	2.4985	2.5652	11
12	2.2833	2.3504	2.4194	2.4904	2.5633	2.6383	2.7153	2.7946	12
13	2.4460	2.5239	2.6043	2.6871	2.7725	2.8604	2.9511	3.0444	13
14	2.6202	2.7102	2.8033	2.8994	2.9987	3.1013	3.2072	3.3167	14
15	2.8068	2.9103	3.0175	3.1285	3.2434	3.3624	3.4856	3.6132	15
16	3.0067	3.1251	3.2480	3.3756	3.5081	3.6455	3.7882	3.9363	16
17	3.2209	3.3558	3.4962	3.6423	3.7943	3.9525	4.1171	4.2883	17
18	3.4503	3.6035	3.7633	3.9300	4.1039	4.2853	4.4744	4.6717	18
19	3.6960	3.8695	4.0509	4.2405	4.4388	4.6461	4.8628	5.0894	19
20	3.9593	4.1551	4.3604	4.5755	4.8010	5.0373	5.2850	5.5445	20
21	4.2413	4.4618	4.6935	4.9370	5.1928	5.4615	5.7437	6.0402	21
22	4.5433	4.7912	5.0522	5.3270	5.6165	5.9213	6.2423	6.5803	22
23	4.8669	5.1448	5.4382	5.7479	6.0748	6.4199	6.7842	7.1687	23
24	5.2136	5.5246	5.8537	6.2020	6.5705	6.9605	7.3731	7.8096	24
25	5.5849	5.9324	6.3009	6.6919	7.1067	7.5466	8.0131	8.5079	25
26	5.9827	6.3702	6.7824	7.2206	7.6866	8.1820	8.7087	9.2687	26
27	6.4088	6.8405	7.3006	7.7910	8.3138	8.8710	9.4647	10.0974	27
28	6.8653	7.3454	7.8584	8.4066	8.9922	9.6179	10.2863	11.0003	28
29	7.3543	7.8876	8.4588	9.0707	9.7260	10.4278	11.1792	11.9838	29
30	7.8781	8.4698	9.1051	9.7873	10.5196	11.3058	12.1497	13.0554	30
31	8.4392	9.0950	9.8008	10.5605	11.3780	12.2578	13.2043	14.2227	31
32	9.0403	9.7663	10.5497	11.3948	12.3065	13.2899	14.3505	15.4944	32
33	9.6842	10.4872	11.3557	12.2950	13.3107	14.4089	15.5963	16.8798	33
34	10.3739	11.2613	12.2234	13.2663	14.3968	15.6222	16.9501	18.3891	34
35	11.1128	12.0926	13.1573	14.3144	15.5716	16.9376	18.4215	20.0334	35
36	11.9043	12.9852	14.1626	15.4452	16.8423	18.3637	20.0206	21.8246	36
37	12.7522	13.9436	15.2447	16.6654	18.2166	19.9100	21.7585	23.7761	37
38	13.6605	14.9729	16.4095	17.9820	19.7031	21.5864	23.6473	25.9020	38
39	14.6335	16.0781	17.6633	19.4026	21.3108	23.4041	25.7000	28.2180	39
40	15.6757	17.2649	19.0129	20.9355	23.0498	25.3747	27.9309	30.7411	40
41	16.7922	18.5393	20.4656	22.5894	24.9307	27.5113	30.3555	33.4898	41
42	17.9883	19.9077	22.0293	24.3740	26.9650	29.8278	32.9905	36.4842	42
43	19.2695	21.3772	23.7125	26.2996	29.1653	32.3393	35.8543	39.7464	43
44	20.6420	22.9551	25.5243	28.3773	31.5452	35.0624	38.9667	43.3003	44
45	22.1122	24.6495	27.4745	30.6192	34.1193	38.0147	42.3493	47.1720	45
46	23.6871	26.4690	29.5737	33.0381	36.9035	41.2156	46.0254	51.3898	46
47	25.3742	28.4228	31.8333	35.6482	39.9148	44.6860	50.0207	55.9848	47
48	27.1815	30.5208	34.2656	38.4645	43.1718	48.4486	54.3628	60.9906	48
49	29.1175	32.7737	36.8837	41.5032	46.6947	52.5281	59.0819	66.4440	49
50	31.1914	35.1928	39.7018	44.7820	50.5049	56.9510	64.2105	72.3850	50

AMOUNT OF £1

Nominal rate per cent

Years	7	7.25	7.5	7.75	8	8.25	8.5	8.75	Years
51	33.4130	37.7906	42.7353	48.3199	54.6262	61.7464	69.7844	78.8573	51
52	35.7929	40.5800	46.0005	52.1372	59.0836	66.9455	75.8421	85.9082	52
53	38.3422	43.5754	49.5153	56.2561	63.9049	72.5824	82.4257	93.5896	53
54	41.0731	46.7919	53.2985	60.7005	69.1195	78.6940	89.5808	101.9579	54
55	43.9986	50.2458	57.3709	65.4959	74.7597	85.3201	97.3570	111.0743	55
56	47.1324	53.9546	61.7544	70.6702	80.8600	92.5042	105.8082	121.0059	56
57	50.4894	57.9373	66.4728	76.2532	87.4582	100.2932	114.9930	131.8256	57
58	54.0855	62.2138	71.5517	82.2773	94.5948	108.7381	124.9751	143.6126	58
59	57.9377	66.8061	77.0187	88.7774	102.3138	117.8940	135.8237	156.4536	59
60	62.0643	71.7373	82.9035	95.7909	110.6626	127.8209	147.6140	170.4428	60
61	66.4848	77.0326	89.2378	103.3586	119.6926	138.5836	160.4279	185.6828	61
62	71.2202	82.7186	96.0561	111.5241	129.4595	150.2525	174.3540	202.2854	62
63	76.2929	88.8244	103.3954	120.3346	140.0234	162.9040	189.4890	220.3726	63
64	81.7269	95.3809	111.2955	129.8413	151.4494	176.6208	205.9378	240.0770	64
65	87.5478	102.4214	119.7991	140.0989	163.8076	191.4925	223.8145	261.5432	65
66	93.7834	109.9815	128.9525	151.1670	177.1743	207.6165	243.2430	284.9289	66
67	100.4632	118.0997	138.8053	163.1094	191.6318	225.0982	264.3580	310.4055	67
68	107.6187	126.8171	149.4109	175.9953	207.2689	244.0518	287.3060	338.1602	68
69	115.2838	136.1780	160.8268	189.8992	224.1820	264.6013	312.2459	368.3964	69
70	123.4949	146.2299	173.1150	204.9015	242.4753	286.8812	339.3508	401.3363	70
71	132.2908	157.0237	186.3421	221.0890	262.2613	311.0370	368.8086	437.2214	71
72	141.7132	168.6142	200.5798	238.5554	283.6618	337.2268	400.8235	476.3151	72
73	151.8067	181.0604	215.9053	257.4017	306.8086	365.6218	435.6175	518.9044	73
74	162.6192	194.4252	232.4019	277.7368	331.8442	396.4077	473.4318	565.3017	74
75	174.2017	208.7765	250.1588	299.6785	358.9227	429.7859	514.5286	615.8476	75
76	186.6093	224.1871	269.2725	323.3535	388.2108	465.9745	559.1929	670.9131	76
77	199.9005	240.7353	289.8466	348.8990	419.8888	505.2103	607.7344	730.9021	77
78	214.1384	258.5049	311.9927	376.4625	454.1517	547.7498	660.4895	796.2551	78
79	229.3904	277.5862	335.8309	406.2036	491.2105	593.8712	717.8241	867.4515	79
80	245.7287	298.0760	361.4905	438.2944	531.2932	643.8761	780.1358	945.0138	80
81	263.2308	320.0782	389.1106	472.9203	574.6468	698.0915	847.8564	1029.5113	81
82	281.9794	343.7044	418.8411	510.2817	621.5379	756.8719	921.4557	1121.5641	82
83	302.0634	369.0747	450.8432	550.5948	672.2554	820.6017	1001.4438	1221.8477	83
84	323.5778	396.3176	485.2904	594.0927	727.1115	889.6976	1088.3753	1331.0981	84
85	346.6247	425.5714	522.3696	641.0269	786.4438	964.6115	1182.8531	1450.1170	85
86	371.3130	456.9845	562.2819	691.6690	850.6176	1045.8333	1285.5322	1579.7778	86
87	397.7598	490.7164	605.2438	746.3120	920.0280	1133.8941	1397.1244	1721.0322	87
88	426.0902	526.9382	651.4882	805.2718	995.1023	1229.3698	1518.4035	1874.9167	88
89	456.4385	565.8336	701.2660	868.8895	1076.3026	1332.8846	1650.2104	2042.5606	89
90	488.9483	607.6001	754.8471	937.5331	1164.1289	1445.1156	1793.4590	2225.1942	90
91	523.7737	652.4495	812.5221	1011.5997	1259.1218	1566.7966	1949.1425	2424.1579	91
92	561.0794	700.6095	874.6039	1091.5177	1361.8662	1698.7233	2118.3402	2640.9117	92
93	601.0423	752.3243	941.4291	1177.7493	1472.9944	1841.7585	2302.2254	2877.0464	93
94	643.8516	807.8564	1013.3601	1270.7933	1593.1908	1996.8374	2502.0729	3134.2948	94
95	689.7099	867.4876	1090.7872	1371.1880	1723.1952	2164.9743	2719.2685	3414.5448	95
96	738.8345	931.5204	1174.1301	1479.5139	1863.8079	2347.2685	2955.3180	3719.8531	96
97	791.4580	1000.2797	1263.8410	1596.3979	2015.8946	2544.9122	3211.8581	4052.4603	97
98	847.8296	1074.1144	1360.4064	1722.5158	2180.3916	2759.1977	3490.6674	4414.8072	98
99	908.2162	1153.3991	1464.3499	1858.5972	2358.3116	2991.5265	3793.6792	4809.5531	99
100	972.9039	1238.5362	1576.2354	2005.4293	2550.7498	3243.4177	4122.9942	5239.5947	100

AMOUNT OF £1

Nominal rate per cent

Years	9	9.25	9.5	9.75	10	10.25	10.5	10.75	Years
1	1.0920	1.0946	1.0973	1.0999	1.1025	1.1051	1.1078	1.1104	1
2	1.1925	1.1982	1.2040	1.2097	1.2155	1.2213	1.2271	1.2330	2
3	1.3023	1.3116	1.3211	1.3306	1.3401	1.3497	1.3594	1.3691	3
4	1.4221	1.4358	1.4495	1.4634	1.4775	1.4916	1.5058	1.5202	4
5	1.5530	1.5716	1.5905	1.6096	1.6289	1.6484	1.6681	1.6880	5
6	1.6959	1.7204	1.7452	1.7704	1.7959	1.8217	1.8478	1.8744	6
7	1.8519	1.8832	1.9149	1.9472	1.9799	2.0132	2.0470	2.0813	7
8	2.0224	2.0614	2.1012	2.1417	2.1829	2.2248	2.2675	2.3110	8
9	2.2085	2.2565	2.3055	2.3556	2.4066	2.4587	2.5119	2.5661	9
10	2.4117	2.4701	2.5298	2.5908	2.6533	2.7172	2.7825	2.8494	10
11	2.6337	2.7038	2.7758	2.8496	2.9253	3.0028	3.0824	3.1639	11
12	2.8760	2.9597	3.0458	3.1342	3.2251	3.3185	3.4145	3.5132	12
13	3.1407	3.2398	3.3420	3.4472	3.5557	3.6674	3.7825	3.9010	13
14	3.4297	3.5464	3.6670	3.7915	3.9201	4.0529	4.1900	4.3316	14
15	3.7453	3.8821	4.0237	4.1702	4.3219	4.4790	4.6416	4.8098	15
16	4.0900	4.2495	4.4150	4.5867	4.7649	4.9499	5.1417	5.3408	16
17	4.4664	4.6516	4.8444	5.0448	5.2533	5.4702	5.6958	5.9303	17
18	4.8774	5.0919	5.3155	5.5487	5.7918	6.0453	6.3095	6.5850	18
19	5.3262	5.5738	5.8325	6.1029	6.3855	6.6808	6.9894	7.3119	19
20	5.8164	6.1013	6.3997	6.7124	7.0400	7.3831	7.7426	8.1190	20
21	6.3516	6.6787	7.0221	7.3828	7.7616	8.1593	8.5769	9.0153	21
22	6.9361	7.3107	7.7051	8.1202	8.5572	9.0170	9.5011	10.0105	22
23	7.5744	8.0026	8.4545	8.9312	9.4343	9.9650	10.5249	11.1155	23
24	8.2715	8.7600	9.2767	9.8232	10.4013	11.0126	11.6590	12.3425	24
25	9.0326	9.5890	10.1789	10.8044	11.4674	12.1703	12.9153	13.7050	25
26	9.8639	10.4965	11.1689	11.8835	12.6428	13.4497	14.3070	15.2179	26
27	10.7716	11.4899	12.2551	13.0703	13.9387	14.8636	15.8487	16.8978	27
28	11.7628	12.5773	13.4470	14.3758	15.3674	16.4262	17.5565	18.7631	28
29	12.8453	13.7676	14.7548	15.8116	16.9426	18.1530	19.4483	20.8344	29
30	14.0274	15.0705	16.1898	17.3908	18.6792	20.0614	21.5440	23.1342	30
31	15.3183	16.4968	17.7644	19.1277	20.5938	22.1703	23.8655	25.6880	31
32	16.7279	18.0580	19.4921	21.0381	22.7047	24.5010	26.4372	28.5237	32
33	18.2673	19.7670	21.3878	23.1393	25.0319	27.0768	29.2859	31.6724	33
34	19.9484	21.6377	23.4679	25.4504	27.5977	29.9232	32.4417	35.1687	34
35	21.7841	23.6855	25.7503	27.9923	30.4264	33.0690	35.9375	39.0509	35
36	23.7888	25.9271	28.2547	30.7880	33.5451	36.5454	39.8099	43.3617	36
37	25.9780	28.3808	31.0026	33.8630	36.9835	40.3873	44.0997	48.1484	37
38	28.3686	31.0667	34.0178	37.2452	40.7743	44.6331	48.8517	53.4634	38
39	30.9792	34.0069	37.3263	40.9651	44.9537	49.3252	54.1158	59.3652	39
40	33.8301	37.2253	40.9565	45.0565	49.5614	54.5106	59.9471	65.9185	40
41	36.9433	40.7482	44.9397	49.5566	54.6415	60.2411	66.4068	73.1951	41
42	40.3430	44.6046	49.3104	54.5062	60.2422	66.5740	73.5626	81.2751	42
43	44.0556	48.8259	54.1062	59.9501	66.4171	73.5727	81.4894	90.2470	43
44	48.1098	53.4468	59.3683	65.9377	73.2248	81.3072	90.2704	100.2092	44
45	52.5371	58.5049	65.1423	72.5233	80.7304	89.8547	99.9976	111.2712	45
46	57.3718	64.0418	71.4778	79.7667	89.0052	99.3008	110.7729	123.5544	46
47	62.6515	70.1026	78.4294	87.7335	98.1283	109.7400	122.7094	137.1934	47
48	68.4170	76.7371	86.0572	96.4960	108.1864	121.2766	135.9321	152.3381	48
49	74.7130	83.9994	94.4268	106.1337	119.2755	134.0259	150.5796	169.1545	49
50	81.5885	91.9490	103.6104	116.7340	131.5013	148.1156	166.8055	187.8273	50

AMOUNT OF £1

Nominal rate per cent

Years	11	11.25	11.5	11.75	12	12.25	12.5	12.75	Years
1	1.1130	1.1157	1.1183	1.1210	1.1236	1.1263	1.1289	1.1316	1
2	1.2388	1.2447	1.2506	1.2565	1.2625	1.2684	1.2744	1.2804	2
3	1.3788	1.3887	1.3986	1.4085	1.4185	1.4286	1.4387	1.4489	3
4	1.5347	1.5493	1.5640	1.5789	1.5938	1.6089	1.6242	1.6395	4
5	1.7081	1.7285	1.7491	1.7698	1.7908	1.8121	1.8335	1.8552	5
6	1.9012	1.9284	1.9560	1.9839	2.0122	2.0409	2.0699	2.0993	6
7	2.1161	2.1515	2.1874	2.2239	2.2609	2.2985	2.3367	2.3755	7
8	2.3553	2.4003	2.4462	2.4928	2.5404	2.5887	2.6379	2.6880	8
9	2.6215	2.6779	2.7356	2.7944	2.8543	2.9155	2.9780	3.0417	9
10	2.9178	2.9877	3.0592	3.1323	3.2071	3.2836	3.3619	3.4418	10
11	3.2475	3.3332	3.4211	3.5112	3.6035	3.6982	3.7952	3.8947	11
12	3.6146	3.7188	3.8259	3.9359	4.0489	4.1651	4.2844	4.4071	12
13	4.0231	4.1489	4.2785	4.4119	4.5494	4.6909	4.8367	4.9869	13
14	4.4778	4.6288	4.7847	4.9456	5.1117	5.2832	5.4602	5.6430	14
15	4.9840	5.1642	5.3507	5.5437	5.7435	5.9502	6.1641	6.3854	15
16	5.5473	5.7615	5.9837	6.2143	6.4534	6.7014	6.9587	7.2255	16
17	6.1742	6.4279	6.6916	6.9659	7.2510	7.5475	7.8557	8.1761	17
18	6.8721	7.1714	7.4833	7.8084	8.1473	8.5004	8.8683	9.2518	18
19	7.6488	8.0008	8.3686	8.7529	9.1543	9.5735	10.0115	10.4690	19
20	8.5133	8.9262	9.3587	9.8115	10.2857	10.7822	11.3021	11.8463	20
21	9.4755	9.9587	10.4659	10.9983	11.5570	12.1435	12.7590	13.4049	21
22	10.5465	11.1106	11.7041	12.3285	12.9855	13.6766	14.4037	15.1685	22
23	11.7385	12.3956	13.0887	13.8197	14.5905	15.4033	16.2604	17.1641	23
24	13.0653	13.8294	14.6372	15.4912	16.3939	17.3480	18.3565	19.4222	24
25	14.5420	15.4289	16.3689	17.3649	18.4202	19.5382	20.7227	21.9775	25
26	16.1856	17.2135	18.3054	19.4652	20.6969	22.0050	23.3940	24.8690	26
27	18.0149	19.2045	20.4711	21.8195	23.2550	24.7831	26.4097	28.1408	27
28	20.0511	21.4258	22.8929	24.4586	26.1293	27.9120	29.8140	31.8432	28
29	22.3174	23.9040	25.6013	27.4169	29.3589	31.4360	33.6572	36.0326	29
30	24.8398	26.6688	28.6301	30.7330	32.9877	35.4048	37.9959	40.7732	30
31	27.6473	29.7534	32.0172	34.4502	37.0650	39.8747	42.8938	46.1374	31
32	30.7721	33.1948	35.8050	38.6170	41.6462	44.9090	48.4230	52.2075	32
33	34.2501	37.0343	40.0410	43.2878	46.7937	50.5788	54.6651	59.0761	33
34	38.1213	41.3178	44.7781	48.5236	52.5774	56.9644	61.7117	66.8484	34
35	42.4299	46.0968	50.0756	54.3926	59.0759	64.1563	69.6668	75.6432	35
36	47.2256	51.4285	55.9999	60.9714	66.3777	72.2561	78.6473	85.5952	36
37	52.5632	57.3769	62.6250	68.3460	74.5820	81.3786	88.7854	96.8564	37
38	58.5042	64.0134	70.0339	76.6126	83.8003	91.6527	100.2304	109.5992	38
39	65.1166	71.4174	78.3194	85.8790	94.1581	103.2240	113.1507	124.0186	39
40	72.4764	79.6779	87.5851	96.2662	105.7960	116.2562	127.7365	140.3350	40
41	80.6681	88.8937	97.9469	107.9098	118.8724	130.9338	144.2026	158.7980	41
42	89.7856	99.1756	109.5347	120.9616	133.5650	147.4644	162.7912	179.6901	42
43	99.9336	110.6466	122.4933	135.5921	150.0736	166.0820	183.7760	203.3309	43
44	111.2286	123.4444	136.9850	151.9922	168.6227	187.0501	207.4658	230.0819	44
45	123.8002	137.7225	153.1912	170.3759	189.4645	210.6654	234.2095	260.3524	45
46	137.7927	153.6521	171.3147	190.9831	212.8823	237.2623	264.4006	294.6054	46
47	153.3667	171.4241	191.5823	214.0828	239.1946	267.2170	298.4834	333.3649	47
48	170.7010	191.2517	214.2477	239.9765	268.7590	300.9536	336.9598	377.2237	48
49	189.9945	213.3727	239.5945	269.0020	301.9776	338.9494	380.3960	426.8528	49
50	211.4686	238.0522	267.9400	301.5382	339.3021	381.7423	429.4315	483.0113	50

AMOUNT OF £1

Nominal rate per cent

Years	13	13.25	13.5	13.75	14	14.25	14.5	14.75	Years
1	1.1342	1.1369	1.1396	1.1422	1.1449	1.1476	1.1503	1.1529	1
2	1.2865	1.2925	1.2986	1.3047	1.3108	1.3169	1.3231	1.3293	2
3	1.4591	1.4694	1.4798	1.4902	1.5007	1.5113	1.5219	1.5326	3
4	1.6550	1.6706	1.6863	1.7022	1.7182	1.7343	1.7506	1.7670	4
5	1.8771	1.8993	1.9217	1.9443	1.9672	1.9903	2.0136	2.0372	5
6	2.1291	2.1593	2.1899	2.2208	2.2522	2.2840	2.3162	2.3488	6
7	2.4149	2.4549	2.4955	2.5367	2.5785	2.6210	2.6642	2.7080	7
8	2.7390	2.7909	2.8437	2.8975	2.9522	3.0078	3.0645	3.1221	8
9	3.1067	3.1729	3.2406	3.3096	3.3799	3.4517	3.5249	3.5996	9
10	3.5236	3.6073	3.6928	3.7803	3.8697	3.9611	4.0546	4.1501	10
11	3.9966	4.1011	4.2082	4.3179	4.4304	4.5457	4.6638	4.7849	11
12	4.5331	4.6625	4.7954	4.9320	5.0724	5.2165	5.3646	5.5167	12
13	5.1415	5.3007	5.4647	5.6335	5.8074	5.9863	6.1706	6.3604	13
14	5.8316	6.0263	6.2273	6.4347	6.6488	6.8698	7.0978	7.3331	14
15	6.6144	6.8513	7.0964	7.3499	7.6123	7.8836	8.1643	8.4546	15
16	7.5022	7.7891	8.0867	8.3953	8.7153	9.0470	9.3910	9.7477	16
17	8.5092	8.8554	9.2153	9.5893	9.9781	10.3822	10.8021	11.2385	17
18	9.6513	10.0676	10.5013	10.9532	11.4239	11.9143	12.4252	12.9573	18
19	10.9467	11.4457	11.9668	12.5110	13.0793	13.6726	14.2921	14.9390	19
20	12.4161	13.0125	13.6369	14.2904	14.9745	15.6904	16.4396	17.2237	20
21	14.0826	14.7938	15.5400	16.3229	17.1443	18.0059	18.9098	19.8579	21
22	15.9729	16.8189	17.7087	18.6445	19.6285	20.6632	21.7511	22.8950	22
23	18.1168	19.1212	20.1801	21.2962	22.4726	23.7126	25.0193	26.3965	23
24	20.5485	21.7387	22.9963	24.3251	25.7289	27.2120	28.7787	30.4335	24
25	23.3067	24.7145	26.2056	27.7847	29.4570	31.2278	33.1028	35.0880	25
26	26.4350	28.0977	29.8628	31.7365	33.7253	35.8363	38.0767	40.4543	26
27	29.9833	31.9439	34.0303	36.2502	38.6122	41.1249	43.7980	46.6414	27
28	34.0078	36.3167	38.7794	41.4060	44.2071	47.1940	50.3789	53.7747	28
29	38.5725	41.2881	44.1913	47.2950	50.6127	54.1587	57.9487	61.9989	29
30	43.7498	46.9400	50.3585	54.0216	57.9464	62.1513	66.6558	71.4810	30
31	49.6222	53.3655	57.3864	61.7049	66.3429	71.3234	76.6713	82.4132	31
32	56.2827	60.6707	65.3950	70.4810	75.9559	81.8490	88.1916	95.0174	32
33	63.8372	68.9758	74.5213	80.5053	86.9620	93.9280	101.4429	109.5493	33
34	72.4058	78.4179	84.9212	91.9553	99.5627	107.7896	116.6854	126.3037	34
35	82.1245	89.1524	96.7725	105.0338	113.9894	123.6968	134.2181	145.6205	35
36	93.1476	101.3564	110.2777	119.9724	130.5065	141.9515	154.3852	167.8915	36
37	105.6504	115.2310	125.6676	137.0356	149.4168	162.9003	177.5825	193.5687	37
38	119.8313	131.0048	143.2053	156.5257	171.0673	186.9405	204.2654	223.1729	38
39	135.9156	148.9380	163.1905	178.7878	195.8550	214.5286	234.9576	257.3047	39
40	154.1589	169.3260	185.9648	204.2162	224.2344	246.1880	270.2614	296.6567	40
41	174.8509	192.5048	211.9173	233.2612	256.7260	282.5195	310.8699	342.0271	41
42	198.3202	218.8566	241.4917	266.4371	293.9255	324.2128	357.5800	394.3364	42
43	224.9398	248.8157	275.1934	304.3316	336.5154	372.0590	411.3087	454.6458	43
44	255.1323	282.8759	313.5983	347.6156	385.2764	426.9662	473.1104	524.1789	44
45	289.3775	321.5985	357.3630	397.0558	441.1030	489.9764	544.1982	604.3464	45
46	328.2191	365.6218	407.2352	453.5276	505.0188	562.2854	625.9673	696.7745	46
47	372.2744	415.6714	464.0674	518.0313	578.1960	645.2656	720.0229	803.3386	47
48	422.2429	472.5723	528.8309	591.7091	661.9766	740.4916	828.2108	926.2004	48
49	478.9184	537.2623	602.6326	675.8659	757.8970	849.7708	952.6546	1067.8527	49
50	543.2013	610.8076	686.7337	771.9920	867.7163	975.1771	1095.7969	1231.1690	50

AMOUNT OF £1

Nominal rate per cent

Years	15	15.5	16	16.5	17	17.5	18	18.5	Years
1	1.1556	1.1610	1.1664	1.1718	1.1772	1.1827	1.1881	1.1936	1
2	1.3355	1.3479	1.3605	1.3731	1.3859	1.3987	1.4116	1.4246	2
3	1.5433	1.5650	1.5869	1.6090	1.6315	1.6542	1.6771	1.7003	3
4	1.7835	1.8169	1.8509	1.8855	1.9206	1.9563	1.9926	2.0294	4
5	2.0610	2.1095	2.1589	2.2094	2.2610	2.3136	2.3674	2.4222	5
6	2.3818	2.4491	2.5182	2.5890	2.6617	2.7362	2.8127	2.8911	6
7	2.7524	2.8434	2.9372	3.0338	3.1334	3.2360	3.3417	3.4506	7
8	3.1808	3.3012	3.4259	3.5551	3.6887	3.8271	3.9703	4.1185	8
9	3.6758	3.8328	3.9960	4.1658	4.3425	4.5261	4.7171	4.9157	9
10	4.2479	4.4499	4.6610	4.8816	5.1120	5.3529	5.6044	5.8672	10
11	4.9089	5.1663	5.4365	5.7202	6.0180	6.3306	6.6586	7.0028	11
12	5.6729	5.9981	6.3412	6.7030	7.0846	7.4869	7.9111	8.3582	12
13	6.5557	6.9638	7.3964	7.8546	8.3401	8.8544	9.3992	9.9760	13
14	7.5759	8.0851	8.6271	9.2041	9.8182	10.4718	11.1671	11.9069	14
15	8.7550	9.3868	10.0627	10.7854	11.5583	12.3845	13.2677	14.2116	15
16	10.1174	10.8982	11.7371	12.6384	13.6067	14.6466	15.7633	16.9624	16
17	11.6920	12.6528	13.6901	14.8098	16.0181	17.3219	18.7284	20.2455	17
18	13.5115	14.6900	15.9682	17.3542	18.8569	20.4858	22.2512	24.1642	18
19	15.6143	17.0552	18.6253	20.3358	22.1988	24.2277	26.4367	28.8413	19
20	18.0442	19.3012	21.7245	23.8296	26.1330	28.6530	31.4094	34.4237	20
21	20.8524	22.9893	25.3395	27.9236	30.7644	33.8867	37.3175	41.0866	21
22	24.0975	26.6907	29.5560	32.7211	36.2167	40.0763	44.3370	49.0392	22
23	27.8477	30.9881	34.4741	38.3428	42.6352	47.3965	52.6767	58.5311	23
24	32.1815	35.9774	40.2106	44.9303	50.1912	56.0538	62.5852	69.8601	24
25	37.1897	41.7699	46.9016	52.6496	59.0863	66.2923	74.3575	83.3820	25
26	42.9774	48.4952	54.7060	61.6952	69.5579	78.4010	88.3442	99.5211	26
27	49.6658	56.3032	63.8091	72.2948	81.8853	92.7215	104.9617	118.7840	27
28	57.3950	65.3684	74.4270	84.7155	96.3974	109.6576	124.7050	141.7754	28
29	66.3271	75.8931	86.8116	99.2701	113.4814	129.6873	148.1620	169.2169	29
30	76.6492	88.1123	101.2571	116.3253	133.5932	153.3755	176.0313	201.9699	30
31	98.5778	102.2990	118.1062	136.3108	157.2692	181.3905	209.1428	241.0625	31
32	102.3627	118.7698	137.7591	159.7298	185.1413	214.5226	248.4825	287.7216	32
33	118.2929	137.8924	160.6822	187.1724	217.9529	253.7065	295.2221	343.4120	33
34	136.7022	160.0940	187.4198	219.3297	256.5796	300.0475	350.7534	409.8815	34
35	157.9765	185.8701	218.6064	257.0120	302.0520	354.8531	416.7301	489.2166	35
36	182.5616	215.7963	254.9825	301.1682	355.5831	419.6692	495.1170	583.9075	36
37	210.9727	250.5409	297.4116	352.9108	418.6014	496.3244	588.2485	696.9265	37
38	243.8054	290.8796	346.9009	413.5431	492.7880	586.9812	698.8981	831.8210	38
39	281.7476	337.7130	404.6252	484.5924	580.1223	694.1970	830.3608	992.8251	39
40	325.5946	392.0869	471.9548	567.8484	682.9345	820.9964	986.5517	1184.9926	40
41	376.2652	455.2153	550.4881	665.4083	803.9676	970.9565	1172.1220	1414.3554	41
42	434.8215	528.5078	642.0893	779.7296	946.4507	1148.3078	1392.5982	1688.1127	42
43	502.4906	613.6009	748.9330	913.6920	1114.1855	1358.0534	1654.5459	2014.8574	43
44	580.6907	712.3945	873.5555	1070.6700	1311.6470	1606.1103	1965.7660	2404.8457	44
45	671.0607	827.0944	1018.9151	1254.6178	1544.1036	1899.4764	2335.5266	2870.3186	45
46	775.4945	960.2618	1188.4626	1470.1690	1817.7574	2246.4277	2774.8391	3425.8867	46
47	896.1808	1114.8700	1386.2227	1722.7532	2139.9094	2656.7517	3296.7864	4088.9885	47
48	1035.6489	1294.3710	1616.8902	2018.7330	2519.1549	3142.0240	3916.9119	4880.4378	48
49	1196.8218	1502.7728	1885.9407	2365.5639	2965.6121	3715.9343	4653.6830	5825.0770	49
50	1383.0772	1744.7286	2199.7613	2771.9826	3491.1927	4394.6730	5529.0408	6952.5571	50

TABLE 7
AMOUNT OF £1 PER ANNUM

after the given number of years

Rates of interest: 1 — 10.75% @ 0.25% steps

AMOUNT OF £1 PER ANNUM

Nominal rate per cent

Years	1	1.25	1.5	1.75	2	2.25	2.5	2.75	Years
1	1.0063	1.0078	1.0094	1.0110	1.0125	1.0141	1.0157	1.0172	1
2	2.0226	2.0283	2.0340	2.0397	2.0454	2.0511	2.0569	2.0627	2
3	3.0491	3.0615	3.0740	3.0865	3.0991	3.1117	3.1243	3.1370	3
4	4.0860	4.1078	4.1297	4.1517	4.1739	4.1962	4.2186	4.2411	4
5	5.1332	5.1671	5.2012	5.2357	5.2703	5.3052	5.3404	5.3758	5
6	6.1909	6.2397	6.2889	6.3386	6.3888	6.4394	6.4904	6.5419	6
7	7.2592	7.3258	7.3930	7.4610	7.5297	7.5992	7.6693	7.7403	7
8	8.3383	8.4255	8.5137	8.6031	8.6936	8.7852	8.8780	8.9719	8
9	9.4281	9.5389	9.6513	9.7653	9.8809	9.9981	10.1170	10.2375	9
10	10.5289	10.6664	10.8060	10.9479	11.0920	11.2384	11.3871	11.5382	10
11	11.6407	11.8079	11.9781	12.1513	12.3275	12.5068	12.6893	12.8750	11
12	12.7636	12.9638	13.1678	13.3758	13.5878	13.8039	14.0242	14.2487	12
13	13.8979	14.1342	14.3755	14.6219	14.8734	15.1303	15.3926	15.6605	13
14	15.0434	15.3192	15.6013	15.8898	16.1849	16.4868	16.7955	17.1114	14
15	16.2005	16.5192	16.8456	17.1801	17.5228	17.8739	18.2337	18.6024	15
16	17.3692	17.7341	18.1086	18.4930	18.8875	19.2924	19.7081	20.1347	16
17	18.5496	18.9643	19.3907	19.8290	20.2797	20.7431	21.2195	21.7095	17
18	19.7418	20.2099	20.6920	21.1885	21.6998	22.2265	22.7690	23.3279	18
19	20.9459	21.4712	22.0130	22.5719	23.1485	23.7435	24.3575	24.9910	19
20	22.1622	22.7482	23.3538	23.9796	24.6264	25.2949	25.9859	26.7003	20
21	23.3906	24.0413	24.7148	25.4120	26.1339	26.8813	27.6553	28.4568	21
22	24.6314	25.3506	26.0963	26.8696	27.6717	28.5036	29.3666	30.2620	22
23	25.8846	26.6763	27.4986	28.3529	29.2404	30.1627	31.1211	32.1172	23
24	27.1503	28.0186	28.9220	29.8622	30.8407	31.8593	32.9196	34.0237	24
25	28.4287	29.3777	30.3669	31.3980	32.4731	33.5942	34.7634	35.9830	25
26	29.7200	30.7539	31.8335	32.9609	34.1384	35.3684	36.6536	37.9966	26
27	31.0242	32.1474	33.3222	34.5512	35.8371	37.1828	38.5914	40.0660	27
28	32.3415	33.5583	34.8333	36.1694	37.5699	39.0382	40.5779	42.1926	28
29	33.6720	34.9869	36.3671	37.8161	39.3376	40.9356	42.6143	44.3781	29
30	35.0158	36.4334	37.9241	39.4917	41.1408	42.8760	44.7020	46.6242	30
31	36.3731	37.8981	39.5045	41.1968	42.9803	44.8602	46.8422	48.9324	31
32	37.7440	39.3811	41.1086	42.9319	44.8567	46.8893	49.0363	51.3045	32
33	39.1286	40.8828	42.7370	44.6975	46.7709	48.9644	51.2855	53.7423	33
34	40.5271	42.4032	44.3898	46.4940	48.7235	51.0864	53.5913	56.2477	34
35	41.9397	43.9428	46.0676	48.3222	50.7154	53.2564	55.9552	58.8224	35
36	43.3664	45.5016	47.7706	50.1825	52.7473	55.4755	58.3785	61.4683	36
37	44.8074	47.0799	49.4992	52.0755	54.8201	57.7448	60.8627	64.1876	37
38	46.2628	48.6781	51.2539	54.0018	56.9345	60.0655	63.4095	66.9821	38
39	47.7329	50.2963	53.0349	55.9619	59.0914	62.4387	66.0203	69.8540	39
40	49.2177	51.9348	54.8428	57.9565	61.2917	64.8656	68.6968	72.8055	40
41	50.7173	53.5938	56.6780	59.9861	63.5361	67.3473	71.4406	75.8386	41
42	52.2320	55.2737	58.5407	62.0514	65.8258	69.8853	74.2535	78.9558	42
43	53.7619	56.9746	60.4315	64.1530	68.1614	72.4806	77.1371	82.1592	43
44	55.3071	58.6968	62.3508	66.2916	70.5440	75.1347	80.0932	85.4514	44
45	56.8678	60.4407	64.2989	68.4677	72.9744	77.8489	83.1238	88.8347	45
46	58.4442	62.2063	66.2764	70.6821	75.4537	80.6244	86.2305	92.3117	46
47	60.0364	63.9942	68.2837	72.9354	77.9829	83.4628	89.4154	95.8850	47
48	61.6445	65.8044	70.3212	75.2283	80.5629	86.3654	92.6805	99.5572	48
49	63.2687	67.6374	72.3893	77.5616	83.1947	89.3336	96.0276	103.3311	49
50	64.9092	69.4933	74.4887	79.9358	85.8795	92.3690	99.4590	107.2095	50

AMOUNT OF £1 PER ANNUM

Nominal rate per cent

Years	1	1.25	1.5	1.75	2	2.25	2.5	2.75	Years
51	66.5662	71.3725	76.6196	82.3518	88.6182	95.4731	102.9767	111.1953	51
52	68.2398	73.2753	78.7826	84.8102	91.4119	98.6475	106.5829	115.2914	52
53	69.9302	75.2019	80.9781	87.3118	94.2618	101.8936	110.2798	119.5010	53
54	71.6375	77.1527	83.2067	89.8574	97.1690	105.2132	114.0697	123.8271	54
55	73.3619	79.1280	85.4689	92.4478	100.1347	108.6079	117.9549	128.2730	55
56	75.1036	81.1280	87.7652	95.0836	103.1599	112.0795	121.9379	132.8420	56
57	76.8628	83.1531	90.0960	97.7658	106.2459	115.6295	126.0210	137.5375	57
58	78.6396	85.2036	92.4619	100.4952	109.3940	119.2599	130.2069	142.3630	58
59	80.4342	87.2797	94.8634	103.2725	112.6054	122.9725	134.4981	147.3222	59
60	82.2468	89.3820	97.3011	106.0986	115.8813	126.7690	138.8973	152.4186	60
61	84.0776	91.5106	99.7754	108.9745	119.2230	130.6515	143.4071	157.6562	61
62	85.9267	93.6659	102.2871	111.9008	122.6319	134.6218	148.0303	163.0388	62
63	87.7944	95.8482	104.8365	114.8786	126.1094	138.6819	152.7699	168.5704	63
64	89.6808	98.0578	107.4244	117.9087	129.6567	142.8339	157.6287	174.2552	64
65	91.5861	100.2952	110.0512	120.9921	133.2753	147.0798	162.6097	180.0975	65
66	93.5105	102.5606	112.7175	124.1297	136.9667	151.4219	167.7160	186.1014	66
67	95.4542	104.8545	115.4240	127.3224	140.7323	155.8621	172.9508	192.2717	67
68	97.4174	107.1771	118.1713	130.5713	144.5735	160.4028	178.3173	198.6127	68
69	99.4003	109.5288	120.9599	133.8773	148.4920	165.0463	183.8188	205.1294	69
70	101.4030	111.9100	123.7905	137.2413	152.4892	169.7948	189.4586	211.8265	70
71	103.4258	114.3211	126.6637	140.6645	156.5667	174.6508	195.2404	218.7090	71
72	105.4689	116.7624	129.5801	144.1479	160.7263	179.6167	201.1676	225.7821	72
73	107.5325	119.2343	132.5405	147.6925	164.9694	184.6949	207.2438	233.0510	73
74	109.6168	121.7372	135.5455	151.2993	169.2978	189.8880	213.4730	240.5212	74
75	111.7220	124.2715	138.5957	154.9696	173.7132	195.1986	219.8589	248.1983	75
76	113.8482	126.8376	141.6918	158.7044	178.2174	200.6294	226.4053	256.0879	76
77	115.9958	129.4358	144.8346	162.5049	182.8121	206.1830	233.1165	264.1960	77
78	118.1649	132.0667	148.0246	166.3721	187.4992	211.8624	239.9965	272.5286	78
79	120.3558	134.7305	151.2627	170.3073	192.2804	217.6702	247.0496	281.0919	79
80	122.5686	137.4277	154.5495	174.3117	197.1578	223.6094	254.2801	289.8923	80
81	124.8036	140.1587	157.8859	178.3865	202.1332	229.6830	261.6926	298.9364	81
82	127.0611	142.9240	161.2724	182.5328	207.2086	235.8941	269.2914	308.2309	82
83	129.3411	145.7240	164.7100	186.7521	212.3860	242.2456	277.0815	317.7828	83
84	131.6440	148.5590	168.1993	191.0455	217.6675	248.7409	285.0675	327.5991	84
85	133.9700	151.4297	171.7411	195.4144	223.0552	255.3832	293.2544	337.6873	85
86	136.3193	154.3363	175.3363	199.8601	228.5511	262.1757	301.6472	348.0548	86
87	138.6922	157.2793	178.9856	204.3839	234.1575	269.1220	310.2512	358.7093	87
88	141.0888	160.2593	182.6898	208.9872	239.8766	276.2254	319.0716	369.6589	88
89	143.5095	163.2766	186.4499	213.6715	245.7107	283.4895	328.1140	380.9117	89
90	145.9544	166.3318	190.2665	218.4380	251.6620	290.9180	337.3838	392.4760	90
91	148.4239	169.4252	194.1406	223.2884	257.7329	298.5146	346.8867	404.3605	91
92	150.9181	172.5575	198.0730	228.2240	263.9259	306.2830	356.6288	416.5741	92
93	153.4373	175.7290	202.0646	233.2463	270.2433	314.2273	366.6159	429.1259	93
94	155.9817	178.9403	206.1164	238.3570	276.6877	322.3512	376.8543	442.0253	94
95	158.5517	182.1919	210.2291	243.5574	283.2617	330.6590	387.3502	455.2818	95
96	161.1475	185.4843	214.4037	248.8493	289.9678	339.1548	398.1101	468.9054	96
97	163.7692	188.8179	218.6413	254.2342	296.8087	347.8428	409.1408	482.9062	97
98	166.4173	192.1933	222.9426	259.7137	303.7870	356.7274	420.4489	497.2946	98
99	169.0919	195.6110	227.3086	265.2895	310.9057	365.8130	432.0415	512.0815	99
100	171.7933	199.0717	231.7404	270.9634	318.1674	375.1042	443.9257	527.2778	100

AMOUNT OF £1 PER ANNUM

Nominal rate per cent

Years	3	3.25	3.5	3.75	4	4.25	4.5	4.75	Years
1	1.0188	1.0204	1.0220	1.0235	1.0251	1.0267	1.0283	1.0299	1
2	2.0684	2.0742	2.0800	2.0858	2.0917	2.0975	2.1034	2.1092	2
3	3.1498	3.1626	3.1754	3.1883	3.2013	3.2143	3.2274	3.2405	3
4	4.2638	4.2866	4.3095	4.3326	4.3558	4.3791	4.4025	4.4261	4
5	5.4115	5.4474	5.4836	5.5201	5.5568	5.5939	5.6311	5.6687	5
6	6.5939	6.6463	6.6992	6.7526	6.8065	6.8608	6.9157	6.9710	6
7	7.8120	7.8845	7.9577	8.0317	8.1066	8.1822	8.2587	8.3359	7
8	9.0669	9.1632	9.2606	9.3593	9.4592	9.5604	9.6628	9.7664	8
9	10.3598	10.4838	10.6096	10.7371	10.8665	10.9977	11.1308	11.2657	9
10	11.6917	11.8477	12.0061	12.1671	12.3306	12.4968	12.6656	12.8371	10
11	13.0639	13.2563	13.4520	13.6512	13.8539	14.0602	14.2702	14.4839	11
12	14.4776	14.7110	14.9489	15.1914	15.4387	15.6908	15.9479	16.2100	12
13	15.9340	16.2134	16.4987	16.7900	17.0876	17.3915	17.7019	18.0189	13
14	17.4345	17.7650	18.1031	18.4491	18.8030	19.1652	19.5357	19.9149	14
15	18.9802	19.3674	19.7643	20.1710	20.5878	21.0151	21.4530	21.9019	15
16	20.5727	21.0224	21.4840	21.9580	22.4447	22.9444	23.4575	23.9845	16
17	22.2134	22.7316	23.2645	23.8127	24.3766	24.9566	25.5533	26.1671	17
18	23.9036	24.4967	25.1079	25.7376	26.3865	27.0552	27.7444	28.4547	18
19	25.6449	26.3197	27.0163	27.7353	28.4776	29.2440	30.0352	30.8522	19
20	27.4388	28.2025	28.9921	29.8087	30.6533	31.5268	32.4303	33.3649	20
21	29.2870	30.1469	31.0377	31.9606	32.9168	33.9076	34.9343	35.9985	21
22	31.1910	32.1550	33.1555	34.1939	35.2717	36.3907	37.5524	38.7586	22
23	33.1526	34.2290	35.3481	36.5117	37.7218	38.9804	40.2895	41.6513	23
24	35.1734	36.3708	37.6180	38.9173	40.2709	41.6814	43.1512	44.6831	24
25	37.2554	38.5829	39.9682	41.4139	42.9230	44.4984	46.1432	47.8606	25
26	39.4002	40.8674	42.4013	44.0050	45.6822	47.4363	49.2712	51.1909	26
27	41.6099	43.2268	44.9203	46.6943	48.5529	50.5005	52.5417	54.6812	27
28	43.8864	45.6635	47.5282	49.4853	51.5396	53.6963	55.9609	58.3392	28
29	46.2317	48.1800	50.2282	52.3819	54.6469	57.0293	59.5358	62.1731	29
30	48.6479	50.7789	53.0235	55.3882	57.8797	60.5055	63.2733	66.1913	30
31	51.1371	53.4631	55.9176	58.5083	61.2432	64.1311	67.1809	70.4026	31
32	53.7015	56.2351	58.9138	61.7464	64.7426	67.9123	71.2664	74.8163	32
33	56.3434	59.0980	62.0158	65.1072	68.3833	71.8559	75.5377	79.4421	33
34	59.0653	62.0547	65.2273	68.5951	72.1711	75.9690	80.0034	84.2903	34
35	61.8693	65.1083	68.5522	72.2151	76.1119	80.2586	84.6724	89.3715	35
36	64.7581	68.2619	71.9945	75.9721	80.2120	84.7326	89.5538	94.6969	36
37	67.7343	71.5188	75.5583	79.8713	84.4777	89.3987	94.6573	100.2783	37
38	70.8004	74.8824	79.2480	83.9181	88.9157	94.2652	99.9931	106.1279	38
39	73.9591	78.3563	83.0679	88.1181	93.5330	99.3407	105.5717	112.2587	39
40	77.2134	81.9439	87.0227	92.4771	98.3369	104.6343	111.4042	118.6842	40
41	80.5660	85.6492	91.1171	97.0010	103.3348	110.1552	117.5020	125.4185	41
42	84.0199	89.4758	95.3561	101.6962	108.5347	115.9132	123.8774	132.4765	42
43	87.5782	93.4278	99.7447	106.5691	113.9446	121.9186	130.5429	139.8737	43
44	91.2441	97.5092	104.2883	111.6265	119.5731	128.1819	137.5117	147.6265	44
45	95.0207	101.7244	108.9923	116.8752	125.4289	134.7142	144.7976	155.7519	45
46	98.9116	106.0777	113.8624	122.3227	131.5214	141.5271	152.4151	164.2678	46
47	102.9200	110.5736	118.9044	127.9764	137.8600	148.6326	160.3792	173.1930	47
48	107.0496	115.2169	124.1244	133.8440	144.4547	156.0433	168.7057	182.5472	48
49	111.3040	120.0123	129.5288	139.9338	151.3157	163.7723	177.4112	192.3511	49
50	115.6869	124.9647	135.1239	146.2540	158.4540	171.8333	186.5128	202.6261	50

AMOUNT OF £1 PER ANNUM

Nominal rate per cent

Years	3	3.25	3.5	3.75	4	4.25	4.5	4.75	Years
51	120.2024	130.0795	140.9166	152.8135	165.8807	180.2405	196.0286	213.3950	51
52	124.8543	135.3618	146.9138	159.6213	173.6074	189.0088	205.9774	224.6815	52
53	129.6469	140.8172	153.1228	166.6868	181.6463	198.1538	216.3789	236.5105	53
54	134.5843	146.4513	159.5509	174.0197	190.0099	207.6915	227.2538	248.9080	54
55	139.6709	152.2701	166.2060	181.6301	198.7114	217.6389	238.6235	261.9014	55
56	144.9113	158.2795	173.0961	189.5287	207.7645	228.0135	250.5107	275.5193	56
57	150.3100	164.4857	180.2295	197.7262	217.1833	238.8337	262.9388	289.7917	57
58	155.8720	170.8954	187.6147	206.2339	226.9826	250.1187	275.9324	304.7502	58
59	161.6020	177.5150	195.2606	215.0638	237.1779	261.8884	289.5173	320.4276	59
60	167.5053	184.3515	203.1765	224.2278	247.7850	274.1636	303.7205	336.8585	60
61	173.5869	191.4120	211.3719	233.7387	258.8206	286.9661	318.5699	354.0791	61
62	179.8524	198.7038	219.8566	243.6097	270.3021	300.3184	334.0951	372.1275	62
63	186.3073	206.2345	228.6409	253.8542	282.2474	314.2443	350.3268	391.0433	63
64	192.9573	214.0120	237.7353	264.4865	294.6753	328.7683	367.2972	410.8683	64
65	199.8082	222.0443	247.1508	275.5213	307.6053	343.9161	385.0398	431.6461	65
66	206.8662	230.3398	256.8987	286.9738	321.0577	359.7145	403.5898	453.4227	66
67	214.1376	238.9071	266.9908	298.8597	335.0536	376.1915	422.9839	476.2459	67
68	221.6237	247.7550	277.4392	311.1956	349.6149	393.3763	443.2606	500.1661	68
69	229.3463	256.8929	288.2566	323.9984	364.7644	411.2991	464.4600	525.2359	69
70	237.2971	266.3301	299.4558	337.2858	380.5260	429.9917	486.6241	551.5108	70
71	245.4882	276.0766	311.0504	351.0761	396.9244	449.4872	509.7969	579.0485	71
72	253.9269	286.1424	323.0544	365.3884	413.9853	469.8201	534.0241	607.9098	72
73	262.6207	296.5379	335.4822	380.2425	431.7354	491.0263	559.3538	638.1582	73
74	271.5772	307.2741	348.3488	395.6588	450.2027	513.1434	585.8362	669.8606	74
75	280.8044	318.3621	361.6697	411.6587	469.4160	536.2104	613.5237	703.0867	75
76	290.3106	329.8133	375.4608	428.2641	489.4055	560.2682	642.4711	737.9097	76
77	300.1040	341.6397	389.7389	445.4982	510.2026	585.3593	672.7359	774.4065	77
78	310.1935	353.8536	404.5211	463.3845	531.8399	611.5281	704.3778	812.6575	78
79	320.5879	366.4677	419.8252	481.9479	554.3514	638.8209	737.4597	852.7470	79
80	331.2965	379.4951	435.6696	501.2139	577.7723	667.2859	772.0470	894.7634	80
81	342.3287	392.9492	452.0735	521.2092	602.1394	696.9736	808.2083	938.7992	81
82	353.6944	406.8443	469.0565	541.9613	627.4910	727.9364	846.0151	984.9515	82
83	365.4037	421.1945	486.6391	563.4989	653.8667	760.2291	885.5423	1033.3222	83
84	377.4668	436.0150	504.8424	585.8518	681.3081	793.9089	926.8683	1084.0177	84
85	389.8946	451.3210	523.6885	609.0508	709.8581	829.0352	970.0749	1137.1499	85
86	402.6980	467.1285	543.1999	633.1278	739.5614	865.6703	1015.2477	1192.8358	86
87	415.8883	483.4539	563.4003	658.1163	770.4649	903.8788	1062.4761	1251.1982	87
88	429.4774	500.3142	584.3138	684.0505	802.6168	943.7286	1111.8537	1312.3657	88
89	443.4772	517.7269	605.9657	710.9665	836.0676	985.2899	1163.4782	1376.4732	89
90	457.9001	535.7102	628.3820	738.9012	870.8699	1028.6363	1217.4520	1443.6619	90
91	472.7589	554.2826	651.5898	767.8933	907.0781	1073.8446	1273.8820	1514.0801	91
92	488.0669	573.4635	675.6170	797.9828	944.7492	1120.9946	1332.8799	1587.8828	92
93	503.8375	593.2729	700.4924	829.2113	983.9422	1170.1697	1394.5625	1665.2327	93
94	520.0848	613.7314	726.2462	861.6218	1024.7186	1221.4571	1459.0521	1746.3004	94
95	536.8232	634.8601	752.9092	895.2590	1067.1423	1274.9473	1526.4764	1831.2646	95
96	554.0675	656.6811	780.5135	930.1695	1111.2800	1330.7349	1596.9689	1920.3125	96
97	571.8330	679.2170	809.0925	966.4014	1157.2009	1388.9188	1670.6692	2013.6404	97
98	590.1355	702.4913	838.6805	1004.0048	1204.9769	1449.6017	1747.7234	2111.4540	98
99	608.9912	726.5282	869.3132	1043.0315	1254.6831	1512.8911	1828.2840	2213.9689	99
100	628.4167	751.3526	901.0273	1083.5354	1306.3974	1578.8988	1912.5107	2321.4111	100

AMOUNT OF £1 PER ANNUM

Nominal rate per cent

Years	5	5.25	5.5	5.75	6	6.25	6.5	6.75	Years
1	1.0314	1.0330	1.0346	1.0362	1.0378	1.0394	1.0410	1.0425	1
2	2.1151	2.1210	2.1269	2.1328	2.1388	2.1447	2.1507	2.1566	2
3	3.2536	3.2668	3.2801	3.2934	3.3068	3.3202	3.3337	3.3472	3
4	4.4498	4.4736	4.4976	4.5217	4.5460	4.5703	4.5949	4.6195	4
5	5.7065	5.7446	5.7830	5.8216	5.8606	5.8998	5.9393	5.9791	5
6	7.0268	7.0832	7.1400	7.1974	7.2553	7.3137	7.3726	7.4321	6
7	8.4140	8.4930	8.5727	8.6534	8.7349	8.8173	8.9006	8.9848	7
8	9.8714	9.9777	10.0853	10.1943	10.3046	10.4164	10.5295	10.6440	8
9	11.4026	11.5415	11.6823	11.8251	11.9700	12.1169	12.2660	12.4171	9
10	13.0113	13.1884	13.3682	13.5510	13.7367	13.9254	14.1172	14.3120	10
11	14.7015	14.9229	15.1482	15.3776	15.6111	15.8487	16.0906	16.3369	11
12	16.4772	16.7496	17.0274	17.3107	17.5996	17.8941	18.1945	18.5008	12
13	18.3428	18.6736	19.0114	19.3566	19.7092	20.0694	20.4373	20.8132	13
14	20.3028	20.6998	21.1061	21.5218	21.9472	22.3827	22.8283	23.2843	14
15	22.3621	22.8338	23.3175	23.8133	24.3216	24.8428	25.3772	25.9251	15
16	24.5256	25.0314	25.6522	26.2384	26.8406	27.4591	28.0945	28.7471	16
17	26.7987	27.4485	28.1171	28.8050	29.5130	30.2415	30.9912	31.7628	17
18	29.1868	29.9414	30.7194	31.5213	32.3481	33.2005	34.0793	34.9856	18
19	31.6958	32.5670	33.4668	34.3960	35.3559	36.3473	37.3715	38.4295	19
20	34.3319	35.3323	36.3674	37.4384	38.5468	39.6939	40.8810	42.1098	20
21	37.1014	38.2446	39.4297	40.6583	41.9321	43.2529	44.6224	46.0427	21
22	40.0111	41.3118	42.6627	44.0659	45.5235	47.0378	48.6110	50.2456	22
23	43.0681	44.5422	46.0761	47.6723	49.3337	51.0629	52.8630	54.7369	23
24	46.2798	47.9444	49.6797	51.4891	53.3759	55.3436	57.3959	59.5366	24
25	49.6542	51.5275	53.4843	55.5285	57.6643	59.8960	62.2282	64.6656	25
26	53.1994	55.3012	57.5010	59.8035	62.2138	64.7373	67.3797	70.1468	26
27	56.9241	59.2757	61.7416	64.3278	67.0404	69.8860	72.8715	76.0041	27
28	60.8373	63.4615	66.2187	69.1160	72.1610	75.3615	78.7261	82.2635	28
29	64.9486	67.8700	70.9454	74.1835	77.5933	81.1846	84.9674	88.9526	29
30	69.2681	72.5130	75.9357	79.5466	83.3566	87.3772	91.6210	96.1007	30
31	73.8062	77.4029	81.2042	85.2224	89.4707	93.9630	98.7141	103.7395	31
32	78.5741	82.5529	86.7664	91.2294	95.9573	100.9668	106.2757	111.9027	32
33	83.5834	87.9769	92.6388	97.5867	102.8389	108.4152	114.3368	120.6261	33
34	88.8462	93.6893	98.8386	104.3148	110.1395	116.3364	122.9304	129.9483	34
35	94.3755	99.7056	105.3841	111.4353	117.8848	124.7604	132.0917	139.9104	35
36	100.1847	106.0418	112.2946	118.9711	126.1018	133.7192	141.8582	150.5562	36
37	106.2880	112.7151	119.5903	126.9465	134.8192	143.2466	152.2697	161.9328	37
38	112.7003	119.7434	127.2928	135.3870	144.0674	153.3787	163.3690	174.0903	38
39	119.4372	127.1454	135.4248	144.3199	153.8789	164.1541	175.2015	187.0822	39
40	126.5152	134.9412	144.0102	153.7738	164.2879	175.6134	187.8157	200.9659	40
41	133.9514	143.1516	153.0743	163.7790	175.3309	187.8001	201.2630	215.8025	41
42	141.7642	151.7988	162.6437	174.3679	187.0463	200.7603	215.5986	231.6576	42
43	149.9724	160.9058	172.7467	185.5744	199.4752	214.5433	230.8812	248.6009	43
44	158.5962	170.4973	183.4131	197.4345	212.6610	229.2011	247.1733	266.7072	44
45	167.6566	180.5989	194.6741	209.9864	226.6498	244.7894	264.5416	286.0562	45
46	177.1757	191.2378	206.5630	223.2703	241.4906	261.3671	283.0572	306.7334	46
47	187.1766	202.4426	219.1148	237.3291	257.2352	278.9972	302.7959	328.8298	47
48	197.6839	214.2434	232.3664	252.2079	273.9386	297.7463	323.8384	352.4430	48
49	208.7231	226.6718	246.3569	267.9545	291.6592	317.6856	346.2709	377.6768	49
50	220.3211	239.7613	261.1275	284.6196	310.4590	338.8906	370.1852	404.6428	50

AMOUNT OF £1 PER ANNUM

Nominal rate per cent

Years	7	7.25	7.5	7.75	8	8.25	8.5	8.75	Years
1	1.0441	1.0457	1.0473	1.0489	1.0505	1.0521	1.0537	1.0553	1
2	2.1626	2.1686	2.1747	2.1807	2.1867	2.1928	2.1988	2.2049	2
3	3.3608	3.3744	3.3881	3.4019	3.4157	3.4295	3.4434	3.4574	3
4	4.6443	4.6692	4.6943	4.7195	4.7449	4.7704	4.7960	4.8218	4
5	6.0192	6.0596	6.1003	6.1413	6.1826	6.2241	6.2660	6.3082	5
6	7.4921	7.5526	7.6137	7.6754	7.7376	7.8003	7.8636	7.9275	6
7	9.0698	9.1558	9.2428	9.3306	9.4194	9.5092	9.5999	9.6917	7
8	10.7600	10.8774	10.9963	11.1167	11.2386	11.3620	11.4870	11.6135	8
9	12.5705	12.7260	12.8838	13.0438	13.2061	13.3708	13.5378	13.7072	9
10	14.5099	14.7111	14.9155	15.1232	15.3343	15.5487	15.7667	15.9881	10
11	16.5876	16.8427	17.1025	17.3669	17.6360	17.9100	18.1890	18.4730	11
12	18.8131	19.1317	19.4565	19.7878	20.1256	20.4702	20.8216	21.1800	12
13	21.1972	21.5896	21.9904	22.3999	22.8184	23.2459	23.6827	24.1291	13
14	23.7511	24.2289	24.7179	25.2185	25.7309	26.2553	26.7922	27.3418	14
15	26.4869	27.0631	27.6538	28.2597	28.8810	29.5182	30.1716	30.8419	15
16	29.4176	30.1064	30.8141	31.5412	32.2882	33.0557	33.8444	34.6548	16
17	32.5570	33.3744	34.2158	35.0819	35.9734	36.8912	37.8360	38.8088	17
18	35.9200	36.8836	37.8774	38.9023	39.9593	41.0496	42.1741	43.3341	18
19	39.5226	40.6519	41.8188	43.0245	44.2705	45.5581	46.8808	48.2640	19
20	43.3817	44.6983	46.0613	47.4725	48.9335	50.4463	52.0127	53.6348	20
21	47.5157	49.0434	50.6280	52.2718	53.9770	55.7460	57.5814	59.4858	21
22	51.9441	53.7092	55.5436	57.4502	59.4320	61.4920	63.6335	65.8600	22
23	56.6880	58.7194	60.8348	63.0378	65.3321	67.7218	70.2110	72.8041	23
24	61.7697	64.0995	66.5303	69.0668	71.7137	74.4762	77.3595	80.3691	24
25	67.2134	69.8766	72.6609	75.5721	78.6161	81.7993	85.1284	88.6105	25
26	73.0448	76.0802	79.2600	82.5913	86.0816	89.7390	93.5718	97.5888	26
27	79.2915	82.7418	86.3633	90.1650	94.1564	98.3473	102.7481	107.3699	27
28	85.9832	89.8950	94.0093	98.3371	102.8901	107.6804	112.7210	118.0255	28
29	93.1515	97.5762	102.2395	107.1548	112.3364	117.7993	123.5596	129.6340	29
30	100.8303	105.8244	111.0985	116.6691	122.5535	128.7703	135.3390	142.2803	30
31	109.0561	114.6815	120.6345	126.9351	133.6044	140.6651	148.1409	156.0575	31
32	117.8678	124.1923	130.8990	138.0120	145.5570	153.5614	162.0542	171.0665	32
33	127.3070	134.4052	141.9478	149.9641	158.4850	167.5436	177.1752	187.4175	33
34	137.4186	145.3719	153.8409	162.8604	172.4679	182.7031	193.6088	205.2306	34
35	148.2504	157.1481	166.6426	176.7755	187.5917	199.1391	211.4690	224.6364	35
36	159.8536	169.7936	180.4224	191.7900	203.9497	216.9590	230.8795	245.7773	36
37	172.2833	183.3725	195.2551	207.9906	221.6425	236.2794	251.9749	268.8085	37
38	185.5984	197.9536	211.2212	225.4711	240.7790	257.2266	274.9016	293.8991	38
39	199.8617	213.6111	228.4071	244.3326	261.4771	279.9375	299.8185	321.2331	39
40	215.1410	230.4244	246.9062	264.6841	283.8641	304.5608	326.8983	351.0111	40
41	231.5086	248.4786	266.8186	286.6435	308.0780	331.2574	356.3288	383.4517	41
42	249.0419	267.8656	288.2526	310.3377	334.2676	360.2019	388.3141	418.7930	42
43	267.8240	288.6836	311.3242	335.9038	362.5944	391.5835	423.0758	457.2943	43
44	287.9439	311.0382	336.1586	363.4896	393.2325	425.6076	460.8552	499.2381	44
45	309.4969	335.0429	362.8905	393.2547	426.3708	462.4965	501.9140	544.9323	45
46	332.5849	360.8195	391.6650	425.3714	462.2132	502.4915	546.5369	594.7122	46
47	357.3174	388.4988	422.6379	460.0253	500.9803	545.8542	595.0334	648.9431	47
48	383.8115	418.2212	455.9774	497.4169	542.9108	592.8680	647.7397	708.0230	48
49	412.1926	450.1375	491.8643	537.7625	588.2628	643.8406	705.0213	772.3855	49
50	442.5952	484.4097	530.4931	581.2955	637.3155	699.1050	767.2752	842.5030	50

AMOUNT OF £1 PER ANNUM

Nominal rate per cent

Years	9	9.25	9.5	9.75	10	10.25	10.5	10.75	Years
1	1.0569	1.0585	1.0601	1.0617	1.0633	1.0649	1.0665	1.0681	1
2	2.2110	2.2171	2.2233	2.2294	2.2355	2.2417	2.2479	2.2541	2
3	3.4714	3.4854	3.4996	3.5137	3.5280	3.5423	3.5566	3.5710	3
4	4.8477	4.8738	4.9000	4.9264	4.9529	4.9795	5.0063	5.0333	4
5	6.3507	6.3935	6.4366	6.4801	6.5238	6.5679	6.6123	6.6570	5
6	7.9920	8.0571	8.1227	8.1890	8.2558	8.3232	8.3913	8.4600	6
7	9.7844	9.8781	9.9728	10.0685	10.1653	10.2631	10.3620	10.4619	7
8	11.7417	11.8714	12.0028	12.1358	12.2705	12.4069	12.5450	12.6849	8
9	13.8791	14.0534	14.2302	14.4096	14.5915	14.7761	14.9633	15.1533	9
10	16.2132	16.4419	16.6743	16.9104	17.1504	17.3943	17.6422	17.8941	10
11	18.7621	19.0564	19.3560	19.6611	19.9716	20.2878	20.6098	20.9375	11
12	21.5455	21.9183	22.2986	22.6864	23.0820	23.4855	23.8971	24.3169	12
13	24.5851	25.0512	25.5273	26.0140	26.5112	27.0193	27.5386	28.0693	13
14	27.9045	28.4805	29.0701	29.6738	30.2919	30.9247	31.5726	32.2359	14
15	31.5293	32.2343	32.9575	33.6992	34.4601	35.2406	36.0412	36.8625	15
16	35.4876	36.3434	37.2229	38.1267	39.0555	40.0102	40.9913	41.9998	16
17	39.8102	40.8414	41.9031	42.9963	44.1220	45.2812	46.4749	47.7042	17
18	44.5307	45.7651	47.0385	48.3523	49.7078	51.1063	52.5494	54.0383	18
19	49.6855	51.1547	52.6734	54.2432	55.8661	57.5438	59.2784	61.0717	19
20	55.3147	57.0544	58.8563	60.7226	62.6557	64.6581	66.7325	68.8814	20
21	61.4619	63.5125	65.6405	67.8490	70.1412	72.5203	74.9898	77.5533	21
22	68.1748	70.5817	73.0845	75.6872	78.3939	81.2090	84.1369	87.1824	22
23	75.5055	78.3200	81.2525	84.3083	87.4926	90.8111	94.2697	97.8744	23
24	83.5107	86.7906	90.2149	93.7904	97.5238	101.4226	105.4943	109.7468	24
25	92.2527	96.0629	100.0490	104.2195	108.5833	113.1497	117.9284	122.9297	25
26	101.7991	106.2126	110.8394	115.6903	120.7764	126.1096	131.7025	137.5679	26
27	112.2241	117.3230	122.6793	128.3067	134.2192	140.4320	146.9607	153.8220	27
28	123.6084	129.4848	135.6708	142.1832	149.0400	156.2600	163.8631	171.8704	28
29	136.0403	142.7976	149.9257	157.4456	165.3799	173.7520	182.5869	191.9111	29
30	149.6163	157.3703	165.5669	174.2325	183.3946	193.0828	203.3283	214.1640	30
31	164.4417	173.3222	182.7294	192.6959	203.2558	214.4458	226.3046	238.8735	31
32	180.6313	190.7837	201.5611	213.0034	225.1528	238.0547	251.7569	266.3106	32
33	198.3108	209.8978	222.2243	235.3391	249.2943	264.1454	279.9517	296.7765	33
34	217.6172	230.8208	244.8970	259.9056	275.9102	292.9790	311.1848	330.6055	34
35	238.7003	253.7239	269.7749	286.9258	305.2543	324.8437	345.7833	368.1688	35
36	261.7236	278.7946	297.0723	316.6446	337.6061	360.0583	384.1102	409.8787	36
37	286.8656	306.2379	327.0245	349.3317	373.2741	398.9749	426.5669	456.1929	37
38	314.3213	336.2785	359.8897	385.2834	412.5979	441.9826	473.5986	507.6197	38
39	344.3036	369.1620	395.9513	424.8259	455.9525	489.5116	525.6983	564.7234	39
40	377.0450	405.1577	435.5202	468.3177	503.7509	542.0372	583.4121	628.1308	40
41	412.7994	444.5599	478.9373	516.1533	556.4487	600.0846	647.3449	698.5377	41
42	451.8442	487.6911	526.5770	568.7666	614.5479	664.2343	718.1668	776.7167	42
43	494.4820	534.9042	578.8500	626.6348	678.6024	735.1279	796.6203	863.5258	43
44	541.0436	586.5855	636.2069	690.2826	749.2224	813.4742	883.5276	959.9177	44
45	591.8900	643.1579	699.1421	760.2873	827.0810	900.0568	979.7997	1066.9502	45
46	647.4156	705.0843	768.1981	837.2839	912.9201	995.7416	1086.4457	1185.7979	46
47	708.0509	772.8712	843.9702	921.9706	1007.5576	1101.4854	1204.5835	1317.7651	47
48	774.2662	847.0735	927.1117	1015.1155	1111.8956	1218.3456	1335.4514	1464.3001	48
49	846.5749	928.2983	1018.3392	1117.5635	1226.9282	1347.4910	1480.4212	1627.0109	49
50	925.5378	1017.2100	1118.4391	1230.2435	1353.7516	1490.2130	1641.0123	1807.6832	50

AMOUNT OF £1 PER ANNUM

Nominal rate per cent

Years	11	11.25	11.5	11.75	12	12.25	12.5	12.75	Years
1	1.0697	1.0713	1.0729	1.0745	1.0761	1.0777	1.0793	1.0810	1
2	2.2603	2.2665	2.2727	2.2790	2.2853	2.2915	2.2978	2.3041	2
3	3.5855	3.6000	3.6145	3.6292	3.6438	3.6586	3.6734	3.6882	3
4	5.0604	5.0877	5.1151	5.1426	5.1703	5.1982	5.2262	5.2544	4
5	6.7020	6.7474	6.7931	6.8392	6.8855	6.9322	6.9793	7.0267	5
6	8.5292	8.5992	8.6697	8.7409	8.8127	8.8852	8.9583	9.0321	6
7	10.5630	10.6651	10.7683	10.8726	10.9781	11.0847	11.1924	11.3013	7
8	12.8265	12.9699	13.1151	13.2622	13.4111	13.5619	13.7145	13.8692	8
9	15.3459	15.5414	15.7397	15.9408	16.1448	16.3518	16.5618	16.7748	9
10	18.1501	18.4103	18.6747	18.9434	19.2165	19.4940	19.7760	20.0627	10
11	21.2712	21.6110	21.9569	22.3091	22.6677	23.0329	23.4047	23.7832	11
12	24.7451	25.1819	25.6275	26.0820	26.5456	27.0185	27.5010	27.9932	12
13	28.6116	29.1658	29.7322	30.3111	30.9027	31.5074	32.1254	32.7570	13
14	32.9151	33.6106	34.3227	35.0518	35.7985	36.5630	37.3459	38.1476	14
15	37.7051	38.5694	39.4562	40.3659	41.2993	42.2569	43.2394	44.2474	15
16	43.0364	44.1018	45.1970	46.3227	47.4800	48.6696	49.8925	51.1498	16
17	48.9702	50.2741	51.6170	53.0001	54.4246	55.8919	57.4034	58.9602	17
18	55.5748	57.1603	58.7965	60.4850	62.2276	64.0261	65.8823	67.7982	18
19	62.9258	64.8430	66.8254	68.8753	70.9951	73.1873	75.4543	77.7990	19
20	71.1077	73.4143	75.8042	78.2804	80.8462	83.5050	86.2602	89.1155	20
21	80.2144	82.9770	85.8452	88.8230	91.9149	95.1254	98.4591	101.9208	21
22	90.3503	93.6458	97.0741	100.6408	104.3517	108.2128	112.2304	116.4109	22
23	101.6318	105.5485	109.6315	113.8880	118.3257	122.9526	127.7769	132.8074	23
24	114.1885	118.8280	123.6745	128.7375	134.0269	139.5533	145.3275	151.3610	24
25	128.1643	133.6434	139.3789	145.3830	151.6688	158.2499	165.1405	172.3556	25
26	143.7198	150.1725	156.9412	164.0418	171.4912	179.3069	187.5075	196.1124	26
27	161.0334	168.6133	176.5812	184.9574	193.7636	203.0224	212.7577	222.9947	27
28	180.3039	189.1871	198.5448	208.4028	218.7889	229.7320	241.2629	253.4137	28
29	201.7524	212.1406	223.1067	234.6840	246.9074	259.8138	273.4425	287.8348	29
30	225.6252	237.7489	250.5746	264.1439	278.5012	293.6934	309.7703	326.7845	30
31	252.1962	266.3192	281.2920	297.1671	314.0001	331.8504	350.7809	370.8585	31
32	281.7704	298.1941	315.6435	334.1844	353.8866	374.8248	397.0781	420.7312	32
33	314.6872	333.7557	354.0590	375.6790	398.7032	423.2247	449.3433	477.1652	33
34	351.3244	373.4306	397.0194	422.1925	449.0590	477.7353	508.3459	541.0240	34
35	392.1025	417.6944	445.0621	474.3319	505.6388	539.1278	574.9542	613.2842	35
36	437.4896	467.0779	498.7887	532.7776	569.2119	608.2713	650.1487	695.0514	36
37	488.0065	522.1734	558.8714	598.2924	640.6426	686.1442	735.0363	787.5761	37
38	544.2332	583.6413	626.0623	671.7313	720.9022	773.8487	830.8664	892.2738	38
39	606.8148	652.2190	701.2023	754.0527	811.0818	872.6261	939.0496	1010.7459	39
40	676.4698	728.7286	785.2318	846.3311	912.4076	983.8742	1061.1783	1144.8047	40
41	753.9975	814.0876	879.2025	949.7707	1026.2573	1109.1676	1199.0502	1296.5008	41
42	840.2877	909.3196	984.2906	1065.7215	1154.1789	1250.2795	1354.6946	1468.1547	42
43	936.3309	1015.5665	1101.8112	1195.6967	1297.9115	1409.2070	1530.4025	1662.3920	43
44	1043.2294	1134.1023	1233.2353	1341.3926	1459.4095	1588.1993	1728.7603	1882.1840	44
45	1162.2101	1266.3485	1380.2076	1504.7106	1640.8686	1789.7897	1952.6877	2130.8927	45
46	1294.6386	1413.8908	1544.5677	1687.7822	1844.7561	2016.8311	2205.4807	2412.3226	46
47	1442.0349	1578.4984	1728.3727	1892.9966	2073.8441	2272.5370	2490.8603	2730.7785	47
48	1606.0905	1762.1453	1933.9229	2123.0321	2331.2474	2560.5260	2813.0271	3091.1318	48
49	1788.6886	1967.0335	2163.7909	2380.8906	2620.4657	2884.8742	3176.7232	3498.8946	49
50	1991.9248	2195.6199	2420.8538	2669.9376	2945.4313	3250.1718	3587.3020	3960.3044	50

AMOUNT OF £1 PER ANNUM

Nominal rate per cent

Years	13	13.25	13.5	13.75	14	14.25	14.5	14.75	Years
1	1.0826	1.0842	1.0858	1.0874	1.0890	1.0906	1.0923	1.0939	1
2	2.3104	2.3168	2.3231	2.3295	2.3359	2.3423	2.3487	2.3551	2
3	3.7031	3.7181	3.7331	3.7482	3.7634	3.7786	3.7938	3.8091	3
4	5.2828	5.3113	5.3399	5.3687	5.3977	5.4268	5.4561	5.4856	4
5	7.0744	7.1225	7.1709	7.2197	7.2689	7.3184	7.3682	7.4184	5
6	9.1065	9.1817	9.2575	9.3340	9.4112	9.4890	9.5676	9.6469	6
7	11.4114	11.5227	11.6352	11.7489	11.8639	11.9800	12.0975	12.2162	7
8	14.0257	14.1842	14.3448	14.5073	14.6720	14.8387	15.0075	15.1784	8
9	16.9909	17.2101	17.4325	17.6581	17.8870	18.1191	18.3547	18.5937	9
10	20.3541	20.6502	20.9511	21.2570	21.5678	21.8838	22.2049	22.5312	10
11	24.1686	24.5611	24.9608	25.3677	25.7820	26.2039	26.6336	27.0710	11
12	28.4953	29.0075	29.5300	30.0630	30.6069	31.1617	31.7277	32.3051	12
13	33.4026	34.0624	34.7369	35.4262	36.1308	36.8510	37.5872	38.3397	13
14	38.9686	39.8094	40.6704	41.5522	42.4552	43.3800	44.3272	45.2973	14
15	45.2818	46.3431	47.4320	48.5494	49.6960	50.8726	52.0799	53.3189	15
16	52.4423	53.7711	55.1373	56.5419	57.9860	59.4708	60.9975	62.5673	16
17	60.5639	62.2160	63.9178	65.6710	67.4772	69.3380	71.2550	73.2302	17
18	69.7757	71.8168	73.9237	76.0986	78.3437	80.6613	83.0538	85.5238	18
19	80.2239	82.7319	85.3261	88.0093	90.7847	93.6556	96.6255	99.6976	19
20	92.0745	95.1412	98.3196	101.6139	105.0284	108.5677	112.2363	116.0392	20
21	105.5158	109.2492	113.1266	117.1535	121.3361	125.6804	130.1928	134.8800	21
22	120.7612	125.2884	129.9999	134.9033	140.0067	145.3185	150.8473	156.6023	22
23	138.0530	143.5232	149.2280	155.1775	161.3827	167.8547	174.6053	181.6468	23
24	157.6657	164.2542	171.1395	178.3353	185.8561	193.7168	201.9331	210.5216	24
25	179.9109	187.8829	196.1088	204.7868	213.8757	223.3955	233.3671	243.8124	25
26	205.1421	214.6180	224.5629	235.0003	245.9553	257.4541	269.5243	282.1948	26
27	233.7598	245.0811	256.9878	269.5110	282.6833	296.5390	311.1142	326.4472	27
28	266.2188	279.7142	293.9379	308.9300	324.7331	341.3918	358.9534	377.4677	28
29	303.0346	319.0882	336.0445	353.9555	372.8760	392.8639	413.9806	436.2911	29
30	344.7920	363.8520	384.0274	405.3848	427.9947	451.9320	477.2761	504.1109	30
31	392.1543	414.7436	438.7067	464.1287	491.1002	519.7173	550.0821	582.3031	31
32	445.8737	472.6016	501.0167	531.2275	563.3496	597.5060	633.8276	672.4539	32
33	506.8037	538.3798	572.0225	607.8696	646.0680	686.7745	730.1564	776.3922	33
34	575.9120	613.1623	652.9376	695.4122	740.7723	789.2170	840.9592	896.2268	34
35	654.2964	698.1817	745.1450	795.4057	849.1992	906.7776	968.4109	1034.3888	35
36	743.2019	794.8393	850.2204	909.6210	973.3372	1041.6873	1115.0129	1193.6811	36
37	844.0407	904.7283	969.9598	1040.0807	1115.4628	1196.5066	1283.6429	1377.3355	37
38	958.4146	1029.6599	1106.4095	1189.0952	1278.1824	1374.1736	1477.6105	1589.0777	38
39	1088.1404	1171.6932	1261.9017	1359.3035	1464.4801	1578.0601	1700.7230	1833.2037	39
40	1235.2786	1333.1694	1439.0937	1553.7200	1677.7723	1812.0354	1957.3595	2114.6660	40
41	1402.1665	1516.7499	1641.0141	1775.7876	1921.9705	2080.5400	2252.5573	2439.1750	41
42	1591.4549	1725.4605	1871.1136	2029.4392	2201.5531	2388.6696	2592.1104	2813.3140	42
43	1806.1505	1962.7414	2133.3250	2319.1668	2521.6472	2742.2719	2982.6834	3244.6735	43
44	2049.6636	2232.5034	2432.1297	2650.1013	2888.1229	3148.0576	3431.9425	3742.0047	44
45	2325.8622	2539.1929	2772.6344	3028.1036	3307.7009	3613.7277	3948.7056	4315.3972	45
46	2639.1337	2887.8648	3160.6586	3459.8677	3788.0758	4148.1199	4543.1156	4976.4839	46
47	2994.4539	3284.2661	3602.8341	3953.0402	4338.0570	4761.3758	5226.8393	5738.6766	47
48	3397.4671	3734.9304	4106.7179	4516.3550	4967.7305	5465.1339	6013.2969	6617.4383	48
49	3854.5747	4247.2857	4680.9218	5159.7880	5688.6437	6272.7503	6917.9246	7630.5970	49
50	4373.0375	4829.7769	5335.2595	5894.7344	6514.0172	7199.5518	7958.4783	8798.7072	50

TABLE 8

ANNUITY £1 WILL PURCHASE

for the given number of years

Rates of interest: 1 — 15% @ 0.25% steps
15 — 22.5% @ 0.5% steps

ANNUITY £1 WILL PURCHASE

Nominal rate per cent

Years	1	1.25	1.5	1.75	2	2.25	2.5	2.75	Years
1	1.0037438	1.0046778	1.0056110	1.0065434	1.0074751	1.0084060	1.0093361	1.0102654	1
2	.5043750	.5054687	.5065624	.5076561	.5087497	.5098434	.5109370	.5120305	2
3	.3379242	.3390743	.3402252	.3413771	.3425299	.3436836	.3448381	.3459935	3
4	.2547030	.2553835	.2570660	.2582503	.2594364	.2606244	.2618143	.2630060	4
5	.2047736	.2059742	.2071778	.2083842	.2095935	.2108056	.2120205	.2132382	5
6	.1714900	.1727057	.1739252	.1751486	.1763759	.1776069	.1788417	.1800803	6
7	.1477185	.1489461	.1501787	.1514161	.1526584	.1539054	.1551572	.1564137	7
8	.1298918	.1311297	.1323734	.1336230	.1348784	.1361396	.1374066	.1386793	8
9	.1160285	.1172753	.1185290	.1197896	.1210569	.1223311	.1236119	.1248995	9
10	.1049395	.1061944	.1074572	.1087278	.1100063	.1112925	.1125864	.1138879	10
11	.0958682	.0971306	.0984018	.0996819	.1009708	.1022684	.1035747	.1048897	11
12	.0883102	.0895795	.0908587	.0921478	.0934467	.0947553	.0960735	.0974014	12
13	.0819162	.0831921	.0844790	.0857767	.0870852	.0884044	.0897342	.0910746	13
14	.0764368	.0777191	.0790133	.0803193	.0816371	.0829666	.0843077	.0856603	14
15	.0716891	.0729775	.0742788	.0755929	.0769198	.0782594	.0796115	.0809761	15
16	.0675359	.0688302	.0701384	.0714605	.0727963	.0741457	.0755087	.0768850	16
17	.0638723	.0651723	.0664873	.0678171	.0691617	.0705208	.0718944	.0732824	17
18	.0606167	.0619223	.0632439	.0645814	.0659345	.0673032	.0686874	.0700868	18
19	.0577046	.0590158	.0603439	.0616889	.0630505	.0644287	.0658232	.0672340	19
20	.0550846	.0564012	.0577358	.0590881	.0604581	.0618456	.0632505	.0646724	20
21	.0527148	.0540368	.0553777	.0567374	.0581157	.0595125	.0609275	.0623606	21
22	.0505613	.0518886	.0532357	.0546027	.0559892	.0573952	.0588203	.0602644	22
23	.0485957	.0499282	.0512816	.0526558	.0540505	.0554655	.0569006	.0583556	23
24	.0467947	.0481323	.0494919	.0508731	.0522759	.0537000	.0551450	.0566109	24
25	.0451383	.0464811	.0478468	.0492351	.0506459	.0520789	.0535339	.0550105	25
26	.0436100	.0449579	.0463296	.0477250	.0491438	.0505857	.0520505	.0535377	26
27	.0421956	.0435484	.0449262	.0463286	.0477553	.0492061	.0506806	.0521785	27
28	.0408827	.0422406	.0436243	.0450337	.0464683	.0479278	.0494120	.0509205	28
29	.0396610	.0410238	.0424135	.0438297	.0452722	.0467405	.0482343	.0497532	29
30	.0385212	.0398890	.0412846	.0427077	.0441580	.0456350	.0471384	.0486677	30
31	.0374555	.0388282	.0402298	.0416597	.0431177	.0446034	.0461163	.0476560	31
32	.0364570	.0378346	.0392419	.0406787	.0421444	.0436387	.0451611	.0467111	32
33	.0355194	.0369019	.0383151	.0397586	.0412321	.0427349	.0442667	.0458269	33
34	.0346375	.0360248	.0374438	.0388941	.0403752	.0418866	.0434278	.0449981	34
35	.0338064	.0351986	.0366234	.0380804	.0395691	.0410890	.0426395	.0442200	35
36	.0330220	.0344190	.0358495	.0373132	.0388096	.0403379	.0418976	.0434882	36
37	.0322804	.0336822	.0351185	.0365889	.0380927	.0396295	.0411985	.0427990	37
38	.0315783	.0329848	.0344269	.0359039	.0374153	.0389604	.0405386	.0421490	38
39	.0309126	.0323239	.0337716	.0352553	.0367742	.0383276	.0399149	.0415352	39
40	.0302806	.0316966	.0331501	.0346403	.0361667	.0377284	.0393248	.0409548	40
41	.0296798	.0311006	.0325597	.0340565	.0355903	.0371603	.0387657	.0404055	41
42	.0291080	.0305335	.0319983	.0335017	.0350429	.0366211	.0382354	.0398849	42
43	.0285632	.0299934	.0314638	.0329737	.0345223	.0361087	.0377320	.0393911	43
44	.0280435	.0294784	.0309544	.0324709	.0340268	.0356213	.0372535	.0389222	44
45	.0275473	.0289869	.0304685	.0319914	.0335547	.0351573	.0367983	.0384765	45
46	.0270730	.0285172	.0300045	.0315338	.0331044	.0347151	.0363649	.0380525	46
47	.0266192	.0280681	.0295609	.0310967	.0326746	.0342933	.0359518	.0376488	47
48	.0261847	.0276383	.0291366	.0306788	.0322639	.0338906	.0355578	.0372641	48
49	.0257683	.0272264	.0287303	.0302790	.0318712	.0335059	.0351817	.0368972	49
50	.0253688	.0268316	.0283410	.0298960	.0314955	.0331381	.0348224	.0365472	50

ANNUITY £1 WILL PURCHASE

Nominal rate per cent

Years	3	3.25	3.5	3.75	4	4.25	4.5	4.75	Years
1	1.0111940	1.0121218	1.0130489	1.0139751	1.0149006	1.0158254	1.0167493	1.0176725	1
2	.5131241	.5142176	.5153111	.5164045	.5174978	.5185912	.5196844	.5207777	2
3	.3471498	.3483070	.3494650	.3506239	.3517836	.3529441	.3541055	.3552676	3
4	.2641995	.2653948	.2665919	.2677908	.2689914	.2701938	.2713979	.2726037	4
5	.2144587	.2156819	.2169079	.2181366	.2193680	.2206020	.2218388	.2230782	5
6	.1813226	.1825687	.1838184	.1850718	.1863289	.1875895	.1888538	.1901216	6
7	.1576750	.1589409	.1602115	.1614867	.1627665	.1640508	.1653397	.1666330	7
8	.1399576	.1412416	.1425311	.1438263	.1451269	.1464331	.1477447	.1490617	8
9	.1261936	.1274944	.1288018	.1301156	.1314359	.1327626	.1340957	.1354351	9
10	.1151971	.1165138	.1178381	.1191697	.1205088	.1218552	.1232088	.1245697	10
11	.1062132	.1075452	.1088857	.1102345	.1115917	.1129571	.1143307	.1157123	11
12	.0987388	.1000856	.1014418	.1028073	.1041820	.1055659	.1069589	.1083608	12
13	.0924254	.0937867	.0951582	.0965400	.0979319	.0993339	.1007457	.1021675	13
14	.0870243	.0883997	.0897863	.0911840	.0925927	.0940124	.0954429	.0968841	14
15	.0823531	.0837423	.0851436	.0865570	.0879823	.0894194	.0908681	.0923284	15
16	.0782747	.0796775	.0810934	.0825222	.0839638	.0854181	.0868848	.0883640	16
17	.0746846	.0761009	.0775311	.0789752	.0804328	.0819040	.0833885	.0848862	17
18	.0715014	.0729310	.0743754	.0758344	.0773080	.0787959	.0802979	.0818139	18
19	.0686608	.0701035	.0715619	.0730358	.0745251	.0760295	.0775488	.0790829	19
20	.0661114	.0675671	.0690394	.0705280	.0720328	.0735535	.0750900	.0766419	20
21	.0638115	.0652801	.0667661	.0682693	.0697895	.0713264	.0728797	.0744493	21
22	.0617272	.0632085	.0647081	.0662258	.0677611	.0693140	.0708841	.0724711	22
23	.0598302	.0613242	.0628373	.0643692	.0659197	.0674883	.0690749	.0706792	23
24	.0580972	.0596038	.0611302	.0626763	.0642416	.0658260	.0674289	.0690501	24
25	.0565084	.0580274	.0595671	.0611272	.0627074	.0643072	.0659263	.0675643	25
26	.0550472	.0565786	.0581314	.0597054	.0613002	.0629153	.0645504	.0662050	26
27	.0536994	.0552430	.0568089	.0583967	.0600059	.0616362	.0632871	.0649581	27
28	.0524528	.0540085	.0555874	.0571888	.0588124	.0604577	.0621242	.0638114	28
29	.0512968	.0528647	.0544564	.0560713	.0577091	.0593693	.0610512	.0627544	29
30	.0502226	.0518024	.0534068	.0550352	.0566870	.0583618	.0600590	.0617780	30
31	.0492220	.0508137	.0524307	.0540724	.0557382	.0574275	.0591398	.0608743	31
32	.0482881	.0498917	.0515212	.0531760	.0548556	.0565593	.0582865	.0600364	32
33	.0474150	.0490302	.0506721	.0523401	.0540333	.0557512	.0574930	.0592581	33
34	.0465971	.0482240	.0498782	.0515591	.0532658	.0549977	.0567541	.0585341	34
35	.0458298	.0474682	.0491346	.0508283	.0525484	.0542941	.0560648	.0578596	35
36	.0451087	.0467587	.0484372	.0501435	.0518768	.0536363	.0554211	.0572303	36
37	.0444302	.0460915	.0477820	.0495009	.0512473	.0530203	.0548190	.0566426	37
38	.0437909	.0454635	.0471658	.0488971	.0506564	.0524428	.0542553	.0560929	38
39	.0431876	.0448714	.0465856	.0483292	.0501012	.0519008	.0537268	.0555783	39
40	.0426178	.0443127	.0460385	.0477943	.0495790	.0513915	.0532309	.0550960	40
41	.0420789	.0437847	.0455221	.0472899	.0490871	.0509125	.0527651	.0546436	41
42	.0415686	.0432854	.0450342	.0468140	.0486235	.0504616	.0523271	.0542188	42
43	.0410850	.0428127	.0445728	.0463643	.0481860	.0500366	.0519149	.0538196	43
44	.0406263	.0423646	.0441360	.0459392	.0477729	.0496358	.0515267	.0534442	44
45	.0401907	.0419397	.0437222	.0455369	.0473825	.0492576	.0511608	.0530908	45
46	.0397767	.0415362	.0433298	.0451559	.0470132	.0489002	.0508156	.0527579	46
47	.0393829	.0411529	.0429573	.0447947	.0466636	.0485624	.0504898	.0524442	47
48	.0390081	.0407885	.0426037	.0444521	.0463324	.0482429	.0501821	.0521483	48
49	.0386511	.0404417	.0422675	.0441270	.0460185	.0479405	.0498912	.0518691	49
50	.0383107	.0401115	.0419478	.0438182	.0457208	.0476540	.0496162	.0516055	50

ANNUITY £1 WILL PURCHASE

Nominal rate per cent

Years	5	5.25	5.5	5.75	6	6.25	6.5	6.75	Years
1	1.0185950	1.0195166	1.0204376	1.0213577	1.0222771	1.0231957	1.0241136	1.0250307	1
2	.5218703	.5229639	.5240569	.5251499	.5262428	.5273356	.5284284	.5295210	2
3	.3564306	.3575944	.3587590	.3599243	.3610905	.3622574	.3634251	.3645935	3
4	.2738113	.2750206	.2762315	.2774441	.2786584	.2798743	.2810919	.2823111	4
5	.2243202	.2255648	.2268120	.2280618	.2293142	.2305690	.2318264	.2330863	5
6	.1913930	.1926679	.1939463	.1952282	.1965135	.1978022	.1990944	.2003899	6
7	.1679308	.1692331	.1705397	.1718507	.1731660	.1744857	.1758096	.1771377	7
8	.1503841	.1517118	.1530448	.1543830	.1557265	.1570751	.1584289	.1597877	8
9	.1367808	.1381327	.1394908	.1408549	.1422252	.1436015	.1449837	.1463719	9
10	.1259378	.1273129	.1286951	.1300843	.1314804	.1328833	.1342931	.1357096	10
11	.1171021	.1184998	.1199054	.1213188	.1227399	.1241688	.1256053	.1270492	11
12	.1097717	.1111913	.1126197	.1140568	.1155024	.1169565	.1184190	.1198898	12
13	.1035990	.1050402	.1064909	.1079511	.1094207	.1108995	.1123875	.1138845	13
14	.0983359	.0997981	.1012708	.1027537	.1042467	.1057497	.1072627	.1087854	14
15	.0938001	.0952832	.0967773	.0982825	.0997986	.1013254	.1028628	.1044107	15
16	.0898553	.0913587	.0928741	.0944012	.0959399	.0974901	.0990516	.1006242	16
17	.0863969	.0879204	.0894566	.0910053	.0925663	.0941395	.0957245	.0973214	17
18	.0833437	.0848870	.0864438	.0880137	.0895966	.0911923	.0928006	.0944213	18
19	.0806315	.0821944	.0837714	.0853623	.0869667	.0885847	.0902157	.0918598	19
20	.0782091	.0797912	.0813882	.0829997	.0846254	.0862651	.0879186	.0895855	20
21	.0760348	.0776360	.0792526	.0808844	.0825310	.0841921	.0858676	.0875571	21
22	.0740747	.0756947	.0773307	.0789824	.0806495	.0823318	.0840288	.0857403	22
23	.0723007	.0739391	.0755942	.0772657	.0789530	.0806560	.0823742	.0841073	23
24	.0706893	.0723460	.0740200	.0757107	.0774179	.0791412	.0808802	.0826345	24
25	.0692209	.0708956	.0725881	.0742979	.0760246	.0777679	.0795272	.0813022	25
26	.0678788	.0695713	.0712820	.0730106	.0747565	.0765193	.0782986	.0800939	26
27	.0666489	.0683588	.0700875	.0718345	.0735993	.0753813	.0771801	.0789953	27
28	.0655189	.0672461	.0689925	.0707576	.0725408	.0743417	.0761596	.0779941	28
29	.0644784	.0662226	.0679864	.0697692	.0715706	.0733899	.0752266	.0770800	29
30	.0635183	.0652791	.0670600	.0688604	.0706795	.0725169	.0743719	.0762438	30
31	.0626306	.0644079	.0662056	.0680231	.0698597	.0717148	.0735876	.0754776	31
32	.0618084	.0636020	.0654162	.0672505	.0691042	.0709765	.0728668	.0747744	32
33	.0610457	.0628551	.0646856	.0665364	.0684068	.0702961	.0722034	.0741282	33
34	.0603370	.0621621	.0640085	.0658755	.0677623	.0696680	.0715920	.0735335	34
35	.0596776	.0615180	.0633801	.0652630	.0671657	.0690877	.0710278	.0729855	35
36	.0590632	.0609187	.0627962	.0646945	.0666130	.0685506	.0705066	.0724801	36
37	.0584900	.0603604	.0622529	.0641665	.0661002	.0680533	.0700246	.0720135	37
38	.0579547	.0598397	.0617469	.0636754	.0656241	.0675921	.0695785	.0715822	38
39	.0574542	.0593535	.0612752	.0632182	.0651815	.0671641	.0691651	.0711833	39
40	.0569858	.0588991	.0608350	.0627922	.0647698	.0667666	.0687817	.0708141	40
41	.0565470	.0584741	.0604238	.0623949	.0643864	.0663971	.0684260	.0704719	41
42	.0561356	.0580762	.0600394	.0620241	.0640292	.0660534	.0680956	.0701548	42
43	.0557495	.0577033	.0596798	.0616778	.0636960	.0657334	.0677886	.0698606	43
44	.0553869	.0573537	.0593432	.0613541	.0633852	.0654353	.0675031	.0695875	44
45	.0550462	.0570256	.0590278	.0610513	.0630950	.0651574	.0672375	.0693339	45
46	.0547257	.0567176	.0587321	.0607680	.0628238	.0648983	.0669902	.0690982	46
47	.0544242	.0564282	.0584548	.0605027	.0625704	.0646566	.0667599	.0688792	47
48	.0541402	.0561561	.0581946	.0602541	.0623333	.0644309	.0665453	.0686754	48
49	.0538727	.0559002	.0579502	.0600211	.0621115	.0642201	.0663453	.0684858	49
50	.0536204	.0556593	.0577206	.0598026	.0619039	.0640231	.0661587	.0683094	50

ANNUITY £1 WILL PURCHASE

Nominal rate per cent

Years	7	7.25	7.5	7.75	8	8.25	8.5	8.75	Years
1	1.0259471	1.0268627	1.0277775	1.0286916	1.0296050	1.0305175	1.0314294	1.0323405	1
2	.5306136	.5317061	.5327985	.5338908	.5349831	.5360752	.5371672	.5382591	2
3	.3657627	.3669326	.3681032	.3692746	.3704467	.3716195	.3727931	.3739673	3
4	.2835319	.2847543	.2859783	.2872039	.2884310	.2896597	.2908899	.2921216	4
5	.2343487	.2356136	.2368808	.2381506	.2394227	.2406972	.2419741	.2432533	5
6	.2016837	.2029909	.2042964	.2056051	.2069171	.2082323	.2095507	.2108723	6
7	.1784700	.1798066	.1811472	.1824919	.1838407	.1851936	.1865504	.1879113	7
8	.1611516	.1625204	.1638943	.1652730	.1666566	.1680451	.1694383	.1708363	8
9	.1477659	.1491658	.1505714	.1519827	.1533997	.1548223	.1562504	.1576840	9
10	.1371327	.1385625	.1399988	.1414416	.1428908	.1443463	.1458082	.1472762	10
11	.1285007	.1299595	.1314256	.1328989	.1343794	.1358670	.1373615	.1388629	11
12	.1213689	.1228560	.1243512	.1258543	.1273652	.1288839	.1304102	.1319441	12
13	.1153905	.1169053	.1184288	.1199610	.1215016	.1230507	.1246080	.1261735	13
14	.1103178	.1118596	.1134109	.1149715	.1165411	.1181198	.1197074	.1213037	14
15	.1059690	.1075374	.1091158	.1107041	.1123021	.1139098	.1155268	.1171532	15
16	.1022077	.1038021	.1054071	.1070226	.1086484	.1102843	.1119301	.1135857	16
17	.0989299	.1005497	.1021807	.1038228	.1054756	.1071391	.1088130	.1104971	17
18	.0960541	.0976989	.0993554	.1010234	.1027027	.1043931	.1060944	.1078062	18
19	.0935165	.0951857	.0968671	.0985606	.1002657	.1019823	.1037102	.1054491	19
20	.0912657	.0929588	.0946646	.0963829	.0981132	.0998554	.1016092	.1033743	20
21	.0892602	.0909767	.0927064	.0944488	.0962037	.0979708	.0997499	.1015405	21
22	.0874660	.0892054	.0909583	.0927244	.0945033	.0962946	.0980981	.0999135	22
23	.0858549	.0876168	.0893924	.0911815	.0929837	.0947986	.0966259	.0984652	23
24	.0844037	.0861874	.0879852	.0897967	.0916216	.0934594	.0953098	.0971723	24
25	.0830925	.0848976	.0867170	.0885504	.0903973	.0922574	.0941301	.0960151	25
26	.0819047	.0837306	.0855712	.0874258	.0892942	.0911758	.0930701	.0949768	26
27	.0808262	.0826724	.0845334	.0864088	.0882979	.0902004	.0921157	.0940433	27
28	.0798447	.0817107	.0835917	.0854871	.0873964	.0893191	.0912546	.0932025	28
29	.0789497	.0808350	.0827354	.0846503	.0865791	.0885214	.0904764	.0924438	29
30	.0781322	.0800362	.0819555	.0838893	.0858370	.0877981	.0897720	.0917581	30
31	.0773841	.0793064	.0812440	.0831960	.0851621	.0871414	.0891335	.0911376	31
32	.0766986	.0786386	.0805939	.0825638	.0845475	.0865444	.0885539	.0905754	32
33	.0760695	.0780268	.0799993	.0819863	.0839870	.0860009	.0880273	.0900654	33
34	.0754915	.0774655	.0794547	.0814582	.0834755	.0855057	.0875482	.0896023	34
35	.0749598	.0769500	.0789553	.0809749	.0830080	.0850540	.0871120	.0891814	35
36	.0744702	.0764761	.0784970	.0805320	.0825805	.0846415	.0867144	.0887984	36
37	.0740189	.0760400	.0780760	.0801259	.0821891	.0842646	.0863518	.0884498	37
38	.0736025	.0756383	.0776888	.0797532	.0818305	.0839200	.0860208	.0881323	38
39	.0732180	.0752680	.0773326	.0794108	.0815017	.0836046	.0857185	.0878427	39
40	.0728626	.0749264	.0770046	.0790961	.0812001	.0833158	.0854422	.0875786	40
41	.0725340	.0746111	.0767023	.0788067	.0809232	.0830511	.0851895	.0873376	41
42	.0722299	.0743198	.0764236	.0785403	.0806689	.0828086	.0849584	.0871175	42
43	.0719483	.0740506	.0761665	.0782950	.0804352	.0825861	.0847468	.0869165	43
44	.0716874	.0738017	.0759292	.0780691	.0802203	.0823819	.0845530	.0867328	44
45	.0714456	.0735713	.0757101	.0778609	.0800227	.0821945	.0843755	.0865648	45
46	.0712213	.0733581	.0755077	.0776689	.0798408	.0820224	.0842128	.0864112	46
47	.0710131	.0731606	.0753205	.0774918	.0796734	.0818643	.0840637	.0862707	47
48	.0708199	.0729777	.0751475	.0773284	.0795192	.0817191	.0839270	.0861421	48
49	.0706406	.0728082	.0749875	.0771776	.0793772	.0815855	.0838015	.0860244	49
50	.0704739	.0726510	.0748395	.0770383	.0792464	.0814627	.0836665	.0859167	50

ANNUITY £1 WILL PURCHASE

Nominal rate per cent

Years	9	9.25	9.5	9.75	10	10.25	10.5	10.75	Years
1	1.0332508	1.0341604	1.0350692	1.0359773	1.0368847	1.0377913	1.0386971	1.0396022	1
2	.5393510	.5404427	.5415343	.5426258	.5437172	.5448084	.5458996	.5469906	2
3	.3751422	.3763178	.3774940	.3786709	.3798485	.3810268	.3822057	.3833852	3
4	.2933549	.2945896	.2958259	.2970636	.2983028	.2995434	.3007854	.3020289	4
5	.2445349	.2458187	.2471049	.2483934	.2496841	.2509770	.2522722	.2535695	5
6	.2121970	.2135248	.2148557	.2161897	.2175267	.2188668	.2202098	.2215558	6
7	.1892760	.1906446	.1920172	.1933935	.1947736	.1961575	.1975451	.1989365	7
8	.1722390	.1736463	.1750583	.1764748	.1778958	.1793214	.1807513	.1821857	8
9	.1591231	.1605675	.1620173	.1634724	.1649326	.1663980	.1678686	.1693442	9
10	.1487504	.1502306	.1517169	.1532091	.1547072	.1562111	.1577208	.1592361	10
11	.1403711	.1419861	.1434078	.1449360	.1464707	.1480118	.1495593	.1511130	11
12	.1334855	.1350342	.1365901	.1381533	.1397235	.1413006	.1428847	.1444755	12
13	.1277471	.1293286	.1309179	.1325150	.1341196	.1357317	.1373512	.1389779	13
14	.1229087	.1245221	.1261438	.1277738	.1294118	.1310578	.1327116	.1343731	14
15	.1187887	.1204331	.1220864	.1237483	.1254188	.1270976	.1287846	.1304796	15
16	.1152509	.1169256	.1186095	.1203024	.1220043	.1237148	.1254340	.1271614	16
17	.1121913	.1138952	.1156088	.1173319	.1190641	.1208054	.1225556	.1243143	17
18	.1095285	.1112610	.1130034	.1147556	.1165173	.1182883	.1200683	.1218572	18
19	.1071987	.1089588	.1107292	.1125095	.1142996	.1160993	.1179081	.1197260	19
20	.1051505	.1069374	.1087348	.1105424	.1123600	.1141872	.1160238	.1178695	20
21	.1033423	.1051552	.1069787	.1088127	.1106567	.1125105	.1143737	.1162462	21
22	.1017408	.1035782	.1054270	.1072863	.1091558	.1110351	.1129240	.1148220	22
23	.1003162	.1021784	.1040516	.1059353	.1078293	.1097331	.1116464	.1135690	23
24	.0990466	.1009323	.1028289	.1047361	.1066536	.1085809	.1105178	.1124637	24
25	.0979119	.0998201	.1017394	.1036692	.1056092	.1075591	.1095183	.1114865	25
26	.0968954	.0988253	.1007663	.1027178	.1046795	.1066508	.1086314	.1106209	26
27	.0959828	.0979337	.0998956	.1018679	.1038502	.1058421	.1078431	.1098528	27
28	.0951622	.0971332	.0991150	.1011072	.1031093	.1051208	.1071412	.1091701	28
29	.0944229	.0964132	.0984142	.1004255	.1024464	.1044765	.1065154	.1085626	29
30	.0937559	.0957647	.0977841	.0998135	.1018524	.1039003	.1059567	.1080211	30
31	.0931533	.0951799	.0972168	.0992636	.1013196	.1033844	.1054574	.1075381	31
32	.0926082	.0946518	.0967055	.0987688	.1008411	.1029219	.1050107	.1071068	32
33	.0921147	.0941745	.0962442	.0983232	.1004110	.1025070	.1046106	.1067213	33
34	.0916673	.0937426	.0958276	.0979216	.1000241	.1021344	.1042521	.1063766	34
35	.0912614	.0933516	.0954510	.0975593	.0996757	.1017996	.1039306	.1060680	35
36	.0908929	.0929971	.0951104	.0972322	.0993617	.1014985	.1036420	.1057916	36
37	.0905580	.0926757	.0948021	.0969367	.0990787	.1012276	.1033829	.1055439	37
38	.0902536	.0923840	.0945229	.0966696	.0988234	.1009837	.1031501	.1053218	38
39	.0899765	.0921191	.0942696	.0964280	.0985929	.1007641	.1029408	.1051226	39
40	.0897243	.0918784	.0940404	.0962094	.0983848	.1005661	.1027526	.1049438	40
41	.0894946	.0916597	.0938322	.0960115	.0981968	.1003876	.1025833	.1047834	41
42	.0892852	.0914607	.0936433	.0958323	.0960269	.1002267	.1024310	.1046393	42
43	.0890944	.0912798	.0934718	.0956699	.0978733	.1000815	.1022939	.1045098	43
44	.0889204	.0911150	.0933161	.0955227	.0977344	.0999505	.1021704	.1043936	44
45	.0887616	.0909651	.0931746	.0953894	.0976088	.0998322	.1020592	.1042891	45
46	.0886167	.0908285	.0930460	.0952684	.0974951	.0997255	.1019590	.1041951	46
47	.0884844	.0907041	.0929291	.0951587	.0973922	.0996291	.1018687	.1041107	47
48	.0883636	.0905908	.0928229	.0950592	.0972991	.0995420	.1017874	.1040347	48
49	.0882533	.0904875	.0927262	.0949689	.0972148	.0994633	.1017141	.1039664	49
50	.0881525	.0903933	.0926384	.0948869	.0971384	.0993923	.1016479	.1039050	50

ANNUITY £1 WILL PURCHASE

Nominal rate per cent

Years	11	11.25	11.5	11.75	12	12.25	12.5	12.75	Years
1	1.0405066	1.0414102	1.0423131	1.0432153	1.0441167	1.0450173	1.0459173	1.0468165	1
2	.5480815	.5491722	.5502629	.5513534	.5524437	.5535339	.5546240	.5557140	2
3	.3845653	.3857461	.3869275	.3881095	.3892922	.3904754	.3916592	.3928436	3
4	.3032738	.3045201	.3057678	.3070168	.3082672	.3095190	.3107721	.3120265	4
5	.2548691	.2561708	.2574747	.2587807	.2600888	.2613989	.2627112	.2640255	5
6	.2229047	.2242565	.2256112	.2269687	.2283291	.2296923	.2310583	.2324270	6
7	.2003314	.2017300	.2031322	.2045379	.2059472	.2073599	.2087761	.2101957	7
8	.1836244	.1850674	.1865146	.1879661	.1894217	.1908814	.1923453	.1938131	8
9	.1708247	.1723103	.1738007	.1752959	.1767959	.1783006	.1798100	.1813239	9
10	.1607570	.1622835	.1638154	.1653527	.1668953	.1684432	.1699962	.1715544	10
11	.1526728	.1542387	.1558107	.1573885	.1589721	.1605615	.1621566	.1637572	11
12	.1460730	.1476770	.1492875	.1509044	.1525276	.1541569	.1557923	.1574337	12
13	.1406118	.1422526	.1439004	.1455549	.1472161	.1488839	.1505580	.1522385	13
14	.1360421	.1377185	.1394022	.1410929	.1427907	.1444953	.1462067	.1479246	14
15	.1321826	.1338932	.1356115	.1373371	.1390701	.1408101	.1425571	.1443109	15
16	.1288971	.1306408	.1323923	.1341514	.1359181	.1376920	.1394731	.1412611	16
17	.1260815	.1278569	.1296404	.1314317	.1332306	.1350370	.1368506	.1386713	17
18	.1236547	.1254606	.1272747	.1290968	.1309266	.1327639	.1346086	.1364603	18
19	.1215527	.1233878	.1252313	.1270827	.1289420	.1308089	.1326830	.1345643	19
20	.1197241	.1215873	.1234588	.1253383	.1272257	.1291206	.1310228	.1329321	20
21	.1181275	.1200175	.1219158	.1238221	.1257362	.1276577	.1295865	.1315222	21
22	.1167290	.1186445	.1205683	.1225001	.1244395	.1263863	.1283402	.1303009	22
23	.1155004	.1174403	.1193884	.1213443	.1233078	.1252785	.1272561	.1292404	23
24	.1144184	.1163815	.1183526	.1203315	.1223177	.1243110	.1263110	.1283174	24
25	.1134634	.1154486	.1174416	.1194421	.1214499	.1234644	.1254854	.1275126	25
26	.1126189	.1146250	.1166387	.1186598	.1206878	.1227223	.1247631	.1268098	26
27	.1118708	.1138967	.1159300	.1179704	.1200175	.1220709	.1241302	.1261951	27
28	.1112071	.1132517	.1153035	.1173622	.1194272	.1214982	.1235749	.1256568	28
29	.1106175	.1126798	.1147491	.1168248	.1189067	.1209942	.1230871	.1251849	29
30	.1100931	.1121721	.1142577	.1163496	.1184472	.1205502	.1226582	.1247708	30
31	.1096261	.1117208	.1138219	.1159289	.1180413	.1201587	.1222808	.1244071	31
32	.1092099	.1113195	.1134350	.1155561	.1176823	.1198132	.1219484	.1240875	32
33	.1088387	.1109622	.1130913	.1152256	.1173647	.1195081	.1216555	.1238064	33
34	.1085073	.1106438	.1127857	.1149323	.1170834	.1192385	.1213972	.1235590	34
35	.1082113	.1103601	.1125138	.1146720	.1168342	.1190001	.1211693	.1233412	35
36	.1079467	.1101069	.1122718	.1144407	.1166134	.1187893	.1209681	.1231494	36
37	.1077101	.1098810	.1120562	.1142352	.1164175	.1186027	.1207905	.1229804	37
38	.1074984	.1096793	.1118642	.1140524	.1162437	.1184375	.1206336	.1228314	38
39	.1073089	.1094992	.1116930	.1138899	.1160895	.1182913	.1204949	.1227000	39
40	.1071392	.1093382	.1115404	.1137453	.1159526	.1181617	.1203723	.1225842	40
41	.1069872	.1091943	.1114043	.1136166	.1158310	.1180469	.1202640	.1224820	41
42	.1068510	.1090657	.1112829	.1135021	.1157230	.1179451	.1201682	.1223918	42
43	.1067289	.1089506	.1111745	.1134001	.1156270	.1178549	.1200834	.1223122	43
44	.1066195	.1088477	.1110778	.1133092	.1155418	.1177749	.1200084	.1222420	44
45	.1065214	.1087556	.1109914	.1132283	.1154660	.1177040	.1199421	.1221800	45
46	.1064333	.1086732	.1109143	.1131562	.1153986	.1176411	.1198834	.1221252	46
47	.1063544	.1085995	.1108455	.1130920	.1153387	.1175853	.1198315	.1220769	47
48	.1062836	.1085334	.1107840	.1130348	.1152855	.1175358	.1197855	.1220342	48
49	.1062200	.1084743	.1107290	.1129838	.1152382	.1174919	.1197448	.1219965	49
50	.1061630	.1084214	.1106800	.1129383	.1151961	.1174530	.1197088	.1219632	50

ANNUITY £1 WILL PURCHASE

Nominal rate per cent

Years	13	13.25	13.5	13.75	14	14.25	14.5	14.75	Years
1	1.0477149	1.0486126	1.0495096	1.0504059	1.0513014	1.0521962	1.0530903	1.0539836	1
2	.5568037	.5578934	.5589829	.5600722	.5611614	.5622504	.5633392	.5644279	2
3	.3940285	.3952141	.3964002	.3975868	.3987740	.3999617	.4011500	.4023388	3
4	.3132822	.3145393	.3157976	.3170572	.3183180	.3195802	.3208435	.3221081	4
5	.2653418	.2666602	.2679806	.2693029	.2706272	.2719534	.2732816	.2746116	5
6	.2337985	.2351726	.2365494	.2379289	.2393110	.2406957	.2420829	.2434727	6
7	.2116187	.2130450	.2144746	.2159075	.2173437	.2187830	.2202255	.2216711	7
8	.1952850	.1967607	.1982404	.1997239	.2012113	.2027023	.2041971	.2056956	8
9	.1828424	.1843654	.1858928	.1874246	.1889607	.1905010	.1920456	.1935943	9
10	.1731176	.1746858	.1762589	.1778368	.1794194	.1810068	.1825988	.1841953	10
11	.1653633	.1669747	.1685916	.1702136	.1718408	.1734730	.1751102	.1767523	11
12	.1590809	.1607339	.1623925	.1640568	.1657265	.1674015	.1690818	.1707673	12
13	.1539251	.1556178	.1573165	.1590210	.1607312	.1624471	.1641684	.1658951	13
14	.1496490	.1513797	.1531165	.1548595	.1566083	.1583629	.1601231	.1618889	14
15	.1460713	.1478382	.1496115	.1513909	.1531764	.1549678	.1567649	.1585676	15
16	.1430559	.1448573	.1466652	.1484793	.1502996	.1521258	.1539577	.1557953	16
17	.1404988	.1423330	.1441737	.1460207	.1478739	.1497329	.1515977	.1534680	17
18	.1383190	.1401843	.1420561	.1439342	.1458183	.1477083	.1496040	.1515051	18
19	.1364524	.1383472	.1402484	.1421558	.1440691	.1459882	.1479128	.1498428	19
20	.1348481	.1367707	.1386996	.1406345	.1425753	.1445216	.1464734	.1484303	20
21	.1334646	.1354134	.1373683	.1393291	.1412956	.1432675	.1452445	.1472265	21
22	.1322681	.1342416	.1362210	.1382061	.1401966	.1421922	.1441928	.1461981	22
23	.1312309	.1332275	.1352298	.1372376	.1392505	.1412683	.1432908	.1453177	23
24	.1303299	.1323491	.1343718	.1364007	.1384346	.1404730	.1425157	.1445626	24
25	.1295456	.1315842	.1336279	.1356765	.1377297	.1397872	.1418487	.1439140	25
26	.1288620	.1309194	.1329817	.1350486	.1371198	.1391950	.1412738	.1433561	26
27	.1282652	.1303403	.1324199	.1345038	.1365916	.1386830	.1407779	.1428758	27
28	.1277436	.1298351	.1319307	.1340303	.1361335	.1382400	.1403495	.1424617	28
29	.1272873	.1293939	.1315044	.1336185	.1357359	.1378562	.1399792	.1421045	29
30	.1268876	.1290084	.1311326	.1332601	.1353905	.1375235	.1396588	.1417962	30
31	.1265374	.1286711	.1308081	.1329479	.1350903	.1372349	.1393815	.1415298	31
32	.1262301	.1283759	.1305246	.1326758	.1348291	.1369844	.1391413	.1412996	32
33	.1259605	.1281174	.1302768	.1324384	.1346019	.1367669	.1389332	.1411005	33
34	.1257237	.1278909	.1300602	.1322313	.1344040	.1365779	.1387527	.1409283	34
35	.1255157	.1276923	.1298707	.1320506	.1342316	.1364136	.1385962	.1407792	35
36	.1253329	.1275181	.1297048	.1318927	.1340814	.1362708	.1384605	.1406502	36
37	.1251721	.1273653	.1295596	.1317548	.1339505	.1361466	.1383426	.1405385	37
38	.1250307	.1272312	.1294325	.1316343	.1338364	.1360385	.1382404	.1404418	38
39	.1249063	.1271135	.1293211	.1315290	.1337369	.1359445	.1381516	.1403580	39
40	.1247969	.1270101	.1292235	.1314369	.1336501	.1358627	.1380745	.1402854	40
41	.1247005	.1269193	.1291380	.1313565	.1335743	.1357914	.1380075	.1402224	41
42	.1246157	.1268395	.1290631	.1312861	.1335083	.1357294	.1379494	.1401679	42
43	.1245410	.1267695	.1289974	.1312245	.1334506	.1356755	.1378989	.1401207	43
44	.1244752	.1267079	.1289398	.1311707	.1334003	.1356285	.1378550	.1400797	44
45	.1244173	.1266538	.1288893	.1311236	.1333564	.1355875	.1378169	.1400442	45
46	.1243662	.1266063	.1288450	.1310824	.1333180	.1355519	.1377837	.1400134	46
47	.1243213	.1265645	.1288062	.1310463	.1332846	.1355208	.1377549	.1399867	47
48	.1242817	.1265277	.1287722	.1310148	.1332553	.1354938	.1377299	.1399636	48
49	.1242468	.1264954	.1287423	.1309871	.1332298	.1354702	.1377082	.1399435	49
50	.1242160	.1264670	.1287161	.1309630	.1332076	.1354497	.1376893	.1399261	50

ANNUITY £1 WILL PURCHASE

Nominal rate per cent

Years	15	15.5	16	16.5	17	17.5	18	18.5	Years
1	1.0548762	1.0566592	1.0584393	1.0602166	1.0619909	1.0637623	1.0655309	1.0672966	1
2	.5655164	.5676929	.5698687	.5720438	.5742182	.5763918	.5785646	.5807367	2
3	.4035281	.4059083	.4082904	.4106745	.4130606	.4154484	.4178380	.4202294	3
4	.3233739	.3259091	.3284490	.3309935	.3335425	.3360960	.3386538	.3412158	4
5	.2759436	.2786130	.2812898	.2839738	.2866648	.2893626	.2920672	.2947784	5
6	.2448650	.2476571	.2504589	.2532702	.2560909	.2589207	.2617594	.2646069	6
7	.2231199	.2260265	.2289451	.2318754	.2348170	.2377699	.2407335	.2437077	7
8	.2071977	.2102125	.2132413	.2162837	.2193393	.2224077	.2254886	.2285817	8
9	.1951470	.1982646	.2013978	.2045462	.2077094	.2108868	.2140781	.2172827	9
10	.1857963	.1890115	.1922438	.1954925	.1987573	.2020375	.2053325	.2086419	10
11	.1783993	.1817072	.1850333	.1883770	.1917377	.1951145	.1985070	.2019144	11
12	.1724579	.1758538	.1792688	.1827021	.1861529	.1896205	.1931042	.1966031	12
13	.1676270	.1711062	.1746051	.1781223	.1816583	.1852109	.1887796	.1923636	13
14	.1636600	.1672179	.1707958	.1743926	.1780074	.1816392	.1852870	.1889499	14
15	.1603757	.1640077	.1676598	.1713307	.1750195	.1787249	.1824460	.1861817	15
16	.1576383	.1613399	.1650614	.1688016	.1725591	.1763328	.1801215	.1839241	16
17	.1553438	.1591107	.1628971	.1667015	.1705227	.1743594	.1782104	.1820743	17
18	.1534115	.1572394	.1610862	.1649503	.1688303	.1727250	.1766330	.1805529	18
19	.1517779	.1556626	.1595653	.1634846	.1674189	.1713668	.1753268	.1792977	19
20	.1503921	.1543295	.1582842	.1622543	.1662384	.1702348	.1742423	.1782594	20
21	.1492131	.1531995	.1572020	.1612189	.1652485	.1692893	.1733399	.1773987	21
22	.1482073	.1522394	.1562860	.1603457	.1644169	.1684980	.1725875	.1766839	22
23	.1473487	.1514221	.1555091	.1596080	.1637171	.1678347	.1719593	.1760895	23
24	.1466132	.1507250	.1548492	.1589838	.1631272	.1672778	.1714341	.1755945	24
25	.1459828	.1501298	.1542878	.1584550	.1626295	.1668099	.1709945	.1751820	25
26	.1454416	.1496209	.1538098	.1580064	.1622091	.1664162	.1706262	.1748378	26
27	.1449765	.1491853	.1534023	.1576257	.1618537	.1660848	.1703175	.1745505	27
28	.1445764	.1488121	.1530546	.1573022	.1615530	.1658056	.1700585	.1743105	28
29	.1442320	.1484922	.1527579	.1570272	.1612985	.1655703	.1698412	.1741099	29
30	.1439353	.1482177	.1525043	.1567932	.1610829	.1653718	.1696587	.1739422	30
31	.1436795	.1479822	.1522876	.1565942	.1609002	.1652044	.1695053	.1738020	31
32	.1434589	.1477798	.1521023	.1564247	.1607453	.1650630	.1693765	.1736847	32
33	.1432686	.1476060	.1519438	.1562803	.1606140	.1649437	.1692682	.1735865	33
34	.1431043	.1474567	.1518082	.1561573	.1605027	.1648430	.1691772	.1735043	34
35	.1429624	.1473282	.1516921	.1560525	.1604082	.1647579	.1691006	.1734355	35
36	.1428398	.1472178	.1515927	.1559632	.1603280	.1646860	.1690363	.1733779	36
37	.1427340	.1471228	.1515076	.1558871	.1602600	.1646253	.1689821	.1733297	37
38	.1426425	.1470411	.1514347	.1558221	.1602022	.1645740	.1689366	.1732893	38
39	.1425634	.1469708	.1513723	.1557668	.1601532	.1645306	.1688983	.1732555	39
40	.1424951	.1469103	.1513188	.1557196	.1601116	.1644939	.1688660	.1732272	40
41	.1424360	.1468582	.1512730	.1556793	.1600762	.1644630	.1688389	.1732035	41
42	.1423849	.1468134	.1512337	.1556450	.1600462	.1644368	.1688161	.1731836	42
43	.1423407	.1467748	.1512001	.1556157	.1600207	.1644147	.1687969	.1731670	43
44	.1423025	.1467416	.1511713	.1555907	.1599991	.1643959	.1687807	.1731530	44
45	.1422694	.1467130	.1511465	.1555693	.1599807	.1643801	.1687671	.1731413	45
46	.1422408	.1466884	.1511254	.1555512	.1599651	.1643668	.1687557	.1731316	46
47	.1422161	.1466671	.1511072	.1555356	.1599519	.1643555	.1687460	.1731234	47
48	.1421947	.1466489	.1510917	.1555224	.1599406	.1643459	.1687379	.1731165	48
49	.1421762	.1466332	.1510783	.1555111	.1599310	.1643378	.1687311	.1731107	49
50	.1421602	.1466196	.1510669	.1555014	.1599229	.1643310	.1687254	.1731059	50

ANNUITY £1 WILL PURCHASE

Nominal rate per cent

Years	19	19.5	20	20.5	21	21.5	22	22.5	Years
1	1.0690594	1.0708194	1.0725765	1.0743308	1.0760822	1.0778308	1.0795766	1.0813196	1
2	.5829079	.5850782	.5872478	.5894164	.5915842	.5937511	.5959170	.5980820	2
3	.4226224	.4250171	.4274133	.4298111	.4322103	.4346110	.4370130	.4394164	3
4	.3437820	.3463522	.3489264	.3515044	.3540862	.3566717	.3592608	.3618534	4
5	.2974960	.3002199	.3029500	.3056860	.3084280	.3111757	.3139289	.3166876	5
6	.2674628	.2703216	.2731994	.2760796	.2789675	.2818630	.2847657	.2876755	6
7	.2466923	.2496868	.2526911	.2557049	.2587278	.2617598	.2648003	.2678493	7
8	.2316865	.2348028	.2379302	.2410683	.2442167	.2473752	.2505434	.2537209	8
9	.2205004	.2237305	.2269727	.2302265	.2334915	.2367674	.2400535	.2433496	9
10	.2119651	.2153015	.2186507	.2220120	.2253851	.2287693	.2321643	.2355693	10
11	.2053361	.2087715	.2122200	.2156810	.2191537	.2226378	.2261325	.2296373	11
12	.2001165	.2036438	.2071841	.2107369	.2143013	.2178768	.2214626	.2250581	12
13	.1959621	.1995742	.2031992	.2068362	.2104845	.2141433	.2178119	.2214896	13
14	.1926269	.1963171	.2000197	.2037337	.2074584	.2111928	.2149362	.2186879	14
15	.1899309	.1936927	.1974661	.2012502	.2050441	.2088468	.2126575	.2164754	15
16	.1877395	.1915666	.1954045	.1992520	.2031083	.2069723	.2108432	.2147202	16
17	.1859501	.1898367	.1937328	.1976376	.2015499	.2054688	.2093934	.2133227	17
18	.1844837	.1884240	.1923727	.1963289	.2002913	.2042591	.2082312	.2122067	18
19	.1832782	.1872670	.1912630	.1952651	.1992722	.2032833	.2072974	.2113136	19
20	.1822848	.1863172	.1903555	.1943986	.1984453	.2024946	.2065456	.2105974	20
21	.1814645	.1855360	.1896120	.1936914	.1977731	.2018561	.2059394	.2100223	21
22	.1807860	.1848924	.1890019	.1931135	.1972260	.2013385	.2054501	.2095599	22
23	.1802239	.1843614	.1885006	.1926406	.1967802	.2009185	.2050546	.2091877	23
24	.1797579	.1839229	.1880884	.1922532	.1964166	.2005773	.2047348	.2088880	24
25	.1793710	.1835604	.1877490	.1919358	.1961197	.2003001	.2044759	.2086465	25
26	.1790496	.1832605	.1874695	.1916754	.1958773	.2000746	.2042663	.2084518	26
27	.1787825	.1830123	.1872391	.1914616	.1956793	.1998911	.2040965	.2082947	27
28	.1785603	.1828068	.1870491	.1912862	.1955173	.1997418	.2039588	.2081679	28
29	.1783754	.1826365	.1868923	.1911421	.1953849	.1996202	.2038473	.2080656	29
30	.1782215	.1824954	.1867630	.1910237	.1952766	.1995212	.2037568	.2079831	30
31	.1780933	.1823783	.1866563	.1909264	.1951880	.1994405	.2036835	.2079164	31
32	.1779866	.1822813	.1865682	.1908464	.1951155	.1993748	.2036240	.2078625	32
33	.1778976	.1822008	.1864954	.1907807	.1950561	.1993213	.2035757	.2078191	33
34	.1778235	.1821341	.1864353	.1907266	.1950075	.1992776	.2035365	.2077839	34
35	.1777618	.1820787	.1863856	.1906822	.1949678	.1992421	.2035048	.2077556	35
36	.1777103	.1820327	.1863446	.1906456	.1949352	.1992131	.2034790	.2077327	36
37	.1776674	.1819946	.1863108	.1906156	.1949086	.1991895	.2034581	.2077141	37
38	.1776316	.1819629	.1862828	.1905908	.1948867	.1991702	.2034411	.2076992	38
39	.1776018	.1819367	.1862597	.1905705	.1948689	.1991545	.2034273	.2076871	39
40	.1775770	.1819149	.1862406	.1905538	.1948542	.1991417	.2034162	.2076774	40
41	.1775562	.1818968	.1862248	.1905400	.1948422	.1991313	.2034071	.2076695	41
42	.1775389	.1818817	.1862117	.1905287	.1948324	.1991228	.2033997	.2076631	42
43	.1775245	.1818693	.1862010	.1905194	.1948244	.1991159	.2033938	.2076579	43
44	.1775125	.1818589	.1861920	.1905117	.1948178	.1991102	.2033889	.2076538	44
45	.1775025	.1818503	.1861847	.1905054	.1948124	.1991056	.2033850	.2076504	45
46	.1774941	.1818432	.1861786	.1905002	.1948080	.1991019	.2033818	.2076477	46
47	.1774872	.1818373	.1861736	.1904960	.1948044	.1990988	.2033792	.2076455	47
48	.1774813	.1818324	.1861694	.1904925	.1948014	.1990963	.2033771	.2076438	48
49	.1774765	.1818283	.1861660	.1904896	.1947990	.1990943	.2033754	.2076423	49
50	.1774724	.1818249	.1861632	.1904872	.1947970	.1990926	.2033740	.2076412	50

TABLE 9
CONVERSION FACTORS: 7 ALTERNATIVE INCOME PERIODS

Table 9A   Income period conversion factors
        a. Years' purchase single rate
        b. Years' purchase of a reversion to a perpetuity
        c. Amount of £1 per annum
        d. Remunerative rate
        e. Years' purchase of an annual rising income

Table 9B   Income period conversion factors
        f. Annual sinking fund
        g. Annuity £1 will purchase
        h. Rising annuity £1 will purchase

A. INCOME PERIOD CONVERSION FACTORS

a. Years' purchase single rate
b. Years' purchase of a reversion to a perpetuity
c. Amount of £1 per annum
d. Remunerative rate (column 4)
e. Years' purchase of an annual rising income

Nominal Redem. Yield %	Advance			Arrear				Nominal Redem. Yield %
	1	2	12	1	2	4	12	
1	1.0037438	1.0012469	.9991693	.9937811	.9962656	.9975093	.9983391	1
1.25	1.0046778	1.0015576	.9989625	.9922360	.9953368	.9968896	.9979257	1.25
1.5	1.0056110	1.0018680	.9987560	.9906948	.9944099	.9962710	.9975129	1.5
1.75	1.0065434	1.0021780	.9985498	.9891574	.9934850	.9956535	.9971009	1.75
2	1.0074751	1.0024876	.9983439	.9876238	.9925620	.9950372	.9966896	2
2.25	1.0084060	1.0027968	.9981384	.9860941	.9916408	.9944220	.9962790	2.25
2.5	1.0093361	1.0031056	.9979331	.9845681	.9907216	.9938080	.9958691	2.5
2.75	1.0102654	1.0034141	.9977283	.9830458	.9898043	.9931951	.9954600	2.75
3	1.0111940	1.0037221	.9975237	.9815273	.9888888	.9925833	.9950515	3
3.25	1.0121218	1.0040298	.9973194	.9800126	.9879752	.9919727	.9946437	3.25
3.5	1.0130489	1.0043371	.9971155	.9785016	.9870635	.9913632	.9942366	3.5
3.75	1.0139751	1.0046441	.9969119	.9769944	.9861537	.9907548	.9938302	3.75
4	1.0149006	1.0049506	.9967086	.9754908	.9852457	.9901475	.9934245	4
4.25	1.0158254	1.0052568	.9965057	.9739909	.9843396	.9895414	.9930195	4.25
4.5	1.0167493	1.0055626	.9963030	.9724947	.9834353	.9889364	.9926151	4.5
4.75	1.0176725	1.0058680	.9961007	.9710022	.9825329	.9883324	.9922115	4.75
5	1.0185950	1.0061731	.9958986	.9695134	.9816323	.9877296	.9918085	5
5.25	1.0195166	1.0064778	.9956969	.9680281	.9807335	.9871279	.9914062	5.25
5.5	1.0204376	1.0067821	.9954955	.9665465	.9798366	.9865272	.9910046	5.5
5.75	1.0213577	1.0070860	.9952945	.9650686	.9789414	.9859277	.9906037	5.75
6	1.0222771	1.0073896	.9950937	.9635942	.9780481	.9853293	.9902035	6
6.25	1.0231957	1.0076928	.9948932	.9621234	.9771566	.9847319	.9898039	6.25
6.5	1.0241136	1.0079956	.9946931	.9606563	.9762669	.9841357	.9894050	6.5
6.75	1.0250307	1.0082981	.9944933	.9591926	.9753790	.9835405	.9890068	6.75
7	1.0259471	1.0086001	.9942937	.9577326	.9744929	.9829464	.9886092	7
7.25	1.0268627	1.0089019	.9940945	.9562761	.9736086	.9823533	.9882123	7.25
7.5	1.0277775	1.0092032	.9938956	.9548231	.9727260	.9817614	.9878161	7.5
7.75	1.0286916	1.0095042	.9936970	.9533736	.9718452	.9811705	.9874205	7.75
8	1.0296050	1.0098049	.9934987	.9519277	.9709662	.9805807	.9870256	8
8.25	1.0305175	1.0101051	.9933007	.9504852	.9700890	.9799919	.9866313	8.25
8.5	1.0314294	1.0104050	.9931030	.9490462	.9692135	.9794042	.9862377	8.5
8.75	1.0323405	1.0107046	.9929056	.9476107	.9683397	.9788176	.9858448	8.75
9	1.0332508	1.0110038	.9927085	.9461787	.9674677	.9782320	.9854525	9
9.25	1.0341604	1.0113026	.9925117	.9447501	.9665975	.9776474	.9850609	9.25
9.5	1.0350692	1.0116011	.9923152	.9433250	.9657289	.9770639	.9846699	9.5
9.75	1.0359773	1.0118992	.9921190	.9419033	.9648622	.9764815	.9842795	9.75
10	1.0368847	1.0121969	.9919231	.9404850	.9639971	.9759001	.9838898	10
10.25	1.0377913	1.0124943	.9917275	.9390701	.9631337	.9753197	.9835008	10.25
10.5	1.0386971	1.0127914	.9915322	.9376586	.9622721	.9747404	.9831124	10.5
10.75	1.0396022	1.0130881	.9913372	.9362504	.9614122	.9741620	.9827246	10.75

A. INCOME PERIOD CONVERSION FACTORS

a. Years' purchase single rate
b. Years' purchase of a reversion to a perpetuity
c. Amount of £1 per annum
d. Remunerative rate (column 4)
e. Years' purchase of an annual rising income

Nominal Redem. Yield %	Advance			Arrear				Nominal Redem. Yield %
	1	2	12	1	2	4	12	
11	1.0405066	1.0133844	.9911425	.9348457	.9605539	.9735848	.9823375	11
11.25	1.0414102	1.0136804	.9909481	.9334443	.9596974	.9730085	.9819510	11.25
11.5	1.0423131	1.0139760	.9907540	.9320462	.9588426	.9724333	.9815651	11.5
11.75	1.0432153	1.0142713	.9905602	.9306515	.9579894	.9718591	.9811799	11.75
12	1.0441167	1.0145662	.9903667	.9292601	.9571379	.9712859	.9807953	12
12.25	1.0450173	1.0148608	.9901734	.9278720	.9562881	.9707137	.9804113	12.25
12.5	1.0459173	1.0151550	.9899805	.9264873	.9554400	.9701425	.9800280	12.5
12.75	1.0468165	1.0154489	.9897878	.9251058	.9545935	.9695723	.9796452	12.75
13	1.0477149	1.0157424	.9895954	.9237276	.9537487	.9690032	.9792631	13
13.25	1.0486126	1.0160356	.9894033	.9223527	.9529056	.9684350	.9788817	13.25
13.5	1.0495096	1.0163284	.9892115	.9209810	.9520641	.9678678	.9785008	13.5
13.75	1.0504059	1.0166209	.9890200	.9196126	.9512242	.9673017	.9781206	13.75
14	1.0513014	1.0169130	.9888288	.9182474	.9503860	.9667365	.9777410	14
14.25	1.0521962	1.0172048	.9886379	.9168854	.9495495	.9661723	.9773620	14.25
14.5	1.0530903	1.0174963	.9884472	.9155267	.9487145	.9656091	.9769836	14.5
14.75	1.0539836	1.0177874	.9882568	.9141711	.9478812	.9650469	.9766058	14.75
15	1.0548762	1.0180782	.9880668	.9128188	.9470495	.9644856	.9762286	15
15.5	1.0566592	1.0186587	.9876874	.9101236	.9453909	.9633661	.9754761	15.5
16	1.0584393	1.0192379	.9873092	.9074411	.9437388	.9622504	.9747260	16
16.5	1.0602166	1.0198157	.9869321	.9047712	.9420930	.9611387	.9739783	16.5
17	1.0619909	1.0203922	.9865561	.9021138	.9404536	.9600307	.9732331	17
17.5	1.0637623	1.0209673	.9861813	.8994687	.9388205	.9589266	.9724901	17.5
18	1.0655309	1.0215411	.9858075	.8968360	.9371937	.9578263	.9717496	18
18.5	1.0672966	1.0221136	.9854348	.8942156	.9355730	.9567297	.9710114	18.5
19	1.0690594	1.0226847	.9850632	.8916073	.9339586	.9556370	.9702755	19
19.5	1.0708194	1.0232545	.9846927	.8890111	.9323504	.9545479	.9695420	19.5
20	1.0725765	1.0238230	.9843233	.8864269	.9307482	.9534626	.9688108	20
20.5	1.0743308	1.0243902	.9839549	.8838546	.9291521	.9523810	.9680819	20.5
21	1.0760822	1.0249562	.9835876	.8812942	.9275621	.9513030	.9673553	21
21.5	1.0778308	1.0255208	.9832213	.8787455	.9259781	.9502287	.9666309	21.5
22	1.0795766	1.0260841	.9828562	.8762086	.9244001	.9491580	.9659088	22
22.5	1.0813196	1.0266461	.9824920	.8736833	.9228280	.9480909	.9651890	22.5
23	1.0830597	1.0272069	.9821289	.8711695	.9212618	.9470274	.9644714	23
24	1.0865316	1.0283246	.9814058	.8661764	.9181470	.9449112	.9630429	24
25	1.0899924	1.0294373	.9806869	.8612286	.9150553	.9428090	.9616232	25
26	1.0934420	1.0305449	.9799720	.8563255	.9119866	.9407209	.9602123	26
28	1.1003081	1.0327454	.9785542	.8466514	.9059170	.9365858	.9574162	28
30	1.1071304	1.0349263	.9771523	.8371497	.8999359	.9325048	.9546539	30
35	1.1239971	1.0402952	.9737144	.8141220	.8853576	.9225312	.9478915	35
40	1.1405987	1.0455488	.9703687	.7920825	.8712907	.9128709	.9413257	40

B. INCOME PERIOD CONVERSION FACTORS

f. Annual sinking fund
g. Annuity £1 will purchase
h. Rising annuity £1 will purchase

Nominal Redem. Yield %	Advance			Arrear				Nominal Redem. Yield %
	1	2	12	1	2	4	12	
1	.9962702	.9987547	1.0008314	1.0062578	1.0037484	1.0024969	1.0016637	1
1.25	.9953440	.9984448	1.0010386	1.0078247	1.0046851	1.0031201	1.0020786	1.25
1.5	.9944203	.9981355	1.0012456	1.0093926	1.0056215	1.0037430	1.0024933	1.5
1.75	.9934991	.9978268	1.0014523	1.0109614	1.0065577	1.0043655	1.0029075	1.75
2	.9925804	.9975186	1.0016588	1.0125312	1.0074938	1.0049876	1.0033214	2
2.25	.9916641	.9972110	1.0018651	1.0141020	1.0084296	1.0056093	1.0037349	2.25
2.5	.9907503	.9969040	1.0020711	1.0156738	1.0093653	1.0062306	1.0041480	2.5
2.75	.9898389	.9965975	1.0022769	1.0172466	1.0103008	1.0068515	1.0045608	2.75
3	.9889299	.9962917	1.0024825	1.0188203	1.0112360	1.0074721	1.0049731	3
3.25	.9880234	.9959863	1.0026878	1.0203950	1.0121711	1.0080923	1.0053852	3.25
3.5	.9871192	.9956816	1.0028928	1.0219707	1.0131060	1.0087121	1.0057968	3.5
3.75	.9862175	.9953774	1.0030977	1.0235474	1.0140407	1.0093315	1.0062081	3.75
4	.9853181	.9950738	1.0033022	1.0251250	1.0149752	1.0099505	1.0066191	4
4.25	.9844212	.9947707	1.0035066	1.0267036	1.0159096	1.0105691	1.0070296	4.25
4.5	.9835266	.9944682	1.0037107	1.0282832	1.0168437	1.0111874	1.0074398	4.5
4.75	.9826344	.9941662	1.0039146	1.0298638	1.0177777	1.0118053	1.0078497	4.75
5	.9817445	.9938648	1.0041182	1.0314453	1.0187114	1.0124228	1.0082591	5
5.25	.9808570	.9935639	1.0043217	1.0330278	1.0196450	1.0130400	1.0086683	5.25
5.5	.9799718	.9932636	1.0045248	1.0346113	1.0205784	1.0136567	1.0090770	5.5
5.75	.9790889	.9929639	1.0047278	1.0361958	1.0215116	1.0142731	1.0094854	5.75
6	.9782084	.9926646	1.0049305	1.0377812	1.0224446	1.0148892	1.0098935	6
6.25	.9773301	.9923660	1.0051330	1.0393677	1.0233774	1.0155048	1.0103011	6.25
6.5	.9764542	.9920678	1.0053352	1.0409551	1.0243100	1.0161201	1.0107085	6.5
6.75	.9755805	.9917702	1.0055372	1.0425435	1.0252425	1.0167350	1.0111154	6.75
7	.9747091	.9914732	1.0057390	1.0441328	1.0261747	1.0173495	1.0115221	7
7.25	.9738400	.9911767	1.0059406	1.0457231	1.0271068	1.0179637	1.0119283	7.25
7.5	.9729732	.9908807	1.0061419	1.0473144	1.0280387	1.0185774	1.0123342	7.5
7.75	.9721086	.9905852	1.0063430	1.0489067	1.0289704	1.0191909	1.0127398	7.75
8	.9712463	.9902903	1.0065439	1.0505000	1.0299020	1.0198039	1.0131450	8
8.25	.9703862	.9899960	1.0067445	1.0520942	1.0308333	1.0204166	1.0135498	8.25
8.5	.9695283	.9897021	1.0069449	1.0536894	1.0317644	1.0210289	1.0139543	8.5
8.75	.9686727	.9894088	1.0071451	1.0552856	1.0326954	1.0216408	1.0143585	8.75
9	.9678192	.9891160	1.0073451	1.0568828	1.0336262	1.0222524	1.0147623	9
9.25	.9669680	.9888237	1.0075448	1.0584809	1.0345568	1.0228636	1.0151657	9.25
9.5	.9661190	.9885320	1.0077443	1.0600801	1.0354872	1.0234745	1.0155688	9.5
9.75	.9652721	.9882407	1.0079436	1.0616802	1.0364175	1.0240850	1.0159716	9.75
10	.9644274	.9879500	1.0081426	1.0632812	1.0373475	1.0246951	1.0163740	10
10.25	.9635849	.9876598	1.0083415	1.0648833	1.0382774	1.0253048	1.0167760	10.25
10.5	.9627446	.9873702	1.0085401	1.0664863	1.0392071	1.0259142	1.0171777	10.5
10.75	.9619064	.9870810	1.0087385	1.0680903	1.0401366	1.0265233	1.0175791	10.75

B. INCOME PERIOD CONVERSION FACTORS

f. Annual sinking fund
g. Annuity £1 will purchase
h. Rising annuity £1 will purchase

Nominal Redem. Yield %	Advance			Arrear				Nominal Redem. Yield %
	1	2	12	1	2	4	12	
11	.9610703	.9867924	1.0089366	1.0696953	1.0410660	1.0271319	1.0179801	11
11.25	.9602364	.9865043	1.0091346	1.0713012	1.0419951	1.0277402	1.0183808	11.25
11.5	.9594046	.9862166	1.0093323	1.0729082	1.0429241	1.0283482	1.0187811	11.5
11.75	.9585749	.9859295	1.0095298	1.0745161	1.0438529	1.0289558	1.0191811	11.75
12	.9577474	.9856429	1.0097271	1.0761250	1.0447815	1.0295630	1.0195808	12
12.25	.9569219	.9853568	1.0099241	1.0777348	1.0457099	1.0301699	1.0199801	12.25
12.5	.9560986	.9850712	1.0101209	1.0793456	1.0466382	1.0307764	1.0203791	12.5
12.75	.9552773	.9847862	1.0103176	1.0809575	1.0475663	1.0313826	1.0207777	12.75
13	.9544581	.9845016	1.0105140	1.0825702	1.0484942	1.0319884	1.0211760	13
13.25	.9536410	.9842175	1.0107102	1.0841840	1.0494219	1.0325938	1.0215739	13.25
13.5	.9528259	.9839339	1.0109061	1.0857988	1.0503495	1.0331989	1.0219715	13.5
13.75	.9520129	.9836508	1.0111019	1.0874145	1.0512768	1.0338037	1.0223688	13.75
14	.9512020	.9833682	1.0112974	1.0890312	1.0522040	1.0344080	1.0227658	14
14.25	.9503931	.9830862	1.0114927	1.0906488	1.0531310	1.0350121	1.0231624	14.25
14.5	.9495862	.9828045	1.0116878	1.0922675	1.0540579	1.0356158	1.0235587	14.5
14.75	.9487814	.9825234	1.0118827	1.0938871	1.0549845	1.0362191	1.0239546	14.75
15	.9479785	.9822428	1.0120774	1.0955077	1.0559110	1.0368221	1.0243502	15
15.5	.9463789	.9816831	1.0124661	1.0987518	1.0577635	1.0380270	1.0251404	15.5
16	.9447873	.9811252	1.0128539	1.1019999	1.0596152	1.0392305	1.0259293	16
16.5	.9432035	.9805693	1.0132409	1.1052518	1.0614663	1.0404326	1.0267169	16.5
17	.9416277	.9800154	1.0136271	1.1085076	1.0633167	1.0416333	1.0275031	17
17.5	.9400596	.9794633	1.0140124	1.1117674	1.0651663	1.0428327	1.0282881	17.5
18	.9384993	.9789131	1.0143968	1.1150310	1.0670153	1.0440307	1.0290717	18
18.5	.9369467	.9783649	1.0147805	1.1182986	1.0688636	1.0452272	1.0298540	18.5
19	.9354017	.9778185	1.0151633	1.1215700	1.0707112	1.0464225	1.0306351	19
19.5	.9338643	.9772740	1.0155453	1.1248454	1.0725582	1.0476163	1.0314148	19.5
20	.9323344	.9767313	1.0159264	1.1281246	1.0744044	1.0488088	1.0321933	20
20.5	.9308120	.9761905	1.0163068	1.1314078	1.0762500	1.0500000	1.0329705	20.5
21	.9292970	.9756515	1.0166863	1.1346949	1.0780949	1.0511898	1.0337464	21
21.5	.9277894	.9751143	1.0170650	1.1379859	1.0799391	1.0523783	1.0345210	21.5
22	.9262890	.9745790	1.0174429	1.1412807	1.0817827	1.0535654	1.0352944	22
22.5	.9247960	.9740455	1.0178200	1.1445795	1.0836256	1.0547512	1.0360665	22.5
23	.9233101	.9735137	1.0181963	1.1478822	1.0854678	1.0559356	1.0368374	23
24	.9203598	.9724556	1.0189464	1.1544993	1.0891503	1.0583005	1.0383753	24
25	.9174376	.9714045	1.0196935	1.1611320	1.0928301	1.0606602	1.0399083	25
26	.9145432	.9703604	1.0204373	1.1677803	1.0965073	1.0630146	1.0414364	26
28	.9088363	.9682929	1.0219158	1.1811237	1.1038539	1.0677078	1.0444779	28
30	.9032359	.9662524	1.0233820	1.1945295	1.1111903	1.0723805	1.0475001	30
35	.8896820	.9612656	1.0269952	1.2283172	1.1294871	1.0839742	1.0549731	35
40	.8767325	.9564355	1.0305361	1.2624948	1.1477226	1.0954451	1.0623316	40

TABLE 10
NOMINAL AND EFFECTIVE RATES OF INTEREST

10A Effective annual rates for given nominal rates
10B Nominal annual rates for given effective rates

A. EFFECTIVE ANNUAL RATES FOR GIVEN NOMINAL RATES

Nominal rate %	Conversions per annum			Nominal rate %	Conversions per annum		
	2	4	12		2	4	12
1	1.0025	1.0038	1.0046	11	11.3025	11.4621	11.5719
1.25	1.2539	1.2559	1.2572	11.25	11.5664	11.7336	11.8486
1.5	1.5056	1.5085	1.5104	11.5	11.8306	12.0055	12.1259
1.75	1.7577	1.7615	1.7641	11.75	12.0952	12.2779	12.4039
2	2.0100	2.0151	2.0184	12	12.3600	12.5509	12.6825
2.25	2.2627	2.2691	2.2733	12.25	12.6252	12.8243	12.9617
2.5	2.5156	2.5235	2.5288	12.5	12.8906	13.0932	13.2416
2.75	2.7689	2.7785	2.7849	12.75	13.1564	13.3727	13.5221
3	3.0225	3.0339	3.0416	13	13.4225	13.6476	13.8032
3.25	3.2764	3.2898	3.2989	13.25	13.6889	13.9230	14.0850
3.5	3.5306	3.5462	3.5567	13.5	13.9556	14.1939	14.3674
3.75	3.7852	3.8031	3.8151	13.75	14.2227	14.4754	14.6505
4	4.0400	4.0604	4.0742	14	14.4900	14.7523	14.9342
4.25	4.2952	4.3182	4.3338	14.25	14.7577	15.0297	15.2185
4.5	4.5506	4.5765	4.5940	14.5	15.0256	15.3077	15.5035
4.75	4.8064	4.8353	4.8548	14.75	15.2939	15.5861	15.7892
5	5.0625	5.0945	5.1162	15	15.5625	15.8650	16.0755
5.25	5.3189	5.3543	5.3782	15.5	16.1006	16.4244	16.6500
5.5	5.5756	5.6145	5.6408	16	16.6400	16.9859	17.2271
5.75	5.8327	5.8752	5.9040	16.5	17.1806	17.5493	17.8068
6	6.0900	6.1364	6.1678	17	17.7225	18.1148	18.3892
6.25	6.3477	6.3980	6.4322	17.5	18.2656	18.6823	18.9742
6.5	6.6056	6.6602	6.6972	18	18.8100	19.2519	19.5618
6.75	6.8639	6.9228	6.9628	18.5	19.3556	19.8235	20.1521
7	7.1225	7.1859	7.2290	19	19.9025	20.3971	20.7451
7.25	7.3814	7.4495	7.4958	19.5	20.4506	20.9728	21.3408
7.5	7.6406	7.7136	7.7633	20	21.0000	21.5506	21.9391
7.75	7.9002	7.9782	8.0313	20.5	21.5506	22.1305	22.5402
8	8.1600	8.2432	8.3000	21	22.1025	22.7124	23.1439
8.25	8.4202	8.5088	8.5692	21.5	22.6556	23.2964	23.7504
8.5	8.6806	8.7748	8.8391	22	23.2100	23.8825	24.3597
8.75	8.9414	9.0413	9.1096	22.5	23.7656	24.4706	24.9716
9	9.2025	9.3083	9.3807	23	24.3225	25.0609	25.5864
9.25	9.4639	9.5758	9.6524	24	25.4400	26.2477	26.8242
9.5	9.7256	9.8438	9.9248	25	26.5625	27.4429	28.0732
9.75	9.9877	10.1123	10.1977	26	27.6900	28.6466	29.3334
10	10.2500	10.3813	10.4713	28	29.9600	31.0796	31.8881
10.25	10.5127	10.6508	10.7455	30	32.2500	33.5469	34.4889
10.5	10.7756	10.9207	11.0203	35	38.0625	39.8676	41.1980
10.75	11.0389	11.1912	11.2958	40	44.0000	46.4100	48.2126

B. NOMINAL ANNUAL RATES FOR GIVEN EFFECTIVE RATES

Nominal rate %	Conversions per annum 2	4	12	Nominal rate %	Conversions per annum 2	4	12
1	.9975	.9963	.9954	11	10.7131	10.5733	10.4815
1.25	1.2461	1.2442	1.2429	11.25	10.9502	10.8043	10.7085
1.5	1.4944	1.4916	1.4898	11.5	11.1871	11.0349	10.9350
1.75	1.7424	1.7386	1.7361	11.75	11.4237	11.2651	11.1610
2	1.9901	1.9852	1.9819	12	11.6601	11.4949	11.3866
2.25	2.2375	2.2313	2.2271	12.25	11.8962	11.7244	11.6117
2.5	2.4846	2.4769	2.4718	12.5	12.1320	11.9534	11.8363
2.75	2.7313	2.7221	2.7159	12.75	12.3676	12.1821	12.0605
3	2.9778	2.9668	2.9595	13	12.6029	12.4104	12.2842
3.25	3.2240	3.2111	3.2026	13.25	12.8380	12.6383	12.5075
3.5	3.4699	3.4550	3.4451	13.5	13.0728	12.8658	12.7303
3.75	3.7155	3.6984	3.6871	13.75	13.3073	13.0930	12.9527
4	3.9608	3.9414	3.9285	14	13.5416	13.3198	13.1746
4.25	4.2058	4.1839	4.1694	14.25	13.7756	13.5462	13.3961
4.5	4.4505	4.4260	4.4098	14.5	14.0093	13.7723	13.6171
4.75	4.6949	4.6677	4.6496	14.75	14.2429	13.9979	13.8377
5	4.9390	4.9030	4.8899	15	14.4761	14.2232	14.0579
5.25	5.1828	5.1497	5.1278	15.5	14.9419	14.6727	14.4969
5.5	5.4264	5.3901	5.3660	16	15.4066	15.1208	14.9342
5.75	5.6696	5.6300	5.6033	16.5	15.8703	15.5674	15.3697
6	5.9126	5.8695	5.8411	17	16.3331	16.0126	15.8035
6.25	6.1553	6.1086	6.0778	17.5	16.7948	16.4563	16.2357
6.5	6.3977	6.3473	6.3140	18	17.2556	16.8987	16.6661
6.75	6.6398	6.5856	6.5498	18.5	17.7154	17.3396	17.0949
7	6.8816	6.8234	6.7850	19	18.1742	17.7791	17.5220
7.25	7.1232	7.0608	7.0197	19.5	18.6321	18.2173	17.9475
7.5	7.3644	7.2978	7.2539	20	19.0890	18.6541	18.3714
7.75	7.6054	7.5344	7.4876	20.5	19.5450	19.0895	18.7936
8	7.8461	7.7706	7.7208	21	20.0000	19.5235	19.2142
8.25	8.0865	8.0064	7.9536	21.5	20.4541	19.9563	19.6333
8.5	8.3267	8.2418	8.1858	22	20.9072	20.3877	20.0508
8.75	8.5665	8.4767	8.4175	22.5	21.3594	20.8177	20.4667
9	8.8061	8.7113	8.6488	23	21.8107	21.2465	20.8810
9.25	9.0454	8.9454	8.8796	24	22.7106	22.1001	21.7051
9.5	9.2845	9.1792	9.1098	25	23.6068	22.9485	22.5231
9.75	9.5233	9.4125	9.3396	26	24.4994	23.7919	23.3352
10	9.7618	9.6455	9.5690	28	26.2742	25.4637	24.9417
10.25	10.0000	9.8780	9.7978	30	28.0351	27.1160	26.5253
10.5	10.2380	10.1102	10.0262	35	32.3790	31.1649	30.3889
10.75	10.4757	10.3420	10.2541	40	36.6432	35.1029	34.1234

TABLE 11
INCOME TAX FACTORS

INCOME TAX FACTORS

Tax rate %	T_N	T_G	Tax rate %	T_N	T_G
1	.99	1.01010	51	.49	2.04082
2	.98	1.02041	52	.48	2.08333
3	.97	1.03093	53	.47	2.12766
4	.96	1.04167	54	.46	2.17391
5	.95	1.05263	55	.45	2.22222
6	.94	1.06383	56	.44	2.27273
7	.93	1.07527	57	.43	2.32558
8	.92	1.08696	58	.42	2.38095
9	.91	1.09890	59	.41	2.43902
10	.90	1.11111	60	.40	2.50000
11	.89	1.12360	61	.39	2.56410
12	.88	1.13636	62	.38	2.63158
13	.87	1.14943	63	.37	2.70270
14	.86	1.16279	64	.36	2.77778
15	.85	1.17647	65	.35	2.85714
16	.84	1.19048	66	.34	2.94118
17	.83	1.20482	67	.33	3.03030
18	.82	1.21951	68	.32	3.12500
19	.81	1.23457	69	.31	3.22581
20	.80	1.25000	70	.30	3.33333
21	.79	1.26582	71	.29	3.44828
22	.78	1.28205	72	.28	3.57143
23	.77	1.29870	73	.27	3.70370
24	.76	1.31579	74	.26	3.84615
25	.75	1.33333	75	.25	4.00000
26	.74	1.35135	76	.24	4.16667
27	.73	1.36986	77	.23	4.34783
28	.72	1.38889	78	.22	4.54545
29	.71	1.40845	79	.21	4.76190
30	.70	1.42857	80	.20	5.00000
31	.69	1.44928	81	.19	5.26316
32	.68	1.47059	82	.18	5.55556
33	.67	1.49254	83	.17	5.88235
34	.66	1.51515	84	.16	6.25000
35	.65	1.53846	85	.15	6.66667
36	.64	1.56250	86	.14	7.14286
37	.63	1.58730	87	.13	7.69231
38	.62	1.61290	88	.12	8.33333
39	.61	1.63934	89	.11	9.09091
40	.60	1.66667	90	.10	10.00000
41	.59	1.69492	91	.09	11.11111
42	.58	1.72414	92	.08	12.50000
43	.57	1.75439	93	.07	14.28571
44	.56	1.78571	94	.06	16.66667
45	.55	1.81818	95	.05	20.00000
46	.54	1.85185	96	.04	25.00000
47	.53	1.88679	97	.03	33.33333
48	.52	1.92308	98	.02	50.00000
49	.51	1.96078	99	.01	100.00000
50	.50	2.00000			

PART II

DISCOUNTED CASH FLOW AND INFLATION

TABLE 12

RENTAL EQUIVALENT ON A LEASE

$$\frac{r}{1-(1+r)^{-n}} \times \frac{1-\left(\frac{1+g}{1+r}\right)^n}{r-g}$$

TABLE 13

RENTAL EQUIVALENT ON AN ANNUAL TENANCY

$$\frac{1-(1+r)^{-n}}{r} \times \frac{r-g}{1-\left(\frac{1+g}{1+r}\right)^n}$$

Redemption yields	3 – 20% @ 1% 22%, 25%
Growth rates	1 – 6% @ 1% 8%, 10%
Lease periods (years)	3, 5, 7, 10, 14, 21, 25, 28, 35, 42, 50

RENTAL EQUIVALENT ON A LEASE
Lease of 3 years

Redem. yield %	1	2	3	4	5	6	8	10	Redem. yield %
			Annual effective growth rate per cent						
3	1.00983	1.01973	1.02970	1.03972	1.04982	1.05997	1.08048	1.10125	3
4	1.00977	1.01960	1.02950	1.03946	1.04948	1.05957	1.07994	1.10056	4
5	1.00970	1.01947	1.02930	1.03919	1.04915	1.05917	1.07940	1.09988	5
6	1.00964	1.01934	1.02910	1.03893	1.04882	1.05877	1.07886	1.09920	6
7	1.00957	1.01921	1.02890	1.03866	1.04849	1.05837	1.07832	1.09852	7
8	1.00951	1.01908	1.02871	1.03840	1.04816	1.05797	1.07779	1.09785	8
9	1.00944	1.01895	1.02852	1.03814	1.04783	1.05758	1.07726	1.09718	9
10	1.00938	1.01882	1.02832	1.03788	1.04751	1.05719	1.07673	1.09652	10
11	1.00932	1.01869	1.02813	1.03763	1.04718	1.05680	1.07621	1.09586	11
12	1.00925	1.01857	1.02794	1.03737	1.04686	1.05641	1.07569	1.09520	12
13	1.00919	1.01844	1.02775	1.03712	1.04654	1.05603	1.07517	1.09455	13
14	1.00913	1.01832	1.02756	1.03687	1.04623	1.05565	1.07466	1.09390	14
15	1.00907	1.01819	1.02738	1.03661	1.04591	1.05527	1.07415	1.09326	15
16	1.00901	1.01807	1.02719	1.03637	1.04560	1.05489	1.07364	1.09261	16
17	1.00895	1.01795	1.02700	1.03612	1.04529	1.05451	1.07313	1.09198	17
18	1.00888	1.01782	1.02682	1.03587	1.04498	1.05414	1.07263	1.09134	18
19	1.00882	1.01770	1.02664	1.03563	1.04467	1.05377	1.07213	1.09072	19
20	1.00876	1.01758	1.02646	1.03538	1.04436	1.05340	1.07164	1.09009	20
22	1.00865	1.01734	1.02610	1.03490	1.04376	1.05267	1.07065	1.08885	22
25	1.00847	1.01699	1.02556	1.03419	1.04287	1.05159	1.06921	1.08702	25

RENTAL EQUIVALENT ON AN ANNUAL TENANCY
Lease of 3 years

Redem. yield %	1	2	3	4	5	6	8	10	Redem. yield %
			Annual effective growth rate per cent						
3	.99026	.98065	.97116	.96179	.95255	.94342	.92551	.90806	3
4	.99033	.98078	.97135	.96204	.95285	.94378	.92598	.90863	4
5	.99039	.98090	.97154	.96229	.95316	.94414	.92644	.90919	5
6	.99045	.98103	.97172	.96253	.95346	.94450	.92691	.90975	6
7	.99052	.98115	.97191	.96278	.95376	.94485	.92737	.91031	7
8	.99058	.98128	.97209	.96302	.95406	.94520	.92783	.91087	8
9	.99064	.98140	.97227	.96326	.95435	.94556	.92828	.91142	9
10	.99071	.98153	.97246	.96350	.95465	.94591	.92874	.91198	10
11	.99077	.98165	.97264	.96374	.95494	.94625	.92919	.91253	11
12	.99083	.98177	.97282	.96397	.95524	.94660	.92964	.91307	12
13	.99089	.98189	.97300	.96421	.95553	.94694	.93008	.91362	13
14	.99095	.98201	.97318	.96445	.95582	.94729	.93053	.91416	14
15	.99101	.98213	.97335	.96468	.95610	.94763	.93097	.91470	15
16	.99107	.98225	.97353	.96491	.95639	.94797	.93141	.91524	16
17	.99113	.98237	.97371	.96514	.95668	.94831	.93185	.91577	17
18	.99119	.98249	.97388	.96537	.95696	.94864	.93229	.91630	18
19	.99125	.98260	.97405	.96560	.95724	.94897	.93272	.91683	19
20	.99131	.98272	.97423	.96583	.95752	.94931	.93315	.91736	20
22	.99143	.98295	.97457	.96628	.95808	.94996	.93401	.91840	22
25	.99160	.98329	.97507	.96694	.95890	.95094	.93527	.91994	25

RENTAL EQUIVALENT ON A LEASE
Lease of 5 years

Redem. yield %	1	2	3	4	5	6	8	10	Redem. yield %
3	1.01960	1.03958	1.05996	1.08074	1.10192	1.12352	1.16796	1.21413	3
4	1.01940	1.03918	1.05934	1.07991	1.10087	1.12223	1.16620	1.21186	4
5	1.01920	1.03878	1.05873	1.07908	1.09982	1.12095	1.16445	1.20960	5
6	1.01900	1.03838	1.05813	1.07826	1.09877	1.11968	1.16270	1.20736	6
7	1.01881	1.03798	1.05752	1.07744	1.09774	1.11842	1.16097	1.20514	7
8	1.01861	1.03759	1.05692	1.07663	1.09671	1.11717	1.15926	1.20293	8
9	1.01842	1.03719	1.05633	1.07582	1.09569	1.11593	1.15755	1.20074	9
10	1.01823	1.03681	1.05574	1.07502	1.09467	1.11469	1.15586	1.19856	10
11	1.01804	1.03642	1.05515	1.07423	1.09367	1.11347	1.15418	1.19640	11
12	1.01785	1.03604	1.05457	1.07344	1.09267	1.11225	1.15252	1.19426	12
13	1.01766	1.03566	1.05399	1.07266	1.09168	1.11105	1.15086	1.19214	13
14	1.01748	1.03528	1.05341	1.07189	1.09070	1.10985	1.14922	1.19003	14
15	1.01729	1.03491	1.05285	1.07112	1.08972	1.10867	1.14760	1.18795	15
16	1.01711	1.03454	1.05228	1.07035	1.08876	1.10749	1.14599	1.18588	16
17	1.01693	1.03417	1.05172	1.06960	1.08780	1.10633	1.14439	1.18382	17
18	1.01675	1.03380	1.05117	1.06885	1.08685	1.10517	1.14281	1.18179	18
19	1.01657	1.03344	1.05062	1.06810	1.08591	1.10403	1.14124	1.17978	19
20	1.01639	1.03308	1.05007	1.06737	1.08497	1.10289	1.13968	1.17778	20
22	1.01604	1.03238	1.04900	1.06592	1.08313	1.10065	1.13662	1.17385	22
25	1.01553	1.03134	1.04742	1.06379	1.08044	1.09738	1.13213	1.16809	25

RENTAL EQUIVALENT ON AN ANNUAL TENANCY
Lease of 5 years

Redem. yield %	1	2	3	4	5	6	8	10	Redem. yield %
3	.98078	.96193	.94343	.92529	.90751	.89006	.85619	.82364	3
4	.98097	.96230	.94398	.92601	.90838	.89108	.85749	.82518	4
5	.98116	.96267	.94453	.92672	.90924	.89210	.85878	.82672	5
6	.98135	.96304	.94507	.92742	.91011	.89311	.86006	.82825	6
7	.98154	.96341	.94561	.92813	.91096	.89412	.86135	.82978	7
8	.98173	.96378	.94614	.92883	.91182	.89512	.86262	.83130	8
9	.98191	.96414	.94668	.92952	.91267	.89611	.86389	.83282	9
10	.98210	.96450	.94721	.93021	.91351	.89711	.86516	.83433	10
11	.98228	.96486	.94773	.93090	.91435	.89809	.86642	.83584	11
12	.98246	.96522	.94826	.93158	.91519	.89907	.86767	.83734	12
13	.98264	.96557	.94878	.93226	.91602	.90005	.86891	.83883	13
14	.98282	.96592	.94929	.93294	.91685	.90102	.87015	.84031	14
15	.98300	.96627	.94981	.93361	.91767	.90198	.87139	.84179	15
16	.98318	.96662	.95032	.93427	.91848	.90294	.87261	.84326	16
17	.98335	.96696	.95082	.93493	.91929	.90389	.87383	.84472	17
18	.98353	.96730	.95132	.93559	.92009	.90484	.87504	.84617	18
19	.98370	.96764	.95182	.93624	.92089	.90578	.87624	.84762	19
20	.98387	.96798	.95231	.93688	.92168	.90671	.87744	.84905	20
22	.98421	.96864	.95329	.93816	.92325	.90855	.87980	.85190	22
25	.98470	.96961	.95472	.94004	.92555	.91126	.88329	.85610	25

RENTAL EQUIVALENT ON A LEASE
Lease of 7 years

Redem. yield %	1	2	3	4	5	6	8	10	Redem. yield %
			Annual effective growth rate per cent						
3	1.02928	1.05954	1.09079	1.12307	1.15641	1.19084	1.26309	1.34008	3
4	1.02888	1.05872	1.08953	1.12134	1.15420	1.18812	1.25928	1.33508	4
5	1.02848	1.05790	1.08827	1.11963	1.15200	1.18541	1.25550	1.33012	5
6	1.02809	1.05709	1.08702	1.11792	1.14982	1.18273	1.25175	1.32521	6
7	1.02770	1.05628	1.08579	1.11624	1.14766	1.18008	1.24803	1.32034	7
8	1.02731	1.05548	1.08456	1.11456	1.14551	1.17744	1.24435	1.31551	8
9	1.02692	1.05469	1.08335	1.11290	1.14339	1.17484	1.24070	1.31073	9
10	1.02654	1.05391	1.08214	1.11126	1.14129	1.17225	1.23709	1.30600	10
11	1 02616	1.05313	1.08095	1.10963	1.13921	1.16970	1.23352	1.30133	11
12	1.02578	1.05237	1.07977	1.10802	1.13715	1.16716	1.22999	1.29670	12
13	1.02541	1.05161	1.07360	1.10643	1.13511	1.16466	1.22649	1.29212	13
14	1.02504	1.05085	1.07745	1.10486	1.13309	1.16219	1.22304	1.28760	14
15	1.02468	1.05011	1.07631	1.10330	1.13110	1.15974	1.21963	1.28314	15
16	1.02432	1.04937	1.07518	1.10176	1.12913	1.15733	1.21625	1.27873	16
17	1.02397	1.04865	1.07406	1.10024	1.12719	1.15494	1.21292	1.27438	17
18	1.02361	1.04793	1.07296	1.09874	1.12527	1.15258	1.20964	1.27008	18
19	1.02327	1.04722	1.07187	1.09725	1.12337	1.15026	1.20639	1.26584	19
20	1.02293	1.04652	1.07080	1.09579	1.12150	1.14796	1.20319	1.26166	20
22	1.02225	1.04515	1.06869	1.09292	1.11783	1.14346	1.19693	1.25347	22
25	1.02128	1.04316	1.06564	1.08876	1.11252	1.13695	1.18786	1.24164	25

RENTAL EQUIVALENT ON AN ANNUAL TENANCY
Lease of 7 years

Redem. yield %	1	2	3	4	5	6	8	10	Redem. yield %
			Annual effective growth rate per cent						
3	.97155	.94381	.91677	.89041	.86474	.83974	.79171	.74622	3
4	.97193	.94454	.91783	.89179	.86640	.84167	.79411	.74902	4
5	.97230	.94527	.91389	.89315	.86806	.84359	.79650	.75181	5
6	.97268	.94600	.91994	.89451	.86970	.84550	.79888	.75460	6
7	.97305	.94672	.92099	.89587	.87134	.84740	.80126	.75738	7
8	.97342	.94743	.92203	.89721	.87297	.84930	.80363	.76016	8
9	.97379	.94814	.92307	.89855	.87459	.85118	.80599	.76293	9
10	.97415	.94885	.92409	.89988	.87620	.85306	.80835	.76569	10
11	.97451	.94955	.92511	.90120	.87780	.85492	.81069	.76845	11
12	.97487	.95024	.92612	.90251	.87939	.85678	.81302	.77119	12
13	.97522	.95093	.92712	.90381	.88097	.85862	.81533	.77392	13
14	.97557	.95161	.92812	.90510	.88254	.86045	.81764	.77664	14
15	.97591	.95228	.92910	.90637	.88409	.86226	.81992	.77934	15
16	.97626	.95295	.93008	.90764	.88564	.86406	.82220	.78203	16
17	.97660	.95361	.93104	.90889	.88716	.86585	.82445	.78470	17
18	.97693	.95426	.93200	.91014	.88868	.86762	.82669	.78735	18
19	.97726	.95491	.93295	.91137	.89018	.86937	.82892	.78999	19
20	.97759	.95555	.93388	.91259	.89166	.87111	.83112	.79261	20
22	.97823	.95680	.93572	.91498	.89459	.87454	.83547	.79778	22
25	.97916	.95863	.93840	.91848	.89886	.87955	.84185	.80539	25

RENTAL EQUIVALENT ON A LEASE
Lease of 10 years

Redem. yield %	1	2	3	4	5	6	8	10	Redem. yield %
			Annual effective growth rate per cent						
3	1.04367	1.08966	1.13810	1.18911	1.24283	1.29940	1.42168	1.55720	3
4	1.04283	1.08792	1.13538	1.18534	1.23793	1.29328	1.41285	1.54527	4
5	1.04200	1.08619	1.13269	1.18161	1.23308	1.28723	1.40413	1.53348	5
6	1.04118	1.08448	1.13003	1.17792	1.22829	1.28125	1.39551	1.52184	6
7	1.04037	1.08280	1.12739	1.17427	1.22355	1.27535	1.38701	1.51035	7
8	1.03956	1.08113	1.12479	1.17067	1.21888	1.26952	1.37862	1.49903	8
9	1.03877	1.07948	1.12223	1.16712	1.21426	1.26377	1.37035	1.48788	9
10	1.03799	1.07785	1.11970	1.16362	1.20972	1.25811	1.36221	1.47691	10
11	1.03721	1.07625	1.11720	1.16017	1.20524	1.25253	1.35420	1.46612	11
12	1.03645	1.07467	1.11475	1.15677	1.20084	1.24705	1.34633	1.45551	12
13	1.03571	1.07312	1.11234	1.15343	1.19651	1.24166	1.33859	1.44510	13
14	1.03497	1.07160	1.10996	1.15015	1.19226	1.23637	1.33100	1.43489	14
15	1.03424	1.07009	1.10763	1.14693	1.18808	1.23117	1.32355	1.42488	15
16	1.03353	1.06862	1.10534	1.14376	1.18398	1.22607	1.31625	1.41506	16
17	1.03284	1.06717	1.10309	1.14066	1.17996	1.22107	1.30909	1.40546	17
18	1.03215	1.06576	1.10089	1.13762	1.17602	1.21618	1.30209	1.39605	18
19	1.03148	1.06437	1.09873	1.13464	1.17216	1.21138	1.29523	1.38686	19
20	1.03082	1.06300	1.09661	1.13172	1.16838	1.20669	1.28852	1.37786	20
22	1.02954	1.06036	1.09252	1.12606	1.16107	1.19761	1.27556	1.36050	22
25	1.02773	1.05661	1.08670	1.11805	1.15072	1.18476	1.25723	1.33599	25

RENTAL EQUIVALENT ON AN ANNUAL TENANCY
Lease of 10 years

Redem. yield %	1	2	3	4	5	6	8	10	Redem. yield %
			Annual effective growth rate per cent						
3	.95816	.91772	.87866	.84096	.80461	.76959	.70340	.64218	3
4	.95893	.91919	.88076	.84364	.80780	.77323	.70779	.64713	4
5	.95969	.92065	.88285	.84630	.81098	.77686	.71218	.65211	5
6	.96045	.92210	.88493	.84895	.81414	.78049	.71658	.65710	6
7	.96120	.92354	.88700	.85159	.81729	.78410	.72098	.66210	7
8	.96194	.92496	.88905	.85421	.82043	.78770	.72536	.66710	8
9	.96268	.92637	.89108	.85681	.82354	.79128	.72974	.67210	9
10	.96340	.92777	.89310	.85939	.82664	.79484	.73410	.67709	10
11	.96412	.92915	.89509	.86194	.82971	.79838	.73844	.68207	11
12	.96483	.93051	.89706	.86447	.83275	.80189	.74276	.68704	12
13	.96553	.93186	.89901	.86698	.83576	.80537	.74705	.69199	13
14	.96621	.93319	.90093	.86945	.83875	.80882	.75131	.69692	14
15	.96689	.93450	.90283	.87189	.84170	.81224	.75554	.70182	15
16	.96755	.93579	.90470	.87431	.84461	.81561	.75974	.70668	16
17	.96821	.93705	.90654	.87669	.84749	.81895	.76389	.71151	17
18	.96885	.93830	.90836	.87903	.85033	.82225	.76800	.71631	18
19	.96948	.93953	.91014	.88134	.85312	.82550	.77206	.72106	19
20	.97010	.94073	.91190	.88361	.85588	.82871	.77608	.72576	20
22	.97130	.94307	.91532	.88805	.86127	.83499	.78397	.73502	22
25	.97302	.94642	.92021	.89441	.86902	.84405	.79540	.74851	25

RENTAL EQUIVALENT ON A LEASE
Lease of 14 years

Redem. yield %	1	2	3	4	5	6	8	10	Redem. yield %
			Annual effective growth rate per cent						
3	1.06255	1.13013	1.20314	1.28206	1.36735	1.45957	1.66708	1.90975	3
4	1.06088	1.12658	1.19750	1.27408	1.35677	1.44609	1.64682	1.88116	4
5	1.05923	1.12309	1.19195	1.26622	1.34636	1.43283	1.62691	1.85309	5
6	1.05760	1.11964	1.18647	1.25849	1.33612	1.41980	1.60737	1.82559	6
7	1.05601	1.11626	1.18110	1.25090	1.32607	1.40703	1.58823	1.79868	7
8	1.05443	1.11294	1.17583	1.24347	1.31623	1.39453	1.56951	1.77239	8
9	1.05289	1.10968	1.17067	1.23619	1.30660	1.38230	1.55124	1.74676	9
10	1.05139	1.10650	1.16562	1.22908	1.29720	1.37037	1.53343	1.72179	10
11	1.04991	1.10339	1.16069	1.22214	1.28804	1.35874	1.51609	1.69752	11
12	1.04847	1.10035	1.15589	1.21537	1.27911	1.34743	1.49924	1.67396	12
13	1.04707	1.09739	1.15121	1.20879	1.27043	1.33643	1.48287	1.65110	13
14	1.04571	1.09452	1.14666	1.20240	1.26200	1.32575	1.46700	1.62897	14
15	1.04438	1.09172	1.14224	1.19619	1.25381	1.31540	1.45163	1.60755	15
16	1.04309	1.08900	1.13795	1.19017	1.24588	1.30537	1.43676	1.58686	16
17	1.04184	1.08637	1.13380	1.18433	1.23821	1.29566	1.42239	1.56688	17
18	1.04062	1.08382	1.12977	1.17869	1.23078	1.28628	1.40851	1.54761	18
19	1.03944	1.08134	1.12587	1.17323	1.22360	1.27722	1.39513	1.52904	19
20	1.03831	1.07895	1.12211	1.16795	1.21667	1.26847	1.38222	1.51116	20
22	1.03614	1.07441	1.11496	1.15794	1.20353	1.25190	1.35782	1.47741	22
25	1.03316	1.06817	1.10514	1.14423	1.18556	1.22928	1.32459	1.43159	25

RENTAL EQUIVALENT ON AN ANNUAL TENANCY
Lease of 14 years

Redem. yield %	1	2	3	4	5	6	8	10	Redem. yield %
			Annual effective growth rate per cent						
3	.94113	.88486	.83116	.78000	.73134	.68513	.59985	.52363	3
4	.94261	.88764	.83507	.78488	.73704	.69152	.60723	.53159	4
5	.94408	.89040	.83896	.78975	.74275	.69792	.61466	.53964	5
6	.94553	.89314	.84283	.79460	.74844	.70432	.62214	.54777	6
7	.94697	.89585	.84667	.79942	.75411	.71072	.62963	.55596	7
8	.94838	.89852	.85046	.80420	.75975	.71709	.63714	.56421	8
9	.94976	.90116	.85421	.80894	.76534	.72343	.64464	.57249	9
10	.95112	.90375	.85791	.81362	.77089	.72973	.65213	.58079	10
11	.95246	.90630	.86155	.81824	.77637	.73597	.65959	.58909	11
12	.95377	.90880	.86513	.82279	.78179	.74215	.66701	.59739	12
13	.95504	.91125	.86865	.82727	.78714	.74826	.67437	.60566	13
14	.95629	.91365	.87210	.83167	.79240	.75429	.68166	.61389	14
15	.95751	.91599	.87547	.83599	.79757	.76023	.68888	.62206	15
16	.95869	.91827	.87877	.84022	.80264	.76607	.69601	.63018	16
17	.95984	.92050	.88199	.84436	.80762	.77181	.70304	.63821	17
18	.96096	.92267	.88514	.84840	.81249	.77744	.70997	.64616	18
19	.96205	.92478	.88820	.85235	.81726	.78295	.71678	.65401	19
20	.96311	.92682	.89118	.85620	.82192	.78835	.72347	.66174	20
22	.96512	.93074	.89690	.86360	.83089	.79878	.73648	.67686	22
25	.96791	.93618	.90486	.87395	.84349	.81348	.75495	.69853	25

RENTAL EQUIVALENT ON A LEASE
Lease of 21 years

Redem. yield %	\	\	Annual effective growth rate per cent	\	\	\	\	\	Redem. yield %
	1	2	3	4	5	6	8	10	
3	1.09472	1.20159	1.32232	1.45884	1.61336	1.78841	2.21199	2.75777	3
4	1.09088	1.19317	1.30845	1.43852	1.58543	1.75150	2.15216	2.66649	4
5	1.08712	1.18495	1.29494	1.41876	1.55829	1.71569	2.09425	2.57836	5
6	1.08347	1.17696	1.28183	1.39960	1.53202	1.68108	2.03842	2.49362	6
7	1.07992	1.16922	1.26914	1.38110	1.50668	1.64773	1.98478	2.41242	7
8	1.07650	1.16175	1.25692	1.36328	1.48233	1.61573	1.93343	2.33488	8
9	1.07320	1.15457	1.24517	1.34619	1.45899	1.58510	1.88443	2.26107	9
10	1.07002	1.14767	1.23391	1.32984	1.43669	1.55587	1.83780	2.19103	10
11	1.06698	1.14107	1.22316	1.31424	1.41544	1.52807	1.79355	2.12474	11
12	1.06408	1.13477	1.21290	1.29938	1.39525	1.50167	1.75166	2.06216	12
13	1.06131	1.12878	1.20315	1.28528	1.37609	1.47667	1.71210	2.00321	13
14	1.05867	1.12307	1.19390	1.27190	1.35796	1.45304	1.67481	1.94779	14
15	1.05616	1.11766	1.18512	1.25925	1.34082	1.43074	1.63971	1.89578	15
16	1.05378	1.11253	1.17682	1.24729	1.32466	1.40973	1.60674	1.84705	16
17	1.05153	1.10768	1.16898	1.23601	1.30942	1.38995	1.57579	1.80144	17
18	1.04939	1.10309	1.16157	1.22537	1.29508	1.37137	1.54679	1.75881	18
19	1.04737	1.09875	1.15458	1.21535	1.28158	1.35391	1.51962	1.71899	19
20	1.04546	1.09466	1.14800	1.20591	1.26890	1.33752	1.49418	1.68182	20
22	1.04195	1.08716	1.13595	1.18869	1.24579	1.30772	1.44814	1.61481	22
25	1.03739	1.07743	1.12038	1.16651	1.21614	1.26961	1.38967	1.53032	25

RENTAL EQUIVALENT ON AN ANNUAL TENANCY
Lease of 21 years

Redem. yield %	\	\	Annual effective growth rate per cent	\	\	\	\	\	Redem. yield %
	1	2	3	4	5	6	8	10	
3	.91348	.83223	.75625	.68548	.61983	.55916	.45208	.36261	3
4	.91669	.83810	.76426	.69516	.63074	.57094	.46465	.37503	4
5	.91986	.84392	.77224	.70484	.64173	.58285	.47750	.38784	5
6	.92296	.84965	.78014	.71449	.65273	.59486	.49058	.40102	6
7	.92599	.85527	.78793	.72406	.66371	.60689	.50383	.41452	7
8	.92894	.86077	.79560	.73352	.67461	.61892	.51722	.42829	8
9	.93180	.86613	.80310	.74284	.68541	.63088	.53067	.44227	9
10	.93456	.87133	.81043	.75197	.69604	.64273	.54413	.45641	10
11	.93722	.87637	.81756	.76090	.70649	.65442	.55755	.47065	11
12	.93978	.88123	.82447	.76960	.71672	.66592	.57089	.48493	12
13	.94224	.88592	.83115	.77804	.72670	.67720	.58408	.49920	13
14	.94458	.89041	.83759	.78622	.73640	.68821	.59708	.51340	14
15	.94683	.89473	.84379	.79412	.74581	.69894	.60986	.52749	15
16	.94896	.89885	.84975	.80174	.75491	.70936	.62238	.54140	16
17	.95100	.90279	.85545	.80906	.76370	.71945	.63460	.55511	17
18	.95293	.90655	.86090	.81608	.77216	.72920	.64650	.56857	18
19	.95477	.91012	.86611	.82281	.78028	.73860	.65806	.58174	19
20	.95652	.91352	.87108	.82925	.78808	.74765	.66926	.59459	20
22	.95974	.91983	.88032	.84126	.80270	.76469	.69054	.61927	22
25	.96396	.92813	.89255	.85726	.82227	.78764	.71960	.65346	25

RENTAL EQUIVALENT ON A LEASE
Lease of 25 years

Redem. yield %	1	2	3	4	5	6	8	10	Redem. yield %
3	1.11255	1.24268	1.39342	1.56834	1.77166	2.00832	2.60599	3.42134	3
4	1.10706	1.23042	1.37283	1.53756	1.72844	1.94997	2.50703	3.26311	4
5	1.10174	1.21855	1.35294	1.50789	1.68686	1.89393	2.41235	3.11224	5
6	1.09660	1.20712	1.33383	1.47943	1.64705	1.84039	2.32224	2.96918	6
7	1.09167	1.19616	1.31555	1.45226	1.60914	1.78950	2.23689	2.83417	7
8	1.08696	1.18571	1.29815	1.42645	1.57318	1.74133	2.15643	2.70736	8
9	1.08247	1.17579	1.28165	1.40203	1.53923	1.69593	2.08088	2.58874	9
10	1.07821	1.16639	1.26606	1.37900	1.50728	1.65329	2.01022	2.47821	10
11	1.07418	1.15752	1.25138	1.35736	1.47732	1.61339	1.94434	2.37557	11
12	1.07039	1.14918	1.23760	1.33709	1.44930	1.57615	1.88311	2.28053	12
13	1.06682	1.14135	1.22469	1.31813	1.42316	1.54149	1.82634	2.19276	13
14	1.06347	1.13401	1.21262	1.30046	1.39883	1.50928	1.77381	2.11187	14
15	1.06033	1.12715	1.20137	1.28399	1.37622	1.47942	1.72529	2.03745	15
16	1.05739	1.12075	1.19087	1.26868	1.35523	1.45175	1.68054	1.96909	16
17	1.05465	1.11477	1.18110	1.25445	1.33578	1.42616	1.63930	1.90636	17
18	1.05208	1.10921	1.17201	1.24125	1.31775	1.40249	1.60133	1.84883	18
19	1.04969	1.10402	1.16356	1.22899	1.30105	1.38062	1.56638	1.79610	19
20	1.04745	1.09918	1.15570	1.21761	1.28559	1.36040	1.53421	1.74778	20
22	1.04342	1.09048	1.14160	1.19726	1.25800	1.32445	1.47735	1.66287	22
25	1.03830	1.07950	1.12390	1.17184	1.22372	1.27998	1.40774	1.55997	25

RENTAL EQUIVALENT ON AN ANNUAL TENANCY
Lease of 25 years

Redem. yield %	1	2	3	4	5	6	8	10	Redem. yield %
3	.89884	.80471	.71766	.63762	.56444	.49793	.38373	.29228	3
4	.90329	.81273	.72842	.65038	.57856	.51283	.39888	.30646	4
5	.90766	.82065	.73913	.66318	.59282	.52800	.41453	.32131	5
6	.91191	.82842	.74972	.67594	.60714	.54336	.43062	.33679	6
7	.91603	.83601	.76014	.68858	.62145	.55882	.44705	.35284	7
8	.92000	.84337	.77033	.70104	.63565	.57427	.46373	.36936	8
9	.92382	.85050	.78025	.71325	.64968	.58965	.48057	.38629	9
10	.92746	.85735	.78985	.72516	.66345	.60485	.49746	.40352	10
11	.93094	.86392	.79912	.73672	.67690	.61981	.51431	.42095	11
12	.93424	.87019	.80802	.74789	.68999	.63446	.53104	.43849	12
13	.93737	.87616	.81653	.75865	.70266	.64872	.54754	.45605	13
14	.94032	.88182	.82466	.76896	.71488	.66257	.56376	.47351	14
15	.94310	.88719	.83239	.77882	.72663	.67594	.57961	.49081	15
16	.94572	.89226	.83972	.78822	.73788	.68882	.59505	.50785	16
17	.94818	.89704	.84667	.79716	.74863	.70118	.61002	.52456	17
18	.95050	.90155	.85323	.80564	.75887	.71302	.62448	.54088	18
19	.95266	.90578	.85943	.81368	.76861	.72431	.63842	.55676	19
20	.95470	.90977	.86527	.82128	.77785	.73508	.65180	.57216	20
22	.95839	.91703	.87596	.83524	.79491	.75503	.67689	.60137	22
25	.96311	.92635	.88976	.85336	.81718	.78126	.71036	.64104	25

RENTAL EQUIVALENT ON A LEASE
Lease of 28 years

Redem. yield %	\multicolumn{8}{c}{Annual effective growth rate per cent}	Redem. yield %
	1	2	3	4	5	6	8	10	
3	1.12565	1.27356	1.44814	1.65471	1.89965	2.19068	2.95003	4.03214	3
4	1.11873	1.25789	1.42145	1.61418	1.84183	2.11131	2.81070	3.80108	4
5	1.11207	1.24283	1.39584	1.57540	1.78665	2.03576	2.67868	3.58312	5
6	1.10568	1.22843	1.37145	1.53855	1.73433	1.96429	2.55440	3.37887	6
7	1.09961	1.21477	1.34834	1.50373	1.68502	1.89710	2.43811	3.18861	7
8	1.09385	1.20185	1.32656	1.47099	1.63879	1.83426	2.32987	3.01236	8
9	1.08842	1.18971	1.30613	1.44038	1.59565	1.77577	2.22963	2.84989	9
10	1.08333	1.17834	1.28706	1.41185	1.55557	1.72156	2.13719	2.70078	10
11	1.07856	1.16774	1.26931	1.38538	1.51846	1.67150	2.05225	2.56444	11
12	1.07412	1.15787	1.25283	1.36088	1.48420	1.62542	1.97444	2.44017	12
13	1.06998	1.14871	1.23759	1.33826	1.45266	1.58309	1.90336	2.32722	13
14	1.06614	1.14023	1.22351	1.31742	1.42368	1.54430	1.83855	2.22475	14
15	1.06258	1.13239	1.21051	1.29824	1.39708	1.50880	1.77954	2.13194	15
16	1.05928	1.12514	1.19854	1.28062	1.37270	1.47634	1.72587	2.04797	16
17	1.05623	1.11845	1.18752	1.26443	1.35036	1.44668	1.67710	1.97206	17
18	1.05341	1.11227	1.17737	1.24957	1.32990	1.41958	1.63277	1.90344	18
19	1.05079	1.10657	1.16802	1.23591	1.31116	1.39482	1.59249	1.84140	19
20	1.04837	1.10131	1.15941	1.22336	1.29398	1.37219	1.55585	1.78529	20
22	1.04405	1.09194	1.14414	1.20121	1.26376	1.33252	1.49216	1.68850	22
25	1.03866	1.08033	1.12533	1.17407	1.22696	1.28453	1.41605	1.57433	25

RENTAL EQUIVALENT ON AN ANNUAL TENANCY
Lease of 28 years

Redem. yield %	\multicolumn{8}{c}{Annual effective growth rate per cent}	Redem. yield %
	1	2	3	4	5	6	8	10	
3	.88838	.78520	.69054	.60434	.52641	.45648	.33898	.24801	3
4	.89387	.79498	.70351	.61951	.54294	.47364	.35578	.26308	4
5	.89923	.80462	.71641	.63476	.55971	.49122	.37332	.27909	5
6	.90442	.81404	.72916	.64996	.57659	.50909	.39148	.29596	6
7	.90942	.82320	.74166	.66501	.59346	.52712	.41015	.31362	7
8	.91420	.83205	.75383	.67981	.61021	.54518	.42921	.33197	8
9	.91876	.84054	.76562	.69426	.62670	.56314	.44850	.35089	9
10	.92308	.84865	.77697	.70829	.64285	.58087	.46790	.37026	10
11	.92716	.85636	.78783	.72182	.65856	.59826	.48727	.38995	11
12	.93100	.86366	.79819	.73482	.67376	.61523	.50647	.40981	12
13	.93460	.87054	.80802	.74724	.68839	.63168	.52539	.42970	13
14	.93796	.87702	.81732	.75906	.70241	.64754	.54391	.44949	14
15	.94110	.88309	.82609	.77027	.71578	.66278	.56194	.46906	15
16	.94403	.88878	.83435	.79087	.72849	.67735	.57942	.48829	16
17	.94676	.89409	.84209	.79087	.74054	.69124	.59627	.50708	17
18	.94930	.89906	.84935	.80028	.75193	.70443	.61246	.52537	18
19	.95166	.90369	.85615	.80912	.76268	.71694	.62795	.54307	19
20	.95386	.90801	.86251	.81742	.77281	.72876	.64273	.56013	20
22	.95781	.91580	.87402	.83249	.79129	.75046	.67017	.59224	22
25	.96278	.92564	.88862	.85174	.81502	.77850	.70619	.63519	25

RENTAL EQUIVALENT ON A LEASE
Lease of 35 years

Redem. yield %	1	2	3	4	5	6	8	10	Redem. yield %
			Annual effective growth rate per cent						
3	1.15524	1.34567	1.58041	1.87101	2.23219	2.68268	3.95344	5.96315	3
4	1.14437	1.32024	1.53555	1.80040	2.12757	2.53329	3.66843	5.44687	4
5	1.13408	1.29623	1.49338	1.73428	2.02998	2.39449	3.40552	4.97381	5
6	1.12441	1.27378	1.45411	1.67295	1.93981	2.26672	3.16530	4.54456	6
7	1.11541	1.25296	1.41783	1.61651	1.85717	2.15008	2.94766	4.15842	7
8	1.10708	1.23378	1.38454	1.56495	1.78198	2.04437	2.75192	3.81368	8
9	1.09943	1.21621	1.35419	1.51813	1.71397	1.94914	2.57698	3.50787	9
10	1.09242	1.20021	1.32665	1.47581	1.65275	1.86378	2.42142	3.23803	10
11	1.08603	1.18567	1.30174	1.43770	1.59786	1.78755	2.28364	3.00091	11
12	1.08022	1.17251	1.27927	1.40347	1.54876	1.71966	2.16196	2.79319	12
13	1.07495	1.16061	1.25904	1.37278	1.50493	1.65931	2.05470	2.61161	13
14	1.07017	1.14986	1.24085	1.34530	1.46584	1.60572	1.96027	2.45308	14
15	1.06583	1.14016	1.22449	1.32069	1.43099	1.55813	1.87714	2.31471	15
16	1.06190	1.13139	1.20977	1.29863	1.39989	1.51586	1.80392	2.19390	16
17	1.05833	1.12346	1.19652	1.27885	1.37211	1.47826	1.73937	2.08832	17
18	1.05509	1.11629	1.18456	1.26109	1.34726	1.44477	1.68236	1.99588	18
19	1.05214	1.10978	1.17376	1.24510	1.32499	1.41488	1.63191	1.91480	19
20	1.04945	1.10386	1.16398	1.23068	1.30499	1.38813	1.58715	1.84349	20
22	1.04473	1.09356	1.14704	1.20583	1.27070	1.34257	1.51182	1.72498	22
25	1.03901	1.08114	1.12678	1.17637	1.23042	1.28952	1.42579	1.59236	25

RENTAL EQUIVALENT ON AN ANNUAL TENANCY
Lease of 35 years

Redem. yield %	1	2	3	4	5	6	8	10	Redem. yield %
			Annual effective growth rate per cent						
3	.86562	.74312	.63275	.53447	.44799	.37276	.25294	.16770	3
4	.87384	.75744	.65123	.55543	.47002	.39474	.27260	.18359	4
5	.88177	.77147	.66962	.57661	.49262	.41763	.29364	.20105	5
6	.88935	.78506	.68771	.59775	.51551	.44117	.31593	.22004	6
7	.89653	.79811	.70530	.61862	.53845	.46510	.33925	.24048	7
8	.90328	.81052	.72226	.63900	.56117	.48915	.36338	.26221	8
9	.90957	.82222	.73845	.65870	.58344	.51305	.38805	.28507	9
10	.91540	.83319	.75378	.67759	.60505	.53654	.41298	.30883	10
11	.92078	.84340	.76821	.69556	.62584	.55943	.43790	.33323	11
12	.92573	.85287	.78170	.71252	.64568	.58151	.46254	.35801	12
13	.93028	.86162	.79425	.72845	.66448	.60266	.48669	.38290	13
14	.93443	.86967	.80590	.74333	.68220	.62277	.51013	.40765	14
15	.93823	.87707	.81667	.75718	.69882	.64179	.53273	.43202	15
16	.94171	.88387	.82660	.77004	.71434	.65969	.55435	.45581	16
17	.94488	.89011	.83576	.78195	.72881	.67647	.57492	.47885	17
18	.94779	.89583	.84419	.79297	.74225	.69215	.59440	.50103	18
19	.95045	.90108	.85196	.80315	.75472	.70678	.61278	.52225	19
20	.95288	.90591	.85912	.81256	.76629	.72039	.63006	.54245	20
22	.95718	.91445	.87181	.82930	.78697	.74484	.66145	.57972	22
25	.96246	.92495	.88748	.85007	.81273	.77548	.70136	.62800	25

RENTAL EQUIVALENT ON A LEASE
Lease of 42 years

Redem. yield %	Annual effective growth rate per cent								Redem. yield %
	1	2	3	4	5	6	8	10	
3	1.18340	1.41757	1.71885	2.10910	2.61773	3.28426	5.32223	8.91022	3
4	1.16776	1.37977	1.64984	1.99642	2.44418	3.02616	4.78510	7.84238	4
5	1.15324	1.34487	1.58650	1.89357	2.28665	2.79314	4.30515	6.89717	5
6	1.13991	1.31302	1.52904	1.80083	2.14541	2.58539	3.88177	6.07148	6
7	1.12781	1.28426	1.47746	1.71806	2.02009	2.40210	3.51233	5.35828	7
8	1.11689	1.25849	1.43153	1.64479	1.90982	2.24178	3.19282	4.74797	8
9	1.10712	1.23555	1.39088	1.53035	1.81343	2.10247	2.91841	4.22954	9
10	1.09840	1.21522	1.35507	1.52393	1.72955	1.98199	2.68392	3.79156	10
11	1.09065	1.19724	1.32361	1.47467	1.65676	1.87809	2.48420	3.42290	11
12	1.08377	1.18138	1.29600	1.43171	1.59369	1.78863	2.31437	3.11323	12
13	1.07766	1.16737	1.27178	1.39425	1.53904	1.71160	2.17000	2.85326	13
14	1.07223	1.15499	1.25050	1.36154	1.49163	1.64520	2.04715	2.63485	14
15	1.06739	1.14403	1.23178	1.33294	1.45041	1.58785	1.94240	2.45103	15
16	1.06308	1.13431	1.21526	1.30785	1.41448	1.53816	1.85281	2.29586	16
17	1.05922	1.12566	1.20064	1.28576	1.38304	1.49495	1.77591	2.16442	17
18	1.05575	1.11793	1.18765	1.26626	1.35544	1.45724	1.70962	2.05259	18
19	1.05264	1.11101	1.17607	1.24897	1.33110	1.42418	1.65222	1.95699	19
20	1.04982	1.10478	1.16571	1.23357	1.30954	1.39507	1.60227	1.87486	20
22	1.04494	1.09407	1.14800	1.20743	1.27323	1.34641	1.52018	1.74227	22
25	1.03909	1.08135	1.12718	1.17704	1.23146	1.29110	1.42922	1.59942	25

RENTAL EQUIVALENT ON AN ANNUAL TENANCY
Lease of 42 years

Redem. yield %	Annual effective growth rate per cent								Redem. yield %
	1	2	3	4	5	6	8	10	
3	.84503	.70543	.58179	.47414	.38201	.30448	.18789	.11223	3
4	.85634	.72476	.60612	.50090	.40913	.33045	.20898	.12751	4
5	.86712	.74357	.63032	.52810	.43732	.35802	.23228	.14499	5
6	.87726	.76160	.65400	.55530	.46611	.38679	.25761	.16470	6
7	.88668	.77866	.67684	.58205	.49503	.41630	.28471	.18663	7
8	.89534	.79460	.69855	.60798	.52361	.44607	.31320	.21062	8
9	.90324	.80935	.71897	.63277	.55144	.47563	.34265	.23643	9
10	.91041	.82290	.73797	.65620	.57819	.50454	.37259	.26374	10
11	.91688	.83525	.75551	.67812	.60359	.53246	.40254	.29215	11
12	.92270	.84647	.77160	.69847	.62747	.55909	.43208	.32121	12
13	.92794	.85663	.78630	.71723	.64976	.58425	.46083	.35048	13
14	.93264	.86581	.79968	.73446	.67041	.60783	.48848	.37953	14
15	.93686	.87410	.81183	.75022	.68946	.62978	.51483	.40799	15
16	.94067	.88159	.82287	.76462	.70698	.65013	.53972	.43557	16
17	.94409	.88837	.83289	.77775	.72304	.66892	.56309	.46202	17
18	.94719	.89451	.84200	.78973	.73777	.68623	.58492	.48719	18
19	.95000	.90008	.85029	.80066	.75126	.70216	.60525	.51099	19
20	.95255	.90515	.85785	.81066	.76363	.71681	.62411	.53337	20
22	.95699	.91402	.87108	.82820	.78540	.74271	.65782	.57396	22
25	.96238	.92477	.88717	.84959	.81204	.77453	.69968	.62523	25

RENTAL EQUIVALENT ON A LEASE
Lease of 50 years

Redem. yield %	Annual effective growth rate per cent								Redem. yield %
	1	2	3	4	5	6	8	10	
3	1.21374	1.49904	1.88423	2.40969	3.13316	4.13733	7.51415	14.25718	3
4	1.19176	1.44393	1.77958	2.23139	2.84576	3.68880	6.47885	11.95630	4
5	1.17187	1.39447	1.68645	2.07400	2.59408	3.29903	5.59203	10.01043	5
6	1.15413	1.35075	1.60481	1.93718	2.37709	2.96566	4.84486	8.39293	6
7	1.13849	1.31253	1.53407	1.81965	2.19228	2.68409	4.22361	7.06705	7
8	1.12482	1.27941	1.47330	1.71957	2.03628	2.44843	3.71216	5.99181	8
9	1.11294	1.25086	1.42138	1.63482	1.90535	2.25239	3.29392	5.12641	9
10	1.10263	1.22632	1.37713	1.56326	1.79578	2.08989	2.95322	4.43311	10
11	1.09370	1.20523	1.33945	1.50285	1.70415	1.95512	2.67601	3.87879	11
12	1.08595	1.18708	1.30730	1.45178	1.62739	1.84333	2.45022	3.43543	12
13	1.07921	1.17143	1.27980	1.40847	1.56288	1.75025	2.26578	3.07996	13
14	1.07333	1.15786	1.25617	1.37158	1.50843	1.67241	2.11442	2.79380	14
15	1.06817	1.14606	1.23577	1.34000	1.46221	1.60694	1.98951	2.56214	15
16	1.06363	1.13574	1.21806	1.31280	1.42275	1.55152	1.88572	2.37337	16
17	1.05960	1.12666	1.20260	1.28923	1.38883	1.50429	1.79886	2.21839	17
18	1.05603	1.11863	1.18903	1.26868	1.35948	1.46376	1.72561	2.09012	18
19	1.05283	1.11150	1.17703	1.25066	1.33391	1.42872	1.66334	1.98307	19
20	1.04995	1.10513	1.16638	1.23475	1.31150	1.39823	1.61000	1.89297	20
22	1.04500	1.09424	1.14833	1.20801	1.27418	1.34794	1.52391	1.75100	22
25	1.03911	1.08141	1.12729	1.17723	1.23179	1.29162	1.43047	1.60234	25

RENTAL EQUIVALENT ON AN ANNUAL TENANCY
Lease of 50 years

Redem. yield %	Annual effective growth rate per cent								Redem. yield %
	1	2	3	4	5	6	8	10	
3	.82390	.66709	.53072	.41499	.31917	.24170	.13308	.07014	3
4	.83909	.69255	.56193	.44815	.35140	.27109	.15435	.08364	4
5	.85334	.71712	.59296	.48216	.38549	.30312	.17883	.09990	5
6	.86645	.74033	.62313	.51622	.42068	.33719	.20640	.11915	6
7	.87835	.76189	.65186	.54956	.45615	.37257	.23676	.14150	7
8	.88903	.78161	.67875	.58154	.49109	.40843	.26939	.16689	8
9	.89852	.79945	.70354	.61169	.52484	.44397	.30359	.19507	9
10	.90692	.81545	.72615	.63969	.55686	.47851	.33861	.22558	10
11	.91432	.82972	.74658	.66540	.58680	.51148	.37369	.25781	11
12	.92085	.84240	.76493	.68881	.61448	.54250	.40813	.29108	12
13	.92660	.85366	.78137	.70999	.63984	.57135	.44135	.32468	13
14	.93168	.86366	.79607	.72908	.66294	.59794	.47294	.35794	14
15	.93618	.87255	.80921	.74627	.68389	.62230	.50264	.39030	15
16	.94018	.88049	.82098	.76173	.70287	.64453	.53030	.42134	16
17	.94375	.88758	.83153	.77566	.72003	.66477	.55591	.45078	17
18	.94695	.89395	.84103	.78822	.73558	.68317	.57951	.47844	18
19	.94983	.89968	.84959	.79958	.74967	.69993	.60120	.50427	19
20	.95243	.90487	.85735	.80988	.76248	.71519	.62112	.52827	20
22	.95693	.91388	.87083	.82781	.78482	.74187	.65621	.57110	22
25	.96236	.92472	.88708	.84945	.81183	.77422	.69907	.62409	25

TABLE 14

YEARS' PURCHASE OF AN ANNUALLY RISING INCOME

$$\frac{1-\left(\frac{1+g}{1+r}\right)^n}{r-g} \times \frac{r}{4[1-(1+r)^{-¼}]}$$

TABLE 15

RISING ANNUITY £1 WILL PURCHASE

$$\frac{r-g}{1-\left(\frac{1+g}{1+r}\right)^n} \times \frac{4[1-(1+r)^{-¼}]}{r}$$

Redemption yields 3 – 20% @ 1%
                   22%, 25%
Growth rates   1 – 6% @ 1%
                   8%, 10%
Lease periods   3, 5, 7, 10, 14,
                   21, 25, 28, 35,
                   42, 50

YEARS' PURCHASE OF AN ANNUALLY RISING INCOME
Lease of 3 years

Redem. yield %	\multicolumn{8}{c}{Annual effective growth rate per cent}	Redem. yield %
	1	2	3	4	5	6	8	10	
3	2.90893	2.93744	2.96614	2.99503	3.02410	3.05336	3.11244	3.17226	3
4	2.87042	2.89837	2.92650	2.95482	2.98331	3.01199	3.06989	3.12852	4
5	2.83282	2.86022	2.88779	2.91555	2.94348	2.97159	3.02835	3.08582	5
6	2.79608	2.82294	2.84998	2.87719	2.90458	2.93214	2.98778	3.04411	6
7	2.76019	2.78653	2.81304	2.83972	2.86657	2.89359	2.94815	3.00338	7
8	2.72511	2.75094	2.77694	2.80311	2.82944	2.85594	2.90943	2.96359	8
9	2.69083	2.71617	2.74167	2.76733	2.79316	2.81914	2.87160	2.92471	9
10	2.65732	2.68218	2.70719	2.73236	2.75769	2.78318	2.83464	2.88673	10
11	2.62457	2.64895	2.67349	2.69818	2.72303	2.74803	2.79851	2.84960	11
12	2.59254	2.61646	2.64054	2.66476	2.68914	2.71367	2.76319	2.81332	12
13	2.56121	2.58469	2.60832	2.63209	2.65601	2.68008	2.72866	2.77784	13
14	2.53058	2.55362	2.57680	2.60013	2.62361	2.64723	2.69490	2.74316	14
15	2.50061	2.52323	2.54598	2.56888	2.59192	2.61510	2.66189	2.70924	15
16	2.47130	2.49349	2.51583	2.53830	2.56092	2.58367	2.62959	2.67607	16
17	2.44261	2.46440	2.48633	2.50839	2.53059	2.55293	2.59800	2.64363	17
18	2.41453	2.43593	2.45746	2.47912	2.50092	2.52284	2.56710	2.61188	18
19	2.38706	2.40807	2.42921	2.45048	2.47188	2.49341	2.53686	2.59083	19
20	2.36016	2.38079	2.40155	2.42244	2.44345	2.46460	2.50726	2.55044	20
22	2.30804	2.32795	2.34797	2.36812	2.38839	2.40879	2.44994	2.49158	22
25	2.23384	2.25272	2.27171	2.29081	2.31003	2.32936	2.36838	2.40785	25

RISING ANNUITY £1 WILL PURCHASE
Lease of 3 years

Redem. yield %	\multicolumn{8}{c}{Annual effective growth rate per cent}	Redem. yield %
	1	2	3	4	5	6	8	10	
3	.34377	.34043	.33714	.33389	.33068	.32751	.32129	.31523	3
4	.34838	.34502	.34170	.33843	.33520	.33201	.32574	.31964	4
5	.35301	.34962	.34629	.34299	.33973	.33652	.33021	.32406	5
6	.35764	.35424	.35088	.34756	.34428	.34105	.33470	.32850	6
7	.36229	.35887	.35549	.35215	.34885	.34559	.33920	.33296	7
8	.36696	.36351	.36011	.35675	.35343	.35015	.34371	.33743	8
9	.37163	.36817	.36474	.36136	.35802	.35472	.34824	.34191	9
10	.37632	.37283	.36939	.36598	.36262	.35930	.35278	.34641	10
11	.38102	.37751	.37404	.37062	.36724	.36390	.35733	.35093	11
12	.38572	.38220	.37871	.37527	.37187	.36850	.36190	.35545	12
13	.39044	.38689	.38339	.37993	.37650	.37312	.36648	.35999	13
14	.39517	.39160	.38808	.38460	.38115	.37775	.37107	.36454	14
15	.39990	.39632	.39278	.38927	.38581	.38239	.37567	.36911	15
16	.40465	.40104	.39748	.39396	.39049	.38705	.38029	.37368	16
17	.40940	.40578	.40220	.39866	.39516	.39171	.38491	.37827	17
18	.41416	.41052	.40692	.40337	.39985	.39638	.38955	.38287	18
19	.41893	.41527	.41166	.40808	.40455	.40106	.39419	.38747	19
20	.42370	.42003	.41640	.41281	.40926	.40575	.39884	.39209	20
22	.43327	.42956	.42590	.42228	.41869	.41515	.40817	.40135	22
25	.44766	.44391	.44020	.43653	.43289	.42930	.42223	.41531	25

YEARS' PURCHASE OF AN ANNUALLY RISING INCOME
Lease of 5 years

Redem. yield %	1	2	3	4	5	6	8	10	Redem. yield %
3	4.75428	4.84747	4.94249	5.03938	5.13815	5.23885	5.44610	5.66135	3
4	4.64698	4.73714	4.82908	4.92280	5.01835	5.11574	5.31617	5.52431	4
5	4.54350	4.63077	4.71974	4.81044	4.90289	4.99711	5.19100	5.39230	5
6	4.44370	4.52818	4.61431	4.70209	4.79157	4.88275	5.07035	5.26510	6
7	4.34740	4.42921	4.51260	4.59759	4.68421	4.77247	4.95405	5.14250	7
8	4.25446	4.33370	4.41446	4.49677	4.58064	4.66610	4.84189	5.02429	8
9	4.16472	4.24150	4.31974	4.39947	4.48070	4.56347	4.73369	4.91029	9
10	4.07807	4.15247	4.22828	4.30553	4.38424	4.46442	4.62929	4.80032	10
11	3.99436	4.06648	4.13996	4.21483	4.29110	4.36879	4.52853	4.69419	11
12	3.91347	3.98340	4.05464	4.12721	4.20114	4.27644	4.43124	4.59175	12
13	3.83529	3.90310	3.97219	4.04256	4.11424	4.18724	4.33728	4.49285	13
14	3.75970	3.82548	3.89249	3.96074	4.03025	4.10104	4.24652	4.39732	14
15	3.68660	3.75043	3.81544	3.88165	3.94908	4.01773	4.15881	4.30503	15
16	3.61588	3.67783	3.74092	3.80516	3.87058	3.93719	4.07404	4.21585	16
17	3.54745	3.60758	3.66882	3.73118	3.79467	3.85930	3.99208	4.12965	17
18	3.48121	3.53961	3.59906	3.65960	3.72122	3.78396	3.91282	4.04630	18
19	3.41709	3.47380	3.53154	3.59032	3.65015	3.71106	3.83614	3.96569	19
20	3.35499	3.41008	3.46616	3.52325	3.58136	3.64050	3.76195	3.88771	20
22	3.23654	3.28857	3.34152	3.39541	3.45025	3.50606	3.62062	3.73921	22
25	3.07218	3.12000	3.16866	3.21816	3.26853	3.31977	3.42492	3.53369	25

RISING ANNUITY £1 WILL PURCHASE
Lease of 5 years

Redem. yield %	1	2	3	4	5	6	8	10	Redem. yield %
3	.21034	.20629	.20233	.19844	.19462	.19088	.18362	.17664	3
4	.21519	.21110	.20708	.20314	.19927	.19547	.18811	.18102	4
5	.22009	.21595	.21188	.20788	.20396	.20012	.19264	.18545	5
6	.22504	.22084	.21672	.21267	.20870	.20480	.19722	.18993	6
7	.23002	.22577	.22160	.21751	.21348	.20953	.20186	.19446	7
8	.23505	.23075	.22653	.22238	.21831	.21431	.20653	.19903	8
9	.24011	.23577	.23150	.22730	.22318	.21913	.21125	.20365	9
10	.24521	.24082	.23650	.23226	.22809	.22399	.21602	.20832	10
11	.25035	.24591	.24155	.23726	.23304	.22890	.22082	.21303	11
12	.25553	.25104	.24663	.24229	.23803	.23384	.22567	.21778	12
13	.26074	.25621	.25175	.24737	.24306	.23882	.23056	.22258	13
14	.26598	.26140	.25690	.25248	.24812	.24384	.23549	.22741	14
15	.27125	.26664	.26209	.25762	.25322	.24890	.24045	.23229	15
16	.27656	.27190	.26731	.26280	.25836	.25399	.24546	.23720	16
17	.28189	.27719	.27257	.26801	.26353	.25911	.25050	.24215	17
18	.28726	.28252	.27785	.27325	.26873	.26427	.25557	.24714	18
19	.29265	.28787	.28316	.27853	.27396	.26946	.26068	.25216	19
20	.29806	.29325	.28850	.28383	.27922	.27469	.26582	.25722	20
22	.30897	.30408	.29927	.29452	.28983	.28522	.27620	.26744	22
25	.32550	.32051	.31559	.31074	.30595	.30123	.29198	.28299	25

YEARS' PURCHASE OF AN ANNUALLY RISING INCOME
Lease of 7 years

Redem. yield %	\multicolumn{8}{c	}{Annual effective growth rate per cent}	Redem. yield %
	1	2	3	4	5	6	8	10	
3	6.52789	6.71977	6.91798	7.12270	7.33414	7.55248	8.01070	8.49902	3
4	6.32122	6.50451	6.69380	6.88928	7.09112	7.29951	7.73671	8.20245	4
5	6.12445	6.29961	6.48047	6.66719	6.85996	7.05894	7.47627	7.92067	5
6	5.93701	6.10447	6.27735	6.45580	6.63998	6.83006	7.22859	7.65282	6
7	5.75837	5.91854	6.08386	6.25447	6.43053	6.61218	6.99294	7.39808	7
8	5.58802	5.74130	5.89946	6.06265	6.23101	6.40469	6.76863	7.15571	8
9	5.42552	5.57225	5.72364	5.87979	6.04087	6.20699	6.55499	6.92498	9
10	5.27041	5.41095	5.55590	5.70540	5.85956	6.01854	6.35144	6.70524	10
11	5.12230	5.25696	5.39582	5.53899	5.68661	5.83880	6.15740	6.49586	11
12	4.98081	5.10988	5.24295	5.38014	5.52155	5.66730	5.97234	6.29627	12
13	4.84556	4.96934	5.09692	5.22842	5.36394	5.50359	5.79577	6.10591	13
14	4.71623	4.83498	4.95735	5.08345	5.21337	5.34724	5.62721	5.92428	14
15	4.59251	4.70648	4.82390	4.94487	5.06948	5.19784	5.46623	5.75090	15
16	4.47409	4.58352	4.69623	4.81233	4.93190	5.05504	5.31243	5.58531	16
17	4.36069	4.46580	4.57405	4.68551	4.80028	4.91846	5.16540	5.42710	17
18	4.25206	4.35306	4.45705	4.56411	4.67433	4.78779	5.02480	5.27587	18
19	4.14795	4.24504	4.34498	4.44786	4.55374	4.66271	4.89028	5.13125	19
20	4.04812	4.14149	4.23759	4.33647	4.43823	4.54294	4.76152	4.99289	20
22	3.86047	3.94692	4.03585	4.12733	4.22142	4.31820	4.52011	4.73366	22
25	3.60607	3.68332	3.76272	3.84435	3.92825	4.01450	4.19427	4.38416	25

RISING ANNUITY £1 WILL PURCHASE
Lease of 7 years

Redem. yield %	\multicolumn{8}{c	}{Annual effective growth rate per cent}	Redem. yield %
	1	2	3	4	5	6	8	10	
3	.15319	.14881	.14455	.14040	.13635	.13241	.12483	.11766	3
4	.15820	.15374	.14939	.14515	.14102	.13700	.12925	.12191	4
5	.16328	.15874	.15431	.14999	.14577	.14166	.13376	.12625	5
6	.16843	.16381	.15930	.15490	.15060	.14641	.13834	.13067	6
7	.17366	.16896	.16437	.15989	.15551	.15124	.14300	.13517	7
8	.17895	.17418	.16951	.16494	.16049	.15614	.14774	.13975	8
9	.18431	.17946	.17471	.17007	.16554	.16111	.15256	.14440	9
10	.18974	.18481	.17999	.17527	.17066	.16615	.15744	.14914	10
11	.19522	.19022	.18533	.18054	.17585	.17127	.16241	.15394	11
12	.20077	.19570	.19073	.18587	.18111	.17645	.16744	.15882	12
13	.20637	.20123	.19620	.19126	.18643	.18170	.17254	.16378	13
14	.21203	.20683	.20172	.19672	.19181	.18701	.17771	.16880	14
15	.21775	.21247	.20730	.20223	.19726	.19239	.18294	.17389	15
16	.22351	.21817	.21294	.20780	.20276	.19782	.18824	.17904	16
17	.22932	.22392	.21862	.21342	.20832	.20332	.19360	.18426	17
18	.23518	.22972	.22436	.21910	.21393	.20886	.19901	.18954	18
19	.24108	.23557	.23015	.22483	.21960	.21447	.20449	.19488	19
20	.24703	.24146	.23598	.23060	.22532	.22012	.21002	.20028	20
22	.25904	.25336	.24778	.24229	.23689	.23158	.22123	.21125	22
25	.27731	.27149	.26577	.26012	.25457	.24910	.23842	.22809	25

YEARS' PURCHASE OF AN ANNUALLY RISING INCOME
Lease of 10 years

Redem. yield %	1	2	3	4	5	6	8	10	Redem. yield %
3	9.05986	9.45911	9.87959	10.32241	10.78873	11.27978	12.34124	13.51774	3
4	8.65357	9.02772	9.42157	9.83615	10.27254	10.73186	11.72408	12.82291	4
5	8.27394	8.62484	8.99405	9.38250	9.79121	10.22119	11.14941	12.17650	5
6	7.91889	8.24826	8.59465	8.95891	9.34199	9.74482	10.61386	11.57464	6
7	7.58656	7.89597	8.22119	8.56305	8.92239	9.30009	10.11435	11.01379	7
8	7.27522	7.56610	7.87171	8.19278	8.53012	8.88453	9.64806	10.49074	8
9	6.98330	7.25698	7.54437	7.84617	8.16310	8.49591	9.21243	10.00252	9
10	6.70936	6.96705	7.23753	7.52142	7.81941	8.13218	8.80510	9.54646	10
11	6.45206	6.69490	6.94965	7.21691	7.49730	7.79147	8.42392	9.12007	11
12	6.21020	6.43921	6.67934	6.93113	7.19517	7.47205	8.06691	8.72112	12
13	5.98267	6.19880	6.42532	6.66272	6.91154	7.17235	7.73229	8.34753	13
14	5.76843	5.97257	6.18640	6.41040	6.64507	6.89092	7.41838	7.99741	14
15	5.56655	5.75950	5.96152	6.17304	6.39452	6.62644	7.12367	7.66903	15
16	5.37616	5.55868	5.74967	5.94955	6.15974	6.37769	6.84677	7.36078	16
17	5.19647	5.36924	5.54994	5.73896	5.93668	6.14354	6.58639	7.07122	17
18	5.02673	5.19039	5.36149	5.54036	5.72739	5.92296	6.34135	6.79898	18
19	4.86627	5.02142	5.18353	5.35294	5.52997	5.71501	6.11057	6.54285	19
20	4.71446	4.86165	5.01536	5.17591	5.34361	5.51880	5.89306	6.30167	20
22	4.43455	4.56729	4.70579	4.85029	5.00109	5.15847	5.49421	5.86008	22
25	4.06651	4.18079	4.29985	4.42389	4.55315	4.68785	4.97460	5.28623	25

RISING ANNUITY £1 WILL PURCHASE
Lease of 10 years

Redem. yield %	1	2	3	4	5	6	8	10	Redem. yield %
3	.11038	.10572	.10122	.09688	.09269	.08865	.08103	.07398	3
4	.11556	.11077	.10614	.10167	.09735	.09318	.08529	.07799	4
5	.12086	.11594	.11118	.10658	.10213	.09784	.08969	.08213	5
6	.12628	.12124	.11635	.11162	.10704	.10262	.09422	.08640	6
7	.13181	.12665	.12164	.11678	.11208	.10753	.09887	.09080	7
8	.13745	.13217	.12704	.12206	.11723	.11256	.10365	.09532	8
9	.14320	.13780	.13255	.12745	.12250	.11770	.10855	.09997	9
10	.14905	.14353	.13817	.13295	.12789	.12297	.11357	.10475	10
11	.15499	.14937	.14389	.13856	.13338	.12835	.11871	.10965	11
12	.16103	.15530	.14972	.14428	.13898	.13383	.12396	.11466	12
13	.16715	.16132	.15563	.15009	.14469	.13942	.12933	.11980	13
14	.17336	.16743	.16164	.15600	.15049	.14512	.13480	.12504	14
15	.17964	.17363	.16774	.16199	.15638	.15091	.14038	.13039	15
16	.18601	.17990	.17392	.16808	.16237	.15680	.14605	.13586	16
17	.19244	.18625	.18018	.17425	.16844	.16277	.15183	.14142	17
18	.19894	.19266	.18652	.18049	.17460	.16883	.15770	.14708	18
19	.20550	.19915	.19292	.18681	.18083	.17498	.16365	.15284	19
20	.21211	.20569	.19939	.19320	.18714	.18120	.16969	.15869	20
22	.22550	.21895	.21250	.20617	.19996	.19386	.18201	.17065	22
25	.24591	.23919	.23257	.22605	.21963	.21332	.20102	.18917	25

YEARS' PURCHASE OF AN ANNUALLY RISING INCOME
Lease of 14 years

Redem. yield %	\multicolumn{8}{c}{Annual effective growth rate per cent}	Redem. yield %
	1	2	3	4	5	6	8	10	
3	12.20985	12.98635	13.82538	14.73216	15.71232	16.77196	19.15653	21.94502	3
4	11.45750	12.16708	12.93303	13.76003	14.65313	15.61776	17.78564	20.31651	4
5	10.77156	11.42092	12.12117	12.87649	13.69140	14.57078	16.54438	18.84453	5
6	10.14521	10.74031	11.38141	12.07225	12.81688	13.61966	15.41838	17.51218	6
7	9.57239	10.11856	10.70635	11.33910	12.02047	12.75434	14.39686	16.30450	7
8	9.04774	9.54972	10.08939	10.66977	11.29412	11.96595	13.46747	15.20828	8
9	8.56648	9.02850	9.52469	10.05778	10.63069	11.24658	12.62111	14.21182	9
10	8.12435	8.55019	9.00706	9.49740	10.02385	10.58922	11.84923	13.30477	10
11	7.71756	8.11061	8.53187	8.98352	9.46794	9.98767	11.14429	12.47793	11
12	7.34274	7.70603	8.09499	8.51158	8.95795	9.43638	10.49953	11.72314	12
13	6.99685	7.33311	7.69274	8.07753	8.48940	8.93042	9.90900	11.03316	13
14	6.67721	6.98887	7.32185	7.67774	8.05830	8.46539	9.36734	10.40153	14
15	6.38139	6.67065	6.97936	7.30899	7.66109	8.03737	8.86981	9.82250	15
16	6.10722	6.37605	6.66266	6.96836	7.29458	7.64285	8.41217	9.29095	16
17	5.85276	6.10294	6.36938	6.65328	6.95592	7.27869	7.99063	8.80231	17
18	5.61627	5.84939	6.09741	6.36141	6.64255	6.94209	7.60180	8.35248	18
19	5.39616	5.61367	5.84485	6.09066	6.35218	6.63052	7.24263	7.93781	19
20	5.19102	5.39423	5.60999	5.83917	6.08274	6.34173	6.91042	7.55504	20
22	4.82068	4.99873	5.18738	5.38736	5.59946	5.82454	6.31730	6.87371	22
25	4.34935	4.49672	4.65239	4.81692	4.99090	5.17498	5.57620	6.02664	25

RISING ANNUITY £1 WILL PURCHASE
Lease of 14 years

Redem. yield %	\multicolumn{8}{c}{Annual effective growth rate per cent}	Redem. yield %
	1	2	3	4	5	6	8	10	
3	.08190	.07700	.07233	.06788	.06364	.05962	.05220	.04557	3
4	.08728	.08219	.07732	.07267	.06824	.06403	.05623	.04922	4
5	.09284	.08756	.08250	.07766	.07304	.06863	.06044	.05307	5
6	.09857	.09311	.08786	.08283	.07802	.07342	.06486	.05710	6
7	.10447	.09883	.09340	.08819	.08319	.07840	.06946	.06133	7
8	.11052	.10472	.09911	.09372	.08854	.08357	.07425	.06575	8
9	.11673	.11076	.10499	.09943	.09407	.08892	.07923	.07036	9
10	.12309	.11696	.11102	.10529	.09976	.09444	.08439	.07516	10
11	.12957	.12330	.11721	.11131	.10562	.10012	.08973	.03014	11
12	.13619	.12977	.12353	.11749	.11163	.10597	.09524	.08530	12
13	.14292	.13637	.12999	.12380	.11779	.11198	.10092	.09064	13
14	.14976	.14308	.13658	.13025	.12410	.11813	.10675	.09614	14
15	.15671	.14991	.14328	.13682	.13053	.12442	.11274	.10181	15
16	.16374	.15684	.15009	.14351	.13709	.13084	.11888	.10763	16
17	.17086	.16386	.15700	.15030	.14376	.13739	.12515	.11361	17
18	.17805	.17096	.16400	.15720	.15054	.14405	.13155	.11972	18
19	.18532	.17814	.17109	.16419	.15743	.15082	.13807	.12598	19
20	.19264	.18538	.17825	.17126	.16440	.15769	.14471	.13236	20
22	.20744	.20005	.19278	.18562	.17859	.17169	.15830	.14548	22
25	.22992	.22238	.21494	.20760	.20036	.19324	.17933	.16593	25

YEARS' PURCHASE OF AN ANNUALLY RISING INCOME
Lease of 21 years

Redem. yield %	\multicolumn{8}{c}{Annual effective growth rate per cent}	Redem. yield %
	1	2	3	4	5	6	8	10	
3	17.15549	18.83031	20.72224	22.86163	25.28316	28.02637	34.66446	43.21746	3
4	15.63095	17.09668	18.74856	20.61232	22.71731	25.09695	30.83785	38.20757	4
5	14.29769	15.58431	17.03091	18.65933	20.49445	22.56458	27.54328	33.91029	5
6	13.12801	14.26085	15.53148	16.95849	18.56299	20.36904	24.69880	30.21431	6
7	12.09860	13.09905	14.21848	15.47270	16.87969	18.45989	22.23590	27.02678	7
8	11.18976	12.07599	13.06516	14.17080	15.40822	16.79483	20.09726	24.27012	8
9	10.38486	11.17226	12.04897	13.02653	14.11803	15.33831	18.23480	21.87943	9
10	9.66976	10.37147	11.15082	12.01770	12.98332	14.06037	16.60811	19.80025	10
11	9.03247	9.65967	10.35454	11.12556	11.98234	12.93574	15.18317	17.98684	11
12	8.46278	9.02505	9.64642	10.33420	11.09663	11.94303	13.93126	16.40067	12
13	7.95197	8.45749	9.01477	9.63009	10.31054	11.06415	12.82813	15.00928	13
14	7.49257	7.94839	8.44963	9.00172	9.61077	10.28369	11.85322	13.78519	14
15	7.07820	7.49036	7.94248	8.43926	8.98597	9.58857	10.98907	12.70518	15
16	6.70335	7.07708	7.48605	7.93432	8.42646	8.96762	10.22085	11.74951	16
17	6.36329	6.70310	7.07405	7.47968	7.92394	8.41130	9.53590	10.90141	17
18	6.05395	6.36373	6.70111	7.06916	7.47131	7.91143	8.92343	10.14659	18
19	5.77177	6.05493	6.36259	6.69743	7.06245	7.46099	8.37418	9.47288	19
20	5.51369	5.77317	6.05446	6.35990	6.69209	7.05396	7.88022	8.86982	20
22	5.05952	5.27903	5.51594	5.77203	6.04931	6.35000	7.03186	7.84121	22
25	4.50255	4.67634	4.86274	5.06296	5.27836	5.51044	6.03152	6.64197	25

RISING ANNUITY £1 WILL PURCHASE
Lease of 21 years

Redem. yield %	\multicolumn{8}{c}{Annual effective growth rate per cent}	Redem. yield %
	1	2	3	4	5	6	8	10	
3	.05829	.05311	.04826	.04374	.03955	.03568	.02885	.02314	3
4	.06398	.05849	.05334	.04851	.04402	.03985	.03243	.02617	4
5	.06994	.06417	.05872	.05359	.04879	.04432	.03631	.02949	5
6	.07617	.07012	.06439	.05897	.05387	.04909	.04049	.03310	6
7	.08265	.07634	.07033	.06463	.05924	.05417	.04497	.03700	7
8	.08937	.08281	.07654	.07057	.06490	.05954	.04976	.04120	8
9	.09629	.08951	.08299	.07677	.07083	.06520	.05484	.04571	9
10	.10342	.09642	.08968	.08321	.07702	.07112	.06021	.05050	10
11	.11071	.10352	.09658	.08988	.08346	.07731	.06586	.05560	11
12	.11816	.11080	.10367	.09677	.09012	.08373	.07178	.06097	12
13	.12576	.11824	.11093	.10384	.09699	.09038	.07795	.06663	13
14	.13347	.12581	.11835	.11109	.10405	.09724	.08437	.07254	14
15	.14128	.13350	.12591	.11849	.11128	.10429	.09100	.07871	15
16	.14918	.14130	.13358	.12603	.11867	.11151	.09784	.08511	16
17	.15715	.14918	.14136	.13370	.12620	.11889	.10487	.09173	17
18	.16518	.15714	.14923	.14146	.13385	.12640	.11206	.09856	18
19	.17326	.16515	.15717	.14931	.14159	.13403	.11941	.10556	19
20	.18137	.17322	.16517	.15724	.14943	.14176	.12690	.11274	20
22	.19765	.18943	.18129	.17325	.16531	.15748	.14221	.12753	22
25	.22210	.21384	.20565	.19751	.18945	.18147	.16580	.15056	25

YEARS' PURCHASE OF AN ANNUALLY RISING INCOME
Lease of 25 years

Redem. yield %	\multicolumn{8}{c}{Annual effective growth rate per cent}	Redem. yield %
	1	2	3	4	5	6	8	10	
3	19.68823	21.99102	24.65856	27.75410	31.35207	35.54010	46.11675	60.54568	3
4	17.65443	19.62155	21.89264	24.51964	27.56361	31.09631	39.97986	52.03705	4
5	15.91628	17.60373	19.54528	21.78371	24.36920	27.36068	34.85005	44.96106	5
6	14.42431	15.87796	17.54470	19.45983	21.66473	24.20787	30.54585	39.05543	6
7	13.13802	14.39556	15.83237	17.47766	19.36561	21.53621	26.92049	34.10860	7
8	12.02420	13.11669	14.36048	15.77980	17.40297	19.26304	23.85498	29.94952	8
9	11.05552	12.00861	13.08982	14.31929	15.72053	17.32095	21.25259	26.43950	9
10	10.20942	11.04437	11.98816	13.05759	14.27222	15.65482	19.03450	23.46588	10
11	9.46722	10.20170	11.02895	11.96301	13.02019	14.21949	17.13632	20.93687	11
12	8.81341	9.46215	10.19022	11.00938	11.93329	12.97782	15.50527	18.77754	12
13	8.23508	8.81038	9.45374	10.17506	10.98578	11.89919	14.09803	16.92651	13
14	7.72142	8.23361	8.80439	9.44209	10.15634	10.95830	12.87892	15.33341	14
15	7.26339	7.72114	8.22950	8.79550	9.42727	10.13418	11.81845	13.95680	15
16	6.85337	7.26402	7.71851	8.22281	8.78380	9.40938	10.89222	12.76247	16
17	6.48496	6.85469	7.26253	7.71357	8.21361	8.76936	10.07997	11.72211	17
18	6.15272	6.48679	6.85410	7.25898	7.70638	8.20197	9.36480	10.81224	18
19	5.85205	6.15493	6.48690	6.85166	7.25341	7.69700	8.73262	10.01335	19
20	5.57900	5.85452	6.15557	6.48533	6.84739	7.24587	8.17162	9.30912	20
22	5.10288	5.33303	5.58305	5.85526	6.15234	6.47729	7.22506	8.13235	22
25	4.52619	4.70578	4.89931	5.10830	5.33446	5.57973	6.13662	6.80026	25

RISING ANNUITY £1 WILL PURCHASE
Lease of 25 years

Redem. yield %	\multicolumn{8}{c}{Annual effective growth rate per cent}	Redem. yield %
	1	2	3	4	5	6	8	10	
3	.05079	.04547	.04055	.03603	.03190	.02814	.02168	.01652	3
4	.05664	.05096	.04568	.04078	.03628	.03216	.02501	.01922	4
5	.06283	.05681	.05116	.04591	.04104	.03655	.02869	.02224	5
6	.06933	.06298	.05700	.05139	.04616	.04131	.03274	.02560	6
7	.07611	.06947	.06316	.05722	.05164	.04643	.03715	.02932	7
8	.08317	.07624	.06964	.06337	.05746	.05191	.04192	.03339	8
9	.09045	.08327	.07640	.06984	.06361	.05773	.04705	.03782	9
10	.09795	.09054	.08342	.07658	.07007	.06388	.05254	.04262	10
11	.10563	.09802	.09067	.08359	.07680	.07033	.05836	.04776	11
12	.11346	.10568	.09813	.09083	.08380	.07705	.06449	.05326	12
13	.12143	.11350	.10578	.09828	.09103	.08404	.07093	.05908	13
14	.12951	.12145	.11358	.10591	.09846	.09125	.07765	.06522	14
15	.13768	.12951	.12151	.11369	.10608	.09868	.08461	.07165	15
16	.14591	.13766	.12956	.12161	.11385	.10628	.09181	.07835	16
17	.15420	.14589	.13769	.12964	.12175	.11403	.09921	.08531	17
18	.16253	.15416	.14590	.13776	.12976	.12192	.10678	.09249	18
19	.17088	.16247	.15416	.14595	.13787	.12992	.11451	.09987	19
20	.17924	.17081	.16245	.15419	.14604	.13801	.12237	.10742	20
22	.19597	.18751	.17911	.17079	.16254	.15439	.13841	.12297	22
25	.22094	.21250	.20411	.19576	.18746	.17922	.16296	.14705	25

YEARS' PURCHASE OF AN ANNUALLY RISING INCOME
Lease of 28 years

Redem. yield %	1	2	3	4	5	6	8	10	Redem. yield %
3	21.46024	24.28016	27.60855	31.54665	36.21644	41.76486	56.24169	76.87184	3
4	19.02207	21.38820	24.16916	27.44619	31.31699	35.89908	47.79089	64.63059	4
5	16.97325	18.96897	21.30443	24.04502	27.26922	31.07127	40.88407	54.68839	5
6	15.24225	16.93440	18.90586	21.20944	23.90837	27.07845	35.21331	46.57887	6
7	13.77182	15.21412	16.88697	18.83314	21.10372	23.75986	30.53563	39.93513	7
8	12.51596	13.75175	15.17862	16.83130	18.75120	20.98780	26.55870	34.46774	8
9	11.43756	12.50195	13.72534	15.13602	16.76769	18.66047	23.42982	29.94771	9
10	10.50660	11.42810	12.48246	13.69278	15.08657	16.69648	20.72738	26.19333	10
11	9.69868	10.50056	11.41388	12.45764	13.65430	15.03054	18.45426	23.06001	11
12	8.99391	9.69519	10.49036	11.39503	12.42767	13.61010	16.53260	20.43233	12
13	8.37601	8.99232	9.68806	10.47612	11.37169	12.39272	14.89983	18.21786	13
14	7.83159	8.37583	8.98754	9.67740	10.45795	11.34400	13.50546	16.34239	14
15	7.34962	7.83245	8.37284	8.97964	9.66328	10.43597	12.30864	14.74610	15
16	6.92095	7.35124	7.83082	8.36709	8.96870	9.64581	11.27619	13.38066	16
17	6.53798	6.92312	7.35064	7.82674	8.35865	8.95480	10.38109	12.20687	17
18	6.19437	6.54053	6.92330	7.34786	7.82027	8.34759	9.60123	11.19282	18
19	5.88479	6.19719	6.54131	6.92154	7.34296	7.81148	8.91848	10.31248	19
20	5.60479	5.88779	6.19841	6.54034	6.91787	7.33597	8.31789	9.54452	20
22	5.11892	5.35372	5.60968	5.88947	6.19616	6.53330	7.31597	8.27861	22
25	4.53413	4.71601	4.91248	5.12521	5.35612	5.60741	6.18154	6.87250	25

RISING ANNUITY £1 WILL PURCHASE
Lease of 28 years

Redem. yield %	1	2	3	4	5	6	8	10	Redem. yield %
3	.04660	.04119	.03622	.03170	.02761	.02394	.01778	.01301	3
4	.05257	.04675	.04138	.03643	.03193	.02786	.02092	.01547	4
5	.05892	.05272	.04694	.04159	.03667	.03218	.02446	.01829	5
6	.06561	.05905	.05289	.04715	.04183	.03693	.02840	.02147	6
7	.07261	.06573	.05922	.05310	.04739	.04209	.03275	.02504	7
8	.07990	.07272	.06588	.05941	.05333	.04765	.03751	.02901	8
9	.08743	.07999	.07286	.06607	.05964	.05359	.04268	.03339	9
10	.09518	.08750	.08011	.07303	.06628	.05989	.04825	.03818	10
11	.10311	.09523	.08761	.08027	.07324	.06653	.05419	.04337	11
12	.11119	.10314	.09533	.08776	.08047	.07347	.06049	.04894	12
13	.11939	.11121	.10322	.09546	.08794	.08069	.06711	.05489	13
14	.12769	.11939	.11127	.10333	.09562	.08815	.07404	.06119	14
15	.13606	.12767	.11943	.11136	.10348	.09582	.08124	.06781	15
16	.14449	.13603	.12770	.11952	.11150	.10367	.08868	.07473	16
17	.15295	.14444	.13604	.12777	.11964	.11167	.09633	.08192	17
18	.16144	.15289	.14444	.13609	.12787	.11980	.10415	.08934	18
19	.16993	.16136	.15287	.14448	.13618	.12802	.11213	.09697	19
20	.17842	.16984	.16133	.15290	.14455	.13631	.12022	.10477	20
22	.19535	.18679	.17826	.16979	.16139	.15306	.13669	.12079	22
25	.22055	.21204	.20356	.19511	.18670	.17834	.16177	.14551	25

YEARS' PURCHASE OF AN ANNUALLY RISING INCOME
Lease of 35 years

Redem. yield %	\multicolumn{8}{c}{Annual effective growth rate per cent}	Redem. yield %
	1	2	3	4	5	6	8	10	
3	25.2071	29.3625	34.4843	40.8252	48.7061	58.5357	86.2635	130.1152	3
4	21.7775	25.1242	29.2216	34.2617	40.4878	48.2088	69.8106	103.6543	4
5	19.0034	21.7206	25.0242	29.0608	34.0158	40.1237	57.0654	83.3447	5
6	16.7408	18.9647	21.6495	24.9077	28.8810	33.7481	47.1267	67.6618	6
7	14.8801	16.7150	18.9145	21.5650	24.7756	28.6831	39.3231	55.4753	7
8	13.3370	14.8634	16.6796	18.8531	21.4676	24.6286	33.1525	45.9435	8
9	12.0470	13.3267	14.8386	16.6350	18.7809	21.3578	28.2374	38.4376	9
10	10.9597	12.0411	13.3096	14.8061	16.5813	18.6984	24.2930	32.4856	10
11	10.0362	10.9570	12.0296	13.2860	14.7661	16.5190	21.1035	27.7319	11
12	9.2458	10.0357	10.9494	12.0125	13.2561	14.7188	18.5045	23.9073	12
13	8.5643	9.2467	10.0310	10.9371	11.9900	13.2200	16.3701	20.8071	13
14	7.9726	8.5663	9.2441	10.0222	10.9203	11.9623	14.6036	18.2750	14
15	7.4553	7.9752	8.5651	9.2380	10.0095	10.8989	13.1303	16.1911	15
16	7.0004	7.4585	7.9752	8.5610	9.2285	9.9930	11.8920	14.4629	16
17	6.5973	7.0038	7.4592	7.9725	8.5539	9.2156	10.8434	13.0188	17
18	6.2394	6.6013	7.0051	7.4576	7.9672	8.5438	9.9488	11.8029	18
19	5.9188	6.2431	6.6030	7.0043	7.4537	7.9594	9.1803	10.7717	19
20	5.6305	5.9225	6.2450	6.6029	7.0015	7.4476	8.5154	9.8907	20
22	5.1337	5.3736	5.6364	5.9253	6.2441	6.5972	7.4289	8.4764	22
25	4.5406	4.7248	4.9242	5.1410	5.3772	5.6354	6.2310	6.9589	25

RISING ANNUITY £1 WILL PURCHASE
Lease of 35 years

Redem. yield %	\multicolumn{8}{c}{Annual effective growth rate per cent}	Redem. yield %
	1	2	3	4	5	6	8	10	
3	.03967	.03406	.02900	.02449	.02053	.01708	.01159	.00769	3
4	.04592	.03980	.03422	.02919	.02470	.02074	.01432	.00965	4
5	.05262	.04604	.03996	.03441	.02940	.02492	.01752	.01200	5
6	.05973	.05273	.04619	.04015	.03462	.02963	.02122	.01478	6
7	.06720	.05983	.05287	.04637	.04036	.03486	.02543	.01803	7
8	.07498	.06728	.05995	.05304	.04658	.04060	.03016	.02177	8
9	.08301	.07504	.06739	.06011	.05325	.04682	.03541	.02602	9
10	.09124	.08305	.07513	.06754	.06031	.05348	.04116	.03078	10
11	.09964	.09127	.08313	.07527	.06772	.06054	.04739	.03606	11
12	.10816	.09964	.09133	.08325	.07544	.06794	.05404	.04183	12
13	.11676	.10815	.09969	.09143	.08340	.07564	.06109	.04806	13
14	.12543	.11674	.10818	.09978	.09157	.08360	.06848	.05472	14
15	.13413	.12539	.11675	.10825	.09990	.09175	.07616	.06176	15
16	.14285	.13408	.12539	.11681	.10836	.10007	.08409	.06914	16
17	.15157	.14278	.13406	.12543	.11691	.10851	.09222	.07681	17
18	.16027	.15149	.14275	.13409	.12551	.11704	.10051	.08472	18
19	.16895	.16018	.15145	.14277	.13416	.12564	.10893	.09284	19
20	.17760	.16885	.16013	.15145	.14283	.13427	.11743	.10110	20
22	.19479	.18609	.17742	.16877	.16015	.15158	.13461	.11798	22
25	.22023	.21165	.20308	.19452	.18597	.17745	.16049	.14370	25

YEARS' PURCHASE OF AN ANNUALLY RISING INCOME
Lease of 42 years

Redem. yield %	\multicolumn{8}{c}{Annual effective growth rate per cent}	Redem. yield %
	1	2	3	4	5	6	8	10	
3	28.4685	34.1020	41.3496	50.7378	62.9737	79.0083	128.0349	214.3497	3
4	24.0164	28.3767	33.9310	41.0589	50.2675	62.2365	98.4112	161.2879	4
5	20.5438	23.9575	28.2619	33.7321	40.7344	49.7570	76.6920	122.8664	5
6	17.8030	20.5066	23.8804	28.1252	33.5068	40.3783	60.6250	94.8237	6
7	15.6141	17.7802	20.4550	23.7860	27.9675	33.2563	48.6271	74.1838	7
8	13.8454	15.6007	17.7457	20.3894	23.6748	27.7899	39.5793	58.8575	8
9	12.3998	13.8383	15.5779	17.7001	20.3105	23.5478	32.6864	47.3711	9
10	11.2051	12.3968	13.8234	15.5460	17.6436	20.2188	27.3794	38.6787	10
11	10.2072	11.2048	12.3874	13.8012	15.5053	17.5767	23.2492	32.0343	11
12	9.3652	10.2087	11.1992	12.3719	13.7716	15.4561	19.9992	26.9024	12
13	8.6479	9.3677	10.2056	11.1884	12.3503	13.7350	17.4135	22.8965	13
14	8.0312	8.6511	9.3665	10.1982	11.1725	12.3229	15.3335	19.7355	14
15	7.4965	8.0348	8.6511	9.3615	10.1865	11.1518	13.6419	17.2141	15
16	7.0294	7.5004	8.0356	8.6478	9.3529	10.1707	12.2513	15.1809	16
17	6.6182	7.0333	7.5018	8.0337	8.6415	9.3408	11.0962	13.5237	17
18	6.2539	6.6222	7.0352	7.5008	8.0291	8.6321	10.1271	12.1587	18
19	5.9290	6.2578	6.6243	7.0349	7.4975	8.0218	9.3062	11.0229	19
20	5.6378	5.9330	6.2601	6.6245	7.0325	7.4918	8.6046	10.0684	20
22	5.1374	5.3789	5.6441	5.9363	6.2597	6.6195	7.4738	8.5658	22
25	4.5420	4.7267	4.9270	5.1449	5.3828	5.6435	6.2473	6.9912	25

RISING ANNUITY £1 WILL PURCHASE
Lease of 42 years

Redem. yield %	\multicolumn{8}{c}{Annual effective growth rate per cent}	Redem. yield %
	1	2	3	4	5	6	8	10	
3	.03513	.02932	.02418	.01971	.01588	.01266	.00781	.00467	3
4	.04164	.03524	.02947	.02436	.01989	.01607	.01016	.00620	4
5	.04868	.04174	.03538	.02965	.02455	.02010	.01304	.00814	5
6	.05617	.04876	.04188	.03556	.02984	.02477	.01649	.01055	6
7	.06404	.05624	.04889	.04204	.03576	.03007	.02056	.01348	7
8	.07223	.06410	.05635	.04905	.04224	.03598	.02527	.01699	8
9	.08065	.07226	.06419	.05650	.04924	.04247	.03059	.02111	9
10	.08924	.08067	.07234	.06433	.05668	.04946	.03652	.02585	10
11	.09797	.08925	.08073	.07246	.06449	.05689	.04301	.03122	11
12	.10678	.09796	.08929	.08083	.07261	.06470	.05000	.03717	12
13	.11564	.10675	.09799	.08938	.08097	.07281	.05743	.04367	13
14	.12451	.11559	.10676	.09806	.08951	.08115	.06522	.05067	14
15	.13340	.12446	.11559	.10682	.09817	.08967	.07330	.05809	15
16	.14226	.13333	.12445	.11564	.10692	.09832	.08162	.06587	16
17	.15110	.14218	.13330	.12448	.11572	.10706	.09012	.07394	17
18	.15990	.15101	.14214	.13332	.12455	.11585	.09874	.08225	18
19	.16866	.15980	.15096	.14215	.13338	.12466	.10745	.09072	19
20	.17738	.16855	.15974	.15095	.14220	.13348	.11622	.09932	20
22	.19465	.18591	.17718	.16846	.15975	.15107	.13380	.11674	22
25	.22017	.21156	.20296	.19437	.18578	.17719	.16007	.14304	25

YEARS' PURCHASE OF AN ANNUALLY RISING INCOME
Lease of 50 years

Redem. yield %	Annual effective growth rate per cent								Redem. yield %
	1	2	3	4	5	6	8	10	
3	31.6815	39.1285	49.1828	62.8987	81.7830	107.9942	196.1372	372.1462	3
4	26.0660	31.5815	38.9229	48.8047	62.2421	80.6809	141.7046	261.5068	4
5	21.8549	26.0064	31.4517	38.6792	48.3786	61.5256	104.2891	186.6906	5
6	18.6439	21.8200	25.9241	31.2933	38.3997	47.9075	78.2641	135.5799	6
7	16.1548	18.6243	21.7679	25.8202	31.1077	38.0862	59.9315	100.2790	7
8	14.1940	16.1447	18.5914	21.6991	25.6955	30.8964	46.8432	75.6099	8
9	12.6252	14.1897	16.1241	18.5454	21.6142	25.5510	37.3661	58.1538	9
10	11.3512	12.6245	14.1770	16.0931	18.4868	21.5139	30.4021	45.6371	10
11	10.3021	11.3526	12.6169	14.1561	16.0522	18.4162	25.2066	36.5362	11
12	9.4270	10.3049	11.3485	12.6027	14.1271	16.0016	21.2700	29.8225	12
13	8.6882	9.4306	10.3030	11.3389	12.5820	14.0904	18.2406	24.7952	13
14	8.0576	8.6922	9.4302	10.2966	11.3239	12.5549	15.8731	20.9733	14
15	7.5139	8.0618	8.6928	9.4260	10.2857	11.3037	13.9948	18.0229	15
16	7.0408	7.5181	8.0631	8.6902	9.4180	10.2704	12.4827	15.7107	16
17	6.6257	7.0450	7.5199	8.0616	8.6844	9.4063	11.2483	13.8716	17
18	6.2588	6.6299	7.0471	7.5192	8.0573	8.6754	10.2273	12.3377	18
19	5.9323	6.2629	6.6322	7.0471	7.5162	8.0504	9.3724	11.1740	19
20	5.6400	5.9363	6.2654	6.6326	7.0449	7.5108	8.6483	10.1683	20
22	5.1383	5.3804	5.6464	5.9398	6.2652	6.6279	7.4932	8.6097	22
25	4.5423	4.7272	4.9277	5.1460	5.3845	5.6460	6.2530	7.0043	25

RISING ANNUITY £1 WILL PURCHASE
Lease of 50 years

Redem. yield %	Annual effective growth rate per cent								Redem. yield %
	1	2	3	4	5	6	8	10	
3	.03156	.02556	.02033	.01590	.01223	.00926	.00510	.00269	3
4	.03836	.03166	.02569	.02049	.01607	.01239	.00706	.00382	4
5	.04576	.03845	.03179	.02585	.02067	.01625	.00959	.00536	5
6	.05364	.04583	.03857	.03196	.02604	.02087	.01278	.00738	6
7	.06190	.05369	.04594	.03873	.03215	.02626	.01669	.00997	7
8	.07045	.06194	.05379	.04608	.03892	.03237	.02135	.01323	8
9	.07921	.07047	.06202	.05392	.04627	.03914	.02676	.01720	9
10	.08810	.07921	.07054	.06214	.05409	.04648	.03289	.02191	10
11	.09707	.08809	.07926	.07064	.06230	.05430	.03967	.02737	11
12	.10608	.09704	.08812	.07935	.07079	.06249	.04701	.03353	12
13	.11510	.10604	.09706	.08819	.07948	.07097	.05482	.04033	13
14	.12411	.11505	.10604	.09712	.08831	.07965	.06300	.04768	14
15	.13309	.12404	.11504	.10609	.09722	.08847	.07146	.05548	15
16	.14203	.13301	.12402	.11507	.10618	.09737	.08011	.06365	16
17	.15093	.14194	.13298	.12405	.11515	.10631	.08890	.07209	17
18	.15977	.15083	.14190	.13299	.12411	.11527	.09778	.08073	18
19	.16857	.15967	.15078	.14190	.13305	.12422	.10670	.08949	19
20	.17731	.16845	.15961	.15077	.14195	.13314	.11563	.09634	20
22	.19462	.18586	.17710	.16835	.15961	.15088	.13346	.11615	22
25	.22015	.21154	.20293	.19433	.18572	.17712	.15992	.14277	25

TABLE 16

CAPITALISATION RATES FOR PERPETUAL INCOMES

$$2\left[\sqrt{1 + 4[1-(1+r)^{-1/4}] \times \left[1 - \frac{(1+g)^n - 1}{(1+r)^n - 1}\right]} - 1\right]$$

Redemption yields 3 – 12% @ 0.25%
                   12 – 16% @ 0.5%
                   16 – 20% @ 1%
                   21%, 23%, 25%
Growth rates   1 – 10% @ 1%
Lease periods   3, 5, 7, 10, 14, 21,
                   25, 28, 35, 42, 50

CAPITALISATION RATES – PERPETUAL INCOMES
Rent review period 3 years

Redem. yield %	\multicolumn{10}{c}{Annual effective growth rate per cent}	Redem. yield %
	1	2	3	4	5	6	7	8	9	10	
3	1.99	1.02	0.02	.	.	.	.	.	.	.	3
3.25	2.24	1.27	0.28	.	.	.	.	.	.	.	3.25
3.5	2.49	1.52	0.53	.	.	.	.	.	.	.	3.5
3.75	2.73	1.77	0.79	.	.	.	.	.	.	.	3.75
4	2.97	2.02	1.04	0.04	.	.	.	.	.	.	4
4.25	3.21	2.27	1.29	0.30	.	.	.	.	.	.	4.25
4.5	3.46	2.51	1.55	0.56	.	.	.	.	.	.	4.5
4.75	3.70	2.76	1.80	0.81	.	.	.	.	.	.	4.75
5	3.94	3.00	2.05	1.07	0.06	.	.	.	.	.	5
5.25	4.18	3.25	2.30	1.32	0.32	.	.	.	.	.	5.25
5.5	4.42	3.49	2.55	1.58	0.58	.	.	.	.	.	5.5
5.75	4.65	3.74	2.79	1.83	0.84	.	.	.	.	.	5.75
6	4.89	3.98	3.04	2.08	1.10	0.09	.	.	.	.	6
6.25	5.13	4.22	3.29	2.33	1.36	0.35	.	.	.	.	6.25
6.5	5.36	4.46	3.53	2.58	1.61	0.61	.	.	.	.	6.5
6.75	5.60	4.70	3.78	2.83	1.87	0.88	.	.	.	.	6.75
7	5.83	4.94	4.02	3.08	2.12	1.13	0.13	.	.	.	7
7.25	6.07	5.18	4.27	3.33	2.37	1.39	0.39	.	.	.	7.25
7.5	6.30	5.42	4.51	3.58	2.63	1.65	0.65	.	.	.	7.5
7.75	6.53	5.65	4.75	3.82	2.88	1.91	0.91	.	.	.	7.75
8	6.77	5.89	4.99	4.07	3.13	2.16	1.18	0.16	.	.	8
8.25	7.00	6.12	5.23	4.32	3.38	2.42	1.44	0.43	.	.	8.25
8.5	7.23	6.36	5.47	4.56	3.63	2.67	1.70	0.69	.	.	8.5
8.75	7.46	6.59	5.71	4.80	3.88	2.93	1.95	0.95	.	.	8.75
9	7.69	6.83	5.95	5.05	4.12	3.18	2.21	1.22	0.21	.	9
9.25	7.92	7.06	6.18	5.29	4.37	3.43	2.47	1.48	0.48	.	9.25
9.5	8.14	7.29	6.42	5.53	4.62	3.68	2.73	1.75	0.74	.	9.5
9.75	8.37	7.52	6.66	5.77	4.86	3.93	2.98	2.01	1.01	.	9.75
10	8.60	7.75	6.89	6.01	5.11	4.18	3.23	2.27	1.27	0.26	10
10.25	8.82	7.98	7.13	6.25	5.35	4.43	3.49	2.52	1.54	0.53	10.25
10.5	9.05	8.21	7.36	6.49	5.59	4.68	3.74	2.78	1.80	0.80	10.5
10.75	9.27	8.44	7.59	6.73	5.84	4.93	3.99	3.04	2.06	1.06	10.75
11	9.50	8.67	7.83	6.96	6.08	5.17	4.24	3.30	2.32	1.33	11
11.25	9.72	8.90	8.06	7.20	6.32	5.42	4.49	3.55	2.58	1.60	11.25
11.5	9.94	9.13	8.29	7.43	6.56	5.66	4.74	3.81	2.84	1.86	11.5
11.75	10.16	9.35	8.52	7.67	6.80	5.91	4.99	4.06	3.10	2.12	11.75
12	10.38	9.58	8.75	7.90	7.04	6.15	5.24	4.31	3.36	2.39	12
12.5	10.83	10.03	9.21	8.37	7.51	6.63	5.73	4.81	3.87	2.91	12.5
13	11.26	10.47	9.66	8.83	7.98	7.11	6.22	5.31	4.38	3.43	13
13.5	11.70	10.92	10.11	9.29	8.45	7.59	6.71	5.81	4.89	3.95	13.5
14	12.13	11.36	10.56	9.75	8.92	8.07	7.20	6.30	5.39	4.46	14
14.5	12.56	11.80	11.01	10.20	9.38	8.54	7.68	6.80	5.89	4.97	14.5
15	12.99	12.23	11.45	10.66	9.84	9.01	8.16	7.28	6.39	5.48	15
15.5	13.42	12.66	11.89	11.11	10.30	9.47	8.63	7.77	6.88	5.98	15.5
16	13.84	13.10	12.33	11.55	10.76	9.94	9.10	8.25	7.37	6.48	16
17	14.68	13.95	13.20	12.44	11.66	10.86	10.04	9.20	8.34	7.47	17
18	15.51	14.80	14.06	13.32	12.55	11.76	10.96	10.14	9.30	8.44	18
19	16.34	15.63	14.92	14.18	13.43	12.66	11.88	11.07	10.25	9.41	19
20	17.15	16.46	15.76	15.04	14.30	13.55	12.78	11.99	11.18	10.36	20
21	17.95	17.28	16.59	15.88	15.16	14.42	13.67	12.90	12.11	11.30	21
23	19.54	18.89	18.23	17.55	16.85	16.15	15.42	14.68	13.92	13.15	23
25	21.09	20.47	19.83	19.18	18.51	17.83	17.13	16.42	15.69	14.95	25

CAPITALISATION RATES – PERPETUAL INCOMES
Rent review period 5 years

Redem. yield %	\multicolumn{10}{c}{Annual effective growth rate per cent}	Redem. yield %
	1	2	3	4	5	6	7	8	9	10	
3	2.01	1.04	0.02	.	.	.	.	.	.	.	3
3.25	2.26	1.30	0.29	.	.	.	.	.	.	.	3.25
3.5	2.51	1.55	0.55	.	.	.	.	.	.	.	3.5
3.75	2.76	1.80	0.81	.	.	.	.	.	.	.	3.75
4	3.00	2.06	1.07	0.04	.	.	.	.	.	.	4
4.25	3.25	2.31	1.33	0.31	.	.	.	.	.	.	4.25
4.5	3.49	2.56	1.59	0.58	.	.	.	.	.	.	4.5
4.75	3.73	2.81	1.85	0.84	.	.	.	.	.	.	4.75
5	3.97	3.06	2.11	1.11	0.07	.	.	.	.	.	5
5.25	4.22	3.31	2.36	1.37	0.34	.	.	.	.	.	5.25
5.5	4.46	3.56	2.62	1.64	0.61	.	.	.	.	.	5.5
5.75	4.70	3.80	2.87	1.90	0.88	.	.	.	.	.	5.75
6	4.94	4.05	3.13	2.16	1.15	0.10	.	.	.	.	6
6.25	5.18	4.30	3.38	2.42	1.42	0.37	.	.	.	.	6.25
6.5	5.41	4.54	3.63	2.68	1.69	0.65	.	.	.	.	6.5
6.75	5.65	4.79	3.88	2.94	1.95	0.92	.	.	.	.	6.75
7	5.89	5.03	4.13	3.20	2.22	1.20	0.13	.	.	.	7
7.25	6.12	5.27	4.38	3.45	2.48	1.47	0.42	.	.	.	7.25
7.5	6.36	5.51	4.63	3.71	2.75	1.74	0.70	.	.	.	7.5
7.75	6.59	5.75	4.88	3.96	3.01	2.01	0.97	.	.	.	7.75
8	6.83	5.99	5.13	4.22	3.27	2.28	1.25	0.18	.	.	8
8.25	7.06	6.23	5.37	4.47	3.53	2.55	1.53	0.46	.	.	8.25
8.5	7.29	6.47	5.62	4.72	3.79	2.82	1.81	0.75	.	.	8.5
8.75	7.52	6.71	5.86	4.98	4.05	3.09	2.08	1.03	.	.	8.75
9	7.75	6.95	6.11	5.23	4.31	3.35	2.35	1.31	0.23	.	9
9.25	7.98	7.18	6.35	5.48	4.57	3.62	2.63	1.59	0.52	.	9.25
9.5	8.21	7.42	6.59	5.73	4.82	3.88	2.90	1.87	0.80	.	9.5
9.75	8.44	7.65	6.83	5.97	5.08	4.14	3.17	2.15	1.09	.	9.75
10	8.67	7.89	7.07	6.22	5.33	4.41	3.44	2.43	1.38	0.28	10
10.25	8.90	8.12	7.31	6.47	5.59	4.67	3.71	2.71	1.66	0.58	10.25
10.5	9.12	8.36	7.55	6.71	5.84	4.93	3.98	2.98	1.95	0.87	10.5
10.75	9.35	8.59	7.79	6.96	6.09	5.19	4.24	3.26	2.23	1.16	10.75
11	9.58	8.82	8.03	7.20	6.34	5.45	4.51	3.53	2.51	1.45	11
11.25	9.80	9.05	8.27	7.45	6.59	5.70	4.77	3.80	2.79	1.74	11.25
11.5	10.02	9.28	8.50	7.69	6.84	5.96	5.04	4.08	3.07	2.03	11.5
11.75	10.25	9.51	8.74	7.93	7.09	6.21	5.30	4.35	3.35	2.32	11.75
12	10.47	9.74	8.97	8.17	7.34	6.47	5.56	4.62	3.63	2.60	12
12.5	10.91	10.19	9.44	8.65	7.83	6.98	6.08	5.15	4.18	3.17	12.5
13	11.36	10.64	9.90	9.13	8.32	7.48	6.60	5.68	4.73	3.73	13
13.5	11.79	11.09	10.36	9.60	8.81	7.98	7.11	6.21	5.27	4.29	13.5
14	12.23	11.54	10.82	10.07	9.29	8.47	7.62	6.74	5.81	4.85	14
14.5	12.66	11.98	11.28	10.54	9.77	8.97	8.13	7.26	6.35	5.40	14.5
15	13.09	12.43	11.73	11.00	10.24	9.45	8.63	7.77	6.88	5.94	15
15.5	13.52	12.87	12.18	11.46	10.72	9.94	9.13	8.28	7.40	6.48	15.5
16	13.95	13.30	12.63	11.92	11.19	10.42	9.62	8.79	7.92	7.02	16
17	14.79	14.17	13.51	12.83	12.12	11.38	10.60	9.80	8.96	8.08	17
18	15.63	15.02	14.39	13.73	13.04	12.32	11.57	10.79	9.98	9.13	18
19	16.46	15.87	15.25	14.61	13.94	13.25	12.52	11.77	10.98	10.16	19
20	17.27	16.70	16.11	15.48	14.84	14.16	13.46	12.73	11.97	11.17	20
21	18.08	17.53	16.95	16.35	15.72	15.07	14.39	13.68	12.94	12.17	21
23	19.67	19.15	18.61	18.04	17.46	16.84	16.20	15.54	14.84	14.12	23
25	21.23	20.74	20.23	19.70	19.15	18.57	17.97	17.35	16.70	16.02	25

CAPITALISATION RATES – PERPETUAL INCOMES
Rent review period 7 years

Redem. yield %	\multicolumn{10}{c}{Annual effective growth rate per cent}	Redem. yield %
	1	2	3	4	5	6	7	8	9	10	
3	2.03	1.06	0.02	.	.	.	.	.	.	.	3
3.25	2.28	1.32	0.30	.	.	.	.	.	.	.	3.25
3.5	2.53	1.58	0.57	.	.	.	.	.	.	.	3.5
3.75	2.78	1.84	0.83	.	.	.	.	.	.	.	3.75
4	3.03	2.10	1.10	0.04	.	.	.	.	.	.	4
4.25	3.28	2.35	1.37	0.32	.	.	.	.	.	.	4.25
4.5	3.52	2.61	1.64	0.60	.	.	.	.	.	.	4.5
4.75	3.77	2.86	1.90	0.88	.	.	.	.	.	.	4.75
5	4.01	3.12	2.16	1.15	0.07	.	.	.	.	.	5
5.25	4.25	3.37	2.43	1.42	0.36	.	.	.	.	.	5.25
5.5	4.50	3.62	2.69	1.70	0.64	.	.	.	.	.	5.5
5.75	4.74	3.87	2.95	1.97	0.92	.	.	.	.	.	5.75
6	4.98	4.12	3.21	2.24	1.20	0.10	.	.	.	.	6
6.25	5.22	4.37	3.47	2.51	1.48	0.39	.	.	.	.	6.25
6.5	5.46	4.62	3.73	2.78	1.76	0.69	.	.	.	.	6.5
6.75	5.70	4.87	3.99	3.04	2.04	0.98	.	.	.	.	6.75
7	5.94	5.12	4.24	3.31	2.32	1.26	0.14	.	.	.	7
7.25	6.18	5.36	4.50	3.58	2.60	1.55	0.44	.	.	.	7.25
7.5	6.41	5.61	4.75	3.84	2.87	1.84	0.74	.	.	.	7.5
7.75	6.65	5.85	5.01	4.10	3.14	2.12	1.04	.	.	.	7.75
8	6.88	6.10	5.26	4.37	3.42	2.41	1.33	0.19	.	.	8
8.25	7.12	6.34	5.51	4.63	3.69	2.69	1.63	0.50	.	.	8.25
8.5	7.35	6.58	5.76	4.89	3.96	2.97	1.92	0.80	.	.	8.5
8.75	7.58	6.82	6.01	5.15	4.23	3.25	2.21	1.10	.	.	8.75
9	7.82	7.06	6.26	5.41	4.50	3.53	2.50	1.41	0.24	.	9
9.25	8.05	7.30	6.51	5.66	4.76	3.81	2.79	1.71	0.56	.	9.25
9.5	8.28	7.54	6.76	5.92	5.03	4.08	3.08	2.01	0.87	.	9.5
9.75	8.51	7.78	7.00	6.17	5.29	4.36	3.36	2.30	1.18	.	9.75
10	8.74	8.02	7.25	6.43	5.56	4.63	3.65	2.60	1.49	0.31	10
10.25	8.97	8.25	7.49	6.68	5.82	4.90	3.93	2.90	1.80	0.63	10.25
10.5	9.20	8.49	7.74	6.93	6.08	5.18	4.21	3.19	2.10	0.95	10.5
10.75	9.42	8.72	7.98	7.19	6.34	5.45	4.49	3.48	2.41	1.26	10.75
11	9.65	8.96	8.22	7.44	6.60	5.72	4.77	3.77	2.71	1.58	11
11.25	9.88	9.19	8.46	7.69	6.86	5.98	5.05	4.06	3.01	1.89	11.25
11.5	10.10	9.42	8.70	7.94	7.12	6.25	5.33	4.35	3.31	2.20	11.5
11.75	10.33	9.66	8.94	8.18	7.38	6.52	5.61	4.64	3.61	2.51	11.75
12	10.55	9.89	9.18	8.43	7.63	6.78	5.88	4.92	3.90	2.82	12
12.5	11.00	10.35	9.66	8.92	8.14	7.31	6.43	5.49	4.49	3.44	12.5
13	11.44	10.80	10.13	9.41	8.64	7.83	6.97	6.05	5.08	4.04	13
13.5	11.88	11.26	10.60	9.89	9.14	8.35	7.51	6.61	5.66	4.65	13.5
14	12.32	11.71	11.06	10.37	9.64	8.86	8.04	7.16	6.23	5.24	14
14.5	12.75	12.16	11.52	10.85	10.13	9.37	8.57	7.71	6.80	5.83	14.5
15	13.19	12.60	11.98	11.32	10.62	9.88	9.09	8.25	7.36	6.41	15
15.5	13.62	13.05	12.44	11.79	11.11	10.38	9.61	8.79	7.91	6.99	15.5
16	14.04	13.49	12.89	12.26	11.59	10.88	10.12	9.32	8.47	7.56	16
17	14.89	14.36	13.79	13.19	12.54	11.86	11.14	10.37	9.55	8.69	17
18	15.73	15.22	14.68	14.10	13.48	12.83	12.14	11.40	10.62	9.80	18
19	16.56	16.07	15.55	15.00	14.41	13.78	13.12	12.42	11.67	10.88	19
20	17.38	16.91	16.41	15.88	15.32	14.72	14.09	13.42	12.70	11.95	20
21	18.19	17.74	17.26	16.76	16.22	15.65	15.04	14.40	13.71	12.99	21
23	19.78	19.37	18.94	18.47	17.98	17.46	16.90	16.31	15.69	15.03	23
25	21.34	20.97	20.57	20.14	19.69	19.21	18.70	18.16	17.59	16.99	25

CAPITALISATION RATES – PERPETUAL INCOMES
Rent review period 10 years

Redem. yield %	\multicolumn{10}{c}{Annual effective growth rate per cent}	Redem. yield %
	1	2	3	4	5	6	7	8	9	10	
3	2.06	1.09	0.03	•	•	•	•	•	•	•	3
3.25	2.31	1.36	0.31	•	•	•	•	•	•	•	3.25
3.5	2.57	1.62	0.59	•	•	•	•	•	•	•	3.5
3.75	2.82	1.89	0.87	•	•	•	•	•	•	•	3.75
4	3.07	2.15	1.15	0.05	•	•	•	•	•	•	4
4.25	3.32	2.42	1.43	0.34	•	•	•	•	•	•	4.25
4.5	3.57	2.68	1.70	0.63	•	•	•	•	•	•	4.5
4.75	3.82	2.94	1.98	0.92	•	•	•	•	•	•	4.75
5	4.06	3.20	2.25	1.21	0.07	•	•	•	•	•	5
5.25	4.31	3.46	2.53	1.50	0.38	•	•	•	•	•	5.25
5.5	4.55	3.72	2.80	1.79	0.68	•	•	•	•	•	5.5
5.75	4.80	3.97	3.07	2.07	0.99	•	•	•	•	•	5.75
6	5.04	4.23	3.34	2.36	1.29	0.11	•	•	•	•	6
6.25	5.29	4.48	3.61	2.64	1.58	0.43	•	•	•	•	6.25
6.5	5.53	4.74	3.87	2.92	1.88	0.74	•	•	•	•	6.5
6.75	5.77	4.99	4.14	3.20	2.18	1.06	•	•	•	•	6.75
7	6.01	5.24	4.40	3.48	2.47	1.37	0.16	•	•	•	7
7.25	6.25	5.49	4.67	3.76	2.76	1.68	0.48	•	•	•	7.25
7.5	6.49	5.74	4.93	4.03	3.06	1.98	0.81	•	•	•	7.5
7.75	6.73	5.99	5.19	4.31	3.35	2.29	1.13	•	•	•	7.75
8	6.96	6.24	5.45	4.58	3.63	2.59	1.46	0.21	•	•	8
8.25	7.20	6.49	5.71	4.86	3.92	2.90	1.78	0.55	•	•	8.25
8.5	7.44	6.74	5.97	5.13	4.21	3.20	2.09	0.89	•	•	8.5
8.75	7.67	6.98	6.23	5.40	4.49	3.50	2.41	1.22	•	•	8.75
9	7.91	7.23	6.48	5.66	4.77	3.79	2.72	1.55	0.27	•	9
9.25	8.14	7.47	6.74	5.93	5.05	4.09	3.04	1.88	0.62	•	9.25
9.5	8.37	7.71	6.99	6.20	5.33	4.38	3.35	2.21	0.97	•	9.5
9.75	8.60	7.95	7.24	6.46	5.61	4.68	3.65	2.54	1.32	•	9.75
10	8.83	8.20	7.49	6.73	5.89	4.97	3.96	2.86	1.66	0.35	10
10.25	9.07	8.44	7.74	6.99	6.16	5.26	4.27	3.18	2.00	0.71	10.25
10.5	9.29	8.67	7.99	7.25	6.44	5.54	4.57	3.50	2.34	1.07	10.5
10.75	9.52	8.91	8.24	7.51	6.71	5.83	4.87	3.82	2.68	1.42	10.75
11	9.75	9.15	8.49	7.77	6.98	6.12	5.17	4.14	3.01	1.78	11
11.25	9.98	9.39	8.74	8.03	7.25	6.40	5.47	4.45	3.34	2.13	11.25
11.5	10.21	9.62	8.98	8.29	7.52	6.68	5.76	4.76	3.67	2.48	11.5
11.75	10.43	9.86	9.23	8.54	7.78	6.96	6.06	5.07	4.00	2.82	11.75
12	10.66	10.09	9.47	8.79	8.05	7.24	6.35	5.38	4.32	3.17	12
12.5	11.11	10.56	9.96	9.30	8.58	7.79	6.93	5.99	4.97	3.85	12.5
13	11.55	11.02	10.44	9.80	9.10	8.34	7.51	6.60	5.60	4.52	13
13.5	11.99	11.48	10.91	10.30	9.62	8.88	8.07	7.19	6.23	5.18	13.5
14	12.43	11.93	11.39	10.79	10.13	9.42	8.63	7.78	6.85	5.83	14
14.5	12.87	12.39	11.86	11.28	10.64	9.95	9.19	8.36	7.46	6.47	14.5
15	13.31	12.84	12.32	11.76	11.14	10.47	9.74	8.94	8.06	7.11	15
15.5	13.74	13.28	12.78	12.24	11.64	10.99	10.28	9.51	8.66	7.73	15.5
16	14.17	13.73	13.24	12.71	12.14	11.51	10.82	10.07	9.25	8.35	16
17	15.02	14.60	14.15	13.65	13.11	12.52	11.87	11.17	10.40	9.56	17
18	15.86	15.47	15.04	14.58	14.07	13.52	12.91	12.25	11.53	10.74	18
19	16.69	16.32	15.92	15.49	15.01	14.49	13.92	13.30	12.63	11.89	19
20	17.51	17.17	16.79	16.38	15.94	15.45	14.92	14.33	13.70	13.01	20
21	18.32	18.00	17.65	17.26	16.85	16.39	15.89	15.34	14.75	14.11	21
23	19.91	19.63	19.32	18.99	18.62	18.22	17.78	17.30	16.78	16.21	23
25	21.47	21.23	20.95	20.66	20.34	19.98	19.60	19.18	18.72	18.23	25

CAPITALISATION RATES – PERPETUAL INCOMES
Rent review period 14 years

Redem. yield %	\multicolumn{10}{c}{Annual effective growth rate per cent}	Redem. yield %
	1	2	3	4	5	6	7	8	9	10	
3	2.10	1.13	0.03	.	.	.	.	.	.	.	3
3.25	2.36	1.41	0.33	.	.	.	.	.	.	.	3.25
3.5	2.61	1.68	0.62	.	.	.	.	.	.	.	3.5
3.75	2.87	1.96	0.92	.	.	.	.	.	.	.	3.75
4	3.12	2.23	1.21	0.05	.	.	.	.	.	.	4
4.25	3.38	2.50	1.50	0.37	.	.	.	.	.	.	4.25
4.5	3.63	2.77	1.79	0.68	.	.	.	.	.	.	4.5
4.75	3.88	3.04	2.08	0.99	.	.	.	.	.	.	4.75
5	4.13	3.31	2.37	1.30	0.08	.	.	.	.	.	5
5.25	4.38	3.57	2.65	1.61	0.41	.	.	.	.	.	5.25
5.5	4.63	3.84	2.94	1.91	0.74	.	.	.	.	.	5.5
5.75	4.87	4.10	3.22	2.22	1.07	.	.	.	.	.	5.75
6	5.12	4.36	3.50	2.52	1.40	0.12	.	.	.	.	6
6.25	5.37	4.63	3.78	2.82	1.72	0.47	.	.	.	.	6.25
6.5	5.61	4.89	4.06	3.12	2.04	0.82	.	.	.	.	6.5
6.75	5.86	5.15	4.34	3.41	2.36	1.17	.	.	.	.	6.75
7	6.10	5.40	4.61	3.71	2.68	1.51	0.18	.	.	.	7
7.25	6.34	5.66	4.88	4.00	2.99	1.85	0.54	.	.	.	7.25
7.5	6.58	5.92	5.16	4.29	3.30	2.18	0.91	.	.	.	7.5
7.75	6.82	6.17	5.43	4.58	3.61	2.52	1.27	.	.	.	7.75
8	7.06	6.42	5.69	4.86	3.92	2.85	1.63	0.24	.	.	8
8.25	7.30	6.68	5.96	5.15	4.23	3.18	1.98	0.62	.	.	8.25
8.5	7.54	6.93	6.23	5.43	4.53	3.50	2.33	1.01	.	.	8.5
8.75	7.78	7.18	6.49	5.72	4.83	3.82	2.68	1.38	.	.	8.75
9	8.01	7.42	6.76	6.00	5.13	4.15	3.03	1.76	0.32	.	9
9.25	8.25	7.67	7.02	6.27	5.43	4.46	3.37	2.13	0.72	.	9.25
9.5	8.48	7.92	7.28	6.55	5.72	4.78	3.71	2.49	1.12	.	9.5
9.75	8.71	8.16	7.54	6.83	6.01	5.09	4.05	2.86	1.51	.	9.75
10	8.95	8.41	7.80	7.10	6.31	5.40	4.38	3.22	1.90	0.40	10
10.25	9.18	8.65	8.05	7.37	6.59	5.71	4.71	3.58	2.29	0.82	10.25
10.5	9.41	8.89	8.31	7.64	6.88	6.02	5.04	3.93	2.67	1.24	10.5
10.75	9.64	9.14	8.56	7.91	7.17	6.32	5.37	4.28	3.05	1.65	10.75
11	9.87	9.38	8.81	8.18	7.45	6.63	5.69	4.63	3.42	2.06	11
11.25	10.10	9.61	9.07	8.44	7.73	6.93	6.01	4.97	3.79	2.46	11.25
11.5	10.32	9.85	9.32	8.71	8.01	7.22	6.33	5.31	4.16	2.86	11.5
11.75	10.55	10.09	9.57	8.97	8.29	7.52	6.64	5.65	4.52	3.25	11.75
12	10.78	10.33	9.81	9.23	8.56	7.81	6.96	5.98	4.88	3.64	12
12.5	11.23	10.80	10.30	9.75	9.11	8.39	7.57	6.65	5.59	4.40	12.5
13	11.67	11.26	10.79	10.26	9.65	8.96	8.18	7.29	6.29	5.15	13
13.5	12.12	11.72	11.27	10.76	10.18	9.53	8.78	7.93	6.97	5.89	13.5
14	12.56	12.18	11.75	11.26	10.71	10.08	9.37	8.56	7.64	6.61	14
14.5	13.00	12.64	12.23	11.76	11.23	10.63	9.95	9.18	8.30	7.31	14.5
15	13.43	13.09	12.70	12.25	11.74	11.17	10.52	9.78	8.95	8.00	15
15.5	13.86	13.53	13.16	12.73	12.25	11.70	11.08	10.38	9.58	8.68	15.5
16	14.29	13.98	13.62	13.21	12.75	12.23	11.64	10.96	10.20	9.34	16
17	15.14	14.86	14.53	14.16	13.74	13.26	12.72	12.11	11.42	10.63	17
18	15.98	15.72	15.42	15.09	14.70	14.27	13.78	13.22	12.59	11.88	18
19	16.81	16.57	16.30	16.00	15.65	15.25	14.80	14.29	13.72	13.07	19
20	17.63	17.41	17.17	16.89	16.57	16.21	15.80	15.34	14.82	14.23	20
21	18.44	18.24	18.02	17.76	17.47	17.15	16.78	16.36	15.88	15.35	21
23	20.03	19.87	19.68	19.47	19.23	18.96	18.65	18.31	17.91	17.47	23
25	21.58	21.45	21.29	21.12	20.92	20.70	20.45	20.16	19.84	19.47	25

CAPITALISATION RATES – PERPETUAL INCOMES
Rent review period 21 years

Redem. yield %	Annual effective growth rate per cent										Redem. yield %
	1	2	3	4	5	6	7	8	9	10	
3	2.16	1.20	0.03	.	.	.	.	.	.	.	3
3.25	2.43	1.49	0.36	.	.	.	.	.	.	.	3.25
3.5	2.69	1.79	0.68	.	.	.	.	.	.	.	3.5
3.75	2.95	2.07	1.00	.	.	.	.	.	.	.	3.75
4	3.21	2.36	1.32	0.06	.	.	.	.	.	.	4
4.25	3.47	2.65	1.64	0.41	.	.	.	.	.	.	4.25
4.5	3.73	2.93	1.95	0.76	.	.	.	.	.	.	4.5
4.75	3.98	3.21	2.26	1.11	.	.	.	.	.	.	4.75
5	4.24	3.49	2.57	1.46	0.09	.	.	.	.	.	5
5.25	4.49	3.77	2.88	1.80	0.48	.	.	.	.	.	5.25
5.5	4.74	4.04	3.18	2.13	0.86	.	.	.	.	.	5.5
5.75	4.99	4.31	3.48	2.47	1.23	.	.	.	.	.	5.75
6	5.25	4.59	3.78	2.80	1.60	0.15	.	.	.	.	6
6.25	5.49	4.86	4.08	3.13	1.97	0.56	.	.	.	.	6.25
6.5	5.74	5.12	4.37	3.45	2.33	0.97	.	.	.	.	6.5
6.75	5.99	5.39	4.66	3.77	2.69	1.37	.	.	.	.	6.75
7	6.24	5.66	4.95	4.09	3.04	1.76	0.21	.	.	.	7
7.25	6.48	5.92	5.24	4.40	3.39	2.15	0.65	.	.	.	7.25
7.5	6.72	6.18	5.52	4.71	3.73	2.54	1.09	.	.	.	7.5
7.75	6.97	6.44	5.80	5.02	4.07	2.92	1.52	.	.	.	7.75
8	7.21	6.70	6.08	5.33	4.41	3.30	1.94	0.29	.	.	8
8.25	7.45	6.96	6.36	5.63	4.74	3.67	2.36	0.77	.	.	8.25
8.5	7.69	7.21	6.63	5.93	5.07	4.03	2.77	1.23	.	.	8.5
8.75	7.93	7.47	6.91	6.23	5.40	4.39	3.17	1.68	.	.	8.75
9	8.16	7.72	7.18	6.52	5.72	4.75	3.57	2.13	0.39	.	9
9.25	8.40	7.97	7.45	6.81	6.04	5.10	3.96	2.57	0.90	.	9.25
9.5	8.63	8.22	7.72	7.10	6.35	5.44	4.34	3.01	1.39	.	9.5
9.75	8.87	8.47	7.98	7.39	6.66	5.79	4.72	3.43	1.87	.	9.75
10	9.10	8.71	8.24	7.67	6.97	6.13	5.10	3.85	2.34	0.51	10
10.25	9.33	8.96	8.51	7.95	7.28	6.46	5.47	4.26	2.81	1.04	10.25
10.5	9.57	9.20	8.76	8.23	7.58	6.79	5.83	4.67	3.26	1.56	10.5
10.75	9.80	9.45	9.02	8.51	7.88	7.11	6.19	5.07	3.71	2.07	10.75
11	10.03	9.69	9.28	8.78	8.17	7.44	6.54	5.46	4.15	2.57	11
11.25	10.25	9.93	9.53	9.05	8.47	7.75	6.89	5.85	4.59	3.06	11.25
11.5	10.48	10.17	9.79	9.32	8.75	8.07	7.24	6.23	5.01	3.54	11.5
11.75	10.71	10.41	10.04	9.59	9.04	8.38	7.58	6.61	5.43	4.01	11.75
12	10.93	10.64	10.29	9.85	9.33	8.69	7.91	6.98	5.84	4.47	12
12.5	11.38	11.11	10.78	10.38	9.88	9.29	8.57	7.70	6.64	5.37	12.5
13	11.83	11.58	11.27	10.89	10.43	9.88	9.21	8.40	7.42	6.24	13
13.5	12.27	12.03	11.75	11.40	10.97	10.46	9.83	9.08	8.17	7.07	13.5
14	12.71	12.49	12.22	11.90	11.50	11.02	10.44	9.74	8.90	7.88	14
14.5	13.15	12.94	12.69	12.39	12.02	11.58	11.04	10.39	9.60	8.65	14.5
15	13.58	13.39	13.16	12.88	12.53	12.12	11.62	11.02	10.29	9.40	15
15.5	14.01	13.83	13.62	13.36	13.04	12.65	12.19	11.63	10.95	10.13	15.5
16	14.43	14.27	14.07	13.83	13.53	13.18	12.75	12.22	11.59	10.84	16
17	15.28	15.14	14.97	14.76	14.50	14.20	13.82	13.37	12.83	12.18	17
18	16.11	15.99	15.84	15.66	15.44	15.18	14.86	14.47	14.01	13.44	18
19	16.93	16.83	16.70	16.55	16.36	16.13	15.86	15.52	15.12	14.64	19
20	17.75	17.66	17.55	17.41	17.25	17.06	16.82	16.53	16.19	15.78	20
21	18.55	18.47	18.38	18.26	18.12	17.96	17.75	17.51	17.21	16.86	21
23	20.13	20.07	20.00	19.91	19.81	19.69	19.54	19.36	19.14	18.88	23
25	21.66	21.62	21.57	21.51	21.44	21.34	21.23	21.10	20.94	20.75	25

CAPITALISATION RATES – PERPETUAL INCOMES
Rent review period 25 years

Redem. yield %	\multicolumn{10}{c}{Annual effective growth rate per cent}	Redem. yield %
	1	2	3	4	5	6	7	8	9	10	
3	2.20	1.24	0.03	.	.	.	.	.	.	.	3
3.25	2.46	1.54	0.38	.	.	.	.	.	.	.	3.25
3.5	2.73	1.84	0.72	.	.	.	.	.	.	.	3.5
3.75	2.99	2.14	1.05	.	.	.	.	.	.	.	3.75
4	3.26	2.43	1.39	0.06	.	.	.	.	.	.	4
4.25	3.52	2.73	1.72	0.44	.	.	.	.	.	.	4.25
4.5	3.78	3.01	2.04	0.81	.	.	.	.	.	.	4.5
4.75	4.04	3.30	2.37	1.18	.	.	.	.	.	.	4.75
5	4.29	3.59	2.69	1.55	0.10	.	.	.	.	.	5
5.25	4.55	3.87	3.00	1.91	0.52	.	.	.	.	.	5.25
5.5	4.80	4.15	3.32	2.26	0.93	.	.	.	.	.	5.5
5.75	5.06	4.43	3.63	2.61	1.33	.	.	.	.	.	5.75
6	5.31	4.70	3.93	2.96	1.72	0.16	.	.	.	.	6
6.25	5.56	4.98	4.24	3.30	2.11	0.61	.	.	.	.	6.25
6.5	5.81	5.25	4.54	3.64	2.50	1.05	.	.	.	.	6.5
6.75	6.06	5.52	4.83	3.97	2.87	1.49	.	.	.	.	6.75
7	6.30	5.78	5.13	4.30	3.24	1.91	0.23	.	.	.	7
7.25	6.55	6.05	5.42	4.62	3.61	2.33	0.72	.	.	.	7.25
7.5	6.79	6.31	5.71	4.94	3.97	2.75	1.20	.	.	.	7.5
7.75	7.03	6.58	5.99	5.26	4.33	3.15	1.67	.	.	.	7.75
8	7.28	6.84	6.28	5.57	4.68	3.55	2.12	0.33	.	.	8
8.25	7.52	7.09	6.56	5.88	5.02	3.94	2.57	0.85	.	.	8.25
8.5	7.76	7.35	6.84	6.19	5.36	4.32	3.01	1.36	.	.	8.5
8.75	7.99	7.61	7.11	6.49	5.70	4.70	3.45	1.86	.	.	8.75
9	8.23	7.86	7.39	6.79	6.03	5.07	3.87	2.35	0.44	.	9
9.25	8.47	8.11	7.66	7.08	6.36	5.44	4.29	2.83	1.00	.	9.25
9.5	8.70	8.36	7.92	7.37	6.68	5.80	4.69	3.30	1.55	.	9.5
9.75	8.94	8.61	8.19	7.66	7.00	6.15	5.09	3.76	2.08	.	9.75
10	9.17	8.85	8.45	7.95	7.31	6.50	5.49	4.21	2.60	0.58	10
10.25	9.40	9.10	8.72	8.23	7.62	6.85	5.87	4.65	3.11	1.18	10.25
10.5	9.63	9.34	8.97	8.51	7.92	7.18	6.25	5.08	3.61	1.76	10.5
10.75	9.86	9.58	9.23	8.79	8.22	7.52	6.62	5.50	4.09	2.32	10.75
11	10.09	9.82	9.49	9.06	8.52	7.84	6.99	5.92	4.57	2.87	11
11.25	10.32	10.06	9.74	9.33	8.82	8.17	7.35	6.32	5.03	3.41	11.25
11.5	10.55	10.30	9.99	9.60	9.11	8.48	7.70	6.72	5.48	3.93	11.5
11.75	10.77	10.54	10.24	9.87	9.39	8.80	8.05	7.11	5.93	4.44	11.75
12	11.00	10.77	10.49	10.13	9.68	9.11	8.39	7.49	6.36	4.94	12
12.5	11.44	11.24	10.98	10.65	10.24	9.71	9.06	8.23	7.20	5.90	12.5
13	11.89	11.70	11.46	11.16	10.78	10.30	9.70	8.95	8.00	6.82	13
13.5	12.33	12.16	11.94	11.66	11.32	10.88	10.33	9.64	8.77	7.69	13.5
14	12.77	12.61	12.41	12.16	11.84	11.44	10.94	10.31	9.51	8.53	14
14.5	13.20	13.06	12.87	12.64	12.35	11.99	11.53	10.95	10.23	9.32	14.5
15	13.63	13.50	13.33	13.12	12.86	12.52	12.10	11.58	10.92	10.09	15
15.5	14.06	13.94	13.79	13.59	13.35	13.04	12.66	12.18	11.58	10.83	15.5
16	14.48	14.37	14.23	14.06	13.84	13.56	13.21	12.77	12.22	11.53	16
17	15.32	15.23	15.12	14.97	14.78	14.55	14.26	13.90	13.44	12.87	17
18	16.15	16.08	15.98	15.86	15.70	15.51	15.27	14.96	14.58	14.11	18
19	16.97	16.91	16.83	16.73	16.60	16.44	16.24	15.98	15.67	15.27	19
20	17.78	17.73	17.66	17.58	17.47	17.34	17.17	16.96	16.70	16.37	20
21	18.58	18.53	18.48	18.41	18.32	18.21	18.07	17.90	17.68	17.41	21
23	20.15	20.12	20.08	20.03	19.97	19.90	19.80	19.68	19.53	19.35	23
25	21.68	21.66	21.64	21.60	21.56	21.51	21.45	21.36	21.26	21.13	25

CAPITALISATION RATES – PERPETUAL INCOMES
Rent review period 28 years

Redem. yield %	\multicolumn{10}{c}{Annual effective growth rate per cent}	Redem. yield %
	1	2	3	4	5	6	7	8	9	10	
3	2.22	1.27	0.03	.	.	.	.	.	.	.	3
3.25	2.49	1.58	0.39	.	.	.	.	.	.	.	3.25
3.5	2.76	1.89	0.74	.	.	.	.	.	.	.	3.5
3.75	3.03	2.19	1.09	.	.	.	.	.	.	.	3.75
4	3.29	2.49	1.44	0.06	.	.	.	.	.	.	4
4.25	3.55	2.78	1.78	0.46	.	.	.	.	.	.	4.25
4.5	3.81	3.08	2.11	0.85	.	.	.	.	.	.	4.5
4.75	4.07	3.37	2.44	1.24	.	.	.	.	.	.	4.75
5	4.33	3.66	2.77	1.62	0.11	.	.	.	.	.	5
5.25	4.59	3.94	3.10	1.99	0.55	.	.	.	.	.	5.25
5.5	4.85	4.23	3.41	2.36	0.98	.	.	.	.	.	5.5
5.75	5.10	4.51	3.73	2.72	1.40	.	.	.	.	.	5.75
6	5.35	4.78	4.04	3.07	1.81	0.17	.	.	.	.	6
6.25	5.60	5.06	4.35	3.43	2.22	0.65	.	.	.	.	6.25
6.5	5.85	5.33	4.66	3.77	2.62	1.12	.	.	.	.	6.5
6.75	6.10	5.60	4.96	4.11	3.01	1.58	.	.	.	.	6.75
7	6.35	5.87	5.25	4.45	3.40	2.03	0.25	.	.	.	7
7.25	6.59	6.14	5.55	4.78	3.77	2.47	0.77	.	.	.	7.25
7.5	6.84	6.40	5.84	5.10	4.15	2.90	1.28	.	.	.	7.5
7.75	7.08	6.67	6.13	5.43	4.51	3.32	1.78	.	.	.	7.75
8	7.32	6.93	6.41	5.74	4.87	3.74	2.26	0.35	.	.	8
8.25	7.56	7.19	6.70	6.06	5.22	4.14	2.74	0.92	.	.	8.25
8.5	7.80	7.44	6.97	6.36	5.57	4.54	3.20	1.47	.	.	8.5
8.75	8.04	7.70	7.25	6.67	5.91	4.93	3.65	2.00	.	.	8.75
9	8.28	7.95	7.52	6.97	6.25	5.31	4.10	2.52	0.48	.	9
9.25	8.51	8.20	7.79	7.27	6.58	5.68	4.53	3.03	1.09	.	9.25
9.5	8.75	9.45	8.06	7.56	6.90	6.05	4.95	3.52	1.67	.	9.5
9.75	8.98	8.70	8.33	7.85	7.22	6.41	5.36	4.00	2.24	.	9.75
10	9.21	8.94	8.59	8.13	7.54	6.77	5.77	4.47	2.80	0.63	10
10.25	9.44	9.19	8.85	8.42	7.85	7.11	6.16	4.93	3.34	1.28	10.25
10.5	9.67	9.43	9.11	8.70	8.16	7.46	6.55	5.38	3.86	1.90	10.5
10.75	9.90	9.67	9.37	8.97	8.46	7.79	6.93	5.81	4.37	2.51	10.75
11	10.13	9.91	9.62	9.24	8.75	8.12	7.30	6.24	4.87	3.10	11
11.25	10.36	10.15	9.87	9.51	9.05	8.44	7.66	6.65	5.35	3.67	11.25
11.5	10.58	10.38	10.12	9.78	9.34	8.76	8.02	7.06	5.82	4.22	11.5
11.75	10.81	10.62	10.37	10.05	9.62	9.08	8.37	7.46	6.28	4.76	11.75
12	11.03	10.85	10.62	10.31	9.91	9.39	8.71	7.85	6.73	5.28	12
12.5	11.48	11.32	11.10	10.82	10.46	9.99	9.38	8.60	7.59	6.28	12.5
13	11.92	11.77	11.58	11.33	11.00	10.57	10.03	9.32	8.40	7.23	13
13.5	12.36	12.23	12.05	11.82	11.53	11.14	10.65	10.01	9.18	8.12	13.5
14	12.80	12.68	12.52	12.31	12.04	11.70	11.25	10.67	9.93	8.97	14
14.5	13.23	13.12	12.98	12.79	12.55	12.24	11.83	11.31	10.64	9.78	14.5
15	13.66	13.56	13.43	13.26	13.04	12.76	12.40	11.93	11.32	10.55	15
15.5	14.08	14.00	13.88	13.73	13.53	13.28	12.95	12.53	11.98	11.28	15.5
16	14.51	14.43	14.32	14.19	14.01	13.78	13.48	13.10	12.61	11.98	16
17	15.35	15.28	15.19	15.08	14.94	14.75	14.51	14.21	13.81	13.30	17
18	16.17	16.12	16.05	15.96	15.84	15.69	15.50	15.25	14.93	14.51	18
19	16.99	16.95	16.89	16.82	16.72	16.60	16.44	16.24	15.98	15.65	19
20	17.79	17.76	17.71	17.66	17.58	17.43	17.35	17.19	16.98	16.71	20
21	18.59	18.56	18.53	18.48	18.42	18.34	18.24	18.10	17.93	17.72	21
23	20.16	20.14	20.12	20.08	20.04	19.99	19.93	19.84	19.73	19.59	23
25	21.69	21.68	21.66	21.64	21.62	21.58	21.54	21.48	21.41	21.32	25

CAPITALISATION RATES – PERPETUAL INCOMES
Rent review period 35 years

Redem. yield %	\multicolumn{10}{c}{Annual effective growth rate per cent}	Redem. yield %
	1	2	3	4	5	6	7	8	9	10	
3	2.28	1.35	0.03	.	.	.	.	.	.	.	3
3.25	2.55	1.67	0.42	.	.	.	.	.	.	.	3.25
3.5	2.83	1.99	0.81	.	.	.	.	.	.	.	3.5
3.75	3.10	2.30	1.18	.	.	.	.	.	.	.	3.75
4	3.37	2.61	1.55	0.07	.	.	.	.	.	.	4
4.25	3.63	2.92	1.91	0.51	.	.	.	.	.	.	4.25
4.5	3.90	3.22	2.27	0.94	.	.	.	.	.	.	4.5
4.75	4.16	3.52	2.62	1.37	.	.	.	.	.	.	4.75
5	4.42	3.81	2.96	1.78	0.12	.	.	.	.	.	5
5.25	4.68	4.10	3.30	2.18	0.62	.	.	.	.	.	5.25
5.5	4.93	4.39	3.63	2.58	1.10	.	.	.	.	.	5.5
5.75	5.19	4.68	3.96	2.96	1.57	.	.	.	.	.	5.75
6	5.44	4.96	4.28	3.34	2.03	0.20	.	.	.	.	6
6.25	5.69	5.24	4.60	3.71	2.47	0.75	.	.	.	.	6.25
6.5	5.94	5.51	4.91	4.07	2.91	1.28	.	.	.	.	6.5
6.75	6.19	5.79	5.22	4.43	3.33	1.80	.	.	.	.	6.75
7	6.44	6.06	5.52	4.78	3.74	2.30	0.29	.	.	.	7
7.25	6.68	6.32	5.82	5.12	4.14	2.78	0.90	.	.	.	7.25
7.5	6.93	6.59	6.11	5.45	4.53	3.26	1.48	.	.	.	7.5
7.75	7.17	6.85	6.40	5.78	4.92	3.72	2.05	.	.	.	7.75
8	7.41	7.11	6.69	6.10	5.29	4.16	2.59	0.42	.	.	8
8.25	7.65	7.37	6.97	6.42	5.66	4.59	3.12	1.08	.	.	8.25
8.5	7.89	7.62	7.25	6.73	6.01	5.01	3.63	1.71	.	.	8.5
8.75	8.12	7.87	7.52	7.04	6.36	5.42	4.12	2.32	.	.	8.75
9	8.36	8.12	7.80	7.34	6.70	5.82	4.60	2.91	0.57	.	9
9.25	8.59	8.37	8.06	7.63	7.04	6.21	5.06	3.48	1.29	.	9.25
9.5	8.83	8.62	8.33	7.93	7.36	6.59	5.51	4.02	1.97	.	9.5
9.75	9.06	8.86	8.59	8.21	7.69	6.96	5.95	4.55	2.62	.	9.75
10	9.29	9.11	8.85	8.49	8.00	7.32	6.37	5.06	3.25	0.76	10
10.25	9.52	9.35	9.11	8.77	8.31	7.67	6.78	5.55	3.86	1.52	10.25
10.5	9.75	9.59	9.36	9.05	8.61	8.01	7.18	6.03	4.44	2.25	10.5
10.75	9.97	9.82	9.61	9.32	8.91	8.35	7.56	6.49	5.00	2.95	10.75
11	10.20	10.06	9.86	9.59	9.20	8.67	7.94	6.93	5.54	3.62	11
11.25	10.43	10.29	10.11	9.85	9.49	8.99	8.31	7.36	6.06	4.26	11.25
11.5	10.65	10.53	10.35	10.11	9.77	9.31	8.66	7.78	6.56	4.88	11.5
11.75	10.87	10.76	10.59	10.37	10.05	9.62	9.01	8.18	7.04	5.47	11.75
12	11.10	10.99	10.83	10.62	10.33	9.92	9.35	8.58	7.51	6.03	12
12.5	11.54	11.44	11.31	11.12	10.86	10.50	10.01	9.33	8.39	7.10	12.5
13	11.98	11.89	11.77	11.61	11.38	11.07	10.64	10.04	9.22	8.09	13
13.5	12.41	12.34	12.24	12.09	11.89	11.62	11.24	10.72	10.00	9.01	13.5
14	12.84	12.78	12.69	12.56	12.39	12.15	11.82	11.36	10.73	9.87	14
14.5	13.27	13.22	13.14	13.03	12.88	12.66	12.37	11.97	11.43	10.67	14.5
15	13.70	13.65	13.58	13.48	13.35	13.17	12.91	12.56	12.08	11.43	15
15.5	14.12	14.08	14.02	13.93	13.82	13.66	13.44	13.13	12.71	12.14	15.5
16	14.54	14.50	14.45	14.38	14.28	14.14	13.94	13.68	13.31	12.81	16
17	15.37	15.35	15.31	15.25	15.17	15.07	14.92	14.71	14.44	14.05	17
18	16.20	16.17	16.14	16.10	16.04	15.96	15.85	15.69	15.48	15.19	18
19	17.01	16.99	16.97	16.94	16.89	16.83	16.74	16.63	16.47	16.25	19
20	17.81	17.80	17.78	17.76	17.72	17.68	17.61	17.52	17.40	17.23	20
21	18.61	18.60	18.58	18.56	18.54	18.50	18.45	18.39	18.29	18.17	21
23	20.17	20.16	20.15	20.14	20.13	20.11	20.08	20.04	19.99	19.92	23
25	21.70	21.69	21.69	21.68	21.67	21.66	21.65	21.62	21.59	21.55	25

CAPITALISATION RATES – PERPETUAL INCOMES
Rent review period 42 years

Redem. yield %	Annual effective growth rate per cent										Redem. yield %
	1	2	3	4	5	6	7	8	9	10	
3	2.34	1.42	0.04	•	•	•	•	•	•	•	3
3.25	2.61	1.75	0.46	•	•	•	•	•	•	•	3.25
3.5	2.89	2.08	0.87	•	•	•	•	•	•	•	3.5
3.75	3.16	2.41	1.27	•	•	•	•	•	•	•	3.75
4	3.43	2.73	1.67	0.08	•	•	•	•	•	•	4
4.25	3.70	3.04	2.05	0.57	•	•	•	•	•	•	4.25
4.5	3.97	3.35	2.42	1.04	•	•	•	•	•	•	4.5
4.75	4.23	3.65	2.79	1.50	•	•	•	•	•	•	4.75
5	4.49	3.95	3.15	1.94	0.14	•	•	•	•	•	5
5.25	4.75	4.25	3.50	2.37	0.69	•	•	•	•	•	5.25
5.5	5.01	4.54	3.84	2.79	1.23	•	•	•	•	•	5.5
5.75	5.26	4.83	4.17	3.20	1.74	•	•	•	•	•	5.75
6	5.51	5.11	4.50	3.59	2.24	0.22	•	•	•	•	6
6.25	5.77	5.39	4.82	3.98	2.72	0.85	•	•	•	•	6.25
6.5	6.01	5.66	5.14	4.35	3.18	1.44	•	•	•	•	6.5
6.75	6.26	5.94	5.45	4.72	3.63	2.02	•	•	•	•	6.75
7	6.51	6.20	5.75	5.07	4.07	2.57	0.34	•	•	•	7
7.25	6.75	6.47	6.05	5.42	4.48	3.09	1.03	•	•	•	7.25
7.5	6.99	6.73	6.34	5.76	4.89	3.60	1.69	•	•	•	7.5
7.75	7.23	6.99	6.63	6.09	5.28	4.09	2.32	•	•	•	7.75
8	7.47	7.25	6.91	6.41	5.66	4.56	2.92	0.49	•	•	8
8.25	7.71	7.50	7.19	6.73	6.04	5.01	3.49	1.24	•	•	8.25
8.5	7.95	7.75	7.47	7.03	6.39	5.45	4.04	1.96	•	•	8.5
8.75	8.18	8.00	7.74	7.34	6.74	5.87	4.57	2.64	•	•	8.75
9	8.42	8.25	8.00	7.63	7.09	6.27	5.07	3.29	0.67	•	9
9.25	8.65	8.49	8.27	7.92	7.42	6.67	5.55	3.91	1.49	•	9.25
9.5	8.88	8.74	8.53	8.21	7.74	7.05	6.02	4.50	2.26	•	9.5
9.75	9.11	8.98	8.78	8.49	8.06	7.41	6.46	5.06	3.00	•	9.75
10	9.34	9.22	9.04	8.77	8.36	7.77	6.89	5.60	3.70	0.89	10
10.25	9.57	9.45	9.29	9.04	8.67	8.12	7.31	6.11	4.36	1.77	10.25
10.5	9.79	9.69	9.53	9.30	8.96	8.46	7.71	6.61	4.98	2.60	10.5
10.75	10.02	9.92	9.78	9.57	9.25	8.78	8.09	7.08	5.58	3.38	10.75
11	10.24	10.15	10.02	9.83	9.53	9.10	8.47	7.53	6.15	4.13	11
11.25	10.47	10.38	10.26	10.08	9.81	9.41	8.83	7.96	6.69	4.83	11.25
11.5	10.69	10.61	10.50	10.33	10.09	9.72	9.18	8.38	7.21	5.49	11.5
11.75	10.91	10.84	10.74	10.58	10.35	10.02	9.52	8.78	7.70	6.12	11.75
12	11.13	11.07	10.97	10.83	10.62	10.31	9.84	9.17	8.17	6.71	12
12.5	11.57	11.52	11.43	11.31	11.13	10.87	10.48	9.90	9.06	7.82	12.5
13	12.01	11.96	11.89	11.79	11.64	11.41	11.08	10.59	9.87	8.83	13
13.5	12.44	12.40	12.34	12.25	12.12	11.93	11.65	11.24	10.63	9.74	13.5
14	12.87	12.83	12.78	12.71	12.60	12.44	12.20	11.85	11.33	10.58	14
14.5	13.29	13.27	13.22	13.16	13.07	12.93	12.73	12.43	12.00	11.36	14.5
15	13.72	13.69	13.66	13.61	13.53	13.41	13.24	12.99	12.62	12.08	15
15.5	14.14	14.12	14.09	14.04	13.98	13.88	13.73	13.52	13.21	12.75	15.5
16	14.56	14.54	14.52	14.48	14.42	14.34	14.21	14.03	13.77	13.39	16
17	15.39	15.37	15.36	15.33	15.29	15.23	15.14	15.01	14.82	14.55	17
18	16.21	16.20	16.18	16.17	16.14	16.09	16.03	15.94	15.80	15.61	18
19	17.02	17.01	17.00	16.99	16.97	16.94	16.89	16.83	16.73	16.59	19
20	17.82	17.81	17.81	17.80	17.78	17.76	17.73	17.68	17.61	17.51	20
21	18.61	18.61	18.60	18.60	18.59	18.57	18.55	18.51	18.47	18.39	21
23	20.17	20.17	20.17	20.16	20.16	20.15	20.14	20.12	20.10	20.06	23
25	21.70	21.70	21.70	21.69	21.69	21.69	21.68	21.67	21.66	21.64	25

CAPITALISATION RATES — PERPETUAL INCOMES
Rent review period 50 years

Redem. yield %	\multicolumn{10}{c}{Annual effective growth rate per cent}	Redem. yield %
	1	2	3	4	5	6	7	8	9	10	
3	2.40	1.50	0.04	.	.	.	.	.	.	.	3
3.25	2.68	1.85	0.50	.	.	.	.	.	.	.	3.25
3.5	2.96	2.19	0.95	.	.	.	.	.	.	.	3.5
3.75	3.23	2.53	1.38	.	.	.	.	.	.	.	3.75
4	3.50	2.85	1.80	0.09	.	.	.	.	.	.	4
4.25	3.77	3.17	2.20	0.63	.	.	.	.	.	.	4.25
4.5	4.04	3.49	2.59	1.15	.	.	.	.	.	.	4.5
4.75	4.30	3.80	2.97	1.65	.	.	.	.	.	.	4.75
5	4.56	4.10	3.34	2.13	0.16	.	.	.	.	.	5
5.25	4.82	4.40	3.70	2.59	0.78	.	.	.	.	.	5.25
5.5	5.08	4.69	4.05	3.03	1.38	.	.	.	.	.	5.5
5.75	5.33	4.97	4.39	3.45	1.94	.	.	.	.	.	5.75
6	5.58	5.25	4.72	3.86	2.48	0.26	.	.	.	.	6
6.25	5.83	5.53	5.05	4.26	3.00	0.96	.	.	.	.	6.25
6.5	6.08	5.80	5.36	4.64	3.49	1.63	.	.	.	.	6.5
6.75	6.32	6.07	5.67	5.01	3.96	2.27	.	.	.	.	6.75
7	6.57	6.34	5.97	5.37	4.41	2.87	0.39	.	.	.	7
7.25	6.81	6.60	6.26	5.72	4.84	3.43	1.18	.	.	.	7.25
7.5	7.05	6.86	6.55	6.05	5.25	3.97	1.92	.	.	.	7.5
7.75	7.29	7.11	6.83	6.38	5.65	4.48	2.62	.	.	.	7.75
8	7.53	7.37	7.11	6.70	6.03	4.97	3.28	0.56	.	.	8
8.25	7.76	7.62	7.38	7.01	6.40	5.44	3.89	1.43	.	.	8.25
8.5	7.99	7.86	7.65	7.31	6.76	5.88	4.48	2.24	.	.	8.5
8.75	8.23	8.11	7.91	7.60	7.10	6.31	5.03	3.00	.	.	8.75
9	8.46	8.35	8.17	7.89	7.44	6.71	5.56	3.71	0.78	.	9
9.25	8.69	8.59	8.43	8.17	7.76	7.10	6.05	4.38	1.72	.	9.25
9.5	8.92	8.83	8.68	8.45	8.08	7.48	6.52	5.01	2.60	.	9.5
9.75	9.15	9.06	8.93	8.72	8.38	7.84	6.97	5.60	3.42	.	9.75
10	9.37	9.30	9.18	8.99	8.68	8.19	7.40	6.15	4.18	1.04	10
10.25	9.60	9.53	9.42	9.25	8.97	8.52	7.81	6.68	4.89	2.05	10.25
10.5	9.82	9.76	9.66	9.51	9.25	8.85	8.20	7.18	5.56	2.99	10.5
10.75	10.05	9.99	9.90	9.76	9.53	9.16	8.58	7.65	6.18	3.86	10.75
11	10.27	10.22	10.14	10.01	9.80	9.47	8.94	8.10	6.77	4.67	11
11.25	10.49	10.45	10.37	10.26	10.07	9.76	9.28	8.52	7.32	5.42	11.25
11.5	10.71	10.67	10.61	10.50	10.33	10.05	9.62	8.93	7.84	6.13	11.5
11.75	10.93	10.90	10.84	10.74	10.58	10.34	9.94	9.32	8.34	6.78	11.75
12	11.15	11.12	11.06	10.98	10.84	10.61	10.26	9.69	8.80	7.40	12
12.5	11.59	11.56	11.52	11.45	11.33	11.15	10.86	10.39	9.66	8.52	12.5
13	12.02	12.00	11.96	11.90	11.81	11.66	11.42	11.04	10.45	9.51	13
13.5	12.45	12.43	12.40	12.36	12.28	12.16	11.96	11.65	11.17	10.40	13.5
14	12.88	12.87	12.84	12.80	12.74	12.64	12.48	12.23	11.83	11.20	14
14.5	13.31	13.29	13.27	13.24	13.19	13.11	12.98	12.77	12.45	11.94	14.5
15	13.73	13.72	13.70	13.68	13.63	13.57	13.46	13.29	13.03	12.61	15
15.5	14.15	14.14	14.13	14.10	14.07	14.02	13.93	13.79	13.58	13.24	15.5
16	14.57	14.56	14.55	14.53	14.50	14.46	14.39	14.28	14.10	13.82	16
17	15.39	15.39	15.38	15.37	15.35	15.32	15.27	15.20	15.08	14.90	17
18	16.21	16.21	16.20	16.20	16.18	16.16	16.13	16.08	16.01	15.88	18
19	17.02	17.02	17.01	17.01	17.00	16.99	16.97	16.94	16.88	16.80	19
20	17.82	17.82	17.82	17.81	17.81	17.80	17.79	17.76	17.73	17.68	20
21	18.61	18.61	18.61	18.61	18.60	18.60	18.59	18.58	18.55	18.52	21
23	20.17	20.17	20.17	20.17	20.17	20.17	20.16	20.16	20.15	20.13	23
25	21.70	21.70	21.70	21.70	21.70	21.70	21.69	21.69	21.69	21.68	25

TABLE 17

YEARS' PURCHASE FOR PERPETUAL INCOMES INFLATION RISK-FREE YIELDS (STATIC REAL VALUE)

$$\frac{1 - [(1+r)(1+f)]^{-p}}{4[1 - \{(1+r)(1+f)\}^{-¼}]} \times \frac{1}{1 - (1+r)^{-p}}$$

Inflation risk-free yields	3 – 12% @ 0.25%
	12 – 16% @ 0.5%
	16 – 20% @ 1%
	21%, 23%, 25%
Inflation risk rates	1 – 6% @ 1%
	8%, 10%
Lease periods (years)	3, 5, 7, 10, 14, 21,
	25, 28, 35, 42, 50

YEARS' PURCHASE FOR PERPETUAL INCOMES:
INFLATION RISK-FREE YIELDS (STATIC REAL VALUE)
Rent review period 3 years
Inflation risk rate per cent

IRFY	1	2	3	4	5	6	8	10	IRFY
3	33.2584	32.8216	32.3971	31.9843	31.5828	31.1922	30.4419	29.7304	3
3.25	30.7290	30.3260	29.9343	29.5534	29.1829	28.8225	28.1301	27.4736	3.25
3.5	28.5609	28.1869	27.8233	27.4697	27.1259	26.7913	26.1486	25.5392	3.5
3.75	26.6820	26.3330	25.9938	25.6639	25.3431	25.0309	24.4313	23.8627	3.75
4	25.0378	24.7108	24.3929	24.0838	23.7832	23.4906	22.9287	22.3958	4
4.25	23.5872	23.2795	22.9804	22.6896	22.4067	22.1315	21.6028	21.1015	4.25
4.5	22.2976	22.0072	21.7249	21.4503	21.1833	20.9234	20.4243	19.9509	4.5
4.75	21.1439	20.8688	20.6015	20.3415	20.0886	19.8425	19.3698	18.9215	4.75
5	20.1055	19.8443	19.5904	19.3435	19.1033	18.8697	18.4208	17.9950	5
5.25	19.1660	18.9173	18.6756	18.4406	18.2119	17.9895	17.5621	17.1568	5.25
5.5	18.3119	18.0746	17.8440	17.6197	17.4016	17.1893	16.7815	16.3947	5.5
5.75	17.5320	17.3052	17.0847	16.8703	16.6617	16.4587	16.0688	15.6990	5.75
6	16.8172	16.5999	16.3887	16.1832	15.9834	15.7890	15.4155	15.0612	6
6.25	16.1595	15.9510	15.7483	15.5512	15.3594	15.1728	14.8144	14.4744	6.25
6.5	15.5524	15.3520	15.1572	14.9677	14.7834	14.6041	14.2596	13.9327	6.5
6.75	14.9903	14.7974	14.6099	14.4275	14.2501	14.0775	13.7458	13.4312	6.75
7	14.4683	14.2824	14.1017	13.9259	13.7549	13.5885	13.2688	12.9655	7
7.25	13.9824	13.8029	13.6285	13.4588	13.2938	13.1332	12.8246	12.5319	7.25
7.5	13.5288	13.3554	13.1869	13.0229	12.8635	12.7083	12.4101	12.1273	7.5
7.75	13.1045	12.9368	12.7737	12.6151	12.4609	12.3107	12.0223	11.7487	7.75
8	12.7067	12.5443	12.3864	12.2328	12.0834	11.9381	11.6588	11.3938	8
8.25	12.3330	12.1756	12.0225	11.8737	11.7289	11.5880	11.3172	11.0604	8.25
8.5	11.9813	11.8286	11.6801	11.5357	11.3952	11.2585	10.9958	10.7466	8.5
8.75	11.6497	11.5014	11.3572	11.2170	11.0806	10.9478	10.6927	10.4507	8.75
9	11.3365	11.1924	11.0523	10.9160	10.7834	10.6544	10.4065	10.1713	9
9.25	11.0402	10.9001	10.7638	10.6313	10.5023	10.3768	10.1357	9.9070	9.25
9.5	10.7595	10.6231	10.4905	10.3615	10.2360	10.1139	9.8792	9.6566	9.5
9.75	10.4933	10.3604	10.2312	10.1056	9.9834	9.8644	9.6359	9.4190	9.75
10	10.2403	10.1108	9.9849	9.8625	9.7434	9.6274	9.4047	9.1933	10
10.25	9.9997	9.8734	9.7506	9.6312	9.5151	9.4020	9.1848	8.9786	10.25
10.5	9.7705	9.6473	9.5275	9.4110	9.2976	9.1873	8.9753	8.7741	10.5
10.75	9.5520	9.4317	9.3147	9.2010	9.0903	8.9826	8.7756	8.5792	10.75
11	9.3434	9.2259	9.1116	9.0005	8.8924	8.7872	8.5850	8.3931	11
11.25	9.1441	9.0292	8.9176	8.8090	8.7033	8.6005	8.4028	8.2153	11.25
11.5	8.9534	8.8411	8.7319	8.6258	8.5224	8.4219	8.2286	8.0452	11.5
11.75	8.7709	8.6610	8.5542	8.4503	8.3492	8.2508	8.0618	7.8823	11.75
12	8.5959	8.4884	8.3839	8.2822	8.1833	8.0870	7.9019	7.7263	12
12.5	8.2670	8.1639	8.0637	7.9661	7.8712	7.7788	7.6013	7.4328	12.5
13	7.9634	7.8644	7.7681	7.6744	7.5832	7.4944	7.3239	7.1620	13
13.5	7.6823	7.5870	7.4944	7.4042	7.3165	7.2311	7.0670	6.9112	13.5
14	7.4213	7.3295	7.2402	7.1533	7.0688	6.9866	6.8284	6.6783	14
14.5	7.1783	7.0897	7.0036	6.9198	6.8382	6.7589	6.6063	6.4615	14.5
15	6.9514	6.8659	6.7827	6.7018	6.6230	6.5464	6.3990	6.2591	15
15.5	6.7392	6.6565	6.5761	6.4978	6.4217	6.3476	6.2051	6.0698	15.5
16	6.5403	6.4602	6.3824	6.3067	6.2329	6.1612	6.0233	5.8923	16
17	6.1775	6.1023	6.0291	5.9580	5.8887	5.8213	5.6917	5.5687	17
18	5.8550	5.7841	5.7151	5.6481	5.5828	5.5192	5.3970	5.2810	18
19	5.5664	5.4994	5.4342	5.3707	5.3090	5.2489	5.1333	5.0236	19
20	5.3067	5.2431	5.1813	5.1211	5.0626	5.0056	4.8960	4.7919	20
21	5.0717	5.0113	4.9525	4.8953	4.8396	4.7854	4.6812	4.5822	21
23	4.6629	4.6080	4.5545	4.5025	4.4519	4.4025	4.3077	4.2176	23
25	4.3195	4.2692	4.2202	4.1725	4.1261	4.0809	3.9939	3.9113	25

YEARS' PURCHASE FOR PERPETUAL INCOMES:
INFLATION RISK-FREE YIELDS (STATIC REAL VALUE)
Rent review period 5 years
Inflation risk rate per cent

IRFY	1	2	3	4	5	6	8	10	IRFY
3	32.9443	32.2118	31.5087	30.8335	30.1848	29.5612	28.3843	27.2936	3
3.25	30.4398	29.7644	29.1162	28.4937	27.8956	27.3206	26.2354	25.2296	3.25
3.5	28.2930	27.6667	27.0656	26.4882	25.9334	25.4001	24.3935	23.4605	3.5
3.75	26.4325	25.8487	25.2883	24.7501	24.2329	23.7356	22.7971	21.9272	3.75
4	24.8046	24.2579	23.7332	23.2292	22.7449	22.2793	21.4003	20.5856	4
4.25	23.3682	22.8543	22.3610	21.8872	21.4319	20.9942	20.1679	19.4018	4.25
4.5	22.0914	21.6066	21.1413	20.6944	20.2649	19.8519	19.0723	18.3496	4.5
4.75	20.9489	20.4903	20.0500	19.6271	19.2207	18.8299	18.0921	17.4081	4.75
5	19.9207	19.4856	19.0678	18.6665	18.2809	17.9101	17.2099	16.5608	5
5.25	18.9905	18.5766	18.1792	17.7975	17.4306	17.0778	16.4118	15.7941	5.25
5.5	18.1448	17.7502	17.3713	17.0074	16.6576	16.3213	15.6862	15.0972	5.5
5.75	17.3726	16.9957	16.6337	16.2860	15.9518	15.6305	15.0237	14.4609	5.75
6	16.6648	16.3040	15.9576	15.6248	15.3049	14.9972	14.4163	13.8776	6
6.25	16.0136	15.6677	15.3355	15.0164	14.7097	14.4147	13.8576	13.3409	6.25
6.5	15.4125	15.0803	14.7613	14.4548	14.1602	13.8769	13.3419	12.8456	6.5
6.75	14.8559	14.5364	14.2296	13.9349	13.6515	13.3790	12.8643	12.3869	6.75
7	14.3391	14.0314	13.7359	13.4520	13.1791	12.9167	12.4209	11.9610	7
7.25	13.8579	13.5612	13.2763	13.0025	12.7393	12.4862	12.0081	11.5645	7.25
7.5	13.4088	13.1223	12.8473	12.5829	12.3288	12.0844	11.6227	11.1944	7.5
7.75	12.9886	12.7118	12.4459	12.1904	11.9448	11.7086	11.2623	10.8482	7.75
8	12.5948	12.3269	12.0697	11.8225	11.5848	11.3562	10.9243	10.5236	8
8.25	12.2247	11.9653	11.7162	11.4768	11.2466	11.0252	10.6069	10.2187	8.25
8.5	11.8765	11.6251	11.3835	11.1515	10.9283	10.7136	10.3081	9.9317	8.5
8.75	11.5481	11.3042	11.0699	10.8447	10.6282	10.4199	10.0264	9.6611	8.75
9	11.2380	11.0012	10.7737	10.5550	10.3447	10.1425	9.7603	9.4056	9
9.25	10.9447	10.7145	10.4934	10.2809	10.0766	9.8801	9.5086	9.1639	9.25
9.5	10.6668	10.4430	10.2280	10.0213	9.8226	9.6314	9.2702	8.9348	9.5
9.75	10.4031	10.1853	9.9761	9.7750	9.5816	9.3956	9.0440	8.7176	9.75
10	10.1526	9.9406	9.7368	9.5410	9.3527	9.1715	8.8291	8.5112	10
10.25	9.9144	9.7077	9.5092	9.3184	9.1349	8.9583	8.6247	8.3148	10.25
10.5	9.6874	9.4860	9.2925	9.1064	8.9275	8.7553	8.4300	8.1279	10.5
10.75	9.4711	9.2746	9.0858	8.9043	8.7298	8.5618	8.2443	7.9496	10.75
11	9.2645	9.0728	8.8885	8.7114	8.5410	8.3770	8.0672	7.7794	11
11.25	9.0672	8.8799	8.7000	8.5270	8.3606	8.2005	7.8978	7.6168	11.25
11.5	8.8784	8.6954	8.5196	8.3506	8.1881	8.0316	7.7359	7.4612	11.5
11.75	8.6976	8.5188	8.3470	8.1818	8.0229	7.8699	7.5808	7.3123	11.75
12	8.5244	8.3496	8.1815	8.0200	7.8645	7.7150	7.4322	7.1695	12
12.5	8.1988	8.0313	7.8704	7.7157	7.5669	7.4236	7.1528	6.9012	12.5
13	7.8982	7.7376	7.5833	7.4349	7.2921	7.1547	6.8949	6.6535	13
13.5	7.6198	7.4656	7.3174	7.1749	7.0377	6.9057	6.6561	6.4241	13.5
14	7.3614	7.2131	7.0705	6.9334	6.8015	6.6745	6.4344	6.2112	14
14.5	7.1207	6.9779	6.8406	6.7086	6.5815	6.4592	6.2279	6.0129	14.5
15	6.8961	6.7584	6.6261	6.4988	6.3763	6.2583	6.0352	5.8278	15
15.5	6.6860	6.5531	6.4253	6.3025	6.1842	6.0703	5.8549	5.6547	15.5
16	6.4890	6.3606	6.2372	6.1184	6.0041	5.8941	5.6859	5.4923	16
17	6.1298	6.0096	5.8940	5.7828	5.6758	5.5727	5.3777	5.1963	17
18	5.8104	5.6975	5.5889	5.4845	5.3839	5.2871	5.1037	4.9332	18
19	5.5247	5.4183	5.3160	5.2175	5.1227	5.0314	4.8586	4.6977	19
20	5.2675	5.1670	5.0703	4.9773	4.8877	4.8013	4.6379	4.4858	20
21	5.0348	4.9396	4.8480	4.7599	4.6750	4.5932	4.4382	4.2940	21
23	4.6300	4.5441	4.4614	4.3817	4.3050	4.2310	4.0909	3.9605	23
25	4.2900	4.2118	4.1365	4.0640	3.9941	3.9268	3.7991	3.6802	25

YEARS' PURCHASE FOR PERPETUAL INCOMES:
INFLATION RISK-FREE YIELDS (STATIC REAL VALUE)
Rent review period 7 years
Inflation risk rate per cent

IRFY	1	2	3	4	5	6	8	10	IRFY
3	32.6406	31.6297	30.6714	29.7623	28.8992	28.0790	26.5573	25.1776	3
3.25	30.1607	29.2295	28.3466	27.5091	26.7138	25.9581	24.5558	23.2843	3.25
3.5	28.0350	27.1721	26.3540	25.5777	24.8406	24.1402	22.8403	21.6614	3.5
3.75	26.1927	25.3890	24.6270	23.9039	23.2172	22.5646	21.3535	20.2549	3.75
4	24.5808	23.8288	23.1158	22.4392	21.7967	21.1861	20.0525	19.0243	4
4.25	23.1584	22.4522	21.7825	21.1469	20.5433	19.9696	18.9046	17.9384	4.25
4.5	21.8941	21.2285	20.5973	19.9982	19.4292	18.8884	17.8843	16.9732	4.5
4.75	20.7629	20.1336	19.5368	18.9704	18.4324	17.9210	16.9713	16.1096	4.75
5	19.7448	19.1482	18.5824	18.0454	17.5352	17.0503	16.1497	15.3323	5
5.25	18.8236	18.2567	17.7189	17.2085	16.7235	16.2625	15.4063	14.6291	5.25
5.5	17.9862	17.4462	16.9339	16.4476	15.9856	15.5463	14.7305	13.9898	5.5
5.75	17.2216	16.7062	16.2172	15.7529	15.3118	14.8925	14.1134	13.4061	5.75
6	16.5207	16.0278	15.5601	15.1161	14.6942	14.2931	13.5478	12.8711	6
6.25	15.8759	15.4037	14.9557	14.5303	14.1260	13.7416	13.0274	12.3788	6.25
6.5	15.2807	14.8276	14.3977	13.9895	13.6015	13.2326	12.5471	11.9244	6.5
6.75	14.7296	14.2942	13.8811	13.4887	13.1159	12.7613	12.1023	11.5037	6.75
7	14.2178	13.7989	13.4013	13.0238	12.6649	12.3236	11.6893	11.1130	7
7.25	13.7413	13.3377	12.9547	12.5909	12.2451	11.9161	11.3048	10.7493	7.25
7.5	13.2966	12.9073	12.5378	12.1868	11.8532	11.5358	10.9459	10.4098	7.5
7.75	12.8806	12.5046	12.1478	11.8088	11.4866	11.1800	10.6102	10.0922	7.75
8	12.4906	12.1272	11.7822	11.4545	11.1429	10.8465	10.2954	9.7945	8
8.25	12.1242	11.7725	11.4387	11.1216	10.8200	10.5332	9.9997	9.5148	8.25
8.5	11.7794	11.4388	11.1154	10.8083	10.5162	10.2383	9.7215	9.2516	8.5
8.75	11.4542	11.1241	10.8107	10.5128	10.2297	9.9602	9.4591	9.0034	8.75
9	11.1472	10.8269	10.5228	10.2338	9.9591	9.6976	9.2113	8.7690	9
9.25	10.8567	10.5457	10.2505	9.9699	9.7031	9.4492	8.9768	8.5472	9.25
9.5	10.5815	10.2794	9.9925	9.7199	9.4606	9.2138	8.7548	8.3372	9.5
9.75	10.3204	10.0267	9.7478	9.4827	9.2305	8.9906	8.5441	8.1379	9.75
10	10.0724	9.7866	9.5152	9.2573	9.0120	8.7784	8.3439	7.9485	10
10.25	9.8364	9.5583	9.2941	9.0429	8.8041	8.5767	8.1535	7.7684	10.25
10.5	9.6117	9.3408	9.0834	8.8388	8.6061	8.3845	7.9722	7.5969	10.5
10.75	9.3975	9.1334	8.8826	8.6441	8.4172	8.2013	7.7993	7.4333	10.75
11	9.1930	8.9355	8.6909	8.4583	8.2370	8.0263	7.6342	7.2772	11
11.25	8.9975	8.7463	8.5076	8.2807	8.0648	7.8592	7.4765	7.1280	11.25
11.5	8.8106	8.5654	8.3324	8.1109	7.9001	7.6993	7.3256	6.9853	11.5
11.75	8.6316	8.3922	8.1646	7.9482	7.7423	7.5463	7.1812	6.8487	11.75
12	8.4601	8.2261	8.0038	7.7924	7.5912	7.3996	7.0427	6.7177	12
12.5	8.1376	7.9140	7.7015	7.4994	7.3070	7.1238	6.7825	6.4715	12.5
13	7.8400	7.6259	7.4224	7.2289	7.0447	6.8692	6.5422	6.2443	13
13.5	7.5643	7.3591	7.1640	6.9784	6.8018	6.6334	6.3198	6.0338	13.5
14	7.3084	7.1114	6.9241	6.7459	6.5762	6.4145	6.1132	5.8384	14
14.5	7.0701	6.8807	6.7007	6.5293	6.3661	6.2106	5.9208	5.6564	14.5
15	6.8476	6.6654	6.4921	6.3272	6.1701	6.0204	5.7412	5.4866	15
15.5	6.6396	6.4640	6.2970	6.1381	5.9867	5.8424	5.5733	5.3277	15.5
16	6.4445	6.2752	6.1141	5.9608	5.8147	5.6755	5.4158	5.1787	16
17	6.0887	5.9308	5.7806	5.6375	5.5011	5.3711	5.1285	4.9070	17
18	5.7725	5.6247	5.4840	5.3500	5.2223	5.1005	4.8731	4.6654	18
19	5.4895	5.3507	5.2186	5.0928	4.9728	4.8583	4.6446	4.4492	19
20	5.2348	5.1042	4.9798	4.8612	4.7482	4.6403	4.4388	4.2545	20
21	5.0043	4.8810	4.7636	4.6517	4.5449	4.4430	4.2526	4.0783	21
23	4.6034	4.4929	4.3876	4.2872	4.1913	4.0997	3.9285	3.7717	23
25	4.2666	4.1668	4.0716	3.9808	3.8941	3.8112	3.6561	3.5139	25

YEARS' PURCHASE FOR PERPETUAL INCOMES:
INFLATION RISK-FREE YIELDS (STATIC REAL VALUE)
Rent review period 10 years
Inflation risk rate per cent

IRFY	1	2	3	4	5	6	8	10	IRFY
3	32.2042	30.8063	29.5050	28.2922	27.1605	26.1031	24.1880	22.5048	3
3.25	29.7605	28.4743	27.2769	26.1608	25.1191	24.1457	22.3824	20.8322	3.25
3.5	27.6659	26.4755	25.3671	24.3338	23.3693	22.4680	20.8347	19.3985	3.5
3.75	25.8505	24.7432	23.7120	22.7505	21.8529	21.0140	19.4935	18.1560	3.75
4	24.2621	23.2274	22.2637	21.3651	20.5260	19.7417	18.3198	17.0689	4
4.25	22.8605	21.8899	20.9858	20.1426	19.3552	18.6191	17.2843	16.1096	4.25
4.5	21.6147	20.7011	19.8499	19.0560	18.3145	17.6212	16.3638	15.2570	4.5
4.75	20.4999	19.6373	18.8336	18.0837	17.3833	16.7283	15.5402	14.4940	4.75
5	19.4967	18.6800	17.9189	17.2087	16.5453	15.9248	14.7990	13.8074	5
5.25	18.5890	17.8138	17.0913	16.4170	15.7870	15.1977	14.1284	13.1862	5.25
5.5	17.7638	17.0263	16.3389	15.6973	15.0977	14.5368	13.5187	12.6215	5.5
5.75	17.0104	16.3073	15.6519	15.0401	14.4683	13.9333	12.9620	12.1058	5.75
6	16.3197	15.6483	15.0222	14.4377	13.8914	13.3801	12.4518	11.6332	6
6.25	15.6843	15.0419	14.4429	13.8835	13.3606	12.8712	11.9823	11.1983	6.25
6.5	15.0978	14.4822	13.9031	13.3719	12.8706	12.4014	11.5489	10.7969	6.5
6.75	14.5547	13.9639	13.4129	12.8982	12.4169	11.9663	11.1477	10.4252	6.75
7	14.0504	13.4827	12.9531	12.4583	11.9956	11.5624	10.7751	10.0801	7
7.25	13.5808	13.0346	12.5249	12.0488	11.6034	11.1863	10.4282	9.7587	7.25
7.5	13.1426	12.6164	12.1253	11.6665	11.2373	10.8353	10.1044	9.4588	7.5
7.75	12.7326	12.2252	11.7515	11.3089	10.8948	10.5069	9.8014	9.1782	7.75
8	12.3483	11.8584	11.4011	10.9737	10.5737	10.1990	9.5174	8.9152	8
8.25	11.9872	11.5138	11.0718	10.6587	10.2720	9.9097	9.2507	8.6680	8.25
8.5	11.6474	11.1895	10.7620	10.3623	9.9881	9.6375	8.9995	8.4354	8.5
8.75	11.3270	10.8837	10.4698	10.0828	9.7204	9.3808	8.7628	8.2161	8.75
9	11.0244	10.5949	10.1939	9.8188	9.4676	9.1384	8.5391	8.0090	9
9.25	10.7381	10.3218	9.9328	9.5690	9.2284	8.9090	8.3276	7.8130	9.25
9.5	10.4669	10.0629	9.6855	9.3325	9.0018	8.6918	8.1272	7.6274	9.5
9.75	10.2096	9.8174	9.4509	9.1080	8.7868	8.4856	7.9370	7.4512	9.75
10	9.9652	9.5841	9.2280	8.8947	8.5825	8.2897	7.7563	7.2839	10
10.25	9.7327	9.3622	9.0159	8.6919	8.3882	8.1034	7.5845	7.1247	10.25
10.5	9.5112	9.1508	8.8140	8.4986	8.2032	7.9260	7.4208	6.9731	10.5
10.75	9.3001	8.9493	8.6214	8.3144	8.0267	7.7568	7.2647	6.8285	10.75
11	9.0985	8.7569	8.4376	8.1385	7.8583	7.5952	7.1157	6.6904	11
11.25	8.9059	8.5731	8.2619	7.9705	7.6973	7.4409	6.9733	6.5585	11.25
11.5	8.7216	8.3973	8.0938	7.8097	7.5433	7.2932	6.8370	6.4323	11.5
11.75	8.5452	8.2289	7.9329	7.6558	7.3958	7.1518	6.7066	6.3115	11.75
12	8.3762	8.0675	7.7787	7.5082	7.2545	7.0163	6.5816	6.1957	12
12.5	8.0583	7.7642	7.4888	7.2308	6.9888	6.7615	6.3465	5.9779	12.5
13	7.7649	7.4841	7.2212	6.9747	6.7435	6.5262	6.1294	5.7769	13
13.5	7.4933	7.2247	6.9733	6.7376	6.5163	6.3083	5.9284	5.5906	13.5
14	7.2410	6.9839	6.7431	6.5173	6.3053	6.1060	5.7417	5.4176	14
14.5	7.0060	6.7596	6.5288	6.3122	6.1088	5.9175	5.5678	5.2565	14.5
15	6.7868	6.5503	6.3287	6.1207	5.9253	5.7416	5.4054	5.1061	15
15.5	6.5816	6.3544	6.1414	5.9415	5.7537	5.5769	5.2535	4.9653	15.5
16	6.3893	6.1708	5.9659	5.7735	5.5927	5.4225	5.1110	4.8332	16
17	6.0385	5.8358	5.6457	5.4670	5.2990	5.1408	4.8510	4.5923	17
18	5.7267	5.5380	5.3609	5.1945	5.0378	4.8902	4.6196	4.3778	18
19	5.4476	5.2714	5.1060	4.9504	4.8039	4.6658	4.4124	4.1857	19
20	5.1963	5.0314	4.8765	4.7306	4.5932	4.4637	4.2257	4.0126	20
21	4.9690	4.8142	4.6687	4.5316	4.4025	4.2806	4.0565	3.8557	21
23	4.5734	4.4362	4.3070	4.1852	4.0702	3.9617	3.7618	3.5823	23
25	4.2410	4.1183	4.0027	3.8936	3.7906	3.6931	3.5134	3.3517	25

YEARS' PURCHASE FOR PERPETUAL INCOMES:
INFLATION RISK-FREE YIELDS (STATIC REAL VALUE)
Rent review period 14 years
Inflation risk rate per cent

IRFY	1	2	3	4	5	6	8	10	IRFY
3	31.6566	29.7952	28.1027	26.5606	25.1527	23.8649	21.6009	19.6853	3
3.25	29.2600	27.5503	25.9952	24.5779	23.2836	22.0993	20.0165	18.2532	3.25
3.5	27.2058	25.6260	24.1887	22.8784	21.6814	20.5860	18.6585	17.0258	3.5
3.75	25.4255	23.9583	22.6231	21.4055	20.2929	19.2744	17.4815	15.9620	3.75
4	23.8677	22.4990	21.2531	20.1166	19.0779	18.1267	16.4517	15.0312	4
4.25	22.4932	21.2114	20.0443	18.9794	18.0058	17.1140	15.5430	14.2099	4.25
4.5	21.2714	20.0669	18.9698	17.9685	17.0529	16.2139	14.7352	13.4799	4.5
4.75	20.1781	19.0428	18.0084	17.0640	16.2002	15.4084	14.0125	12.8267	4.75
5	19.1942	18.1211	17.1431	16.2499	15.4327	14.6835	13.3620	12.2389	5
5.25	18.3040	17.2871	16.3601	15.5134	14.7384	14.0276	12.7735	11.7070	5.25
5.5	17.4947	16.5290	15.6483	14.8437	14.1071	13.4313	12.2384	11.2234	5.5
5.75	16.7557	15.8367	14.9984	14.2323	13.5306	12.8869	11.7499	10.7819	5.75
6	16.0784	15.2021	14.4026	13.6718	13.0022	12.3877	11.3020	10.3771	6
6.25	15.4551	14.6183	13.8545	13.1560	12.5160	11.9285	10.8899	10.0048	6.25
6.5	14.8799	14.0793	13.3485	12.6800	12.0672	11.5045	10.5095	9.6610	6.5
6.75	14.3472	13.5803	12.8799	12.2391	11.6516	11.1119	10.1572	9.3426	6.75
7	13.8525	13.1168	12.4448	11.8297	11.2657	10.7474	9.8301	9.0470	7
7.25	13.3920	12.6853	12.0397	11.4486	10.9063	10.4079	9.5255	8.7717	7.25
7.5	12.9621	12.2326	11.6615	11.0927	10.5708	10.0910	9.2411	8.5148	7.5
7.75	12.5600	11.9058	11.3077	10.7599	10.2570	9.7945	8.9751	8.2743	7.75
8	12.1829	11.5525	10.9760	10.4477	9.9627	9.5166	8.7256	8.0489	8
8.25	11.8288	11.2206	10.6644	10.1545	9.6863	9.2554	8.4913	7.8371	8.25
8.5	11.4954	10.9083	10.3710	9.8785	9.4260	9.0095	8.2706	7.6377	8.5
8.75	11.1811	10.6137	10.0944	9.6182	9.1806	8.7777	8.0626	7.4497	8.75
9	10.8842	10.3355	9.8332	9.3723	8.9488	8.5587	7.8660	7.2721	9
9.25	10.6033	10.0723	9.5860	9.1397	8.7294	8.3515	7.6800	7.1040	9.25
9.5	10.3372	9.8229	9.3519	8.9193	8.5216	8.1551	7.5038	6.9447	9.5
9.75	10.0848	9.5863	9.1296	8.7102	8.3244	7.9688	7.3366	6.7936	9.75
10	9.8450	9.3615	8.9184	8.5115	8.1370	7.7917	7.1777	6.6499	10
10.25	9.6168	9.1477	8.7176	8.3224	7.9587	7.6233	7.0265	6.5133	10.25
10.5	9.3995	8.9440	8.5262	8.1423	7.7889	7.4628	6.8824	6.3830	10.5
10.75	9.1923	8.7497	8.3438	7.9706	7.6269	7.3098	6.7450	6.2588	10.75
11	8.9945	8.5643	8.1696	7.8066	7.4722	7.1636	6.6138	6.1402	11
11.25	8.8054	8.3871	8.0031	7.6499	7.3244	7.0239	6.4884	6.0269	11.25
11.5	8.6246	8.2175	7.8438	7.4999	7.1830	6.8903	6.3684	5.9184	11.5
11.75	8.4515	8.0552	7.6913	7.3563	7.0475	6.7622	6.2534	5.8144	11.75
12	8.2855	7.8996	7.5451	7.2187	6.9177	6.6395	6.1432	5.7148	12
12.5	7.9735	7.6070	7.2701	6.9598	6.6734	6.4087	5.9358	5.5273	12.5
13	7.6855	7.3368	7.0162	6.7207	6.4478	6.1954	5.7443	5.3541	13
13.5	7.4187	7.0866	6.7810	6.4991	6.2388	5.9978	5.5667	5.1934	13.5
14	7.1710	6.8541	6.5624	6.2933	6.0445	5.8141	5.4016	5.0441	14
14.5	6.9402	6.6376	6.3589	6.1015	5.8635	5.6429	5.2478	4.9049	14.5
15	6.7249	6.4355	6.1687	5.9224	5.6944	5.4830	5.1040	4.7748	15
15.5	6.5233	6.2463	5.9908	5.7547	5.5360	5.3332	4.9693	4.6528	15.5
16	6.3343	6.0689	5.8239	5.5973	5.3875	5.1927	4.8428	4.5384	16
17	5.9896	5.7451	5.5192	5.3100	5.1161	4.9359	4.6117	4.3290	17
18	5.6830	5.4570	5.2479	5.0542	4.8743	4.7070	4.4056	4.1423	18
19	5.4085	5.1989	5.0049	4.8248	4.6575	4.5017	4.2206	3.9744	19
20	5.1613	4.9664	4.7858	4.6180	4.4619	4.3164	4.0534	3.8228	20
21	4.9376	4.7558	4.5872	4.4304	4.2844	4.1481	3.9016	3.6849	21
23	4.5480	4.3889	4.2409	4.1030	3.9744	3.8541	3.6358	3.4432	23
25	4.2203	4.0798	3.9489	3.8267	3.7124	3.6054	3.4105	3.2380	25

YEARS' PURCHASE FOR PERPETUAL INCOMES:
INFLATION RISK-FREE YIELDS (STATIC REAL VALUE)
Rent review period 21 years
Inflation risk rate per cent

IRFY	1	2	3	4	5	6	8	10	IRFY
3	30.7869	28.2418	26.0154	24.0603	22.3369	20.8120	18.2509	16.2029	3
3.25	28.4698	26.1385	24.0978	22.3046	20.7228	19.3223	16.9680	15.0830	3.25
3.5	26.4837	24.3356	22.4541	20.7996	19.3393	18.0455	15.8684	14.1230	3.5
3.75	24.7624	22.7730	21.0294	19.4952	18.1401	16.9388	14.9154	13.2911	3.75
4	23.2561	21.4056	19.7826	18.3537	17.0907	15.9703	14.0814	12.5632	4
4.25	21.9270	20.1990	18.6825	17.3463	16.1646	15.1156	13.3454	11.9208	4.25
4.5	20.7455	19.1264	17.7044	16.4508	15.3413	14.3558	12.6912	11.3498	4.5
4.75	19.6883	18.1665	16.8292	15.6494	14.6046	13.6759	12.1057	10.8389	4.75
5	18.7368	17.3026	16.0414	14.9280	13.9413	13.0638	11.5787	10.3789	5
5.25	17.8758	16.5208	15.3284	14.2751	13.3411	12.5098	11.1017	9.9627	5.25
5.5	17.0930	15.8100	14.6802	13.6815	12.7953	12.0061	10.6680	9.5842	5.5
5.75	16.3783	15.1608	14.0882	13.1393	12.2968	11.5460	10.2718	9.2385	5.75
6	15.7230	14.5657	13.5453	12.6422	11.8397	11.1241	9.9085	8.9215	6
6.25	15.1201	14.0181	13.0458	12.1846	11.4190	10.7358	9.5741	8.6297	6.25
6.5	14.5635	13.5125	12.5846	11.7622	11.0305	10.3772	9.2653	8.3603	6.5
6.75	14.0480	13.0442	12.1573	11.3708	10.6706	10.0450	8.9792	8.1107	6.75
7	13.5693	12.6093	11.7605	11.0073	10.3363	9.7363	8.7134	7.8787	7
7.25	13.1236	12.2042	11.3909	10.6686	10.0248	9.4488	8.4657	7.6626	7.25
7.5	12.7075	11.8261	11.0458	10.3524	9.7339	9.1803	8.2344	7.4607	7.5
7.75	12.3182	11.4722	10.7228	10.0565	9.4617	8.9289	8.0178	7.2717	7.75
8	11.9532	11.1404	10.4199	9.7788	9.2063	8.6930	7.8146	7.0944	8
8.25	11.6102	10.8285	10.1352	9.5179	8.9662	8.4713	7.6236	6.9276	8.25
8.5	11.2874	10.5350	9.8671	9.2721	8.7400	8.2624	7.4436	6.7705	8.5
8.75	10.9829	10.2580	9.6142	9.0403	8.5266	8.0653	7.2737	6.6222	8.75
9	10.6953	9.9964	9.3753	8.8211	8.3249	7.8790	7.1130	6.4820	9
9.25	10.4232	9.7488	9.1491	8.6137	8.1340	7.7026	6.9609	6.3492	9.25
9.5	10.1653	9.5141	8.9346	8.4170	7.9529	7.5353	6.8166	6.2232	9.5
9.75	9.9206	9.2914	8.7311	8.2303	7.7809	7.3764	6.6795	6.1034	9.75
10	9.6881	9.0797	8.5376	8.0527	7.6174	7.2252	6.5491	5.9895	10
10.25	9.4669	8.8783	8.3534	7.8837	7.4617	7.0813	6.4249	5.8810	10.25
10.5	9.2561	8.6863	8.1779	7.7225	7.3132	6.9440	6.3064	5.7775	10.5
10.75	9.0551	8.5032	8.0104	7.5687	7.1715	6.8130	6.1933	5.6786	10.75
11	8.8632	8.3283	7.8504	7.4218	7.0361	6.6878	6.0851	5.5840	11
11.25	8.6798	8.1611	7.6974	7.2813	6.9065	6.5679	5.9816	5.4935	11.25
11.5	8.5042	8.0010	7.5509	7.1467	6.7825	6.4531	5.8824	5.4067	11.5
11.75	8.3361	7.8477	7.4105	7.0177	6.6635	6.3431	5.7872	5.3235	11.75
12	8.1750	7.7007	7.2759	6.8940	6.5494	6.2374	5.6958	5.2435	12
12.5	7.8719	7.4241	7.0225	6.6609	6.3343	6.0383	5.5236	5.0927	12.5
13	7.5919	7.1684	6.7881	6.4453	6.1353	5.8540	5.3639	4.9528	13
13.5	7.3325	6.9314	6.5707	6.2452	5.9504	5.6827	5.2155	4.8227	13.5
14	7.0915	6.7109	6.3684	6.0588	5.7782	5.5230	5.0770	4.7012	14
14.5	6.8669	6.5054	6.1796	5.8849	5.6174	5.3738	4.9475	4.5875	14.5
15	6.6571	6.3133	6.0031	5.7221	5.4668	5.2341	4.8260	4.4808	15
15.5	6.4607	6.1334	5.8376	5.5694	5.3254	5.1028	4.7118	4.3804	15.5
16	6.2764	5.9644	5.6821	5.4258	5.1924	4.9792	4.6042	4.2857	16
17	5.9400	5.6555	5.3975	5.1628	4.9485	4.7524	4.4063	4.1114	17
18	5.6404	5.3800	5.1433	4.9275	4.7301	4.5490	4.2286	3.9544	18
19	5.3719	5.1327	4.9148	4.7157	4.5332	4.3654	4.0677	3.8120	19
20	5.1297	4.9093	4.7081	4.5238	4.3545	4.1986	3.9212	3.6821	20
21	4.9103	4.7065	4.5201	4.3490	4.1915	4.0462	3.7870	3.5630	21
23	4.5276	4.3520	4.1906	4.0420	3.9047	3.7776	3.5496	3.3513	23
25	4.2050	4.0521	3.9111	3.7807	3.6599	3.5476	3.3454	3.1685	25

YEARS' PURCHASE FOR PERPETUAL INCOMES: INFLATION RISK-FREE YIELDS (STATIC REAL VALUE)
Rent review period 25 years
Inflation risk rate per cent

IRFY	1	2	3	4	5	6	8	10	IRFY
3	30.3373	27.4646	25.0034	22.8836	21.0486	19.4521	16.8302	14.7888	3
3.25	28.0639	25.4366	23.1835	21.2411	19.5581	18.0924	15.6822	13.8022	3.25
3.5	26.1152	23.6981	21.6233	19.3330	18.2803	16.9269	14.6981	12.9566	3.5
3.75	24.4261	22.1912	20.2710	18.6125	17.1727	15.9165	13.8452	12.2238	3.75
4	22.9481	20.8725	19.0875	17.5443	16.2033	15.0323	13.0988	11.5825	4
4.25	21.6439	19.7088	18.0429	16.6015	15.3477	14.2519	12.4400	11.0166	4.25
4.5	20.4844	18.6741	17.1142	15.7632	14.5870	13.5579	11.8542	10.5134	4.5
4.75	19.4468	17.7481	16.2830	15.0129	13.9060	12.9368	11.3299	10.0631	4.75
5	18.5129	16.9145	15.5347	14.3373	13.2929	12.3775	10.8578	9.6577	5
5.25	17.6678	16.1602	14.8574	13.7258	12.7379	11.8712	10.4305	9.2907	5.25
5.5	16.8994	15.4741	14.2414	13.1696	12.2331	11.4107	10.0417	8.9569	5.5
5.75	16.1977	14.8476	13.6787	12.6615	11.7719	10.9899	9.6865	8.6519	5.75
6	15.5543	14.2730	13.1627	12.1955	11.3488	10.6038	9.3607	8.3721	6
6.25	14.9623	13.7442	12.6877	11.7665	10.9592	10.2484	9.0606	8.1144	6.25
6.5	14.4157	13.2559	12.2489	11.3701	10.5994	9.9200	8.7834	7.8763	6.5
6.75	13.9095	12.8035	11.8424	11.0029	10.2659	9.6157	8.5263	7.6557	6.75
7	13.4393	12.3833	11.4647	10.6616	9.9559	9.3327	8.2874	7.4505	7
7.25	13.0014	11.9918	11.1128	10.3435	9.6670	9.0690	8.0646	7.2592	7.25
7.5	12.5926	11.6263	10.7841	10.0464	9.3970	8.8226	7.8564	7.0804	7.5
7.75	12.2100	11.2841	10.4764	9.7682	9.1442	8.5917	7.6614	6.9128	7.75
8	11.8513	10.9631	10.1876	9.5071	8.9068	8.3750	7.4782	6.7554	8
8.25	11.5141	10.6614	9.9161	9.2615	8.6836	8.1711	7.3058	6.6073	8.25
8.5	11.1967	10.3772	9.6604	9.0301	8.4732	7.9789	7.1433	6.4677	8.5
8.75	10.8974	10.1091	9.4190	8.8116	8.2745	7.7973	6.9897	6.3357	8.75
9	10.6145	9.8558	9.1908	8.6050	8.0866	7.6256	6.8444	6.2108	9
9.25	10.3468	9.6159	8.9747	8.4093	7.9085	7.4628	6.7066	6.0923	9.25
9.5	10.0931	9.3885	8.7697	8.2237	7.7396	7.3083	6.5758	5.9798	9.5
9.75	9.8524	9.1725	8.5750	8.0473	7.5790	7.1615	6.4514	5.8727	9.75
10	9.6235	8.9672	8.3899	7.8795	7.4262	7.0217	6.3329	5.7708	10
10.25	9.4058	8.7718	8.2135	7.7196	7.2805	6.8884	6.2199	5.6735	10.25
10.5	9.1983	8.5854	8.0454	7.5671	7.1415	6.7612	6.1120	5.5806	10.5
10.75	9.0003	8.4076	7.8848	7.4214	7.0087	6.6396	6.0088	5.4917	10.75
11	8.8113	8.2377	7.7314	7.2821	6.8817	6.5233	5.9101	5.4066	11
11.25	8.6306	8.0752	7.5845	7.1488	6.7601	6.4119	5.8154	5.3250	11.25
11.5	8.4576	7.9197	7.4439	7.0210	6.6435	6.3050	5.7246	5.2467	11.5
11.75	8.2919	7.7706	7.3090	6.8985	6.5317	6.2025	5.6374	5.1714	11.75
12	8.1331	7.6275	7.1796	6.7808	6.4242	6.1039	5.5535	5.0990	12
12.5	7.8342	7.3582	6.9357	6.5590	6.2215	5.9179	5.3951	4.9621	12.5
13	7.5580	7.1090	6.7099	6.3533	6.0335	5.7453	5.2478	4.8348	13
13.5	7.3019	6.8778	6.5001	6.1622	5.8585	5.5845	5.1105	4.7159	13.5
14	7.0639	6.6626	6.3047	5.9839	5.6952	5.4343	4.9821	4.6045	14
14.5	6.8420	6.4618	6.1221	5.8172	5.5423	5.2936	4.8615	4.4999	14.5
15	6.6346	6.2739	5.9511	5.6609	5.3989	5.1615	4.7482	4.4015	15
15.5	6.4404	6.0977	5.7906	5.5140	5.2640	5.0371	4.6413	4.3085	15.5
16	6.2580	5.9322	5.6396	5.3757	5.1368	4.9197	4.5403	4.2205	16
17	5.9249	5.6291	5.3627	5.1217	4.9030	4.7036	4.3539	4.0577	17
18	5.6281	5.3584	5.1148	4.8939	4.6927	4.5089	4.1854	3.9102	18
19	5.3618	5.1150	4.8914	4.6880	4.5024	4.3324	4.0322	3.7756	19
20	5.1215	4.8948	4.6889	4.5011	4.3292	4.1715	3.8919	3.6521	20
21	4.9035	4.6946	4.5043	4.3303	4.1707	4.0239	3.7629	3.5382	21
23	4.5230	4.3439	4.1800	4.0294	3.8906	3.7624	3.5332	3.3344	23
25	4.2019	4.0466	3.9038	3.7722	3.6503	3.5373	3.3342	3.1569	25

YEARS' PURCHASE FOR PERPETUAL INCOMES:
INFLATION RISK-FREE YIELDS (STATIC REAL VALUE)
Rent review period 28 years
Inflation risk rate per cent

IRFY	1	2	3	4	5	6	8	10	IRFY
3	30.0212	26.9293	24.3194	22.1023	20.2073	18.5776	15.9413	13.9244	3
3.25	27.7798	24.9551	22.5680	20.5378	18.8004	17.3045	14.8805	13.0219	3.25
3.5	25.8583	23.2627	21.0665	19.1964	17.5941	16.2130	13.9712	12.2485	3.5
3.75	24.1929	21.7956	19.7648	18.0335	16.5484	15.2668	13.1830	11.5781	3.75
4	22.7354	20.5116	18.6255	17.0157	15.6331	14.4386	12.4931	10.9915	4
4.25	21.4492	19.3784	17.6199	16.1172	14.8251	13.7074	11.8841	10.4737	4.25
4.5	20.3057	18.3707	16.7256	15.3181	14.1065	13.0572	11.3426	10.0133	4.5
4.75	19.2824	17.4688	15.9251	14.6028	13.4631	12.4750	10.8577	9.6012	4.75
5	18.3613	16.6568	15.2043	13.9586	12.8837	11.9507	10.4210	9.2300	5
5.25	17.5276	15.9218	14.5517	13.3753	12.3590	11.4759	10.0256	8.8940	5.25
5.5	16.7696	15.2534	13.9581	12.8447	11.8817	11.0438	9.6657	8.5882	5.5
5.75	16.0773	14.6427	13.4157	12.3598	11.4454	10.6489	9.3368	8.3087	5.75
6	15.4425	14.0826	12.9182	11.9148	11.0450	10.2865	9.0349	8.0521	6
6.25	14.8582	13.5670	12.4601	11.5051	10.6762	9.9527	8.7567	7.8158	6.25
6.5	14.3188	13.0908	12.0368	11.1264	10.3354	9.6441	8.4996	7.5973	6.5
6.75	13.8191	12.6496	11.6445	10.7754	10.0194	9.3579	8.2611	7.3946	6.75
7	13.3549	12.2395	11.2799	10.4490	9.7255	9.0917	8.0392	7.2060	7
7.25	12.9226	11.8575	10.9400	10.1448	9.4514	8.8434	7.8322	7.0301	7.25
7.5	12.5189	11.5006	10.6224	9.8604	9.1952	8.6113	7.6386	6.8655	7.5
7.75	12.1411	11.1665	10.3250	9.5940	8.9551	8.3937	7.4571	6.7112	7.75
8	11.7868	10.8530	10.0458	9.3438	8.7296	8.1893	7.2864	6.5661	8
8.25	11.4537	10.5582	9.7832	9.1084	8.5173	7.9968	7.1258	6.4294	8.25
8.5	11.1401	10.2805	9.5357	8.8864	8.3171	7.8152	6.9741	6.3004	8.5
8.75	10.8442	10.0184	9.3020	8.6767	8.1280	7.6436	6.8307	6.1783	8.75
9	10.5647	9.7706	9.0809	8.4784	7.9489	7.4811	6.6948	6.0627	9
9.25	10.3000	9.5359	8.8715	8.2903	7.7791	7.3270	6.5659	5.9529	9.25
9.5	10.0492	9.3133	8.6727	8.1118	7.6179	7.1806	6.4434	5.8485	9.5
9.75	9.8111	9.1019	8.4839	7.9421	7.4645	7.0413	6.3267	5.7491	9.75
10	9.5848	8.9008	8.3042	7.7805	7.3185	6.9085	6.2155	5.6543	10
10.25	9.3693	8.7093	8.1329	7.6265	7.1792	6.7819	6.1093	5.5637	10.25
10.5	9.1640	8.5267	7.9695	7.4795	7.0461	6.6609	6.0078	5.4770	10.5
10.75	8.9681	8.3524	7.8134	7.3389	6.9189	6.5451	5.9106	5.3941	10.75
11	8.7810	8.1857	7.6642	7.2045	6.7971	6.4343	5.8175	5.3145	11
11.25	8.6020	8.0263	7.5212	7.0757	6.6804	6.3280	5.7281	5.2381	11.25
11.5	8.4307	7.8736	7.3843	6.9521	6.5684	6.2260	5.6423	5.1647	11.5
11.75	8.2666	7.7272	7.2529	6.8336	6.4609	6.1279	5.5597	5.0940	11.75
12	8.1093	7.5866	7.1267	6.7196	6.3575	6.0337	5.4802	5.0260	12
12.5	7.8130	7.3219	6.8887	6.5046	6.1622	5.8554	5.3298	4.8970	12.5
13	7.5392	7.0768	6.6681	6.3050	5.9807	5.6896	5.1897	4.7767	13
13.5	7.2852	6.8492	6.4630	6.1192	5.8115	5.5350	5.0587	4.6641	13.5
14	7.0491	6.6372	6.2717	5.9456	5.6534	5.3902	4.9359	4.5583	14
14.5	6.8288	6.4392	6.0927	5.7831	5.5051	5.2543	4.8204	4.4587	14.5
15	6.6229	6.2538	5.9250	5.6306	5.3657	5.1264	4.7115	4.3646	15
15.5	6.4300	6.0798	5.7673	5.4870	5.2344	5.0058	4.6085	4.2756	15.5
16	6.2488	5.9162	5.6189	5.3517	5.1105	4.8918	4.5111	4.1911	16
17	5.9176	5.6165	5.3463	5.1026	4.8820	4.6814	4.3306	4.0342	17
18	5.6223	5.3484	5.1018	4.8787	4.6760	4.4913	4.1668	3.8915	18
19	5.3572	5.1070	4.8810	4.6760	4.4892	4.3184	4.0173	3.7606	19
20	5.1178	4.8885	4.6806	4.4914	4.3187	4.1603	3.8801	3.6401	20
21	4.9006	4.6896	4.4977	4.3227	4.1623	4.0150	3.7535	3.5286	21
23	4.5212	4.3407	4.1758	4.0245	3.8853	3.7567	3.5272	3.3283	23
25	4.2007	4.0446	3.9012	3.7690	3.6469	3.5337	3.3304	3.1530	25

YEARS' PURCHASE FOR PERPETUAL INCOMES:
INFLATION RISK-FREE YIELDS (STATIC REAL VALUE)
Rent review period 35 years
Inflation risk rate per cent

IRFY	1	2	3	4	5	6	8	10	IRFY
3	29.3498	25.8230	22.9414	20.5647	18.5866	16.9255	14.3171	12.3866	3
3.25	27.1800	23.9662	21.3354	19.1616	17.3409	15.8239	13.4232	11.6405	3.25
3.5	25.3197	22.3740	19.9581	17.9582	16.2874	14.8792	12.6567	11.0010	3.5
3.75	23.7069	20.9934	18.7637	16.9144	15.3666	14.0598	11.9921	10.4466	3.75
4	22.2953	19.7847	17.7178	16.0004	14.5603	13.3422	11.4100	9.9613	4
4.25	21.0494	18.7175	16.7942	15.1930	13.8480	12.7083	10.8960	9.5327	4.25
4.5	19.9414	17.7682	15.9723	14.4745	13.2140	12.1440	10.4384	9.1514	4.5
4.75	18.9496	16.9181	15.2362	13.8308	12.6460	11.6384	10.0285	8.8098	4.75
5	18.0566	16.1523	14.5729	13.2506	12.1339	11.1826	9.6588	8.5019	5
5.25	17.2481	15.4588	13.9719	12.7248	11.6697	10.7693	9.3237	8.2228	5.25
5.5	16.5128	14.8277	13.4247	12.2460	11.2468	10.3928	9.0183	7.9684	5.5
5.75	15.8409	14.2508	12.9244	11.8079	10.8599	10.0482	8.7388	7.7356	5.75
6	15.2247	13.7213	12.4649	11.4055	10.5043	9.7315	8.4818	7.5216	6
6.25	14.6573	13.2335	12.0414	11.0344	10.1764	9.4393	8.2446	7.3241	6.25
6.5	14.1332	12.7826	11.6498	10.6911	9.8720	9.1686	8.0249	7.1411	6.5
6.75	13.6476	12.3645	11.2863	10.3723	9.5908	8.9172	7.8207	6.9710	6.75
7	13.1962	11.9756	10.9481	10.0755	9.3281	8.6830	7.6303	6.8123	7
7.25	12.7756	11.6130	10.6325	9.7984	9.0828	8.4640	7.4522	6.6639	7.25
7.5	12.3827	11.2740	10.3372	9.5389	8.8529	8.2589	7.2853	6.5248	7.5
7.75	12.0148	10.9562	10.0603	9.2954	8.6371	8.0661	7.1284	6.3939	7.75
8	11.6696	10.6578	9.8000	9.0664	8.4340	7.8846	6.9805	6.2705	8
8.25	11.3449	10.3769	9.5548	8.8505	8.2424	7.7134	6.8408	6.1539	8.25
8.5	11.0391	10.1120	9.3233	8.6466	8.0614	7.5514	6.7087	6.0435	8.5
8.75	10.7504	9.8619	9.1045	8.4537	7.8899	7.3979	6.5833	5.9387	8.75
9	10.4774	9.6250	8.8972	8.2707	7.7272	7.2522	6.4642	5.8391	9
9.25	10.2189	9.4004	8.7005	8.0970	7.5726	7.1137	6.3508	5.7442	9.25
9.5	9.9738	9.1873	8.5136	7.9318	7.4255	6.9818	6.2427	5.6537	9.5
9.75	9.7409	8.9846	8.3357	7.7744	7.2852	6.8559	6.1395	5.5672	9.75
10	9.5194	8.7916	8.1661	7.6242	7.1513	6.7357	6.0407	5.4843	10
10.25	9.3085	8.6076	8.0043	7.4808	7.0233	6.6206	5.9462	5.4049	10.25
10.5	9.1074	8.4320	7.8497	7.3437	6.9003	6.5104	5.8555	5.3287	10.5
10.75	8.9154	8.2641	7.7017	7.2123	6.7833	6.4047	5.7683	5.2554	10.75
11	8.7318	8.1035	7.5600	7.0864	6.6706	6.3032	5.6846	5.1849	11
11.25	8.5563	7.9496	7.4241	6.9655	6.5624	6.2057	5.6040	5.1170	11.25
11.5	8.3881	7.8021	7.2937	6.8494	6.4582	6.1118	5.5263	5.0514	11.5
11.75	8.2269	7.6605	7.1684	6.7377	6.3580	6.0213	5.4514	4.9881	11.75
12	8.0722	7.5245	7.0479	6.6302	6.2615	5.9341	5.3790	4.9270	12
12.5	7.7808	7.2679	6.8202	6.4267	6.0785	5.7606	5.2414	4.8104	12.5
13	7.5112	7.0298	6.6084	6.2371	5.9077	5.6139	5.1124	4.7010	13
13.5	7.2609	6.8082	6.4110	6.0600	5.7479	5.4688	4.9912	4.5978	13.5
14	7.0278	6.6015	6.2263	5.8940	5.5978	5.3324	4.8768	4.5003	14
14.5	6.8103	6.4081	6.0532	5.7381	5.4566	5.2038	4.7687	4.4079	14.5
15	6.6068	6.2267	5.8905	5.5913	5.3234	5.0824	4.6663	4.3201	15
15.5	6.4160	6.0562	5.7373	5.4527	5.1975	4.9673	4.5690	4.2366	15.5
16	6.2366	5.8957	5.5926	5.3217	5.0782	4.8582	4.4765	4.1570	16
17	5.9083	5.6008	5.3263	5.0798	4.8574	4.6557	4.3041	4.0081	17
18	5.6152	5.3365	5.0865	4.8612	4.6572	4.4716	4.1465	3.8714	18
19	5.3518	5.0979	4.8694	4.6626	4.4748	4.3033	4.0018	3.7452	19
20	5.1137	4.8815	4.6717	4.4813	4.3076	4.1487	3.8681	3.6283	20
21	4.8975	4.6843	4.4909	4.3149	4.1539	4.0061	3.7443	3.5195	21
23	4.5194	4.3376	4.1718	4.0199	3.8803	3.7515	3.5218	3.3229	23
25	4.1997	4.0428	3.8988	3.7664	3.6440	3.5306	3.3272	3.1498	25

YEARS' PURCHASE FOR PERPETUAL INCOMES:
INFLATION RISK-FREE YIELDS (STATIC REAL VALUE)
Rent review period 42 years
Inflation risk rate per cent

IRFY	1	2	3	4	5	6	8	10	IRFY
3	28.7633	24.8925	21.8218	19.3539	17.3456	15.6914	13.1529	11.3183	3
3.25	26.6610	23.1422	20.3431	18.0874	16.2469	14.7271	12.3867	10.6878	3.25
3.5	24.8582	21.6407	19.0742	17.0004	15.3039	13.8996	11.7294	10.1473	3.5
3.75	23.2949	20.3380	17.9730	16.0570	14.4854	13.1812	11.1590	9.6785	3.75
4	21.9261	19.1969	17.0081	15.2300	13.7679	12.5515	10.6591	9.2678	4
4.25	20.7175	18.1987	16.1551	14.4988	13.1334	11.9946	10.2171	8.9049	4.25
4.5	19.6423	17.2913	15.3955	13.8474	12.5679	11.4983	9.8232	8.5816	4.5
4.75	18.6795	16.4870	14.7144	13.2630	12.0605	11.0528	9.4697	8.2916	4.75
5	17.8121	15.7619	14.0999	12.7356	11.6024	10.6505	9.1504	8.0297	5
5.25	17.0266	15.1047	13.5425	12.2569	11.1864	10.2852	8.8603	7.7918	5.25
5.5	16.3116	14.5060	13.0344	11.8202	10.8068	9.9517	8.5955	7.5747	5.5
5.75	15.6581	13.9581	12.5690	11.4200	10.4587	9.6457	8.3525	7.3754	5.75
6	15.0583	13.4548	12.1411	11.0518	10.1382	9.3639	8.1285	7.1918	6
6.25	14.5058	12.9906	11.7460	10.7115	9.8419	9.1032	7.9212	7.0217	6.25
6.5	13.9951	12.5610	11.3800	10.3960	9.5670	8.8612	7.7286	6.8638	6.5
6.75	13.5215	12.1621	11.0399	10.1026	9.3111	8.6358	7.5491	6.7165	6.75
7	13.0811	11.7908	10.7223	9.8288	9.0720	8.4251	7.3812	6.5786	7
7.25	12.6705	11.4440	10.4264	9.5725	8.8482	8.2277	7.2236	6.4492	7.25
7.5	12.2867	11.1194	10.1486	9.3321	8.6380	8.0422	7.0754	6.3274	7.5
7.75	11.9270	10.8148	9.8876	9.1059	8.4400	7.8673	6.9356	6.2124	7.75
8	11.5892	10.5283	9.6418	8.8927	8.2533	7.7022	6.8034	6.1036	8
8.25	11.2714	10.2584	9.4098	8.6913	8.0766	7.5459	6.6781	6.0004	8.25
8.5	10.9717	10.0035	9.1905	8.5006	7.9092	7.3976	6.5591	5.9022	8.5
8.75	10.6887	9.7623	8.9827	8.3197	7.7502	7.2567	6.4458	5.8087	8.75
9	10.4209	9.5338	8.7855	8.1478	7.5990	7.1225	6.3377	5.7194	9
9.25	10.1672	9.3169	8.5981	7.9842	7.4549	6.9945	6.2345	5.6340	9.25
9.5	9.9263	9.1106	8.4196	7.8282	7.3174	6.8723	6.1357	5.5522	9.5
9.75	9.6974	8.9143	8.2494	7.6793	7.1859	6.7553	6.0410	5.4737	9.75
10	9.4796	8.7271	8.0870	7.5369	7.0601	6.6431	5.9501	5.3983	10
10.25	9.2720	8.5485	7.9317	7.4007	6.9394	6.5356	5.8628	5.3257	10.25
10.5	9.0739	8.3777	7.7830	7.2700	6.8237	6.4322	5.7787	5.2557	10.5
10.75	8.8846	8.2143	7.6405	7.1447	6.7125	6.3328	5.6978	5.1882	10.75
11	8.7036	8.0578	7.5038	7.0242	6.6055	6.2371	5.6196	5.1230	11
11.25	8.5304	7.9077	7.3725	6.9084	6.5025	6.1449	5.5442	5.0599	11.25
11.5	8.3644	7.7636	7.2463	6.7969	6.4033	6.0559	5.4713	4.9989	11.5
11.75	8.2051	7.6252	7.1249	6.6895	6.3075	5.9699	5.4007	4.9397	11.75
12	8.0522	7.4921	7.0079	6.5859	6.2150	5.8868	5.3324	4.8824	12
12.5	7.7640	7.2405	6.7864	6.3893	6.0392	5.7286	5.2019	4.7726	12.5
13	7.4970	7.0067	6.5800	6.2055	5.8745	5.5800	5.0789	4.6688	13
13.5	7.2489	6.7888	6.3869	6.0333	5.7198	5.4402	4.9628	4.5705	13.5
14	7.0178	6.5851	6.2060	5.8715	5.5741	5.3082	4.8528	4.4772	14
14.5	6.8018	6.3943	6.0361	5.7190	5.4365	5.1833	4.7483	4.3883	14.5
15	6.5997	6.2150	5.8760	5.5752	5.3064	5.0650	4.6490	4.3035	15
15.5	6.4099	6.0464	5.7250	5.4391	5.1831	4.9526	4.5544	4.2225	15.5
16	6.2315	5.8873	5.5823	5.3102	5.0660	4.8457	4.4641	4.1450	16
17	5.9047	5.5949	5.3189	5.0716	4.8487	4.6468	4.2952	3.9994	17
18	5.6126	5.3322	5.0812	4.8553	4.6510	4.4652	4.1401	3.8651	18
19	5.3499	5.0949	4.8656	4.6584	4.4703	4.2987	3.9971	3.7407	19
20	5.1124	4.8793	4.6690	4.4782	4.3044	4.1454	3.8648	3.6250	20
21	4.8965	4.6827	4.4890	4.3127	4.1516	4.0038	3.7419	3.5171	21
23	4.5189	4.3368	4.1708	4.0188	3.8791	3.7503	3.5205	3.3217	23
25	4.1994	4.0424	3.8983	3.7658	3.6434	3.5300	3.3265	3.1492	25

YEARS' PURCHASE FOR PERPETUAL INCOMES: INFLATION RISK-FREE YIELDS (STATIC REAL VALUE)
Rent review period 50 years
Inflation risk rate per cent

IRFY	1	2	3	4	5	6	8	10	IRFY
3	28.1857	24.0111	20.7971	18.2786	16.2718	14.6474	12.2016	10.4659	3
3.25	26.1557	22.3700	19.4442	17.1430	15.3027	13.9079	11.5473	9.9341	3.25
3.5	24.4140	20.9611	18.2821	16.1672	14.4699	13.0867	10.9854	9.4779	3.5
3.75	22.9029	19.7376	17.2724	15.3191	13.7460	12.4597	10.4972	9.0819	3.75
4	21.5791	18.6649	16.3864	14.5745	13.1102	11.9090	10.0686	8.7345	4
4.25	20.4095	17.7159	15.6021	13.9150	12.5469	11.4211	9.6889	8.4270	4.25
4.5	19.3683	16.8701	14.9024	13.3263	12.0439	10.9852	9.3497	8.1525	4.5
4.75	18.4352	16.1112	14.2739	12.7970	11.5914	10.5931	9.0445	7.9056	4.75
5	17.5940	15.4261	13.7058	12.3182	11.1818	10.2379	8.7681	7.6820	5
5.25	16.8316	14.8041	13.1894	11.8825	10.8088	9.9144	8.5162	7.4783	5.25
5.5	16.1371	14.2366	12.7176	11.4841	10.4674	9.6181	8.2853	7.2916	5.5
5.75	15.5017	13.7165	12.2846	11.1179	10.1534	9.3453	8.0727	7.1197	5.75
6	14.9181	13.2379	11.8855	10.7800	9.8633	9.0932	7.8759	6.9606	6
6.25	14.3799	12.7957	11.5162	10.4669	9.5943	8.8591	7.6931	6.8126	6.25
6.5	13.8820	12.3858	11.1733	10.1758	9.3438	8.6410	7.5225	6.6745	6.5
6.75	13.4199	12.0046	10.8538	9.9041	9.1097	8.4370	7.3627	6.5451	6.75
7	12.9898	11.6490	10.5552	9.6498	8.8904	8.2457	7.2126	6.4235	7
7.25	12.5883	11.3164	10.2754	9.4112	8.6843	8.0656	7.0712	6.3087	7.25
7.5	12.2127	11.0045	10.0125	9.1865	8.4900	7.8957	6.9375	6.2001	7.5
7.75	11.8604	10.7113	9.7649	8.9746	8.3064	7.7350	6.8108	6.0970	7.75
8	11.5293	10.4351	9.5311	8.7742	8.1326	7.5826	6.6904	5.9990	8
8.25	11.2174	10.1743	9.3100	8.5843	7.9676	7.4378	6.5758	5.9056	8.25
8.5	10.9231	9.9277	9.1005	8.4040	7.8107	7.2999	6.4665	5.8163	8.5
8.75	10.6449	9.6940	8.9015	8.2325	7.6612	7.1683	6.3619	5.7308	8.75
9	10.3815	9.4722	8.7122	8.0691	7.5186	7.0426	6.2618	5.6488	9
9.25	10.1316	9.2613	8.5319	7.9131	7.3822	6.9223	6.1657	5.5701	9.25
9.5	9.8943	9.0605	8.3599	7.7640	7.2517	6.8069	6.0735	5.4942	9.5
9.75	9.6686	8.8691	8.1955	7.6213	7.1265	6.6961	5.9847	5.4212	9.75
10	9.4535	8.6864	8.0383	7.4846	7.0064	6.5897	5.8991	5.3506	10
10.25	9.2485	8.5117	7.8877	7.3533	6.8910	6.4872	5.8166	5.2825	10.25
10.5	9.0527	8.3445	7.7433	7.2273	6.7799	6.3885	5.7369	5.2166	10.5
10.75	8.8655	8.1844	7.6047	7.1060	6.6729	6.2933	5.6599	5.1527	10.75
11	8.6864	8.0308	7.4715	6.9893	6.5697	6.2014	5.5853	5.0908	11
11.25	8.5149	7.8833	7.3434	6.8769	6.4702	6.1125	5.5131	5.0308	11.25
11.5	8.3504	7.7416	7.2200	6.7684	6.3740	6.0266	5.4431	4.9725	11.5
11.75	8.1925	7.6053	7.1011	6.6638	6.2810	5.9434	5.3752	4.9158	11.75
12	8.0408	7.4742	6.9865	6.5626	6.1911	5.8629	5.3093	4.8607	12
12.5	7.7547	7.2259	6.7689	6.3703	6.0197	5.7090	5.1830	4.7548	12.5
13	7.4895	6.9948	6.5657	6.1900	5.8586	5.5640	5.0635	4.6542	13
13.5	7.2428	6.7791	6.3753	6.0206	5.7068	5.4270	4.9501	4.5585	13.5
14	7.0128	6.5772	6.1965	5.8611	5.5634	5.2974	4.8424	4.4673	14
14.5	6.7978	6.3878	6.0283	5.7106	5.4278	5.1745	4.7398	4.3802	14.5
15	6.5963	6.2098	5.8697	5.5683	5.2993	5.0578	4.6420	4.2968	15
15.5	6.4072	6.0421	5.7199	5.4335	5.1773	4.9467	4.5487	4.2170	15.5
16	6.2293	5.8838	5.5781	5.3056	5.0613	4.8409	4.4594	4.1405	16
17	5.9032	5.5926	5.3161	5.0685	4.8455	4.6435	4.2920	3.9964	17
18	5.6116	5.3307	5.0794	4.8533	4.6488	4.4630	4.1380	3.8631	18
19	5.3493	5.0938	4.8643	4.6570	4.4688	4.2972	3.9957	3.7393	19
20	5.1120	4.8787	4.6682	4.4773	4.3035	4.1444	3.8638	3.6241	20
21	4.8962	4.6822	4.4884	4.3121	4.1509	4.0031	3.7413	3.5165	21
23	4.5188	4.3366	4.1705	4.0185	3.8788	3.7500	3.5202	3.3214	23
25	4.1993	4.0423	3.8982	3.7656	3.6432	3.5298	3.3264	3.1490	25

TABLE 18

AMOUNT OF £1 (ANNUAL EFFECTIVE)

$(1 + g)^n$

Periods 1 – 50 years
Interest rates 0.5 – 6% @ 0.5%,
6 – 10% @ 1%

AMOUNT OF £1

Annual effective rate per cent

Years	0.5	1	1.5	2	2.5	3	3.5	4	Years
1	1.0050	1.0100	1.0150	1.0200	1.0250	1.0300	1.0350	1.0400	1
2	1.0100	1.0201	1.0302	1.0404	1.0506	1.0609	1.0712	1.0816	2
3	1.0151	1.0303	1.0457	1.0612	1.0769	1.0927	1.1087	1.1249	3
4	1.0202	1.0406	1.0614	1.0824	1.1038	1.1255	1.1475	1.1699	4
5	1.0253	1.0510	1.0773	1.1041	1.1314	1.1593	1.1877	1.2167	5
6	1.0304	1.0615	1.0934	1.1262	1.1597	1.1941	1.2293	1.2653	6
7	1.0355	1.0721	1.1098	1.1487	1.1887	1.2299	1.2723	1.3159	7
8	1.0407	1.0829	1.1265	1.1717	1.2184	1.2668	1.3168	1.3686	8
9	1.0459	1.0937	1.1434	1.1951	1.2439	1.3048	1.3629	1.4233	9
10	1.0511	1.1046	1.1605	1.2190	1.2801	1.3439	1.4106	1.4802	10
11	1.0564	1.1157	1.1779	1.2434	1.3121	1.3842	1.4600	1.5395	11
12	1.0617	1.1268	1.1956	1.2682	1.3449	1.4258	1.5111	1.6010	12
13	1.0670	1.1381	1.2136	1.2936	1.3785	1.4685	1.5640	1.6651	13
14	1.0723	1.1495	1.2318	1.3195	1.4130	1.5126	1.6187	1.7317	14
15	1.0777	1.1610	1.2502	1.3459	1.4483	1.5580	1.6753	1.8009	15
16	1.0831	1.1726	1.2690	1.3728	1.4845	1.6047	1.7340	1.8730	16
17	1.0885	1.1843	1.2880	1.4002	1.5216	1.6528	1.7947	1.9479	17
18	1.0939	1.1961	1.3073	1.4282	1.5597	1.7024	1.8575	2.0258	18
19	1.0994	1.2081	1.3270	1.4568	1.5987	1.7535	1.9225	2.1068	19
20	1.1049	1.2202	1.3469	1.4859	1.6386	1.8061	1.9898	2.1911	20
21	1.1104	1.2324	1.3671	1.5157	1.6796	1.8603	2.0594	2.2788	21
22	1.1160	1.2447	1.3876	1.5460	1.7216	1.9161	2.1315	2.3699	22
23	1.1216	1.2572	1.4084	1.5769	1.7646	1.9736	2.2061	2.4647	23
24	1.1272	1.2697	1.4295	1.6084	1.8087	2.0328	2.2833	2.5633	24
25	1.1328	1.2824	1.4509	1.6406	1.8539	2.0938	2.3632	2.6658	25
26	1.1385	1.2953	1.4727	1.6734	1.9003	2.1566	2.4460	2.7725	26
27	1.1442	1.3082	1.4948	1.7069	1.9478	2.2213	2.5316	2.8834	27
28	1.1499	1.3213	1.5172	1.7410	1.9965	2.2879	2.6202	2.9987	28
29	1.1556	1.3345	1.5400	1.7758	2.0464	2.3566	2.7119	3.1187	29
30	1.1614	1.3478	1.5631	1.8114	2.0976	2.4273	2.8068	3.2434	30
31	1.1672	1.3613	1.5865	1.8476	2.1500	2.5001	2.9050	3.3731	31
32	1.1730	1.3749	1.6103	1.8845	2.2038	2.5751	3.0067	3.5081	32
33	1.1789	1.3887	1.6345	1.9222	2.2589	2.6523	3.1119	3.6484	33
34	1.1848	1.4026	1.6590	1.9607	2.3153	2.7319	3.2209	3.7943	34
35	1.1907	1.4166	1.6839	1.9999	2.3732	2.8139	3.3336	3.9461	35
36	1.1967	1.4308	1.7091	2.0399	2.4325	2.8983	3.4503	4.1039	36
37	1.2027	1.4451	1.7348	2.0807	2.4933	2.9852	3.5710	4.2681	37
38	1.2087	1.4595	1.7608	2.1223	2.5557	3.0748	3.6960	4.4388	38
39	1.2147	1.4741	1.7872	2.1647	2.6196	3.1670	3.8254	4.6164	39
40	1.2208	1.4889	1.8140	2.2080	2.6851	3.2620	3.9593	4.8010	40
41	1.2269	1.5038	1.8412	2.2522	2.7522	3.3599	4.0978	4.9931	41
42	1.2330	1.5188	1.8688	2.2972	2.8210	3.4607	4.2413	5.1928	42
43	1.2392	1.5340	1.8969	2.3432	2.8915	3.5645	4.3897	5.4005	43
44	1.2454	1.5493	1.9253	2.3901	2.9638	3.6715	4.5433	5.6165	44
45	1.2516	1.5648	1.9542	2.4379	3.0379	3.7816	4.7024	5.8412	45
46	1.2579	1.5805	1.9835	2.4866	3.1139	3.8950	4.8669	6.0748	46
47	1.2642	1.5963	2.0133	2.5363	3.1917	4.0119	5.0373	6.3178	47
48	1.2705	1.6122	2.0435	2.5871	3.2715	4.1323	5.2136	6.5705	48
49	1.2768	1.6283	2.0741	2.6388	3.3533	4.2562	5.3961	6.8333	49
50	1.2832	1.6446	2.1052	2.6916	3.4371	4.3839	5.5849	7.1067	50

AMOUNT OF £1

Annual effective rate per cent

Years	4.5	5	5.5	6	7	8	9	10	Years
1	1.0450	1.0500	1.0550	1.0600	1.0700	1.0800	1.0900	1.1000	1
2	1.0920	1.1025	1.1130	1.1236	1.1449	1.1664	1.1881	1.2100	2
3	1.1412	1.1576	1.1742	1.1910	1.2250	1.2597	1.2950	1.3310	3
4	1.1925	1.2155	1.2388	1.2625	1.3108	1.3605	1.4116	1.4641	4
5	1.2462	1.2763	1.3070	1.3382	1.4026	1.4693	1.5386	1.6105	5
6	1.3023	1.3401	1.3788	1.4185	1.5007	1.5869	1.6771	1.7716	6
7	1.3609	1.4071	1.4547	1.5036	1.6058	1.7138	1.8280	1.9487	7
8	1.4221	1.4775	1.5347	1.5938	1.7182	1.8509	1.9926	2.1436	8
9	1.4861	1.5513	1.6191	1.6895	1.8385	1.9990	2.1719	2.3579	9
10	1.5530	1.6289	1.7081	1.7908	1.9672	2.1589	2.3674	2.5937	10
11	1.6229	1.7103	1.8021	1.8983	2.1049	2.3316	2.5804	2.8531	11
12	1.6959	1.7959	1.9012	2.0122	2.2522	2.5182	2.8127	3.1384	12
13	1.7722	1.8856	2.0058	2.1329	2.4098	2.7196	3.0658	3.4523	13
14	1.8519	1.9799	2.1161	2.2609	2.5785	2.9372	3.3417	3.7975	14
15	1.9353	2.0789	2.2325	2.3966	2.7590	3.1722	3.6425	4.1772	15
16	2.0224	2.1829	2.3553	2.5404	2.9522	3.4259	3.9703	4.5950	16
17	2.1134	2.2920	2.4848	2.6928	3.1588	3.7000	4.3276	5.0545	17
18	2.2085	2.4066	2.6215	2.8543	3.3799	3.9960	4.7171	5.5599	18
19	2.3079	2.5270	2.7656	3.0256	3.6165	4.3157	5.1417	6.1159	19
20	2.4117	2.6533	2.9178	3.2071	3.8697	4.6610	5.6044	6.7275	20
21	2.5202	2.7860	3.0782	3.3996	4.1406	5.0338	6.1088	7.4002	21
22	2.6337	2.9253	3.2475	3.6035	4.4304	5.4365	6.6586	8.1403	22
23	2.7522	3.0715	3.4262	3.8197	4.7405	5.8715	7.2579	8.9543	23
24	2.8760	3.2251	3.6146	4.0489	5.0724	6.3412	7.9111	9.8497	24
25	3.0054	3.3864	3.8134	4.2919	5.4274	6.8485	8.6231	10.8347	25
26	3.1407	3.5557	4.0231	4.5494	5.8074	7.3964	9.3992	11.9182	26
27	3.2820	3.7335	4.2444	4.8223	6.2139	7.9881	10.2451	13.1100	27
28	3.4297	3.9201	4.4778	5.1117	6.6488	8.6271	11.1671	14.4210	28
29	3.5840	4.1161	4.7241	5.4184	7.1143	9.3173	12.1722	15.8631	29
30	3.7453	4.3219	4.9840	5.7435	7.6123	10.0627	13.2677	17.4494	30
31	3.9139	4.5380	5.2581	6.0881	8.1451	10.8677	14.4618	19.1943	31
32	4.0900	4.7649	5.5473	6.4534	8.7153	11.7371	15.7633	21.1138	32
33	4.2740	5.0032	5.8524	6.8406	9.3253	12.6760	17.1820	23.2252	33
34	4.4664	5.2533	6.1742	7.2510	9.9781	13.6901	18.7284	25.5477	34
35	4.6673	5.5160	6.5138	7.6861	10.6766	14.7853	20.4140	28.1024	35
36	4.8774	5.7918	6.8721	8.1473	11.4239	15.9682	22.2512	30.9127	36
37	5.0969	6.0814	7.2501	8.6361	12.2236	17.2456	24.2538	34.0039	37
38	5.3262	6.3855	7.6488	9.1543	13.0793	18.6253	26.4367	37.4043	38
39	5.5659	6.7048	8.0695	9.7035	13.9948	20.1153	28.8160	41.1448	39
40	5.8164	7.0400	8.5133	10.2857	14.9745	21.7245	31.4094	45.2593	40
41	6.0781	7.3920	8.9815	10.9029	16.0227	23.4625	34.2363	49.7852	41
42	6.3516	7.7616	9.4755	11.5570	17.1443	25.3395	37.3175	54.7637	42
43	6.6374	8.1497	9.9967	12.2505	18.3444	27.3666	40.6761	60.2401	43
44	6.9361	8.5572	10.5465	12.9855	19.6285	29.5560	44.3370	66.2641	44
45	7.2482	8.9850	11.1266	13.7646	21.0025	31.9204	48.3273	72.8905	45
46	7.5744	9.4343	11.7385	14.5905	22.4726	34.4741	52.6767	80.1795	46
47	7.9153	9.9060	12.3841	15.4659	24.0457	37.2320	57.4176	88.1975	47
48	8.2715	10.4013	13.0653	16.3939	25.7289	40.2106	62.5852	97.0172	48
49	8.6437	10.9213	13.7838	17.3775	27.5299	43.4274	68.2179	106.7190	49
50	9.0326	11.4674	14.5420	18.4202	29.4570	46.9016	74.3575	117.3909	50

PART III

LIFE TABLES

TABLE 19

YEARS' PURCHASE FOR A SINGLE LIFE

Males and Females
Ages   1 – 100
Interest rates   3 – 6% @ 0.5%
                     6 – 15% @ 1%

YEARS' PURCHASE SINGLE LIFE: MALES

Nominal rate per cent

Age	3	3.5	4	4.5	5	5.5	6	7	Age
1	28.844	25.822	23.301	21.181	19.381	17.841	16.514	14.352	1
2	28.743	25.753	23.255	21.150	19.362	17.830	16.508	14.354	2
3	28.621	25.666	23.193	21.106	19.330	17.808	16.493	14.347	3
4	28.488	25.568	23.121	21.053	19.291	17.779	16.471	14.334	4
5	28.348	25.465	23.044	20.996	19.248	17.747	16.447	14.320	5
6	28.202	25.356	22.963	20.935	19.202	17.712	16.420	14.305	6
7	28.050	25.243	22.878	20.870	19.153	17.674	16.391	14.287	7
8	27.893	25.124	22.788	20.802	19.101	17.634	16.360	14.267	8
9	27.729	25.001	22.694	20.730	19.045	17.590	16.325	14.246	9
10	27.560	24.872	22.595	20.653	18.986	17.544	16.289	14.222	10
11	27.385	24.738	22.492	20.573	18.923	17.494	16.249	14.197	11
12	27.205	24.599	22.384	20.489	18.857	17.442	16.208	14.170	12
13	27.018	24.454	22.272	20.401	18.787	17.386	16.163	14.140	13
14	26.827	24.306	22.156	20.309	18.715	17.328	16.116	14.109	14
15	26.632	24.154	22.036	20.215	18.639	17.268	16.068	14.077	15
16	26.434	23.999	21.914	20.119	18.563	17.207	16.018	14.044	16
17	26.235	23.843	21.792	20.022	18.486	17.145	15.969	14.011	17
18	26.035	23.687	21.669	19.925	18.409	17.084	15.920	13.979	18
19	25.833	23.528	21.544	19.826	18.330	17.021	15.869	13.947	19
20	25.625	23.364	21.414	19.723	18.249	16.956	15.817	13.912	20
21	25.411	23.195	21.280	19.616	18.163	16.887	15.762	13.876	21
22	25.191	23.020	21.140	19.504	18.073	16.814	15.703	13.837	22
23	24.962	22.837	20.994	19.386	17.977	16.737	15.640	13.795	23
24	24.725	22.646	20.839	19.261	17.876	16.654	15.572	13.748	24
25	24.479	22.447	20.678	19.129	17.768	16.565	15.498	13.698	25
26	24.224	22.240	20.509	18.991	17.654	16.471	15.420	13.643	26
27	23.962	22.025	20.332	18.845	17.533	16.371	15.337	13.585	27
28	23.691	21.803	20.149	18.694	17.407	16.266	15.249	13.522	28
29	23.413	21.574	19.959	18.536	17.275	16.155	15.156	13.455	29
30	23.128	21.337	19.762	18.371	17.138	16.039	15.058	13.385	30
31	22.834	21.093	19.559	18.200	16.994	15.918	14.955	13.310	31
32	22.534	20.842	19.348	18.023	16.844	15.790	14.846	13.230	32
33	22.225	20.583	19.129	17.838	16.687	15.657	14.732	13.145	33
34	21.908	20.315	18.903	17.646	16.523	15.516	14.611	13.056	34
35	21.583	20.040	18.669	17.446	16.352	15.370	14.485	12.961	35
36	21.250	19.757	18.427	17.239	16.174	15.216	14.352	12.860	36
37	20.909	19.466	18.178	17.025	15.989	15.056	14.213	12.754	37
38	20.560	19.166	17.920	16.802	15.796	14.888	14.067	12.642	38
39	20.203	18.859	17.654	16.572	15.596	14.713	13.914	12.524	39
40	19.838	18.543	17.380	16.333	15.388	14.531	13.753	12.399	40
41	19.466	18.220	17.098	16.087	15.172	14.341	13.586	12.267	41
42	19.086	17.888	16.809	15.833	14.948	14.144	13.411	12.129	42
43	18.698	17.549	16.511	15.571	14.717	13.939	13.229	11.985	43
44	18.304	17.203	16.206	15.301	14.478	13.727	13.040	11.833	44
45	17.904	16.850	15.893	15.024	14.231	13.507	12.843	11.675	45
46	17.497	16.490	15.574	14.739	13.977	13.280	12.640	11.510	46
47	17.086	16.124	15.248	14.448	13.717	13.046	12.429	11.338	47
48	16.669	15.753	14.916	14.151	13.449	12.805	12.212	11.159	48
49	16.249	15.377	14.579	13.848	13.176	12.558	11.988	10.975	49
50	15.826	14.997	14.237	13.539	12.897	12.305	11.759	10.784	50

YEARS' PURCHASE SINGLE LIFE: MALES

Nominal rate per cent

Age	3	3.5	4	4.5	5	5.5	6	7	Age
51	15.400	14.613	13.891	13.226	12.613	12.047	11.524	10.588	51
52	14.973	14.227	13.541	12.909	12.325	11.784	11.284	10.387	52
53	14.545	13.840	13.189	12.588	12.032	11.517	11.039	10.180	53
54	14.118	13.452	12.836	12.266	11.737	11.247	10.791	9.970	54
55	13.693	13.064	12.481	11.941	11.440	10.974	10.540	9.756	55
56	13.269	12.677	12.127	11.616	11.141	10.699	10.286	9.539	56
57	12.849	12.291	11.773	11.291	10.841	10.422	10.029	9.319	57
58	12.432	11.908	11.420	10.965	10.540	10.143	9.772	9.096	58
59	12.019	11.528	11.069	10.641	10.240	9.865	9.513	8.872	59
60	11.611	11.151	10.720	10.317	9.940	9.586	9.253	8.646	60
61	11.208	10.777	10.374	9.996	9.641	9.307	8.993	8.419	61
62	10.811	10.408	10.031	9.676	9.343	9.029	8.733	8.191	62
63	10.418	10.043	9.691	9.359	9.046	8.752	8.473	7.962	63
64	10.032	9.682	9.354	9.044	8.751	8.475	8.214	7.732	64
65	9.651	9.326	9.020	8.731	8.458	8.199	7.954	7.502	65
66	9.276	8.975	8.690	8.421	8.166	7.925	7.696	7.272	66
67	8.907	8.628	8.364	8.114	7.876	7.651	7.437	7.041	67
68	8.544	8.286	8.041	7.809	7.589	7.380	7.180	6.810	68
69	8.186	7.949	7.723	7.508	7.304	7.109	6.924	6.579	69
70	7.836	7.617	7.409	7.210	7.021	6.841	6.669	6.348	70
71	7.492	7.291	7.099	6.916	6.742	6.575	6.416	6.118	71
72	7.155	6.970	6.794	6.626	6.465	6.312	6.164	5.888	72
73	6.826	6.657	6.495	6.341	6.193	6.052	5.916	5.661	73
74	6.505	6.350	6.203	6.061	5.926	5.796	5.671	5.435	74
75	6.192	6.052	5.917	5.787	5.663	5.544	5.429	5.213	75
76	5.889	5.761	5.638	5.520	5.407	5.298	5.192	4.994	76
77	5.596	5.480	5.368	5.261	5.157	5.057	4.961	4.779	77
78	5.314	5.209	5.107	5.009	4.915	4.823	4.736	4.569	78
79	5.043	4.947	4.855	4.766	4.680	4.597	4.517	4.364	79
80	4.784	4.697	4.613	4.533	4.454	4.379	4.306	4.167	80
81	4.537	4.458	4.382	4.309	4.238	4.169	4.103	3.976	81
82	4.302	4.231	4.162	4.096	4.031	3.969	3.908	3.792	82
83	4.080	4.016	3.954	3.893	3.835	3.778	3.723	3.617	83
84	3.872	3.813	3.757	3.702	3.649	3.597	3.547	3.450	84
85	3.676	3.623	3.571	3.522	3.473	3.426	3.380	3.292	85
86	3.492	3.444	3.398	3.352	3.308	3.265	3.223	3.143	86
87	3.321	3.278	3.235	3.194	3.154	3.115	3.076	3.003	87
88	3.163	3.123	3.084	3.047	3.010	2.974	2.939	2.872	88
89	3.016	2.980	2.944	2.910	2.876	2.843	2.811	2.749	89
90	2.880	2.847	2.815	2.783	2.752	2.722	2.693	2.636	90
91	2.756	2.725	2.695	2.666	2.638	2.610	2.583	2.530	91
92	2.642	2.613	2.586	2.559	2.533	2.507	2.482	2.433	92
93	2.537	2.511	2.486	2.461	2.436	2.412	2.389	2.344	93
94	2.442	2.417	2.394	2.371	2.348	2.326	2.304	2.262	94
95	2.355	2.332	2.310	2.289	2.267	2.247	2.226	2.187	95
96	2.276	2.255	2.234	2.214	2.194	2.175	2.156	2.119	96
97	2.204	2.184	2.165	2.146	2.127	2.109	2.091	2.056	97
98	2.139	2.120	2.102	2.084	2.066	2.049	2.032	2.000	98
99	2.079	2.062	2.045	2.028	2.011	1.995	1.979	1.948	99
100	2.025	2.008	1.992	1.976	1.960	1.945	1.930	1.900	100

YEARS' PURCHASE SINGLE LIFE: MALES

Nominal rate per cent

Age	8	9	10	11	12	13	14	15	Age
1	12.678	11.350	10.274	9.388	8.645	8.014	7.472	7.001	1
2	12.683	11.356	10.281	9.394	8.651	8.020	7.478	7.007	2
3	12.680	11.356	10.282	9.396	8.653	8.022	7.480	7.009	3
4	12.673	11.352	10.280	9.395	8.653	8.023	7.480	7.010	4
5	12.665	11.347	10.277	9.393	8.652	8.022	7.480	7.010	5
6	12.655	11.341	10.274	9.391	8.650	8.021	7.480	7.009	6
7	12.644	11.334	10.269	9.388	8.648	8.019	7.478	7.009	7
8	12.632	11.326	10.263	9.384	8.645	8.017	7.477	7.007	8
9	12.618	11.317	10.257	9.379	8.642	8.015	7.475	7.006	9
10	12.602	11.306	10.249	9.373	8.638	8.011	7.472	7.003	10
11	12.585	11.294	10.240	9.367	8.633	8.007	7.469	7.001	11
12	12.567	11.281	10.231	9.360	8.627	8.003	7.465	6.997	12
13	12.547	11.267	10.220	9.352	8.620	7.997	7.461	6.994	13
14	12.525	11.251	10.209	9.343	8.613	7.992	7.456	6.989	14
15	12.503	11.235	10.197	9.334	8.606	7.986	7.451	6.985	15
16	12.480	11.219	10.185	9.325	8.599	7.980	7.446	6.981	16
17	12.458	11.204	10.174	9.316	8.593	7.975	7.442	6.978	17
18	12.437	11.189	10.164	9.309	8.588	7.971	7.439	6.975	18
19	12.415	11.175	10.154	9.303	8.583	7.968	7.437	6.974	19
20	12.393	11.160	10.144	9.296	8.578	7.964	7.434	6.972	20
21	12.369	11.144	10.133	9.288	8.573	7.961	7.432	6.970	21
22	12.343	11.126	10.121	9.280	8.567	7.957	7.429	6.968	22
23	12.314	11.106	10.107	9.270	8.560	7.952	7.425	6.966	23
24	12.282	11.084	10.091	9.258	8.552	7.945	7.420	6.962	24
25	12.246	11.058	10.073	9.245	8.542	7.938	7.415	6.957	25
26	12.208	11.030	10.052	9.230	8.530	7.929	7.408	6.952	26
27	12.166	11.000	10.030	9.213	8.517	7.919	7.400	6.946	27
28	12.120	10.967	10.005	9.194	8.502	7.907	7.391	6.938	28
29	12.072	10.931	9.978	9.173	8.486	7.895	7.381	6.930	29
30	12.020	10.892	9.949	9.151	8.469	7.881	7.370	6.921	30
31	11.964	10.850	9.917	9.126	8.450	7.866	7.357	6.911	31
32	11.905	10.805	9.882	9.099	8.429	7.849	7.344	6.900	32
33	11.842	10.757	9.845	9.070	8.406	7.830	7.329	6.888	33
34	11.774	10.705	9.805	9.039	8.380	7.810	7.312	6.874	34
35	11.702	10.650	9.761	9.004	8.353	7.788	7.294	6.859	35
36	11.625	10.590	9.714	8.967	8.322	7.763	7.273	6.842	36
37	11.543	10.526	9.664	8.926	8.289	7.736	7.251	6.823	37
38	11.455	10.457	9.609	8.882	8.254	7.706	7.226	6.802	38
39	11.363	10.384	9.550	8.834	8.214	7.674	7.199	6.779	39
40	11.264	10.305	9.487	8.783	8.172	7.639	7.169	6.754	40
41	11.160	10.221	9.419	8.727	8.126	7.600	7.137	6.727	41
42	11.050	10.132	9.346	8.667	8.076	7.558	7.101	6.696	42
43	10.933	10.038	9.269	8.603	8.022	7.513	7.063	6.663	43
44	10.811	9.938	9.186	8.534	7.964	7.464	7.021	6.627	44
45	10.682	9.832	9.098	8.460	7.902	7.411	6.975	6.588	45
46	10.547	9.720	9.005	8.382	7.835	7.354	6.926	6.545	46
47	10.405	9.602	8.906	8.298	7.764	7.292	6.873	6.499	47
48	10.257	9.479	8.802	8.210	7.688	7.227	6.817	6.449	48
49	10.104	9.349	8.692	8.116	7.608	7.158	6.756	6.396	49
50	9.944	9.215	8.578	8.018	7.523	7.084	6.691	6.339	50

YEARS' PURCHASE SINGLE LIFE: MALES

Nominal rate per cent

Age	8	9	10	11	12	13	14	15	Age
51	9.779	9.075	8.458	7.915	7.434	7.006	6.623	6.279	51
52	9.608	8.929	8.333	7.807	7.340	6.924	6.551	6.215	52
53	9.433	8.780	8.204	7.695	7.242	6.838	6.475	6.148	53
54	9.254	8.625	8.071	7.579	7.141	6.748	6.395	6.077	54
55	9.070	8.467	7.933	7.459	7.035	6.655	6.312	6.003	55
56	8.883	8.305	7.792	7.335	6.926	6.558	6.226	5.925	56
57	8.693	8.139	7.647	7.207	6.813	6.458	6.136	5.845	57
58	8.500	7.971	7.499	7.077	6.697	6.354	6.044	5.762	58
59	8.304	7.799	7.348	6.943	6.578	6.248	5.948	5.675	59
60	8.107	7.626	7.194	6.806	6.456	6.139	5.850	5.587	60
61	7.907	7.450	7.038	6.667	6.332	6.027	5.749	5.495	61
62	7.706	7.271	6.880	6.526	6.205	5.912	5.646	5.401	62
63	7.504	7.091	6.719	6.382	6.075	5.795	5.539	5.305	63
64	7.300	6.909	6.556	6.235	5.943	5.675	5.430	5.205	64
65	7.095	6.726	6.391	6.086	5.808	5.553	5.319	5.103	65
66	6.888	6.541	6.224	5.935	5.671	5.428	5.205	4.999	66
67	6.681	6.354	6.055	5.782	5.531	5.301	5.088	4.891	67
68	6.473	6.165	5.884	5.626	5.389	5.170	4.968	4.781	68
69	6.264	5.975	5.711	5.468	5.245	5.038	4.846	4.669	69
70	6.054	5.785	5.537	5.309	5.098	4.903	4.721	4.553	70
71	5.844	5.593	5.361	5.147	4.949	4.765	4.594	4.435	71
72	5.635	5.401	5.184	4.984	4.798	4.626	4.465	4.315	72
73	5.426	5.208	5.007	4.820	4.646	4.485	4.333	4.192	73
74	5.218	5.017	4.830	4.656	4.493	4.342	4.200	4.068	74
75	5.012	4.826	4.653	4.491	4.340	4.199	4.066	3.942	75
76	4.809	4.637	4.477	4.327	4.187	4.055	3.932	3.815	76
77	4.609	4.451	4.303	4.164	4.034	3.912	3.797	3.688	77
78	4.413	4.267	4.131	4.003	3.882	3.769	3.662	3.562	78
79	4.222	4.088	3.962	3.844	3.733	3.628	3.529	3.436	79
80	4.036	3.913	3.798	3.689	3.586	3.490	3.398	3.311	80
81	3.856	3.744	3.638	3.538	3.443	3.354	3.269	3.188	81
82	3.683	3.580	3.483	3.391	3.304	3.221	3.143	3.069	82
83	3.517	3.423	3.334	3.250	3.169	3.093	3.021	2.952	83
84	3.359	3.273	3.191	3.114	3.040	2.970	2.903	2.839	84
85	3.209	3.130	3.055	2.984	2.916	2.851	2.789	2.731	85
86	3.067	2.994	2.926	2.860	2.797	2.738	2.681	2.626	86
87	2.933	2.867	2.803	2.743	2.685	2.630	2.578	2.527	87
88	2.808	2.747	2.688	2.633	2.579	2.529	2.480	2.433	88
89	2.690	2.634	2.580	2.529	2.480	2.433	2.388	2.344	89
90	2.581	2.529	2.480	2.432	2.387	2.343	2.301	2.261	90
91	2.480	2.432	2.386	2.342	2.300	2.259	2.220	2.183	91
92	2.387	2.342	2.299	2.258	2.219	2.181	2.145	2.110	92
93	2.301	2.259	2.219	2.181	2.144	2.109	2.075	2.042	93
94	2.222	2.183	2.146	2.110	2.075	2.042	2.010	1.979	94
95	2.149	2.113	2.078	2.044	2.012	1.981	1.951	1.922	95
96	2.083	2.049	2.016	1.985	1.954	1.925	1.896	1.869	96
97	2.023	1.991	1.960	1.930	1.901	1.873	1.846	1.820	97
98	1.968	1.937	1.908	1.880	1.852	1.826	1.801	1.776	98
99	1.918	1.889	1.861	1.834	1.808	1.783	1.759	1.735	99
100	1.872	1.844	1.818	1.792	1.768	1.744	1.720	1.698	100

YEARS' PURCHASE SINGLE LIFE: FEMALES

Nominal rate per cent

Age	3	3.5	4	4.5	5	5.5	6	7	Age
1	29.616	26.392	23.727	21.501	19.625	18.030	16.661	14.445	1
2	29.530	26.335	23.690	21.479	19.613	18.024	16.659	14.449	2
3	29.427	26.264	23.641	21.445	19.589	18.008	16.649	14.445	3
4	29.316	26.186	23.586	21.406	19.562	17.989	16.636	14.439	4
5	29.198	26.101	23.525	21.363	19.531	17.966	16.620	14.431	5
6	29.074	26.012	23.461	21.316	19.497	17.941	16.601	14.421	6
7	28.944	25.918	23.392	21.265	19.459	17.914	16.581	14.409	7
8	28.810	25.819	23.319	21.211	19.419	17.884	16.558	14.396	8
9	28.670	25.717	23.243	21.155	19.377	17.851	16.533	14.381	9
10	28.525	25.609	23.163	21.095	19.331	17.817	16.507	14.366	10
11	28.376	25.498	23.080	21.031	19.283	17.780	16.478	14.348	11
12	28.221	25.382	22.992	20.965	19.233	17.741	16.448	14.329	12
13	28.062	25.263	22.902	20.896	19.180	17.700	16.416	14.310	13
14	27.899	25.139	22.808	20.824	19.124	17.657	16.383	14.288	14
15	27.731	25.012	22.711	20.750	19.066	17.612	16.347	14.266	15
16	27.559	24.880	22.610	20.672	19.006	17.565	16.310	14.242	16
17	27.383	24.745	22.506	20.591	18.943	17.516	16.271	14.218	17
18	27.202	24.606	22.399	20.508	18.878	17.464	16.230	14.191	18
19	27.016	24.463	22.287	20.421	18.810	17.410	16.188	14.164	19
20	26.825	24.315	22.172	20.331	18.739	17.354	16.143	14.135	20
21	26.629	24.163	22.053	20.237	18.664	17.295	16.095	14.104	21
22	26.427	24.005	21.929	20.139	18.586	17.232	16.045	14.071	22
23	26.219	23.842	21.800	20.036	18.505	17.167	15.992	14.035	23
24	26.006	23.673	21.666	19.930	18.419	17.098	15.936	13.998	24
25	25.787	23.499	21.528	19.819	18.330	17.025	15.877	13.958	25
26	25.561	23.320	21.384	19.703	18.236	16.949	15.815	13.916	26
27	25.330	23.134	21.235	19.583	18.139	16.870	15.750	13.871	27
28	25.092	22.943	21.081	19.458	18.036	16.786	15.681	13.824	28
29	24.847	22.746	20.921	19.327	17.930	16.698	15.608	13.773	29
30	24.597	22.543	20.755	19.192	17.819	16.606	15.532	13.720	30
31	24.340	22.334	20.585	19.052	17.703	16.510	15.452	13.663	31
32	24.077	22.119	20.408	18.906	17.582	16.410	15.368	13.604	32
33	23.806	21.897	20.225	18.755	17.456	16.305	15.279	13.540	33
34	23.530	21.669	20.037	18.598	17.325	16.195	15.187	13.474	34
35	23.247	21.435	19.842	18.436	17.189	16.080	15.090	13.404	35
36	22.957	21.194	19.641	18.268	17.048	15.961	14.989	13.330	36
37	22.661	20.947	19.434	18.093	16.901	15.836	14.883	13.252	37
38	22.358	20.693	19.221	17.913	16.748	15.707	14.772	13.170	38
39	22.048	20.433	19.001	17.727	16.590	15.572	14.656	13.084	39
40	21.732	20.166	18.775	17.535	16.426	15.431	14.535	12.994	40
41	21.409	19.893	18.542	17.337	16.256	15.285	14.409	12.899	41
42	21.080	19.612	18.303	17.132	16.080	15.133	14.278	12.800	42
43	20.744	19.325	18.057	16.920	15.898	14.976	14.141	12.696	43
44	20.401	19.032	17.805	16.703	15.709	14.812	13.999	12.587	44
45	20.052	18.731	17.546	16.478	15.515	14.642	13.850	12.472	45
46	19.696	18.424	17.280	16.247	15.313	14.466	13.696	12.353	46
47	19.334	18.110	17.006	16.009	15.105	14.284	13.535	12.227	47
48	18.965	17.789	16.726	15.764	14.890	14.094	13.369	12.096	48
49	18.590	17.461	16.439	15.512	14.668	13.898	13.195	11.960	49
50	18.208	17.126	16.145	15.252	14.439	13.695	13.015	11.816	50

YEARS' PURCHASE SINGLE LIFE: FEMALES

Nominal rate per cent

Age	3	3.5	4	4.5	5	5.5	6	7	Age
51	17.819	16.784	15.843	14.985	14.202	13.485	12.828	11.667	51
52	17.424	16.435	15.534	14.711	13.958	13.268	12.633	11.511	52
53	17.023	16.079	15.218	14.430	13.707	13.043	12.432	11.348	53
54	16.615	15.717	14.895	14.141	13.449	12.811	12.223	11.178	54
55	16.202	15.348	14.565	13.845	13.183	12.572	12.007	11.001	55
56	15.783	14.973	14.228	13.542	12.909	12.325	11.784	10.816	56
57	15.359	14.591	13.884	13.231	12.628	12.070	11.553	10.625	57
58	14.929	14.203	13.533	12.914	12.340	11.808	11.314	10.426	58
59	14.495	13.810	13.177	12.590	12.045	11.539	11.068	10.219	59
60	14.057	13.412	12.814	12.259	11.743	11.263	10.815	10.006	60
61	13.616	13.009	12.446	11.922	11.435	10.980	10.555	9.785	61
62	13.171	12.602	12.073	11.580	11.120	10.690	10.287	9.557	62
63	12.724	12.192	11.696	11.233	10.800	10.394	10.014	9.322	63
64	12.275	11.779	11.315	10.881	10.474	10.093	9.735	9.081	64
65	11.826	11.364	10.931	10.525	10.144	9.786	9.450	8.833	65
66	11.377	10.948	10.545	10.166	9.811	9.475	9.160	8.580	66
67	10.929	10.531	10.157	9.805	9.474	9.161	8.866	8.322	67
68	10.484	10.116	9.770	9.443	9.135	8.843	8.568	8.060	68
69	10.041	9.702	9.382	9.080	8.794	8.524	8.267	7.793	69
70	9.603	9.292	8.997	8.718	8.454	8.203	7.965	7.524	70
71	9.171	8.885	8.614	8.357	8.114	7.882	7.662	7.253	71
72	8.745	8.484	8.236	8.000	7.775	7.562	7.359	6.980	72
73	8.327	8.089	7.862	7.646	7.440	7.244	7.057	6.707	73
74	7.918	7.701	7.494	7.297	7.108	6.929	6.757	6.435	74
75	7.519	7.322	7.133	6.953	6.782	6.617	6.460	6.165	75
76	7.130	6.952	6.781	6.617	6.461	6.311	6.167	5.897	76
77	6.754	6.592	6.437	6.289	6.147	6.010	5.879	5.632	77
78	6.390	6.244	6.104	5.970	5.841	5.717	5.598	5.373	78
79	6.039	5.908	5.782	5.661	5.544	5.432	5.323	5.119	79
80	5.703	5.585	5.471	5.362	5.257	5.155	5.057	4.871	80
81	5.381	5.275	5.173	5.075	4.980	4.888	4.799	4.631	81
82	5.074	4.979	4.888	4.799	4.714	4.631	4.551	4.399	82
83	4.783	4.698	4.616	4.536	4.459	4.385	4.313	4.175	83
84	4.508	4.431	4.358	4.286	4.217	4.150	4.085	3.961	84
85	4.248	4.180	4.114	4.049	3.987	3.927	3.869	3.757	85
86	4.004	3.943	3.883	3.826	3.770	3.716	3.663	3.562	86
87	3.775	3.721	3.667	3.616	3.566	3.517	3.470	3.378	87
88	3.562	3.513	3.465	3.419	3.374	3.330	3.287	3.205	88
89	3.364	3.320	3.277	3.236	3.195	3.155	3.117	3.043	89
90	3.181	3.141	3.102	3.065	3.028	2.993	2.958	2.891	90
91	3.011	2.976	2.941	2.907	2.874	2.841	2.810	2.749	91
92	2.855	2.823	2.792	2.761	2.731	2.702	2.673	2.618	92
93	2.712	2.683	2.655	2.627	2.599	2.573	2.547	2.496	93
94	2.582	2.555	2.529	2.504	2.479	2.455	2.431	2.385	94
95	2.462	2.438	2.414	2.391	2.368	2.346	2.324	2.282	95
96	2.354	2.332	2.310	2.289	2.268	2.247	2.227	2.189	96
97	2.256	2.235	2.215	2.196	2.176	2.158	2.139	2.103	97
98	2.166	2.148	2.129	2.111	2.093	2.076	2.059	2.026	98
99	2.086	2.068	2.051	2.034	2.018	2.002	1.986	1.955	99
100	2.012	1.996	1.980	1.965	1.949	1.934	1.919	1.891	100

YEARS' PURCHASE SINGLE LIFE: FEMALES

Nominal rate per cent

Age	8	9	10	11	12	13	14	15	Age
1	12.740	11.393	10.306	9.412	8.664	8.029	7.485	7.012	1
2	12.746	11.400	10.313	9.418	8.670	8.035	7.490	7.017	2
3	12.745	11.401	10.315	9.420	8.672	8.037	7.492	7.019	3
4	12.743	11.401	10.315	9.422	8.674	8.039	7.494	7.021	4
5	12.739	11.399	10.315	9.422	8.674	8.040	7.495	7.022	5
6	12.733	11.396	10.313	9.421	8.674	8.040	7.495	7.022	6
7	12.727	11.392	10.311	9.420	8.673	8.039	7.495	7.022	7
8	12.719	11.387	10.308	9.418	8.672	8.039	7.494	7.022	8
9	12.710	11.382	10.304	9.415	8.670	8.037	7.493	7.021	9
10	12.700	11.375	10.300	9.412	8.668	8.036	7.492	7.020	10
11	12.689	11.368	10.295	9.409	8.666	8.034	7.491	7.019	11
12	12.677	11.360	10.290	9.405	8.663	8.032	7.489	7.018	12
13	12.664	11.352	10.284	9.401	8.660	8.029	7.487	7.016	13
14	12.651	11.342	10.277	9.396	8.656	8.027	7.485	7.014	14
15	12.636	11.332	10.270	9.391	8.652	8.024	7.483	7.012	15
16	12.620	11.322	10.263	9.386	8.648	8.021	7.480	7.011	16
17	12.604	11.311	10.255	9.380	8.644	8.017	7.478	7.009	17
18	12.587	11.299	10.247	9.374	8.640	8.014	7.475	7.006	18
19	12.569	11.287	10.239	9.368	8.635	8.011	7.472	7.004	19
20	12.549	11.273	10.229	9.361	8.630	8.007	7.470	7.002	20
21	12.528	11.259	10.219	9.354	8.625	8.003	7.466	6.999	21
22	12.506	11.244	10.208	9.346	8.619	7.998	7.463	6.996	22
23	12.482	11.227	10.196	9.337	8.612	7.993	7.459	6.993	23
24	12.456	11.209	10.183	9.327	8.605	7.987	7.454	6.990	24
25	12.429	11.189	10.169	9.317	8.597	7.981	7.449	6.986	25
26	12.400	11.168	10.154	9.306	8.588	7.974	7.444	6.981	26
27	12.368	11.146	10.137	9.293	8.579	7.967	7.438	6.977	27
28	12.335	11.122	10.119	9.280	8.568	7.959	7.431	6.971	28
29	12.299	11.096	10.100	9.265	8.557	7.950	7.424	6.965	29
30	12.260	11.068	10.079	9.249	8.544	7.940	7.416	6.959	30
31	12.220	11.038	10.057	9.232	8.531	7.929	7.408	6.952	31
32	12.177	11.006	10.033	9.213	8.517	7.918	7.398	6.944	32
33	12.131	10.972	10.007	9.193	8.501	7.905	7.388	6.936	33
34	12.082	10.935	9.979	9.172	8.484	7.892	7.377	6.926	34
35	12.030	10.896	9.949	9.149	8.466	7.877	7.365	6.916	35
36	11.975	10.855	9.917	9.124	8.446	7.861	7.352	6.906	36
37	11.917	10.811	9.883	9.097	8.425	7.844	7.338	6.894	37
38	11.856	10.764	9.847	9.069	8.402	7.825	7.322	6.881	38
39	11.791	10.714	9.808	9.038	8.377	7.805	7.306	6.867	39
40	11.722	10.662	9.767	9.005	8.351	7.784	7.288	6.852	40
41	11.650	10.606	9.723	8.970	8.322	7.760	7.269	6.836	41
42	11.574	10.546	9.676	8.933	8.292	7.735	7.248	6.819	42
43	11.493	10.483	9.626	8.893	8.259	7.709	7.226	6.800	43
44	11.409	10.417	9.573	8.850	8.225	7.680	7.202	6.780	44
45	11.320	10.346	9.517	8.804	8.187	7.649	7.176	6.758	45
46	11.226	10.272	9.457	8.756	8.147	7.616	7.148	6.734	46
47	11.127	10.193	9.394	8.704	8.105	7.580	7.118	6.709	47
48	11.023	10.110	9.326	8.649	8.059	7.542	7.086	6.682	48
49	10.914	10.022	9.254	8.590	8.010	7.501	7.051	6.652	49
50	10.799	9.929	9.178	8.527	7.957	7.457	7.014	6.620	50

YEARS' PURCHASE SINGLE LIFE: FEMALES

Nominal rate per cent

Age	8	9	10	11	12	13	14	15	Age
51	10.678	9.830	9.097	8.460	7.901	7.409	6.974	6.585	51
52	10.551	9.726	9.011	8.388	7.841	7.358	6.930	6.548	52
53	10.418	9.617	8.921	8.312	7.777	7.304	6.883	6.507	53
54	10.279	9.501	8.824	8.231	7.708	7.245	6.833	6.464	54
55	10.133	9.380	8.722	8.145	7.635	7.182	6.779	6.417	55
56	9.980	9.252	8.614	8.053	7.557	7.115	6.720	6.366	56
57	9.820	9.117	8.500	7.956	7.473	7.043	6.658	6.311	57
58	9.653	8.976	8.380	7.853	7.384	6.966	6.590	6.252	58
59	9.478	8.828	8.253	7.744	7.290	6.883	6.518	6.189	59
60	9.297	8.672	8.120	7.628	7.190	6.796	6.441	6.121	60
61	9.108	8.510	7.980	7.507	7.083	6.703	6.359	6.048	61
62	8.912	8.341	7.833	7.379	6.971	6.604	6.271	5.970	62
63	8.710	8.165	7.680	7.244	6.852	6.499	6.178	5.886	63
64	8.500	7.983	7.520	7.103	6.728	6.388	6.079	5.798	64
65	8.284	7.794	7.353	6.956	6.597	6.271	5.974	5.704	65
66	8.063	7.598	7.180	6.802	6.460	6.148	5.864	5.604	66
67	7.835	7.397	7.001	6.643	6.317	6.020	5.748	5.499	67
68	7.603	7.190	6.817	6.477	6.168	5.886	5.627	5.389	68
69	7.366	6.978	6.627	6.307	6.014	5.746	5.500	5.273	69
70	7.125	6.762	6.432	6.131	5.855	5.601	5.368	5.153	70
71	6.881	6.543	6.234	5.951	5.691	5.452	5.231	5.027	71
72	6.635	6.320	6.032	5.767	5.523	5.298	5.090	4.897	72
73	6.388	6.096	5.827	5.580	5.352	5.141	4.945	4.763	73
74	6.140	5.870	5.620	5.390	5.177	4.980	4.796	4.626	74
75	5.893	5.643	5.412	5.199	5.001	4.816	4.645	4.485	75
76	5.647	5.417	5.204	5.006	4.822	4.651	4.491	4.342	76
77	5.404	5.193	4.996	4.814	4.643	4.485	4.336	4.197	77
78	5.164	4.970	4.790	4.622	4.465	4.318	4.180	4.051	78
79	4.929	4.751	4.586	4.432	4.287	4.151	4.024	3.904	79
80	4.698	4.537	4.385	4.244	4.111	3.986	3.868	3.757	80
81	4.474	4.327	4.189	4.059	3.937	3.822	3.714	3.612	81
82	4.256	4.122	3.997	3.878	3.767	3.661	3.562	3.468	82
83	4.046	3.925	3.810	3.702	3.600	3.504	3.413	3.326	83
84	3.844	3.734	3.630	3.532	3.439	3.351	3.267	3.187	84
85	3.651	3.551	3.457	3.367	3.282	3.202	3.125	3.053	85
86	3.467	3.376	3.291	3.209	3.132	3.059	2.989	2.922	86
87	3.292	3.210	3.132	3.059	2.988	2.921	2.857	2.796	87
88	3.127	3.053	2.982	2.915	2.851	2.790	2.731	2.676	88
89	2.972	2.905	2.840	2.779	2.721	2.665	2.612	2.561	89
90	2.827	2.765	2.707	2.651	2.598	2.547	2.498	2.451	90
91	2.691	2.635	2.582	2.531	2.483	2.436	2.391	2.348	91
92	2.565	2.514	2.466	2.419	2.375	2.332	2.291	2.251	92
93	2.448	2.402	2.358	2.315	2.274	2.235	2.197	2.161	93
94	2.341	2.298	2.258	2.218	2.181	2.145	2.110	2.076	94
95	2.242	2.203	2.165	2.129	2.095	2.061	2.029	1.998	95
96	2.151	2.115	2.081	2.048	2.015	1.985	1.955	1.926	96
97	2.069	2.035	2.003	1.973	1.943	1.914	1.886	1.860	97
98	1.994	1.963	1.933	1.904	1.876	1.850	1.824	1.799	98
99	1.925	1.896	1.869	1.842	1.816	1.791	1.767	1.743	99
100	1.863	1.836	1.810	1.785	1.761	1.737	1.714	1.692	100

TABLE 20

YEARS' PURCHASE FOR THE LONGER OF TWO LIVES

Males and Males
Males (Older) and Females
Females (Older) and Males
Females and Females

Ages   5 – 80 (younger) @ 5 year steps
               5 – 100 (older) @ 5 year steps

Interest rates   3 – 6% @ 0.5%
                  6 – 15% @ 1%

YEARS' PURCHASE FOR LONGER OF TWO LIVES: MALES AND MALES

Nominal rate per cent

Ages		3	3.5	4	4.5	5	5.5	6	7	Ages	
5	5	29.679	26.491	23.843	21.622	19.745	18.144	16.767	14.536	5	5
5	10	29.401	26.292	23.700	21.519	19.670	18.090	16.728	14.515	5	10
5	15	29.165	26.120	23.573	21.427	19.602	18.039	16.691	14.494	5	15
5	20	28.976	25.979	23.468	21.347	19.542	17.994	16.657	14.474	5	20
5	25	28.828	25.866	23.382	21.281	19.492	17.955	16.626	14.456	5	25
5	30	28.714	25.777	23.312	21.227	19.448	17.921	16.599	14.438	5	30
5	35	28.627	25.708	23.256	21.181	19.412	17.891	16.575	14.422	5	35
5	40	28.560	25.652	23.210	21.143	19.380	17.864	16.553	14.406	5	40
5	45	28.506	25.607	23.172	21.111	19.352	17.841	16.532	14.391	5	45
5	50	28.464	25.570	23.140	21.083	19.328	17.820	16.514	14.377	5	50
5	55	28.430	25.540	23.114	21.060	19.308	17.801	16.498	14.364	5	55
5	60	28.404	25.517	23.093	21.041	19.291	17.786	16.484	14.353	5	60
5	65	28.385	25.499	23.077	21.027	19.278	17.774	16.473	14.344	5	65
5	70	28.371	25.487	23.066	21.016	19.268	17.765	16.464	14.337	5	70
5	75	28.362	25.479	23.058	21.009	19.261	17.759	16.458	14.331	5	75
5	80	28.356	25.473	23.052	21.004	19.256	17.754	16.454	14.327	5	80
5	85	28.353	25.470	23.049	21.001	19.253	17.751	16.451	14.325	5	85
5	90	28.351	25.468	23.047	20.999	19.251	17.750	16.450	14.323	5	90
5	95	28.350	25.467	23.046	20.998	19.250	17.749	16.449	14.322	5	95
5	100	28.349	25.466	23.046	20.997	19.250	17.748	16.448	14.322	5	100
10	10	29.039	26.032	23.512	21.383	19.571	18.018	16.675	14.486	10	10
10	15	28.717	25.795	23.338	21.255	19.476	17.947	16.623	14.457	10	15
10	20	28.447	25.593	23.186	21.141	19.390	17.882	16.573	14.428	10	20
10	25	28.229	25.427	23.059	21.043	19.315	17.824	16.528	14.401	10	25
10	30	28.059	25.295	22.955	20.962	19.251	17.773	16.488	14.375	10	30
10	35	27.931	25.192	22.873	20.895	19.197	17.730	16.453	14.352	10	35
10	40	27.834	25.113	22.808	20.842	19.153	17.693	16.422	14.330	10	40
10	45	27.761	25.051	22.756	20.798	19.116	17.661	16.395	14.310	10	45
10	50	27.705	25.003	22.714	20.762	19.084	17.634	16.371	14.292	10	50
10	55	27.662	24.965	22.681	20.732	19.058	17.611	16.351	14.276	10	55
10	60	27.629	24.936	22.655	20.709	19.037	17.592	16.334	14.262	10	60
10	65	27.605	24.914	22.635	20.691	19.021	17.577	16.320	14.250	10	65
10	70	27.588	24.898	22.620	20.677	19.008	17.565	16.309	14.241	10	70
10	75	27.577	24.887	22.610	20.667	18.999	17.557	16.301	14.234	10	75
10	80	27.569	24.880	22.603	20.661	18.993	17.551	16.296	14.229	10	80
10	85	27.565	24.877	22.600	20.658	18.990	17.548	16.293	14.226	10	85
10	90	27.563	24.875	22.598	20.656	18.988	17.546	16.291	14.225	10	90
10	95	27.562	24.874	22.597	20.655	18.987	17.545	16.290	14.224	10	95
10	100	27.562	24.873	22.596	20.655	18.987	17.545	16.290	14.224	10	100
15	15	28.296	25.485	23.108	21.084	19.349	17.852	16.552	14.416	15	15
15	20	27.927	25.207	22.899	20.926	19.230	17.761	16.482	14.376	15	20
15	25	27.614	24.968	22.715	20.785	19.121	17.677	16.417	14.336	15	25
15	30	27.362	24.771	22.561	20.663	19.025	17.601	16.357	14.298	15	30
15	35	27.168	24.616	22.436	20.563	18.944	17.536	16.304	14.262	15	35
15	40	27.022	24.496	22.338	20.483	18.877	17.481	16.258	14.231	15	40
15	45	26.914	24.406	22.262	20.419	18.823	17.435	16.219	14.202	15	45
15	50	26.834	24.338	22.203	20.368	18.779	17.397	16.186	14.177	15	50
15	55	26.776	24.286	22.158	20.328	18.744	17.365	16.158	14.155	15	55
15	60	26.732	24.247	22.123	20.296	18.716	17.340	16.135	14.136	15	60
15	65	26.700	24.218	22.096	20.272	18.693	17.319	16.116	14.120	15	65

YEARS' PURCHASE FOR LONGER OF TWO LIVES: MALES AND MALES

Nominal rate per cent

Ages		3	3.5	4	4.5	5	5.5	6	7	Ages	
15	70	26.676	24.196	22.076	20.253	18.676	17.303	16.101	14.107	15	70
15	75	26.660	24.180	22.061	20.239	18.663	17.291	16.089	14.097	15	75
15	80	26.649	24.170	22.051	20.230	18.654	17.282	16.081	14.089	15	80
15	85	26.642	24.163	22.045	20.224	18.648	17.276	16.076	14.084	15	85
15	90	26.638	24.159	22.041	20.220	18.645	17.273	16.073	14.081	15	90
15	95	26.636	24.157	22.040	20.218	18.643	17.272	16.071	14.080	15	95
15	100	26.635	24.156	22.039	20.217	18.642	17.271	16.070	14.079	15	100
20	20	27.445	24.844	22.624	20.717	19.070	17.640	16.389	14.321	20	20
20	25	27.019	24.516	22.371	20.522	18.919	17.522	16.297	14.264	20	25
20	30	26.658	24.233	22.148	20.346	18.780	17.412	16.210	14.208	20	30
20	35	26.371	24.003	21.964	20.198	18.661	17.315	16.131	14.156	20	35
20	40	26.153	23.825	21.818	20.078	18.562	17.233	16.064	14.110	20	40
20	45	25.993	23.691	21.706	19.984	18.482	17.166	16.007	14.069	20	45
20	50	25.878	23.593	21.622	19.912	18.421	17.113	15.961	14.034	20	50
20	55	25.798	23.524	21.561	19.858	18.373	17.072	15.924	14.005	20	55
20	60	25.743	23.474	21.517	19.819	18.338	17.040	15.896	13.982	20	60
20	65	25.704	23.439	21.484	19.789	18.311	17.015	15.873	13.963	20	65
20	70	25.677	23.413	21.461	19.768	18.291	16.997	15.856	13.948	20	70
20	75	25.658	23.396	21.445	19.752	18.276	16.983	15.843	13.937	20	75
20	80	25.645	23.384	21.433	19.741	18.266	16.973	15.834	13.928	20	80
20	85	25.637	23.376	21.426	19.735	18.260	16.967	15.828	13.922	20	85
20	90	25.633	23.372	21.422	19.730	18.256	16.963	15.824	13.919	20	90
20	95	25.630	23.370	21.420	19.728	18.253	16.961	15.822	13.917	20	95
20	100	25.629	23.368	21.418	19.727	18.252	16.959	15.821	13.916	20	100
25	25	26.463	24.086	22.037	20.262	18.717	17.363	16.173	14.187	25	25
25	30	25.969	23.697	21.730	20.019	18.523	17.209	16.050	14.108	25	30
25	35	25.557	23.366	21.463	19.804	18.349	17.068	15.936	14.032	25	35
25	40	25.231	23.099	21.245	19.624	18.201	16.946	15.834	13.962	25	40
25	45	24.988	22.896	21.075	19.482	18.081	16.845	15.749	13.900	25	45
25	50	24.815	22.749	20.949	19.374	17.989	16.765	15.680	13.849	25	50
25	55	24.697	22.646	20.859	19.295	17.920	16.705	15.627	13.808	25	55
25	60	24.619	22.576	20.797	19.240	17.871	16.661	15.588	13.776	25	60
25	65	24.567	22.530	20.755	19.202	17.836	16.630	15.559	13.753	25	65
25	70	24.534	22.499	20.727	19.176	17.812	16.607	15.539	13.735	25	70
25	75	24.512	22.479	20.708	19.158	17.795	16.592	15.524	13.722	25	75
25	80	24.498	22.466	20.696	19.147	17.785	16.581	15.514	13.713	25	80
25	85	24.490	22.458	20.689	19.140	17.778	16.575	15.508	13.707	25	85
25	90	24.486	22.454	20.684	19.136	17.774	16.571	15.504	13.704	25	90
25	95	24.484	22.452	20.682	19.134	17.772	16.569	15.503	13.702	25	95
25	100	24.482	22.451	20.681	19.132	17.771	16.568	15.501	13.701	25	100
30	30	25.323	23.184	21.323	19.695	18.264	17.002	15.884	14.000	30	30
30	35	24.754	22.725	20.951	19.393	18.019	16.803	15.721	13.890	30	35
30	40	24.282	22.338	20.632	19.130	17.801	16.621	15.570	13.786	30	40
30	45	23.914	22.030	20.373	18.912	17.618	16.467	15.439	13.691	30	45
30	50	23.644	21.799	20.176	18.743	17.473	16.342	15.331	13.610	30	50
30	55	23.456	21.636	20.034	18.619	17.364	16.247	15.248	13.546	30	55
30	60	23.332	21.526	19.937	18.532	17.287	16.178	15.186	13.496	30	60
30	65	23.253	21.454	19.872	18.474	17.234	16.130	15.143	13.460	30	65
30	70	23.203	21.408	19.830	18.435	17.198	16.097	15.112	13.434	30	70
30	75	23.171	21.379	19.803	18.410	17.174	16.075	15.092	13.416	30	75

YEARS' PURCHASE FOR LONGER OF TWO LIVES: MALES AND MALES

Nominal rate per cent

Ages		3	3.5	4	4.5	5	5.5	6	7	Ages	
30	80	23.153	21.362	19.786	18.394	17.159	16.060	15.078	13.404	30	80
30	85	23.142	21.351	19.776	18.385	17.151	16.052	15.070	13.396	30	85
30	90	23.136	21.346	19.771	18.380	17.146	16.047	15.065	13.392	30	90
30	95	23.133	21.343	19.768	18.377	17.143	16.045	15.063	13.390	30	95
30	100	23.132	21.341	19.766	18.375	17.142	16.043	15.061	13.388	30	100
35	35	24.008	22.120	20.459	18.992	17.691	16.533	15.500	13.740	35	35
35	40	23.356	21.582	20.013	18.622	17.383	16.276	15.285	13.589	35	40
35	45	22.820	21.131	19.633	18.301	17.111	16.046	15.089	13.446	35	45
35	50	22.408	20.778	19.330	18.040	16.887	15.853	14.922	13.320	35	50
35	55	22.111	20.519	19.105	17.843	16.714	15.701	14.788	13.217	35	55
35	60	21.910	20.341	18.946	17.702	16.589	15.589	14.688	13.137	35	60
35	65	21.780	20.224	18.840	17.607	16.502	15.510	14.617	13.078	35	65
35	70	21.698	20.149	18.772	17.544	16.444	15.457	14.568	13.036	35	70
35	75	21.649	20.103	18.729	17.504	16.407	15.422	14.535	13.007	35	75
35	80	21.620	20.076	18.703	17.479	16.384	15.401	14.515	12.989	35	80
35	85	21.604	20.060	18.689	17.465	16.371	15.388	14.502	12.977	35	85
35	90	21.596	20.052	18.681	17.458	16.364	15.381	14.496	12.971	35	90
35	95	21.591	20.048	18.677	17.454	16.360	15.377	14.492	12.968	35	95
35	100	21.589	20.046	18.675	17.452	16.358	15.375	14.490	12.966	35	100
40	40	22.501	20.871	19.421	18.128	16.970	15.930	14.993	13.381	40	40
40	45	21.759	20.244	18.890	17.677	16.586	15.602	14.714	13.176	40	45
40	50	21.158	19.727	18.444	17.292	16.253	15.314	14.463	12.986	40	50
40	55	20.703	19.330	18.096	16.987	15.985	15.078	14.255	12.823	40	55
40	60	20.382	19.044	17.842	16.760	15.783	14.897	14.093	12.692	40	60
40	65	20.168	18.850	17.667	16.602	15.639	14.767	13.974	12.594	40	65
40	70	20.031	18.725	17.552	16.495	15.541	14.677	13.891	12.523	40	70
40	75	19.947	18.647	17.479	16.428	15.478	14.617	13.836	12.475	40	75
40	80	19.898	18.601	17.436	16.387	15.439	14.581	13.802	12.444	40	80
40	85	19.872	18.576	17.412	16.364	15.417	14.560	13.781	12.425	40	85
40	90	19.858	18.563	17.399	16.352	15.406	14.549	13.771	12.415	40	90
40	95	19.851	18.556	17.393	16.345	15.399	14.543	13.765	12.410	40	95
40	100	19.847	18.552	17.389	16.342	15.396	14.539	13.762	12.407	40	100
45	45	20.789	19.419	18.187	17.076	16.072	15.162	14.335	12.894	45	45
45	50	19.959	18.702	17.566	16.537	15.603	14.754	13.979	12.621	45	50
45	55	19.298	18.121	17.055	16.087	15.206	14.403	13.668	12.376	45	55
45	60	18.808	17.684	16.665	15.738	14.893	14.122	13.415	12.171	45	60
45	65	18.465	17.374	16.384	15.483	14.661	13.911	13.223	12.011	45	65
45	70	18.237	17.164	16.191	15.305	14.498	13.760	13.084	11.891	45	70
45	75	18.094	17.031	16.066	15.189	14.389	13.658	12.988	11.808	45	75
45	80	18.009	16.951	15.991	15.118	14.322	13.594	12.928	11.753	45	80
45	85	17.963	16.907	15.949	15.077	14.283	13.557	12.893	11.721	45	85
45	90	17.938	16.883	15.926	15.056	14.262	13.537	12.873	11.703	45	90
45	95	17.926	16.871	15.915	15.045	14.252	13.527	12.863	11.694	45	95
45	100	17.920	16.865	15.909	15.039	14.246	13.521	12.858	11.688	45	100
50	50	18.879	17.764	16.749	15.825	14.981	14.209	13.500	12.250	50	50
50	55	17.975	16.966	16.044	15.201	14.427	13.717	13.062	11.902	50	55
50	60	17.270	16.334	15.478	14.692	13.970	13.305	12.691	11.598	50	60
50	65	16.752	15.865	15.051	14.303	13.615	12.981	12.395	11.350	50	65
50	70	16.392	15.533	14.745	14.021	13.354	12.739	12.171	11.158	50	70
50	75	16.156	15.312	14.539	13.828	13.174	12.570	12.013	11.018	50	75

YEARS' PURCHASE FOR LONGER OF TWO LIVES: MALES AND MALES

Nominal rate per cent

Ages		3	3.5	4	4.5	5	5.5	6	7	Ages	
50	80	16.012	15.176	14.410	13.706	13.058	12.461	11.909	10.925	50	80
50	85	15.931	15.099	14.336	13.635	12.991	12.396	11.847	10.868	50	85
50	90	15.888	15.058	14.296	13.597	12.954	12.361	11.813	10.836	50	90
50	95	15.866	15.036	14.276	13.577	12.934	12.342	11.794	10.819	50	95
50	100	15.854	15.025	14.264	13.566	12.924	12.332	11.785	10.809	50	100
55	55	16.813	15.936	15.130	14.387	13.702	13.070	12.484	11.437	55	55
55	60	15.863	15.082	14.361	13.694	13.077	12.504	11.971	11.015	55	60
55	65	15.134	14.417	13.754	13.140	12.569	12.039	11.546	10.656	55	65
55	70	14.603	13.927	13.301	12.720	12.180	11.678	11.211	10.366	55	70
55	75	14.239	13.586	12.982	12.421	11.900	11.415	10.963	10.147	55	75
55	80	14.009	13.368	12.775	12.225	11.714	11.239	10.796	9.996	55	80
55	85	13.875	13.240	12.653	12.108	11.602	11.131	10.693	9.901	55	85
55	90	13.802	13.170	12.586	12.043	11.540	11.071	10.634	9.847	55	90
55	95	13.765	13.134	12.550	12.009	11.506	11.039	10.603	9.817	55	95
55	100	13.744	13.114	12.531	11.990	11.488	11.021	10.586	9.801	55	100
60	60	14.664	14.000	13.383	12.808	12.274	11.775	11.309	10.465	60	60
60	65	13.701	13.120	12.577	12.070	11.596	11.152	10.736	9.979	60	65
60	70	12.970	12.443	11.949	11.488	11.055	10.649	10.268	9.572	60	70
60	75	12.449	11.954	11.491	11.057	10.650	10.268	9.910	9.254	60	75
60	80	12.107	11.630	11.183	10.765	10.373	10.005	9.659	9.026	60	80
60	85	11.902	11.434	10.995	10.585	10.200	9.839	9.500	8.880	60	85
60	90	11.789	11.324	10.890	10.483	10.102	9.744	9.408	8.794	60	90
60	95	11.729	11.266	10.833	10.428	10.049	9.692	9.358	8.747	60	95
60	100	11.696	11.234	10.802	10.398	10.019	9.664	9.330	8.720	60	100
65	65	12.506	12.023	11.570	11.144	10.743	10.366	10.011	9.359	65	65
65	70	11.559	11.144	10.752	10.384	10.035	9.706	9.395	8.822	65	70
65	75	10.857	10.484	10.132	9.800	9.486	9.188	8.907	8.387	65	75
65	80	10.380	10.031	9.702	9.391	9.096	8.818	8.554	8.066	65	80
65	85	10.086	9.750	9.432	9.132	8.848	8.579	8.325	7.854	65	85
65	90	9.920	9.590	9.277	8.982	8.704	8.440	8.190	7.728	65	90
65	95	9.831	9.503	9.193	8.901	8.624	8.362	8.115	7.657	65	95
65	100	9.782	9.455	9.146	8.855	8.580	8.319	8.073	7.617	65	100
70	70	10.396	10.061	9.743	9.442	9.156	8.885	8.627	8.148	70	70
70	75	9.497	9.214	8.945	8.690	8.446	8.214	7.993	7.581	70	75
70	80	8.863	8.611	8.371	8.143	7.925	7.717	7.519	7.149	70	80
70	85	8.460	8.225	8.001	7.787	7.583	7.389	7.203	6.856	70	85
70	90	8.227	8.000	7.783	7.576	7.379	7.192	7.012	6.677	70	90
70	95	8.100	7.876	7.663	7.459	7.266	7.081	6.905	6.575	70	95
70	100	8.029	7.807	7.596	7.394	7.202	7.019	6.844	6.518	70	100
75	75	8.401	8.180	7.969	7.766	7.573	7.388	7.210	6.877	75	75
75	80	7.596	7.413	7.237	7.068	6.906	6.750	6.601	6.319	75	80
75	85	7.066	6.903	6.747	6.596	6.452	6.314	6.180	5.929	75	85
75	90	6.749	6.597	6.450	6.310	6.175	6.045	5.920	5.684	75	90
75	95	6.572	6.425	6.283	6.147	6.016	5.891	5.770	5.542	75	95
75	100	6.474	6.328	6.189	6.055	5.927	5.804	5.685	5.461	75	100
80	80	6.626	6.486	6.352	6.222	6.096	5.976	5.859	5.638	80	80
80	85	5.962	5.847	5.736	5.628	5.524	5.424	5.327	5.142	80	85
80	90	5.552	5.450	5.351	5.255	5.162	5.073	4.986	4.821	80	90
80	95	5.317	5.221	5.128	5.038	4.951	4.867	4.785	4.630	80	95
80	100	5.183	5.090	5.001	4.914	4.830	4.749	4.670	4.520	80	100

YEARS' PURCHASE FOR LONGER OF TWO LIVES: MALES AND MALES

Nominal rate per cent

Ages		8	9	10	11	12	13	14	15	Ages	
5	5	12.815	11.456	10.359	9.457	8.702	8.063	7.514	7.039	5	5
5	10	12.804	11.450	10.356	9.455	8.701	8.062	7.514	7.038	5	10
5	15	12.792	11.443	10.352	9.452	8.700	8.061	7.513	7.038	5	15
5	20	12.781	11.436	10.347	9.450	8.698	8.060	7.513	7.037	5	20
5	25	12.769	11.429	10.343	9.447	8.696	8.059	7.512	7.037	5	25
5	30	12.758	11.422	10.338	9.444	8.694	8.058	7.511	7.036	5	30
5	35	12.747	11.414	10.333	9.440	8.691	8.056	7.509	7.035	5	35
5	40	12.736	11.406	10.327	9.435	8.688	8.053	7.507	7.033	5	40
5	45	12.725	11.398	10.320	9.430	8.684	8.050	7.505	7.032	5	45
5	50	12.714	11.389	10.314	9.425	8.680	8.047	7.502	7.029	5	50
5	55	12.703	11.381	10.307	9.419	8.675	8.043	7.499	7.027	5	55
5	60	12.694	11.373	10.300	9.414	8.671	8.039	7.496	7.024	5	60
5	65	12.686	11.366	10.295	9.409	8.667	8.035	7.493	7.021	5	65
5	70	12.680	11.361	10.290	9.405	8.663	8.032	7.490	7.018	5	70
5	75	12.675	11.357	10.286	9.402	8.660	8.029	7.487	7.016	5	75
5	80	12.672	11.353	10.283	9.399	8.657	8.027	7.485	7.014	5	80
5	85	12.669	11.351	10.281	9.397	8.656	8.025	7.484	7.013	5	85
5	90	12.668	11.350	10.280	9.396	8.654	8.024	7.483	7.012	5	90
5	95	12.667	11.349	10.279	9.395	8.654	8.024	7.482	7.011	5	95
5	100	12.667	11.349	10.279	9.395	8.653	8.023	7.482	7.011	5	100
10	10	12.788	11.441	10.351	9.452	8.700	8.061	7.513	7.038	10	10
10	15	12.772	11.432	10.345	9.449	8.698	8.060	7.513	7.037	10	15
10	20	12.755	11.422	10.339	9.445	8.695	8.059	7.512	7.037	10	20
10	25	12.738	11.411	10.332	9.441	8.693	8.057	7.510	7.036	10	25
10	30	12.722	11.400	10.325	9.436	8.689	8.055	7.509	7.035	10	30
10	35	12.706	11.390	10.318	9.431	8.686	8.052	7.507	7.033	10	35
10	40	12.691	11.379	10.310	9.425	8.681	8.049	7.504	7.031	10	40
10	45	12.676	11.368	10.301	9.418	8.676	8.045	7.501	7.029	10	45
10	50	12.662	11.357	10.293	9.411	8.671	8.040	7.498	7.026	10	50
10	55	12.649	11.346	10.284	9.404	8.665	8.035	7.494	7.023	10	55
10	60	12.637	11.337	10.276	9.398	8.659	8.031	7.490	7.019	10	60
10	65	12.627	11.328	10.269	9.392	8.654	8.026	7.486	7.016	10	65
10	70	12.619	11.321	10.263	9.386	8.649	8.022	7.482	7.012	10	70
10	75	12.613	11.316	10.258	9.382	8.645	8.018	7.479	7.010	10	75
10	80	12.609	11.312	10.255	9.379	8.643	8.016	7.476	7.007	10	80
10	85	12.606	11.309	10.252	9.377	8.641	8.014	7.475	7.006	10	85
10	90	12.605	11.308	10.251	9.376	8.640	8.013	7.474	7.005	10	90
10	95	12.604	11.307	10.251	9.375	8.639	8.012	7.473	7.005	10	95
10	100	12.604	11.307	10.250	9.375	8.639	8.012	7.473	7.004	10	100
15	15	12.748	11.418	10.337	9.444	8.695	8.058	7.511	7.037	15	15
15	20	12.724	11.404	10.328	9.438	8.691	8.056	7.510	7.036	15	20
15	25	12.700	11.388	10.318	9.432	8.687	8.053	7.508	7.034	15	25
15	30	12.675	11.372	10.308	9.425	8.682	8.050	7.506	7.033	15	30
15	35	12.652	11.356	10.297	9.417	8.677	8.046	7.503	7.031	15	35
15	40	12.629	11.340	10.285	9.409	8.671	8.042	7.499	7.028	15	40
15	45	12.608	11.325	10.274	9.400	8.664	8.036	7.495	7.025	15	45
15	50	12.589	11.310	10.262	9.390	8.656	8.030	7.490	7.021	15	50
15	55	12.571	11.295	10.250	9.381	8.648	8.023	7.485	7.016	15	55
15	60	12.555	11.282	10.239	9.372	8.641	8.017	7.479	7.011	15	60
15	65	12.542	11.271	10.229	9.363	8.633	8.010	7.473	7.006	15	65

YEARS' PURCHASE FOR LONGER OF TWO LIVES: MALES AND MALES

Nominal rate per cent

Ages		8	9	10	11	12	13	14	15	Ages	
15	70	12.531	11.261	10.220	9.355	8.626	8.004	7.468	7.001	15	70
15	75	12.521	11.252	10.213	9.349	8.620	7.999	7.463	6.997	15	75
15	80	12.515	11.246	10.207	9.344	8.616	7.994	7.459	6.993	15	80
15	85	12.510	11.242	10.204	9.340	8.612	7.991	7.456	6.990	15	85
15	90	12.507	11.240	10.201	9.338	8.610	7.989	7.454	6.989	15	90
15	95	12.506	11.238	10.200	9.336	8.609	7.988	7.453	6.987	15	95
15	100	12.505	11.237	10.199	9.336	8.608	7.988	7.453	6.987	15	100
20	20	12.691	11.384	10.316	9.431	8.686	8.053	7.508	7.034	20	20
20	25	12.656	11.362	10.302	9.422	8.681	8.049	7.505	7.033	20	25
20	30	12.620	11.338	10.286	9.411	8.674	8.044	7.502	7.030	20	30
20	35	12.586	11.315	10.270	9.400	8.666	8.039	7.498	7.027	20	35
20	40	12.553	11.291	10.254	9.388	8.657	8.032	7.493	7.024	20	40
20	45	12.523	11.269	10.237	9.376	8.647	8.025	7.487	7.019	20	45
20	50	12.497	11.249	10.222	9.363	8.638	8.017	7.481	7.014	20	50
20	55	12.474	11.231	10.207	9.351	8.628	8.009	7.474	7.008	20	55
20	60	12.455	11.215	10.194	9.340	8.619	8.001	7.468	7.003	20	60
20	65	12.439	11.202	10.182	9.330	8.610	7.994	7.461	6.997	20	65
20	70	12.426	11.190	10.172	9.322	8.602	7.987	7.455	6.992	20	70
20	75	12.415	11.181	10.164	9.314	8.596	7.981	7.450	6.987	20	75
20	80	12.408	11.174	10.157	9.308	8.590	7.976	7.445	6.982	20	80
20	85	12.402	11.169	10.153	9.304	8.586	7.972	7.442	6.979	20	85
20	90	12.399	11.166	10.150	9.301	8.584	7.970	7.439	6.977	20	90
20	95	12.397	11.164	10.148	9.300	8.582	7.968	7.438	6.976	20	95
20	100	12.396	11.163	10.147	9.299	8.581	7.967	7.437	6.975	20	100
25	25	12.608	11.331	10.282	9.409	8.672	8.044	7.502	7.030	25	25
25	30	12.557	11.297	10.260	9.394	8.662	8.037	7.497	7.027	25	30
25	35	12.505	11.262	10.236	9.377	8.650	8.028	7.491	7.022	25	35
25	40	12.456	11.228	10.211	9.359	8.637	8.019	7.484	7.017	25	40
25	45	12.412	11.195	10.187	9.341	8.624	8.008	7.476	7.011	25	45
25	50	12.373	11.166	10.164	9.324	8.610	7.997	7.467	7.004	25	50
25	55	12.341	11.140	10.144	9.307	8.597	7.987	7.458	6.997	25	55
25	60	12.315	11.119	10.127	9.293	8.585	7.977	7.450	6.989	25	60
25	65	12.295	11.102	10.113	9.281	8.574	7.968	7.442	6.983	25	65
25	70	12.280	11.089	10.101	9.271	8.566	7.960	7.435	6.977	25	70
25	75	12.268	11.079	10.092	9.263	8.558	7.953	7.429	6.971	25	75
25	80	12.260	11.072	10.085	9.257	8.553	7.948	7.425	6.967	25	80
25	85	12.255	11.067	10.081	9.253	8.549	7.945	7.421	6.964	25	85
25	90	12.252	11.064	10.078	9.250	8.546	7.942	7.419	6.962	25	90
25	95	12.250	11.062	10.076	9.248	8.545	7.941	7.418	6.961	25	95
25	100	12.249	11.061	10.076	9.248	8.544	7.940	7.417	6.960	25	100
30	30	12.486	11.250	10.228	9.372	8.647	8.026	7.490	7.022	30	30
30	35	12.411	11.199	10.193	9.347	8.630	8.014	7.480	7.015	30	35
30	40	12.337	11.147	10.155	9.320	8.610	7.999	7.469	7.007	30	40
30	45	12.268	11.096	10.117	9.292	8.588	7.983	7.457	6.997	30	45
30	50	12.208	11.050	10.082	9.265	8.567	7.966	7.444	6.986	30	50
30	55	12.157	11.010	10.050	9.239	8.547	7.949	7.430	6.975	30	55
30	60	12.117	10.978	10.024	9.218	8.529	7.934	7.418	6.965	30	60
30	65	12.087	10.952	10.003	9.200	8.513	7.921	7.406	6.955	30	65
30	70	12.065	10.933	9.986	9.185	8.501	7.910	7.397	6.946	30	70
30	75	12.049	10.919	9.973	9.174	8.491	7.901	7.388	6.939	30	75

YEARS' PURCHASE FOR LONGER OF TWO LIVES: MALES AND MALES

Nominal rate per cent

Ages		8	9	10	11	12	13	14	15	Ages	
30	80	12.038	10.909	9.964	9.166	8.483	7.894	7.382	6.933	30	80
30	85	12.031	10.902	9.959	9.160	8.478	7.890	7.378	6.929	30	85
30	90	12.027	10.899	9.955	9.157	8.475	7.887	7.375	6.926	30	90
30	95	12.025	10.897	9.953	9.155	8.473	7.885	7.373	6.925	30	95
30	100	12.023	10.895	9.952	9.154	8.472	7.884	7.372	6.924	30	100
35	35	12.308	11.127	10.142	9.312	8.604	7.995	7.467	7.005	35	35
35	40	12.200	11.050	10.086	9.271	8.574	7.973	7.450	6.992	35	40
35	45	12.096	10.973	10.029	9.227	8.541	7.947	7.430	6.977	35	45
35	50	12.000	10.900	9.972	9.184	8.506	7.920	7.409	6.959	35	50
35	55	11.919	10.836	9.922	9.143	8.474	7.894	7.387	6.942	35	55
35	60	11.854	10.783	9.879	9.108	8.445	7.870	7.367	6.925	35	60
35	65	11.805	10.742	9.844	9.079	8.420	7.848	7.349	6.909	35	65
35	70	11.769	10.711	9.818	9.056	8.400	7.831	7.334	6.896	35	70
35	75	11.744	10.689	9.798	9.038	8.384	7.817	7.321	6.884	35	75
35	80	11.728	10.674	9.784	9.026	8.373	7.807	7.312	6.876	35	80
35	85	11.717	10.665	9.776	9.018	8.366	7.800	7.305	6.870	35	85
35	90	11.712	10.659	9.770	9.013	8.361	7.796	7.301	6.866	35	90
35	95	11.708	10.656	9.768	9.010	8.358	7.793	7.299	6.864	35	95
35	100	11.707	10.654	9.766	9.009	8.357	7.792	7.298	6.863	35	100
40	40	12.051	10.942	10.007	9.212	8.530	7.940	7.425	6.973	40	40
40	45	11.899	10.828	9.921	9.147	8.480	7.901	7.394	6.949	40	45
40	50	11.753	10.716	9.834	9.079	8.426	7.858	7.360	6.921	40	50
40	55	11.625	10.614	9.753	9.013	8.373	7.815	7.325	6.892	40	55
40	60	11.519	10.528	9.682	8.955	8.325	7.775	7.291	6.864	40	60
40	65	11.437	10.459	9.625	8.906	8.284	7.740	7.261	6.838	40	65
40	70	11.377	10.407	9.580	8.867	8.250	7.710	7.235	6.815	40	70
40	75	11.334	10.370	9.546	8.838	8.223	7.686	7.214	6.796	40	75
40	80	11.306	10.344	9.524	8.817	8.205	7.669	7.199	6.782	40	80
40	85	11.289	10.329	9.509	8.804	8.192	7.658	7.188	6.772	40	85
40	90	11.280	10.320	9.501	8.796	8.185	7.651	7.182	6.766	40	90
40	95	11.275	10.315	9.496	8.792	8.181	7.647	7.178	6.762	40	95
40	100	11.272	10.312	9.494	8.789	8.179	7.645	7.176	6.760	40	100
45	45	11.687	10.668	9.799	9.053	8.407	7.844	7.349	6.913	45	45
45	50	11.476	10.504	9.670	8.951	8.326	7.779	7.297	6.870	45	50
45	55	11.282	10.348	9.545	8.850	8.243	7.711	7.241	6.824	45	55
45	60	11.115	10.211	9.432	8.756	8.165	7.645	7.186	6.777	45	60
45	65	10.981	10.098	9.337	8.675	8.096	7.586	7.135	6.733	45	65
45	70	10.878	10.010	9.260	8.608	8.038	7.535	7.090	6.694	45	70
45	75	10.804	9.945	9.203	8.557	7.992	7.495	7.054	6.661	45	75
45	80	10.756	9.901	9.163	8.521	7.959	7.464	7.026	6.636	45	80
45	85	10.726	9.873	9.137	8.498	7.938	7.445	7.008	6.619	45	85
45	90	10.709	9.858	9.123	8.484	7.925	7.433	6.996	6.608	45	90
45	95	10.700	9.849	9.115	8.476	7.918	7.426	6.990	6.602	45	95
45	100	10.695	9.844	9.110	8.472	7.914	7.422	6.986	6.598	45	100
50	50	11.187	10.276	9.490	8.807	8.210	7.685	7.221	6.808	50	50
50	55	10.908	10.051	9.307	8.658	8.087	7.583	7.136	6.737	50	55
50	60	10.658	9.845	9.136	8.514	7.967	7.482	7.050	6.663	50	60
50	65	10.449	9.668	8.985	8.386	7.857	7.387	6.968	6.592	50	65
50	70	10.283	9.524	8.860	8.277	7.761	7.303	6.894	6.526	50	70
50	75	10.160	9.414	8.763	8.190	7.683	7.233	6.831	6.470	50	75

YEARS' PURCHASE FOR LONGER OF TWO LIVES: MALES AND MALES

Nominal rate per cent

Ages		8	9	10	11	12	13	14	15	Ages	
50	80	10.075	9.338	8.694	8.127	7.626	7.181	6.783	6.426	50	80
50	85	10.023	9.290	8.649	8.086	7.588	7.145	6.750	6.395	50	85
50	90	9.993	9.262	8.623	8.061	7.565	7.124	6.730	6.376	50	90
50	95	9.977	9.247	8.608	8.048	7.552	7.111	6.718	6.365	50	95
50	100	9.968	9.238	8.600	8.040	7.545	7.105	6.712	6.359	50	100
55	55	10.532	9.745	9.056	8.451	7.915	7.440	7.016	6.635	55	55
55	60	10.182	9.454	8.812	8.246	7.742	7.292	6.889	6.527	55	60
55	65	9.878	9.194	8.591	8.055	7.577	7.150	6.766	6.419	55	65
55	70	9.627	8.975	8.399	7.887	7.430	7.020	6.650	6.316	55	70
55	75	9.432	8.803	8.245	7.749	7.306	6.908	6.550	6.225	55	75
55	80	9.295	8.678	8.132	7.646	7.212	6.822	6.470	6.152	55	80
55	85	9.208	8.598	8.057	7.577	7.148	6.762	6.415	6.101	55	85
55	90	9.157	8.550	8.013	7.535	7.108	6.725	6.380	6.068	55	90
55	95	9.129	8.523	7.988	7.511	7.086	6.704	6.360	6.048	55	95
55	100	9.113	8.509	7.974	7.498	7.073	6.692	6.348	6.037	55	100
60	60	9.723	9.069	8.488	7.970	7.507	7.091	6.717	6.377	60	60
60	65	9.309	8.713	8.182	7.706	7.278	6.892	6.542	6.224	60	65
60	70	8.954	8.403	7.910	7.466	7.066	6.704	6.375	6.075	60	70
60	75	8.671	8.150	7.683	7.263	6.883	6.539	6.225	5.940	60	75
60	80	8.464	7.962	7.511	7.106	6.739	6.407	6.104	5.828	60	80
60	85	8.329	7.837	7.395	6.998	6.639	6.313	6.017	5.747	60	85
60	90	8.249	7.761	7.325	6.932	6.577	6.254	5.961	5.694	60	90
60	95	8.204	7.719	7.285	6.893	6.540	6.220	5.929	5.663	60	95
60	100	8.179	7.695	7.262	6.872	6.520	6.200	5.910	5.645	60	100
65	65	8.777	8.255	7.786	7.362	6.978	6.629	6.311	6.021	65	65
65	70	8.307	7.842	7.421	7.039	6.692	6.374	6.084	5.817	65	70
65	75	7.917	7.493	7.108	6.757	6.436	6.143	5.874	5.626	65	75
65	80	7.625	7.226	6.864	6.533	6.231	5.954	5.700	5.465	65	80
65	85	7.429	7.045	6.695	6.376	6.085	5.818	5.572	5.346	65	85
65	90	7.311	6.933	6.590	6.278	5.992	5.730	5.490	5.268	65	90
65	95	7.243	6.869	6.530	6.220	5.938	5.678	5.440	5.221	65	95
65	100	7.206	6.833	6.495	6.188	5.906	5.649	5.412	5.194	65	100
70	70	7.713	7.318	6.957	6.626	6.324	6.045	5.788	5.551	70	70
70	75	7.204	6.860	6.544	6.253	5.985	5.737	5.508	5.296	70	75
70	80	6.809	6.498	6.212	5.948	5.705	5.479	5.269	5.075	70	80
70	85	6.538	6.246	5.977	5.729	5.500	5.288	5.091	4.907	70	85
70	90	6.370	6.088	5.828	5.589	5.368	5.163	4.972	4.795	70	90
70	95	6.273	5.996	5.742	5.507	5.289	5.088	4.901	4.727	70	95
70	100	6.219	5.944	5.692	5.459	5.244	5.045	4.859	4.687	70	100
75	75	6.570	6.286	6.024	5.781	5.556	5.346	5.150	4.968	75	75
75	80	6.059	5.817	5.592	5.383	5.188	5.006	4.835	4.675	75	80
75	85	5.695	5.478	5.276	5.088	4.912	4.747	4.593	4.447	75	85
75	90	5.465	5.261	5.071	4.894	4.729	4.574	4.428	4.292	75	90
75	95	5.330	5.133	4.949	4.778	4.618	4.468	4.328	4.196	75	95
75	100	5.253	5.059	4.879	4.711	4.554	4.407	4.269	4.139	75	100
80	80	5.432	5.239	5.058	4.889	4.730	4.580	4.440	4.307	80	80
80	85	4.969	4.806	4.654	4.510	4.374	4.246	4.125	4.011	80	85
80	90	4.666	4.520	4.383	4.254	4.132	4.016	3.907	3.803	80	90
80	95	4.484	4.347	4.218	4.097	3.982	3.873	3.770	3.672	80	95
80	100	4.379	4.247	4.122	4.004	3.893	3.788	3.688	3.594	80	100

YEARS' PURCHASE FOR LONGER OF TWO LIVES: MALES (OLDER) AND FEMALES

Nominal rate per cent

Ages		3	3.5	4	4.5	5	5.5	6	7	Ages	
5	5	30.030	26.739	24.018	21.747	19.834	18.207	16.813	14.560	5	5
5	10	29.841	26.605	23.922	21.679	19.784	18.172	16.787	14.546	5	10
5	15	29.689	26.494	23.842	21.620	19.741	18.140	16.764	14.533	5	15
5	20	29.573	26.407	23.777	21.571	19.705	18.112	16.743	14.521	5	20
5	25	29.483	26.339	23.725	21.531	19.674	18.088	16.724	14.510	5	25
5	30	29.413	26.285	23.682	21.497	19.647	18.067	16.708	14.499	5	30
5	35	29.360	26.242	23.648	21.470	19.625	18.049	16.693	14.489	5	35
5	40	29.319	26.208	23.620	21.446	19.606	18.033	16.680	14.480	5	40
5	45	29.287	26.181	23.597	21.427	19.589	18.020	16.668	14.471	5	45
5	50	29.262	26.160	23.579	21.412	19.576	18.008	16.658	14.463	5	50
5	55	29.244	26.144	23.565	21.399	19.565	17.998	16.649	14.456	5	55
5	60	29.230	26.131	23.553	21.389	19.556	17.990	16.642	14.450	5	60
5	65	29.220	26.122	23.545	21.381	19.549	17.983	16.636	14.445	5	65
5	70	29.212	26.115	23.539	21.375	19.543	17.978	16.631	14.441	5	70
5	75	29.207	26.110	23.534	21.371	19.539	17.974	16.627	14.438	5	75
5	80	29.204	26.107	23.531	21.368	19.536	17.972	16.625	14.435	5	80
5	85	29.201	26.105	23.529	21.366	19.534	17.970	16.623	14.434	5	85
5	90	29.200	26.104	23.528	21.365	19.533	17.969	16.622	14.433	5	90
5	95	29.199	26.103	23.527	21.364	19.532	17.968	16.621	14.432	5	95
5	100	29.199	26.103	23.527	21.364	19.532	17.968	16.621	14.432	5	100
10	10	29.445	26.325	23.725	21.538	19.685	18.101	16.736	14.519	10	10
10	15	29.226	26.166	23.608	21.453	19.622	18.054	16.702	14.500	10	15
10	20	29.053	26.037	23.512	21.380	19.567	18.013	16.671	14.482	10	20
10	25	28.918	25.934	23.433	21.320	19.521	17.977	16.643	14.466	10	25
10	30	28.815	25.854	23.370	21.271	19.482	17.947	16.619	14.450	10	30
10	35	28.737	25.791	23.320	21.231	19.450	17.920	16.598	14.436	10	35
10	40	28.678	25.743	23.281	21.198	19.423	17.898	16.579	14.423	10	40
10	45	28.634	25.706	23.249	21.172	19.400	17.879	16.563	14.411	10	45
10	50	28.601	25.678	23.225	21.151	19.382	17.863	16.549	14.401	10	50
10	55	28.577	25.657	23.207	21.134	19.368	17.851	16.538	14.392	10	55
10	60	28.560	25.641	23.193	21.122	19.357	17.841	16.529	14.385	10	60
10	65	28.548	25.630	23.183	21.113	19.349	17.833	16.522	14.379	10	65
10	70	28.539	25.623	23.176	21.107	19.343	17.828	16.517	14.375	10	70
10	75	28.534	25.617	23.171	21.102	19.338	17.824	16.513	14.372	10	75
10	80	28.530	25.614	23.168	21.099	19.336	17.821	16.511	14.369	10	80
10	85	28.528	25.612	23.166	21.097	19.334	17.819	16.509	14.368	10	85
10	90	28.527	25.611	23.165	21.096	19.333	17.818	16.508	14.367	10	90
10	95	28.526	25.610	23.164	21.096	19.332	17.818	16.508	14.367	10	95
10	100	28.526	25.610	23.164	21.095	19.332	17.818	16.508	14.366	10	100
15	15	28.765	25.833	23.367	21.277	19.493	17.960	16.633	14.463	15	15
15	20	28.514	25.645	23.226	21.171	19.414	17.900	16.587	14.436	15	20
15	25	28.313	25.492	23.109	21.082	19.345	17.847	16.546	14.411	15	25
15	30	28.158	25.371	23.014	21.007	19.286	17.800	16.509	14.388	15	30
15	35	28.040	25.277	22.939	20.946	19.237	17.761	16.477	14.367	15	35
15	40	27.952	25.204	22.879	20.898	19.197	17.727	16.450	14.348	15	40
15	45	27.886	25.149	22.833	20.859	19.164	17.700	16.426	14.331	15	45
15	50	27.838	25.108	22.797	20.828	19.138	17.677	16.406	14.316	15	50
15	55	27.803	25.077	22.771	20.805	19.117	17.659	16.390	14.303	15	55
15	60	27.779	25.056	22.752	20.788	19.102	17.645	16.378	14.293	15	60
15	65	27.762	25.041	22.738	20.775	19.090	17.635	16.369	14.285	15	65

YEARS' PURCHASE FOR LONGER OF TWO LIVES:
MALES (OLDER) AND FEMALES

Nominal rate per cent

Ages		3	3.5	4	4.5	5	5.5	6	7	Ages	
15	70	27.751	25.030	22.728	20.766	19.082	17.627	16.361	14.279	15	70
15	75	27.743	25.023	22.721	20.760	19.076	17.621	16.356	14.274	15	75
15	80	27.738	25.018	22.717	20.756	19.072	17.618	16.353	14.271	15	80
15	85	27.735	25.016	22.714	20.753	19.070	17.615	16.351	14.269	15	85
15	90	27.734	25.014	22.713	20.752	19.069	17.614	16.349	14.268	15	90
15	95	27.733	25.013	22.712	20.751	19.068	17.613	16.349	14.267	15	95
15	100	27.732	25.013	22.712	20.751	19.067	17.613	16.348	14.267	15	100
20	20	27.981	25.251	22.933	20.954	19.251	17.778	16.496	14.384	20	20
20	25	27.691	25.028	22.763	20.822	19.150	17.700	16.435	14.347	20	25
20	30	27.459	24.847	22.621	20.711	19.062	17.630	16.380	14.312	20	30
20	35	27.281	24.705	22.507	20.619	18.988	17.571	16.331	14.280	20	35
20	40	27.147	24.595	22.417	20.545	18.927	17.520	16.290	14.251	20	40
20	45	27.048	24.513	22.347	20.487	18.878	17.479	16.255	14.226	20	45
20	50	26.976	24.451	22.295	20.442	18.839	17.445	16.226	14.204	20	50
20	55	26.925	24.407	22.256	20.408	18.809	17.419	16.202	14.186	20	55
20	60	26.890	24.376	22.228	20.383	18.787	17.399	16.185	14.171	20	60
20	65	26.866	24.354	22.209	20.365	18.771	17.384	16.171	14.160	20	65
20	70	26.851	24.340	22.195	20.353	18.760	17.374	16.161	14.152	20	70
20	75	26.840	24.330	22.186	20.344	18.752	17.366	16.155	14.146	20	75
20	80	26.834	24.324	22.181	20.339	18.747	17.362	16.150	14.142	20	80
20	85	26.830	24.320	22.177	20.336	18.743	17.359	16.147	14.139	20	85
20	90	26.828	24.318	22.175	20.334	18.742	17.357	16.145	14.137	20	90
20	95	26.827	24.317	22.174	20.333	18.741	17.356	16.144	14.137	20	95
20	100	26.827	24.317	22.174	20.332	18.740	17.355	16.144	14.136	20	100
25	25	27.076	24.562	22.408	20.552	18.943	17.541	16.313	14.274	25	25
25	30	26.738	24.298	22.200	20.388	18.814	17.439	16.232	14.223	25	30
25	35	26.472	24.084	22.029	20.250	18.703	17.349	16.159	14.174	25	35
25	40	26.269	23.918	21.893	20.138	18.610	17.272	16.095	14.130	25	40
25	45	26.119	23.792	21.787	20.050	18.536	17.209	16.042	14.092	25	45
25	50	26.010	23.699	21.708	19.981	18.477	17.159	15.998	14.059	25	50
25	55	25.933	23.632	21.649	19.930	18.432	17.119	15.963	14.032	25	55
25	60	25.880	23.586	21.608	19.893	18.399	17.089	15.937	14.010	25	60
25	65	25.845	23.554	21.579	19.867	18.375	17.068	15.917	13.994	25	65
25	70	25.822	23.533	21.559	19.849	18.358	17.053	15.903	13.982	25	70
25	75	25.807	23.519	21.547	19.837	18.347	17.042	15.893	13.973	25	75
25	80	25.798	23.511	21.539	19.829	18.340	17.035	15.887	13.967	25	80
25	85	25.793	23.506	21.534	19.825	18.336	17.031	15.883	13.964	25	85
25	90	25.791	23.503	21.532	19.823	18.334	17.029	15.881	13.962	25	90
25	95	25.789	23.502	21.530	19.821	18.332	17.028	15.880	13.961	25	95
25	100	25.789	23.501	21.529	19.821	18.332	17.027	15.879	13.960	25	100
30	30	26.027	23.745	21.770	20.052	18.551	17.232	16.069	14.121	30	30
30	35	25.639	23.433	21.519	19.850	18.387	17.099	15.961	14.049	30	35
30	40	25.334	23.184	21.314	19.681	18.247	16.984	15.865	13.982	30	40
30	45	25.105	22.992	21.153	19.545	18.133	16.887	15.783	13.923	30	45
30	50	24.938	22.849	21.031	19.440	18.043	16.810	15.716	13.873	30	50
30	55	24.820	22.746	20.941	19.362	17.974	16.749	15.663	13.831	30	55
30	60	24.739	22.675	20.877	19.305	17.923	16.703	15.622	13.798	30	60
30	65	24.685	22.626	20.833	19.265	17.887	16.670	15.592	13.773	30	65
30	70	24.650	22.593	20.803	19.237	17.862	16.647	15.570	13.755	30	70
30	75	24.628	22.573	20.784	19.219	17.845	16.631	15.556	13.742	30	75

YEARS' PURCHASE FOR LONGER OF TWO LIVES: MALES (OLDER) AND FEMALES

Nominal rate per cent

Ages		3	3.5	4	4.5	5	5.5	6	7	Ages	
30	80	24.614	22.560	20.772	19.208	17.834	16.621	15.546	13.733	30	80
30	85	24.607	22.553	20.765	19.201	17.828	16.615	15.540	13.728	30	85
30	90	24.603	22.549	20.761	19.198	17.824	16.612	15.537	13.725	30	90
30	95	24.601	22.547	20.759	19.196	17.822	16.610	15.535	13.723	30	95
30	100	24.600	22.546	20.758	19.195	17.821	16.609	15.534	13.722	30	100
35	35	24.819	22.781	20.999	19.434	18.053	16.831	15.745	13.907	35	35
35	40	24.374	22.416	20.698	19.185	17.848	16.660	15.603	13.808	35	40
35	45	24.029	22.127	20.455	18.981	17.675	16.514	15.479	13.719	35	45
35	50	23.774	21.908	20.268	18.820	17.536	16.395	15.376	13.641	35	50
35	55	23.592	21.750	20.129	18.699	17.430	16.301	15.293	13.577	35	55
35	60	23.468	21.639	20.031	18.611	17.352	16.231	15.230	13.526	35	60
35	65	23.384	21.564	19.962	18.549	17.295	16.180	15.184	13.487	35	65
35	70	23.330	21.513	19.916	18.506	17.256	16.144	15.150	13.458	35	70
35	75	23.295	21.481	19.886	18.479	17.230	16.119	15.127	13.438	35	75
35	80	23.274	21.461	19.867	18.460	17.213	16.103	15.112	13.424	35	80
35	85	23.262	21.450	19.857	18.450	17.203	16.094	15.103	13.416	35	85
35	90	23.256	21.444	19.851	18.444	17.198	16.089	15.098	13.411	35	90
35	95	23.253	21.441	19.848	18.441	17.195	16.086	15.095	13.409	35	95
35	100	23.251	21.439	19.846	18.440	17.193	16.084	15.094	13.408	35	100
40	40	23.434	21.649	20.072	18.673	17.427	16.315	15.318	13.613	40	40
40	45	22.930	21.226	19.715	18.372	17.172	16.099	15.134	13.479	40	45
40	50	22.545	20.896	19.433	18.128	16.963	15.918	14.977	13.361	40	50
40	55	22.267	20.654	19.220	17.943	16.800	15.774	14.851	13.262	40	55
40	60	22.075	20.483	19.068	17.807	16.678	15.666	14.754	13.184	40	60
40	65	21.946	20.367	18.963	17.711	16.591	15.587	14.682	13.124	40	65
40	70	21.862	20.289	18.891	17.645	16.531	15.530	14.630	13.079	40	70
40	75	21.808	20.238	18.844	17.601	16.489	15.492	14.594	13.048	40	75
40	80	21.775	20.208	18.815	17.574	16.463	15.467	14.570	13.027	40	80
40	85	21.757	20.190	18.798	17.558	16.448	15.452	14.556	13.014	40	85
40	90	21.747	20.180	18.789	17.549	16.439	15.444	14.548	13.006	40	90
40	95	21.742	20.176	18.784	17.544	16.435	15.440	14.544	13.002	40	95
40	100	21.739	20.173	18.782	17.542	16.433	15.437	14.542	13.000	40	100
45	45	21.856	20.331	18.967	17.745	16.647	15.657	14.762	13.213	45	45
45	50	21.295	19.848	18.552	17.387	16.337	15.389	14.529	13.037	45	50
45	55	20.876	19.483	18.232	17.106	16.091	15.171	14.337	12.887	45	55
45	60	20.582	19.221	17.999	16.898	15.905	15.005	14.188	12.766	45	60
45	65	20.383	19.041	17.836	16.751	15.770	14.883	14.077	12.674	45	65
45	70	20.253	18.921	17.725	16.649	15.676	14.796	13.996	12.605	45	70
45	75	20.169	18.843	17.653	16.581	15.613	14.736	13.941	12.556	45	75
45	80	20.119	18.796	17.608	16.538	15.572	14.698	13.904	12.523	45	80
45	85	20.090	18.768	17.582	16.513	15.549	14.675	13.883	12.503	45	85
45	90	20.075	18.754	17.568	16.500	15.535	14.663	13.870	12.491	45	90
45	95	20.067	18.746	17.560	16.492	15.528	14.656	13.864	12.485	45	95
45	100	20.063	18.742	17.556	16.488	15.525	14.652	13.860	12.482	45	100
50	50	20.080	18.812	17.667	16.630	15.687	14.830	14.048	12.678	50	50
50	55	19.469	18.277	17.197	16.216	15.323	14.508	13.763	12.454	50	55
50	60	19.025	17.882	16.845	15.901	15.041	14.256	13.536	12.270	50	60
50	65	18.720	17.606	16.594	15.674	14.835	14.068	13.365	12.128	50	65
50	70	18.518	17.420	16.423	15.516	14.689	13.933	13.241	12.021	50	70
50	75	18.389	17.299	16.310	15.411	14.591	13.841	13.155	11.945	50	75

YEARS' PURCHASE FOR LONGER OF TWO LIVES:
MALES (OLDER) AND FEMALES

Nominal rate per cent

Ages		3	3.5	4	4.5	5	5.5	6	7	Ages	
50	80	18.311	17.225	16.241	15.345	14.528	13.782	13.098	11.894	50	80
50	85	18.267	17.183	16.200	15.306	14.491	13.746	13.065	11.863	50	85
50	90	18.243	17.161	16.178	15.285	14.471	13.727	13.046	11.846	50	90
50	95	18.231	17.149	16.167	15.274	14.460	13.716	13.035	11.836	50	95
50	100	18.224	17.142	16.161	15.268	14.454	13.711	13.030	11.831	50	100
55	55	18.111	17.094	16.164	15.313	14.532	13.814	13.153	11.980	55	55
55	60	17.463	16.515	15.646	14.849	14.115	13.440	12.816	11.706	55	60
55	65	17.001	16.096	15.266	14.503	13.801	13.153	12.554	11.487	55	65
55	70	16.688	15.808	15.000	14.258	13.575	12.944	12.361	11.321	55	70
55	75	16.486	15.619	14.824	14.093	13.421	12.800	12.226	11.202	55	75
55	80	16.364	15.504	14.715	13.990	13.322	12.707	12.138	11.123	55	80
55	85	16.294	15.438	14.652	13.930	13.265	12.651	12.085	11.074	55	85
55	90	16.257	15.402	14.617	13.897	13.233	12.621	12.055	11.046	55	90
55	95	16.238	15.384	14.600	13.879	13.216	12.604	12.039	11.031	55	95
55	100	16.228	15.374	14.590	13.870	13.207	12.595	12.031	11.023	55	100
60	60	15.978	15.194	14.469	13.798	13.177	12.600	12.063	11.098	60	60
60	65	15.302	14.580	13.910	13.289	12.711	12.174	11.674	10.771	60	65
60	70	14.826	14.140	13.505	12.914	12.365	11.854	11.377	10.516	60	70
60	75	14.510	13.845	13.229	12.656	12.123	11.627	11.165	10.328	60	75
60	80	14.316	13.661	13.055	12.491	11.967	11.479	11.024	10.202	60	80
60	85	14.205	13.556	12.954	12.394	11.875	11.391	10.939	10.124	60	85
60	90	14.146	13.499	12.899	12.342	11.824	11.341	10.892	10.079	60	90
60	95	14.115	13.469	12.870	12.314	11.796	11.315	10.866	10.055	60	95
60	100	14.099	13.453	12.854	12.298	11.782	11.301	10.852	10.042	60	100
65	65	13.729	13.153	12.614	12.111	11.639	11.197	10.782	10.026	65	65
65	70	13.034	12.510	12.020	11.560	11.129	10.723	10.342	9.645	65	70
65	75	12.553	12.060	11.598	11.164	10.757	10.374	10.014	9.355	65	75
65	80	12.247	11.770	11.323	10.904	10.510	10.140	9.791	9.153	65	80
65	85	12.069	11.600	11.160	10.748	10.361	9.997	9.654	9.027	65	85
65	90	11.972	11.507	11.070	10.661	10.277	9.916	9.576	8.955	65	90
65	95	11.922	11.458	11.023	10.615	10.233	9.873	9.535	8.915	65	95
65	100	11.895	11.431	10.997	10.590	10.208	9.849	9.511	8.893	65	100
70	70	11.441	11.040	10.661	10.303	9.965	9.645	9.342	8.782	70	70
70	75	10.745	10.387	10.048	9.727	9.423	9.134	8.861	8.354	70	75
70	80	10.281	9.947	9.630	9.330	9.045	8.776	8.519	8.044	70	80
70	85	10.002	9.679	9.373	9.084	8.810	8.549	8.302	7.844	70	85
70	90	9.846	9.529	9.229	8.944	8.675	8.419	8.176	7.726	70	90
70	95	9.764	9.449	9.151	8.869	8.602	8.348	8.108	7.661	70	95
70	100	9.719	9.405	9.109	8.828	8.562	8.309	8.069	7.625	70	100
75	75	9.224	8.961	8.710	8.471	8.242	8.024	7.816	7.426	75	75
75	80	8.567	8.336	8.115	7.904	7.702	7.510	7.325	6.979	75	80
75	85	8.152	7.937	7.733	7.537	7.350	7.171	6.999	6.678	75	85
75	90	7.913	7.707	7.510	7.321	7.141	6.969	6.804	6.495	75	90
75	95	7.783	7.581	7.387	7.202	7.026	6.857	6.695	6.391	75	95
75	100	7.711	7.511	7.319	7.136	6.961	6.794	6.634	6.333	75	100
80	80	7.220	7.056	6.898	6.746	6.600	6.460	6.325	6.069	80	80
80	85	6.650	6.508	6.371	6.239	6.112	5.990	5.872	5.648	80	85
80	90	6.308	6.177	6.050	5.929	5.812	5.699	5.590	5.383	80	90
80	95	6.116	5.990	5.869	5.752	5.640	5.532	5.427	5.228	80	95
80	100	6.009	5.886	5.767	5.653	5.543	5.437	5.335	5.140	80	100

YEARS' PURCHASE FOR LONGER OF TWO LIVES: MALES (OLDER) AND FEMALES

Nominal rate per cent

Ages		8	9	10	11	12	13	14	15	Ages	
5	5	12.828	11.463	10.363	9.459	8.704	8.064	7.515	7.039	5	5
5	10	12.821	11.459	10.361	9.458	8.703	8.063	7.515	7.039	5	10
5	15	12.813	11.455	10.358	9.456	8.702	8.063	7.514	7.038	5	15
5	20	12.806	11.451	10.356	9.455	8.701	8.062	7.514	7.038	5	20
5	25	12.799	11.446	10.353	9.453	8.700	8.061	7.513	7.038	5	25
5	30	12.793	11.442	10.350	9.451	8.699	8.061	7.513	7.037	5	30
5	35	12.786	11.437	10.347	9.449	8.697	8.059	7.512	7.037	5	35
5	40	12.779	11.433	10.343	9.446	8.695	8.058	7.511	7.036	5	40
5	45	12.773	11.428	10.340	9.443	8.693	8.056	7.509	7.035	5	45
5	50	12.767	11.423	10.336	9.440	8.691	8.054	7.508	7.034	5	50
5	55	12.761	11.419	10.332	9.437	8.688	8.052	7.506	7.032	5	55
5	60	12.756	11.414	10.329	9.434	8.686	8.050	7.504	7.031	5	60
5	65	12.752	11.411	10.326	9.432	8.683	8.048	7.503	7.029	5	65
5	70	12.748	11.408	10.323	9.429	8.681	8.046	7.501	7.027	5	70
5	75	12.745	11.405	10.321	9.427	8.679	8.044	7.499	7.026	5	75
5	80	12.743	11.403	10.319	9.425	8.678	8.043	7.498	7.025	5	80
5	85	12.742	11.402	10.318	9.424	8.677	8.042	7.497	7.024	5	85
5	90	12.741	11.401	10.317	9.423	8.676	8.041	7.496	7.023	5	90
5	95	12.740	11.400	10.316	9.423	8.675	8.041	7.496	7.023	5	95
5	100	12.740	11.400	10.316	9.423	8.675	8.041	7.496	7.023	5	100
10	10	12.807	11.452	10.357	9.455	8.702	8.063	7.514	7.038	10	10
10	15	12.796	11.446	10.353	9.453	8.700	8.062	7.514	7.038	10	15
10	20	12.786	11.439	10.349	9.451	8.699	8.061	7.513	7.038	10	20
10	25	12.775	11.433	10.345	9.448	8.697	8.060	7.512	7.037	10	25
10	30	12.765	11.426	10.341	9.446	8.695	8.059	7.511	7.037	10	30
10	35	12.756	11.420	10.337	9.442	8.693	8.057	7.510	7.036	10	35
10	40	12.747	11.413	10.332	9.439	8.691	8.055	7.509	7.035	10	40
10	45	12.738	11.407	10.327	9.435	8.688	8.053	7.507	7.033	10	45
10	50	12.730	11.401	10.322	9.432	8.685	8.051	7.505	7.032	10	50
10	55	12.723	11.396	10.318	9.428	8.682	8.048	7.503	7.030	10	55
10	60	12.717	11.391	10.314	9.425	8.679	8.046	7.501	7.028	10	60
10	65	12.713	11.387	10.310	9.422	8.677	8.044	7.499	7.027	10	65
10	70	12.709	11.383	10.307	9.419	8.674	8.041	7.498	7.025	10	70
10	75	12.706	11.380	10.305	9.417	8.672	8.040	7.496	7.024	10	75
10	80	12.704	11.379	10.303	9.415	8.671	8.038	7.495	7.023	10	80
10	85	12.702	11.377	10.302	9.414	8.670	8.038	7.494	7.022	10	85
10	90	12.701	11.377	10.301	9.414	8.669	8.037	7.493	7.021	10	90
10	95	12.701	11.376	10.301	9.413	8.669	8.037	7.493	7.021	10	95
10	100	12.701	11.376	10.301	9.413	8.669	8.036	7.493	7.021	10	100
15	15	12.775	11.434	10.346	9.449	8.698	8.061	7.513	7.038	15	15
15	20	12.760	11.425	10.341	9.446	8.696	8.059	7.512	7.037	15	20
15	25	12.745	11.415	10.335	9.442	8.694	8.058	7.511	7.036	15	25
15	30	12.730	11.405	10.328	9.438	8.691	8.056	7.510	7.035	15	30
15	35	12.715	11.396	10.322	9.433	8.687	8.053	7.508	7.034	15	35
15	40	12.702	11.386	10.315	9.428	8.684	8.050	7.506	7.033	15	40
15	45	12.689	11.377	10.308	9.423	8.680	8.047	7.503	7.031	15	45
15	50	12.678	11.368	10.301	9.418	8.676	8.044	7.501	7.028	15	50
15	55	12.668	11.360	10.295	9.413	8.671	8.041	7.498	7.026	15	55
15	60	12.660	11.354	10.289	9.408	8.667	8.037	7.495	7.024	15	60
15	65	12.653	11.348	10.284	9.404	8.664	8.034	7.492	7.021	15	65

YEARS' PURCHASE FOR LONGER OF TWO LIVES:
MALES (OLDER) AND FEMALES
Nominal rate per cent

Ages		8	9	10	11	12	13	14	15	Ages	
15	70	12.648	11.343	10.280	9.400	8.661	8.032	7.490	7.019	15	70
15	75	12.644	11.340	10.277	9.397	8.658	8.029	7.488	7.017	15	75
15	80	12.641	11.337	10.275	9.395	8.656	8.027	7.486	7.016	15	80
15	85	12.639	11.335	10.273	9.394	8.655	8.026	7.485	7.015	15	85
15	90	12.638	11.334	10.272	9.393	8.654	8.025	7.484	7.014	15	90
15	95	12.637	11.334	10.272	9.392	8.653	8.025	7.484	7.014	15	95
15	100	12.637	11.333	10.271	9.392	8.653	8.025	7.484	7.013	15	100
20	20	12.730	11.407	10.330	9.440	8.692	8.057	7.510	7.036	20	20
20	25	12.707	11.393	10.321	9.434	8.688	8.054	7.509	7.035	20	25
20	30	12.684	11.378	10.312	9.428	8.684	8.051	7.507	7.034	20	30
20	35	12.663	11.364	10.302	9.421	8.679	8.048	7.504	7.032	20	35
20	40	12.643	11.349	10.292	9.413	8.674	8.044	7.501	7.029	20	40
20	45	12.624	11.336	10.281	9.405	8.668	8.039	7.498	7.027	20	45
20	50	12.608	11.323	10.271	9.398	8.662	8.034	7.494	7.024	20	50
20	55	12.593	11.312	10.262	9.390	8.656	8.030	7.490	7.020	20	55
20	60	12.582	11.302	10.254	9.384	8.650	8.025	7.486	7.017	20	60
20	65	12.572	11.294	10.248	9.378	8.646	8.021	7.482	7.014	20	65
20	70	12.565	11.288	10.242	9.373	8.641	8.017	7.479	7.011	20	70
20	75	12.560	11.283	10.238	9.370	8.638	8.014	7.476	7.008	20	75
20	80	12.556	11.280	10.235	9.367	8.635	8.012	7.474	7.006	20	80
20	85	12.553	11.277	10.233	9.365	8.634	8.010	7.473	7.005	20	85
20	90	12.552	11.276	10.232	9.364	8.632	8.009	7.472	7.004	20	90
20	95	12.551	11.275	10.231	9.363	8.632	8.008	7.471	7.003	20	95
20	100	12.551	11.275	10.230	9.363	8.631	8.008	7.471	7.003	20	100
25	25	12.663	11.366	10.305	9.424	8.682	8.050	7.506	7.033	25	25
25	30	12.630	11.344	10.290	9.414	8.675	8.045	7.503	7.031	25	30
25	35	12.597	11.322	10.275	9.403	8.668	8.040	7.499	7.028	25	35
25	40	12.566	11.300	10.260	9.392	8.660	8.034	7.494	7.025	25	40
25	45	12.538	11.280	10.244	9.380	8.651	8.027	7.489	7.021	25	45
25	50	12.513	11.260	10.229	9.369	8.642	8.020	7.483	7.016	25	50
25	55	12.492	11.243	10.216	9.358	8.633	8.013	7.478	7.011	25	55
25	60	12.474	11.229	10.204	9.348	8.625	8.006	7.472	7.006	25	60
25	65	12.461	11.218	10.194	9.340	8.618	8.000	7.467	7.002	25	65
25	70	12.450	11.209	10.187	9.333	8.612	7.995	7.462	6.998	25	70
25	75	12.443	11.202	10.181	9.328	8.607	7.991	7.458	6.994	25	75
25	80	12.437	11.197	10.176	9.324	8.604	7.987	7.455	6.991	25	80
25	85	12.434	11.194	10.174	9.321	8.601	7.985	7.453	6.989	25	85
25	90	12.432	11.193	10.172	9.320	8.600	7.984	7.452	6.988	25	90
25	95	12.431	11.192	10.171	9.319	8.599	7.983	7.451	6.988	25	95
25	100	12.431	11.191	10.170	9.319	8.598	7.983	7.451	6.987	25	100
30	30	12.565	11.303	10.264	9.396	8.664	8.038	7.497	7.027	30	30
30	35	12.517	11.270	10.241	9.380	8.652	8.030	7.492	7.023	30	35
30	40	12.470	11.237	10.217	9.363	8.640	8.020	7.485	7.018	30	40
30	45	12.427	11.205	10.193	9.345	8.626	8.010	7.477	7.011	30	45
30	50	12.388	11.176	10.171	9.328	8.612	7.999	7.468	7.004	30	50
30	55	12.356	11.150	10.150	9.311	8.599	7.988	7.459	6.997	30	55
30	60	12.329	11.128	10.132	9.296	8.587	7.978	7.450	6.989	30	60
30	65	12.308	11.110	10.117	9.284	8.576	7.968	7.442	6.983	30	65
30	70	12.292	11.097	10.105	9.273	8.567	7.960	7.435	6.976	30	70
30	75	12.281	11.086	10.096	9.265	8.560	7.954	7.429	6.971	30	75

YEARS' PURCHASE FOR LONGER OF TWO LIVES:
MALES (OLDER) AND FEMALES

Nominal rate per cent

Ages		8	9	10	11	12	13	14	15	Ages	
30	80	12.273	11.079	10.090	9.259	8.554	7.949	7.425	6.967	30	80
30	85	12.268	11.075	10.086	9.256	8.551	7.946	7.422	6.964	30	85
30	90	12.265	11.072	10.083	9.253	8.548	7.944	7.420	6.962	30	90
30	95	12.264	11.071	10.082	9.252	8.547	7.943	7.419	6.961	30	95
30	100	12.263	11.070	10.081	9.251	8.547	7.942	7.418	6.961	30	100
35	35	12.423	11.207	10.198	9.351	8.632	8.016	7.482	7.016	35	35
35	40	12.353	11.158	10.163	9.325	8.613	8.001	7.471	7.008	35	40
35	45	12.288	11.109	10.127	9.298	8.592	7.985	7.459	6.998	35	45
35	50	12.229	11.064	10.092	9.271	8.571	7.968	7.445	6.987	35	50
35	55	12.178	11.024	10.060	9.245	8.550	7.951	7.431	6.975	35	55
35	60	12.137	10.990	10.032	9.222	8.531	7.935	7.418	6.964	35	60
35	65	12.104	10.963	10.009	9.203	8.514	7.921	7.405	6.953	35	65
35	70	12.080	10.942	9.990	9.187	8.500	7.909	7.395	6.944	35	70
35	75	12.062	10.926	9.976	9.174	8.489	7.899	7.385	6.936	35	75
35	80	12.049	10.915	9.966	9.165	8.481	7.891	7.378	6.929	35	80
35	85	12.042	10.907	9.960	9.159	8.475	7.886	7.374	6.925	35	85
35	90	12.037	10.903	9.956	9.155	8.472	7.883	7.371	6.922	35	90
35	95	12.035	10.901	9.954	9.153	8.470	7.881	7.369	6.920	35	95
35	100	12.034	10.900	9.953	9.152	8.469	7.880	7.368	6.919	35	100
40	40	12.218	11.063	10.096	9.278	8.579	7.976	7.453	6.994	40	40
40	45	12.120	10.990	10.042	9.237	8.548	7.952	7.434	6.979	40	45
40	50	12.030	10.921	9.988	9.195	8.515	7.926	7.413	6.962	40	50
40	55	11.952	10.860	9.939	9.155	8.483	7.900	7.391	6.945	40	55
40	60	11.889	10.808	9.896	9.120	8.453	7.875	7.371	6.927	40	60
40	65	11.838	10.765	9.860	9.090	8.427	7.853	7.352	6.910	40	65
40	70	11.800	10.732	9.832	9.065	8.405	7.834	7.335	6.895	40	70
40	75	11.772	10.707	9.810	9.045	8.388	7.818	7.320	6.883	40	75
40	80	11.753	10.690	9.794	9.031	8.375	7.806	7.309	6.873	40	80
40	85	11.741	10.679	9.784	9.021	8.366	7.798	7.302	6.866	40	85
40	90	11.734	10.673	9.778	9.016	8.361	7.793	7.297	6.861	40	90
40	95	11.730	10.669	9.774	9.012	8.358	7.790	7.295	6.859	40	95
40	100	11.728	10.667	9.772	9.011	8.356	7.788	7.293	6.857	40	100
45	45	11.928	10.850	9.939	9.160	8.490	7.909	7.401	6.954	45	45
45	50	11.793	10.747	9.858	9.097	8.441	7.869	7.369	6.928	45	50
45	55	11.675	10.653	9.783	9.037	8.391	7.829	7.336	6.901	45	55
45	60	11.577	10.572	9.717	8.982	8.346	7.791	7.304	6.874	45	60
45	65	11.499	10.507	9.662	8.935	8.306	7.757	7.274	6.848	45	65
45	70	11.440	10.456	9.617	8.897	8.272	7.727	7.248	6.825	45	70
45	75	11.397	10.418	9.583	8.866	8.245	7.703	7.226	6.805	45	75
45	80	11.367	10.391	9.559	8.844	8.225	7.684	7.209	6.790	45	80
45	85	11.349	10.374	9.543	8.829	8.211	7.672	7.198	6.779	45	85
45	90	11.338	10.364	9.534	8.821	8.203	7.664	7.190	6.772	45	90
45	95	11.332	10.358	9.528	8.816	8.198	7.659	7.186	6.768	45	95
45	100	11.329	10.355	9.526	8.813	8.195	7.657	7.184	6.765	45	100
50	50	11.523	10.542	9.702	8.977	8.347	7.796	7.311	6.882	50	50
50	55	11.346	10.401	9.588	8.885	8.272	7.735	7.261	6.840	50	55
50	60	11.196	10.278	9.487	8.801	8.202	7.676	7.212	6.798	50	60
50	65	11.077	10.177	9.402	8.729	8.141	7.623	7.166	6.759	50	65
50	70	10.985	10.098	9.333	8.669	8.088	7.577	7.125	6.723	50	70
50	75	10.918	10.039	9.280	8.622	8.046	7.540	7.091	6.693	50	75

YEARS' PURCHASE FOR LONGER OF TWO LIVES:
MALES (OLDER) AND FEMALES

Nominal rate per cent

Ages		8	9	10	11	12	13	14	15	Ages	
50	80	10.872	9.997	9.243	8.588	8.015	7.511	7.065	6.669	50	80
50	85	10.844	9.971	9.218	8.565	7.994	7.492	7.047	6.652	50	85
50	90	10.827	9.955	9.204	8.552	7.981	7.480	7.036	6.641	50	90
50	95	10.818	9.947	9.196	8.544	7.974	7.473	7.029	6.635	50	95
50	100	10.813	9.942	9.191	8.540	7.970	7.469	7.026	6.631	50	100
55	55	10.975	10.109	9.357	8.700	8.124	7.615	7.163	6.760	55	55
55	60	10.751	9.924	9.204	8.573	8.017	7.525	7.087	6.696	55	60
55	65	10.567	9.769	9.072	8.461	7.922	7.443	7.016	6.634	55	65
55	70	10.424	9.645	8.965	8.367	7.840	7.371	6.953	6.578	55	70
55	75	10.319	9.552	8.882	8.294	7.774	7.312	6.900	6.530	55	75
55	80	10.247	9.487	8.823	8.240	7.725	7.267	6.859	6.493	55	80
55	85	10.202	9.446	8.785	8.205	7.692	7.237	6.830	6.466	55	85
55	90	10.177	9.422	8.762	8.183	7.672	7.218	6.813	6.450	55	90
55	95	10.162	9.408	8.750	8.171	7.661	7.207	6.803	6.440	55	95
55	100	10.155	9.401	8.743	8.165	7.654	7.201	6.797	6.434	55	100
60	60	10.258	9.521	8.873	8.300	7.791	7.336	6.929	6.562	60	60
60	65	9.982	9.288	8.674	8.130	7.644	7.210	6.819	6.467	60	65
60	70	9.761	9.096	8.507	7.984	7.517	7.097	6.720	6.379	60	70
60	75	9.595	8.949	8.376	7.867	7.412	7.003	6.635	6.303	60	75
60	80	9.480	8.845	8.282	7.781	7.333	6.932	6.570	6.242	60	80
60	85	9.409	8.778	8.221	7.724	7.281	6.883	6.524	6.200	60	85
60	90	9.367	8.740	8.184	7.690	7.249	6.853	6.496	6.173	60	90
60	95	9.344	8.718	8.164	7.671	7.231	6.836	6.480	6.158	60	95
60	100	9.332	8.706	8.153	7.660	7.220	6.826	6.470	6.149	60	100
65	65	9.356	8.759	8.226	7.748	7.318	6.930	6.578	6.258	65	65
65	70	9.025	8.471	7.974	7.527	7.123	6.757	6.425	6.122	65	70
65	75	8.767	8.241	7.769	7.344	6.959	6.609	6.291	6.001	65	75
65	80	8.585	8.076	7.618	7.206	6.833	6.494	6.186	5.904	65	80
65	85	8.468	7.968	7.519	7.114	6.748	6.415	6.112	5.835	65	85
65	90	8.401	7.905	7.460	7.058	6.695	6.365	6.065	5.791	65	90
65	95	8.363	7.870	7.426	7.026	6.665	6.337	6.038	5.765	65	95
65	100	8.342	7.850	7.407	7.009	6.648	6.321	6.023	5.751	65	100
70	70	8.277	7.821	7.407	7.030	6.687	6.373	6.085	5.820	70	70
70	75	7.895	7.479	7.100	6.755	6.438	6.148	5.881	5.635	70	75
70	80	7.614	7.223	6.866	6.541	6.242	5.968	5.716	5.482	70	80
70	85	7.429	7.051	6.707	6.393	6.105	5.840	5.596	5.371	70	85
70	90	7.319	6.948	6.611	6.302	6.019	5.759	5.520	5.299	70	90
70	95	7.257	6.890	6.555	6.250	5.970	5.712	5.475	5.256	70	95
70	100	7.223	6.857	6.524	6.220	5.941	5.685	5.449	5.232	70	100
75	75	7.069	6.742	6.440	6.162	5.905	5.667	5.446	5.240	75	75
75	80	6.661	6.368	6.097	5.847	5.615	5.400	5.199	5.012	75	80
75	85	6.381	6.108	5.856	5.622	5.405	5.204	5.016	4.841	75	85
75	90	6.210	5.947	5.704	5.479	5.271	5.076	4.896	4.727	75	90
75	95	6.112	5.854	5.616	5.396	5.191	5.001	4.823	4.658	75	95
75	100	6.057	5.802	5.566	5.348	5.145	4.957	4.782	4.618	75	100
80	80	5.831	5.610	5.403	5.210	5.030	4.860	4.702	4.552	80	80
80	85	5.439	5.245	5.062	4.892	4.731	4.581	4.439	4.306	80	85
80	90	5.190	5.009	4.840	4.682	4.533	4.393	4.261	4.137	80	90
80	95	5.043	4.870	4.708	4.556	4.413	4.279	4.152	4.033	80	95
80	100	4.959	4.790	4.631	4.483	4.343	4.212	4.088	3.971	80	100

YEARS' PURCHASE FOR LONGER OF TWO LIVES: FEMALES (OLDER) AND MALES

Nominal rate per cent

Ages		3	3.5	4	4.5	5	5.5	6	7	Ages	
5	5	30.030	26.739	24.018	21.747	19.834	18.207	16.813	14.560	5	5
5	10	29.708	26.513	23.859	21.635	19.754	18.151	16.773	14.539	5	10
5	15	29.419	26.307	23.711	21.529	19.678	18.095	16.733	14.517	5	15
5	20	29.176	26.129	23.581	21.433	19.607	18.043	16.694	14.496	5	20
5	25	28.981	25.983	23.472	21.351	19.546	17.997	16.659	14.476	5	25
5	30	28.830	25.868	23.384	21.283	19.493	17.956	16.628	14.457	5	30
5	35	28.715	25.779	23.314	21.228	19.450	17.922	16.600	14.439	5	35
5	40	28.629	25.709	23.258	21.183	19.413	17.892	16.576	14.423	5	40
5	45	28.562	25.654	23.213	21.146	19.382	17.866	16.554	14.408	5	45
5	50	28.509	25.610	23.175	21.113	19.355	17.843	16.534	14.393	5	50
5	55	28.466	25.572	23.142	21.085	19.330	17.822	16.516	14.379	5	55
5	60	28.431	25.541	23.115	21.061	19.309	17.803	16.499	14.366	5	60
5	65	28.403	25.516	23.092	21.041	19.291	17.786	16.484	14.353	5	65
5	70	28.383	25.497	23.075	21.025	19.276	17.773	16.472	14.343	5	70
5	75	28.369	25.484	23.063	21.014	19.266	17.763	16.463	14.335	5	75
5	80	28.360	25.476	23.055	21.006	19.259	17.757	16.457	14.330	5	80
5	85	28.355	25.471	23.051	21.002	19.254	17.753	16.453	14.326	5	85
5	90	28.352	25.468	23.048	20.999	19.252	17.750	16.450	14.324	5	90
5	95	28.350	25.467	23.047	20.998	19.251	17.749	16.449	14.323	5	95
5	100	28.349	25.466	23.046	20.997	19.250	17.748	16.448	14.322	5	100
10	10	29.445	26.325	23.725	21.538	19.685	18.101	16.736	14.519	10	10
10	15	29.071	26.056	23.531	21.398	19.583	18.027	16.682	14.490	10	15
10	20	28.738	25.812	23.352	21.266	19.485	17.954	16.629	14.460	10	20
10	25	28.457	25.603	23.194	21.148	19.396	17.887	16.577	14.431	10	25
10	30	28.233	25.431	23.063	21.047	19.318	17.827	16.531	14.402	10	30
10	35	28.061	25.296	22.957	20.964	19.253	17.775	16.490	14.376	10	35
10	40	27.932	25.193	22.875	20.897	19.199	17.731	16.455	14.353	10	40
10	45	27.836	25.115	22.810	20.844	19.155	17.695	16.424	14.332	10	45
10	50	27.764	25.054	22.759	20.800	19.118	17.664	16.398	14.313	10	50
10	55	27.708	25.006	22.717	20.764	19.087	17.636	16.374	14.294	10	55
10	60	27.663	24.966	22.682	20.734	19.060	17.612	16.353	14.277	10	60
10	65	27.629	24.935	22.654	20.709	19.037	17.592	16.334	14.262	10	65
10	70	27.603	24.911	22.632	20.689	19.019	17.575	16.318	14.249	10	70
10	75	27.585	24.895	22.617	20.674	19.005	17.563	16.307	14.239	10	75
10	80	27.573	24.884	22.607	20.665	18.997	17.554	16.299	14.232	10	80
10	85	27.567	24.878	22.601	20.659	18.991	17.549	16.294	14.228	10	85
10	90	27.564	24.875	22.598	20.657	18.989	17.547	16.292	14.225	10	90
10	95	27.562	24.874	22.597	20.655	18.987	17.545	16.291	14.224	10	95
10	100	27.562	24.873	22.596	20.655	18.987	17.545	16.290	14.224	10	100
15	15	28.765	25.833	23.367	21.277	19.493	17.960	16.633	14.463	15	15
15	20	28.332	25.514	23.131	21.103	19.364	17.864	16.561	14.422	15	20
15	25	27.947	25.225	22.914	20.938	19.240	17.769	16.489	14.380	15	25
15	30	27.624	24.977	22.723	20.792	19.126	17.682	16.421	14.339	15	30
15	35	27.366	24.775	22.565	20.667	19.028	17.604	16.359	14.300	15	35
15	40	27.169	24.618	22.438	20.566	18.946	17.538	16.306	14.264	15	40
15	45	27.023	24.498	22.341	20.485	18.880	17.483	16.260	14.233	15	45
15	50	26.917	24.409	22.265	20.422	18.826	17.438	16.222	14.205	15	50
15	55	26.837	24.341	22.207	20.371	18.783	17.400	16.189	14.180	15	55
15	60	26.777	24.288	22.160	20.330	18.746	17.367	16.160	14.157	15	60
15	65	26.731	24.246	22.123	20.296	18.716	17.340	16.135	14.137	15	65

YEARS' PURCHASE FOR LONGER OF TWO LIVES: FEMALES (OLDER) AND MALES

Nominal rate per cent

Ages		3	3.5	4	4.5	5	5.5	6	7	Ages	
15	70	26.697	24.215	22.094	20.270	18.691	17.317	16.115	14.119	15	70
15	75	26.672	24.191	22.072	20.249	18.672	17.300	16.098	14.104	15	75
15	80	26.655	24.176	22.057	20.235	18.659	17.287	16.086	14.094	15	80
15	85	26.645	24.166	22.048	20.226	18.651	17.279	16.078	14.087	15	85
15	90	26.639	24.161	22.043	20.221	18.646	17.274	16.074	14.082	15	90
15	95	26.636	24.158	22.040	20.219	18.643	17.272	16.071	14.080	15	95
15	100	26.635	24.156	22.038	20.217	18.642	17.271	16.070	14.079	15	100
20	20	27.981	25.251	22.933	20.954	19.251	17.778	16.496	14.384	20	20
20	25	27.482	24.874	22.648	20.737	19.087	17.653	16.400	14.328	20	25
20	30	27.039	24.533	22.385	20.534	18.929	17.531	16.305	14.269	20	30
20	35	26.668	24.242	22.157	20.354	18.787	17.418	16.215	14.212	20	35
20	40	26.375	24.008	21.969	20.203	18.665	17.319	16.135	14.160	20	40
20	45	26.154	23.827	21.821	20.081	18.565	17.236	16.067	14.112	20	45
20	50	25.994	23.693	21.708	19.987	18.485	17.169	16.010	14.072	20	50
20	55	25.880	23.596	21.625	19.915	18.423	17.116	15.964	14.037	20	55
20	60	25.799	23.524	21.562	19.860	18.375	17.073	15.926	14.007	20	60
20	65	25.741	23.472	21.515	19.818	18.337	17.039	15.896	13.982	20	65
20	70	25.699	23.435	21.481	19.786	18.308	17.013	15.871	13.962	20	70
20	75	25.671	23.408	21.456	19.763	18.287	16.993	15.853	13.945	20	75
20	80	25.652	23.391	21.440	19.748	18.272	16.979	15.839	13.933	20	80
20	85	25.641	23.380	21.429	19.738	18.263	16.970	15.830	13.925	20	85
20	90	25.634	23.373	21.423	19.732	18.257	16.964	15.825	13.920	20	90
20	95	25.631	23.370	21.420	19.729	18.254	16.961	15.822	13.917	20	95
20	100	25.629	23.368	21.418	19.727	18.252	16.959	15.821	13.916	20	100
25	25	27.076	24.562	22.408	20.552	18.943	17.541	16.313	14.274	25	25
25	30	26.499	24.117	22.063	20.284	18.735	17.378	16.186	14.196	25	30
25	35	25.991	23.716	21.747	20.034	18.536	17.221	16.060	14.115	25	35
25	40	25.568	23.376	21.474	19.813	18.358	17.076	15.943	14.037	25	40
25	45	25.236	23.105	21.251	19.630	18.207	16.952	15.840	13.966	25	45
25	50	24.990	22.899	21.078	19.485	18.085	16.849	15.753	13.904	25	50
25	55	24.815	22.750	20.951	19.376	17.991	16.768	15.683	13.852	25	55
25	60	24.695	22.645	20.859	19.296	17.921	16.706	15.629	13.810	25	60
25	65	24.614	22.573	20.795	19.238	17.869	16.660	15.587	13.776	25	65
25	70	24.561	22.524	20.750	19.198	17.832	16.626	15.556	13.750	25	70
25	75	24.527	22.493	20.721	19.171	17.807	16.603	15.535	13.731	25	75
25	80	24.506	22.473	20.703	19.153	17.791	16.587	15.520	13.718	25	80
25	85	24.494	22.462	20.692	19.143	17.781	16.578	15.511	13.710	25	85
25	90	24.487	22.455	20.686	19.137	17.775	16.573	15.506	13.705	25	90
25	95	24.484	22.452	20.683	19.134	17.772	16.570	15.503	13.702	25	95
25	100	24.482	22.451	20.681	19.132	17.771	16.568	15.501	13.701	25	100
30	30	26.027	23.745	21.770	20.052	18.551	17.232	16.069	14.121	30	30
30	35	25.363	23.220	21.353	19.721	18.286	17.021	15.900	14.011	30	35
30	40	24.779	22.749	20.973	19.412	18.036	16.817	15.734	13.900	30	40
30	45	24.296	22.352	20.646	19.143	17.813	16.633	15.580	13.794	30	45
30	50	23.920	22.037	20.381	18.920	17.626	16.474	15.447	13.698	30	50
30	55	23.644	21.801	20.179	18.747	17.477	16.346	15.336	13.615	30	55
30	60	23.452	21.633	20.033	18.619	17.364	16.248	15.249	13.548	30	60
30	65	23.324	21.519	19.931	18.528	17.283	16.175	15.184	13.495	30	65
30	70	23.242	21.445	19.864	18.467	17.227	16.124	15.138	13.456	30	70
30	75	23.192	21.399	19.821	18.427	17.191	16.090	15.106	13.429	30	75

YEARS' PURCHASE FOR LONGER OF TWO LIVES: FEMALES (OLDER) AND MALES

Nominal rate per cent

Ages		3	3.5	4	4.5	5	5.5	6	7	Ages	
30	80	23.163	21.371	19.795	18.403	17.168	16.068	15.086	13.411	30	80
30	85	23.147	21.356	19.780	18.389	17.155	16.056	15.074	13.400	30	85
30	90	23.138	21.348	19.772	18.381	17.147	16.049	15.067	13.393	30	90
30	95	23.134	21.343	19.768	18.377	17.143	16.045	15.063	13.390	30	95
30	100	23.132	21.341	19.766	18.375	17.141	16.043	15.061	13.388	30	100
35	35	24.819	22.781	20.999	19.434	18.053	16.831	15.745	13.907	35	35
35	40	24.057	22.163	20.497	19.025	17.720	16.559	15.521	13.756	35	40
35	45	23.388	21.612	20.041	18.647	17.406	16.297	15.304	13.604	35	45
35	50	22.838	21.149	19.651	18.318	17.128	16.062	15.104	13.459	35	50
35	55	22.413	20.785	19.339	18.049	16.896	15.862	14.931	13.329	35	55
35	60	22.106	20.516	19.103	17.843	16.715	15.703	14.791	13.220	35	60
35	65	21.896	20.329	18.937	17.695	16.583	15.584	14.684	13.134	35	65
35	70	21.762	20.208	18.826	17.594	16.491	15.501	14.608	13.071	35	70
35	75	21.681	20.133	18.759	17.531	16.432	15.446	14.558	13.027	35	75
35	80	21.635	20.090	18.717	17.493	16.397	15.413	14.526	12.999	35	80
35	85	21.611	20.067	18.695	17.471	16.376	15.393	14.508	12.982	35	85
35	90	21.598	20.055	18.683	17.460	16.366	15.383	14.498	12.973	35	90
35	95	21.592	20.049	18.678	17.455	16.360	15.379	14.493	12.968	35	95
35	100	21.589	20.046	18.675	17.452	16.357	15.375	14.490	12.966	35	100
40	40	23.434	21.649	20.072	18.673	17.427	16.315	15.318	13.613	40	40
40	45	22.561	20.926	19.471	18.172	17.009	15.965	15.025	13.406	40	45
40	50	21.800	20.283	18.927	17.711	16.618	15.632	14.741	13.198	40	50
40	55	21.177	19.747	18.465	17.312	16.273	15.334	14.482	13.003	40	55
40	60	20.701	19.330	18.099	16.991	15.990	15.084	14.262	12.830	40	60
40	65	20.362	19.028	17.829	16.749	15.774	14.890	14.087	12.689	40	65
40	70	20.139	18.825	17.644	16.581	15.621	14.750	13.960	12.583	40	70
40	75	20.002	18.698	17.528	16.473	15.521	14.658	13.874	12.508	40	75
40	80	19.924	18.626	17.459	16.409	15.460	14.601	13.821	12.461	40	80
40	85	19.883	18.586	17.422	16.374	15.427	14.569	13.790	12.433	40	85
40	90	19.862	18.566	17.403	16.355	15.409	14.552	13.774	12.418	40	90
40	95	19.852	18.557	17.394	16.346	15.400	14.544	13.766	12.410	40	95
40	100	19.847	18.552	17.389	16.342	15.396	14.539	13.761	12.406	40	100
45	45	21.856	20.331	18.967	17.745	16.647	15.657	14.762	13.213	45	45
45	50	20.865	19.489	18.252	17.136	16.127	15.212	14.381	12.932	45	50
45	55	20.004	18.746	17.609	16.579	15.643	14.791	14.014	12.652	45	55
45	60	19.307	18.133	17.069	16.103	15.222	14.419	13.684	12.392	45	60
45	65	18.783	17.664	16.649	15.726	14.884	14.115	13.410	12.169	45	65
45	70	18.420	17.334	16.348	15.451	14.633	13.885	13.200	11.993	45	70
45	75	18.189	17.120	16.150	15.268	14.464	13.728	13.054	11.867	45	75
45	80	18.054	16.994	16.032	15.157	14.359	13.630	12.962	11.784	45	80
45	85	17.982	16.925	15.967	15.095	14.300	13.573	12.908	11.735	45	85
45	90	17.946	16.890	15.933	15.062	14.269	13.543	12.879	11.709	45	90
45	95	17.928	16.873	15.916	15.046	14.253	13.528	12.865	11.695	45	95
45	100	17.919	16.865	15.908	15.038	14.245	13.521	12.857	11.688	45	100
50	50	20.080	18.812	17.667	16.630	15.687	14.830	14.048	12.678	50	50
50	55	18.964	17.845	16.826	15.897	15.049	14.272	13.560	12.302	50	55
50	60	18.007	17.000	16.079	15.236	14.462	13.751	13.097	11.934	50	60
50	65	17.245	16.316	15.464	14.682	13.964	13.301	12.690	11.601	50	65
50	70	16.688	15.807	15.000	14.258	13.575	12.945	12.363	11.325	50	70
50	75	16.317	15.463	14.681	13.962	13.300	12.689	12.125	11.118	50	75

YEARS' PURCHASE FOR LONGER OF TWO LIVES: FEMALES (OLDER) AND MALES

Nominal rate per cent

Ages		3	3.5	4	4.5	5	5.5	6	7	Ages	
50	80	16.091	15.251	14.481	13.774	13.123	12.523	11.968	10.978	50	80
50	85	15.966	15.132	14.368	13.666	13.020	12.425	11.874	10.893	50	85
50	90	15.901	15.070	14.308	13.609	12.965	12.372	11.823	10.846	50	90
50	95	15.869	15.039	14.279	13.580	12.937	12.345	11.797	10.821	50	95
50	100	15.854	15.024	14.264	13.565	12.923	12.331	11.784	10.809	50	100
55	55	18.111	17.094	16.164	15.313	14.532	13.814	13.153	11.980	55	55
55	60	16.881	16.004	15.196	14.453	13.766	13.131	12.543	11.492	55	60
55	65	15.846	15.072	14.356	13.693	13.079	12.510	11.980	11.027	55	65
55	70	15.049	14.342	13.688	13.081	12.517	11.993	11.504	10.623	55	70
55	75	14.491	13.824	13.206	12.632	12.099	11.603	11.141	10.306	55	75
55	80	14.137	13.491	12.892	12.336	11.820	11.340	10.892	10.084	55	80
55	85	13.933	13.296	12.707	12.160	11.652	11.179	10.739	9.944	55	85
55	90	13.824	13.192	12.606	12.063	11.559	11.090	10.653	9.864	55	90
55	95	13.770	13.139	12.555	12.014	11.511	11.043	10.608	9.822	55	95
55	100	13.743	13.113	12.529	11.989	11.487	11.020	10.585	9.800	55	100
60	60	15.978	15.194	14.469	13.798	13.177	12.600	12.063	11.098	60	60
60	65	14.664	14.006	13.394	12.824	12.293	11.797	11.333	10.492	60	65
60	70	13.599	13.029	12.496	11.999	11.533	11.096	10.687	9.940	60	70
60	75	12.818	12.301	11.819	11.367	10.943	10.546	10.172	9.489	60	75
60	80	12.301	11.815	11.359	10.933	10.534	10.158	9.806	9.161	60	80
60	85	11.993	11.521	11.079	10.666	10.278	9.914	9.572	8.947	60	85
60	90	11.824	11.359	10.923	10.515	10.133	9.775	9.438	8.822	60	90
60	95	11.738	11.275	10.842	10.436	10.057	9.700	9.366	8.754	60	95
60	100	11.694	11.232	10.800	10.396	10.017	9.662	9.328	8.719	60	100
65	65	13.729	13.153	12.614	12.111	11.639	11.197	10.782	10.026	65	65
65	70	12.391	11.921	11.480	11.064	10.673	10.305	9.957	9.318	65	70
65	75	11.363	10.962	10.584	10.228	9.891	9.572	9.271	8.714	65	75
65	80	10.655	10.294	9.953	9.630	9.326	9.037	8.764	8.258	65	80
65	85	10.218	9.876	9.554	9.250	8.962	8.689	8.430	7.953	65	85
65	90	9.973	9.640	9.327	9.030	8.750	8.485	8.234	7.769	65	90
65	95	9.844	9.516	9.206	8.913	8.636	8.375	8.126	7.668	65	95
65	100	9.778	9.452	9.143	8.852	8.577	8.317	8.070	7.614	65	100
70	70	11.441	11.040	10.661	10.303	9.965	9.645	9.342	8.782	70	70
70	75	10.158	9.840	9.538	9.252	8.979	8.720	8.474	8.015	70	75
70	80	9.235	8.967	8.712	8.469	8.237	8.016	7.806	7.412	70	80
70	85	8.644	8.402	8.171	7.951	7.742	7.542	7.351	6.994	70	85
70	90	8.302	8.072	7.854	7.645	7.446	7.256	7.075	6.736	70	90
70	95	8.120	7.895	7.682	7.478	7.284	7.099	6.922	6.592	70	95
70	100	8.024	7.802	7.591	7.390	7.198	7.015	6.840	6.514	70	100
75	75	9.224	8.961	8.710	8.471	8.242	8.024	7.816	7.426	75	75
75	80	8.079	7.875	7.680	7.492	7.313	7.141	6.976	6.665	75	80
75	85	7.312	7.141	6.976	6.819	6.667	6.521	6.381	6.117	75	85
75	90	6.853	6.698	6.548	6.405	6.267	6.135	6.008	5.767	75	90
75	95	6.601	6.452	6.310	6.174	6.042	5.916	5.795	5.566	75	95
75	100	6.467	6.322	6.183	6.049	5.921	5.798	5.679	5.455	75	100
80	80	7.220	7.056	6.898	6.746	6.600	6.460	6.325	6.069	80	80
80	85	6.278	6.152	6.031	5.914	5.801	5.691	5.586	5.385	80	85
80	90	5.690	5.584	5.481	5.382	5.286	5.193	5.104	4.933	80	90
80	95	5.356	5.259	5.165	5.075	4.987	4.902	4.820	4.664	80	95
80	100	5.175	5.082	4.993	4.906	4.822	4.741	4.663	4.513	80	100

YEARS' PURCHASE FOR LONGER OF TWO LIVES: FEMALES (OLDER) AND MALES

Nominal rate per cent

Ages		8	9	10	11	12	13	14	15	Ages	
5	5	12.828	11.463	10.363	9.459	8.704	8.064	7.515	7.039	5	5
5	10	12.817	11.458	10.360	9.457	8.703	8.063	7.515	7.039	5	10
5	15	12.806	11.451	10.356	9.455	8.702	8.063	7.514	7.038	5	15
5	20	12.794	11.444	10.352	9.453	8.700	8.062	7.514	7.038	5	20
5	25	12.782	11.437	10.348	9.450	8.698	8.061	7.513	7.038	5	25
5	30	12.770	11.430	10.343	9.447	8.697	8.059	7.512	7.037	5	30
5	35	12.759	11.422	10.338	9.444	8.694	8.058	7.511	7.036	5	35
5	40	12.748	11.415	10.333	9.440	8.692	8.056	7.509	7.035	5	40
5	45	12.737	11.407	10.328	9.436	8.688	8.053	7.508	7.034	5	45
5	50	12.726	11.399	10.321	9.431	8.685	8.051	7.505	7.032	5	50
5	55	12.715	11.390	10.315	9.426	8.681	8.047	7.503	7.030	5	55
5	60	12.704	11.382	10.308	9.420	8.676	8.043	7.500	7.027	5	60
5	65	12.694	11.373	10.301	9.414	8.671	8.039	7.496	7.024	5	65
5	70	12.686	11.366	10.294	9.409	8.666	8.035	7.492	7.021	5	70
5	75	12.679	11.360	10.289	9.404	8.662	8.031	7.489	7.018	5	75
5	80	12.674	11.355	10.285	9.401	8.659	8.028	7.486	7.015	5	80
5	85	12.670	11.352	10.282	9.398	8.656	8.026	7.484	7.014	5	85
5	90	12.668	11.350	10.280	9.396	8.655	8.025	7.483	7.012	5	90
5	95	12.667	11.349	10.279	9.395	8.654	8.024	7.482	7.011	5	95
5	100	12.667	11.349	10.279	9.395	8.653	8.023	7.482	7.011	5	100
10	10	12.807	11.452	10.357	9.455	8.702	8.063	7.514	7.038	10	10
10	15	12.791	11.443	10.352	9.453	8.700	8.062	7.514	7.038	10	15
10	20	12.774	11.433	10.346	9.449	8.698	8.060	7.513	7.038	10	20
10	25	12.757	11.423	10.340	9.445	8.696	8.059	7.512	7.037	10	25
10	30	12.739	11.412	10.333	9.441	8.693	8.057	7.511	7.036	10	30
10	35	12.723	11.401	10.326	9.436	8.690	8.055	7.509	7.035	10	35
10	40	12.707	11.390	10.318	9.431	8.686	8.052	7.507	7.033	10	40
10	45	12.692	11.380	10.311	9.425	8.682	8.049	7.505	7.032	10	45
10	50	12.678	11.369	10.303	9.419	8.677	8.045	7.502	7.029	10	50
10	55	12.664	11.358	10.294	9.413	8.672	8.041	7.498	7.027	10	55
10	60	12.650	11.347	10.285	9.406	8.666	8.036	7.494	7.023	10	60
10	65	12.637	11.337	10.277	9.398	8.660	8.031	7.490	7.020	10	65
10	70	12.626	11.327	10.269	9.391	8.654	8.026	7.485	7.016	10	70
10	75	12.617	11.320	10.262	9.385	8.648	8.021	7.481	7.012	10	75
10	80	12.611	11.314	10.257	9.381	8.644	8.017	7.478	7.009	10	80
10	85	12.607	11.311	10.253	9.378	8.642	8.015	7.476	7.007	10	85
10	90	12.605	11.309	10.252	9.376	8.640	8.013	7.474	7.005	10	90
10	95	12.604	11.308	10.251	9.375	8.639	8.013	7.473	7.005	10	95
10	100	12.604	11.307	10.250	9.374	8.639	8.012	7.473	7.004	10	100
15	15	12.775	11.434	10.346	9.449	8.698	8.061	7.513	7.038	15	15
15	20	12.752	11.421	10.339	9.445	8.695	8.059	7.512	7.037	15	20
15	25	12.727	11.406	10.330	9.439	8.692	8.056	7.510	7.036	15	25
15	30	12.702	11.390	10.319	9.433	8.688	8.054	7.508	7.035	15	30
15	35	12.677	11.373	10.309	9.426	8.683	8.050	7.506	7.033	15	35
15	40	12.653	11.357	10.298	9.418	8.677	8.046	7.503	7.031	15	40
15	45	12.631	11.342	10.287	9.410	8.671	8.042	7.500	7.028	15	45
15	50	12.610	11.327	10.275	9.401	8.665	8.037	7.496	7.025	15	50
15	55	12.591	11.312	10.264	9.392	8.658	8.031	7.491	7.022	15	55
15	60	12.573	11.297	10.252	9.382	8.650	8.025	7.486	7.017	15	60
15	65	12.556	11.283	10.240	9.373	8.641	8.018	7.480	7.012	15	65

YEARS' PURCHASE FOR LONGER OF TWO LIVES:
FEMALES (OLDER) AND MALES

Nominal rate per cent

Ages		8	9	10	11	12	13	14	15	Ages	
15	70	12.541	11.270	10.229	9.363	8.633	8.010	7.473	7.006	15	70
15	75	12.528	11.259	10.219	9.354	8.625	8.003	7.467	7.000	15	75
15	80	12.519	11.250	10.211	9.347	8.618	7.997	7.462	6.995	15	80
15	85	12.512	11.244	10.205	9.342	8.614	7.993	7.458	6.992	15	85
15	90	12.508	11.240	10.202	9.338	8.611	7.990	7.455	6.989	15	90
15	95	12.506	11.238	10.200	9.337	8.609	7.988	7.453	6.988	15	95
15	100	12.505	11.237	10.199	9.336	8.608	7.988	7.453	6.987	15	100
20	20	12.730	11.407	10.330	9.440	8.692	8.057	7.510	7.036	20	20
20	25	12.696	11.387	10.318	9.432	8.687	8.054	7.508	7.035	20	25
20	30	12.660	11.364	10.304	9.423	8.681	8.050	7.506	7.033	20	30
20	35	12.623	11.340	10.288	9.412	8.674	8.045	7.502	7.031	20	35
20	40	12.588	11.316	10.272	9.401	8.666	8.039	7.498	7.028	20	40
20	45	12.555	11.293	10.255	9.389	8.658	8.033	7.494	7.024	20	45
20	50	12.526	11.272	10.239	9.377	8.649	8.026	7.488	7.020	20	50
20	55	12.499	11.252	10.224	9.365	8.639	8.019	7.482	7.015	20	55
20	60	12.476	11.233	10.209	9.353	8.629	8.010	7.476	7.010	20	60
20	65	12.455	11.216	10.194	9.341	8.619	8.002	7.469	7.003	20	65
20	70	12.437	11.201	10.181	9.330	8.610	7.994	7.461	6.997	20	70
20	75	12.423	11.188	10.170	9.320	8.601	7.986	7.454	6.991	20	75
20	80	12.412	11.178	10.161	9.312	8.594	7.979	7.448	6.985	20	80
20	85	12.405	11.171	10.155	9.306	8.588	7.974	7.443	6.981	20	85
20	90	12.400	11.167	10.151	9.302	8.585	7.971	7.440	6.978	20	90
20	95	12.398	11.165	10.149	9.300	8.582	7.968	7.438	6.976	20	95
20	100	12.396	11.163	10.147	9.299	8.581	7.967	7.437	6.975	20	100
25	25	12.663	11.366	10.305	9.424	8.682	8.050	7.506	7.033	25	25
25	30	12.614	11.335	10.285	9.411	8.673	8.044	7.502	7.030	25	30
25	35	12.562	11.301	10.262	9.396	8.663	8.037	7.497	7.027	25	35
25	40	12.510	11.266	10.238	9.379	8.652	8.029	7.491	7.023	25	40
25	45	12.460	11.231	10.214	9.361	8.639	8.020	7.485	7.018	25	45
25	50	12.415	11.198	10.190	9.343	8.625	8.010	7.477	7.012	25	50
25	55	12.376	11.168	10.167	9.326	8.612	7.999	7.468	7.005	25	55
25	60	12.343	11.142	10.146	9.309	8.598	7.988	7.460	6.998	25	60
25	65	12.315	11.120	10.127	9.294	8.586	7.977	7.451	6.990	25	65
25	70	12.293	11.101	10.112	9.280	8.574	7.967	7.442	6.982	25	70
25	75	12.277	11.086	10.099	9.269	8.564	7.959	7.434	6.975	25	75
25	80	12.265	11.076	10.089	9.260	8.556	7.952	7.428	6.970	25	80
25	85	12.258	11.069	10.083	9.255	8.551	7.946	7.423	6.965	25	85
25	90	12.253	11.065	10.079	9.251	8.547	7.943	7.420	6.962	25	90
25	95	12.251	11.062	10.077	9.249	8.545	7.941	7.418	6.961	25	95
25	100	12.249	11.061	10.076	9.248	8.544	7.940	7.417	6.960	25	100
30	30	12.565	11.303	10.264	9.396	8.664	8.038	7.497	7.027	30	30
30	35	12.494	11.256	10.232	9.375	8.649	8.028	7.490	7.022	30	35
30	40	12.419	11.205	10.197	9.351	8.632	8.015	7.482	7.016	30	40
30	45	12.344	11.152	10.159	9.324	8.612	8.001	7.471	7.008	30	45
30	50	12.274	11.101	10.122	9.296	8.591	7.985	7.459	6.999	30	50
30	55	12.212	11.054	10.086	9.268	8.570	7.968	7.446	6.988	30	55
30	60	12.159	11.012	10.053	9.242	8.549	7.951	7.432	6.977	30	60
30	65	12.117	10.978	10.024	9.218	8.529	7.935	7.418	6.965	30	65
30	70	12.084	10.950	10.001	9.198	8.512	7.920	7.406	6.954	30	70
30	75	12.060	10.929	9.983	9.182	8.498	7.908	7.395	6.945	30	75

YEARS' PURCHASE FOR LONGER OF TWO LIVES: FEMALES (OLDER) AND MALES

Nominal rate per cent

Ages		8	9	10	11	12	13	14	15	Ages	
30	80	12.044	10.915	9.970	9.171	8.488	7.898	7.386	6.937	30	80
30	85	12.034	10.905	9.961	9.163	8.480	7.892	7.380	6.931	30	85
30	90	12.028	10.900	9.956	9.158	8.476	7.888	7.376	6.927	30	90
30	95	12.025	10.897	9.953	9.155	8.473	7.885	7.374	6.925	30	95
30	100	12.023	10.895	9.952	9.154	8.472	7.884	7.372	6.924	30	100
35	35	12.423	11.207	10.198	9.351	8.632	8.016	7.482	7.016	35	35
35	40	12.320	11.136	10.149	9.317	8.607	7.998	7.469	7.006	35	40
35	45	12.212	11.059	10.094	9.277	8.578	7.976	7.453	6.994	35	45
35	50	12.106	10.982	10.036	9.234	8.546	7.952	7.434	6.980	35	50
35	55	12.008	10.907	9.979	9.189	8.512	7.925	7.413	6.963	35	55
35	60	11.923	10.840	9.926	9.147	8.477	7.897	7.390	6.945	35	60
35	65	11.853	10.783	9.879	9.108	8.446	7.871	7.368	6.926	35	65
35	70	11.800	10.738	9.841	9.076	8.418	7.847	7.348	6.908	35	70
35	75	11.762	10.705	9.812	9.051	8.396	7.827	7.331	6.893	35	75
35	80	11.737	10.683	9.792	9.033	8.380	7.813	7.317	6.881	35	80
35	85	11.722	10.669	9.780	9.021	8.369	7.803	7.308	6.873	35	85
35	90	11.713	10.661	9.772	9.014	8.363	7.797	7.303	6.867	35	90
35	95	11.709	10.657	9.768	9.011	8.359	7.794	7.299	6.864	35	95
35	100	11.706	10.654	9.766	9.009	8.357	7.792	7.298	6.862	35	100
40	40	12.218	11.063	10.096	9.278	8.579	7.976	7.453	6.994	40	40
40	45	12.071	10.957	10.019	9.221	8.537	7.945	7.429	6.976	40	45
40	50	11.918	10.843	9.934	9.157	8.489	7.908	7.400	6.954	40	50
40	55	11.769	10.729	9.846	9.089	8.435	7.866	7.367	6.927	40	55
40	60	11.633	10.622	9.760	9.020	8.380	7.821	7.331	6.897	40	60
40	65	11.518	10.528	9.683	8.957	8.327	7.777	7.294	6.866	40	65
40	70	11.428	10.452	9.619	8.902	8.280	7.737	7.259	6.836	40	70
40	75	11.364	10.396	9.570	8.859	8.243	7.704	7.230	6.810	40	75
40	80	11.322	10.359	9.537	8.829	8.216	7.680	7.208	6.791	40	80
40	85	11.297	10.336	9.516	8.810	8.198	7.663	7.193	6.777	40	85
40	90	11.283	10.323	9.504	8.799	8.187	7.653	7.184	6.768	40	90
40	95	11.276	10.316	9.497	8.793	8.182	7.648	7.178	6.763	40	95
40	100	11.272	10.312	9.494	8.789	8.179	7.645	7.176	6.760	40	100
45	45	11.928	10.850	9.939	9.160	8.490	7.909	7.401	6.954	45	45
45	50	11.718	10.693	9.820	9.070	8.421	7.855	7.359	6.921	45	50
45	55	11.504	10.527	9.691	8.969	8.341	7.792	7.308	6.880	45	55
45	60	11.298	10.363	9.559	8.863	8.255	7.722	7.251	6.833	45	60
45	65	11.115	10.213	9.435	8.760	8.169	7.650	7.190	6.781	45	65
45	70	10.967	10.087	9.328	8.668	8.091	7.582	7.132	6.731	45	70
45	75	10.857	9.992	9.245	8.595	8.026	7.525	7.082	6.686	45	75
45	80	10.783	9.926	9.186	8.542	7.979	7.483	7.043	6.651	45	80
45	85	10.739	9.886	9.149	8.508	7.948	7.454	7.016	6.627	45	85
45	90	10.714	9.863	9.127	8.488	7.929	7.437	7.000	6.612	45	90
45	95	10.701	9.850	9.116	8.478	7.919	7.427	6.991	6.603	45	95
45	100	10.695	9.844	9.110	8.472	7.913	7.422	6.986	6.598	45	100
50	50	11.523	10.542	9.702	8.977	8.347	7.796	7.311	6.882	50	50
50	55	11.232	10.315	9.523	8.836	8.235	7.706	7.239	6.823	50	55
50	60	10.938	10.079	9.332	8.680	8.108	7.602	7.153	6.752	50	60
50	65	10.664	9.851	9.143	8.523	7.975	7.490	7.058	6.671	50	65
50	70	10.429	9.652	8.973	8.376	7.849	7.381	6.963	6.589	50	70
50	75	10.249	9.494	8.835	8.255	7.742	7.286	6.879	6.514	50	75

YEARS' PURCHASE FOR LONGER OF TWO LIVES: FEMALES (OLDER) AND MALES

Nominal rate per cent

Ages		8	9	10	11	12	13	14	15	Ages	
50	80	10.124	9.383	8.735	8.165	7.661	7.213	6.812	6.453	50	80
50	85	10.047	9.312	8.669	8.105	7.606	7.162	6.766	6.410	50	85
50	90	10.003	9.271	8.631	8.069	7.572	7.131	6.737	6.383	50	90
50	95	9.980	9.249	8.611	8.050	7.554	7.113	6.720	6.367	50	95
50	100	9.968	9.238	8.600	8.039	7.544	7.104	6.711	6.358	50	100
55	55	10.975	10.109	9.357	8.700	8.124	7.615	7.163	6.760	55	55
55	60	10.582	9.790	9.097	8.488	7.949	7.470	7.042	6.659	55	60
55	65	10.197	9.469	8.828	8.262	7.758	7.308	6.904	6.541	55	65
55	70	9.852	9.174	8.575	8.043	7.569	7.143	6.761	6.415	55	70
55	75	9.575	8.931	8.361	7.854	7.401	6.994	6.628	6.297	55	75
55	80	9.376	8.752	8.200	7.709	7.269	6.875	6.520	6.198	55	80
55	85	9.248	8.635	8.092	7.609	7.178	6.791	6.442	6.126	55	85
55	90	9.173	8.565	8.027	7.549	7.121	6.738	6.392	6.079	55	90
55	95	9.133	8.528	7.992	7.515	7.089	6.707	6.363	6.052	55	95
55	100	9.112	8.508	7.973	7.497	7.072	6.691	6.347	6.037	55	100
60	60	10.258	9.521	8.873	8.300	7.791	7.336	6.929	6.562	60	60
60	65	9.751	9.097	8.516	7.998	7.534	7.117	6.740	6.400	60	65
60	70	9.279	8.690	8.165	7.693	7.269	6.885	6.538	6.222	60	70
60	75	8.883	8.341	7.856	7.420	7.025	6.668	6.344	6.048	60	75
60	80	8.588	8.075	7.616	7.202	6.828	6.489	6.180	5.898	60	80
60	85	8.392	7.895	7.450	7.049	6.687	6.358	6.059	5.786	60	85
60	90	8.275	7.786	7.348	6.954	6.598	6.275	5.981	5.712	60	90
60	95	8.211	7.726	7.291	6.900	6.546	6.226	5.934	5.668	60	95
60	100	8.177	7.694	7.260	6.870	6.518	6.199	5.909	5.644	60	100
65	65	9.356	8.759	8.226	7.748	7.318	6.930	6.578	6.258	65	65
65	70	8.745	8.232	7.768	7.349	6.970	6.624	6.308	6.020	65	70
65	75	8.213	7.761	7.350	6.977	6.637	6.327	6.042	5.780	65	75
65	80	7.802	7.389	7.014	6.672	6.360	6.073	5.810	5.568	65	80
65	85	7.521	7.131	6.775	6.452	6.156	5.884	5.635	5.405	65	85
65	90	7.350	6.970	6.626	6.311	6.024	5.761	5.519	5.295	65	90
65	95	7.254	6.880	6.540	6.230	5.947	5.687	5.449	5.229	65	95
65	100	7.203	6.831	6.493	6.186	5.904	5.647	5.410	5.192	65	100
70	70	8.277	7.821	7.407	7.030	6.687	6.373	6.085	5.820	70	70
70	75	7.598	7.217	6.868	6.549	6.256	5.985	5.736	5.505	70	75
70	80	7.052	6.722	6.419	6.140	5.882	5.644	5.423	5.218	70	80
70	85	6.667	6.367	6.091	5.836	5.600	5.382	5.180	4.991	70	85
70	90	6.426	6.141	5.879	5.638	5.414	5.207	5.014	4.835	70	90
70	95	6.289	6.012	5.756	5.521	5.303	5.101	4.914	4.739	70	95
70	100	6.215	5.941	5.689	5.456	5.241	5.042	4.857	4.685	70	100
75	75	7.069	6.742	6.440	6.162	5.905	5.667	5.446	5.240	75	75
75	80	6.378	6.113	5.866	5.638	5.425	5.226	5.041	4.867	75	80
75	85	5.871	5.644	5.432	5.234	5.049	4.877	4.715	4.563	75	85
75	90	5.544	5.336	5.143	4.962	4.794	4.635	4.487	4.348	75	90
75	95	5.353	5.155	4.971	4.799	4.638	4.487	4.346	4.213	75	95
75	100	5.248	5.055	4.875	4.707	4.550	4.403	4.265	4.136	75	100
80	80	5.831	5.610	5.403	5.210	5.030	4.860	4.702	4.552	80	80
80	85	5.197	5.021	4.856	4.701	4.554	4.417	4.287	4.164	80	85
80	90	4.772	4.621	4.479	4.345	4.219	4.100	3.987	3.880	80	90
80	95	4.517	4.378	4.248	4.125	4.009	3.899	3.796	3.697	80	95
80	100	4.373	4.241	4.116	3.999	3.888	3.783	3.684	3.590	80	100

YEARS' PURCHASE FOR LONGER OF TWO LIVES: FEMALES AND FEMALES

Nominal rate per cent

Ages		3	3.5	4	4.5	5	5.5	6	7	Ages	
5	5	30.279	26.914	24.141	21.834	19.896	18.251	16.845	14.576	5	5
5	10	30.044	26.750	24.027	21.754	19.839	18.211	16.816	14.561	5	10
5	15	29.849	26.611	23.928	21.683	19.788	18.175	16.790	14.547	5	15
5	20	29.695	26.499	23.846	21.623	19.744	18.142	16.766	14.534	5	20
5	25	29.575	26.410	23.780	21.573	19.707	18.114	16.744	14.522	5	25
5	30	29.484	26.340	23.726	21.532	19.675	18.090	16.725	14.510	5	30
5	35	29.414	26.286	23.683	21.498	19.648	18.068	16.709	14.500	5	35
5	40	29.361	26.243	23.649	21.471	19.626	18.050	16.694	14.490	5	40
5	45	29.320	26.209	23.621	21.448	19.607	18.034	16.681	14.481	5	45
5	50	29.288	26.183	23.598	21.429	19.591	18.021	16.669	14.472	5	50
5	55	29.264	26.161	23.580	21.413	19.577	18.009	16.659	14.464	5	55
5	60	29.244	26.144	23.565	21.400	19.565	17.999	16.650	14.457	5	60
5	65	29.230	26.131	23.553	21.389	19.556	17.990	16.642	14.450	5	65
5	70	29.219	26.121	23.544	21.380	19.548	17.983	16.635	14.445	5	70
5	75	29.211	26.114	23.537	21.374	19.542	17.977	16.630	14.440	5	75
5	80	29.206	26.109	23.533	21.370	19.538	17.973	16.626	14.437	5	80
5	85	29.202	26.106	23.530	21.367	19.535	17.971	16.624	14.435	5	85
5	90	29.201	26.104	23.528	21.365	19.533	17.969	16.622	14.433	5	90
5	95	29.199	26.103	23.527	21.364	19.533	17.968	16.621	14.432	5	95
5	100	29.199	26.103	23.526	21.364	19.532	17.968	16.621	14.432	5	100
10	10	29.732	26.532	23.874	21.646	19.763	18.158	16.778	14.542	10	10
10	15	29.460	26.337	23.734	21.546	19.691	18.105	16.740	14.522	10	15
10	20	29.235	26.173	23.615	21.458	19.626	18.058	16.705	14.502	10	20
10	25	29.057	26.041	23.515	21.384	19.570	18.015	16.673	14.484	10	25
10	30	28.921	25.937	23.436	21.322	19.523	17.979	16.645	14.467	10	30
10	35	28.817	25.855	23.372	21.272	19.484	17.948	16.620	14.451	10	35
10	40	28.738	25.793	23.322	21.232	19.451	17.921	16.599	14.437	10	40
10	45	28.679	25.744	23.282	21.199	19.424	17.899	16.580	14.424	10	45
10	50	28.635	25.707	23.251	21.173	19.402	17.880	16.564	14.412	10	50
10	55	28.602	25.679	23.226	21.152	19.383	17.864	16.550	14.402	10	55
10	60	28.577	25.657	23.207	21.135	19.369	17.851	16.539	14.393	10	60
10	65	28.559	25.641	23.193	21.122	19.357	17.841	16.529	14.385	10	65
10	70	28.546	25.629	23.182	21.112	19.348	17.833	16.522	14.379	10	70
10	75	28.538	25.621	23.174	21.105	19.341	17.827	16.516	14.374	10	75
10	80	28.532	25.616	23.170	21.101	19.337	17.823	16.512	14.371	10	80
10	85	28.529	25.613	23.167	21.098	19.335	17.820	16.510	14.368	10	85
10	90	28.527	25.611	23.165	21.097	19.333	17.819	16.509	14.367	10	90
10	95	28.527	25.611	23.164	21.096	19.332	17.818	16.508	14.367	10	95
10	100	28.526	25.610	23.164	21.095	19.332	17.818	16.508	14.366	10	100
15	15	29.097	26.077	23.547	21.411	19.593	18.034	16.689	14.494	15	15
15	20	28.782	25.847	23.378	21.286	19.501	17.966	16.638	14.466	15	20
15	25	28.522	25.652	23.233	21.177	19.419	17.904	16.591	14.439	15	25
15	30	28.317	25.496	23.113	21.085	19.348	17.849	16.548	14.413	15	30
15	35	28.160	25.373	23.017	21.009	19.288	17.802	16.511	14.390	15	35
15	40	28.042	25.278	22.940	20.948	19.239	17.763	16.479	14.368	15	40
15	45	27.953	25.206	22.881	20.899	19.199	17.729	16.451	14.349	15	45
15	50	27.887	25.151	22.834	20.860	19.166	17.701	16.428	14.332	15	50
15	55	27.839	25.109	22.799	20.829	19.139	17.678	16.408	14.317	15	55
15	60	27.803	25.078	22.771	20.805	19.118	17.660	16.391	14.304	15	60
15	65	27.778	25.055	22.751	20.787	19.101	17.645	16.378	14.293	15	65

YEARS' PURCHASE FOR LONGER OF TWO LIVES: FEMALES AND FEMALES

Nominal rate per cent

Ages		3	3.5	4	4.5	5	5.5	6	7	Ages	
15	70	27.760	25.039	22.736	20.774	19.089	17.634	16.368	14.284	15	70
15	75	27.748	25.028	22.726	20.764	19.080	17.625	16.360	14.278	15	75
15	80	27.741	25.021	22.720	20.758	19.075	17.620	16.355	14.273	15	80
15	85	27.736	25.017	22.716	20.754	19.071	17.616	16.352	14.270	15	85
15	90	27.734	25.015	22.713	20.752	19.069	17.615	16.350	14.268	15	90
15	95	27.733	25.013	22.712	20.751	19.068	17.614	16.349	14.267	15	95
15	100	27.732	25.013	22.712	20.751	19.067	17.613	16.348	14.267	15	100
20	20	28.363	25.539	23.151	21.119	19.377	17.874	16.569	14.427	20	20
20	25	27.998	25.265	22.945	20.964	19.260	17.785	16.502	14.388	20	25
20	30	27.698	25.035	22.769	20.828	19.155	17.704	16.439	14.350	20	30
20	35	27.462	24.851	22.625	20.714	19.065	17.633	16.383	14.314	20	35
20	40	27.283	24.708	22.510	20.622	18.991	17.573	16.334	14.282	20	40
20	45	27.149	24.598	22.419	20.548	18.930	17.523	16.292	14.253	20	45
20	50	27.050	24.515	22.350	20.489	18.880	17.481	16.257	14.228	20	50
20	55	26.977	24.453	22.296	20.443	18.841	17.447	16.227	14.206	20	55
20	60	26.925	24.407	22.256	20.408	18.810	17.420	16.203	14.187	20	60
20	65	26.888	24.374	22.227	20.382	18.786	17.398	16.184	14.171	20	65
20	70	26.863	24.351	22.206	20.363	18.769	17.383	16.170	14.159	20	70
20	75	26.847	24.337	22.193	20.350	18.757	17.372	16.159	14.150	20	75
20	80	26.838	24.327	22.184	20.342	18.749	17.364	16.153	14.144	20	80
20	85	26.832	24.322	22.179	20.337	18.745	17.360	16.148	14.140	20	85
20	90	26.829	24.319	22.176	20.334	18.742	17.357	16.146	14.138	20	90
20	95	26.827	24.318	22.174	20.333	18.741	17.356	16.145	14.137	20	95
20	100	26.827	24.317	22.174	20.332	18.740	17.355	16.144	14.136	20	100
25	25	27.513	24.900	22.670	20.755	19.101	17.664	16.409	14.334	25	25
25	30	27.092	24.576	22.420	20.562	18.952	17.549	16.319	14.279	25	30
25	35	26.746	24.305	22.207	20.395	18.820	17.444	16.236	14.226	25	35
25	40	26.476	24.089	22.034	20.255	18.707	17.353	16.162	14.177	25	40
25	45	26.272	23.922	21.897	20.142	18.614	17.276	16.099	14.133	25	45
25	50	26.121	23.796	21.791	20.053	18.539	17.213	16.045	14.095	25	50
25	55	26.011	23.701	21.710	19.984	18.479	17.161	16.001	14.061	25	55
25	60	25.932	23.632	21.649	19.931	18.433	17.120	15.964	14.033	25	60
25	65	25.877	23.583	21.606	19.891	18.397	17.089	15.936	14.010	25	65
25	70	25.840	23.550	21.575	19.864	18.372	17.065	15.915	13.992	25	70
25	75	25.817	23.528	21.555	19.845	18.355	17.049	15.900	13.979	25	75
25	80	25.803	23.515	21.543	19.834	18.344	17.039	15.890	13.971	25	80
25	85	25.796	23.508	21.536	19.827	18.338	17.033	15.885	13.965	25	85
25	90	25.792	23.504	21.532	19.823	18.334	17.030	15.881	13.962	25	90
25	95	25.790	23.502	21.530	19.822	18.332	17.028	15.880	13.961	25	95
25	100	25.788	23.501	21.529	19.821	18.332	17.027	15.879	13.960	25	100
30	30	26.531	24.143	22.086	20.303	18.750	17.391	16.196	14.203	30	30
30	35	26.045	23.761	21.784	20.064	18.561	17.241	16.077	14.127	30	35
30	40	25.648	23.443	21.528	19.858	18.395	17.106	15.967	14.054	30	40
30	45	25.340	23.190	21.321	19.687	18.254	16.990	15.871	13.987	30	45
30	50	25.109	22.997	21.158	19.551	18.139	16.893	15.788	13.928	30	50
30	55	24.940	22.852	21.034	19.444	18.047	16.813	15.720	13.876	30	55
30	60	24.819	22.746	20.941	19.363	17.975	16.750	15.665	13.833	30	60
30	65	24.735	22.671	20.874	19.302	17.921	16.702	15.621	13.798	30	65
30	70	24.678	22.620	20.827	19.260	17.882	16.667	15.589	13.770	30	70
30	75	24.643	22.587	20.797	19.232	17.856	16.642	15.566	13.751	30	75

YEARS' PURCHASE FOR LONGER OF TWO LIVES: FEMALES AND FEMALES

Nominal rate per cent

Ages		3	3.5	4	4.5	5	5.5	6	7	Ages	
30	80	24.622	22.567	20.778	19.214	17.840	16.627	15.551	13.738	30	80
30	85	24.610	22.556	20.768	19.204	17.830	16.618	15.543	13.730	30	85
30	90	24.604	22.550	20.762	19.199	17.825	16.613	15.538	13.726	30	90
30	95	24.601	22.547	20.760	19.196	17.823	16.610	15.535	13.723	30	95
30	100	24.599	22.546	20.758	19.195	17.821	16.609	15.534	13.722	30	100
35	35	25.398	23.250	21.379	19.743	18.306	17.037	15.914	14.021	35	35
35	40	24.840	22.800	21.016	19.449	18.067	16.844	15.756	13.916	35	40
35	45	24.386	22.428	20.710	19.197	17.858	16.671	15.612	13.816	35	45
35	50	24.037	22.135	20.464	18.989	17.684	16.523	15.487	13.726	35	50
35	55	23.778	21.913	20.273	18.826	17.543	16.401	15.382	13.647	35	55
35	60	23.591	21.750	20.130	18.700	17.432	16.304	15.296	13.580	35	60
35	65	23.461	21.633	20.026	18.607	17.349	16.229	15.229	13.525	35	65
35	70	23.374	21.554	19.954	18.541	17.289	16.174	15.179	13.483	35	70
35	75	23.318	21.503	19.907	18.497	17.248	16.136	15.143	13.452	35	75
35	80	23.286	21.472	19.878	18.470	17.222	16.112	15.121	13.432	35	80
35	85	23.267	21.455	19.861	18.454	17.207	16.098	15.107	13.420	35	85
35	90	23.258	21.446	19.853	18.446	17.199	16.090	15.100	13.413	35	90
35	95	23.253	21.441	19.848	18.442	17.195	16.086	15.096	13.409	35	95
35	100	23.251	21.439	19.846	18.440	17.193	16.084	15.094	13.407	35	100
40	40	24.097	22.209	20.529	19.054	17.745	16.581	15.541	13.771	40	40
40	45	23.459	21.674	20.095	18.694	17.447	16.333	15.334	13.626	40	45
40	50	22.945	21.242	19.731	18.387	17.187	16.113	15.148	13.491	40	50
40	55	22.552	20.905	19.442	18.138	16.973	15.928	14.987	13.371	40	55
40	60	22.266	20.654	19.222	17.945	16.803	15.778	14.855	13.267	40	60
40	65	22.065	20.475	19.062	17.802	16.674	15.662	14.751	13.183	40	65
40	70	21.930	20.352	18.950	17.700	16.581	15.577	14.674	13.118	40	70
40	75	21.844	20.273	18.876	17.631	16.518	15.519	14.619	13.070	40	75
40	80	21.793	20.225	18.831	17.589	16.478	15.481	14.583	13.039	40	80
40	85	21.765	20.198	18.805	17.565	16.455	15.459	14.562	13.019	40	85
40	90	21.750	20.183	18.792	17.551	16.442	15.447	14.551	13.009	40	90
40	95	21.742	20.176	18.785	17.545	16.436	15.440	14.545	13.003	40	95
40	100	21.739	20.173	18.781	17.541	16.432	15.437	14.541	13.000	40	100
45	45	22.612	20.972	19.513	18.210	17.044	15.996	15.052	13.428	45	45
45	50	21.888	20.362	18.997	17.774	16.674	15.682	14.785	13.233	45	50
45	55	21.310	19.865	18.570	17.405	16.355	15.406	14.546	13.052	45	55
45	60	20.875	19.484	18.236	17.111	16.097	15.178	14.345	12.895	45	60
45	65	20.566	19.208	17.989	16.890	15.898	15.000	14.184	12.765	45	65
45	70	20.358	19.019	17.816	16.733	15.755	14.869	14.064	12.664	45	70
45	75	20.225	18.896	17.703	16.628	15.657	14.778	13.980	12.591	45	75
45	80	20.147	18.822	17.633	16.562	15.595	14.720	13.925	12.542	45	80
45	85	20.103	18.780	17.593	16.524	15.559	14.685	13.892	12.512	45	85
45	90	20.080	18.758	17.572	16.504	15.540	14.667	13.874	12.495	45	90
45	95	20.068	18.747	17.561	16.493	15.529	14.657	13.865	12.486	45	95
45	100	20.063	18.742	17.556	16.488	15.524	14.652	13.860	12.481	45	100
50	50	20.928	19.549	18.307	17.187	16.174	15.255	14.420	12.965	50	50
50	55	20.114	18.847	17.701	16.663	15.719	14.861	14.077	12.704	50	55
50	60	19.473	18.284	17.206	16.227	15.335	14.521	13.777	12.468	50	60
50	65	19.003	17.864	16.830	15.889	15.032	14.249	13.532	12.269	50	65
50	70	18.681	17.571	16.563	15.646	14.810	14.046	13.346	12.112	50	70
50	75	18.476	17.381	16.387	15.483	14.659	13.905	13.215	11.999	50	75

YEARS' PURCHASE FOR LONGER OF TWO LIVES: FEMALES AND FEMALES

Nominal rate per cent

Ages		3	3.5	4	4.5	5	5.5	6	7	Ages	
50	80	18.353	17.266	16.279	15.382	14.563	13.815	13.130	11.924	50	80
50	85	18.285	17.201	16.218	15.323	14.507	13.762	13.080	11.877	50	85
50	90	18.250	17.167	16.185	15.292	14.477	13.733	13.052	11.851	50	90
50	95	18.233	17.150	16.169	15.276	14.462	13.718	13.037	11.838	50	95
50	100	18.224	17.142	16.160	15.268	14.454	13.710	13.030	11.830	50	100
55	55	19.034	17.912	16.890	15.958	15.106	14.326	13.610	12.346	55	55
55	60	18.130	17.116	16.188	15.338	14.557	13.840	13.179	12.005	55	60
55	65	17.435	16.492	15.629	14.835	14.105	13.433	12.812	11.705	55	65
55	70	16.942	16.044	15.219	14.462	13.764	13.120	12.525	11.464	55	70
55	75	16.622	15.748	14.945	14.207	13.527	12.900	12.321	11.287	55	75
55	80	16.431	15.567	14.775	14.048	13.377	12.759	12.188	11.168	55	80
55	85	16.324	15.466	14.679	13.956	13.290	12.676	12.108	11.096	55	85
55	90	16.269	15.413	14.628	13.907	13.243	12.630	12.064	11.055	55	90
55	95	16.241	15.386	14.602	13.882	13.218	12.607	12.042	11.034	55	95
55	100	16.227	15.373	14.589	13.869	13.206	12.595	12.030	11.023	55	100
60	60	16.933	16.056	15.249	14.505	13.818	13.182	12.592	11.537	60	60
60	65	15.951	15.174	14.455	13.789	13.172	12.598	12.064	11.104	60	65
60	70	15.220	14.506	13.844	13.230	12.659	12.128	11.633	10.739	60	70
60	75	14.726	14.048	13.419	12.836	12.293	11.787	11.315	10.463	60	75
60	80	14.423	13.763	13.152	12.584	12.055	11.563	11.104	10.275	60	80
60	85	14.253	13.601	12.998	12.437	11.915	11.430	10.977	10.159	60	85
60	90	14.164	13.516	12.915	12.358	11.839	11.357	10.907	10.093	60	90
60	95	14.120	13.473	12.874	12.318	11.800	11.319	10.870	10.059	60	95
60	100	14.098	13.452	12.853	12.297	11.781	11.300	10.851	10.041	60	100
65	65	14.654	14.003	13.396	12.831	12.304	11.811	11.349	10.512	65	65
65	70	13.623	13.058	12.530	12.036	11.573	11.138	10.730	9.985	65	70
65	75	12.888	12.375	11.895	11.445	11.022	10.624	10.251	9.566	65	75
65	80	12.418	11.933	11.478	11.052	10.651	10.274	9.920	9.271	65	80
65	85	12.146	11.674	11.232	10.817	10.427	10.061	9.716	9.084	65	85
65	90	12.002	11.535	11.098	10.688	10.303	9.942	9.601	8.978	65	90
65	95	11.929	11.465	11.030	10.622	10.239	9.880	9.541	8.921	65	95
65	100	11.893	11.429	10.995	10.589	10.207	9.848	9.510	8.892	65	100
70	70	12.271	11.814	11.385	10.981	10.599	10.239	9.899	9.273	70	70
70	75	11.242	10.856	10.491	10.146	9.819	9.510	9.216	8.673	70	75
70	80	10.546	10.199	9.871	9.560	9.265	8.986	8.720	8.228	70	80
70	85	10.126	9.798	9.488	9.195	8.916	8.652	8.401	7.936	70	85
70	90	9.895	9.576	9.274	8.989	8.718	8.461	8.217	7.765	70	90
70	95	9.776	9.461	9.163	8.881	8.613	8.359	8.118	7.672	70	95
70	100	9.716	9.402	9.106	8.825	8.559	8.306	8.067	7.623	70	100
75	75	9.911	9.611	9.326	9.054	8.796	8.549	8.315	7.877	75	75
75	80	8.952	8.704	8.467	8.241	8.025	7.819	7.621	7.251	75	80
75	85	8.340	8.119	7.908	7.706	7.513	7.328	7.151	6.819	75	85
75	90	7.989	7.781	7.582	7.391	7.209	7.035	6.868	6.555	75	90
75	95	7.803	7.600	7.406	7.221	7.044	6.875	6.712	6.408	75	95
75	100	7.706	7.506	7.315	7.132	6.957	6.790	6.630	6.329	75	100
80	80	7.737	7.551	7.373	7.202	7.037	6.879	6.727	6.440	80	80
80	85	6.916	6.765	6.619	6.479	6.344	6.214	6.088	5.851	80	85
80	90	6.420	6.286	6.157	6.032	5.912	5.797	5.685	5.473	80	90
80	95	6.147	6.020	5.899	5.781	5.668	5.559	5.454	5.255	80	95
80	100	6.001	5.879	5.760	5.647	5.537	5.431	5.329	5.135	80	100

YEARS' PURCHASE FOR LONGER OF TWO LIVES: FEMALES AND FEMALES

Nominal rate per cent

Ages		8	9	10	11	12	13	14	15	Ages	
5	5	12.837	11.468	10.365	9.460	8.704	8.064	7.515	7.039	5	5
5	10	12.829	11.464	10.363	9.459	8.704	8.064	7.515	7.039	5	10
5	15	12.822	11.460	10.361	9.458	8.703	8.064	7.515	7.039	5	15
5	20	12.814	11.456	10.359	9.456	8.702	8.063	7.514	7.039	5	20
5	25	12.807	11.451	10.356	9.455	8.701	8.062	7.514	7.038	5	25
5	30	12.800	11.447	10.353	9.453	8.700	8.062	7.513	7.038	5	30
5	35	12.793	11.442	10.350	9.451	8.699	8.061	7.513	7.037	5	35
5	40	12.786	11.438	10.347	9.449	8.697	8.059	7.512	7.037	5	40
5	45	12.780	11.433	10.344	9.446	8.695	8.058	7.511	7.036	5	45
5	50	12.774	11.428	10.340	9.444	8.693	8.057	7.510	7.035	5	50
5	55	12.768	11.424	10.337	9.441	8.691	8.055	7.508	7.034	5	55
5	60	12.762	11.419	10.333	9.438	8.689	8.053	7.506	7.032	5	60
5	65	12.756	11.415	10.329	9.435	8.686	8.050	7.505	7.031	5	65
5	70	12.752	11.411	10.326	9.432	8.683	8.048	7.502	7.029	5	70
5	75	12.748	11.407	10.322	9.429	8.681	8.046	7.500	7.027	5	75
5	80	12.745	11.404	10.320	9.427	8.679	8.044	7.499	7.026	5	80
5	85	12.743	11.402	10.318	9.425	8.677	8.043	7.497	7.024	5	85
5	90	12.741	11.401	10.317	9.424	8.676	8.042	7.496	7.023	5	90
5	95	12.740	11.400	10.316	9.423	8.675	8.041	7.496	7.023	5	95
5	100	12.740	11.400	10.316	9.423	8.675	8.041	7.496	7.023	5	100
10	10	12.819	11.459	10.361	9.458	8.703	8.063	7.515	7.039	10	10
10	15	12.808	11.453	10.357	9.456	8.702	8.063	7.514	7.039	10	15
10	20	12.797	11.446	10.354	9.454	8.701	8.062	7.514	7.038	10	20
10	25	12.787	11.440	10.350	9.451	8.699	8.061	7.513	7.038	10	25
10	30	12.776	11.434	10.346	9.449	8.698	8.060	7.512	7.037	10	30
10	35	12.766	11.427	10.341	9.446	8.696	8.059	7.512	7.037	10	35
10	40	12.757	11.421	10.337	9.443	8.693	8.057	7.510	7.036	10	40
10	45	12.748	11.414	10.332	9.439	8.691	8.055	7.509	7.035	10	45
10	50	12.739	11.408	10.328	9.436	8.688	8.053	7.508	7.034	10	50
10	55	12.731	11.402	10.323	9.432	8.685	8.051	7.506	7.032	10	55
10	60	12.724	11.396	10.318	9.429	8.682	8.049	7.504	7.030	10	60
10	65	12.718	11.391	10.314	9.425	8.679	8.046	7.501	7.029	10	65
10	70	12.712	11.386	10.310	9.421	8.676	8.043	7.499	7.027	10	70
10	75	12.708	11.382	10.307	9.419	8.674	8.041	7.497	7.025	10	75
10	80	12.705	11.380	10.304	9.416	8.672	8.039	7.496	7.023	10	80
10	85	12.703	11.378	10.303	9.415	8.670	8.038	7.494	7.022	10	85
10	90	12.702	11.377	10.302	9.414	8.670	8.037	7.494	7.021	10	90
10	95	12.701	11.376	10.301	9.413	8.669	8.037	7.493	7.021	10	95
10	100	12.701	11.376	10.301	9.413	8.669	8.036	7.493	7.021	10	100
15	15	12.793	11.444	10.353	9.453	8.700	8.062	7.514	7.038	15	15
15	20	12.777	11.435	10.347	9.450	8.699	8.061	7.513	7.038	15	20
15	25	12.761	11.426	10.342	9.447	8.696	8.059	7.512	7.037	15	25
15	30	12.746	11.416	10.335	9.443	8.694	8.058	7.511	7.036	15	30
15	35	12.731	11.406	10.329	9.438	8.691	8.056	7.510	7.035	15	35
15	40	12.716	11.397	10.322	9.434	8.688	8.053	7.508	7.034	15	40
15	45	12.703	11.387	10.316	9.429	8.684	8.051	7.506	7.033	15	45
15	50	12.690	11.378	10.309	9.424	8.680	8.048	7.504	7.031	15	50
15	55	12.679	11.369	10.302	9.419	8.676	8.045	7.501	7.029	15	55
15	60	12.669	11.361	10.296	9.413	8.672	8.041	7.498	7.027	15	60
15	65	12.660	11.354	10.290	9.408	8.668	8.038	7.495	7.024	15	65

YEARS' PURCHASE FOR LONGER OF TWO LIVES: FEMALES AND FEMALES

Nominal rate per cent

Ages		8	9	10	11	12	13	14	15	Ages	
15	70	12.653	11.347	10.284	9.404	8.664	8.034	7.492	7.021	15	70
15	75	12.647	11.342	10.280	9.400	8.660	8.031	7.490	7.019	15	75
15	80	12.643	11.339	10.276	9.397	8.657	8.028	7.487	7.017	15	80
15	85	12.640	11.336	10.274	9.394	8.655	8.027	7.486	7.015	15	85
15	90	12.638	11.335	10.273	9.393	8.654	8.026	7.484	7.014	15	90
15	95	12.637	11.334	10.272	9.392	8.654	8.025	7.484	7.014	15	95
15	100	12.637	11.333	10.271	9.392	8.653	8.024	7.483	7.013	15	100
20	20	12.755	11.423	10.340	9.446	8.696	8.059	7.512	7.037	20	20
20	25	12.732	11.409	10.332	9.440	8.693	8.057	7.511	7.036	20	25
20	30	12.709	11.394	10.322	9.435	8.689	8.055	7.509	7.035	20	30
20	35	12.686	11.379	10.313	9.428	8.685	8.052	7.507	7.034	20	35
20	40	12.665	11.365	10.303	9.421	8.680	8.048	7.505	7.032	20	40
20	45	12.644	11.351	10.293	9.414	8.674	8.044	7.502	7.030	20	45
20	50	12.626	11.337	10.283	9.407	8.669	8.040	7.498	7.027	20	50
20	55	12.609	11.324	10.273	9.399	8.663	8.035	7.495	7.024	20	55
20	60	12.594	11.313	10.263	9.391	8.657	8.030	7.491	7.021	20	60
20	65	12.582	11.302	10.255	9.384	8.651	8.025	7.486	7.017	20	65
20	70	12.571	11.293	10.247	9.378	8.645	8.021	7.482	7.014	20	70
20	75	12.563	11.287	10.241	9.373	8.641	8.016	7.478	7.010	20	75
20	80	12.558	11.282	10.237	9.368	8.637	8.013	7.475	7.008	20	80
20	85	12.554	11.278	10.234	9.366	8.634	8.011	7.473	7.006	20	85
20	90	12.552	11.276	10.232	9.364	8.633	8.009	7.472	7.004	20	90
20	95	12.551	11.275	10.231	9.363	8.632	8.008	7.471	7.003	20	95
20	100	12.551	11.275	10.230	9.363	8.631	8.008	7.471	7.003	20	100
25	25	12.700	11.389	10.320	9.433	8.688	8.054	7.509	7.035	25	25
25	30	12.666	11.368	10.306	9.424	8.682	8.050	7.506	7.033	25	30
25	35	12.632	11.346	10.292	9.415	8.676	8.046	7.503	7.031	25	35
25	40	12.599	11.324	10.277	9.404	8.669	8.041	7.499	7.028	25	40
25	45	12.569	11.302	10.261	9.393	8.661	8.035	7.495	7.025	25	45
25	50	12.541	11.282	10.246	9.382	8.652	8.028	7.490	7.021	25	50
25	55	12.515	11.262	10.231	9.371	8.643	8.021	7.485	7.017	25	55
25	60	12.493	11.245	10.217	9.359	8.634	8.014	7.479	7.012	25	60
25	65	12.474	11.229	10.204	9.349	8.625	8.007	7.472	7.007	25	65
25	70	12.459	11.217	10.194	9.339	8.617	8.000	7.466	7.002	25	70
25	75	12.448	11.207	10.185	9.332	8.611	7.994	7.461	6.997	25	75
25	80	12.441	11.200	10.179	9.326	8.606	7.989	7.457	6.993	25	80
25	85	12.436	11.196	10.175	9.323	8.602	7.986	7.454	6.990	25	85
25	90	12.433	11.193	10.172	9.320	8.600	7.984	7.452	6.989	25	90
25	95	12.431	11.192	10.171	9.319	8.599	7.983	7.451	6.988	25	95
25	100	12.431	11.191	10.170	9.318	8.598	7.983	7.451	6.987	25	100
30	30	12.619	11.338	10.287	9.412	3.674	8.045	7.503	7.031	30	30
30	35	12.569	11.306	10.266	9.398	8.665	8.038	7.498	7.027	30	35
30	40	12.521	11.273	10.243	9.382	8.654	8.031	7.492	7.023	30	40
30	45	12.474	11.240	10.220	9.365	8.641	8.022	7.486	7.018	30	45
30	50	12.431	11.208	10.196	9.348	8.628	8.012	7.478	7.012	30	50
30	55	12.392	11.179	10.174	9.330	8.615	8.001	7.470	7.006	30	55
30	60	12.358	11.152	10.152	9.313	8.601	7.990	7.460	6.998	30	60
30	65	12.329	11.128	10.133	9.297	8.587	7.978	7.451	6.990	30	65
30	70	12.306	11.109	10.116	9.283	8.575	7.968	7.442	6.982	30	70
30	75	12.289	11.094	10.103	9.271	8.565	7.959	7.434	6.975	30	75

YEARS' PURCHASE FOR LONGER OF TWO LIVES: FEMALES AND FEMALES

Nominal rate per cent

Ages		8	9	10	11	12	13	14	15	Ages	
30	80	12.277	11.083	10.094	9.263	8.557	7.952	7.428	6.970	30	80
30	85	12.270	11.077	10.088	9.257	8.552	7.947	7.423	6.966	30	85
30	90	12.266	11.073	10.084	9.254	8.549	7.944	7.421	6.963	30	90
30	95	12.264	11.071	10.082	9.252	8.547	7.943	7.419	6.962	30	95
30	100	12.263	11.070	10.081	9.251	8.547	7.942	7.418	6.961	30	100
35	35	12.501	11.261	10.236	9.377	8.651	8.029	7.491	7.023	35	35
35	40	12.430	11.212	10.202	9.354	8.634	8.017	7.483	7.016	35	40
35	45	12.360	11.163	10.167	9.329	8.616	8.003	7.473	7.009	35	45
35	50	12.294	11.114	10.131	9.302	8.596	7.988	7.461	7.000	35	50
35	55	12.234	11.069	10.096	9.275	8.574	7.971	7.448	6.989	35	55
35	60	12.181	11.027	10.063	9.248	8.553	7.954	7.433	6.978	35	60
35	65	12.137	10.991	10.033	9.223	8.532	7.937	7.419	6.965	35	65
35	70	12.101	10.960	10.007	9.201	8.513	7.920	7.405	6.953	35	70
35	75	12.075	10.937	9.987	9.183	8.498	7.906	7.392	6.942	35	75
35	80	12.057	10.921	9.972	9.170	8.486	7.896	7.383	6.933	35	80
35	85	12.045	10.911	9.963	9.162	8.478	7.888	7.376	6.927	35	85
35	90	12.039	10.905	9.957	9.156	8.473	7.884	7.372	6.923	35	90
35	95	12.035	10.902	9.954	9.154	8.470	7.881	7.369	6.921	35	95
35	100	12.034	10.900	9.952	9.152	8.469	7.880	7.368	6.919	35	100
40	40	12.331	11.144	10.155	9.321	8.611	8.000	7.470	7.007	40	40
40	45	12.229	11.072	10.103	9.283	8.583	7.980	7.455	6.996	40	45
40	50	12.130	10.999	10.049	9.243	8.553	7.956	7.437	6.982	40	50
40	55	12.039	10.929	9.995	9.201	8.520	7.931	7.417	6.966	40	55
40	60	11.958	10.865	9.944	9.160	8.487	7.904	7.395	6.948	40	60
40	65	11.889	10.808	9.897	9.121	8.455	7.877	7.372	6.929	40	65
40	70	11.833	10.762	9.857	9.087	8.425	7.852	7.350	6.910	40	70
40	75	11.792	10.726	9.826	9.060	8.401	7.830	7.331	6.893	40	75
40	80	11.764	10.700	9.803	9.039	8.382	7.813	7.316	6.879	40	80
40	85	11.746	10.684	9.788	9.026	8.370	7.802	7.306	6.869	40	85
40	90	11.736	10.675	9.780	9.017	8.362	7.795	7.299	6.863	40	90
40	95	11.731	10.670	9.775	9.013	8.358	7.791	7.295	6.859	40	95
40	100	11.728	10.667	9.772	9.010	8.356	7.788	7.293	6.857	40	100
45	45	12.088	10.970	10.030	9.230	8.544	7.950	7.433	6.979	45	45
45	50	11.944	10.864	9.950	9.170	8.498	7.916	7.406	6.958	45	50
45	55	11.807	10.759	9.869	9.107	8.449	7.877	7.375	6.934	45	55
45	60	11.683	10.661	9.791	9.044	8.398	7.835	7.342	6.906	45	60
45	65	11.577	10.573	9.719	8.984	8.348	7.794	7.306	6.876	45	65
45	70	11.492	10.501	9.657	8.932	8.303	7.755	7.273	6.847	45	70
45	75	11.428	10.446	9.608	8.889	8.265	7.721	7.243	6.820	45	75
45	80	11.384	10.407	9.573	8.857	8.237	7.695	7.220	6.799	45	80
45	85	11.357	10.382	9.550	8.836	8.217	7.678	7.203	6.784	45	85
45	90	11.341	10.367	9.537	8.823	8.206	7.666	7.193	6.774	45	90
45	95	11.333	10.359	9.529	8.816	8.199	7.660	7.187	6.768	45	95
45	100	11.328	10.355	9.525	8.813	8.195	7.657	7.184	6.765	45	100
50	50	11.746	10.716	9.839	9.085	8.434	7.866	7.368	6.928	50	50
50	55	11.546	10.562	9.720	8.992	8.360	7.808	7.321	6.891	50	55
50	60	11.360	10.414	9.601	8.897	8.283	7.745	7.270	6.848	50	60
50	65	11.197	10.280	9.490	8.805	8.206	7.680	7.215	6.802	50	65
50	70	11.065	10.168	9.395	8.723	8.136	7.620	7.163	6.757	50	70
50	75	10.966	10.082	9.319	8.657	8.078	7.568	7.117	6.716	50	75

YEARS' PURCHASE FOR LONGER OF TWO LIVES: FEMALES AND FEMALES

Nominal rate per cent

Ages		8	9	10	11	12	13	14	15	Ages	
50	80	10.899	10.022	9.265	8.608	8.034	7.528	7.081	6.683	50	80
50	85	10.857	9.983	9.230	8.576	8.004	7.501	7.056	6.660	50	85
50	90	10.832	9.960	9.209	8.556	7.985	7.484	7.040	6.645	50	90
50	95	10.819	9.948	9.197	8.545	7.975	7.474	7.030	6.636	50	95
50	100	10.813	9.942	9.191	8.539	7.970	7.469	7.025	6.631	50	100
55	55	11.270	10.348	9.552	8.860	8.256	7.724	7.254	6.837	55	55
55	60	10.999	10.131	9.377	8.719	8.141	7.630	7.177	6.773	55	60
55	65	10.753	9.928	9.209	8.579	8.024	7.532	7.094	6.702	55	65
55	70	10.549	9.755	9.061	8.452	7.915	7.438	7.012	6.631	55	70
55	75	10.395	9.620	8.943	8.349	7.823	7.357	6.941	6.567	55	75
55	80	10.289	9.525	8.858	8.272	7.754	7.294	6.884	6.516	55	80
55	85	10.223	9.465	8.803	8.221	7.707	7.251	6.844	6.479	55	85
55	90	10.185	9.429	8.770	8.190	7.679	7.224	6.819	6.455	55	90
55	95	10.165	9.410	8.752	8.173	7.662	7.209	6.804	6.442	55	95
55	100	10.154	9.400	8.742	8.164	7.654	7.201	6.796	6.434	55	100
60	60	10.624	9.828	9.132	8.519	7.977	7.495	7.065	6.679	60	60
60	65	10.266	9.532	8.885	8.312	7.803	7.348	6.940	6.573	60	65
60	70	9.956	9.268	8.659	8.118	7.635	7.203	6.814	6.463	60	70
60	75	9.715	9.057	8.473	7.955	7.491	7.075	6.701	6.362	60	75
60	80	9.547	8.906	8.338	7.833	7.381	6.975	6.610	6.280	60	80
60	85	9.441	8.809	8.249	7.751	7.306	6.906	6.546	6.220	60	85
60	90	9.380	8.752	8.196	7.702	7.260	6.863	6.506	6.182	60	90
60	95	9.348	8.722	8.167	7.674	7.234	6.838	6.482	6.160	60	95
60	100	9.331	8.706	8.152	7.660	7.220	6.825	6.470	6.148	60	100
65	65	9.773	9.120	8.539	8.020	7.556	7.138	6.761	6.419	65	65
65	70	9.324	8.734	8.207	7.734	7.307	6.922	6.572	6.254	65	70
65	75	8.957	8.412	7.923	7.483	7.085	6.724	6.396	6.096	65	75
65	80	8.692	8.174	7.709	7.289	6.910	6.565	6.251	5.965	65	80
65	85	8.522	8.018	7.565	7.157	6.788	6.453	6.147	5.868	65	85
65	90	8.422	7.926	7.479	7.077	6.713	6.382	6.081	5.806	65	90
65	95	8.369	7.875	7.432	7.032	6.670	6.342	6.043	5.770	65	95
65	100	8.341	7.848	7.406	7.007	6.647	6.320	6.022	5.750	65	100
70	70	8.711	8.205	7.749	7.335	6.959	6.617	6.304	6.018	70	70
70	75	8.183	7.739	7.336	6.968	6.632	6.325	6.043	5.783	70	75
70	80	7.783	7.378	7.009	6.672	6.364	6.081	5.820	5.579	70	80
70	85	7.515	7.132	6.782	6.463	6.171	5.902	5.654	5.426	70	85
70	90	7.355	6.982	6.643	6.333	6.048	5.787	5.546	5.324	70	90
70	95	7.267	6.899	6.564	6.258	5.978	5.720	5.483	5.264	70	95
70	100	7.220	6.855	6.522	6.218	5.940	5.684	5.448	5.230	70	100
75	75	7.477	7.112	6.777	6.469	6.185	5.923	5.681	5.456	75	75
75	80	6.911	6.599	6.311	6.045	5.798	5.570	5.357	5.159	75	80
75	85	6.514	6.232	5.972	5.731	5.508	5.300	5.107	4.926	75	85
75	90	6.267	6.002	5.756	5.528	5.317	5.121	4.938	4.767	75	90
75	95	6.128	5.870	5.631	5.410	5.205	5.014	4.836	4.670	75	95
75	100	6.053	5.798	5.563	5.345	5.142	4.954	4.779	4.615	75	100
80	80	6.175	5.928	5.698	5.484	5.285	5.098	4.923	4.759	80	80
80	85	5.630	5.423	5.230	5.050	4.880	4.721	4.572	4.431	80	85
80	90	5.275	5.091	4.918	4.756	4.603	4.460	4.325	4.198	80	90
80	95	5.068	4.894	4.731	4.578	4.434	4.299	4.172	4.052	80	95
80	100	4.954	4.785	4.627	4.478	4.339	4.208	4.084	3.968	80	100

TABLE 21

SINGLE PREMIUM TO SECURE £1 AT DEATH

Males and Females
Ages   1 — 100
Interest rates 3 — 6% @ 0.5%
              6 — 15% @ 1%

SINGLE PREMIUM TO SECURE £1 AT DEATH: MALES

Nominal rate per cent

Age	3	3.5	4	4.5	5	5.5	6	7	Age
1	.14491	.10850	.08223	.06317	.04924	.03900	.03142	.02151	1
2	.14792	.11090	.08407	.06453	.05019	.03961	.03175	.02142	2
3	.15154	.11392	.08654	.06651	.05176	.04083	.03267	.02192	3
4	.15552	.11731	.08939	.06887	.05370	.04241	.03396	.02275	4
5	.15969	.12089	.09242	.07140	.05580	.04415	.03539	.02372	5
6	.16403	.12465	.09562	.07411	.05807	.04604	.03696	.02481	6
7	.16854	.12859	.09900	.07698	.06049	.04808	.03868	.02602	7
8	.17323	.13270	.10256	.08002	.06309	.05028	.04055	.02736	8
9	.17810	.13699	.10629	.08324	.06585	.05264	.04256	.02884	9
10	.18314	.14147	.11021	.08664	.06878	.05517	.04474	.03046	10
11	.18835	.14612	.11430	.09021	.07188	.05785	.04706	.03221	11
12	.19373	.15094	.11857	.09396	.07515	.06070	.04954	.03410	12
13	.19927	.15594	.12302	.09788	.07858	.06370	.05216	.03612	13
14	.20496	.16109	.12762	.10194	.08216	.06685	.05492	.03826	14
15	.21077	.16638	.13235	.10615	.08587	.07011	.05780	.04049	15
16	.21667	.17175	.13717	.11043	.08966	.07345	.06073	.04276	16
17	.22260	.17715	.14202	.11474	.09346	.07679	.06366	.04501	17
18	.22855	.18258	.14689	.11906	.09727	.08012	.06656	.04721	18
19	.23458	.18809	.15185	.12347	.10115	.08351	.06952	.04944	19
20	.24076	.19377	.15697	.12803	.10518	.08706	.07262	.05179	20
21	.24712	.19963	.16228	.13279	.10941	.09078	.07589	.05428	21
22	.25369	.20572	.16783	.13778	.11386	.09473	.07937	.05697	22
23	.26050	.21206	.17364	.14304	.11858	.09894	.08311	.05988	23
24	.26756	.21868	.17974	.14860	.12360	.10345	.08714	.06307	24
25	.27489	.22559	.18615	.15447	.12893	.10826	.09147	.06655	25
26	.28247	.23277	.19284	.16064	.13457	.11338	.09610	.07031	26
27	.29030	.24023	.19983	.16710	.14050	.11880	.10102	.07435	27
28	.29835	.24794	.20708	.17385	.14673	.12451	.10623	.07866	28
29	.30663	.25589	.21460	.18088	.15324	.13050	.11173	.08324	29
30	.31513	.26410	.22240	.18820	.16004	.13679	.11752	.08811	30
31	.32386	.27257	.23047	.19580	.16715	.14339	.12362	.09328	31
32	.33282	.28130	.23883	.20371	.17457	.15031	.13004	.09876	32
33	.34202	.29029	.24749	.21194	.18232	.15757	.13680	.10458	33
34	.35145	.29956	.25644	.22049	.19041	.16517	.14391	.11075	34
35	.36112	.30911	.26570	.22936	.19884	.17312	.15139	.11728	35
36	.37104	.31894	.27528	.23858	.20763	.18145	.15924	.12419	36
37	.38119	.32905	.28517	.24813	.21678	.19016	.16748	.13150	37
38	.39158	.33943	.29537	.25803	.22630	.19925	.17612	.13922	38
39	.40222	.35010	.30590	.26829	.23620	.20874	.18517	.14737	39
40	.41308	.36106	.31675	.27890	.24648	.21863	.19464	.15596	40
41	.42418	.37229	.32791	.28986	.25715	.22893	.20454	.16499	41
42	.43550	.38379	.33939	.30118	.26819	.23964	.21487	.17449	42
43	.44703	.39555	.35118	.31284	.27962	.25076	.22563	.18445	43
44	.45876	.40756	.36327	.32485	.29143	.26229	.23682	.19488	44
45	.47069	.41982	.37565	.33718	.30361	.27422	.24844	.20578	45
46	.48279	.43231	.38830	.34984	.31614	.28654	.26049	.21715	46
47	.49505	.44500	.40121	.36279	.32901	.29924	.27294	.22897	47
48	.50745	.45789	.41435	.37603	.34221	.31230	.28579	.24125	48
49	.51996	.47093	.42771	.38953	.35571	.32570	.29901	.25395	49
50	.53257	.48412	.44126	.40326	.36949	.33942	.31258	.26707	50

SINGLE PREMIUM TO SECURE £1 AT DEATH: MALES

Nominal rate per cent

Age	3	3.5	4	4.5	5	5.5	6	7	Age
51	.54525	.49743	.45497	.41720	.38352	.35342	.32648	.28057	51
52	.55797	.51082	.46881	.43131	.39776	.36769	.34067	.29443	52
53	.57070	.52426	.48275	.44557	.41219	.38217	.35513	.30862	53
54	.58341	.53773	.49675	.45992	.42676	.39684	.36980	.32309	54
55	.59608	.55119	.51079	.47436	.44145	.41166	.38466	.33782	55
56	.60869	.56462	.52483	.48883	.45622	.42661	.39968	.35277	56
57	.62121	.57800	.53885	.50333	.47104	.44164	.41482	.36792	57
58	.63363	.59129	.55282	.51781	.48588	.45673	.43006	.38322	58
59	.64592	.60449	.56673	.53225	.50072	.47185	.44537	.39865	59
60	.65807	.61757	.58054	.54664	.51554	.48698	.46071	.41419	60
61	.67007	.63052	.59425	.56095	.53032	.50210	.47608	.42982	61
62	.68191	.64333	.60785	.57517	.54503	.51720	.49145	.44552	62
63	.69359	.65600	.62133	.58930	.55968	.53226	.50683	.46127	63
64	.70510	.66852	.63467	.60333	.57426	.54727	.52219	.47708	64
65	.71644	.68087	.64788	.61724	.58875	.56223	.53752	.49292	65
66	.72761	.69307	.66095	.63104	.60315	.57713	.55282	.50879	66
67	.73860	.70511	.67387	.64471	.61746	.59196	.56808	.52468	67
68	.74942	.71698	.68665	.65826	.63166	.60671	.58329	.54058	68
69	.76005	.72868	.69926	.67167	.64574	.62137	.59844	.55648	69
70	.77050	.74019	.71171	.68492	.65970	.63593	.61352	.57237	70
71	.78074	.75151	.72397	.69801	.67351	.65037	.62849	.58821	71
72	.79077	.76262	.73604	.71091	.68715	.66465	.64334	.60397	72
73	.80058	.77350	.74788	.72360	.70059	.67876	.65804	.61963	73
74	.81014	.78414	.75947	.73605	.71381	.69266	.67254	.63514	74
75	.81944	.79450	.77079	.74824	.72677	.70631	.68682	.65046	75
76	.82846	.80458	.78182	.76013	.73943	.71968	.70082	.66554	76
77	.83718	.81434	.79252	.77169	.75177	.73273	.71450	.68034	77
78	.84559	.82376	.80287	.78289	.76375	.74541	.72783	.69479	78
79	.85366	.83282	.81285	.79370	.77533	.75769	.74076	.70885	79
80	.86138	.84150	.82242	.80409	.78647	.76953	.75324	.72246	80
81	.86874	.84979	.83157	.81404	.79716	.78091	.76525	.73560	81
82	.87572	.85767	.84028	.82352	.80737	.79178	.77675	.74821	82
83	.88232	.86513	.84854	.83253	.81708	.80214	.78771	.76027	83
84	.88854	.87217	.85635	.84106	.82627	.81197	.79812	.77175	84
85	.89438	.87878	.86369	.84908	.83494	.82124	.80797	.78263	85
86	.89984	.88498	.87058	.85662	.84309	.82997	.81724	.79290	86
87	.90493	.89075	.87701	.86366	.85072	.83814	.82593	.80254	87
88	.90965	.89612	.88299	.87022	.85782	.84577	.83405	.81157	88
89	.91402	.90110	.88853	.87632	.86443	.85287	.84162	.81999	89
90	.91806	.90569	.89366	.88195	.87055	.85944	.84863	.82782	90
91	.92177	.90992	.89838	.88714	.87619	.86552	.85511	.83506	91
92	.92517	.91380	.90272	.89192	.88139	.87111	.86108	.84174	92
93	.92828	.91736	.90670	.89630	.88615	.87624	.86657	.84789	93
94	.93112	.92060	.91033	.90030	.89051	.88094	.87159	.85353	94
95	.93371	.92356	.91365	.90396	.89449	.88524	.87619	.85869	95
96	.93606	.92625	.91666	.90728	.89812	.88915	.88038	.86339	96
97	.93820	.92870	.91940	.91031	.90142	.89271	.88419	.86769	97
98	.94014	.93092	.92190	.91306	.90442	.89595	.88766	.87160	98
99	.94191	.93295	.92417	.91557	.90715	.89891	.89083	.87516	99
100	.94354	.93480	.92625	.91787	.90966	.90162	.89373	.87843	100

SINGLE PREMIUM TO SECURE £1 AT DEATH: FEMALES

Nominal rate per cent

Age	3	3.5	4	4.5	5	5.5	6	7	Age
1	.12192	.08872	.06539	.04891	.03718	.02879	.02274	.01512	1
2	.12448	.09068	.06682	.04990	.03781	.02912	.02283	.01488	2
3	.12756	.09316	.06879	.05141	.03895	.02996	.02343	.01513	3
4	.13086	.09587	.07097	.05314	.04031	.03100	.02421	.01554	4
5	.13437	.09880	.07336	.05507	.04184	.03222	.02517	.01611	5
6	.13806	.10190	.07592	.05716	.04354	.03358	.02626	.01681	6
7	.14192	.10516	.07865	.05941	.04538	.03509	.02748	.01761	7
8	.14593	.10858	.08152	.06180	.04736	.03671	.02882	.01851	8
9	.15009	.11215	.08453	.06433	.04946	.03846	.03027	.01951	9
10	.15440	.11587	.08770	.06700	.05170	.04033	.03184	.02061	10
11	.15886	.11974	.09102	.06981	.05408	.04233	.03352	.02181	11
12	.16345	.12375	.09447	.07275	.05657	.04445	.03531	.02309	12
13	.16818	.12790	.09805	.07582	.05919	.04667	.03719	.02446	13
14	.17304	.13218	.10177	.07902	.06192	.04900	.03918	.02591	14
15	.17804	.13660	.10562	.08235	.06479	.05146	.04128	.02746	15
16	.18317	.14116	.10961	.08581	.06777	.05402	.04349	.02909	16
17	.18843	.14584	.11373	.08940	.07087	.05669	.04578	.03079	17
18	.19382	.15067	.11799	.09311	.07409	.05948	.04819	.03259	18
19	.19935	.15564	.12239	.09697	.07746	.06240	.05072	.03448	19
20	.20503	.16077	.12695	.10099	.08097	.06546	.05338	.03649	20
21	.21087	.16607	.13169	.10518	.08465	.06867	.05618	.03863	21
22	.21688	.17155	.13660	.10954	.08850	.07206	.05915	.04090	22
23	.22306	.17721	.14170	.11410	.09253	.07562	.06228	.04332	23
24	.22942	.18305	.14700	.11884	.09675	.07935	.06559	.04590	24
25	.23595	.18909	.15249	.12378	.10117	.08328	.06907	.04864	25
26	.24267	.19532	.15818	.12892	.10579	.08741	.07275	.05154	26
27	.24956	.20175	.16407	.13428	.11061	.09173	.07662	.05463	27
28	.25665	.20838	.17019	.13985	.11565	.09628	.08070	.05791	28
29	.26392	.21522	.17652	.14565	.12092	.10104	.08499	.06138	29
30	.27138	.22227	.18307	.15167	.12641	.10602	.08950	.06506	30
31	.27903	.22952	.18984	.15791	.13213	.11124	.09423	.06894	31
32	.28687	.23699	.19683	.16440	.13809	.11669	.09920	.07305	32
33	.29492	.24468	.20407	.17113	.14431	.12239	.10442	.07739	33
34	.30315	.25259	.21154	.17811	.15077	.12835	.10989	.08197	34
35	.31158	.26072	.21925	.18533	.15750	.13457	.11561	.08679	35
36	.32020	.26906	.22720	.19282	.16448	.14104	.12160	.09187	36
37	.32903	.27764	.23540	.20056	.17174	.14780	.12787	.09723	37
38	.33805	.28645	.24385	.20858	.17927	.15485	.13442	.10286	38
39	.34727	.29548	.25255	.21686	.18709	.16218	.14127	.10878	39
40	.35669	.30474	.26151	.22541	.19519	.16980	.14841	.11499	40
41	.36630	.31423	.27072	.23425	.20358	.17773	.15585	.12151	41
42	.37611	.32396	.28019	.24336	.21228	.18596	.16362	.12835	42
43	.38612	.33392	.28993	.25277	.22128	.19452	.17172	.13552	43
44	.39632	.34411	.29993	.26246	.23059	.20340	.18014	.14303	44
45	.40671	.35453	.31020	.27245	.24021	.21261	.18891	.15090	45
46	.41731	.36519	.32074	.28274	.25016	.22216	.19803	.15913	46
47	.42810	.37609	.33156	.29334	.26045	.23207	.20753	.16775	47
48	.43909	.38723	.34266	.30425	.27107	.24234	.21739	.17676	48
49	.45027	.39861	.35403	.31547	.28203	.25297	.22765	.18618	49
50	.46164	.41023	.36569	.32701	.29335	.26398	.23830	.19603	50

SINGLE PREMIUM TO SECURE £1 AT DEATH: FEMALES

Nominal rate per cent

Age	3	3.5	4	4.5	5	5.5	6	7	Age
51	.47322	.42210	.37764	.33889	.30503	.27539	.24937	.20633	51
52	.48498	.43421	.38987	.35108	.31707	.28718	.26086	.21708	52
53	.49693	.44655	.40239	.36361	.32948	.29937	.27277	.22829	53
54	.50905	.45912	.41519	.37646	.34225	.31196	.28511	.23999	54
55	.52136	.47192	.42826	.38963	.35538	.32496	.29788	.25217	55
56	.53383	.48495	.44162	.40313	.36889	.33837	.31110	.26485	56
57	.54647	.49819	.45524	.41695	.38276	.35218	.32477	.27804	57
58	.55926	.51164	.46912	.43108	.39700	.36640	.33888	.29173	58
59	.57218	.52528	.48325	.44551	.41157	.38101	.35342	.30593	59
60	.58523	.53910	.49761	.46022	.42649	.39600	.36839	.32064	60
61	.59839	.55308	.51218	.47520	.44172	.41136	.38378	.33584	61
62	.61163	.56720	.52695	.49044	.45726	.42707	.39957	.35153	62
63	.62494	.58144	.54190	.50590	.47308	.44312	.41574	.36768	63
64	.63830	.59577	.55699	.52156	.48915	.45948	.43226	.38429	64
65	.65168	.61018	.57219	.53739	.50545	.47611	.44911	.40131	65
66	.66505	.62461	.58749	.55335	.52193	.49297	.46625	.41872	66
67	.67838	.63906	.60283	.56942	.53857	.51004	.48364	.43649	67
68	.69165	.65347	.61819	.58555	.55531	.52728	.50125	.45456	68
69	.70482	.66783	.63353	.60170	.57213	.54462	.51902	.47289	69
70	.71786	.68207	.64880	.61782	.58895	.56203	.53689	.49142	70
71	.73074	.69618	.66395	.63386	.60574	.57944	.55481	.51009	71
72	.74341	.71011	.67895	.64978	.62245	.59681	.57274	.52884	72
73	.75586	.72381	.69376	.66554	.63902	.61407	.59059	.54762	73
74	.76804	.73727	.70832	.68107	.65540	.63118	.60833	.56635	74
75	.77993	.75043	.72261	.69635	.67154	.64808	.62589	.58497	75
76	.79150	.76327	.73657	.71131	.68738	.66471	.64320	.60341	76
77	.80272	.77575	.75018	.72592	.70289	.68101	.66021	.62159	77
78	.81355	.78782	.76337	.74012	.71799	.69692	.67685	.63945	78
79	.82399	.79948	.77614	.75389	.73266	.71241	.69307	.65693	79
80	.83401	.81070	.78844	.76718	.74686	.72742	.70882	.67396	80
81	.84359	.82144	.80025	.77997	.76054	.74192	.72407	.69050	81
82	.85273	.83171	.81156	.79223	.77367	.75586	.73875	.70648	82
83	.86140	.84147	.82233	.80393	.78623	.76921	.75283	.72187	83
84	.86961	.85072	.83255	.81505	.79820	.78195	.76629	.73661	84
85	.87734	.85946	.84222	.82559	.80954	.79405	.77910	.75068	85
86	.88461	.86768	.85133	.83554	.82027	.80551	.79123	.76405	86
87	.89141	.87539	.85989	.84489	.83037	.81631	.80269	.77670	87
88	.89776	.88259	.86789	.85364	.83984	.82645	.81346	.78863	88
89	.90366	.88929	.87534	.86181	.84868	.83593	.82354	.79982	89
90	.90912	.89550	.88226	.86941	.85691	.84476	.83295	.81028	90
91	.91416	.90124	.88867	.87644	.86454	.85296	.84169	.82002	91
92	.91881	.90653	.89458	.88293	.87159	.86055	.84978	.82905	92
93	.92307	.91139	.90000	.88891	.87809	.86754	.85724	.83740	93
94	.92696	.91583	.90498	.89439	.88405	.87396	.86411	.84509	94
95	.93051	.91989	.90952	.89939	.88950	.87984	.87039	.85214	95
96	.93374	.92358	.91366	.90395	.89447	.88520	.87613	.85858	96
97	.93667	.92693	.91741	.90810	.89899	.89008	.88135	.86446	97
98	.93932	.92997	.92082	.91186	.90309	.89451	.88610	.86980	98
99	.94172	.93272	.92390	.91527	.90681	.89853	.89041	.87466	99
100	.94391	.93522	.92671	.91838	.91020	.90219	.89434	.87909	100

TABLE 22
ANNUAL PREMIUM TO SECURE £1 AT DEATH

Males and Females
Ages   1 — 100
Interest rates   3 — 6% @ 0.5%
                 6 — 15% @ 1%

ANNUAL PREMIUM TO SECURE £1 AT DEATH: MALES

Nominal rate per cent

Age	3	3.5	4	4.5	5	5.5	6	7	Age
1	.00496	.00414	.00347	.00293	.00249	.00214	.00186	.00146	1
2	.00508	.00424	.00356	.00300	.00254	.00218	.00188	.00145	2
3	.00523	.00437	.00367	.00310	.00263	.00225	.00194	.00149	3
4	.00539	.00452	.00380	.00321	.00273	.00234	.00202	.00155	4
5	.00556	.00468	.00395	.00334	.00284	.00244	.00210	.00161	5
6	.00574	.00484	.00410	.00348	.00297	.00255	.00220	.00169	6
7	.00593	.00502	.00426	.00362	.00310	.00266	.00231	.00177	7
8	.00613	.00520	.00443	.00378	.00324	.00279	.00242	.00187	8
9	.00634	.00540	.00461	.00394	.00339	.00293	.00255	.00197	9
10	.00656	.00560	.00480	.00412	.00355	.00308	.00268	.00209	10
11	.00678	.00582	.00500	.00431	.00372	.00324	.00283	.00221	11
12	.00702	.00604	.00521	.00450	.00391	.00341	.00299	.00234	12
13	.00727	.00628	.00543	.00471	.00410	.00359	.00315	.00249	13
14	.00753	.00653	.00566	.00493	.00430	.00378	.00333	.00264	14
15	.00780	.00678	.00591	.00516	.00452	.00397	.00351	.00280	15
16	.00808	.00705	.00615	.00539	.00473	.00418	.00370	.00297	16
17	.00837	.00731	.00641	.00563	.00496	.00438	.00389	.00313	17
18	.00865	.00759	.00666	.00587	.00518	.00459	.00409	.00329	18
19	.00895	.00787	.00693	.00611	.00541	.00480	.00428	.00345	19
20	.00926	.00816	.00720	.00637	.00565	.00502	.00448	.00362	20
21	.00958	.00847	.00749	.00664	.00590	.00526	.00470	.00381	21
22	.00992	.00879	.00780	.00693	.00617	.00551	.00494	.00401	22
23	.01028	.00914	.00813	.00724	.00646	.00578	.00519	.00423	23
24	.01066	.00950	.00847	.00757	.00677	.00607	.00546	.00447	24
25	.01106	.00988	.00884	.00792	.00711	.00639	.00576	.00473	25
26	.01148	.01029	.00923	.00830	.00746	.00673	.00608	.00502	26
27	.01193	.01072	.00965	.00869	.00785	.00709	.00643	.00533	27
28	.01240	.01118	.01009	.00912	.00825	.00748	.00680	.00566	28
29	.01289	.01166	.01055	.00956	.00868	.00789	.00719	.00602	29
30	.01341	.01216	.01104	.01004	.00914	.00833	.00762	.00640	30
31	.01395	.01270	.01156	.01054	.00962	.00880	.00806	.00682	31
32	.01453	.01326	.01211	.01107	.01014	.00930	.00854	.00726	32
33	.01513	.01385	.01269	.01164	.01069	.00983	.00906	.00774	33
34	.01577	.01448	.01330	.01224	.01127	.01039	.00960	.00825	34
35	.01645	.01514	.01395	.01287	.01189	.01100	.01019	.00879	35
36	.01716	.01584	.01464	.01354	.01255	.01164	.01081	.00938	36
37	.01791	.01658	.01537	.01426	.01325	.01232	.01148	.01002	37
38	.01870	.01737	.01614	.01502	.01399	.01305	.01219	.01070	38
39	.01955	.01820	.01697	.01583	.01479	.01383	.01296	.01143	39
40	.02044	.01909	.01784	.01669	.01564	.01467	.01378	.01221	40
41	.02138	.02002	.01877	.01761	.01654	.01556	.01465	.01305	41
42	.02238	.02101	.01975	.01858	.01750	.01651	.01559	.01395	42
43	.02344	.02207	.02080	.01962	.01853	.01752	.01658	.01492	43
44	.02456	.02319	.02191	.02072	.01962	.01860	.01765	.01596	44
45	.02575	.02437	.02309	.02190	.02079	.01975	.01880	.01708	45
46	.02701	.02563	.02435	.02315	.02203	.02098	.02001	.01827	46
47	.02835	.02697	.02568	.02447	.02335	.02230	.02132	.01955	47
48	.02977	.02839	.02710	.02589	.02475	.02370	.02271	.02092	48
49	.03128	.02990	.02860	.02739	.02625	.02518	.02419	.02238	49
50	.03287	.03149	.03020	.02898	.02784	.02677	.02576	.02393	50

ANNUAL PREMIUM TO SECURE £1 AT DEATH: MALES

Nominal rate per cent

Age	3	3.5	4	4.5	5	5.5	6	7	Age
51	.03456	.03319	.03189	.03067	.02953	.02845	.02744	.02559	51
52	.03635	.03498	.03369	.03247	.03132	.03024	.02922	.02736	52
53	.03825	.03688	.03559	.03437	.03322	.03214	.03111	.02924	53
54	.04025	.03889	.03760	.03638	.03523	.03415	.03312	.03123	54
55	.04237	.04102	.03973	.03851	.03736	.03627	.03524	.03335	55
56	.04461	.04326	.04198	.04077	.03962	.03852	.03749	.03558	56
57	.04698	.04563	.04436	.04315	.04200	.04091	.03987	.03795	57
58	.04947	.04814	.04687	.04566	.04451	.04342	.04238	.04046	58
59	.05211	.05079	.04952	.04832	.04717	.04608	.04504	.04311	59
60	.05490	.05358	.05232	.05112	.04998	.04889	.04785	.04591	60
61	.05785	.05654	.05528	.05409	.05295	.05186	.05082	.04888	61
62	.06096	.05966	.05841	.05722	.05609	.05500	.05396	.05201	62
63	.06426	.06297	.06173	.06054	.05941	.05832	.05728	.05533	63
64	.06775	.06647	.06524	.06406	.06293	.06184	.06080	.05884	64
65	.07146	.07018	.06896	.06778	.06666	.06557	.06453	.06257	65
66	.07539	.07413	.07291	.07174	.07062	.06954	.06850	.06654	66
67	.07958	.07832	.07711	.07595	.07483	.07375	.07271	.07075	67
68	.08403	.08278	.08159	.08043	.07931	.07824	.07720	.07524	68
69	.08878	.08754	.08635	.08520	.08409	.08302	.08199	.08003	69
70	.09384	.09262	.09144	.09030	.08919	.08813	.08710	.08514	70
71	.09925	.09804	.09687	.09573	.09464	.09358	.09255	.09060	71
72	.10502	.10382	.10266	.10154	.10045	.09940	.09838	.09643	72
73	.11118	.11000	.10885	.10774	.10666	.10562	.10460	.10266	73
74	.11776	.11659	.11546	.11436	.11329	.11225	.11124	.10931	74
75	.12478	.12363	.12251	.12142	.12036	.11933	.11833	.11641	75
76	.13225	.13112	.13001	.12894	.12789	.12687	.12588	.12397	76
77	.14020	.13908	.13799	.13693	.13590	.13489	.13390	.13201	77
78	.14864	.14753	.14646	.14541	.14439	.14339	.14242	.14054	78
79	.15756	.15648	.15542	.15438	.15337	.15239	.15142	.14956	79
80	.16697	.16591	.16486	.16385	.16285	.16187	.16092	.15908	80
81	.17687	.17582	.17479	.17379	.17281	.17184	.17090	.16908	81
82	.18723	.18620	.18519	.18420	.18323	.18228	.18135	.17954	82
83	.19803	.19702	.19602	.19505	.19409	.19315	.19223	.19044	83
84	.20924	.20824	.20726	.20630	.20535	.20442	.20352	.20175	84
85	.22081	.21982	.21886	.21791	.21697	.21606	.21516	.21341	85
86	.23269	.23172	.23076	.22983	.22891	.22800	.22711	.22537	86
87	.24482	.24386	.24292	.24199	.24108	.24019	.23931	.23758	87
88	.25713	.25618	.25525	.25434	.25344	.25255	.25167	.24997	88
89	.26955	.26862	.26770	.26679	.26590	.26502	.26415	.26245	89
90	.28200	.28108	.28017	.27927	.27838	.27751	.27665	.27496	90
91	.29441	.29349	.29259	.29169	.29081	.28995	.28909	.28742	91
92	.30669	.30578	.30488	.30399	.30312	.30225	.30140	.29973	92
93	.31877	.31786	.31697	.31609	.31521	.31436	.31351	.31184	93
94	.33057	.32967	.32878	.32790	.32703	.32618	.32533	.32367	94
95	.34204	.34114	.34025	.33938	.33851	.33766	.33681	.33515	95
96	.35312	.35222	.35134	.35046	.34959	.34874	.34789	.34623	96
97	.36378	.36288	.36199	.36112	.36025	.35939	.35854	.35688	97
98	.37400	.37309	.37220	.37132	.37045	.36959	.36874	.36706	98
99	.38378	.38287	.38197	.38108	.38020	.37933	.37847	.37679	99
100	.39317	.39224	.39133	.39043	.38954	.38866	.38779	.38609	100

ANNUAL PREMIUM TO SECURE £1 AT DEATH: FEMALES

Nominal rate per cent

Age	3	3.5	4	4.5	5	5.5	6	7	Age
1	.00407	.00331	.00271	.00224	.00186	.00156	.00133	.00102	1
2	.00416	.00339	.00278	.00228	.00189	.00158	.00134	.00100	2
3	.00428	.00350	.00286	.00236	.00195	.00163	.00138	.00102	3
4	.00441	.00361	.00296	.00244	.00202	.00169	.00142	.00105	4
5	.00454	.00373	.00307	.00253	.00210	.00176	.00148	.00109	5
6	.00469	.00386	.00319	.00264	.00219	.00183	.00155	.00114	6
7	.00484	.00400	.00331	.00275	.00229	.00192	.00162	.00119	7
8	.00500	.00415	.00344	.00286	.00239	.00201	.00170	.00125	8
9	.00517	.00430	.00358	.00299	.00250	.00211	.00179	.00132	9
10	.00534	.00446	.00373	.00312	.00262	.00222	.00189	.00140	10
11	.00553	.00463	.00388	.00326	.00275	.00233	.00199	.00148	11
12	.00572	.00480	.00404	.00341	.00289	.00245	.00210	.00157	12
13	.00591	.00499	.00421	.00356	.00303	.00258	.00221	.00167	13
14	.00612	.00518	.00439	.00373	.00318	.00272	.00234	.00177	14
15	.00633	.00538	.00458	.00390	.00333	.00286	.00247	.00188	15
16	.00656	.00559	.00477	.00408	.00350	.00301	.00261	.00199	16
17	.00679	.00581	.00497	.00426	.00367	.00317	.00275	.00211	17
18	.00703	.00603	.00518	.00446	.00385	.00333	.00290	.00224	18
19	.00728	.00627	.00540	.00466	.00404	.00351	.00306	.00237	19
20	.00754	.00651	.00563	.00488	.00424	.00369	.00323	.00251	20
21	.00781	.00677	.00587	.00510	.00445	.00389	.00341	.00267	21
22	.00809	.00704	.00612	.00534	.00467	.00409	.00360	.00283	22
23	.00839	.00732	.00639	.00559	.00490	.00431	.00381	.00301	23
24	.00870	.00761	.00667	.00585	.00515	.00454	.00402	.00319	24
25	.00902	.00792	.00696	.00613	.00541	.00479	.00425	.00339	25
26	.00936	.00824	.00727	.00642	.00568	.00505	.00449	.00361	26
27	.00971	.00858	.00759	.00673	.00597	.00532	.00475	.00383	27
28	.01008	.00894	.00793	.00705	.00628	.00561	.00503	.00408	28
29	.01046	.00931	.00829	.00739	.00661	.00592	.00532	.00434	29
30	.01087	.00970	.00866	.00775	.00695	.00624	.00563	.00462	30
31	.01129	.01011	.00906	.00813	.00731	.00659	.00595	.00491	31
32	.01173	.01054	.00947	.00853	.00769	.00695	.00630	.00523	32
33	.01220	.01099	.00991	.00895	.00809	.00734	.00667	.00556	33
34	.01268	.01146	.01036	.00939	.00852	.00775	.00706	.00592	34
35	.01319	.01195	.01084	.00985	.00897	.00818	.00748	.00630	35
36	.01372	.01247	.01135	.01034	.00944	.00863	.00791	.00670	36
37	.01428	.01302	.01188	.01086	.00994	.00912	.00838	.00713	37
38	.01487	.01360	.01244	.01140	.01047	.00963	.00887	.00759	38
39	.01549	.01420	.01303	.01198	.01103	.01017	.00940	.00808	39
40	.01613	.01484	.01366	.01259	.01162	.01074	.00995	.00860	40
41	.01681	.01550	.01431	.01323	.01224	.01135	.01054	.00915	41
42	.01753	.01621	.01500	.01390	.01290	.01199	.01117	.00974	42
43	.01828	.01695	.01573	.01461	.01360	.01267	.01183	.01037	43
44	.01908	.01773	.01650	.01537	.01434	.01339	.01253	.01104	44
45	.01991	.01856	.01731	.01617	.01512	.01416	.01328	.01175	45
46	.02079	.01943	.01817	.01701	.01595	.01497	.01407	.01250	46
47	.02172	.02035	.01908	.01790	.01682	.01583	.01492	.01331	47
48	.02270	.02132	.02004	.01885	.01776	.01675	.01582	.01417	48
49	.02374	.02235	.02106	.01986	.01875	.01772	.01678	.01509	49
50	.02484	.02344	.02214	.02093	.01980	.01876	.01780	.01608	50

ANNUAL PREMIUM TO SECURE £1 AT DEATH: FEMALES

Nominal rate per cent

Age	3	3.5	4	4.5	5	5.5	6	7	Age
51	.02601	.02460	.02329	.02206	.02093	.01987	.01889	.01713	51
52	.02725	.02583	.02451	.02327	.02212	.02105	.02005	.01826	52
53	.02856	.02714	.02581	.02456	.02340	.02231	.02130	.01947	53
54	.02996	.02853	.02719	.02593	.02476	.02366	.02263	.02077	54
55	.03145	.03001	.02867	.02740	.02621	.02510	.02406	.02217	55
56	.03304	.03160	.03024	.02897	.02777	.02664	.02559	.02367	56
57	.03473	.03329	.03193	.03064	.02944	.02830	.02723	.02528	57
58	.03654	.03510	.03373	.03244	.03122	.03007	.02899	.02701	58
59	.03848	.03703	.03566	.03436	.03314	.03198	.03089	.02888	59
60	.04055	.03910	.03773	.03643	.03519	.03403	.03292	.03089	60
61	.04277	.04132	.03995	.03864	.03740	.03623	.03511	.03306	61
62	.04515	.04371	.04233	.04102	.03978	.03860	.03747	.03539	62
63	.04771	.04627	.04489	.04358	.04234	.04115	.04002	.03792	63
64	.05046	.04902	.04765	.04634	.04509	.04389	.04276	.04064	64
65	.05341	.05198	.05061	.04930	.04805	.04685	.04571	.04358	65
66	.05659	.05516	.05380	.05249	.05124	.05005	.04890	.04676	66
67	.06001	.05859	.05724	.05593	.05468	.05349	.05234	.05019	67
68	.06370	.06229	.06094	.05964	.05839	.05720	.05605	.05389	68
69	.06767	.06627	.06493	.06364	.06240	.06120	.06006	.05789	69
70	.07194	.07056	.06923	.06794	.06671	.06552	.06438	.06221	70
71	.07655	.07518	.07386	.07259	.07136	.07018	.06903	.06687	71
72	.08151	.08016	.07885	.07759	.07637	.07519	.07406	.07190	72
73	.08686	.08552	.08423	.08298	.08177	.08060	.07947	.07732	73
74	.09261	.09129	.09001	.08878	.08758	.08642	.08530	.08316	74
75	.09880	.09750	.09624	.09502	.09384	.09269	.09157	.08945	75
76	.10546	.10418	.10293	.10173	.10056	.09942	.09832	.09621	76
77	.11260	.11134	.11012	.10893	.10778	.10665	.10556	.10347	77
78	.12026	.11902	.11782	.11665	.11551	.11440	.11332	.11125	78
79	.12846	.12724	.12606	.12491	.12378	.12269	.12162	.11957	79
80	.13722	.13602	.13486	.13373	.13262	.13154	.13049	.12846	80
81	.14656	.14538	.14424	.14313	.14204	.14097	.13994	.13793	81
82	.15648	.15533	.15421	.15311	.15204	.15099	.14997	.14799	82
83	.16700	.16587	.16477	.16369	.16264	.16161	.16060	.15864	83
84	.17810	.17700	.17592	.17486	.17382	.17280	.17181	.16988	84
85	.18979	.18870	.18764	.18660	.18558	.18458	.18360	.18169	85
86	.20202	.20096	.19992	.19889	.19789	.19690	.19593	.19405	86
87	.21479	.21374	.21271	.21170	.21072	.20974	.20879	.20693	87
88	.22803	.22700	.22599	.22499	.22402	.22306	.22212	.22028	88
89	.24168	.24067	.23967	.23869	.23773	.23678	.23585	.23403	89
90	.25569	.25469	.25371	.25274	.25179	.25085	.24993	.24813	90
91	.26997	.26898	.26801	.26706	.26611	.26519	.26427	.26249	91
92	.28443	.28346	.28250	.28155	.28062	.27970	.27879	.27702	92
93	.29899	.29802	.29707	.29613	.29521	.29429	.29339	.29163	93
94	.31353	.31257	.31163	.31070	.30978	.30887	.30797	.30622	94
95	.32796	.32701	.32607	.32514	.32423	.32332	.32243	.32068	95
96	.34217	.34122	.34029	.33937	.33845	.33755	.33666	.33492	96
97	.35608	.35513	.35420	.35327	.35236	.35146	.35057	.34883	97
98	.36960	.36865	.36771	.36679	.36588	.36498	.36408	.36234	98
99	.38269	.38174	.38080	.37987	.37896	.37805	.37716	.37540	99
100	.39537	.39441	.39347	.39253	.39160	.39069	.38979	.38801	100

TABLE 23

ENGLISH LIFE TABLES NO. 12 1960—62

ENGLISH LIFE TABLES No. 12 1960-62: MALES

Age x	l_x	p_x	$\overset{\circ}{e}_x$	Age x	l_x	p_x	$\overset{\circ}{e}_x$
0	100 000	.97551	68.09	55	85 916	.98669	18.65
1	97 551	.99843	68.80	56	84 772	.98508	17.89
2	97 398	.99901	67.90	57	83 507	.98332	17.16
3	97 302	.99931	66.97	58	82 114	.98141	16.44
4	97 235	.99938	66.02	59	80 588	.97935	15.74
5	97 175	.99943	65.06	60	78 924	.97713	15.06
6	97 120	.99948	64.09	61	77 119	.97475	14.40
7	97 069	.99952	63.13	62	75 172	.97222	13.76
8	97 022	.99956	62.16	63	73 084	.96951	13.14
9	96 979	.99959	61.18	64	70 856	.96661	12.54
10	96 939	.99961	60.21	65	68 490	.96352	11.95
11	96 901	.99962	59.23	66	65 991	.96022	11.39
12	96 864	.99962	58.25	67	63 366	.95668	10.84
13	96 827	.99959	57.28	68	60 621	.95288	10.31
14	96 787	.99953	56.30	69	57 765	.94878	9.79
15	96 742	.99941	55.33	70	54 806	.94434	9.29
16	96 685	.99922	54.36	71	51 755	.93953	8.81
17	96 610	.99901	53.40	72	48 625	.93430	8.35
18	96 514	.99888	52.45	73	45 430	.92861	7.90
19	96 406	.99883	51.51	74	42 187	.92241	7.47
20	96 293	.99881	50.57	75	38 914	.91566	7.05
21	96 178	.99882	49.63	76	35 632	.90833	6.66
22	96 065	.99886	48.69	77	32 366	.90037	6.28
23	95 955	.99892	47.74	78	29 141	.89176	5.92
24	95 851	.99898	46.80	79	25 987	.88248	5.57
25	95 753	.99901	45.84	80	22 933	.87253	5.25
26	95 658	.99902	44.89	81	20 010	.86192	4.94
27	95 564	.99900	43.93	82	17 247	.85066	4.66
28	95 468	.99896	42.98	83	14 671	.83878	4.39
29	95 369	.99891	42.02	84	12 306	.82634	4.14
30	95 265	.99885	41.06	85	10 169	.81341	3.90
31	95 155	.99879	40.11	86	8 272	.80003	3.68
32	95 040	.99872	39.16	87	6 618	.78631	3.48
33	94 918	.99864	38.21	88	5 204	.77235	3.30
34	94 789	.99855	37.26	89	4 019	.75823	3.13
35	94 652	.99845	36.31	90	3 047	.74407	2.97
36	94 505	.99833	35.37	91	2 267	.72997	2.83
37	94 347	.99819	34.43	92	1 655	.71604	2.70
38	94 176	.99804	33.49	93	1 185	.70236	2.58
39	93 991	.99786	32.55	94	832	.68904	2.47
40	93 790	.99765	31.62	95	573	.67615	2.38
41	93 570	.99741	30.70	96	387	.66377	2.29
42	93 328	.99713	29.77	97	257	.65194	2.21
43	93 060	.99681	28.86	98	168	.64071	2.14
44	92 763	.99644	27.95	99	108	.63011	2.07
45	92 433	.99601	27.05	100	68	.62017	2.00
46	92 064	.99552	26.15	101	42	.61088	
47	91 652	.99495	25.27	102	25	.60224	
48	91 189	.99430	24.40	103	15	.59425	
49	90 669	.99356	23.53	104	9	.58688	
50	90 085	.99272	22.68	105	5	.58011	
51	89 429	.99177	21.84	106	3	.57391	
52	88 693	.99070	21.02	107	2	.56825	
53	87 868	.98949	20.21				
54	86 945	.98816	19.42				

ENGLISH LIFE TABLES No. 12 1960-62: FEMALES

Age x	l_x	p_x	$\overset{\circ}{e}_x$	Age x	l_x	p_x	$\overset{\circ}{e}_x$
0	100 000	.98104	74.00	55	90 652	.99318	23.24
1	98 104	.99874	74.43	56	90 034	.99254	22.39
2	97 980	.99923	73.52	57	89 362	.99182	21.56
3	97 905	.99938	72.58	58	88 631	.99102	20.73
4	97 844	.99950	71.62	59	87 835	.99012	19.91
5	97 795	.99958	70.66	60	86 967	.98912	19.11
6	97 754	.99964	69.69	61	86 021	.98800	18.31
7	97 719	.99968	68.71	62	84 989	.98674	17.53
8	97 688	.99971	67.73	63	83 862	.98532	16.76
9	97 660	.99974	66.75	64	82 631	.98372	16.00
10	97 635	.99976	65.77	65	81 286	.98192	15.26
11	97 612	.99976	64.79	66	79 816	.97990	14.53
12	97 589	.99975	63.80	67	78 212	.97763	13.81
13	97 565	.99974	62.82	68	76 462	.97507	13.12
14	97 540	.99973	61.83	69	74 556	.97219	12.44
15	97 514	.99970	60.85	70	72 483	.96896	11.78
16	97 485	.99966	59.87	71	70 233	.96535	11.14
17	97 452	.99963	58.89	72	67 799	.96132	10.52
18	97 416	.99960	57.91	73	65 177	.95683	9.93
19	97 377	.99958	56.93	74	62 363	.95184	9.35
20	97 336	.99956	55.95	75	59 360	.94630	8.80
21	97 293	.99955	54.98	76	56 172	.94016	8.27
22	97 249	.99953	54.00	77	52 811	.93338	7.77
23	97 203	.99951	53.03	78	49 293	.92574	7.28
24	97 155	.99949	52.06	79	45 642	.91780	6.83
25	97 105	.99946	51.08	80	41 890	.90892	6.39
26	97 053	.99943	50.11	81	38 075	.89926	5.98
27	96 998	.99940	49.14	82	34 239	.88881	5.60
28	96 940	.99936	48.17	83	30 432	.87756	5.24
29	96 878	.99931	47.20	84	26 706	.86552	4.90
30	96 811	.99925	46.23	85	23 115	.85271	4.58
31	96 738	.99919	45.26	86	19 710	.83916	4.29
32	96 660	.99913	44.30	87	16 540	.82491	4.01
33	96 576	.99905	43.34	88	13 644	.81002	3.76
34	96 484	.99896	42.38	89	11 052	.79459	3.53
35	96 384	.99886	41.42	90	8 782	.77872	3.32
36	96 274	.99876	40.47	91	6 839	.76251	3.12
37	96 155	.99864	39.52	92	5 215	.74608	2.94
38	96 024	.99851	38.57	93	3 891	.72956	2.78
39	95 881	.99836	37.63	94	2 839	.71308	2.63
40	95 724	.99820	36.69	95	2 024	.69677	2.49
41	95 552	.99803	35.75	96	1 410	.68077	2.37
42	95 364	.99784	34.82	97	960	.66521	2.26
43	95 158	.99763	33.90	98	639	.65021	2.16
44	94 932	.99740	32.98	99	415	.63586	2.07
45	94 685	.99716	32.06	100	264	.62212	1.99
46	94 416	.99690	31.15	101	164	.60922	
47	94 123	.99661	30.25	102	100	.59709	
48	93 804	.99630	29.35	103	60	.58575	
49	93 457	.99597	28.46	104	35	.57522	
50	93 080	.99561	27.57	105	20	.56550	
51	92 671	.99521	26.69	106	11	.55658	
52	92 227	.99477	25.81	107	6	.54841	
53	91 745	.99429	24.95	108	3	.54097	
54	91 221	.99376	24.09	109	2	.53421	

PART IV
MISCELLANEOUS INFORMATION

TABLE 24—UNITS OF MEASUREMENT

1. Linear Measure

Imperial				Metric equivalent
12 inches	=	1 foot	=	0.3048 m
3 feet	=	1 yard	=	0.9144 m
22 yards	=	1 chain	=	20.1168 m
10 chains	=	1 furlong	=	201.168 m
8 furlongs	=	1 mile	=	1609.344 m
			or	1.609344 km
7.92 inches	=	1 link	=	0.201168 m
25 links	=	16 feet 6 inches	=	5.0292 m
	or	5½ yards		
	or	1 rod, pole or perch		
4 poles	=	100 links	=	20.1168 m
	or	1 chain		
3 inches	=	1 palm	=	0.0762 m
4 inches	=	1 hand	=	0.1016 m
9 inches	=	1 span	=	0.2286 m
12 inches	=	1 foot	=	0.3048 m
2.5 feet	=	1 pace	=	0.7620 m
5 feet	=	1 geometrical pace	=	1.524 m
6 feet	=	1 fathom	=	1.8288 m

The above metric equivalents are exact

2. Square Measure

				Metric equivalent
144 square inches	=	1 square foot	=	0.09290304 m^2
9 square feet	=	1 square yard	=	0.83612736 m^2
30¼ square yards	=	1 square rod, pole or perch	=	25.292853 m^2
40 square rods	=	1 rood	=	1011.7141 m^2
4 roods	=	1 acre	=	4046.8564 m^2
			or	0.40468564 ha
640 acres	=	1 square mile	=	258.99881 ha
625 square links	=	1 square rod, pole or perch	=	25.292853 m^2
16 square rods	=	1 square chain	=	404.68564 m^2
10 square chains	=	1 acre	=	0.40468564 ha

Customary Acres
In the past local custom has established various other 'acres' of which the following are examples. In some cases authorities are not agreed on magnitude.

Cheshire acre	=	10240 square yards	=	0.85619 ha
Cunningham acre	=	6250 square yards	=	0.52258 ha
Devon acre	=	4004 square yards	=	0.33480 ha
Lancashire, Irish or Plantation acre	=	7840 square yards	=	0.65552 ha

Northumberland acre	=	5927 square yards	= 0.49554 ha
Scottish acre	=	6150⁴/₉ square yards	= 0.51422 ha
Welsh acre	=	9680 square yards	= 0.80937 ha
Westmorland acre	=	6760 square yards	= 0.56522 ha

3. Cubic Measure

1728 cubic inches	= 1 cubic foot	= 0.02831685 m³
27 cubic feet	= 1 cubic yard	= 0.76455486 m³

4. Weight

Avoirdupois Weight

16 drams	= 1 ounce	= 28.349523 grammes
16 ounces	= 1 pound	= 0.45359237 grammes
14 pounds	= 1 stone	= 6.3502932 kilogrammes
8 stones	= 1 hundredweight	= 50.802345 kilogrammes
20 hundredweight	= 1 ton	= 1016.0469 kilogrammes
		1.0160469 tonnes

Troy Weight

3.08647 grains	= 1 carat	= 0.02 gram
24 grains	= 1 pennyweight	= 1.5551738 grammes
20 pennyweights	= 1 ounce	= 31.103477 grammes
12 ounces	= 1 pound	= 0.37324172 kilogrammes

5. Capacity

4 gills	= 1 pint	= 0.568245 litres
2 pints	= 1 quart	= 1.13649 litres
4 quarts	= 1 gallon	= 4.54596 litres
2 gallons	= 1 peck	= 9.09192 litres
4 pecks	= 1 bushel	= 36.36768 litres
8 bushels	= 1 quarter	= 290.94144 litres
36 bushels	= 1 chaldron	= 1309.23648 litres
5 bushels	= 1 wey	= 181.8384 litres
2 weys	= 1 last	= 363.6768 litres

6. Pre-Decimal Currency

Decimal equivalent

4 farthings	= 1 penny	= 0.41667 p
12 pence	= 1 shilling	= 5 p
20 shillings	= 1 pound	= £1.00
2 shillings	= 1 florin	= 10 p
2 shillings and 6 pence	= 1 half crown	= 12.5 p
5 shillings	= 1 crown	= 25 p
21 shillings	= 1 guinea	= £1.05

TABLE 25—CALENDARS

The calendar number for each year from 1965 to 2064 is given in the second column of Table 26. The designation 'L' indicates a leap year, and leap year calendars appear on the lower half of each respective page.

Public and religious holiday dates, or rules from which they can be determined, are given below. Dates of Easter are calculated from the formula given in the Book of Common Prayer.

1. Public Holidays

(a) United Kingdom

England and Wales	Scotland	N. Ireland
1 January[a]	1 January[a]	1 January[a]
	2 January[a]	
		17 March St. Patrick
Good Friday[b]	Good Friday[b]	Good Friday[b]
Easter Monday[c]		Easter Monday[c]
May Day[d]		May Day[d]
Spring Holiday[e]	Spring Holiday[d]	Spring Holiday[e]
	Holiday[e]	12 July Orangemen
	Summer Bank[f] Holiday	
Summer Bank[g] Holiday		Summer Bank[g] Holiday
25 December Christmas	25 December Christmas	25 December Christmas
26 December Boxing Day	26 December Boxing Day	26 December Boxing Day

Notes

a If the holiday occurs on a Saturday or Sunday then a holiday in lieu will be declared. Practice to date has been for the following day to be observed.
b Good Friday is two days before Easter Sunday.
c Easter Monday is the day after Easter Sunday.
d This holiday is observed on the first Monday in May.
e This holiday is on the last Monday in May.
f The Summer Bank Holiday in Scotland is on the first Monday in August.
g The Summer Bank Holiday in England and Wales is on the last Monday in August.

Bank holidays are not observed as general public holidays in Scotland where by tradition and practice local authorities fix public holidays on a locality basis.

(b) European Economic Community

Belgium	*Denmark*	*Eire*	*France*
1 January	1 January	1 January[a]	1 January
		17 March[c] St. Patrick	
	Maundy Thursday[d]		
	Good Friday[e]	Good Friday[e]	
Easter Monday[f]	Easter Monday[f]	Easter Monday[f]	Easter Monday[f]
	General Prayer[g] Day		
1 May			1 May
Ascension[h]	Ascension[h]		Ascension[h]
Whit Monday[i]	Whit Monday[i]		Whit Monday[i]
		June Holiday[k]	
	5 June Constitution		
			14 July Bastille
21 July Independence			
		Summer Bank[l] Holiday	
15 August Assumption			15 August Assumption
		October[m] Holiday	
1 November All Saints			1 November All Saints
11 November Armistice			11 November Armistice
15 November King's Day			
25 December Christmas	25 December Christmas	25 December Christmas	25 December Christmas
26 December St. Stephen	26 December St. Stephen	26 December St. Stephen	

W. Germany	*Italy*	*Luxembourg*	*Netherlands*
1 January	1 January	1 January[a]	1 January
6 January[b] Epiphany			
Good Friday[e]			Good Friday[e]
Easter Monday[f]	Easter Monday[f]	Easter Monday[f]	Easter Monday[f]
	25 April Liberation		
			30 April Queens Birthday
1 May	1 May	1 May	
Ascension[h]		Ascension[h]	Ascension[h]
Whit Monday[i]		Whit Monday[i]	Whit Monday[i]
Corpus Christi[j]			
17 June Unity			

344

W. Germany	Italy	Luxembourg	Netherlands
		23 June National Day	
15 August Assumption[b]	15 August Assumption	15 August Assumption	
1 November All Saints	1 November All Saints	1 November All Saints	
Prayer and[n] Repentance			
	8 December Immaculate Conception		
25 December Christmas	25 December Christmas	25 December Christmas	25 December Christmas
26 December St. Stephen	26 December St. Stephen	26 December[a] St. Stephen	26 December St. Stephen

Notes

a If 1 January occurs on a Saturday or Sunday the holiday will be observed on the following Monday.
b Observed in parts of Germany only.
c If 17 March occurs on a Saturday or Sunday the holiday will be observed on the following Monday.
d Three days before Easter Sunday.
e Two days before Easter Sunday.
f The day after Easter Sunday.
g 26 days after Easter Sunday (a Friday).
h 39 days after Easter Sunday (a Thursday).
i 50 days after Easter Sunday.
j 60 days after Easter Sunday (a Thursday). Observed in parts of Germany only.
k The first Monday in June.
l The first Monday in August.
m The last Monday in October.
n The Wednesday occurring between 16-22 November, inclusive. Observed in parts of Germany only.

2. Quarter Days

England and Wales

Lady Day	25 March
Midsummer	24 June
Michaelmas	29 September
Christmas	25 December

Scotland

Candlemas	2 February
Whitsun	15 May
Lammas	1 August
Martinmas	11 November

3. Jewish Days of Observance

Jewish days of observance are determined from the Jewish calendar which is lunisolar and the rules are fairly complicated. A detailed account of the method of fixing days will be found in the Jewish Year Book. The following are the principal days of observance during the year, and these may be determined for each year by applying the rules below to the dates given for Passover and Jewish New Year in the schedule on pp. 347, 348.

Example 1979

Purim	30 days before the first day of Passover.	13 Mar
Passover	The day shown on pp. 347, 348 (the first day), the following day and the 6th and 7th days after.	12, 13 Apr 18, 19 Apr
Pentecost	50 and 51 days after the first day of Passover.	1, 2 June
Fast of Ab	112 days after the first day of Passover unless this falls on the Sabbath (Saturday) when it is on the following day. Years when this occurs are marked 'A' against the Passover date.	2 Aug
New Year	The day shown on pp. 347, 348 and the following day.	22, 23 Sep
Day of Atonement	Nine days after the date of the New Year.	1 Oct
Tabernacles	14, 15, 21 and 22 days after the date of the New Year.	6, 7 Oct 13, 14 Oct

4. Moslem Year

The Moslem year is lunar, of 354 or 355 days, and consequently regresses each year by comparison with the Gregorian calendar. Dates of the New Year are shown on pp. 347, 348. Ramadan, the month of fasting begins about 236 days after the New Year; however some variation is caused by the precise timing of the New Moon.

Example – 1979

New Year	21 November
1st Ramadan	16 July 1980

Year	Calendar	Easter Sunday	Jewish Passover	Jewish New Year	Moslem New Year
1965	6	18 Apr	17 Apr[A]	27 Sep	2 May
1966	7	10 Apr	5 Apr	15 Sep	22 Apr
1967	1	26 Mar	25 Apr	5 Oct	11 Apr
1968	2L	14 Apr	13 Apr[A]	23 Sep	31 Mar
1969	4	6 Apr	3 Apr	13 Sep	20 Mar
1970	5	29 Mar	21 Apr	1 Oct	9 Mar
1971	6	11 Apr	10 Apr[A]	20 Sep	27 Feb
1972	7L	2 Apr	30 Mar	9 Sep	16 Feb
1973	2	22 Apr	17 Apr	27 Sep	4 Feb
1974	3	14 Apr	7 Apr	17 Sep	25 Jan
1975	4	30 Mar	27 Mar	6 Sep	14 Jan
1976	5L	18 Apr	15 Apr	25 Sep	3 Jan, 23 Dec
1977	7	10 Apr	3 Apr	13 Sep	12 Dec
1978	1	26 Mar	22 Apr[A]	2 Oct	2 Dec
1979	2	15 Apr	12 Apr	22 Sep	21 Nov
1980	3L	6 Apr	1 Apr	11 Sep	9 Nov
1981	5	19 Apr	19 Apr	29 Sep	30 Oct
1982	6	11 Apr	8 Apr	18 Sep	19 Oct
1983	7	3 Apr	29 Mar	8 Sep	8 Oct
1984	1L	22 Apr	17 Apr	27 Sep	27 Sep
1985	3	7 Apr	6 Apr[A]	16 Sep	16 Sep
1986	4	30 Mar	24 Apr	4 Oct	6 Sep
1987	5	19 Apr	14 Apr	24 Sep	26 Aug
1988	6L	3 Apr	2 Apr[A]	12 Sep	14 Aug
1989	1	26 Mar	20 Apr	30 Sep	4 Aug
1990	2	15 Apr	10 Apr	20 Sep	24 Jul
1991	3	31 Mar	30 Mar[A]	9 Sep	13 Jul
1992	4L	19 Apr	18 Apr[A]	28 Sep	2 Jul
1993	6	11 Apr	6 Apr	16 Sep	21 Jun
1994	7	3 Apr	27 Mar	6 Sep	10 Jun
1995	1	16 Apr	15 Apr[A]	25 Sep	31 May
1996	2L	7 Apr	4 Apr	14 Sep	19 May
1997	4	30 Mar	22 Apr	2 Oct	9 May
1998	5	12 Apr	11 Apr[A]	21 Sep	28 Apr
1999	6	4 Apr	1 Apr	11 Sep	17 Apr
2000	7L	23 Apr	20 Apr	30 Sep	6 Apr
2001	2	15 Apr	8 Apr	18 Sep	26 Mar
2002	3	31 Mar	28 Mar	7 Sep	15 Mar
2003	4	20 Apr	17 Apr	27 Sep	5 Mar
2004	5L	11 Apr	6 Apr	16 Sep	22 Feb
2005	7	27 Mar	24 Apr	4 Oct	10 Feb
2006	1	16 Apr	13 Apr	23 Sep	31 Jan
2007	2	8 Apr	3 Apr	13 Sep	20 Jan
2008	3L	23 Mar	20 Apr	30 Sep	10 Jan, 29 Dec
2009	5	12 Apr	9 Apr	19 Sep	18 Dec
2010	6	4 Apr	30 Mar	9 Sep	8 Dec
2011	7	24 Apr	19 Apr	29 Sep	27 Nov
2012	1L	8 Apr	7 Apr[A]	17 Sep	15 Nov
2013	3	31 Mar	26 Mar	5 Sep	5 Nov
2014	4	20 Apr	15 Apr	25 Sep	25 Oct
2015	5	5 Apr	4 Apr[A]	14 Sep	15 Oct
2016	6L	27 Mar	23 Apr[A]	3 Oct	3 Oct

Year	Calendar	Easter Sunday	Jewish Passover	Jewish New Year	Moslem New Year
2017	1	16 Apr	11 Apr	21 Sep	22 Sep
2018	2	1 Apr	31 Mar[A]	10 Sep	12 Sep
2019	3	21 Apr	20 Apr[A]	30 Sep	1 Sep
2020	4L	12 Apr	9 Apr	19 Sep	20 Aug
2021	6	4 Apr	28 Mar	7 Sep	10 Aug
2022	7	17 Apr	16 Apr[A]	26 Sep	30 Jul
2023	1	9 Apr	6 Apr	16 Sep	19 Jul
2024	2L	31 Mar	23 Apr	3 Oct	8 Jul
2025	4	20 Apr	13 Apr	23 Sep	27 Jun
2026	5	5 Apr	2 Apr	12 Sep	17 Jun
2027	6	28 Mar	22 Apr	2 Oct	6 Jun
2028	7L	16 Apr	11 Apr	21 Sep	25 May
2029	2	1 Apr	31 Mar[A]	10 Sep	15 May
2030	3	21 Apr	18 Apr	28 Sep	4 May
2031	4	13 Apr	8 Apr	18 Sep	23 Apr
2032	5L	28 Mar	27 Mar[A]	6 Sep	12 Apr
2033	7	17 Apr	14 Apr	24 Sep	1 Apr
2034	1	9 Apr	4 Apr	14 Sep	21 Mar
2035	2	25 Mar	24 Apr	4 Oct	11 Mar
2036	3L	13 Apr	12 Apr[A]	22 Sep	28 Feb
2037	5	5 Apr	31 Mar	10 Sep	17 Feb
2038	6	25 Apr	20 Apr	30 Sep	6 Feb
2039	7	10 Apr	9 Apr[A]	19 Sep	26 Jan
2040	1L	1 Apr	29 Mar	8 Sep	16 Jan
2041	3	21 Apr	16 Apr	26 Sep	4 Jan, 24 Dec
2042	4	6 Apr	5 Apr[A]	15 Sep	14 Dec
2043	5	29 Mar	25 Apr[A]	5 Oct	3 Dec
2044	6L	17 Apr	12 Apr	22 Sep	22 Nov
2045	1	9 Apr	2 Apr	12 Sep	11 Nov
2046	2	25 Mar	21 Apr[A]	1 Oct	31 Oct
2047	3	14 Apr	11 Apr	21 Sep	21 Oct
2048	4L	5 Apr	29 Mar	8 Sep	9 Oct
2049	6	18 Apr	17 Apr[A]	27 Sep	28 Sep
2050	7	10 Apr	7 Apr	17 Sep	18 Sep
2051	1	2 Apr	28 Mar	7 Sep	7 Sep
2052	2L	21 Apr	14 Apr	24 Sep	26 Aug
2053	4	6 Apr	3 Apr	13 Sep	16 Aug
2054	5	29 Mar	23 Apr	3 Oct	5 Aug
2055	6	18 Apr	13 Apr	23 Sep	26 Jul
2056	7L	2 Apr	1 Apr[A]	11 Sep	14 Jul
2057	2	22 Apr	19 Apr	29 Sep	3 Jul
2058	3	14 Apr	9 Apr	19 Sep	23 Jun
2059	4	30 Mar	29 Mar[A]	8 Sep	12 Jun
2060	5L	18 Apr	15 Apr	25 Sep	31 May
2061	7	10 Apr	5 Apr	15 Sep	21 May
2062	1	26 Mar	25 Apr	5 Oct	10 May
2063	2	15 Apr	14 Apr[A]	24 Sep	29 Apr
2064	3L	6 Apr	1 Apr	11 Sep	18 Apr

CALENDAR 1

	JANUARY	FEBRUARY	MARCH	APRIL	
S	1 8 15 22 29	5 12 19 26	5 12 19 26	2 9 16 23 30	S
M	2 9 16 23 30	6 13 20 27	6 13 20 27	3 10 17 24	M
T	3 10 17 24 31	7 14 21 28	7 14 21 28	4 11 18 25	T
W	4 11 18 25	1 8 15 22	1 8 15 22 29	5 12 19 26	W
T	5 12 19 26	2 9 16 23	2 9 16 23 30	6 13 20 27	T
F	6 13 20 27	3 10 17 24	3 10 17 24 31	7 14 21 28	F
S	7 14 21 28	4 11 18 25	4 11 18 25	1 8 15 22 29	S

	MAY	JUNE	JULY	AUGUST	
S	7 14 21 28	4 11 18 25	2 9 16 23 30	6 13 20 27	S
M	1 8 15 22 29	5 12 19 26	3 10 17 24 31	7 14 21 28	M
T	2 9 16 23 30	6 13 20 27	4 11 18 25	1 8 15 22 29	T
W	3 10 17 24 31	7 14 21 28	5 12 19 26	2 9 16 23 30	W
T	4 11 18 25	1 8 15 22 29	6 13 20 27	3 10 17 24 31	T
F	5 12 19 26	2 9 16 23 30	7 14 21 28	4 11 18 25	F
S	6 13 20 27	3 10 17 24	1 8 15 22 29	5 12 19 26	S

		SEPTEMBER	OCTOBER	NOVEMBER	DECEMBER	
S		3 10 17 24	1 8 15 22 29	5 12 19 26	3 10 17 24 31	S
M		4 11 18 25	2 9 16 23 30	6 13 20 27	4 11 18 25	M
T		5 12 19 26	3 10 17 24 31	7 14 21 28	5 12 19 26	T
W		6 13 20 27	4 11 18 25	1 8 15 22 29	6 13 20 27	W
T		7 14 21 28	5 12 19 26	2 9 16 23 30	7 14 21 28	T
F	1	8 15 22 29	6 13 20 27	3 10 17 24	1 8 15 22 29	F
S	2	9 16 23 30	7 14 21 28	4 11 18 25	2 9 16 23 30	S

CALENDAR 1L

	JANUARY	FEBRUARY	MARCH	APRIL	
S	1 8 15 22 29	5 12 19 26	4 11 18 25	1 8 15 22 29	S
M	2 9 16 23 30	6 13 20 27	5 12 19 26	2 9 16 23 30	M
T	3 10 17 24 31	7 14 21 28	6 13 20 27	3 10 17 24	T
W	4 11 18 25	1 8 15 22 29	7 14 21 28	4 11 18 25	W
T	5 12 19 26	2 9 16 23	1 8 15 22 29	5 12 19 26	T
F	6 13 20 27	3 10 17 24	2 9 16 23 30	6 13 20 27	F
S	7 14 21 28	4 11 18 25	3 10 17 24 31	7 14 21 28	S

	MAY	JUNE	JULY	AUGUST	
S	6 13 20 27	3 10 17 24	1 8 15 22 29	5 12 19 26	S
M	7 14 21 28	4 11 18 25	2 9 16 23 30	6 13 20 27	M
T	1 8 15 22 29	5 12 19 26	3 10 17 24 31	7 14 21 28	T
W	2 9 16 23 30	6 13 20 27	4 11 18 25	1 8 15 22 29	W
T	3 10 17 24 31	7 14 21 28	5 12 19 26	2 9 16 23 30	T
F	4 11 18 25	1 8 15 22 29	6 13 20 27	3 10 17 24 31	F
S	5 12 19 26	2 9 16 23 30	7 14 21 28	4 11 18 25	S

		SEPTEMBER	OCTOBER	NOVEMBER	DECEMBER	
S		2 9 16 23 30	7 14 21 28	4 11 18 25	2 9 16 23 30	S
M		3 10 17 24	1 8 15 22 29	5 12 19 26	3 10 17 24 31	M
T		4 11 18 25	2 9 16 23 30	6 13 20 27	4 11 18 25	T
W		5 12 19 26	3 10 17 24 31	7 14 21 28	5 12 19 26	W
T		6 13 20 27	4 11 18 25	1 8 15 22 29	6 13 20 27	T
F		7 14 21 28	5 12 19 26	2 9 16 23 30	7 14 21 28	F
S	1	8 15 22 29	6 13 20 27	3 10 17 24	1 8 15 22 29	S

CALENDAR 2

	JANUARY	FEBRUARY	MARCH	APRIL	
S	7 14 21 28	4 11 18 25	4 11 18 25	1 8 15 22 29	S
M	1 8 15 22 29	5 12 19 26	5 12 19 26	2 9 16 23 30	M
T	2 9 16 23 30	6 13 20 27	6 13 20 27	3 10 17 24	T
W	3 10 17 24 31	7 14 21 28	7 14 21 28	4 11 18 25	W
T	4 11 18 25	1 8 15 22	1 8 15 22 29	5 12 19 26	T
F	5 12 19 26	2 9 16 23	2 9 16 23 30	6 13 20 27	F
S	6 13 20 27	3 10 17 24	3 10 17 24 31	7 14 21 28	S

	MAY	JUNE	JULY	AUGUST	
S	6 13 20 27	3 10 17 24	1 8 15 22 29	5 12 19 26	S
M	7 14 21 28	4 11 18 25	2 9 16 23 30	6 13 20 27	M
T	1 8 15 22 29	5 12 19 26	3 10 17 24 31	7 14 21 28	T
W	2 9 16 23 30	6 13 20 27	4 11 18 25	1 8 15 22 29	W
T	3 10 17 24 31	7 14 21 28	5 12 19 26	2 9 16 23 30	T
F	4 11 18 25	1 8 15 22 29	6 13 20 27	3 10 17 24 31	F
S	5 12 19 26	2 9 16 23 30	7 14 21 28	4 11 18 25	S

	SEPTEMBER	OCTOBER	NOVEMBER	DECEMBER	
S	2 9 16 23 30	7 14 21 28	4 11 18 25	2 9 16 23 30	S
M	3 10 17 24	1 8 15 22 29	5 12 19 26	3 10 17 24 31	M
T	4 11 18 25	2 9 16 23 30	6 13 20 27	4 11 18 25	T
W	5 12 19 26	3 10 17 24 31	7 14 21 28	5 12 19 26	W
T	6 13 20 27	4 11 18 25	1 8 15 22 29	6 13 20 27	T
F	7 14 21 28	5 12 19 26	2 9 16 23 30	7 14 21 28	F
S	1 8 15 22 29	6 13 20 27	3 10 17 24	1 8 15 22 29	S

CALENDAR 2L

	JANUARY	FEBRUARY	MARCH	APRIL	
S	7 14 21 28	4 11 18 25	3 10 17 24 31	7 14 21 28	S
M	1 8 15 22 29	5 12 19 26	4 11 18 25	1 8 15 22 29	M
T	2 9 16 23 30	6 13 20 27	5 12 19 26	2 9 16 23 30	T
W	3 10 17 24 31	7 14 21 28	6 13 20 27	3 10 17 24	W
T	4 11 18 25	1 8 15 22 29	7 14 21 28	4 11 18 25	T
F	5 12 19 26	2 9 16 23	1 8 15 22 29	5 12 19 26	F
S	6 13 20 27	3 10 17 24	2 9 16 23 30	6 13 20 27	S

	MAY	JUNE	JULY	AUGUST	
S	5 12 19 26	2 9 16 23 30	7 14 21 28	4 11 18 25	S
M	6 13 20 27	3 10 17 24	1 8 15 22 29	5 12 19 26	M
T	7 14 21 28	4 11 18 25	2 9 16 23 30	6 13 20 27	T
W	1 8 15 22 29	5 12 19 26	3 10 17 24 31	7 14 21 28	W
T	2 9 16 23 30	6 13 20 27	4 11 18 25	1 8 15 22 29	T
F	3 10 17 24 31	7 14 21 28	5 12 19 26	2 9 16 23 30	F
S	4 11 18 25	1 8 15 22 29	6 13 20 27	3 10 17 24 31	S

	SEPTEMBER	OCTOBER	NOVEMBER	DECEMBER	
S	1 8 15 22 29	6 13 20 27	3 10 17 24	1 8 15 22 29	S
M	2 9 16 23 30	7 14 21 28	4 11 18 25	2 9 16 23 30	M
T	3 10 17 24	1 8 15 22 29	5 12 19 26	3 10 17 24 31	T
W	4 11 18 25	2 9 16 23 30	6 13 20 27	4 11 18 25	W
T	5 12 19 26	3 10 17 24 31	7 14 21 28	5 12 19 26	T
F	6 13 20 27	4 11 18 25	1 8 15 22 29	6 13 20 27	F
S	7 14 21 28	5 12 19 26	2 9 16 23 30	7 14 21 28	S

CALENDAR 3

	JANUARY					FEBRUARY					MARCH					APRIL				
S		6	13	20	27		3	10	17	24		3	10	17	24	31		7	14	21	28	S
M		7	14	21	28		4	11	18	25		4	11	18	25	1	8	15	22	29	M
T	1	8	15	22	29		5	12	19	26		5	12	19	26	2	9	16	23	30	T
W	2	9	16	23	30		6	13	20	27		6	13	20	27	3	10	17	24		W
T	3	10	17	24	31		7	14	21	28		7	14	21	28	4	11	18	25		T
F	4	11	18	25		1	8	15	22		1	8	15	22	29	5	12	19	26		F
S	5	12	19	26		2	9	16	23		2	9	16	23	30	6	13	20	27		S

	MAY					JUNE					JULY					AUGUST				
S		5	12	19	26		2	9	16	23	30		7	14	21	28		4	11	18	25	S
M		6	13	20	27		3	10	17	24		1	8	15	22	29		5	12	19	26	M
T		7	14	21	28		4	11	18	25		2	9	16	23	30		6	13	20	27	T
W	1	8	15	22	29		5	12	19	26		3	10	17	24	31		7	14	21	28	W
T	2	9	16	23	30		6	13	20	27		4	11	18	25	1	8	15	22	29	T
F	3	10	17	24	31		7	14	21	28		5	12	19	26	2	9	16	23	30	F
S	4	11	18	25		1	8	15	22	29		6	13	20	27	3	10	17	24	31	S

	SEPTEMBER					OCTOBER					NOVEMBER					DECEMBER				
S	1	8	15	22	29		6	13	20	27		3	10	17	24	1	8	15	22	29	S
M	2	9	16	23	30		7	14	21	28		4	11	18	25	2	9	16	23	30	M
T	3	10	17	24		1	8	15	22	29		5	12	19	26	3	10	17	24	31	T
W	4	11	18	25		2	9	16	23	30		6	13	20	27	4	11	18	25		W
T	5	12	19	26		3	10	17	24	31		7	14	21	28	5	12	19	26		T
F	6	13	20	27		4	11	18	25		1	8	15	22	29	6	13	20	27		F
S	7	14	21	28		5	12	19	26		2	9	16	23	30	7	14	21	28		S

CALENDAR 3L

	JANUARY					FEBRUARY					MARCH					APRIL				
S		6	13	20	27		3	10	17	24		2	9	16	23	30		6	13	20	27	S
M		7	14	21	28		4	11	18	25		3	10	17	24	31		7	14	21	28	M
T	1	8	15	22	29		5	12	19	26		4	11	18	25	1	8	15	22	29	T
W	2	9	16	23	30		6	13	20	27		5	12	19	26	2	9	16	23	30	W
T	3	10	17	24	31		7	14	21	28		6	13	20	27	3	10	17	24		T
F	4	11	18	25		1	8	15	22	29		7	14	21	28	4	11	18	25		F
S	5	12	19	26		2	9	16	23		1	8	15	22	29	5	12	19	26		S

	MAY					JUNE					JULY					AUGUST				
S		4	11	18	25		1	8	15	22	29		6	13	20	27		3	10	17	24	31	S
M		5	12	19	26		2	9	16	23	30		7	14	21	28		4	11	18	25	M
T		6	13	20	27		3	10	17	24		1	8	15	22	29		5	12	19	26	T
W		7	14	21	28		4	11	18	25		2	9	16	23	30		6	13	20	27	W
T	1	8	15	22	29		5	12	19	26		3	10	17	24	31		7	14	21	28	T
F	2	9	16	23	30		6	13	20	27		4	11	18	25	1	8	15	22	29	F
S	3	10	17	24	31		7	14	21	28		5	12	19	26	2	9	16	23	30	S

	SEPTEMBER					OCTOBER					NOVEMBER					DECEMBER				
S		7	14	21	28		5	12	19	26		2	9	16	23	30		7	14	21	28	S
M	1	8	15	22	29		6	13	20	27		3	10	17	24	1	8	15	22	29	M
T	2	9	16	23	30		7	14	21	28		4	11	18	25	2	9	16	23	30	T
W	3	10	17	24		1	8	15	22	29		5	12	19	26	3	10	17	24	31	W
T	4	11	18	25		2	9	16	23	30		6	13	20	27	4	11	18	25		T
F	5	12	19	26		3	10	17	24	31		7	14	21	28	5	12	19	26		F
S	6	13	20	27		4	11	18	25		1	8	15	22	29	6	13	20	27		S

CALENDAR 4

	JANUARY	FEBRUARY	MARCH	APRIL	
S	5 12 19 26	2 9 16 23	2 9 16 23 30	6 13 20 27	S
M	6 13 20 27	3 10 17 24	3 10 17 24 31	7 14 21 28	M
T	7 14 21 28	4 11 18 25	4 11 18 25	1 8 15 22 29	T
W	1 8 15 22 29	5 12 19 26	5 12 19 26	2 9 16 23 30	W
T	2 9 16 23 30	6 13 20 27	6 13 20 27	3 10 17 24	T
F	3 10 17 24 31	7 14 21 28	7 14 21 28	4 11 18 25	F
S	4 11 18 25	1 8 15 22	1 8 15 22 29	5 12 19 26	S

	MAY	JUNE	JULY	AUGUST	
S	4 11 18 25	1 8 15 22 29	6 13 20 27	3 10 17 24 31	S
M	5 12 19 26	2 9 16 23 30	7 14 21 28	4 11 18 25	M
T	6 13 20 27	3 10 17 24	1 8 15 22 29	5 12 19 26	T
W	7 14 21 28	4 11 18 25	2 9 16 23 30	6 13 20 27	W
T	1 8 15 22 29	5 12 19 26	3 10 17 24 31	7 14 21 28	T
F	2 9 16 23 30	6 13 20 27	4 11 18 25	1 8 15 22 29	F
S	3 10 17 24 31	7 14 21 28	5 12 19 26	2 9 16 23 30	S

	SEPTEMBER	OCTOBER	NOVEMBER	DECEMBER	
S	7 14 21 28	5 12 19 26	2 9 16 23 30	7 14 21 28	S
M	1 8 15 22 29	6 13 20 27	3 10 17 24	1 8 15 22 29	M
T	2 9 16 23 30	7 14 21 28	4 11 18 25	2 9 16 23 30	T
W	3 10 17 24	1 8 15 22 29	5 12 19 26	3 10 17 24 31	W
T	4 11 18 25	2 9 16 23 30	6 13 20 27	4 11 18 25	T
F	5 12 19 26	3 10 17 24 31	7 14 21 28	5 12 19 26	F
S	6 13 20 27	4 11 18 25	1 8 15 22 29	6 13 20 27	S

CALENDAR 4L

	JANUARY	FEBRUARY	MARCH	APRIL	
S	5 12 19 26	2 9 16 23	1 8 15 22 29	5 12 19 26	S
M	6 13 20 27	3 10 17 24	2 9 16 23 30	6 13 20 27	M
T	7 14 21 28	4 11 18 25	3 10 17 24 31	7 14 21 28	T
W	1 8 15 22 29	5 12 19 26	4 11 18 25	1 8 15 22 29	W
T	2 9 16 23 30	6 13 20 27	5 12 19 26	2 9 16 23 30	T
F	3 10 17 24 31	7 14 21 28	6 13 20 27	3 10 17 24	F
S	4 11 18 25	1 8 15 22 29	7 14 21 28	4 11 18 25	S

	MAY	JUNE	JULY	AUGUST	
S	3 10 17 24 31	7 14 21 28	5 12 19 26	2 9 16 23 30	S
M	4 11 18 25	1 8 15 22 29	6 13 20 27	3 10 17 24 31	M
T	5 12 19 26	2 9 16 23 30	7 14 21 28	4 11 18 25	T
W	6 13 20 27	3 10 17 24	1 8 15 22 29	5 12 19 26	W
T	7 14 21 28	4 11 18 25	2 9 16 23 30	6 13 20 27	T
F	1 8 15 22 29	5 12 19 26	3 10 17 24 31	7 14 21 28	F
S	2 9 16 23 30	6 13 20 27	4 11 18 25	1 8 15 22 29	S

	SEPTEMBER	OCTOBER	NOVEMBER	DECEMBER	
S	6 13 20 27	4 11 18 25	1 8 15 22 29	6 13 20 27	S
M	7 14 21 28	5 12 19 26	2 9 16 23 30	7 14 21 28	M
T	1 8 15 22 29	6 13 20 27	3 10 17 24	1 8 15 22 29	T
W	2 9 16 23 30	7 14 21 28	4 11 18 25	2 9 16 23 30	W
T	3 10 17 24	1 8 15 22 29	5 12 19 26	3 10 17 24 31	T
F	4 11 18 25	2 9 16 23 30	6 13 20 27	4 11 18 25	F
S	5 12 19 26	3 10 17 24 31	7 14 21 28	5 12 19 26	S

CALENDAR 5

	JANUARY						FEBRUARY						MARCH						APRIL					
S		4	11	18	25			1	8	15	22			1	8	15	22	29		5	12	19	26	S
M		5	12	19	26			2	9	16	23			2	9	16	23	30		6	13	20	27	M
T		6	13	20	27			3	10	17	24			3	10	17	24	31		7	14	21	28	T
W		7	14	21	28			4	11	18	25			4	11	18	25		1	8	15	22	29	W
T	1	8	15	22	29			5	12	19	26			5	12	19	26		2	9	16	23	30	T
F	2	9	16	23	30			6	13	20	27			6	13	20	27		3	10	17	24		F
S	3	10	17	24	31			7	14	21	28			7	14	21	28		4	11	18	25		S

	MAY						JUNE						JULY						AUGUST					
S		3	10	17	24	31		7	14	21	28			5	12	19	26			2	9	16	23	30	S
M		4	11	18	25			1	8	15	22	29		6	13	20	27			3	10	17	24	31	M
T		5	12	19	26			2	9	16	23	30		7	14	21	28			4	11	18	25		T
W		6	13	20	27			3	10	17	24			1	8	15	22	29		5	12	19	26		W
T		7	14	21	28			4	11	18	25			2	9	16	23	30		6	13	20	27		T
F	1	8	15	22	29			5	12	19	26			3	10	17	24	31		7	14	21	28		F
S	2	9	16	23	30			6	13	20	27			4	11	18	25		1	8	15	22	29		S

	SEPTEMBER						OCTOBER						NOVEMBER						DECEMBER					
S		6	13	20	27			4	11	18	25			1	8	15	22	29		6	13	20	27	S
M		7	14	21	28			5	12	19	26			2	9	16	23	30		7	14	21	28	M
T	1	8	15	22	29			6	13	20	27			3	10	17	24		1	8	15	22	29	T
W	2	9	16	23	30			7	14	21	28			4	11	18	25		2	9	16	23	30	W
T	3	10	17	24			1	8	15	22	29			5	12	19	26		3	10	17	24	31	T
F	4	11	18	25			2	9	16	23	30			6	13	20	27		4	11	18	25		F
S	5	12	19	26			3	10	17	24	31			7	14	21	28		5	12	19	26		S

CALENDAR 5L

	JANUARY						FEBRUARY						MARCH						APRIL					
S		4	11	18	25			1	8	15	22	29		7	14	21	28			4	11	18	25	S
M		5	12	19	26			2	9	16	23			1	8	15	22	29		5	12	19	26	M
T		6	13	20	27			3	10	17	24			2	9	16	23	30		6	13	20	27	T
W		7	14	21	28			4	11	18	25			3	10	17	24	31		7	14	21	28	W
T	1	8	15	22	29			5	12	19	26			4	11	18	25		1	8	15	22	29	T
F	2	9	16	23	30			6	13	20	27			5	12	19	26		2	9	16	23	30	F
S	3	10	17	24	31			7	14	21	28			6	13	20	27		3	10	17	24		S

	MAY						JUNE						JULY						AUGUST					
S		2	9	16	23	30		6	13	20	27			4	11	18	25		1	8	15	22	29	S
M		3	10	17	24	31		7	14	21	28			5	12	19	26		2	9	16	23	30	M
T		4	11	18	25			1	8	15	22	29		6	13	20	27		3	10	17	24	31	T
W		5	12	19	26			2	9	16	23	30		7	14	21	28		4	11	18	25		W
T		6	13	20	27			3	10	17	24			1	8	15	22	29		5	12	19	26		T
F		7	14	21	28			4	11	18	25			2	9	16	23	30		6	13	20	27		F
S	1	8	15	22	29			5	12	19	26			3	10	17	24	31		7	14	21	28		S

	SEPTEMBER						OCTOBER						NOVEMBER						DECEMBER					
S		5	12	19	26			3	10	17	24	31		7	14	21	28			5	12	19	26	S
M		6	13	20	27			4	11	18	25			1	8	15	22	29		6	13	20	27	M
T		7	14	21	28			5	12	19	26			2	9	16	23	30		7	14	21	28	T
W	1	8	15	22	29			6	13	20	27			3	10	17	24		1	8	15	22	29	W
T	2	9	16	23	30			7	14	21	28			4	11	18	25		2	9	16	23	30	T
F	3	10	17	24			1	8	15	22	29			5	12	19	26		3	10	17	24	31	F
S	4	11	18	25			2	9	16	23	30			6	13	20	27		4	11	18	25		S

CALENDAR 6

	JANUARY		FEBRUARY		MARCH		APRIL	
S	3 10 17 24 31		7 14 21 28		7 14 21 28		4 11 18 25	S
M	4 11 18 25		1 8 15 22		1 8 15 22 29		5 12 19 26	M
T	5 12 19 26		2 9 16 23		2 9 16 23 30		6 13 20 27	T
W	6 13 20 27		3 10 17 24		3 10 17 24 31		7 14 21 28	W
T	7 14 21 28		4 11 18 25		4 11 18 25		1 8 15 22 29	T
F	1 8 15 22 29		5 12 19 26		5 12 19 26		2 9 16 23 30	F
S	2 9 16 23 30		6 13 20 27		6 13 20 27		3 10 17 24	S

	MAY		JUNE		JULY		AUGUST	
S	2 9 16 23 30		6 13 20 27		4 11 18 25		1 8 15 22 29	S
M	3 10 17 24 31		7 14 21 28		5 12 19 26		2 9 16 23 30	M
T	4 11 18 25		1 8 15 22 29		6 13 20 27		3 10 17 24 31	T
W	5 12 19 26		2 9 16 23 30		7 14 21 28		4 11 18 25	W
T	6 13 20 27		3 10 17 24		1 8 15 22 29		5 12 19 26	T
F	7 14 21 28		4 11 18 25		2 9 16 23 30		6 13 20 27	F
S	1 8 15 22 29		5 12 19 26		3 10 17 24 31		7 14 21 28	S

	SEPTEMBER		OCTOBER		NOVEMBER		DECEMBER	
S	5 12 19 26		3 10 17 24 31		7 14 21 28		5 12 19 26	S
M	6 13 20 27		4 11 18 25		1 8 15 22 29		6 13 20 27	M
T	7 14 21 28		5 12 19 26		2 9 16 23 30		7 14 21 28	T
W	1 8 15 22 29		6 13 20 27		3 10 17 24		1 8 15 22 29	W
T	2 9 16 23 30		7 14 21 28		4 11 18 25		2 9 16 23 30	T
F	3 10 17 24		1 8 15 22 29		5 12 19 26		3 10 17 24 31	F
S	4 11 18 25		2 9 16 23 30		6 13 20 27		4 11 18 25	S

CALENDAR 6L

	JANUARY		FEBRUARY		MARCH		APRIL	
S	3 10 17 24 31		7 14 21 28		6 13 20 27		3 10 17 24	S
M	4 11 18 25		1 8 15 22 29		7 14 21 28		4 11 18 25	M
T	5 12 19 26		2 9 16 23		1 8 15 22 29		5 12 19 26	T
W	6 13 20 27		3 10 17 24		2 9 16 23 30		6 13 20 27	W
T	7 14 21 28		4 11 18 25		3 10 17 24 31		7 14 21 28	T
F	1 8 15 22 29		5 12 19 26		4 11 18 25		1 8 15 22 29	F
S	2 9 16 23 30		6 13 20 27		5 12 19 26		2 9 16 23 30	S

	MAY		JUNE		JULY		AUGUST	
S	1 8 15 22 29		5 12 19 26		3 10 17 24 31		7 14 21 28	S
M	2 9 16 23 30		6 13 20 27		4 11 18 25		1 8 15 22 29	M
T	3 10 17 24 31		7 14 21 28		5 12 19 26		2 9 16 23 30	T
W	4 11 18 25		1 8 15 22 29		6 13 20 27		3 10 17 24 31	W
T	5 12 19 26		2 9 16 23 30		7 14 21 28		4 11 18 25	T
F	6 13 20 27		3 10 17 24		1 8 15 22 29		5 12 19 26	F
S	7 14 21 28		4 11 18 25		2 9 16 23 30		6 13 20 27	S

	SEPTEMBER		OCTOBER		NOVEMBER		DECEMBER	
S	4 11 18 25		2 9 16 23 30		6 13 20 27		4 11 18 25	S
M	5 12 19 26		3 10 17 24 31		7 14 21 28		5 12 19 26	M
T	6 13 20 27		4 11 18 25		1 8 15 22 29		6 13 20 27	T
W	7 14 21 28		5 12 19 26		2 9 16 23 30		7 14 21 28	W
T	1 8 15 22 29		6 13 20 27		3 10 17 24		1 8 15 22 29	T
F	2 9 16 23 30		7 14 21 28		4 11 18 25		2 9 16 23 30	F
S	3 10 17 24		1 8 15 22 29		5 12 19 26		3 10 17 24 31	S

CALENDAR 7

	JANUARY	FEBRUARY	MARCH	APRIL	
S	2 9 16 23 30	6 13 20 27	6 13 20 27	3 10 17 24	S
M	3 10 17 24 31	7 14 21 28	7 14 21 28	4 11 18 25	M
T	4 11 18 25	1 8 15 22	1 8 15 22 29	5 12 19 26	T
W	5 12 19 26	2 9 16 23	2 9 16 23 30	6 13 20 27	W
T	6 13 20 27	3 10 17 24	3 10 17 24 31	7 14 21 28	T
F	7 14 21 28	4 11 18 25	4 11 18 25	1 8 15 22 29	F
S	1 8 15 22 29	5 12 19 26	5 12 19 26	2 9 16 23 30	S

	MAY	JUNE	JULY	AUGUST	
S	1 8 15 22 29	5 12 19 26	3 10 17 24 31	7 14 21 28	S
M	2 9 16 23 30	6 13 20 27	4 11 18 25	1 8 15 22 29	M
T	3 10 17 24 31	7 14 21 28	5 12 19 26	2 9 16 23 30	T
W	4 11 18 25	1 8 15 22 29	6 13 20 27	3 10 17 24 31	W
T	5 12 19 26	2 9 16 23 30	7 14 21 28	4 11 18 25	T
F	6 13 20 27	3 10 17 24	1 8 15 22 29	5 12 19 26	F
S	7 14 21 28	4 11 18 25	2 9 16 23 30	6 13 20 27	S

	SEPTEMBER	OCTOBER	NOVEMBER	DECEMBER	
S	4 11 18 25	2 9 16 23 30	6 13 20 27	4 11 18 25	S
M	5 12 19 26	3 10 17 24 31	7 14 21 28	5 12 19 26	M
T	6 13 20 27	4 11 18 25	1 8 15 22 29	6 13 20 27	T
W	7 14 21 28	5 12 19 26	2 9 16 23 30	7 14 21 28	W
T	1 8 15 22 29	6 13 20 27	3 10 17 24	1 8 15 22 29	T
F	2 9 16 23 30	7 14 21 28	4 11 18 25	2 9 16 23 30	F
S	3 10 17 24	1 8 15 22 29	5 12 19 26	3 10 17 24 31	S

CALENDAR 7L

	JANUARY	FEBRUARY	MARCH	APRIL	
S	2 9 16 23 30	6 13 20 27	5 12 19 26	2 9 16 23 30	S
M	3 10 17 24 31	7 14 21 28	6 13 20 27	3 10 17 24	M
T	4 11 18 25	1 8 15 22 29	7 14 21 28	4 11 18 25	T
W	5 12 19 26	2 9 16 23	1 8 15 22 29	5 12 19 26	W
T	6 13 20 27	3 10 17 24	2 9 16 23 30	6 13 20 27	T
F	7 14 21 28	4 11 18 25	3 10 17 24 31	7 14 21 28	F
S	1 8 15 22 29	5 12 19 26	4 11 18 25	1 8 15 22 29	S

	MAY	JUNE	JULY	AUGUST	
S	7 14 21 28	4 11 18 25	2 9 16 23 30	6 13 20 27	S
M	1 8 15 22 29	5 12 19 26	3 10 17 24 31	7 14 21 28	M
T	2 9 16 23 30	6 13 20 27	4 11 18 25	1 8 15 22 29	T
W	3 10 17 24 31	7 14 21 28	5 12 19 26	2 9 16 23 30	W
T	4 11 18 25	1 8 15 22 29	6 13 20 27	3 10 17 24 31	T
F	5 12 19 26	2 9 16 23 30	7 14 21 28	4 11 18 25	F
S	6 13 20 27	3 10 17 24	1 8 15 22 29	5 12 19 26	S

	SEPTEMBER	OCTOBER	NOVEMBER	DECEMBER	
S	3 10 17 24	1 8 15 22 29	5 12 19 26	3 10 17 24 31	S
M	4 11 18 25	2 9 16 23 30	6 13 20 27	4 11 18 25	M
T	5 12 19 26	3 10 17 24 31	7 14 21 28	5 12 19 26	T
W	6 13 20 27	4 11 18 25	1 8 15 22 29	6 13 20 27	W
T	7 14 21 28	5 12 19 26	2 9 16 23 30	7 14 21 28	T
F	1 8 15 22 29	6 13 20 27	3 10 17 24	1 8 15 22 29	F
S	2 9 16 23 30	7 14 21 28	4 11 18 25	2 9 16 23 30	S

DAYS OF THE YEAR — CONSECUTIVE NUMBERS: LEAP YEARS

Date	JAN	FEB	MAR	APR	MAY	JUN	Date
1	1	32	60	91	121	152	1
2	2	33	61	92	122	153	2
3	3	34	62	93	123	154	3
4	4	35	63	94	124	155	4
5	5	36	64	95	125	156	5
6	6	37	65	96	126	157	6
7	7	38	66	97	127	158	7
8	8	39	67	98	128	159	8
9	9	40	68	99	129	160	9
10	10	41	69	100	130	161	10
11	11	42	70	101	131	162	11
12	12	43	71	102	132	163	12
13	13	44	72	103	133	164	13
14	14	45	73	104	134	165	14
15	15	46	74	105	135	166	15
16	16	47	75	106	136	167	16
17	17	48	76	107	137	168	17
18	18	49	77	108	138	169	18
19	19	50	78	109	139	170	19
20	20	51	79	110	140	171	20
21	21	52	80	111	141	172	21
22	22	53	81	112	142	173	22
23	23	54	82	113	143	174	23
24	24	55	83	114	144	175	24
25	25	56	84	115	145	176	25
26	26	57	85	116	146	177	26
27	27	58	86	117	147	178	27
28	28	59	87	118	148	179	28
29	29		88	119	149	180	29
30	30		89	120	150	181	30
31	31		90		151		31

Date	JUL	AUG	SEP	OCT	NOV	DEC	Date
1	182	213	244	274	305	335	1
2	183	214	245	275	306	336	2
3	184	215	246	276	307	337	3
4	185	216	247	277	308	338	4
5	186	217	248	278	309	339	5
6	187	218	249	279	310	340	6
7	188	219	250	280	311	341	7
8	189	220	251	281	312	342	8
9	190	221	252	282	313	343	9
10	191	222	253	283	314	344	10
11	192	223	254	284	315	345	11
12	193	224	255	285	316	346	12
13	194	225	256	286	317	347	13
14	195	226	257	287	318	348	14
15	196	227	258	288	319	349	15
16	197	228	259	289	320	350	16
17	198	229	260	290	321	351	17
18	199	230	261	291	322	352	18
19	200	231	262	292	323	353	19
20	201	232	263	293	324	354	20
21	202	233	264	294	325	355	21
22	203	234	265	295	326	356	22
23	204	235	266	296	327	357	23
24	205	236	267	297	328	358	24
25	206	237	268	298	329	359	25
26	207	238	269	299	330	360	26
27	208	239	270	300	331	361	27
28	209	240	271	301	332	362	28
29	210	241	272	302	333	363	29
30	211	242	273	303	334	364	30
31	212	243		304		365	31

DAYS OF THE YEAR – CONSECUTIVE NUMBERS

Date	JAN	FEB	MAR	APR	MAY	JUN	Date
1	1	32	61	92	122	153	1
2	2	33	62	93	123	154	2
3	3	34	63	94	124	155	3
4	4	35	64	95	125	156	4
5	5	36	65	96	126	157	5
6	6	37	66	97	127	158	6
7	7	38	67	98	128	159	7
8	8	39	68	99	129	160	8
9	9	40	69	100	130	161	9
10	10	41	70	101	131	162	10
11	11	42	71	102	132	163	11
12	12	43	72	103	133	164	12
13	13	44	73	104	134	165	13
14	14	45	74	105	135	166	14
15	15	46	75	106	136	167	15
16	16	47	76	107	137	168	16
17	17	48	77	108	138	169	17
18	18	49	78	109	139	170	18
19	19	50	79	110	140	171	19
20	20	51	80	111	141	172	20
21	21	52	81	112	142	173	21
22	22	53	82	113	143	174	22
23	23	54	83	114	144	175	23
24	24	55	84	115	145	176	24
25	25	56	85	116	146	177	25
26	26	57	86	117	147	178	26
27	27	58	87	118	148	179	27
28	28	59	88	119	149	180	28
29	29	60	89	120	150	181	29
30	30		90	121	151	182	30
31	31		91		152		31

Date	JUL	AUG	SEP	OCT	NOV	DEC	Date
1	183	214	245	275	306	336	1
2	184	215	246	276	307	337	2
3	185	216	247	277	308	338	3
4	186	217	248	278	309	339	4
5	187	218	249	279	310	340	5
6	188	219	250	280	311	341	6
7	189	220	251	281	312	342	7
8	190	221	252	282	313	343	8
9	191	222	253	283	314	344	9
10	192	223	254	284	315	345	10
11	193	224	255	285	316	346	11
12	194	225	256	286	317	347	12
13	195	226	257	287	318	348	13
14	196	227	258	288	319	349	14
15	197	228	259	289	320	350	15
16	198	229	260	290	321	351	16
17	199	230	261	291	322	352	17
18	200	231	262	292	323	353	18
19	201	232	263	293	324	354	19
20	202	233	264	294	325	355	20
21	203	234	265	295	326	356	21
22	204	235	266	296	327	357	22
23	205	236	267	297	328	358	23
24	206	237	268	298	329	359	24
25	207	238	269	299	330	360	25
26	208	239	270	300	331	361	26
27	209	240	271	301	332	362	27
28	210	241	272	302	333	363	28
29	211	242	273	303	334	364	29
30	212	243	274	304	335	365	30
31	213	244		305		366	31

TABLE 26—SUMMARY OF FINANCIAL TRENDS

The following Table gives a summary of the general trends in the movement of interest rates since 1965.

The income tax rate is that fixed for the financial year starting on 6 April. Bank Rate was superseded by Minimum Lending Rate on 13 October 1972.

Year	Income Tax %	Bank Rate/M.L.R. %	Building Soc. New Mortgage Rate %
1965	41.25	7 – 6	$7\frac{1}{8}$
1966	41.25	6 – 7	$7\frac{1}{8}$
1967	41.25	7 – 5½ – 8	$7\frac{1}{8} - 7\frac{5}{8}$
1968	41.25	8 – 7	$7\frac{5}{8}$
1969	41.25	7 – 8	$7\frac{5}{8} - 8\frac{1}{2}$
1970	41.25	8 – 7	8½
1971	38.75	7 – 5	8½ – 8
1972	38.75	5 – 6 // 7.25 – 9.00	8 – 8.50
1973	30.00 (Basic)	9.00 – 7.75 – 13.00	8.50 – 11.00
1974	33.00 (Basic)	13.00 – 11.50	11.00
1975	35.00 (Basic)	11.50 – 9.75 – 12.00 – 11.25	11.00
1976	35.00 (Basic)	11.25 – 9.00 – 15.00 – 14.25	11.00 – 10.50 – 12.25
1977	34.00 (Basic)	14.25 – 7.00	12.25 – 11.25

APPENDIX

Articles in recent years on valuation theory
The following are among articles which have appeared in recent years, and in many cases present arguments of a controversial nature. Frequently they have been followed by correspondence in the journal concerned setting out other points of view, to which the reader is also referred.

'*EG*' refers to the Estates Gazette.

A. E. Baum, 'Discounted Cash Flow', *EG* 244 (1977) 28-29.
P. Blandon and C. W. R. Ward, 'Questions of Investment Valuation', *EG* 242 (1977) 101-103.
P. Bowcock, 'Lease Rents and the Hypothetical Tenancy', *EG* 227 (1973) 1271-1275.
  'Marriage Value', *Rating and Valuation* (June 1975) 212-213.
  'Capital Gains and the Tax Equation', *EG* 241 (1977) 823-827.
  'High Speed NPV', *EG* 242 (1977) 443-445.
  'High Speed IRR', *EG* 243 (1977) 739.
  'High Speed Quarterly in Advance', *EG* 245 (1978) 551-553.
G. R. Brown, 'NPV/IRR: Some Qualifying Comments on Mutual Exclusivity', *EG* 244 (1977) 533-534.
P. Byrne and D. H. Mackmin, 'The Investment Method', *EG* 234 (1975) 29-31.
N. Enever, 'The Valuation of Investments – Which Tables?' *EG* 238 (1976) 864-869.
W. D. Frazer, 'The Valuation and Analysis of Leasehold Investments in Times of Inflation', *EG* 244 (1977) 197-203.
W. Greenwell & Co., 'A Call for New Valuation Methods', *EG* 238 (1978) 481-484.
M. J. A. Greaves, 'The Valuation of Varying Profit Rents', *Chartered Surveyor* (March 1969) 458-460.
  'Discounted Cash Flow Techniques and Current Methods of Income Valuation', *EG* 223 (1972) 2147-2151 and 2339-2345.
  'The Effects of Taxation on the Investment Method of Valuation – Capital Gains Tax', *EG* 203 (1967) 603-607.
T. A. Johnson, 'Valuation Allowance for Capital Gains Tax', *EG* 201 (1967) 871-873.
W. A. Leach, 'Hardcore Method of Valuation' *EG* 246 (1978) 475-476.
D. H. Mackmin, 'Valuations or Guesstimates', *EG* 233 (1975) 663-665.
  'Dual Rate for Leaseholds', *EG* 234 (1975) 663-665.
  'Marriage Value', *Rating and Valuation* (May 1975) 167.
  'A Matter of Amortisation', *EG* 245 (1978) 289-292.
  '"Mainly for Students", Discounted Cash Flow Techniques and Model Building', *EG* 238 (1976) 984-985.
  'Valuations and Premiums', *EG* 241 (1977) 476.
  'Net and Equated Yields', *EG* 244 (1977) 484-485.
P. Marshall, 'Equated Yield Analysis', *EG* 239 (1976) 493-497.
A. D. Nicholls, 'Marriage Value', *Rating and Valuation* (March 1975) 77.
J. Ratcliffe, 'Discounted Cash Flow: Uncertainty and Risk in Development Appraisal', *EG* 227 (1973) 603-607.
J. Rose, 'Reversionary Valuation Allowing for Capital Gains Tax', *EG* 202 (1967) 873-875.
C. W. R. Ward, 'Yields, Rental Growth and Rates of Discount: A Graphical Approach', *EG* 243 (1977) 583.
P. H. White, 'The Value of Investment Properties – The Two Faces of Janus', *EG* 241 (1977) 669-675.
  'Taking a View of Valuations' *EG* 242 (1977) 799-806.

E. Wood, 'Positive Valuations: A Real Value Approach to Property Investment', *EG* 226 (1973) 923-925, 1115-1117 and 1311-1313.
'Capital Gains and the Tax Equation: An Alternative View', *EG* 242 (1977) 252-259.

It is understood that arrangements are being made by the Estates Gazette for reproduction of articles from past issues on microfilm or microfiche. Enquiries about this should be addressed to that Journal.

GPSR Compliance

The European Union's (EU) General Product Safety Regulation (GPSR) is a set of rules that requires consumer products to be safe and our obligations to ensure this.

If you have any concerns about our products, you can contact us on

ProductSafety@springernature.com

In case Publisher is established outside the EU, the EU authorized representative is:

Springer Nature Customer Service Center GmbH
Europaplatz 3
69115 Heidelberg, Germany

www.ingramcontent.com/pod-product-compliance
Ingram Content Group UK Ltd.
Pitfield, Milton Keynes, MK11 3LW, UK
UKHW022230230426
12048UKWH00016BA/1166